ARCHIVES HISTORIQUES

DU POITOU

XXIII

POITIERS
TYPOGRAPHIE OUDIN ET Cie
4, RUE DE L'ÉPERON, 4

1893

SOCIÉTÉ

DES

ARCHIVES HISTORIQUES

DU POITOU

LISTE GÉNÉRALE

DES MEMBRES

DE LA SOCIÉTÉ DES ARCHIVES HISTORIQUES DU POITOU

ANNÉE 1892.

Membres titulaires :

MM.

Arnauldet (Th.), ancien bibliothécaire de la ville de Niort, à Paris.

Barbaud, archiviste de la Vendée, à la Roche-sur-Yon.

Bardet (V.), attaché à l'Inspection du chemin de fer d'Orléans, à Poitiers.

Barthélemy (A. de), membre de l'Institut, à Paris.

Beauchet-Filleau, correspondant du Ministère de l'Instruction publique, à Chef-Boutonne.

Berthelé, archiviste de l'Hérault, à Montpellier.

Bonnet (E.), professeur à la Faculté de Droit, conseiller général des Deux-Sèvres, à Poitiers.

Bonvallet (A.), agent supérieur du chemin de fer d'Orléans, ancien président de la Société des Antiquaires de l'Ouest, à Poitiers.

Bouralière (A. de la), ancien président de la Société des Antiquaires de l'Ouest, à Poitiers.

Cesbron (E.), ancien notaire, à Poitiers.

MM.

Chasteigner (Cte A. de), membre de plusieurs Sociétés savantes, à Ingrande (Vienne).

Delisle (L.), membre de l'Institut, à Paris.

Desaivre, docteur en médecine, conseiller général des Deux-Sèvres, à Niort.

Frappier (P.), ancien secrétaire de la Société de Statistique des Deux-Sèvres, à Niort.

Ginot (Émile), bibliothécaire adjoint, à Poitiers.

Ledain, membre de l'Institut des provinces, à Poitiers.

Lelong, archiviste aux Archives Nationales, à Paris.

Lièvre, bibliothécaire de la ville, à Poitiers.

Marque (G. de la), à la Baron (Vienne).

Ménardière (de la), professeur à la Faculté de Droit, à Poitiers.

Montaiglon (A. de), professeur à l'Ecole des Chartes, à Paris.

Musset (G.), bibliothécaire de la ville, à La Rochelle.

Palustre (Léon), directeur honoraire de la Société française d'archéologie, à Tours.

Richard (A.), archiviste de la Vienne, à Poitiers.

Richemond (L. de), archiviste de la Charente-Inférieure, à La Rochelle.

Rochebrochard (L. de la), ancien secrétaire de la Société de Statistique des Deux-Sèvres, à Niort.

Tranchant (Charles), ancien conseiller d'État, ancien conseiller général de la Vienne, à Paris.

Membres honoraires :

MM.

Babinet de Rencogne, à Angoulême.

Beauregard (H. de), au Deffend (Deux-Sèvres).

Bourloton (E.), à Paris.

Cars (Duc des), à Sourches (Sarthe).

MM.

CLISSON (l'abbé DE), à Poitiers.
CORBIÈRE (Mis DE LA), à Poitiers.
DESMIER DE CHENON (Mis), à Domezac (Charente).
DUBEUGNON, professeur à la Faculté de Droit, à Poitiers.
DUCROCQ (TH.), doyen honoraire, professeur à la Faculté de Droit de Paris, correspondant de l'Institut, à Paris.
FERAND, inspecteur général honoraire des ponts et chaussées, à Poitiers.
GAIGNARD (R.), à Saint-Gelais (Deux-Sèvres).
GENESTEIX, ancien notaire, à Poitiers.
GUÉRIN (Paul), archiviste aux Archives Nationales, à Paris.
HORRIC DE LA MOTTE SAINT-GENIS (Mis), à Goursac (Charente).
LABBÉ (A.), banquier, à Châtellerault.
LAIZER (Cte DE), à Poitiers.
LA LANDE LAVAU SAINT-ÉTIENNE (Vte DE), à Neuvillars (Haute-Vienne).
LE CHARPENTIER (G.), ancien conseiller général des Deux-Sèvres, à Saint-Maixent.
LECOINTRE (Arsène), à Poitiers.
MORANVILLÉ (H.), à Paris.
ORFEUILLE (Cte R. D'), membre de la Société des Antiquaires de l'Ouest, à Versailles.
OUDIN (Paul), éditeur, à Poitiers.
PAULZE D'IVOY (J.), à la Motte de Croutelle (Vienne).
ROCHEBROCHARD (H. DE LA), à Boissoudan (Deux-Sèvres).
ROCHEJAQUELEIN (Mis DE LA), député des Deux-Sèvres, à Clisson (Deux-Sèvres).
SORBIER DE POUGNADORESSE (DE), ancien sous-préfet, à Poitiers.
SURGÈRES (Mis DE), à Nantes.
TRÉMOILLE (Duc de la), à Paris.
TRIBERT (L.), sénateur, à Champdeniers.
VERNOU-BONNEUIL (Mis DE), capitaine breveté au 18e dragons, à Meaux (Seine-et-Marne).

Bureau :

MM.

Richard, président.
Ledain, secrétaire.
Bonnet, trésorier.
de Chasteigner, membre du Comité.
Desaivre, id.
de la Bouralière, id.
de la Ménardière, id.

EXTRAIT

DES PROCÈS-VERBAUX DES SÉANCES DE LA SOCIÉTÉ DES ARCHIVES

PENDANT L'ANNÉE 1892.

Dans le cours de l'année 1892, la Société s'est réunie les 21 janvier, 28 avril, 28 juillet et 17 novembre.

Elle a perdu un de ses membres honoraires, M. Genesteix, dont le zèle pour les intérêts de la Société s'était manifesté en plusieurs circonstances, et qui devait faire profiter ses publications du talent qu'il avait acquis comme aquafortiste.

Communications. — Par M. Lièvre : de la copie de 250 chartes du Cartulaire de Retz, jadis transcrites par M. Marchegay et que sa famille a bien voulu mettre à la disposition de la Société des Archives, en vue d'une publication ultérieure. L'exploration des papiers de M. Marchegay n'ayant pu être terminée par M. Lièvre dans sa première visite, il est résolu que l'on attendra d'avoir en mains toutes les copies de M. Marchegay, pour prendre une détermination au sujet de la publication du cartulaire de Retz. Ce document a été transcrit dans le cours de cette année par M. Blanchard, de Nantes, pour le compte de la Bibliothèque Nationale ;

Par M. Ginot : d'une liste de Barentines, insérées dans les affiches du Poitou en 1774 et qui pourra être utilisée par M. de la Bouralière dans sa publication des Maintenues de noblesse ;

Par M. Ledain de copies exécutées par lui :

1º Des Rapports des enquêteurs de Saint-Louis en 1247 en ce qui intéresse le Poitou ;

2º Des Cartulaires de l'Absie, transcrits dans les manuscrits de Gaignères et de Besly ;

3º Du Cartulaire de l'aumônerie de Saint-Michel de Thouars, du XIIIe siècle, dont l'original appartient à M. le duc de la Trémoille.

Ces divers documents pourront entrer dans la composition de l'un des volumes en préparation.

Par M. Bourloton : du retard qu'éprouve sa préparation du Cartulaire de Maillezais, dont l'achèvement ne pourra avoir lieu avant deux ans.

Décisions. — Sur la demande de M. de la Bouralière, il est décidé qu'outre les pièces énumérées dans le tome XXIII comme devant être publiées en annexe des Maintenues de noblesse de Quentin de Richebourg, le tome contiendra le relevé des sentences de Maintenue de M. de Barentin, fait par Pierre de Sauzay, que ses connaissances spéciales avaient fait adjoindre aux personnes chargées de la vérification des titres des impétrants, et qui avait accompagné cette liste de la description des armoiries possédées par chaque famille.

La publication de ce registre, conservé aux Archives de la Vienne, est du plus haut intérêt et apporte une preuve nouvelle aux assertions de M. de la Bouralière, établissant combien le Catalogue des nobles publié par M. Dugast-Matifeux dans son *Etat du Poitou sous Louis XIV* est inexact et incomplet.

Le tome XXV devait tout d'abord être consacré à la publication des Chroniques poitevines, mais on remet à prendre une décision après que l'on se sera entendu avec M. Berger qui, par ses études sur la Chronique de Richard le Poitevin, est essentiellement désigné pour faire la publication de ce document.

Le volume qui devait contenir les Journaux de famille recueillis par la Société est aussi renvoyé à une époque ultérieure, par suite des retards qu'occasionne la lecture difficile du journal de Simon Jallais de Poitiers, du XVIe siècle, qui doit ouvrir la série.

Sur la proposition de M. de Chasteigner, la Société fait hommage à la ville de Bayonne, dont la bibliothèque a été brûlée, de trois volumes de documents d'un intérêt général, le tome V, Assemblée des églises protestantes à la Rochelle en 1621, les tomes XII et XIV, Correspondance de MM. du Lude, gouverneurs du Poitou, au XVIe siècle.

Dons. — Madame Genesteix, pour se conformer à une recommandation verbale de son mari, a fait don à la Société des Archives d'une somme de 500 francs, qui devra être affectée à la suite de ses travaux.

Par décision en date du 3 juin 1892, M. le Ministre de l'Instruction publique a alloué à la Société des Archives une somme de 1000 francs pour l'aider à continuer sa publication des Extraits du Trésor des Chartes.

Publications. — Au mois d'avril 1893 a été distribué le tome XXI des Archives, qui contient la première partie des Maintenues de noblesse de MM. Quentin de Richebourg et Desgalois de Latour, lettres A à F., précédée d'une Introduction par M. de la Bouralière.

Travaux en cours d'exécution. — Par M. de la Bouralière, le tome XXIII, contenant la fin des Maintenues de noblesse du Poitou, avec plusieurs pièces annexes ;

Par M. Guérin, le tome XXIV, sixième volume des Extraits des registres de la Chancellerie de France (Trésor des Chartes), de 1390 à 1403.

Renouvellement du Bureau. — A la séance du 19 novembre ont été élus : MM. RICHARD, président ; LEDAIN, secrétaire ; BONNET, trésorier ; DE CHASTEIGNER, DESAIVRE, DE LA BOURALIÈRE, DE LA MÉNARDIÈRE, membres du Conseil.

MAINTENUES DE NOBLESSE

PRONONCÉES

PAR

MM. QUENTIN DE RICHEBOURG

ET

DESGALOIS DE LATOUR

INTENDANTS DE LA GÉNÉRALITÉ DE POITIERS

1714-1718

(*suite*)

PUBLIÉES

PAR M. A. DE LA BOURALIÈRE

TOME SECOND

MAINTENUES DE NOBLESSE

DE LA GÉNÉRALITÉ DE POITIERS
1714-1718

(*Suite*).

H

Charles HILLAIRE, éc., s^r de Saint-Hillaire.   *1*

Pièces justificatives : Ordonnance de M. de Barentin en faveur de Vincent Hillaire, éc., s^r de Lestang, Robert Hillaire, éc., s^r de la Broue, et René Hillaire, éc., s^r du Rivault, par laquelle ils sont maintenus dans les privilèges de la noblesse, en date du 9 septembre 1667.   *Poitiers*

Contrat de mariage de Charles Hillaire, éc., s^r de Saint-Hillaire, avec d^{lle} Jacqueline-Marie Pain, par lequel il paraît qu'il est fils de Vincent Hillaire, éc., s^r de Lestang, dénommé dans l'ordonnance ci-dessus, et de dame Marie Micheau, en date du 4 juillet 1702, signé Gauvain, n^{re}.

Ordonnance : Maintenu comme noble et écuyer, le 21 février 1715, signé : de Richebourg.

François HILLAIRE, éc., s^{gr} de Baigné,   *2*
Jacques HILLAIRE, éc., s^{gr} de Vaucelles,
Marie-Françoise et Françoise HILLAIRE, demoiselles,   *Poitiers*
tous frères et sœurs.

Pièces justificatives : Arrêt de la Cour des aides en faveur de François et Vincent Hillaire, par lequel ils sont reconnus issus de noble race, et maintenus dans les privilèges attribués aux nobles du royaume, en date du 19 avril 1663, signé Boucher.

Contrat de mariage de Jean Hillaire, éc., s^r de Vaucelles, avec d^{lle} Marie Cacault, par lequel il paraît qu'il est fils de François Hillaire, éc., s^{gr} de Baigné, dénommé dans l'arrêt ci-dessus, et de d^{lle} François Garnier, en date du 4 janvier 1672, signé Régnier, n^{re}.

Quatre extraits de baptême, le 1er de Marie-Françoise Hillaire, du 13 avril 1673, le 2e de François Hillaire, du 3 juillet 1675, le 3e de Françoise Hillaire, du 2 août 1676, le 4e de Jacques Hillaire, du 4 juillet 1677, par lesquels il paraît qu'ils sont enfants de Jean Hillaire, éc., s^r de Vaucelles, et de Marie Cacault, délivrés les 10 et 17 février 1715 par Boissinot, curé d'Usson, contrôlés à Poitiers le 19 du même mois par Legrand.

Ordonnance de M. de Barentin en faveur de Vincent Hillaire, éc., s^r de Lestang, Robert Hillaire, éc., s^r de la Broue, Jean Hillaire, éc., s^r de Baigné, et René Hillaire, éc., s^r du Rivault, par laquelle ils sont maintenus dans la qualité de nobles et écuyers, en date du 9 septembre 1667. Il appert de cette ordonnance que lesdits Jean et Vincent Hillaire sont sortis de François Hillaire dénommé dans l'arrêt de la Cour des aides du 19 avril 1663, et de Françoise Garnier.

Ordonnance : Maintenus comme nobles, écuyers, et demoiselles, le 21 mai 1715, signé : de Richebourg.

3

Thouars

Marthe Meignan, veuve de Jacques HERBERT, chev., s^{gr} de Bellefond,

Marthe-Marie-Henriette HERBERT, sa fille.

Pièces justificatives : Ordonnance de M. de Barentin en faveur de Charles Herbert, éc., s^r de Crué, tant pour lui que pour Elisabeth Henry, veuve de Laurent Herbert, éc., s^r de Bellefond, mère tutrice de Jacques et Alexandre Herbert, par laquelle ils sont maintenus dans la qualité de nobles et écuyers, en date du 24 septembre 1667.

Contrat de mariage de Jacques Herbert, chev., s^gr de Bellefond, avec d^lle Marthe Meignan, par lequel il paraît qu'il est fils de Laurent Herbert, chev., s^gr de Bellefond, et de dame Elisabeth Henry, en date du 25 décembre 1702, signé Douteau, n^re.

Ordonnance de M. de Maupeou en faveur de Jacques Herbert, éc., s^r de Bellefond, Elisabeth Henry, veuve de Laurent Herbert, éc., s^r de Bellefond, en son nom et comme tutrice de Laurent-Jacques et Marie Herbert, par laquelle ils sont maintenus dans les honneurs, exemptions et privilèges accordés aux nobles du royaume, en date du 9 avril 1699.

Extrait de baptême de Marthe-Marie-Henriette Herbert, du 10 novembre 1711, par lequel il paraît qu'elle est fille de Jacques Herbert, et de Marthe Meignan, délivré le 2 mars 1715 par Lubin, vicaire de Saint-Laon, légalisé par le s^r Marillet, procureur fiscal de Thouars, contrôlé à Poitiers par Legrand.

Ordonnance : Maintenues dans leur noblesse, le 2 août 1715, signé : de Richebourg.

Armand de HANNE, éc.,
Louise, Suzanne et Perrine-Geneviève de HANNE, demoiselles,
frère et sœurs.

Niort

Pièces justificatives : Ordonnance de M. de Barentin en faveur de Louis de Hanne, éc., s^r de la Fontaine, Françoise Desprez, veuve de Pierre de Hanne, éc., Pierre, Amador et René de Hanne, par laquelle ils sont maintenus dans la qualité de nobles et écuyers, en date du 1er septembre 1667.

Contrat de mariage de Pierre de Hanne, éc., s^r de Lesglenière, avec d^lle Anne-Marie Desprez, par lequel il paraît qu'il est fils de Pierre de Hanne et de Françoise Desprez, dénommée dans l'ordonnance ci-dessus, en date du 29 janvier 1674, signé Rousseau, n^re.

Quatre extraits de baptême, le 1er de Louise de Hanne, du 10 novembre 1681, le 2e de Suzanne de Hanne, du 23 juin

1683, le 3ᵉ de Perrine-Geneviève de Hanne, du 14 octobre 1688, le 4ᵉ d'Armand de Hanne, du 23 janvier 1690, par lesquels il paraît qu'ils sont enfants de Pierre de Hanne ci-dessus et d'Anne-Marie Desprez, délivrés le 21 août 1715 par Boutheron, curé de Fenioux, contrôlés à Poitiers par Coupard.

Ordonnance : Maintenus comme nobles, écuyer et demoiselles, le 12 septembre 1715, signé : de Richebourg.

---

5   Alexandre de HILLERIN, éc., sʳ de la Rigaudière.

Pièces justificatives : Arrêt de MM. les commissaires généraux du Conseil, députés par le roi pour l'exécution de ses déclarations des 4 septembre 1696, 30 mai 1702, 30 janvier 1703, en faveur de Jean-Baptiste de Hillerin, sʳ du Boistissandeau, et de Charles de Hillerin, sʳ de la Touche, son frère, par lequel ils sont maintenus dans la qualité de nobles et écuyers, rapporté daté du 12 août 1706, signé Hersant ; copie collationnée, signée Maillard, secrétaire du roi. Dans le vu des pièces dudit arrêt, est énoncé le contrat de partage dans lequel Pierre de Hillerin, sʳ de Saint-Hilaire, est établi fils de feu noble homme Dominique de Hillerin, sʳ du Magny et du Teil, et de Martine Riffault.

Contrat de mariage de Mathurin de Hillerin, éc., sʳ des Landes, avec dˡˡᵉ Marguerite de Besnac, par lequel il paraît qu'il est fils de Pierre de Hillerin, éc., sʳ de Saint-Hillaire, et de dˡˡᵉ Françoise Cherbonnier, du 25 septembre 1609; signé Suyre, nʳᵉ à Surgères.

Extrait de baptême de Charles de Hillerin, du 11 janvier 1611, par lequel il paraît qu'il est fils de Mathurin de Hillerin ci-dessus et de dˡˡᵉ Marguerite de Besnac, fille de François de Besnac, éc., sʳ de la Poupelière, délivré le 18 décembre 1715 par Cartault, curé de Vouhé en Aunis, légalisé par Mᵍʳ l'évêque de la Rochelle, contrôlé à Poitiers par Coupard.

Contrat de mariage dudit Charles de Hillerin, éc., sʳ de la Poupelière, avec dˡˡᵉ Joachine Rouhault, fille de haut et puissant messire Joachim Rouhault, chev., sᵍʳ de la Rousselière, et de dame Diane d'Aubigny, passé par Balanger, n^re à Tonnay-Boutonne, le 13 novembre 1648, délivré par Renard, n^re à Muron, le 30 janvier 1689.

Acte d'épousailles dudit Charles de Hillerin, éc., s^r de la Poupelière, avec d^lle Joachine Rouhault, du 25 novembre 1648, délivré le 18 décembre 1715 par Cartault, curé de Vouhé, légalisé par Mgr l'évêque de la Rochelle, et contrôlé à Poitiers par Coupard.

Contrat du partage des biens de Mathurin de Hillerin, éc., s^r des Landes, et de dame Marguerite de Besnac, fait par eux-mêmes, entre Charles de Hillerin, éc., s^r de la Poupelière, François de Hillerin, éc., s^r de Replançay, Jean de Hillerin, éc., s^r de Mareuil, Pierre de Hillerin, éc., s^r de Beaumont, d^lles Elisabeth et Marie de Hillerin, leurs enfants, par lequel il paraît que ledit Charles, en qualité d'aîné, a eu les préciputs et avantages de la Coutume, en date du 6 août 1649, signé Maignent, n^re à Benon.

Contrat de mariage d'Alexandre de Hillerin, éc., s^r de la Rigaudière, avec d^lle Marie Mussaud, par lequel il paraît qu'il est fils de Charles de Hillerin, éc., s^r de la Poupelière, et de dame Joachine Rouhault, en date du 26 juillet 1671, signé Hommeau, n^re à Saint-Maigrin.

Pièces non visées : Acte de foi et hommage du 31 octobre 1521 rendu par René de Hillerin, éc., s^gr du Bois, à la dame de Montespedon et de Bazôges.

Transaction en forme de partage noble fait le 12 mai 1537 entre Jacques et Georges de Hillerin frères, éc^rs, des biens des successions de René de Hillerin, éc., s^gr du Bois, et de d^lle Jeanne du Plessis, leurs père et mère.

Contrat de mariage, du 9 novembre 1538, de Dominique de Hillerin, éc., s^r du Posmier, fils aîné et principal héritier de Jacques de Hillerin, éc., s^r des Brosses, et de défunte d^lle Marie du Bois, avec d^lle Martine Riffault.

Partage fait le 31 mai 1611 entre Charlotte Girard, veuve de noble homme Jean de Hillerin du Chambort, assistée de nobles hommes Jacques, Henri, Jacques et Marie de Hillerin, ses enfants, et encore lesdits sieurs de Hillerin se portant et faisant fort de noble homme Jean de Hillerin, s^r de Putillé, noble homme Pierre de Hillerin, s^r de Saint-Hilaire, et autres, tous enfants et héritiers de noble homme Dominique de Hillerin, s^r du Magny et du Teil, et de Martine Riffault, des biens de leurs successions.

Procuration pour l'accomplissement du mariage de Mathurin de Hillerin, éc., s^r des Landes, donnée par Pierre de Hillerin, éc., s^r de Saint-Hilaire, père dudit Mathurin, à autre Pierre de Hillerin, éc., s^r de la Valinière, laquelle procuration est jointe au contrat de mariage du 25 septembre 1609.

Partage fait entre les enfants dudit Mathurin de Hillerin après son décès, par lequel ils partagent sa succession et conviennent du partage fait entre eux du vivant de leur père le 6 août 1649, reçu par Lecointre, n^{re} à Surgères, le 25 mai 1662. Par cet acte Charles de Hillerin, éc., s^r de la Poupelière, a traité des droits à lui échus par le décès de Mathurin, son père, avec Jean Eveillard, éc., s^r de Longpré, son beau-frère.

Ordonnance : Maintenu comme noble et écuyer, le 31 décembre 1715, signé : de Richebourg.

6

Poitiers

Robert HILLAIRE, éc., s^r de Moissac,
Charles-Robert, Jean, François, Jean et Jean-François HILLAIRE, ses enfants.

Pièces justificatives : Ordonnance de M. de Richebourg en faveur de François Hillaire, éc., s^r de Baigné, fils de Jean Hillaire et de d^{lle} Marie Cacault, tant pour lui que pour Jacques Hillaire, éc., s^r de Vaucelles, son frère, Marie-Françoise et Françoise Hillaire, ses sœurs, par laquelle ils sont maintenus dans les privilèges accordés aux nobles du royaume, en date du 21 mai 1715.

Transaction passée entre François Hillaire, éc., s^r de Baigné, et Robert Hillaire, éc., s^r de Moissac, par laquelle il paraît qu'ils sont cousins germains et descendus de François Hillaire, éc., s^r de Baigné, et d'Antoinette David, sa seconde femme, en date du 13 juin 1715, signée Coutanceau et Cuirblanc, n^{res}.

Contrat de mariage de François Hillaire, éc., s^r de Baigné, avec d^{lle} Antoinette David, du 16 décembre 1645, signé Patrus et Roze, n^{res}.

Acte d'épousailles dudit François Hillaire, éc., s^r de Baigné, avec d^{lle} Antoinette David, du 16 décembre 1648, signé Chabiran, curé d'Usson, légalisé par le procureur du roi dudit Usson, en l'absence du juge.

Contrat de mariage de Jean Hillaire, éc., s^r des Rochettes, avec dame Hélène Normand, par lequel il paraît qu'il est fils de François Hillaire ci-dessus et d'Antoinette David, en date du 22 juin 1671, signé Benoist, n^{ro}.

Contrat de mariage de Robert Hillaire, éc., s^r de Moissac, avec d^{lle} Marie Simon, par lequel il paraît qu'il est fils de Jean Hillaire ci-dessus et d'Hélène Normand, en date du 26 janvier 1695, signé Machet et Menanteau, n^{res}.

Cinq extraits de baptême, le 1er de Charles-Robert Hillaire, du 16 septembre 1698, le 2e de Jean Hillaire, du 4 septembre 1701, le 3e de François Hillaire, du 5 avril 1707, le 4e de Jean Hillaire, du 31 juillet 1710, et le 5e de Jean-François Hillaire, du 28 mai 1715, délivrés, savoir, deux par François Dalhoue, curé de Charroux, le 18 octobre 1716, deux par Thorin, curé de Payroux, le 16 octobre 1716, et le cinquième par Jaliffré, curé de Civray, le 19 du même mois, par lesquels il paraît qu'ils sont enfants de Robert Hillaire, éc., s^r de Moissac, et de Marie Simon, lesdits extraits contrôlés à Poitiers.

Ordonnance: Maintenus comme nobles et écuyers, le 31 décembre 1716, signé: de Latour.

I J

1

Poitiers

Charles JOUSSERAND, éc., s^r de Lairé,
François JOUSSERAND, éc., s^r de Bonneuil, chevalier de l'ordre militaire de Saint-Louis,
Jeanne JOUSSERAND, demoiselle,
Jeanne Goumin, veuve de Jacob JOUSSERAND,
Madeleine Ingrand, veuve d'Olivier JOUSSERAND, tant en son nom que comme mère tutrice d'Olivier-Charles JOUSSERAND.

Pièces justificatives : Contrat en latin d'un arrentement fait par Pierre Jousserand à Guillaume de la Chasseine et Blanchard Bénavent, par lequel il paraît que ledit Pierre prenait le titre d'écuyer, en date du vendredi après le dimanche de la Quinquagésime de l'année 1295, paraphé *ne varietur* par le s^r Aveniot, commissaire subdélégué à la recherche de la noblesse, et où il paraît marqué qu'il aurait été scellé.

Contrat de mariage de Jean Jousserand avec d^{lle} Marguerite de Villedon, par lequel il paraît qu'il est titré d'écuyer, en date du samedi avant la Nativité de saint Jean-Baptiste l'an 1314, paraphé comme ci-dessus *ne varietur*.

Testament en langue latine dudit Jean Jousserand, par lequel il est qualifié *miles* d'une compagnie de. . . . . . . en date du 7 juillet 1411, signé Lespinoux.

Aveu et dénombrement rendu à Mgr le duc de Berry, à cause de la baronnie de Civray, par Jean Jousserand, pour raison du fief de Lairé, par lequel il paraît que ledit Jean est qualifié de chevalier, s^r de Lairé, en date du 15 juin 1378, signé Belharbre.

Expédition de l'hommage fait par ledit Jean Jousserand à Jean, duc de Berry, du fief de Lairé, par lequel il est titré de chevalier, en date du 31 octobre 1389, signé Daupinat.

Expédition d'un hommage fait par Ithier Jousserand, à

cause du fief de Lairé, mouvant de Sa Majesté, à cause de la baronnie de Civray, à Charles, comte du Maine, dans lequel il est titré de chevalier, s^r de Lairé, en date du 12 juillet 1473, signé Boulx.

Aveu et dénombrement rendu par ledit Ithier Jousserand du fief de Lairé au roi, à cause de sa baronnie de Civray, dans lequel il est titré d'écuyer, en date du 7 août 1482, signé Marchais.

Contrat de mariage de Pierre-Guillaume Collas et de Marie Jousserand, par lequel il paraît que ladite Marie était sœur de Jean Jousserand ci-dessus, s^r de Lairé, et tous deux enfants d'un autre Jean Jousserand et de dame Marguerite de La Rochefoucauld, et qu'ils prenaient le titre de chevaliers, en date du 3 décembre 1458, signé Depuiret.

Transaction en forme de partage entre Jean Bellivier, à cause de Jeanne Jousserand, sa femme, Jean Jousserand, prêtre, Jean et Pierre Jousserand, tous frères et sœur, des biens de feu Ithier Jousserand et de Marie de Nossay, leur mère, par laquelle ils sont titrés d'écuyers, en date du 12 novembre 1486, signé Morin et Richard, n^{res}.

Transaction entre Jean Jousserand, s^r de Lairé, Philippe de Saint-Amand, sa femme, et Jeanne Jousserand, dans laquelle il est titré d'écuyer, en date du 31 décembre 1501, signé Pontenier et Ferrot.

Contrat de mariage de Geoffroy Vigier avec d^{lle} Louise Jousserand, par lequel il paraît que ladite Louise est fille de Jean Jousserand et de Philippe de Saint-Amand ci-dessus, en date du 26 novembre 1520, signé Berthet.

Contrat de mariage de René de Neufchaise avec d^{lle} Philiberthe Jousserand, par lequel il paraît qu'elle est fille de Jean Jousserand et de Philippe de Saint-Amand, en date du 22 décembre 1537, signé Gachinoy et Berthet.

Contrat de mariage d'autre Jean Jousserand avec d^{lle} Marguerite de Saint-Gelais, par lequel ledit Jean est titré de noble homme, s^r de Lairé, en date du 13 juin 1541, signé Roblin, n^{re}.

Contrat de mariage de Paul Jousserand avec d^{lle} Anne

Tudert, par lequel il paraît que ledit Paul a pris le titre d'écuyer, en date du 2 janvier 1528, signé Porcheron, n^re.

Transaction entre Jean et Paul Jousserand, par laquelle ledit Paul est titré d'écuyer, s^r de Londigné, et Jean, écuyer, s^r de Lairé, du 31 octobre 1540, signé Porcheron et Grenet, n^res.

Contrat de mariage de Jean Jousserand avec d^lle Gallienne de Pellegrue, par lequel il paraît qu'il est fils de Jean, éc., s^r de Lairé, en date du 23 septembre 1559, signé Lussac, n^re.

Transaction entre Jean et François Jousserand, frères, et Marguerite Jousserand, leur sœur, dans laquelle ils sont titrés d'écuyers, s^rs de Lairé, en date du 18 mai 1563, signée Pivort et Gurat, n^res.

Contrat du partage des biens de Jean Jousserand, s^r de Lairé, entre Jean Jousserand, s^r de Lairé, et François Jousserand, enfants dudit Jean et de Renée Dagin, en date du 10 novembre 1564, signé Boulard et Guiot, n^res.

Brevet donné par Mgr le duc d'Alençon, fils et frère du roi, à Jean Jousserand, s^r de Lairé, de gentilhomme de sa chambre, en date du 16 décembre 1572, signé François, Par Mgr, Hennequin.

Brevet du même seigneur audit Jean Jousserand, s^r de Lairé, de lieutenant général au gouvernement de la ville de Cognac, en date du 22 décembre 1575.

Brevet de même seigneur au s^r de Lairé, par lequel il est titré de son chambellan ordinaire, pour faire lever une compagnie de 50 hommes d'armes à cheval, du 10 juin 1578, signé François.

Acte de la renonciation faite en la justice royale de Civray, par dame Jeanne de Pierrebusfier, à la communauté contractée entre elle et feu Jean Jousserand, chevalier de l'ordre du Roi, chambellan de Monsieur, fils et frère du roi, par laquelle elle déclare qu'il n'y a qu'un seul fils de leur mariage, et qu'il y en a plusieurs du mariage dudit Jean avec Gallienne de Pellegrue, en date du 9 février 1579, signé Imbert, greffier.

Inventaire des meubles et effets dudit Jean Jousserand, chevalier de l'ordre du Roi, fait à la requête de Jean Eschallé, curateur des enfants mineurs dudit Jean, en date du 18 mars 1579, signé Imbert, greffier.

Acte d'hommage rendu au roi, pour raison du fief de Lairé, par Jean Eschallé, comme curateur des enfants mineurs de Jean Jousserand, du 21 mai 1583, signé Boisson.

Ordonnance de M. Claude Maslon, cons^{er} au Parlement, commissaire député pour la réformation et régalement des tailles, qui renvoie ledit Jean Jousserand, s^r de Lairé, de l'assignation à lui donnée pour la représentation de ses titres, en date du 20 novembre 1584, signée Helouin.

Aveu et dénombrement rendu au roi par Jean Eschallé, curateur desdits mineurs, du fief de Lairé, sous le nom de Jean Jousserand, fils aîné et principal héritier de Jean Jousserand, chevalier de l'ordre du Roi, son père, en date du 25 février 1593, signé Boufard et Imbert, n^{res}.

Brevet expédié de la part d'Henri, roi de France, de la place de lieutenant du s^r Malicorne, gouverneur du Poitou, audit Jean de Lairé, fils d'autre Jean ci-dessus, en date du 11 mars 1593, signé Henry.

Transaction entre Jean Jousserand, s^r de Lairé, et Charlotte Jousserand, sa sœur, par laquelle il paraît qu'ils sont enfants dudit Jean Jousserand ci-dessus, chevalier des ordres du Roi, et de Gallienne de Pellegrue, en date du 1er décembre 1601, signée Esnault, n^{re}.

Brevet du roi portant don d'une somme de 3,000 liv. pour récompense du gouvernement du château de Civray, en date du 14 janvier 1606, signé Henry.

Lettres patentes de Sa Majesté portant que ladite somme de 3,000 liv. sera payée audit s^r de Lairé sur les premiers deniers des droits de lods et ventes dus à Sa Majesté, du 14 janvier 1606, signées Henry, Par le roi, Ruzé, et scellées.

Contrat de mariage de Jean Jousserand, s^r de Lairé, avec d^{lle} Avoye Mesnard, par lequel il paraît qu'il a pris le titre d'écuyer, et qu'il est fils d'autre Jean Jousserand et de Gallienne de Pellegrue, en date du 2 février 1607, signé Guiot et Imbert, n^{res}.

Aveu et dénombrement rendu au roi par dame Avoye

Mesnard, veuve de Jean Jousserand, s^r de Lairé, au nom et comme tutrice d'Olivier Jousserand, son fils aîné, et autres ses enfants, pour raison du fief de Lairé, mouvant de Sa Majesté, à cause de son château de Civray, en date du 30 juillet 1627, signé Guiot et Dupou, n^{res}.

Contrat du partage des biens de Jean Jousserand, s^r de Lairé, entre ladite Avoye Mesnard, sa veuve, Olivier Jousserand, son fils aîné, et autres ses enfants, en date du 17 avril 1637, signé Fradin, greffier.

Contrat de mariage d'Olivier Jousserand avec d^{lle} Jeanne de Mairé, par lequel il paraît qu'il est fils de Jean Jousserand ci-dessus et de dame Avoye Mesnard, et qu'il est qualifié chevalier, s^{gr} de Lairé, en date du 28 décembre 1639, signé Jousseaume et Arnaudeau, n^{res}.

Inventaire des titres de noblesse d'Olivier Jousserand, fait par M. Colbert, intendant en Poitou, en fin duquel est acte de la représentation d'iceux, et communiqués au s^r Pinet, pour y répondre, en date du 21 mars 1665.

Ordonnance de M. de Barentin en faveur d'Olivier Jousserand, par laquelle il est maintenu dans sa noblesse, en date du 7 septembre 1667.

Contrat de mariage d'autre Olivier Jousserand avec d^{lle} Renée Collin, par lequel il paraît qu'il est fils d'Olivier Jousserand ci-dessus et de dame Jeanne de Mairé, et qu'il a pris le titre de chevalier, s^{gr} de Lairé, en date du 7 novembre 1668, signé Imbert, n^{re}.

Contrat de mariage de Charles Jousserand avec d^{lle} Catherine de Rechignevoisin, par lequel il paraît qu'il est fils d'Olivier Jousserand ci-dessus et de Renée Collin, et qu'il est qualifié chevalier, s^{gr} de Lairé, en date du 23 mai 1708, signé Monnereau et Chasteigner, n^{res}.

Acte d'hommage rendu au roi au Bureau des finances de Poitiers par ledit Charles Jousserand, à cause de son fief de Lairé, mouvant de Sa Majesté, en raison de la baronnie de Civray, en date du 22 juin 1711, signé Charles Jousserand de Lairé, Le Peultre, Soulas, Lecomte, Durivaud, et plus bas, Deringère, greffier.

Contrat du partage des biens d'Olivier Jousserand et de dame Jeanne de Mairé entre Olivier et Jacob Jousserand et autres sœurs, enfants des susdits, par lequel il paraît que ledit Olivier, comme aîné, a eu les préciputs et avantages de Coutume, en date du 29 avril 1680, signé Debenet.

Contrat de mariage de Jacob Jousserand, s^r de Bonneuil, avec d^{lle} Jeanne Goumin, par lequel il paraît qu'il est fils d'Olivier Jousserand ci-dessus et de Jeanne de Mairé, et qu'il a pris le titre d'écuyer, en date du 6 août 1672, signé Imbert, n^{re}.

Contrat de mariage d'Olivier Jousserand avec d^{lle} Madeleine Ingrand, par lequel il paraît qu'il est fils de Jacob Jousserand ci-dessus et de Jeanne Goumin, et qu'il a pris le titre de chevalier, s^{gr} de la Chaux, en date du 7 août 1700, signé Béquier et Monnereau, n^{res}.

Contrat de mariage de François Jousserand avec d^{lle} Marie-Anne Cacault, par lequel il paraît qu'il est fils de Jacob Jousserand et de Jeanne Goumin, et qu'il a pris le titre de chevalier de l'ordre militaire de Saint-Louis, en date du 4 janvier 1714, signé Pasquet et Pascault, n^{res}.

Extrait de baptême d'Olivier-Charles Jousserand, du 27 mai 1703, par lequel il paraît qu'il est fils d'Olivier Jousserand et de Madeleine Ingrand, délivré le 20 janvier 1715 par Boisson, curé de Linazay.

Observations du procureur du roi : Des pièces ci-dessus il résulte que lesdits s^{rs} Jousserand sont très anciens, mais que la filiation n'a été établie que depuis Jean Jousserand et Gallienne Pellegrue, dont est issu autre Jean, marié à Avoye Mesnard, dont est issu Olivier, marié à Jeanne de Mairé, dont sont sortis Olivier, marié à Renée Collin, et Jacob, marié à Jeanne Goumin ; d'Olivier et de Renée Collin est sorti Charles Jousserand, produisant; de Jacob et de Jeanne Goumin sont sortis Olivier, marié à Madeleine Ingrand, et François, aussi produisant ; d'Olivier et de Madeleine Ingrand est sorti Olivier Charles, mineur.

Ordonnance : Maintenus comme nobles et écuyers, demoiselle, veuves de nobles, le 26 janvier 1715, signé : de Richebourg.

2

Poitiers

Daniel-Louis JOURDAIN, éc., s⁽ᵍʳ⁾ des Villanières, demeurant en la paroisse de Châtain.

Pièces justificatives : Ordonnance de M. de Barentin en faveur de René Jourdain, éc., sʳ des Villanières, par laquelle il est maintenu en sa noblesse, en date du 7 décembre 1667.

Contrat de mariage de Daniel-Louis Jourdain, éc., sʳ des Villanières, avec dˡˡᵉ Elisabeth de la Touche-Limouzinière, par lequel il paraît qu'il est fils de René Jourdain, dénommé ci-dessus, et de dame Marie des Roches, en date du 30 mars 1680, signé Lecler et Margotteau, nʳᵉˢ.

Ordonnance : Maintenu comme noble et écuyer, le 13 février 1715, signé : de Richebourg.

3

Mauléon

Charles JOUSSEAUME, éc., s⁽ᵍʳ⁾ de la Coussaye.

Pièces justificatives : Contrat du partage des biens de François Jousseaume, éc., sʳ de Launay, et de dˡˡᵉ Guyonne de Beaumanoir, entre Mathurin et Ambroise Jousseaume, leurs enfants, par lequel il paraît que ledit Mathurin, comme aîné, a eu les préciputs et avantages de la Coutume, en date du 15 mai 1578, signé Bonnin et Guerry, nʳᵉˢ des Herbiers.

Contrat du partage des biens d'Ambroise Jousseaume, éc., et de dˡˡᵉ Madeleine Le Bascle, entre Pierre Jousseaume, éc, sʳ de la Trebardière, et Christophe Jousseaume, éc., sʳ de la Coussaye, leurs enfants, par lequel il paraît que Pierre, comme aîné, a eu les préciputs et avantages de la Coutume, en date du 15 mai 1609, passé sous la cour de Montfaucon, signé Lemoyne, nʳᵉ.

Contrat de mariage de Christophe Jousseaume, éc., sʳ de la Coussaye, avec dˡˡᵉ Renée Jousseaume, par lequel il paraît qu'il est fils d'Ambroise Jousseaume ci-dessus et de Madeleine Le Bascle, en date du 31 décembre 1628, signé Guerry, nʳᵉ de la vicomté de Tiffauges.

Dispense de la cour de Rome en faveur dudit Christophe Jousseaume et de ladite Renée Jousseaume, au sujet de leur mariage, à cause de la parenté, en date du 13 juin 1628.

Contrat de mariage de Michel Jousseaume, éc., s^r de la Renouzière, avec d^{lle} Louise Sicard, par lequel il paraît qu'il est fils de Christophe Jousseaume ci-dessus et de Renée Jousseaume, en date du 25 avril 1656, passé sous la cour du Frêne-Chabot, signé Girard et Cornuau.

Contrat du partage des biens de Christophe Jousseaume et de Renée Jousseaume entre Michel Jousseaume, éc., s^r de la Coussaye, François Jousseaume, prêtre, Charlotte Jousseaume et autres sœurs, leurs enfants, par lequel ledit Michel, en qualité d'aîné, a eu les préciputs et avantages de la Coutume, en date du 13 février 1672, signé Briallot, n^{re} du comté de Maulévrier.

Ordonnance de de M. de Marillac, intendant de Poitou, en faveur de Michel Jousseaume et Louise Sicard, sa femme, par laquelle, attendu leur qualité d'écuyers, il les décharge d'une taxe de 750 livres pour les francs-fiefs de la métairie de la Morinière, sise en la paroisse de Montravers, élection de Thouars, en date du 5 mars 1674.

Contrat de mariage de Charles Jousseaume, éc., s^r de la Coussaye, avec d^{lle} Marie-Anne Gauvin, par lequel il paraît qu'il est fils de Michel ci-dessus et de Louise Sicard, en date du 10 août 1690, signé Caillault, n^{re} à Thouars.

Contrat de mariage en secondes noces dudit Charles Jousseaume, éc., s^r de la Coussaye, avec d^{lle} Marie Sureau, en date du 12 juin 1712, signé Soulard, n^{re} royal, et Gareau, n^{re} de Mortagne.

Pièces non visées : Acte du 12 août 1507 passé sous la cour de Thouars, signé Jaudouin et Baudouin, n^{res}, par lequel les habitants de la paroisse de Louzy, près Thouars, concèdent à François Jousseaume, éc., s^r de Launay, un banc dans l'église dudit lieu.

Contrat du partage des biens de la succession de Michel Jousseaume, éc., s^r de la Coussaye, entre Charles Jousseaume, son fils aîné, produisant, et Michel Jousseaume, fils puîné, du 27 septembre 1686, reçu par Briallot, n^{re} du comté de Maulévrier.

Ordonnance : Maintenu comme noble et écuyer, le 18 février 1715, signé : de Richebourg.

4

Pierre JOUSLARD, éc., sʳ de l'Artuserie.

Pièce justificative : Ordonnance de M. de Maupeou en faveur du même Pierre Jouslard, sʳ de l'Artuserie, et d'Etienne Jouslard, éc., sʳ de Chisseray, par laquelle ils sont maintenus dans les privilèges de la noblesse, en date du 11 juillet 1700.

Ordonnance : Déchargé de l'assignation à lui donnée à la requête de Ferrand, le 23 février 1715, signé : de Richebourg.

5

Poitiers

Elisabeth Thibault, veuve de Jean JACQUES, éc., sʳ de Chiré, tant en son nom que comme tutrice de Louis-Jean JACQUES, son fils mineur.

Pièces justificatives : Ordonnance de M. de Barentin en faveur de Jean Jacques, éc., sʳ de Chiré, par laquelle il est maintenu dans a qualité de noble et écuyer, en date du 30 août 1667.
Extrait des épousailles dudit Jean Jacques, éc., sʳ de Chiré, avec dˡˡᵉ Elisabeth Thibault, en date du 27 septembre 1710, au pied duquel est l'extrait de baptême de Louis-Jean Jacques de Chiré, par lequel il paraît qu'il est fils de Jean Jacques, éc., sʳ de Chiré, et de ladite Elisabeth Thibault, en date du 29 juillet 1711 ; ces deux extraits délivrés le 25 février 1715 par Antoine Courty, curé de Chiré, contrôlés à Poitiers par Coupard.

Ordonnance : Maintenus comme veuve de noble, noble et écuyer, le 27 février 1715, signé : de Richebourg.

6

Poitiers

Catherine Ferré, veuve de Louis JACQUES, éc., sʳ de Chiré, tant en son nom que comme tutrice de Bonaventure, Marie-Anne, Catherine, Louis et Marie-Radégonde JACQUES, ses enfants.

Pièces justificatives : Ordonnance de M. de Barentin en faveur de Jean Jacques, éc., sʳ de Chiré, par laquelle il est maintenu dans la qualité de noble et d'écuyer, en date du 30 août 1667, dont copie délivrée le 17 février 1700 et signée Clérambault, généalogiste des ordres du roi.

Contrat de mariage de Louis Jacques de Chiré, éc., avec d^lle Catherine Ferré, par lequel il paraît qu'il est fils de Jean Jacques, s^r de Chiré, et de dame Françoise de la Taupane, en date du 18 juillet 1695, signé Bruslon, n^re à Saint-Maixent.

Cinq extraits de baptême en suite les uns des autres, le 1er de Bonaventure Jacques, du 29 novembre 1697, le 2e de Marie-Anne, du 3 avril 1699, le 3e de Catherine, du 26 septembre 1701, le 4e de Louis, du 30 août 1705, et le 5e de Marie-Radegonde, du 18 août 1707, par lesquels il paraît qu'ils sont tous enfants de Louis Jacques ci-dessus et de Catherine Ferré, lesdits extraits délivrés le 26 février 1715 par Henri-Louis Mestreau, curé de Vausseroux, contrôlés à Poitiers par Legrand.

Ordonnance : Maintenus comme nobles et écuyers, demoiselles et veuve de noble, le 28 février 1715, signé : de Richebourg.

François JOUBERT, éc., s^r du Puy.   7

Pièce justificative : Copie d'une ordonnance de M. de Barentin en faveur de François Joubert, éc., s^r du Puy, Hippolyte Joubert, éc., s^r de Beauvais, et Charles Joubert, éc., s^r de la Touche-Milletière, par laquelle ils sont maintenus dans la qualité de nobles et écuyers, en date du 21 septembre 1667, dont copie délivrée le 27 février 1699 et signée Clérambault, généalogiste du roi.   *Poitiers*

Ordonnance : Maintenu comme noble et écuyer, le 28 février 1715, signé : de Richebourg.

Hélie de JASME, éc., s^r des Frenaudries, demeurant au lieu noble des Frenaudries, paroisse de Saint-Laurent-de-Céris,   8

François de JASME, éc., s^r de Boistizon.   *Niort*

Pièces justificatives : Arrêt du Conseil d'État du roi, intervenu en

TOME XXIII.   2 faveur de René de Jasme, s⁻ des Frenaudries, et Arnaud de Jasme, sʳ de Quireil, en conséquence de l'ordonnance de M. de Barentin portant renvoi de la contestation d'entre Pinet et lesdits sʳˢ René et Arnaud de Jasme par-devant MM. les commissaires généraux pour produire leurs titres, par lequel ils sont maintenus dans la qualité de nobles et d'écuyers, en date du 11 avril 1669, signé Berryer.

Contrat de mariage d'Hélie de Jasme, éc., sʳ des Frenaudries, avec dˡˡᵉ Jeanne Deponds, par lequel il paraît qu'il est fils de René de Jasme, éc., sʳ des Frenaudries, dénommé dans l'arrêt ci-dessus, et de dame Marie Provost, en date du 8 janvier 1705, signé Delaroche, nʳᵉ.

Contrat de mariage de François de Jasme, éc., sʳ de Boistizon, avec dˡˡᵉ Marie de Chamboran, par lequel il paraît qu'il est fils d'Arnaud de Jasme, éc., sʳ de Quireil, et de dame Françoise de Mallet, en date du 22 septembre 1697, signé Marchand, nʳᵉ.

Ordonnance : Maintenus comme nobles et écuyers, le 15 mars 1715, signé : de Richebourg.

9

Niort

Jean de JULIEN, éc., sʳ de la Guignardière et de la Pérelle.

Pièces justificatives : Inventaire fait par-devant M. d'Aguesseau, intendant de la Généralité de Limoges, des titres justificatifs de la noblesse de Gabriel de Julien, sʳ de la Guignardière, au pied duquel est l'ordonnance portant acte de la représentation d'iceux, en conséquence les titres produits rendus après que l'inventaire aura été signé dudit de Julien ou de son procureur, en date du 23 mars 1667.

Contrat de mariage de Gabriel de Julien, éc., sʳ de la Guignardière, avec dˡˡᵉ Anne de Saint-Laurent, par lequel il paraît qu'il est fils de François de Julien, éc., sʳ du Couthet, et de dˡˡᵉ d'Aymerie Préveraud, en date du 29 août 1672, signé Grassin, nʳᵉ royal.

Contrat de mariage de Jean de Julien, éc., sʳ de la Guignardière, avec dˡˡᵉ Marguerite Joubert, par lequel il paraît qu'il est fils de Gabriel de Julien ci-dessus et de dame Anne de Saint-Laurent, en date du 20 août 1696, signé Rambaud, n^re.

Pièces non visées : Contrat de partage fait entre Joachim de Julien, s^r de la Chevalerie, et ses frères, des biens d'Ithier de Julien, leur père, en date du 22 novembre 1573, signé Barrière, n^re, paraphé en marge du s^r subdélégué de M. l'intendant d'Angoumois.

Partage fait entre François de Julien, s^r des Couthet, et ses frères, des biens de Joachim de Julien ci-dessus, leur père, en date du 5 juillet 1627, signé Andrien, paraphé et signé en marge par le s^r Vrissault, lieutenant particulier d'Angoulême, comme subdélégué de M. l'intendant de la province d'Angoumois.

Ordonnance : Maintenu comme noble et écuyer, le 18 mars 1715, signé : de Richebourg.

Charles JANVRE, chev., s^gr de la Moussière,
Jacob JANVRE, son fils,
Philippe JANVRE, chev., s^gr de Lestortière,
César-Angélique et Daniel-Philippe JANVRE, fils du précédent,
Daniel JANVRE de Quinchamp, s^gr du Puy-Limousin,
Charles JANVRE, éc., frère du précédent.

10

Saint-Maixent Niort et Mauléon

Pièces justificatives : Contrat de mariage de Philippe Janvre, chev., s^gr de la Moussière, avec dame Madeleine de Goulaine, en date du 8 mai 1663, signé Badreau et Fleury, n^res.

Ordonnance de M. de Barentin en faveur de Daniel Janvre, chev., s^gr de la Bouchetière, Philippe Janvre, chev., s^gr de la Bouchetière, son père, Daniel Janvre, éc., s^r de Lussay, autre Daniel Janvre, chev, s^gr de la Tour-Bouchetière, et Philippe Janvre, chev., s^gr de la Moussière, (époux de Madeleine de Goulaine), par laquelle ils sont tous maintenus dans la qualité de nobles et écuyers, en date du 23 août 1667.

Contrat de mariage de Charles Janvre, chev., s^gr de la Moussière, avec d^lle Julie Pyniot, par lequel il paraît qu'il est fils de Philippe Janvre, dénommé dans l'ordonnance ci-dessus, et de dame Madeleine de Goulaine, en date du 23 mai 1699, signé Baschard, n^re.

Extrait de baptême de Jacob Janvre, par lequel il paraît qu'il est fils de Charles Janvre, éc., s^r de la Moussière, ci-dessus, et de dame Julie Pyniot, en date du 12 avril 1700, délivré le 17 mars 1715 par Richard, curé de Saint-Paul de Poitiers, et contrôlé le même jour par Legrand.

Contrat de mariage de Charles Janvre, chev., s^gr de Lestortière, avec d^lle Marguerite Dufay, par lequel il paraît qu'il est fils de Philippe Janvre, chev., s^gr de la Bouchetière, dénommé dans l'ordonnance de M. de Barentin ci-dessus, et de dame Marguerite Dauzy, en date du 26 janvier 1670, signé Payault et Bonnet, n^res.

Contrat de mariage de Philippe Janvre, chev., s^gr de Lestortière, avec d^lle Charlotte Birot, par lequel il paraît qu'il est fils de Charles Janvre ci-dessus et de dame Marguerite Dufay, en date du 16 mars 1709, signé Baschard, n^re.

Extrait de baptême de César-Angélique Janvre, par lequel il paraît qu'il est fils de Philippe Janvre ci-dessus et de dame Charlotte Birot, en date du 16 mars 1710, délivré le 10 mars 1715 par Dubois, curé de Saint-Saturnin de Saint-Maixent, et contrôlé le 17 du même mois par Legrand.

Extrait de baptême de Daniel-Philippe Janvre, par lequel il paraît qu'il est fils de Philippe Janvre et de dame Charlotte Birot, en date du 30 juin 1713, délivré le 16 mars 1715 par Girault, curé de Soudan, et contrôlé le lendemain par Legrand.

Contrat de mariage d'Artus Janvre, chev., s^gr de Lussay, avec d^lle Gabrielle de Menou, par lequel il paraît qu'il est fils de Daniel Janvre, chev., s^gr de la Bouchetière, dénommé dans l'ordonnance ci-dessus de M. de Barentin, et de dame Renée de Malmouche, en date du 30 juillet 1637, signé Vergnault, n^re.

Contrat de mariage de Jean Janvre, éc., s^r de Quinchamp, avec d^lle Marguerite Baugier, par lequel il paraît qu'il est fils d'Artus Janvre ci-dessus et de dame Gabrielle de Menou, en date du 15 décembre 1671, signé Guillon et Roy, n^res.

Contrat de mariage de Daniel Janvre de Quinchamp,

chev., s^gr du Puy-Limousin, avec d^lle Angélique Pandin, par lequel il paraît qu'il est fils de Jean Janvre ci-dessus et de Marguerite Baugier, en date du 5 mars 1714, signé Fouché et Deparis, n^res.

Extrait de baptême de Charles Janvre, par lequel il paraît qu'il est fils de Jean Janvre, éc., s^r de Quinchamp, et de Marguerite Baugier, en date du 20 décembre 1680, délivré le 3 octobre 1712 par Lefebvre, contrôlé à Poitiers le 19 mars 1715 par Legrand.

Des pièces ci-dessus il résulte que : 1° de Philippe Janvre, s^gr de la Moussière, dénommé dans l'ordonnance de M. de Barentin, et de Madeleine de Goulaine est issu Charles, produisant, époux de Julie Pyniot, dont est issu Jacob, aussi produisant ; 2° que de Philippe Janvre, s^gr de la Bouchetière, maintenu par M. de Barentin, époux de Marguerite Dauzy, est issu Charles, s^gr de Lestortière, époux de Marguerite Dufay, dont est issu Philippe, s^gr de Lestortière, époux de Charlotte Birot, dont sont issus César-Angélique et Daniel-Philippe, produisants ; 3° de Daniel Janvre, s^gr de la Bouchetière, aussi maintenu par M. de Barentin, époux de Renée Malmouche, est issu Arthus, s^gr de Lussay, époux de Gabrielle de Menou, dont est issu Jean, s^r de Quinchamp, époux de Marguerite Baugier, dont sont issus Daniel, s^gr du Puy-Limousin, et Charles, produisants.

Ordonnance : Maintenus comme nobles et écuyers, le 19 mars 1715, signé : de Richebourg.

Jacques JACQUES, éc.

11

Pièces justificatives : Ordonnance de M. de Barentin en faveur de Jean Jacques, éc., s^r de Chiré, par laquelle il est maintenu dans la qualité de noble et écuyer, en date du 30 août 1667.

Poitiers

Contrat de mariage de Nicolas Jacques, éc., s^r de Souvigny, avec d^lle Françoise-Thérèse Guyon, par lequel il paraît qu'il est fils de Jean Jacques, éc., s^r de Chiré, dénommé dans l'ordonnance ci-dessus, et de dame Marguerite Defay, en date du 28 avril 1697, signé Brault, n^re.

Extrait de baptême de Jacques Jacques, par lequel il paraît qu'il est fils de Nicolas Jacques, éc., s^r de Souvigny et de Chiré, ci-dessus, et de dame Françoise-Thérèse Guyon, en date du 1er juillet 1703. Autre extrait de baptême à la suite du précédent, de Marguerite-Françoise Jacques, par lequel il paraît qu'elle est fille de Nicolas Jacques et de dame Françoise-Thérèse Guyon, en date du 11 février ..... Ces deux extraits délivrés le 26 février 1715 par Courty, curé de Chiré, contrôlés à Poitiers par Legrand.

Ordonnance : Maintenu comme noble et écuyer, le 19 mars 1715, signé : de Richebourg.

12

Niort

Léon JOURDAIN, éc., s^r de Chantecourt, demeurant aux Hermitants, paroisse de Belleville.

Pièces justificatives : Ordonnance de M. de Barentin en faveur de Bertrand Jourdain, éc., s^r de Villiers-en-Plaine, Baptiste Jourdain, éc., s^r de Chantecourt, et Léon Jourdain, éc., par laquelle ils sont maintenus dans la qualité de nobles et écuyers, en date du 1er septembre 1667. Dans le vu des pièces de ladite ordonnance sont énoncés : 1° le contrat de mariage de François Jourdain, éc., s^r des Forges, avec d^{lle} Hélène Goullard, daté du 17 juin 1563, et signé Audebran et Bourgnon, n^{res} ; 2° le contrat de mariage de Louis Jourdain, éc., s^{gr} châtelain de Villiers, avec d^{lle} Jeanne du Chastelier-Barlot, par lequel il paraît qu'il est fils de François Jourdain ci-dessus, daté du 27 mai 1607, signé Bataillon et Prévost, n^{res} ; 3° le contrat de mariage de Bertrand Jourdain, éc., s^r de Villiers, avec d^{lle} Catherine de Berton, par lequel il paraît qu'il est fils de Louis Jourdain ci-dessus, daté du 9 janvier 1641, signé Jouineau et Berthon, n^{res} ; 4° le contrat de mariage de Jean-Baptiste Jourdain, éc., s^r de Chantecourt, avec d^{lle} Marie Mestivier, par lequel il paraît qu'il est fils de Louis Jourdain, chev., s^{gr} de Villiers-en-Plaine, et de dame Jeanne du Chastelier-Barlot, daté du 2 avril 1644, et signé Pajet et Martin, n^{res} ; 5° le contrat de mariage d'Alexandre Jourdain, chev., s^{gr} des Deffands, avec d^{lle} Jeanne Audouin, par lequel il paraît qu'il est fils de Louis Jourdain, éc., sʳ de Villiers, et de Jeanne du Chastelier-Barlot, daté du 25 mars 1654, signé Moneau et Debret, nʳᵉˢ.

Contrat de mariage de Léon Jourdain, chev., sᵍʳ de Chantecourt, avec dᵗᵗᵉ Catherine de la Laurencie, par lequel il paraît qu'il est fils de Jean-Baptiste Jourdain, chev, sᵍʳ de Chantecourt, et de dame Marie Mestivier, en date du 17 avril 1697, signé Esnard, nʳᵉ royal.

Ordonnance : Maintenu comme noble et écuyer, le 29 mars 1715, signé : de Richebourg.

Gabriel JOURDAIN, éc., sʳ d'Oriou et de Villiers-en-Plaine. *13*

Pièces justificatives : Ordonnance de M. de Barentin en faveur de Bertrand Jourdain, éc., sʳ de Villiers-en-Plaine, Baptiste Jourdain, éc., sʳ de Chantecourt, et Léon Jourdain, éc., par laquelle ils sont maintenus dans la qualité de nobles et écuyers, en date du 1ᵉʳ septembre 1667. *Niort*

Contrat de mariage de Léon Jourdain, chev., avec dᵗᵗᵉ Catherine Berland, par lequel il paraît qu'il est fils de Bertrand Jourdain, chev., sᵍʳ de Villiers, et de dame Catherine Berthon, en date du 20 février 1667, signé Gaudin et Loyauté, nʳᵉˢ.

Contrat de mariage de Gabriel Jourdain, chev., sᵍʳ d'Oriou, avec dᵗᵗᵉ Jeanne-Marie Thébault, par lequel il paraît qu'il est fils de Léon Jourdain ci-dessus et de dame Catherine Berland, en date du 25 mai 1707, signé Clémanson, nʳᵉ royal [1].

Ordonnance : Maintenu comme noble et écuyer, le 29 mars 1715, signé : de Richebourg.

Renée Babaud, veuve de Jacques JAUDONNET, éc., sʳ de Lavau-Richer, conseiller du roi, secrétaire et auditeur en la Chambre des comptes de Bretagne, *14*

Thouars

---

1. Voir J 21 ci-après.

Jacques-Antoine, Philippe-René et Marie-Henriette JAUDONNET, ses enfants, demeurant avec elle en la paroisse de Chanteloup,

Antoine JAUDONNET, éc., s^r de Laugrenière, demeurant à Grenouillon, paroisse de Moutiers, frère de défunt Jacques.

Pièces justificatives : Copie collationnée d'une ordonnance de M. de Maupeou en faveur d'Antoine Jaudonnet, s^r de Laugrenière (produisant), et de Jacques Jaudonnet, s^r de Lavau-Richer (son frère), par laquelle ils sont maintenus dans les privilèges de la noblesse, en date du 7 mars 1699, ladite copie délivrée le 3 mars 1715 par le commis-greffier, commis du Bureau des finances de Poitiers, et signée Garnier.

Contrat de mariage de Jacques Jaudonnet, éc., s^{gr} de Lavau-Richer, dénommé dans l'ordonnance ci-dessus, avec d^{lle} Renée Babaud, par lequel il paraît qu'il est fils d'autre Jacques Jaudonnet, éc., s^r de Lavau-Richer, conseiller du roi, secrétaire et auditeur en la Chambre des comptes, et de dame Jeanne Leaud, en date du 30 octobre 1689, signé Gasnier, n^{re} royal à Angers.

Extrait de baptême de Jacques-Antoine Jaudonnet, par lequel il paraît qu'il est fils de Jacques Jaudonnet, éc., s^r de Lavau-Richer, auditeur de la Chambre des comptes en Bretagne, et de dame Renée Babaud, en date du 21 octobre 1691, délivré le 2 février 1715 par Brunet, curé de Chanteloup, légalisé par le sénéchal de Bressuire le 12 février suivant, signé Jouault, et contrôlé le 23 mars 1715 à Poitiers par Legrand.

Deux extraits de baptême en suite l'un de l'autre, le 1er de Philippe-René Jaudonnet, en date du 12 juin 1694, le 2° de Marie-Henriette Jaudonnet, en date du 15 janvier 1696, par lesquels il paraît qu'ils sont enfants de Jacques Jaudonnet, et de Renée Babaud, délivrés le 3 février 1715 par Brunet, curé de Chanteloup, légalisés par le sénéchal de Bressuire le 1er mars suivant, signé Jouault, contrôlés à Poitiers le 23 du même mois par Legrand.

Ordonnance : **Maintenus comme nobles, écuyers, veuve de noble et demoiselle, le 30 mars 1715, signé : de Richebourg.**

Charles-Antoine YONQUES, chev., s^{gr} de Sevret, demeurant à Baussais,

Charles-Gabriel, Germanic-Louis et Jean-François YONQUES, éc^{rs},

Renée-Louise, Marie-Charlotte et Jeanne-Henriette YONQUES, demoiselles,

tous frères et sœurs.

15

Saint-Maixent

Pièces justificatives : Ordonnance de M. de Barentin en faveur de Charles Yonques, éc., s^r de Sevret, et de d^{lle} Catherine Yonques, sa tante, par laquelle il est maintenu en la qualité de noble et écuyer, en date du 31 décembre 1667.

Procès-verbal fait par Jacques Champigny de Ferrière, chevalier de l'ordre de Saint-Jean-de-Jérusalem, commandeur d'Ansigny, et Gabriel Thibault de la Carte, chevalier dudit ordre, commandeur des Espaux, Moulins et Loudun, des preuves de noblessse de Charles-Gabriel Yonques, par lequel il paraît qu'il est fils de Charles Yonques et de dame Charlotte du Planty du Landreau, en date du 11 août 1689, signé Jacques de Ferrière de Champigny, Gabriel Thibault de la Carte et Tastereau, n^{re} royal.

Contrat du partage des biens de Charles Yonques, chev., s^{gr} de Sevret, et de Charlotte du Planty du Landreau, entre Charles-Antoine Yonques, chev., s^{gr} de Sevret, fils aîné, Charles-Gabriel Yonques, chevalier de l'ordre de Saint-Jean-de-Jérusalem, Germanic-Louis Yonques, chev., abbé de Sevret, Jean-François Yonques, chev., s^{gr} de la Vandrie, et d^{lles} Renée-Louise, Marie-Charlotte et Jeanne-Henriette Yonques, leurs enfants, en date du 16 août 1710, signé Tastereau, n^{re}.

Cahier des extraits de baptême : 1° de Renée-Louise Yonques, du 8 avril 1674, 2° de Charles-Antoine, du 16 octobre 1675, 3° de Marie-Charlotte, du 25 juillet 1677, 4° de Charles-Gabriel, né le 11 février 1678, baptisé le 5 mars 1680, 5° de Jeanne-Henriette, née le 6 septembre 1679, baptisée le 28 janvier 1680, 6° de Germanic-Louis, du 23 septembre 1680, 7° de Jean-François, né le 28 septembre 1681, baptisé le 2 octobre suivant, par lesquels il paraît qu'ils sont tous enfants de Charles Yonques, éc., s^r de Sevret, et de dame Charlotte du Planty du Landreau, lesdits extraits délivrés le 26 avril 1715 par Guilberteau, curé de Sevret, contrôlés à Poitiers par Coupard.

Ordonnance : Maintenus comme nobles et écuyers, demoiselles et filles de nobles, le 3 mai 1715, signé : de Richebourg.

16

Mauléon

René-Julien JOUBERT, chev., s^{gr} du Plessis-Tesselin.

Pièces justificatives : Ordonnance de M. de Barentin en faveur de Charles Joubert, éc., s^r du Plessis-Tesselin, et Charles Joubert, éc., s^r de la Ménardière, son fils, par laquelle ils sont maintenus dans la qualité de nobles et écuyers, en date du 29 août 1667.

Contrat de mariage de Charles Joubert, chev., s^{gr} de Beaulieu et du Plessis-Tesselin, avec d^{lle} Catherine Aymon de Brachechien, par lequel il paraît qu'il est fils de feu Charles Joubert, chev., s^{gr} du Plessis-Tesselin, et de dame Renée de Larpay, en date du 21 octobre 1671, signé Bounineau et Saunier, n^{res}.

Contrat de mariage de René-Julien Joubert, chev., s^{gr} du Plessis-Tesselin, avec d^{lle} Suzanne-Jeanne du Planty de Rochetemer, par lequel il paraît qu'il est fils de Charles Joubert ci-dessus et de dame Catherine Aymon de Brachechien, en date du 17 mai 1710, signé Bourasseau, n^{re}.

Ordonnance : Maintenu comme noble et écuyer, le 3 mai 1715, signé : de Richebourg.

Léonard JOSSELIN, éc., s^{gr} de Becelat et de Villeloube, demeurant à Melle.

17

Saint-Maixent

Pièces justificatives : Contrat de mariage de François Josselin, éc., s^r de Becelat, avec d^{lle} Jeanne Terrible, par lequel il paraît qu'il est fils d'Henri Josselin, éc., et de d^{lle} Suzanne de la Poumerlie, et qu'il avait pour frère aîné Pierre Josselin, éc., s^r de Sauvaniat, en date du 23 février 1653, signé Payalon et Simon, n^{res}, légalisé par le président, châtelain et lieutenant de police de la ville d'Aubusson, le 24 avril 1715, signé Lapique.

Inventaire fait devant M. d'Aguesseau, intendant de la Généralité de Limoges, des titres justificatifs de la noblesse de Pierre Josselin, éc., s^r de Sauvaniat, au pied duquel est son ordonnance portant acte de comparution, dire et consentement du traitant, et ordonnant que les titres produits seront rendus et que l'inventaire d'iceux, préalablement signé des parties, demeurera pardevers lui pour être envoyé au Conseil, en date du 15 janvier 1667.

Contrat de mariage de Léonard Josselin, chev., s^{gr} de Becelat et de Villeloube, avec d^{lle} Louise Poupiau, par lequel il paraît qu'il est fils de François Josselin, éc., s^r de Becelat et de Villeloube, et de dame Jeanne Terrible, en date du 20 août 1695, signé Cotheron et Robert, n^{res}.

Ordonnance : Maintenu comme noble et écuyer, le 12 mai 1715, signé : de Richebourg.

François JOUSLARD, éc., s^r d'Ayron,
Jean-Baptiste JOUSLARD, éc., son frère puîné,
Françoise Rogier, veuve de Jean-Baptiste-Jacques JOUSLARD, éc., s^r d'Ayron, mère des précédents,
Charles JOUSLARD, éc., s^r d'Yversay, cousin germain dudit feu s^r d'Ayron.

18

Poitiers

Pièces justificatives : Copie vidimée des délibérations de la Maison commune et Hôtel-de-Ville de Niort, de l'année 1570, par lesquelles il paraît que François Jouslard, s⁰ de Mortefond, était maire et capitaine de ladite ville, et que, par la délibération du 28 avril 1570, la place d'échevin, vacante par le décès de Philippe Berland, appartiendra audit François Jouslard, s⁰ de Mortefond, ladite copie datée du 18 mars 1715, signée Dutertre, n⁰, pour avoir lesdites pièces.

Extrait de la liste et rôle des maires, échevins et veuves de la ville de Niort, par lequel il paraît que Mathurine Yvert était veuve dudit François Jouslard, qualifié écuyer, du 3 juillet 1580, signé par collation, Marrot et Gauvin, n⁰ˢ.

Contrat de mariage de Philippe Jouslard, éc., s⁰ du Fouilloux, avec d¹¹ᵉ Anne Lebascle, par lequel il paraît qu'il est fils de François Jouslard, s⁰ʳ de Mortefond, et de Mathurine Yvert, en date du 11 mai 1581, signé Marrot et Gauvin, n⁰ᵉˢ.

Contrat du partage des biens de François Jouslard, Elu en l'élection de Niort, et de d¹¹ᵉ Mathurine Yvert, entre Jean Jouslard, éc., s⁰ de Mortefond, et Philippe Jouslard, leurs enfants, par lequel il paraît que Jean, en qualité d'aîné, a eu les préciputs et avantages de la Coutume, en date du 1ᵉʳ décembre 1587, signé Marrot et Gauvin, n⁰ᵉˢ.

Contrat de mariage de Joseph Jouslard, éc., s⁰ d'Ayron, conseiller au présidial de Poitiers, avec d¹¹ᵉ Louise de Lauzon, par lequel il paraît qu'il est fils de Philippe Jouslard, éc., s⁰ des Ombres et du Fouilloux, pair et échevin de Poitiers, et de d¹¹ᵉ Anne Lebascle, en date du 26 avril 1609, signé Champion et Dupas, n⁰ᵉˢ.

Contrat de mariage de Jean-Baptiste Jouslard, chev., s⁰ʳ dudit lieu et de la Rouaudière, avec d¹¹ᵉ Marie Mayaud, par lequel il paraît qu'il est fils de Joseph Jouslard, chev., et de dame Louise de Lauzon, en date du 11 janvier 1642, signé Levasseur et Vézien, n⁰ᵉˢ à Poitiers.

Contrat de mariage de Jean-Baptiste-Jacques Jouslard, chev., s⁰ʳ d'Ayron, avec d¹¹ᵉ Françoise Rogier, par lequel il paraît qu'il est fils de Jean-Baptiste Jouslard, chev., s⁰ʳ d'Ayron, ci-dessus, et de dame Marie Mayaud, en date du 10 juillet 1676, signé Vézien et Péronet, n⁰ᵉˢ à Poitiers.

Contrat de mariage de François Jouslard, éc., s⁰ du Petit-

Château d'Ayron, avec d^lle Jeanne Chabiel, par lequel il paraît qu'il est fils de Jean-Baptiste-Jacques Jouslard ci-dessus et de dame Françoise Rogier, en date du 27 avril 1710, signé Monnereau et Charaudeau, n^res.

Extrait du baptême de Jean-Baptiste Jouslard, du 1er juillet 1693, par lequel il paraît qu'il est fils de Jean-Baptiste-Jacques Jouslard, chev., s^gr d'Ayron, et de dame Françoise Rogier, délivré le 23 mars 1715 par Pegain, curé d'Ayron, contrôlé à Poitiers le 22 juin suivant par Legrand.

Contrat de mariage de Philippe Jouslard, éc., s^r de la Thibaudière, avec d^lle Françoise Baraud, par lequel il paraît qu'il est fils de Joseph Jouslard, chev., s^gr d'Ayron, et de dame Louise de Lauzon, en date du 12 janvier 1649, signé Vézien et Paillard, n^res.

Contrat de mariage de Charles Jouslard, éc., s^r d'Yversay, avec dame Renée Bernardeau, veuve de Joseph Charlet, par lequel il paraît qu'il est fils de Philippe Jouslard, éc., s^r de la Thibaudière, et de dame Françoise Baraud, en date du 21 juillet 1698, signé Marrot, n^re.

Ordonnance : **Maintenus comme nobles, écuyers, veuve de noble, le 26 juin 1715, signé : de Richebourg.**

Louis-Julien JOUBERT, éc., s^r de la Didraye, *19*
Louise-Thérèse JOUBERT, sa sœur.

Pièces justificatives : Contrat de mariage de Georges Joubert, chev., *Les Sa-*
s^gr de la Didraye, avec d^lle Louise Perrayne, par lequel il *bles*
paraît qu'il est fils d'autre Georges Joubert, chev., s^gr de la Domangère, et de dame Marie Cantin, en date du 9 février 1654, signé Maurat et Oliveau, n^res.

Extrait de baptême de Louise-Thérèse Joubert, du 1er mai 1659, par lequel il paraît qu'elle est fille de Georges Joubert ci-dessus, et de Louise Perrayne, délivré le 14 juin 1715 par Pineau, curé de Talmond, légalisé par Rabillé, sénéchal.

Ordonnance de M. de Maupeou en faveur de Louis-Julien Joubert, éc., s^r de la Didraye, par laquelle il est reçu opposant à l'exécution du rôle arrêté au Conseil le 14 mai 1690, et faisant droit sur son opposition, déchargé de la somme de trois mille livres, à laquelle il avait été condamné, en conséquence maintenu dans la qualité de noble et écuyer, en date du 18 décembre 1697. Dans le vu des pièces de ladite ordonnance se trouve énoncé le contrat de mariage dudit Louis-Julien Joubert, s^r de la Didraye, avec d^{lle} Marie Macé, par lequel il paraît qu'il est fils de Georges Joubert, chev., s^{gr} de la Didraye, et de dame Louise Perrayne.

Dire de la produisante : Louise-Thérèse Joubert, veuve de Louis Pillot, éc., s^r de la Guionnière, déclare renoncer à la noblesse de son mari pour se tenir à la sienne.

Ordonnance : Maintenus comme nobles, écuyer, fille de noble, le 23 juillet 1715, signé : de Richebourg.

20

Fontenay

Alexandre de JAUDOUIN, éc., s^r de Marmande.

Pièce justificative : Ordonnance de M. de Maupeou en faveur dudit Alexandre de Jaudouin, éc., s^r de Marmande, par laquelle il est reçu opposant à l'exécution du rôle arrêté au Conseil, et faisant droit sur son opposition, déchargé de la somme de six mille livres, à laquelle il avait été taxé au Conseil, en conséquence maintenu dans la qualité de noble et écuyer, en date du 21 décembre 1697.

Ordonnance : Maintenu comme noble et écuyer, le 4 août 1715, signé : de Richebourg.

21

Niort

Catherine Gouin du Bourget, veuve de Léon JOURDAIN, éc., s^r de Villiers-en-Plaine, demeurant audit lieu, tant en son nom que comme mère tutrice de Léon-Claude et Catherine-Henriette JOURDAIN.

Pièces justificatives : Ordonnance de M. de Richebourg en faveur de Léon Jourdain, éc., s^r de Chantecourt, fils de défunt Jean-Baptiste Jourdain, éc., s^r dudit lieu de Chantecourt, par laquelle il est maintenu dans la qualité de noble et écuyer, en date du 29 mars 1715. Dans le vu des pièces est énoncé le contrat de mariage de Louis Jourdain, éc., s^{gr} châtelain de Villiers, avec d^{lle} Jeanne (du Chastellier) Barlot, et le contrat de mariage de Bertrand Jourdain avec d^{lle} Catherine de Berton. (Voir J 12 et 13 ci-dessus.)

Contrat de mariage de Léon Jourdain, chev., s^{gr} des châtellenies de Villiers-en-Plaine, avec d^{lle} Marie-Catherine Gouin du Bourget, par lequel il paraît qu'il est fils de Bertrand Jourdain, chev., s^{gr} des châtellenies de Villiers-en-Plaine, et de dame Catherine de Berton, du 16 novembre 1698, signé Bobusse et Laideovive, n^{res} à Paris.

Deux extraits de baptême, le premier de Léon-Claude Jourdain, du 4 décembre 1700, et le second de Catherine-Henriette Jourdain, du 8 mai 1704, par lesquels il paraît qu'ils sont enfants de Léon Jourdain, chev., s^{gr} de Villiers, et de Marie-Catherine Gouin, délivrés le 12 août 1715 par Perrain, curé de Villiers, contrôlés à Poitiers le 7 septembre suivant par Coupard.

Dire de la produisante : Son mari avait eu d'un premier mariage un fils, qui est le s^r (Gabriel) Jourdain d'Oriou [1].

Ordonnance : **Maintenus comme noble et écuyer, veuve de noble et demoiselle, le 10 septembre 1715, signé : de Richebourg.**

Joseph-Ignace JARNO, éc., s^r du Pont des Groseilliers. 22

Pièces justificatives : Contrat de mariage de Marc Jarno, cons^{er} au présidial de Poitiers, avec Hélène Vidard, en date du 5 avril 1588, signé Marot et Babinet, n^{res}. *Poitiers*

---

1. D'après les pièces produites tant par la veuve Jourdain que par les parents de son mari, J 12 et 13, la filiation de la famille Jourdain est ainsi établie : François Jourdain et Hélène Goulard ont eu pour fils Bertrand, époux de Catherine de Berton, Jean-Baptiste, époux de Marie Mestivier, et Alexandre, époux de Jeanne Audouin. De Bertrand est issu Léon, qui, d'un premier mariage avec Catherine Berland, a eu Gabriel, époux de Jeanne-Marie Thébault, et de son second mariage avec Catherine Gouin du Bourget a eu Léon-Claude et Catherine-Henriette. Jean-Baptiste a eu pour fils autre Léon, époux de Catherine de la Laurencie.

Acte de la nomination faite par les sieurs maire, échevins et bourgeois de la ville de Poitiers, de la personne de Marc Jarno, éc., s^r du Pont-des-Groseilliers, cons^{er} au présidial, maire pour lors de Poitiers et bourgeois de ladite ville, pour l'un des vingt-cinq échevins de la maison commune de ladite ville, au lieu et place de René Boisson, en date du 9 juin 1599, signé, Par commandement des Mois et Cent, Minereau, secrétaire.

Contrat de mariage de Jean Jarno, s^r du Lac, procureur du roi au présidial de Poitiers, avec d^{lle} Jeanne Charlet, par lequel il paraît qu'il est fils de Marc Jarno ci-dessus et de d^{lle} Hélène Vidard et qu'il a pris la qualité d'écuyer, passé à Poitiers le 27 septembre 1621, signé Porcheron et Baraud, n^{res} royaux.

Contrat de mariage de Marc Jarno avec d^{lle} Anne Poudret, par lequel il paraît qu'il est fils de Jean Jarno, procureur du roi, et de ladite Jeanne Charlet, et que le père et le fils ont pris le titre d'écuyers, passé à Poitiers le 24 novembre 1649, signé Baraud et Johanne, n^{res} royaux.

Contrat de mariage de Joseph-Ignace Jarno, produisant, avec d^{lle} Marie-Anne Aymer, par lequel il paraît qu'il est fils de Marc Jarno ci-dessus et d'Anne Poudret, et que le père et le fils ont pris la qualité d'écuyers, passé à Poitiers le 9 juin 1708, signé Bequier, n^{re} royal.

Ordonnance : Maintenu comme noble et écuyer, le 13 septembre 1715, signé : de Richebourg.

23

Poitiers et Niort

Marthe Gellin, veuve de Claude-Alexandre IRLAND, éc., s^r de la Lionnière, tant en son nom que comme mère tutrice de Claude-Alexandre, François, André, Marthe et Thérèse IRLAND, demeurant paroisse de Boissière-en-Gâtine,

André IRLAND, éc., ci-devant capitaine au régiment de Noailles, demeurant paroisse de Cloué,

Jean IRLAND, éc., s^r du Château, demeurant à Champdeniers, frère du précédent.

Pièces justificatives : Ordonnance de M. de Barentin en faveur de

Jean Irland, éc., sʳ de Beaumont, lieutenant-général criminel en la sénéchaussée de Poitou, Robert Irland, éc., sʳ de Fief-Clairet, Louis Irland, chantre, chanoine de l'église de St-Hilaire de Poitiers, Jacques Irland, éc., sʳ de la Sigougne et de la Salvagère, dˡˡᵉ Marie Pidoux, veuve de Bonaventure Irland, éc., consᵉʳ au présidial de Poitiers, Claude, René et Emmanuel Irland, ses enfants, par laquelle ils sont maintenus dans la qualité de nobles et écuyers, en date du 31 décembre 1667.

Contrat de mariage de Claude Irland, éc., sʳ de la Lionnière, avec dˡˡᵉ Marthe-Radégonde Paillard, par lequel il paraît qu'il est fils de feu Bonaventure Irland, éc., sʳ de la Maingouère, et de dˡˡᵉ Marie Pidoux, en date du 7 décembre 1665, signé Gazil, nʳᵉ royal.

Contrat de mariage de Claude-Alexandre Irland, éc., sʳ de la Lionnière, avec dame Marthe Gellin, par lequel il paraît qu'il est fils de Claude Irland ci-dessus et de dame Marthe-Radégonde Paillard, en date du 24 novembre 1689, signé Babin, nʳᵉ.

Quatre extraits de baptême, le 1ᵉʳ de Claude-Alexandre Irland, du 12 novembre 1690, le 2ᵉ de François Irland, du 3 décembre 1692, le 3ᵉ de Marthe et Thérèse Irland, du 3 novembre 1695, le 4ᵉ d'André Irland, du 26 mai 1705, par lesquels il paraît qu'ils sont enfants de Claude-Alexandre Irland, éc., sʳ de la Lionnière, et de dame Marthe Gellin, délivrés le 18 janvier 1715 par Lestrigou, curé de la Boissière-en-Gâtine, contrôlés à Poitiers le 6 février suivant par Legrand.

Deux extraits de baptême, le 1ᵉʳ d'André Irland, du 3 décembre 1671, le 2ᵉ de Jean Irland, du 22 octobre 1674, par lesquels il paraît qu'ils sont enfants de Claude Irland, éc., sʳ de la Lionnière, et de dame Marthe-Radégonde Paillard, délivrés le 3 janvier 1715 par Lestrigou, curé de la Boissière, contrôlés à Poitiers le 26 février suivant par Legrand.

Ordonnance : Maintenus comme nobles, écuyers, veuve et filles de gentilhomme, le 10 janvier 1716, signé : de Richebourg.

24

Poitiers

Isaac-Jean JAUMIER, éc., s^{gr} de Béruges,
Pierre JAUMIER, éc., s^{gr} de Savenne,
François JAUMIER, éc., s^{gr} de la Barbelinière,
Jacques JAUMIER, éc., s^{gr} de Brenegou.

Pièces justificatives : Ordonnance de M. de Barentin en faveur de Jean Jaumier, éc., s^r de Saint-Gouard, trésorier de France au Bureau des finances de Poitiers, et Jacques Jaumier, éc., s^r de Guinefolle et de la Barbelinière, son frère puîné, par laquelle ils sont maintenus dans la qualité de nobles et écuyers, en date du 30 décembre 1667. Dans le vu des pièces sont énoncés : 1° le contrat de mariage de Jean Jaumier, éc., s^r de Saint-Gouard, avec d^{lle} Marie Barbarin, par lequel il paraît qu'il est fils de Jacques Jaumier, éc., s^r de Saint-Gouard, conseiller au Parlement de Bretagne, et de dame Marie de Certany, 2° le contrat de mariage de Jacques Jaumier, éc., s^r de Guinefolle et de la Barbelinière, avec d^{lle} Catherine Leduc, par lequel il paraît qu'il est frère de Jean Jaumier de Saint-Gouard.

Ordonnance de M. de Maupeou en faveur de Jean Jaumier, éc., s^r de Saint-Gouard, premier président au Bureau des finances de Poitiers, Jacques Jaumier, éc., s^r de Guinefolle et de la Barbelinière, Isaac-Jean Jaumier, éc., s^{gr} de Béruges, Pierre Jaumier, éc., s^{gr} de Savenne, et François Jaumier, éc., s^{gr} de la Barbelinière, par laquelle ils sont déchargés des assignations à eux données à la requête de Guérin, au lieu duquel est substitué le s^r Ferrand, en conséquence maintenus dans les privilèges accordés aux nobles du royaume, en date du 26 mai 1699.

Contrat du partage des biens de dame Marie Barbarin entre Isaac-Jean Jaumier de Saint-Gouard, chev., s^{gr} de Saint-Gouard, Pierre Jaumier, chev., s^{gr} de Savenne, et Jacques Jaumier, chev., s^{gr} de Brenegou, par lequel il paraît qu'ils sont tous les trois enfants de Jean Jaumier de Saint-Gouard et de Marie Barbarin, en date du 9 février 1708, signé Royer et Darbez, n^{res}.

Pièces non visées : Deux certificats de MM. de Vérac et de Chamilly, des 15 août 1702 et 4 juin 1708, par lesquels il se voit que le s^r de Saint-Gouard de Béruges (Isaac-Jean Jaumier) a servi et même commandé la noblesse au ban de la province de Poitou.

Ordonnance : Maintenus comme nobles et écuyers, le 15 janvier 1716, signé : de Richebourg.

Marie Aubineau, veuve d'Achille JOURDAIN, éc., s^gr de Boistillé,

Achille-Nicolas, Marie-Charlotte et Suzanne JOURDAIN, ses enfants.

25

Niort

Pièces justificatives : Ordonnance de M. de Barentin en faveur de René Jourdain, éc., s^r des Villanières, et Pierre Jourdain, éc., s^r de Boistillé, par laquelle ils sont maintenus dans la qualité de nobles et écuyers, en date du 7 septembre 1667.

Ordonnance de M. de Maupeou en faveur d'Achille Jourdain, éc., s^r de Maisonnais, et Emmanuel Jourdain, éc., s^r de Crissé, par laquelle ils sont maintenus dans la qualité de nobles et écuyers, en date du 18 mars 1699. Dans le vu des pièces de ladite ordonnance est énoncé le contrat de mariage d'Achille Jourdain, éc., s^r de Maisonnais, avec d^lle Marie Foucault, par lequel il paraît qu'il est fils de Pierre Jourdain, éc., s^r de Boistillé, dénommé dans l'ordonnance ci-dessus, et de d^lle Françoise Rousseau.

Contrat de mariage d'Achille Jourdain, chev., s^gr de Boistillé, avec d^lle Marie Aubineau, par lequel il paraît qu'il est fils d'Achille Jourdain, chev., s^gr dudit lieu, et de dame Marie Foucault, en date du 4 février 1700, signé Rullier et Ribault, n^res.

Trois extraits de baptême, le 1er de Marie-Charlotte Jourdain, du 21 novembre 1700, le 2e d'Achille-Nicolas Jourdain, du 11 mai 1702, et le 3° de Suzanne Jourdain, du 2 avril 1705, par lesquels il paraît qu'ils sont tous les trois enfants d'Achille Jourdain, éc., s^r de Boistillé, et de dame Marie Aubineau, lesdits extraits délivrés, savoir, le 1er le 6 mai 1715 par Aumaistre, curé de Taizé, légalisé par le juge de Ruffec, et les deux autres le 4 octobre 1717 par Paumier, curé de Saint-Hilaire-de-la-Celle, contrôlés tous les trois à Poitiers par Chevalier.

Ordonnance : Maintenus comme nobles, écuyer, veuve de noble et demoiselles, le 13 octobre 1717, signé : de Latour.

26

Poitiers

René JOURDAIN, éc., s^r de la Cour de Boistillé.

Pièces justificatives : Ordonnance de M. de Barentin en faveur de René Jourdain, éc., s^r des Villanières, et Pierre Jourdain, éc., s^r de Boistillé, par laquelle ils sont maintenus dans la qualité de nobles et écuyers, en date du 7 septembre 1667.

Ordonnance de M. de Maupeou en faveur d'Achille Jourdain, éc., s^r de Maisonnais et Boistillé, et Emmanuel Jourdain, éc., s^r de Crissé, par laquelle ils sont maintenus dans la qualité de nobles et écuyers, en date du 18 mars 1699. Dans le vu des pièces se trouve énoncé le contrat de mariage dudit Achille Jourdain, éc., s^r de Maisonnais et Boistillé, avec d^{lle} Marie-Anne de Rechignevoisin, par lequel il paraît qu'il est fils de Pierre Jourdain, chev., s^{gr} de Boistillé, dénommé dans l'ordonnance ci-dessus, et de dame Françoise Rousseau.

Contrat de mariage de René Jourdain, éc., s^r de la Cour de Boistillé, avec d^{lle} Marie-Jacquette Bricault, par lequel il paraît qu'il est fils (du second mariage) d'Achille Jourdain, éc., s^r de Maisonnais, dénommé dans l'ordonnance de M. de Maupeou, et de dame Marie-Anne de Rechignevoisin de Guron, en date du 9 janvier 1709, signé de Vaugelade, n^{re}.

Ordonnance : Maintenu comme noble et écuyer, le 16 octobre 1717, signé : de Latour.

27

Les Sables

Marie-Anne JOUBERT.

Pièces justificatives : Ordonnance de M. de Richebourg en faveur de Julien-Louis Joubert, éc., s^r de la Didraye, et Louise-Thérèse Joubert (frère et sœur de la produisante), par laquelle ils sont maintenus dans la qualité de nobles, écuyer et demoiselle, en date du 23 juillet 1715. Dans le vu des pièces est énoncé le contrat de mariage de Georges Joubert, éc., s^r de la Didraye, avec d^{lle} Louise Perraine, par lequel il paraît qu'il est fils d'autre Georges Joubert, chev., s^{gr} de la Domangère, et de dame Marie-Anne Cantin. (Voir J 19 ci-dessus.)

Extrait de baptême de Marie-Anne Joubert, du 10 mai 1657, par lequel il paraît qu'elle est fille de Georges Joubert et de d^{lle} Louise Perraine, délivré le 5 septembre 1717 par Pineau, curé de Talmond, légalisé par Lévesque, procureur fiscal de Talmond, en l'absence du sénéchal avocat fiscal dudit lieu, le 6 septembre suivant, contrôlé le même jour audit Talmond par Herbert.

Ordonnance : Maintenue comme demoiselle et fille de noble, le 9 décembre 1717, signé : de Latour.

Anne-Marie, Elisabeth-Auguste et Stéphanie-Louise JOUBERT.

28

Pièces justificatives : Inventaire fait pardevant M. Voisin de la Noiraye, intendant de la Généralité de Tours, des titres de noblesse d'Auguste Joubert, éc., s^r des Arsonnières, tant pour lui que pour François Joubert, éc., son frère puîné, au pied duquel est son ordonnance par laquelle il donne acte de la représentation desdits titres, pour y avoir égard lors de la confection du catalogue des gentilshommes, en date du 14 janvier 1668. Dans ledit inventaire sont énoncés : 1° le contrat de mariage d'Auguste Joubert, éc., s^r des Arsonnières, avec d^{lle} Jeanne Millet, rapporté daté du 19 octobre 1649, 2° le contrat de mariage en secondes noces dudit Auguste Joubert avec dame Marie Verdier, par lequel il paraît qu'il est issu d'autre Auguste Joubert, vivant chev., s^{gr} de Chuzé, et de dame Catherine Simon, rapporté daté du 27 février 1662.

Thouars

Lettres patentes du roi en faveur de Nicolas et Auguste Joubert, éc^{rs}, frères, par lesquelles Sa Majesté les relève de la dérogeance commise par Jean Joubert, leur père, qui avait pris des fermes, en date du 29 avril 1647, signées Louis, Par le roi, la Reine régente, sa mère présente, et plus bas, Phelypeaux, registrées à la Cour des aides à Paris le 30 mai 1653.

Contrat de mariage de Jean Joubert, chev., s^{gr} de la Cretinière, avec d^{lle} Marie de Terves, par lequel il paraît qu'il est issu d'Auguste Joubert, chev., s^{gr} des Arsonnières, la Cretinière et de la terre et châtellenie du Gué d'Alleré, et de défunte dame Jeanne Millet, en date du 20 janvier 1685, signé Richard, n^{re} royal à Saumur.

Quittance de finance de la somme de 500 livres, payée par ledit Jean Joubert, s^r de la Cretinière, fils d'Auguste Joubert, réhabilité par lettres du 29 avril 1647 enregistrées le 30 mai 1653, en date du 20 janvier 1695, signée Millien, enregistrée et contrôlée au contrôle général des finances le 4 mars suivant, signé Phelypeaux.

Extrait de baptême d'Anne-Marie Joubert, du 2 septembre 1686, par lequel il paraît qu'elle est fille de Jean Joubert, s^{gr} de la Cretinière, et de dame Anne-Marie de Terves, délivré le 11 mai 1715 par Guillemet, curé de Bouillé-Loret, dûment contrôlé.

Deux extraits de baptême, le 1er d'Elisabeth-Auguste Joubert, du 12 novembre 1687, le 2e de Stéphanie-Louise Joubert, du 14 juin 1694, par lesquels il paraît qu'elles sont filles de Jean Joubert, éc., s^r de la Cretinière, et de dame Anne-Marie de Terves, délivrés, le 1er le 1er juillet 1715, le 2e le 29 mars 1715, par Fonteny, curé de Foussay, dûment contrôlés.

Ordonnance : Maintenues comme demoiselles et filles de noble, le 21 juin 1718, signé : de Latour.

L

Poitiers

Pierre-Louis LEGIER, chev., s^{gr} de la Sauvagère, la Barre-Pouvreau, la Gourdrie et autres lieux.

Pièces justificatives : Contrat d'un partage fait le 7 avril 1391 des biens d'un feu Hugues Legier, entre Jean et autre

Hugues Legier, ses enfants, par lequel il paraît que lesdits Jean et Hugues prenaient le titre d'écuyers, passé sous le scel de la cour de Parthenay, signé Maurat.

Contrat en explication du partage ci-dessus, par lequel lesdits Jean et Hugues Legier sont titrés écuyers, en date du 2 juin 1400, signé Breton et Garnier, n^{res}.

Enquête à la requête de Jean et François Legier, en vertu d'une commission de la cour ordinaire de la sénéchaussée de Poitou, en date du 28 juin 1469, par laquelle il paraît que lesdits Jean et François sont qualifiés écuyers.

Aveu et dénombrement rendu à très haut et très puissant Prince Monsieur de Richemond, s^{gr} de Parthenay, par dame Catherine de la Pescherie, veuve de Charles Legier, au nom et comme tutrice de Jean et François Legier, ses enfants, en raison du fief de Leigne, mouvant de Parthenay, en date du 12 février 1471, signé Mesmeau, n^{re}.

Contrat d'une vente faite de certains domaines par Jean Legier, éc., s^{gr} de la Sauvagère et de Leigne, et d^{lle} Marie de la Brosse (sa femme), à dame Jeanne Duvergé, dame de Saint-Georges, en date du 27 septembre 1484, signé G. Battereau, par lequel ledit Jean Legier est titré d'écuyer.

Testament dudit Jean Legier, où il est aussi qualifié d'écuyer, en date du 20 février 1491, signé Verdon et Compain, n^{res}.

Contrat de mariage de Jacques Legier, s^r de la Sauvagère, avec d^{lle} Jeanne de la Chapelière (*alias* de la Chapellerie), par lequel il paraît qu'il est fils de Jean Legier ci-dessus et de Marie de la Brosse, et qu'il est qualifié écuyer, en date du 28 juin 1503, signé Couillaud et Berland, n^{res}.

Transaction en forme de partage entre Louis de la Brosse, Jacques Legier, Marguerite et Agnès Legier, des biens d'un La Brosse mort sans hoirs, duquel ils étaient héritiers, dans lequel Jacques Legier est qualifié écuyer, en date du 5 février 1504, signé Bichon et Bouchet, n^{res}.

Transaction qui prouve que ledit Jacques Legier était frère de Jean Legier aîné, et dans laquelle ils sont tous les deux titrés d'écuyers, en date du 24 juin 1504, signé Mougier.

Contrat de mariage de Perrette Legier avec Eutrope de Culan, par lequel il paraît que ladite Perrette était fille de Jean Legier, frère aîné de Jacques Legier, en date du 7 mai 1514, signé Joulain, n^{re}.

Transaction entre Eutrope de Culan et Jacques Legier, dans laquelle ledit Jacques Legier est titré d'écuyer, s^{gr} de la Sauvagère, du 7 mai 1514, signé Maître.

Déclaration des fiefs et arrière-fiefs que Noël Legier possédait dans le comté du Poitou et la duché-pairie d'Anjou, rendue au sénéchal du Poitou par ledit Noël Legier, tant pour lui que pour Jeanne de la Chapelière, sa mère, Marie de Mauléon, sa femme, et Joachim Legier, son frère, par laquelle il paraît que lesdits Noël et Joachim Legier sont titrés écuyers, s^{grs} de la Sauvagère, en date du 20 septembre 1540, signé Poupet, à la requête de Noël Legier.

Contrat de mariage de Philippe Legier avec d^{lle} Renée Claveurier, par lequel il paraît que Jeanne de la Chapelière, veuve de Jacques Legier, son aïeule, est établie présente, qu'il est fils de Noël Legier et de Marie de Mauléon, que lesdits Legier sont titrés écuyers, s^{grs} de la Sauvagère, en date du 30 mai 1557, signé Demousset, n^{re}.

Contrat du partage des biens de Noël Legier et de Marie de Mauléon entre Philippe Legier, leur fils aîné, Françoise et Marguerite Legier, par lequel il paraît que ledit Philippe a eu les avantages de la Coutume et qu'il est titré écuyer, s^{gr} de la Sauvagère, en date du 23 janvier 1582, signé Dupont et Admirault, n^{res}.

Information des commissaires nommés par MM. les Commandeurs de l'ordre de Malte pour faire les preuves de noblesse de Pierre Legier, fils de Philippe Legier et de dame Renée Claveurier, en date du 5 mai 1580, signée Philippe Bonnin, chevalier de l'ordre de St-Jean-de-Jérusalem, commandeur de la Villedieu, près Poitiers, et Jean Gazeau, chevalier dudit ordre, commandeur de Villegast.

Contrat de mariage de René Legier, éc., s^{gr} de la Sauvagère, la Barre-Pouvreau, avec d^{lle} Louise Goullard, par lequel il paraît qu'il est fils aîné et seul héritier de Philippe Legier et de Renée Claveurier, en date du 24 janvier 1607, signé Roger, n^re.

Sentence rendue en la sénéchaussée et cour ordinaire du Poitou, à Poitiers, entre le procureur du roi, poursuite et diligence de René Lasseré, receveur des domaines du roi, et René Legier, par laquelle ledit René Legier est qualifié écuyer, s^r de la Sauvagère, en date du 13 novembre 1610, signé Thoreau, greffier.

Acte d'hommage fait devant le s^r Poignand, sénéchal de la Barre-Sanglier, par Jean Beugnon, avocat à Saint-Maixent, au nom et comme procureur fondé de Louise Goullard, veuve de René Legier, éc., s^gr de la Sauvagère, en qualité de tutrice naturelle et ordonnée par justice de la personne et biens de Louis Legier, éc., s^gr de la Sauvagère, fils aîné et principal héritier dudit René Legier, pour raison de l'hôtel de la Sauvagère, en date du 26 mai 1620, signé Deniort, greffier.

Contrat de mariage de Louis Legier avec d^lle Renée Poictevin, par lequel il paraît qu'il est fils de René Legier ci-dessus et de Louise Goullard, et qu'il est qualifié écuyer, en date du 5 mai 1626, signé Morin, n^re.

Contrat de partage des biens de Louise Goullard, veuve de René Legier, entre Louis Legier et autres cohéritiers, en date du 8 janvier 1639, signé Chollet et Maxias, n^res, par lequel il paraît que ledit Louis est leur fils aîné.

Acte consenti pardevant notaires entre ledit Louis Legier et Renée Legier, sa sœur, au sujet des partages ci-devant faits entre eux, par lequel il paraît qu'il est fils aîné de René Legier et de Louise Goullard, et qu'il est qualifié écuyer, passé à Poitiers devant Maignan et Maxias, n^res, le 12 août 1643.

Lettre du petit cachet, signée Louis, et plus bas, de Guénegaud, contenant ces mots : « Monsieur Legier, par vos mérites
« et vertus vous avez été choisi et élu en l'assemblée des
« chevaliers de l'ordre de Saint-Michel pour être associé à la-
« dite compagnie si vous l'avez agréable, pourquoi j'envoie
« mémoire et pouvoir à M. le comte de Parabère ; vous vous
« rendrez pardevers lui à cet effet, et accepter le collier et
« honneur que la compagnie vous désire faire » ; à laquelle

lettre est attaché le brevet du roi adressé à M. le comte de Parabère en faveur dudit Louis Legier, s^r de la Sauvagère, les deux pièces datées du 10 avril 1651.

Acte de la réception audit ordre dudit Louis Legier, du 16 mai 1651, signé Dariomand.

Certificat de M. le comte de Parabère, de lui signé, que, suivant les ordres du roi à lui adressés, il a donné de sa part audit s^r Legier de la Sauvagère le collier de l'ordre de Monsieur Saint-Michel, qu'il a pris et reçu le serment en tel cas requis dudit s^r de la Sauvagère, en date du 16 mai 1651.

Deux contrats du partage des biens de Louis Legier ci-dessus et de Renée Poictevin, entre Henri et René Legier, leurs enfants, par lesquels il paraît qu'Henri, comme fils aîné, a eu les avantages de la Coutume, et qu'ils sont qualifiés : Henri Legier, chev., s^{gr} de la Sauvagère, et René Legier, chev., s^{gr} de la Cressonnière, en date des 22 juillet 1679 et 28 février 1684, signés Carlouet, François et Petrault, n^{res}.

Contrat du partage des biens des successions d'Henri et René Legier ci-dessus entre Pierre-Louis Legier, s^r de la Sauvagère, produisant, et ses autres frères et sœurs, par lequel il paraît que ledit Pierre-Louis est fils aîné de René Legier et de Marie Poictevin, et neveu d'Henri Legier, mort sans hoirs, et qu'ils sont qualifiés écuyers, en date du 8 avril 1709, signé Faure et Tortereau, n^{res}.

Dires du produisant et pièces non visées : L'enquête du 28 juin 1469 fait mention de Charles Legier, éc., s^{gr} de la Sauvagère, fils de Jean Legier, premier du nom, et de d^{lle} Catherine Cherbonneau de Leschasserie. Du mariage dudit Charles avec Catherine de la Pescherie sont issus Barthélemy, Jean et François Legier, ainsi qu'il appert de l'aveu et dénombrement rendu par Catherine de la Pescherie, alors veuve, le 12 février 1471.

Transaction passée entre Thomine Le Sergent, veuve dudit Barthélemy Legier, éc., s^{gr} de la Sauvagère, mort sans enfants, d'une part, et Jean et François Legier, éc^{rs}, ses frères, d'autre part, en date du 18 avril 1475, signée Chaigne et Gazeau, n^{res}.

Perrette Legier, mariée à Eutrope de Culan, éc., s^{gr} de Saint-Cire, suivant contrat du 7 mai 1514, est morte sans enfants, et sa succession a été recueillie par Jacques Legier, éc., son oncle.

Sentence en forme de partage rendue en la ville de Poitiers, entre les s^{rs} Claveurier, Philippe Legier et d^{lle} Renée Claveurier, son épouse, par laquelle il se voit que ledit Philippe Legier continue la qualité d'écuyer, en date du 4 juin 1598, signé Jollet, greffier.

Ordonnance : Maintenu comme noble et écuyer, le 12 janvier 1715, signé : de Richebourg.

Charles LELIÈVRE, éc., s^r des Touches.   2

Pièces justificatives : Extrait d'un registre contenant les nobles qui ont été recherchés pour la noblesse sous M. de Mesme de Roisy, maître des requêtes, et M. de Chamillard, intendant de Caen, savoir : 1° de celle de M. de Mesme de Roisy, du 9 juin 1599. « Robert Lelièvre, s^r de la Fosse, fils de Laurent, Jean et Charles, ses frères, venus d'un Michel confirmé en sa noblesse par charte du mois de mars 1368, demeurant à Grainville, élection de Caen, Nicolas, Jean, Guillaume, Louis, Pierre, Gilles, Germain, deux autres Jean, deux Jacques, Nicolas et Richard Lelièvre, tous proches parents, oncles, frères et cousins germains, et Charles et Blaise, fils du dernier Jacques Lelièvre, vu leurs titres, jouiront, etc. » ; 2° de celle de M. de Chamillard, de l'année 1666. « Ancienne noblesse, sergenterie de Villers. Julien Lelièvre, de la paroisse de Tessel, Guillaume Lelièvre, de la paroise de Grainville, Charles Lelièvre, de la même paroisse, et Jacques Lelièvre, de la paroisse de Missy (jouiront, etc.). » Ledit extrait, en date du 10 septembre 1714, certifié par M. Guynet, intendant de la Généralité de Caen, et plus bas, Par Mgr, de Maucour.

Contrat de mariage de Richard Lelièvre avec d^{lle} Jacqueline Henry, par lequel il paraît qu'il est fils d'un Pierre ci-dessus et de d^{lle} Claude de Vernay et qu'il a pris le titre d'écuyer, en date du 18 août 1591, signé des parties intéressées, parents et amis, et Maloyzel, n^{re}.

Contrat de mariage de Charles Lelièvre avec d^{lle} Madeleine de Croisille, par lequel il paraît qu'il est fils de Richard ci-dessus et de Jacqueline Henry et qu'il est titré d'écuyer, en date du 23 juillet 1622, signé Rogier et Bicherily, n^res.

Extrait de baptême de Pierre Lelièvre, du 19 février 1633, par lequel il paraît qu'il est fils de Charles ci-dessus et de Madeleine de Croisille, délivré par le s^r Onfray, curé de Tessel, et légalisé le 12 octobre 1714 par le s^r de Croisille, président du présidial de Caen.

Contrat de mariage de Pierre Lelièvre avec d^lle Henry Lecat, par lequel il paraît qu'il est fils de Charles Lelièvre et de d^lle Madeleine de Croisille et qu'il est titré d'écuyer, en date du 16 février 1655, signé Rosier et Caumont, n^res.

Extrait de baptême de Charles Lelièvre, produisant, dans l'église et paroisse de Saint-Pierre de Grainville, du 5 août 1660, par lequel il paraît qu'il est fils de Pierre ci-dessus et d'Henry Lecat, délivré par Touraille, vicaire, légalisé le 6 janvier 1714 par le s^r de Croisille, président du présidial de Caen.

Contrat de mariage de Charles Lelièvre avec d^lle Françoise de Conty, par lequel il paraît qu'il est fils de Pierre Lelièvre et d'Henry Lecat et qu'il est titré d'écuyer, en date du 18 juin 1690, signé Minot et Guédon, n^res.

Ordonnance : **Maintenu comme noble et écuyer, le 24 janvier 1715, signé : de Richebourg.**

---

3   **Honoré-Pierre LE LARGE, éc., s^r de la Drajonnière, Adrien-Joseph LE LARGE, son fils.**

Poitiers   Pièces justificatives : Edit du roi portant anoblissement de cinq cents personnes dans le royaume, en date du 20 mars 1696.

Quittance de finance de la somme de six mille livres, payée en exécution de l'édit ci-dessus par Jacques Le Large, pour la finance d'une lettre de noblesse, au garde du trésor royal, en date du 12 décembre 1696, signée Brunet, enregistrée au contrôle général des finances le 22 décembre 1696.

Lettres patentes accordées par Sa Majesté audit Jacques Le Large, s^r de la Drajonnière, portant anoblissement de sa personne, enfants, successeurs et postérité, nés et à naître en loyal mariage, tout ainsi que s'ils étaient issus de noble et ancienne extraction, données à Versailles au mois de mars 1697, scellées du grand sceau de cire verte en lacs de soie, signées, Par le roi, Phelippeaux, au milieu desquelles est un écu d'azur à un soleil d'or, le champ soutenu d'or à une épée couchée en fasce de gueules, et cet écu timbré d'un casque de profil orné de ses lambrequins d'or, d'azur et de gueules. Sur le repli desdites lettres sont insérés les enregistrements qui ont été faits d'icelles en Parlement, Chambre des comptes, Cour des aides, Bureau des finances et Cour présidiale de Poitiers, les 10 juillet, 4 et 12 décembre 1697, 3 et 21 janvier 1698. Dans lesdites lettres il est énoncé qu'Honoré-Pierre Le Large, fils dudit Jacques, a commencé à porter le mousquet dans le régiment de Navarre dès 1686, cavalier dans le régiment de Melac en 1689, puis fut pourvu dans la même année d'une commission de capitaine d'infanterie dans le régiment d'Anjou jusqu'en 1692, époque où il est entré dans la compagnie des gens d'armes de la garde du roi.

Edit du roi du 24 octobre 1704, portant suppression de cent lettres de noblesse qui restaient à lever, et confirmant les acquéreurs des lettres de noblesse dans leurs privilèges en payant trois mille livres pour jouir de cent cinquante livres de rente.

Quittance de la somme de trois cents livres payée par le sr Jacques Le Large pour les deux sols pour livre de la somme de trois mille livres, pour jouir de la confirmation de ses lettres de noblesse et rente de 150 livres, en date du 15 avril 1705, signé Clouet.

Edit du roi du mois de janvier 1710, portant attribution de trente mille livres de rente aux acquéreurs des lettres de noblesse créées par les édits des mois de mars 1696 et mai 1702, ou à leurs veuves et enfants, pour être confirmés dans leurs privilèges de noblesse.

Quittance de finance de la somme de douze cents livres payée par le même Jacques Le Large à M. de Turmenye, du 14 novembre 1711, enregistrée au contrôle général des finances le 5 décembre 1711.

Quittance des deux sols pour livre de la somme de douze cents livres payée par Jacques Le Large.

Contrat du partage des biens de la succession de feu Mme de Mouchy, veuve de M. le marquis d'Herbouville, brigadier des armées du roi, par lequel il paraît qu'Honoré-Pierre Le Large, sr de la Drajonnière, produisant, est intervenu comme époux de d{lle} Charlotte d'Herbouville, fille de la défunte et du marquis d'Herbouville, en date du 22 décembre 1713, signé Lemaire, n{re} au Châtelet de Paris.

Extrait de baptême d'Adrien-Joseph Le Large, par lequel il paraît qu'il est fils d'Honoré-Pierre Le Large et de Charlotte d'Herbouville, délivré le 15 janvier 1715 par Poudret, curé de Saint-Etienne de Poitiers.

Ordonnance : Maintenus comme nobles et écuyers, le 21 janvier 1715, signé : de Richebourg.

4

Poitiers

Jean-François LE PLAISANT, éc., sr du Bouchiat, demeurant paroisse de Chaunay.

Pièce justificative : Ordonnance de M. Doujat, intendant en Poitou, en faveur de Jean-François Le Plaisant, sr du Bouchiat, par laquelle il est reçu opposant à une précédente ordonnance rendue contre lui par défaut le 3 septembre 1706, au profit du sr Ferrand, et, faisant droit à son opposition, déchargé des condamnations portées par icelle, en conséquence maintenu dans les privilèges accordés aux nobles du royaume, avec le titre d'écuyer, en date du 4 juin 1707.

Dires du produisant : Il a l'honneur d'être noble, comme étant descendu de Jean Le Plaisant, qui fut député à la convocation de la noblesse de Limousin pour se trouver en la ville de Bordeaux à la convocation des trois états rassemblés par autorité du roi de Navarre, lieutenant général du roi en Guienne, le 19 septembre 1557. Son père, son aïeul, son bisaïeul et lui ont toujours vécu depuis noblement.

Ordonnance : Maintenu comme noble et écuyer, le 1er février 1715, signé : de Richebourg.

Renée de Gennes, veuve de Pascal LECOQ, éc., s⁽ʳ⁾ de Saint-Vertunien,

Charles-François LECOQ, éc., Renée-Charlotte et Marthe LECOQ, ses enfants,

Daniel LECOQ, éc., s⁽ʳ⁾ de Saint-Vertunien, de la paroisse d'Ingrandes.

Châtellerault

Pièces justificatives : Ordonnance de M. de Maupeou en faveur de Françoise Grimaudet, veuve de François Lecoq, éc., s⁽ʳ⁾ des Bordes et de Saint-Vertunien, Pascal et Daniel Lecoq, éc., et d⁽ˡˡᵉ⁾ Suzanne Lecoq, ses enfants, par laquelle ils sont déchargés de l'assignation à eux donnée à la requête du s⁽ʳ⁾ Guérin, au lieu duquel est substitué le s⁽ʳ⁾ Ferrand, et maintenus dans les privilèges de la noblesse, en date du 12 février 1701.

Contrat de mariage de Pascal Lecoq, s⁽ʳ⁾ de Saint-Vertunien, avec d⁽ˡˡᵉ⁾ Renée de Gennes, par lequel il paraît qu'il est fils de François Lecoq et de Françoise Grimaudet, dénommés dans l'ordonnance ci-dessus, ledit contrat du 8 février 1703, signé Perronet et Bourbeau, n⁽ʳᵉˢ⁾ royaux à Poitiers.

Extrait de baptême de Charles-François Lecoq, par lequel il paraît qu'il est fils de Pascal Lecoq, éc., s⁽ʳ⁾ de Saint-Vertunien, et de dame Renée de Gennes, en date du 19 décembre 1703, délivré le 23 janvier 1715 par Fichet, vicaire de Saint-Germain à Poitiers, et dûment contrôlé.

Contrat de mariage de Daniel Lecoq avec d⁽ˡˡᵉ⁾ Marie-Anne Daux, par lequel il paraît qu'il est fils de François Lecoq, éc., et de Françoise Grimaudet, dénommés dans l'ordonnance ci-dessus, en date du 16 mars 1713, signé Jahan et Billette, n⁽ʳᵉˢ⁾ royaux à Châtellerault.

Pièces non visées : Extrait de baptême de Pascal Lecoq, du 20 décembre 1665.

Extrait de baptême de Daniel Lecoq, du 2 novembre 1681, signé Rodier.

Dires des produisants : Pascal et Daniel Lecoq sont fils de François Lecoq, qui est descendu d'autre François Lecoq, éc., s⁽ʳ⁾ de la Tallonnière, lequel était frère de François Lecoq, cons⁽ᵉʳ⁾ au Parlement de Paris, tous deux enfants d'Aymar Lecoq, éc., s^r de Pierre-Blanche, fils d'autre Aymar Lecoq, éc., s^r des Forges, maire d'Angoulême en 1547 et échevin de la même ville en 1552.

Ordonnance : Maintenus comme nobles et écuyers, veuve et filles de noble, le 6 février 1715, signé : de Richebourg.

---

6   Joseph LEBLANC, éc.

Poitiers   Pièces justificatives : Contrat de mariage de Simon Leblanc avec d^{lle} Catherine Lebreton, par lequel il paraît qu'il prenait le titre d'écuyer, s^r de la Poupardière, en date du 22 mars 1583, signé Duchasteigner et Chauvet, n^{res} royaux.

Contrat de mariage de Jean Leblanc avec d^{lle} Renée Coytard, par lequel il paraît qu'il est fils de Simon ci-dessus et de Catherine Lebreton, et qu'il prenait le titre d'écuyer, en date du 24 avril 1624, signé Royer et Doryou, n^{res}.

Contrat de mariage de François Leblanc avec d^{lle} Jeanne Chaillon, par lequel il paraît qu'il est fils de Jean ci-dessus et de Renée Coytard, et qu'il est qualifié écuyer, en date du 10 février 1657, signé Penruot et Toutin, n^{res}.

Contrat de mariage de Joseph Leblanc, éc., produisant, avec d^{lle} Anne Mothet, par lequel il paraît qu'il est fils de François ci-dessus et de Jeanne Chaillon, en date du 25 janvier 1694, signé Brissonnet et Favre, n^{res}.

Ordonnance : Maintenu comme noble et écuyer, le 11 février 1715, signé : de Richebourg.

---

7   Françoise-Marguerite Guérin, veuve de Louis LAUVERGNAT, éc., s^{gr} de la Touraine.

Poitiers   Pièces justificatives : Contrat de mariage d'Artus Lauvergnat, éc., s^r du Chesne, avec d^{lle} Jeanne Caillé, par lequel il paraît qu'il est fils de François Lauvergnat et de Marie d'Huet (alias

Doüet), en date du 8 janvier 1582, signé Nivard, n^ro à Lusignan.

Contrat de mariage de Louis Lauvergnat avec d^lle Renée Guilbart, par lequel il paraît qu'il est fils d'Artus ci-dessus et de Jeanne Caillé, en date du 29 mai 1618, signé Panet et Augier, n^res à Lusignan.

Contrat de mariage d'autre Louis Lauvergnat, éc., s^r de la Touraine, avec d^lle Françoise-Marguerite Guérin, par lequel il paraît qu'il est fils de Louis ci-dessus et de dame Renée Guilbart, en date du 26 mars 1679, signé Guesbin, n^ro.

Dire de la produisante : Elle est fille de feu Louis Guérin, éc., s^gr de la Courtillerie, lieutenant général civil et criminel au siège royal de Lusignan, et de d^lle Madeleine Billocque. Le 10 décembre 1667, une sentence rendue par M. de Barentin maintenait dans les privilèges de la noblesse ledit Louis Guérin, qui lors n'était pas pourvu de sa charge de lieutenant général à Lusignan, Charles Guérin, son frère, et d^lle Marguerite Barbarin, leur mère (veuve d'autre Louis Guérin).

Ordonnance : Maintenue comme veuve de noble, le 12 février 1715, signé : de Richebourg.

François LEMAIGNAN, éc., s^r de Boisvignault.

8

Mauléon

Pièces justificatives : Contrat de mariage de François Lemaignan, éc., s^r de Boisvignault, avec d^lle Gillette-Marie Amyaud, par lequel il paraît qu'il est fils de Jean Lemaignan, éc., s^r de Lescorce, et de dame Jeanne Cherboneau, en date du 25 février 1658, signé Machault.

Arrêt de la Chambre établie par le roi pour la réformation de la noblesse du pays et duché de Bretagne en faveur de Charles Lemaignan, éc., s^r de Lescorce, François Lemaignan, éc., s^r du Boisvignault, et Louis Lemaignan, éc., s^r du Maucheix, par lequel ils sont déclarés nobles et issus d'extraction noble, et autorisés à prendre la qualité d'écuyers, en date du 31 décembre 1668, signé Malescot.

Contrat de mariage de François Lemaignan, éc., s^r du Boisvignault, produisant, avec d^lle Anne-Renée Baudry, par lequel il paraît qu'il est fils de François Lemaignan, dénommé en l'arrêt ci-dessus, et de Gillette-Marie Amyaud, en date du 11 juillet 1695, signé Masson, n^re.

Dires du produisant : Il a été assigné par-devant M. de Maupeou pour produire les titres justificatifs de sa noblesse, et sur sa requête présentée le 24 juillet 1700, il a été, avec le consentement du s^r de la Grange, préposé pour la recherche de la noblesse, déchargé de l'assignation.

Ses auteurs ont toujours porté armes timbrées qui sont de gueules avec bande d'argent chargée de trois croisilles de sable.

Ordonnance : Maintenu comme noble et écuyer, le 2 mars 1715, signé : de Richebourg.

9

Mauléon

Charlotte Cicoteau, veuve de Claude LE BOEUF, éc., s^gr de la Noue et de Saint-Martin, tant en son nom que comme mère tutrice de Jean-Baptiste, Jean-François, Gabriel-Célestin, Charles-Alexis, Henri-Modeste et Charlotte LE BOEUF, ses enfants.

Pièces justificatives : Ordonnance de M. de Barentin en faveur de François Le Bœuf, éc., s^r de Saint-Martin, par laquelle il est maintenu dans la qualité de noble et écuyer, en date du 24 septembre 1667.

Contrat de mariage de Claude Le Bœuf, éc., s^r de la Noue et de Saint-Martin, avec d^lle Charlotte Cicoteau, par lequel il paraît qu'il est fils de François Le Bœuf, dénommé dans l'ordonnance ci-dessus, en date du 29 octobre 1686, signé Masson, n^re.

Extrait de baptême de Jean-Baptiste Le Bœuf, par lequel il paraît qu'il est fils de Claude Le Bœuf ci-dessus et de Charlotte Cicoteau, en date du 13 juillet 1690, délivré le 15 novembre 1714 par Martin, prêtre-curé de la Merlatière, légalisé par le s^r Moreau de la Rabinière, subdélégué à Mauléon, et contrôlé à Poitiers le 1er mars 1715 par Legrand.

Extrait de baptême de Jean-François Le Bœuf, fils des

mêmes, en date du 4 décembre 1700, délivré le 16 février 1715 par ledit sʳ Martin, et contrôlé à Poitiers le 1ᵉʳ mars 1715 par Legrand.

Extrait de baptême de Gabriel-Célestin Le Bœuf, fils des mêmes, en date du 6 mars 1702, délivré et contrôlé les mêmes jours que ci-dessus.

Extrait de baptême de Charles-Alexis Le Bœuf, fils des mêmes, en date du 4 mai 1706, délivré et contrôlé comme ci-dessus.

Extrait de baptême d'Henri-Modeste Le Bœuf, fils des mêmes, en date du 15 juin 1707, délivré et contrôlé comme ci-dessus.

Extrait de baptême de Charlotte Le Bœuf, fille des mêmes, en date du 16 janvier 1695, délivré et contrôlé comme ci-dessus.

Ordonnance : Maintenus comme nobles, écuyers, fille et veuve de noble, le 2 mars 1715, signé : de Richebourg.

Catherine Pidoux, veuve de Pierre de LAURIÈRE, éc., sᵍʳ des Bourdinières, demeurant en la paroisse de Vasles, quartier de la Pagerie, tant en son nom que comme tutrice de Marie-Radégonde de LAURIÈRE, sa fille.

Poitiers

Pièces justificatives : Ordonnance de M. de Barentin en faveur de dˡˡᵉ Marie de La Chaussée, veuve de René de Laurière, éc., sʳ des Bourdinières, mère tutrice de Gaspard de Laurière, fils aîné, Pierre, Louise, Marie, Hilaire, Marie et Anne de Laurière, par laquelle ils sont tous maintenus dans la qualité de nobles et écuyers, en date du 10 décembre 1667.

Contrat de mariage de Pierre de Laurière, éc., sʳ des Bourdinières, avec dˡˡᵉ Catherine Pidoux, par lequel il paraît qu'il est fils de René de Laurière et de Marie de La Chaussée, dénommés dans l'ordonnance ci-dessus, en date du 23 novembre 1690, signé Gaultier et Decressac, nʳᵉˢ à Poitiers.

Extrait de baptême de Marie-Radégonde de Laurière, par lequel il paraît qu'elle est fille de Pierre de Laurière ci-dessus et de Catherine Pidoux, en date du 7 septembre 1695, délivré le 24 février 1715 par Daniaud, curé de Couture, contrôlé à Poitiers le 1ᵉʳ mars suivant par Legrand.

Ordonnance : Maintenues comme veuve et fille de noble, le 3 mars 1715, signé : de Richebourg.

11

Niort

Louis LEGRAND-JOUSLARD, éc., sʳ de Montaillon.

Pièce justificative : Ordonnance de M. de Maupeou en faveur de Louis Legrand-Jouslard, éc., sʳ de Montaillon, par laquelle il est maintenu dans la qualité de noble et écuyer, en date du 23 mai 1699.

Ordonnance : Déchargé de l'assignation à lui donnée à la requête de François Ferrand, le 8 mars 1715, signé : de Richebourg.

12

Thouars

Louis-Augustin de LESPRONNIÈRE, chev., sᵍʳ de Vriz.

Pièce justificative : Ordonnance de M. de Maupeou en faveur de Louis-Augustin de Lespronnière, éc., sʳ de Vriz, par laquelle il est maintenu dans la qualité de noble et écuyer, en date du 19 mai 1699.

Ordonnance : Déchargé de l'assignation à lui donnée à la requête de François Ferrand, le 9 mars 1715, signé : de Richebourg.

---

12 bis

Poitiers et Niort

Philippe de LAUZON, chev., sᵍʳ de la Poupardière,
Jacques de LAUZON, éc., sʳ de la Roulière, son cousin germain.

Pièces justificatives : Contrat de mariage de Jean de Lauzon, éc., sʳ de Prémilly, trésorier de France en la Généralité de Poitiers, avec dˡˡᵉ Suzanne Garnier, par lequel il paraît qu'il est fils d'autre Jean de Lauzon, aussi trésorier de France à Poitiers, éc., sʳ de la Roulière, et de dˡˡᵉ Marguerite de Cujac, en date du 16 janvier 1629, signé Venault et Monereau, n^res.

Contrat de mariage de Pierre de Lauzon, éc., s^r de la Poupardière, avec d^lle Marie Guesdon, par lequel il paraît qu'il est fils de Jean de Lauzon, cons^er du roi en ses Conseils d'Etat et privé, éc., s^r de Prémilly, ci-dessus, et de Suzanne Garnier, en date du 21 juillet 1675, signé Tavenet et Tenard, n^res.

Contrat de mariage de François de Lauzon, éc., s^r de Chaumeil, avec d^lle Marguerite Richier, par lequel il paraît qu'il est aussi fils de Jean de Lauzon, éc., s^r de la Roulière, et de Suzanne Garnier, en date du 4 août 1676, signé Olivier, n^re.

Ordonnance de M. de Maupeou en faveur de François de Lauzon, éc., s^r de Chaumeil, et de Françoise de Lauzon, par laquelle ils sont maintenus dans les privilèges de la noblesse, en date du 5 mai 1699. Dans le vu des pièces de ladite ordonnance sont énoncés : 1° un extrait des registres de la Maison commune de Poitiers, par lequel il paraît que François de Lauzon, docteur en droit, conservateur des privilèges royaux de l'Université de Poitiers, a été élu maire le 26 juin 1573, et le 27 juillet 1575, a rempli la place de l'un des vingt-cinq échevins vacante par le décès du s^r de la Haye ; 2° le contrat de mariage de Jean de Lauzon avec d^lle Marguerite de Cujac, par lequel il paraît que ledit Jean était fils dudit François de Lauzon, rapporté daté du 31 décembre 1584.

Contrat de mariage de Jacques de Lauzon, éc., s^r de la Roulière, avec d^lle Renée-Thérèse Constant, par lequel il paraît qu'il est fils de François de Lauzon, éc., s^r de Chaumeil, et de Marguerite Richier, en date du 14 janvier 1697, signé Lelet, n^re.

Contrat de mariage de Philippe de Lauzon, éc., s^r de la Poupardière, avec d^lle Anne d'Escoubleau de Sourdis, par lequel il paraît qu'il est fils de Pierre de Lauzon, éc., s^r de la Poupardière, et de dame Marie Guesdon, en date du 13 juin 1697, signé Badreau, n^re.

Ordonnance : **Maintenus comme nobles et écuyers, le 13 mars 1715, signé : de Richebourg.**

13

Thouars

Louis de LINIERS, éc., s^r des Rochettes et autres lieux, Charles-Blaise de LINIERS, éc., son fils.

Pièce justificative : Ordonnance de M. de Maupeou en faveur de Louis de Liniers, éc., s^r des Rochettes, et de Charles-Blaise de Liniers, éc., son fils, par laquelle ils sont maintenus dans les privilèges et exemptions accordés aux nobles du royaume, en date du 21 mars 1699.

Ordonnance : Maintenus comme nobles et écuyers, le 15 mars 1715, signé : de Richebourg.

14

Poitiers

Pierre LE ROY, éc., s^r du Peux.

Pièces justificatives : Ordonnance de M. de Barentin en faveur de Pierre Le Roy, éc., s^r de la Boissière, René Le Roy, éc., s^r de Fontgachet, Philippe Le Roy, éc., s^r de la Vergne, Guy Le Roy, éc., s^r de la Vigerie, et d^{lle} Catherine Montsorbier, veuve de Pierre Le Roy, par laquelle ils sont tous maintenus dans la qualité de nobles et écuyers, en date du 20 septembre 1667.

Contrat de mariage de Pierre Le Roy, éc., s^r du Peux, avec d^{lle} Charlotte Ferré, par lequel il paraît qu'il est fils de Pierre Le Roy et de dame Catherine Montsorbier, dénommés dans l'ordonnance ci-dessus, en date du 19 décembre 1673, signé Fricault, n^{re}.

Contrat de mariage de Pierre Le Roy, éc., s^r du Peux, produisant, avec d^{lle} Catherine Vallée, par lequel il paraît qu'il est fils de Pierre Le Roy, éc., s^r du Peux, et de dame Charlotte Ferré, en date du 11 octobre 1710, signé Coutanceau, n^{re}.

Ordonnance : Maintenu comme noble et écuyer, le 22 mars 1715, signé : de Richebourg.

Charles LE COQ, chev., s^gr de Saint-Léger près Melle, demeurant paroisse de Saint-Léger, ci-devant lieutenant-colonel du régiment de Languedoc et inspecteur général de l'infanterie française et étrangère au département de la Basse-Alsace.

15

Saint-Maixent

Pièces justificatives : Expédition d'un arrêt du Conseil d'Etat du roi en faveur de François Le Coq, éc., s^r des Moulins, Théodore et Charles Le Coq, ses enfants, par lequel ils sont maintenus dans le droit de prendre la qualité de nobles et écuyers, en date du 10 septembre 1668, signé de Guénegaud.

Brevet de lieutenant-colonel du régiment de Languedoc, accordé par le roi audit (Charles Le Coq), s^r de Saint-Léger, du 26 juillet 1692, signé Louis, Par le roi, Letellier, et scellé du grand sceau.

Commission donnée par le roi audit s^r de Saint-Léger pour remplir les fonctions d'inspecteur général sur les troupes d'infanterie française et étrangère en Alsace, en date du 22 mai 1691, signé Louis, et plus bas, Letellier.

Procès-verbal et information faite par frère Jacques Sibour, commandeur prévôt et maître des cérémonies de l'ordre de Notre-Dame de Mont-Carmel et de Saint-Lazare de Jérusalem, et frère baron de Rosnorin, aussi chevalier dudit ordre, de la naissance, religion, vie et mœurs dudit Charles Le Coq, s^r de Saint-Léger, produisant, par lequel il paraît qu'il a été reçu au nombre des chevaliers dudit ordre, en date du 29 juin 1697, signé d'Ussy.

Lettres expédiées en faveur de Charles Le Coq, s^r de Saint-Léger, portant réception de sa personne dans ledit ordre de Notre-Dame de Mont-Carmel et de Saint-Lazare de Jérusalem, datées du 16 juillet 1697, signé Philippe de Coursillon de Dangeau, et sur le repli, Par Monseigneur, d'Ussy.

Copie d'un arrêt du Grand Conseil qui permet aux chevaliers de l'ordre de Notre-Dame de Mont-Carmel et de Saint-Lazare de Jérusalem de prendre la qualité de messire et de chevalier, en date du 27 février 1672, signé Le Normand, secrétaire du roi, par collation.

Pièce non visée : Dispense accordée par Sa Majesté au produisant en faveur de ses services pour le ban et arrière-ban et de toutes contributions à ce sujet, en date du 1ᵉʳ mai 1703, signé Louis, et plus bas, Chamillard.

Dire du produisant : L'arrêt du Conseil d'Etat du roi, du 10 septembre 1668, ci-dessus énoncé, est aussi rendu au profit de Jacques Le Coq, autre frère du produisant. Il appert de cet arrêt que, dès le 2 juillet 1593, François Le Coq, éc., sʳ des Moulins, aïeul du produisant, était pourvu de l'office de conseiller au Parlement de Paris, et qu'au mois de décembre suivant le partage des biens de sa succession fut fait noblement entre ses enfants au nombre desquels était François Le Coq, éc., sʳ des Moulins, père du produisant. Les pièces énoncées par cet arrêt font aussi la preuve de la qualité de noble d'Aymar Le Coq, éc., sʳ des Forges, trisaïeul du produisant, dès l'année 1547 ; les titres de cette qualité sont restés entre les mains de l'aîné de la famille, présentement hors de France.

Ordonnance : Maintenu, avec le titre d'écuyer et de chevalier de l'ordre de Notre-Dame de Mont-Carmel et de Saint-Lazare de Jérusalem, dans les honneurs, privilèges et exemptions accordés aux nobles, le 23 mars 1715, signé : de Richebourg.

16

Poitiers

Louis Lebeau, éc., sᵍʳ de la Barde, au nom et comme curateur à la personne et aux biens de Louis-Sylvain de MUZARD, éc., mineur.

Pièces justificatives : Ordonnance de M. de Maupeou en faveur de Pierre de Muzard, éc., sʳ de Chamlebon, par lequel il est maintenu dans les privilèges de noblesse, en date du 18 janvier 1701, dans le vu des pièces de laquelle est énoncé le contrat de mariage dudit Pierre de Muzard, éc., sʳ de Chamlebon, avec dᵒˡˡᵉ Marie de Chassaigne, rapporté daté du 14 juin 1682.

Extrait de baptême de Louis-Sylvain de Muzard, par lequel il paraît qu'il est fils de Pierre de Muzard, éc., sʳ de Chamlebon, du Ris-Chazerat, dénommé ci-dessus, et de dame

Marie de Chassaigne, en date du 16 septembre 1698, délivré le 12 mars 1715 par Isambert, prêtre faisant les fonctions curiales de la paroisse de Saint-Mathieu de Journet, contrôlé à Poitiers le 21 du même mois par Legrand.

Ordonnance : Maintenu comme noble et écuyer, le 23 mars 1715, signé : de Richebourg.

Louis LEBEAU, éc., s^r de la Barde.

16 bis

Pièces justificatives : Contrat d'acquisition d'une certaine quantité de boisselées de terre faite par André Lebeau, de Louis Merle, marchand, par lequel ledit André Lebeau est qualifié écuyer, conseiller du roi et sénéchal de Montmorillon, en date du 22 janvier 1585, signé Delavergne, n^{re}.

Poitiers

Contrat de vendition de la métairie de la Périnière à Louis Renaudeau, par le même André Lebeau, dans lequel il est qualifié écuyer et sénéchal de Montmorillon, en date du 30 mars 1587, signé Brignault, n^{re}.

Acte de notoriété du siège royal de Montmorillon, par lequel il paraît qu'au mois de mai 1589, S. M. Henri III établit une garnison dans la ville de Montmorillon, dont André Lebeau, sénéchal, était chef ; qu'au mois d'octobre ensuivant, ladite ville fut assiégée par les rebelles et batteurs, que ledit André Lebeau y fut tué, ses biens et maisons pillés, et sa veuve contrainte de s'enfuir en habits déguisés avec Paul Lebeau, son fils, alors au berceau ; que Paul Lebeau, éc., fils mineur de défunt André Lebeau, sénéchal de Montmorillon, et de dame Jeanne Thomas, avait pour curateur Louis Ladmirault, s^r de la Baudonnière, à la réquisition duquel est intervenu ledit acte de notoriété, en date du 14 mars 1612, signé de Lerpinière, greffier.

Contrat de mariage de Geoffroy Lebeau, éc., s^r de Vaugery, avec d^{lle} Judith de Ravenel, par lequel il paraît qu'il est fils de Paul Lebeau, éc., s^r de la Barde, et de dame Madeleine Machault, en date du 2 novembre 1670, signé Lefebvre, n^{re}.

Copie collationnée par un secrétaire du roi d'un arrêt de la Chambre souveraine des francs-fiefs, nouveaux acquêts et amortissements, en faveur de Madeleine Machault, veuve de Paul Lebeau, éc., s‍ʳ de la Barde, par lequel elle est déclarée exempte du droit des francs-fiefs, et déchargée de la taxe sur elle faite pour raison de la terre de Champagne, en date du 2 décembre 1654, rapporté signé Masclary avec paraphe, et signé Fabre.

Ordonnance de M. de Marillac, intendant du Poitou, en faveur de Geoffroy Lebeau, éc., s‍ʳ de la Vaugery, par laquelle il est déchargé d'une taxe sur lui faite pour raison des francs-fiefs, et Vialet, préposé au recouvrement, condamné aux dépens, dommages et intérêts, en date du 10 avril 1674. Dans le vu des pièces de cette ordonnance sont énoncés : le contrat de mariage d'André Lebeau avec Jeanne Thomas, rapporté daté du 23 novembre 1582, et l'arrêt de la chambre souveraine des francs-fiefs en faveur de Madeleine de Machault, veuve de Paul Lebeau, éc., s‍ʳ de la Barde.

Certificat de M. de la Bourdonnaye, intendant du Poitou, donné à Louis Lebeau, produisant, pour entrer dans les Cadets, par lequel il le reconnaît pour gentilhomme, en date du 14 mars 1692.

Contrat de mariage de Louis Lebeau, éc., s‍ʳ de Vaugery et de la Barde, avec d‍ˡˡᵉ Marie-Dauphine de Muzard, par lequel il paraît qu'il est fils de Geoffroy Lebeau, éc., s‍ʳ de Vaugery, et de dame Judith-Catherine de Ravenel, en date du 9 juillet 1701, signé Lhuilier, n‍ʳᵉ.

Reconnaissance du s‍ʳ Gallean, préposé à la recherche de la noblesse, portant que Gobard, procureur de Louis Lebeau, lui a mis entre les mains les pièces et production de Louis Lebeau, suivant l'inventaire qui y est joint, en date du 13 mai 1711.

Dire du produisant : Ayant été appelé à la dernière recherche pour la représentation de ses titres, il fit sa production par le ministère du s‍ʳ Gobard, procureur au présidial de Poitiers, aujourd'hui défunt, qui mit cette production avec les pièces justificatives entre les mains du s‍ʳ Gallean, préposé à la recherche de la noblesse de cette Généralité, et celui-ci en donna audit Gobard, le 13 mai 1711, le récépissé ci-dessus mentionné. La perquisition qui a été faite de ces titres n'a pu les faire recouvrer, et il ne s'est trouvé dans l'étude du s‍ʳ Aimé Drouault, successeur de l'étude et pratique dudit Gobard, qu'un rebut de pièces qu'on n'avait pas jugé pour lors à propos de produire. Dans cet état, comme il n'est pas juste que le produisant souffre du mauvais ordre et du dérangement des affaires du s^r Gallean, dont on n'ignore pas l'évasion qui est publique et notoire, il supplie M. de Richebourg de lui donner acte de sa remontrance et de le décharger de l'assignation à lui donnée à la requête de François Ferrand.

Ordonnance : **Maintenu comme noble et écuyer, le 23 mars 1715, signé : de Richebourg.**

Guy-René de LA VILLE DE FÉROLLES, chev., s^{gr} des Dorides et de Saint-Clémentin. 17

Pièce justificative : Ordonnance de M. de Maupeou en faveur de Guy-René de La Ville de Férolles, éc., s^r des Dorides, Armand-Jules de La Ville de Férolles, prieur du Busseau, et Claude-Ferdinand de La Ville de Férolles, éc., s^r de la Bellinière, par laquelle ils sont maintenus dans leur noblesse, en date du 10 avril 1699. *Thouars*

Ordonnance : **Maintenu comme noble et écuyer, le 24 mars 1715, signé : de Richebourg.**

Alexis LAURENS, éc., s^r de Sceau-Lesignat et Darnac. 18

Pièce justificative : Ordonnance de M. de Maupeou en faveur d'Alexis Laurens, éc., s^r de Sceau-Lesignat, par laquelle il est maintenu en sa noblesse, en date du 11 janvier 1698. *Poitiers*

Ordonnance : **Maintenu comme noble et écuyer, le 26 mars 1715, signé : de Richebourg.**

Charles LEBAULT, éc., s^r du Peux. 19

Pièces justificatives : Ordonnance de M. de Barentin en faveur de Charles Lebault, éc., s^r du Peux, Joseph Lebault, éc., s^r de *Poitiers* la Grange, d^lle Renée du Martin, veuve de Charles Lebault, père des deux précédents, et Jacques Lebault, éc., s^r de la Forest, par laquelle ils sont maintenus en la qualité de nobles et écuyers, en date du 10 septembre 1667.

Contrat de mariage de Charles Lebault, éc., s^r du Fief, avec d^lle Charlotte de la Boucherie, par lequel il paraît qu'il est fils de Charles Lebault, éc., s^r du Peux, dénommé dans l'ordonnance ci-dessus, et de d^lle Catherine Regnault, en date du 30 janvier 1679, signé Peguin et Cacault, n^res.

Contrat de mariage de Charles Lebault, éc., s^r du Peux, avec d^lle Marie-Anne Amaury, par lequel il paraît qu'il est fils de Charles Lebault ci-dessus et de dame Charlotte de la Boucherie, en date du 21 octobre 1709, signé Baritaud et Bourasseau, n^res aux Herbiers.

Ordonnance : Maintenu comme noble et écuyer, le 27 mars 1715, signé : de Richebourg.

20

Poitiers

Charles LEBAULT, éc., s^r de la Grange,
Jean LEBAULT, éc., s^r du Gruzeau,
Armand-Charles LEBAULT, éc., s^r du Peux,
Charles LEBAULT, éc., s^r de la Chaussée.

Pièces justificatives : Ordonnance de M. de Barentin en faveur de Joseph et Charles Lebault, éc^rs, s^rs de la Chaussée et du Peux, par laquelle ils sont maintenus dans la qualité de nobles et d'écuyers, en date du 10 décembre 1667.

Contrat de mariage de Jean Lebault, éc., s^r du Gruzeau, avec d^lle Suzanne Arnaudet, par lequel il paraît qu'il est fils de Joseph Lebault, éc., s^r de la Chaussée, dénommé dans l'ordonnance ci-dessus, et de dame Anne Beauchair, en date du 15 novembre 1677, signé Boudrais, n^re de Vouvant.

Contrat de mariage de Charles Lebault, éc., s^r de la Grange, avec d^lle Marie d'Eslène, par lequel il paraît qu'il est fils de Joseph Lebault ci-dessus et de dame Anne Beauchair, en date du 22 novembre 1673, signé Guillebault et Chaigneau, n^res.

Contrat de mariage de Charles Lebault, éc., s^r de la Chaussée, avec d{lle} Marie-Claude Grignon de la Pelissonière, par lequel il paraît qu'il est fils de Charles Lebault, sr de la Grange, et de dame Marie d'Eslène, en date du 23 iuin 1705, signé Courtin et Fradin, n{res}.

Contrat de mariage d'Armand-Charles Lebault, éc., sr du Peux, avec d{lle} Marie-Anne-Louise Pidoux, par lequel il paraît qu'il est fils de Charles Lebault, éc., sr du Peux, dénommé dans l'ordonnance ci-dessus, en date du 7 avril 1687, signé Bonneau, n{re}.

Ordonnance : **Maintenus comme nobles et écuyers, le 28 mars 1715, signé : de Richebourg.**

Jean de LESMERYE, éc., sr de Peublanc.

Confolens

Pièces justificatives : Contrat de mariage de Samuel de Lesmerye, éc., sr de Moussé, avec d{lle} Marguerite de Chergé, par lequel il paraît qu'il est fils d'Hélie de Lesmerye, éc., sr du Breuil Vinguier, et de dame Mathurine de Pont-Levesque, en date du 7 février 1588, signé Pillorgue, n{re} royal, insinué au greffe de la sénéchaussée d'Angoulême par Maussagné, greffier.

Contrat de mariage de Jean de Lesmerye avec d{lle} Jeanne Gallet, par lequel il paraît qu'il est fils de Samuel de Lesmerye ci-dessus et de dame Marguerite de Chergé, en date du dernier février 1628, signé Bonnaud et Gallais, n{res} à Ruffec.

Contrat de mariage de Georges de Lesmerye, éc., sr de Mouchedune, avec d{lle} Catherine Couraud, par lequel il paraît qu'il est fils de Jean de Lesmerye et de dame Jeanne Gallet, en date du 29 juillet 1663, signé Surreau, Picquet et Ripault, pour avoir retiré la minute.

Contrat de mariage de Jean de Lesmerye, éc, sr de Peublanc, avec d{lle} Anne Peluchon, par lequel il paraît qu'il est fils de Georges de Lesmerye ci-dessus et de Catherine Couraud, en date du 29 mai 1696, pour seconde grosse sauf collation, signé Thugon, n{re} royal héréditaire ayant les minutes de feu André Bailloux, n{re} royal.

Ordonnance : **Maintenu comme noble et écuyer, le 28 mars 1715, signé : de Richebourg.**

22

Niort

Louis LE BEL, éc., s\^r des Fosses,
Pierre LE BEL, éc., s\^r de Seneuil,
Guy LE BEL, éc., s\^r de Loignon, frère du précédent.

Pièces justificatives : Contrat de mariage de Nicolas Le Bel, éc., avec d^lle Radégonde d'Assigny, en date du 30 octobre 1576, signé Defonboisset, n^re.

Contrat de mariage de Guy Le Bel, éc., avec d^lle Marie Pommier, et de Jacques Le Bel, éc., avec d^lle Renée Pommier, sœur de la précédente, par lequel il paraît que lesdits Guy et Jacques sont fils de Nicolas Le Bel et de Radégonde d'Assigny, en date du 15 janvier 1606, signé Girault, n^re.

Contrat de mariage de Pierre Le Bel, éc., s^r des Coureaux, avec d^lle Jeanne Besnier, par lequel il paraît qu'il est fils de Guy Le Bel ci-dessus et de Marie Pommier, en date du 7 septembre 1646, signé Gaultreau, n^re.

Contrat du partage des biens de Guy Le Bel, éc., et de Marie Pommier entre Louis Le Bel, éc., s^r des Fosses, autre Louis Le Bel, éc., s^r de Seneuil, et Pierre Le Bel, éc., s^r des Coureaux, leurs enfants, par lequel il paraît que Louis Le Bel, éc., s^r des Fosses, en qualité d'aîné, a eu les préciputs et avantages de la Coutume, en date du 27 février 1660, signé Levuy, n^re.

Contrat de mariage de Louis Le Bel, éc., s^r des Fosses, avec d^lle Renée Béraud, par lequel il paraît qu'il est fils de Guy Le Bel et de Marie Pommier, en date du 18 septembre 1664, signé Thibault, n^re.

Contrat de mariage de Louis Le Bel, éc., s^r des Fosses, produisant, avec d^lle Louise de Fleury, par lequel il paraît qu'il est fils de Louis Le Bel ci-dessus et de Renée Béraud, en date du 30 mai 1689, signé Pollet, n^re.

Contrat de mariage de Pierre Le Bel, éc., s^r de Seneuil, produisant, avec d^lle Florimonde Giraudeau, par lequel il paraît qu'il est fils de Pierre Le Bel, éc., s^r des Coureaux, et de Jeanne Besnier, en date du 9 juillet 1681, signé Geoffroy, n^re.

Contrat de mariage de Guy Le Bel, éc., s^r de Loignon, produisant, avec d₁ˡˡᵉ Anne de Massougnes, par lequel il paraît qu'il est fils de Pierre Le Bel, éc., sʳ des Coureaux, et de Jeanne Besnier, en date du 19 juin 1685, signé Charles, nʳᵉ.

Contrat de mariage des secondes noces dudit Guy Le Bel avec dˡˡᵉ Marie Chasteigner, en date du 30 avril 1685, signé Baudoin et Palardy, nʳᵉˢ.

Pièce non visée : Contrat de partage entre Guy et Jacques Le Bel, écʳˢ, enfants de Nicolas Le Bel et de Radégonde d'Assigny, en date du 27 juin 1625, signé Mestivier, nʳᵉ.

Dire des produisants : Louis Le Bel, sʳ de Seneuil, second fils de Louis Le Bel et de Marie Pommier, est mort sans enfants.

Pierre Le Bel, sʳ des Coureaux, troisième fils de Louis Le Bel et de Marie Pommier, a eu de Jeanne Besnier, sa femme, outre ses deux fils, Pierre et Guy, produisants, deux filles qui sont Marguerite et Françoise ; ils ont tous renoncé à la succession de leur père.

Ordonnance : Maintenus comme nobles et écuyers, le 29 mars 1715, signé : de Richebourg.

Gaston LEROY, éc., sʳ de Lenchère et de la Borie. 23

Pièces justificatives : Contrat de mariage de Gaston Leroy, éc., sʳ de Lenchère, avec dˡˡᵉ Angélique Frougeau, par lequel il paraît qu'il est fils de François Leroy, éc., sʳ de Lenchère, et de dˡˡᵉ Madeleine Normand, en date du 10 décembre 1691, signé Renou, nʳᵉ.

Niort

Contrat du partage des biens de François Leroy et de Madeleine Normand susnommés entre François, Gaston et Jeanne Leroy, leurs enfants, par lequel il paraît que ledit François, en qualité de fils aîné, a eu les préciputs et avantages de la Coutume, en date du 16 juin 1696, signé Dumontet, nʳᵉ.

Ordonnance de M. Begon, intendant de la Généralité de la Rochelle, en faveur de François Leroy, éc., sʳ de Lenchère (frère aîné du produisant), par laquelle il est maintenu dans la qualité de noble et écuyer, en date du 21 juin 1698.

Requête présentée à M. de Maupeou par Gaston Leroy, éc., s^r de Lenchère, tendant à ce que, vu l'inventaire et titres justificatifs y énoncés de sa noblesse, il soit déchargé de l'assignation à lui donnée à la requête de Guérin, au lieu duquel est substitué le s^r Ferrand. Au pied de cette requête est la réponse du s^r de la Grange, par laquelle il se désiste de l'assignation donnée audit Gaston Leroy et consent à ce qu'il soit maintenu comme noble, en date du 23 août 1700, signé Marguerite de la Grange.

Pièces non visées : Contrat de mariage de François Leroy, éc., s^r du Maisne-Léonard, avec d^{lle} Anne de Sertany, par lequel il appert que François Leroy, éc., s^r de Lenchère, et d^{lle} Madeleine Normand le marièrent comme leur fils aîné, l'instituant leur héritier universel à la charge de donner à Gaston Leroy, leur fils puîné, une somme de huit mille livres, (sans énonciation de date).

Sentence de décharge rendue en faveur de François Leroy (père du suppliant), par M. d'Aguesseau, intendant de Limoges, (sans énonciation de date).

Ordonnance : Maintenu comme noble et écuyer, le 30 mars 1715, signé : de Richebourg.

24

Pierre-Henri de la LAURANCIE, éc., s^{gr} de Villeneuve-sur-la-Comtesse, y demeurant.

Niort

Pièce justificative : Ordonnance de M. de Maupeou en faveur de Pierre-Henri de la Laurancie, éc., s^{gr} de Villeneuve-sur-la-Comtesse, produisant, par laquelle il est déchargé de l'assignation à lui donnée à la requête de Guérin, au lieu et place duquel est substitué le s^r Ferrand, et en conséquence maintenu dans les privilèges de la noblesse, en date du 29 janvier 1700.

Ordonnance : Maintenu comme noble et écuyer, le 2 avril 1715, signé : de Richebourg.

Joseph LETOURNEUR, éc., sgr de Burbure,
Jean LETOURNEUR, éc., son frère cadet,
Olivier LETOURNEUR, éc.,
Olivier, Marie-Thérèse, Catherine, Jeanne-Céleste, Jean-Baptiste-Ambroise, Marie-Pélagie et Angélique LETOURNEUR, enfants de défunt Séraphin Letourneur, éc., sgr de Grenoble, et de Renée Barbot.

25

Thouars

Pièces justificatives : Arrêt du Conseil d'État du roi en faveur de René, François et Pierre Letourneur, rendu sur l'appel interjeté par Claude Viallet, chargé du recouvrement des droits de francs-fiefs, des ordonnances de M. de Barentin, du 12 août 1667, et de M. de Marillac, du 3 janvier 1679, qui les maintenaient dans la qualité de nobles et écuyers, ledit arrêt en date du 20 juillet 1680, signé Ranchin.

Transaction en forme de partage des biens des successions de François Letourneur, éc., sr de Burbure, et de dame Catherine de Lerpinière, son épouse, entre Nicolas-Joseph Letourneur, chev., sgr de Burbure, Olivier et Séraphin Letourneur, leurs enfants, par lequel il paraît que Nicolas-Joseph, en qualité d'aîné, a eu les préciputs et avantages de la Coutume, en date du 12 avril 1690, signé Courtin et Fradin, nres.

Contrat de mariage de Nicolas-Joseph Letourneur, chev., sgr de Burbure, avec dlle Marie Faudry, par lequel il paraît qu'il est fils de François Letournenr et de Catherine de Lerpinière, en date du 10 août 1679, signé Mercier et Vezien, nres.

Contrat de mariage de Joseph Letourneur, chev., sgr de Burbure, avec dlle Thérèse Dorin, par lequel il paraît qu'il est fils de Nicolas-Joseph Letourneur et de dame Marie Faudry, en date du 15 janvier 1706, signé Rousseau et Chesnier, nres.

Certificat du sr Alquier, prieur de la Flocellière, attestant que les registres des baptêmes de la Flocellière ont été perdus et que Jean Letourneur est frère de Joseph Letourneur ci-dessus et fils de Nicolas-Joseph Letourneur et de Marie Faudry, en date du 19 mars 1715. Ce certificat est certifié véritable par Joseph Letourneur, frère aîné dudit Jean, et établit que ce dernier est habile à succéder aux successions ouvertes de Nicolas-Joseph Letourneur et de Marie Faudry, leurs père et mère, en date du 31 mars 1715, signé Letourneur de Burbure.

Pièce non visée : Ordonnance de M. de Maupeou, qui confirme Séraphin Letourneur, éc., s^r de Grenoble, en sa noblesse, en date du 17 janvier 1699.

Ordonnance : Maintenus comme nobles et écuyers, le 2 avril 1715, signé : de Richebourg.

26

Poitiers

René de LESTANG, éc., s^r de Furigny, faisant tant pour lui que pour René, Louis, Isaac, Marie-Henriette et Madeleine de LESTANG, ses enfants.

Pièces justificatives : Contrat de mariage de Gédéon de Lestang, éc., s^r de Furigny, avec d^{lle} Marie de Lauvergnat, par lequel il paraît qu'il est fils de Jean de Lestang, éc., s^r de Ry, et de d^{lle} Anne de Chouppes, en date du 24 décembre 1598, signé Devieillechèze, n^{re} royal à Saint-Maixent.

Contrat de mariage de Gédéon de Lestang, éc., s^r de Furigny, avec d^{lle} Marie Gourdery, par lequel il paraît qu'il est fils de Gédéon de Lestang ci-dessus et de Marie de Lauvergnat, en date du 11 octobre 1627, signé Ragonneau, n^{re} de la baronnie de Mirebeau.

Contrat de mariage de René de Lestang, éc., s^r de Furigny, avec d^{lle} Henriette de Lescure (fille de Théodore de Lescure, éc., s^r du Breuil-Bastard), par lequel il paraît qu'il est fils de Gédéon de Lestang ci-dessus et de Marie Gourdery, en date du 8 septembre 1665, signé Jarry, n^{re} du gouvernement de la Rochelle.

Ordonnance : Maintenu comme noble et écuyer, en date du 3 avril 1715, signé : de Richebourg.

Pierre de LESCORCE, éc., sʳ de la Jariette,   27
Charles-Alexandre de LESCORCE, éc.,
Marie-Henriette, Louise-Aimée et Honorée de LES-   *Fontenay*
CORCE,
     tous frères et sœurs.

Pièce justificative : Ordonnance de M. de Maupeou, intendant de Poitou, en faveur de Pierre de Lescorce, éc., sʳ de la Jariette, Charles-Alexandre de Lescorce, éc., Marie-Henriette, Louise-Aimée et Honorée de Lescorce, tous frères et sœurs, par laquelle ils sont maintenus dans leur noblesse, en date du 28 septembre 1699.

Ordonnance : Ordonne leur inscription au catalogue des nobles de la Généralité de Poitiers, le 13 avril 1715, signé : de Richebourg.

Philippe LEBŒUF, éc., sᵍʳ des Moulinets,   28
Bonaventure, Marguerite-Suzanne, Jacques, Alexis-Calixte, Charles et Charlotte-Louise LEBŒUF,   *Mauléon*
     tous frères et sœurs.

Pièces justificatives : Ordonnance de M. de Barentin en faveur de Philippe Lebœuf, éc., sʳ des Moulinets et du Bois-Porchet, par laquelle il est maintenu dans la qualité de noble et écuyer, en date du 24 septembre 1667.

Contrat de mariage de Philippe Lebœuf, éc., sʳ des Moulinets, avec dᵗˡᵉ Bonaventure-Suzanne Foucher, par lequel il paraît qu'il est fils de Jacques Lebœuf, chev., sʳ des Moulinets, et de dame Louise Chaumel, en date du 10 février 1685, signé Bertrand et Saunier, nʳᵉˢ.

Sept extraits de baptême en suite les uns des autres, le 1ᵉʳ de Philippe Lebœuf, du 12 octobre 1686, le 2ᵉ de Bonaventure Lebœuf, du 10 février 1688, le 3ᵉ de Marguerite-Suzanne Lebœuf, du 12 août 1691, le 4ᵉ de Jacques Lebœuf, du 16 octobre 1692, le 5ᵉ d'Alexis-Calixte Lebœuf, du 13 mai 1694, le 6ᵉ de Charles Lebœuf, du 2 septembre 1695, et le 7ᵉ de Charlotte-Louise Lebœuf, du 21 janvier

1697, par lesquels il paraît qu'ils sont tous enfants de Philippe Lebœuf, éc., s^r des Moulinets, et de dame Bonaventure-Suzanne Foucher, lesdits extraits délivrés le 24 février 1715 par Pasqual, curé de Sainte-Cécile, légalisés par Fuchaud, sénéchal commis des Essarts, le 2 mars suivant, et contrôlés à Poitiers le 8 avril par Legrand.

Ordonnance : **Maintenus comme nobles, écuyers et demoiselles, le 15 avril 1715, signé : de Richebourg.**

29

Mauléon

Samuel de LESPINAY, éc., s^r de la Rafelière.

Pièces justificatives : Arrêt de la chambre établie pour la réformation de la noblesse du pays et duché de Bretagne en faveur de Charles et Jacob de Lespinay, par lequel ils sont maintenus dans la qualité de nobles et écuyers, en date du 31 octobre 1668, signé Malescot.

Contrat de mariage de Jacob de Lespinay, éc., s^{gr} de Buhel, avec d^{lle} Henriette de Goulaine, par lequel il paraît qu'il est fils de Jacob de Lespinay, éc., s^{gr} de Prénouveaux, et de dame Anne de Tinguy, en date du 19 mai 1665, signé Mousset et Fleury, n^{res}.

Contrat de mariage de Samuel de Lespinay, éc., s^r de la Rafelière, avec dame Louise de la Bussière, par lequel il paraît qu'il est fils de Jacob de Lespinay, éc., s^r de Buhel, et d'Henriette de Goulaine, en date du 30 décembre 1696, signé Millet et Pairageau, n^{res}.

Ordonnance : **Maintenu comme noble et écuyer, le 15 avril 1715, signé : de Richebourg.**

30

Mauléon

Samuel-Florent de LESPINAY, éc., s^{gr} de la Roche-Bouloigne.

Pièces justificatives : Arrêt de la chambre établie pour la réformation de la noblesse du pays et duché de Bretagne en faveur de Charles et Jacob de Lespinay, par lequel ils sont maintenus dans la qualité de nobles et écuyers, en date du 31 octobre 1668, signé Malescot.

Contrat de mariage de Samuel de Lespinay, éc., avec d{lle} Anne Joyau, par lequel il paraît qu'il est fils de Jacob de Lespinay, éc., dénommé dans l'arrêt ci-dessus, et de dame Anne de Tinguy, en date du 19 mai 1670, signé Marbeuf et Ruchaud, n{res}.

Contrat de mariage de Samuel-Florent de Lespinay, éc., sr de la Roche-Bouloigne, avec d{lle} Charlotte-Aimée de Montsorbier, par lequel il paraît qu'il est fils de Samuel de Lespinay ci-dessus et d'Anne Joyau, en date du 4 septembre 1704, signé Mercier et Vrignaud, n{res}.

Ordonnance : Maintenu comme noble et écuyer, le 15 avril 1715, signé : de Richebourg.

Côme LEVRAULT, éc., sr de Maisonneuve.

Châtellerault

31

Pièces justificatives : Ordonnance de M. de Barentin en faveur de Pierre Levrault, éc., sr de Maisonneuve, par laquelle il est maintenu dans la qualité de noble et écuyer, en date du 9 septembre 1667. Dans le vu des pièces est rapporté le contrat de mariage de Pierre Levrault avec d{lle} Madeleine de Beauregard, passé à Saumur le 6 février 1656 par Alary, n{re}.

Contrat de mariage de Côme Levrault, éc., sr de Maisonneuve, avec d{lle} Jeanne-Claude de Preuille, par lequel il paraît qu'il est fils de Pierre Levrault, dénommé ci-dessus, et de Madeleine de Beauregard, en date du 18 janvier 1684, signé Massoneau, n{re}.

Pièce non visée : Extrait de baptême de Côme Levrault, produisant, en date du 20 décembre 1662.

Ordonnance : Maintenu comme noble et écuyer, le 20 avril 1715, signé : de Richebourg.

32

Niort

Louis de LA BLACHIÈRE, éc., s^r de l'Isle.

Pièce justificative : Ordonnance de M. de Maupeou en faveur de Louis de la Blachière, éc., s^r de l'Isle (produisant), par laquelle il est maintenu en sa noblesse, en date du 16 septembre 1697.

Ordonnance : Ordonne son inscription au catalogue des nobles de la Généralité de Poitiers, le 26 avril 1715, signé : de Richebourg.

33

Fontenay

Charles de LAURIÈRE, chev., s^{gr} de Chaume, y demeurant, paroisse de Saint-Hermand.

Pièces justificatives : Ordonnance de M. de Barentin en faveur de Léon de Laurière, éc., s^r de Laurière, par laquelle il est maintenu dans la qualité de noble et écuyer, en date du 23 septembre 1667.

Contrat de mariage de Charles de Laurière, chev., s^{gr} de Chaume, avec d^{lle} Suzanne-Aimée Hélye (fille de défunt Gabriel Hélye, chev., s^{gr} du Château-Boisroux), par lequel il paraît qu'il est fils de Léon de Laurière ci-dessus et de dame Gilberte-Anne Regnault, en date du 26 juillet 1706, signé Chenier et Bourdeau, n^{res} à Luçon.

Ordonnance : Maintenu comme noble et écuyer, le 14 mai 1715, signé : de Richebourg.

34

Les Sables

Philippe LINGIER, éc., s^{gr} de la Nouhe et la Grosle.

Pièce justificative : Ordonnance de M. de Maupeou en faveur de Philippe Lingier, éc., s^{gr} de la Nouhe et la Grosle, par laquelle il est maintenu en sa noblesse, en date du 27 septembre 1699.

Pièces non visées : Ordonnance de M. de Barentin en faveur de Pierre Lingier, éc., s^r des Linetières, par laquelle il est maintenu dans la qualité de noble et écuyer, en date du 24 septembre 1667.

Contrat de mariage de Philippe Lingier, produisant, qui justifie qu'il est fils de Pierre Lingier ci-dessus, en date du 26 juillet 1690.

Ordonnance : Ordonne son inscription au catalogue des nobles de la Généralité de Poitiers, le 23 mai 1715, signé : de Richebourg.

Antoine LAURENS, éc., s^r de Lézignac. — 35 — Poitiers

Pièces justificatives : Ordonnance de M. de Barentin en faveur de Georges Laurens, éc., s^r de Lézignac, par laquelle il est maintenu dans la qualité de noble et écuyer, en date du 10 décembre 1667.

Contrat de mariage de Paul Laurens, éc., s^r de Saint-Paul, avec d^{lle} Gabrielle de Maumillon, par lequel il paraît qu'il est fils de Georges Laurens, éc., s^r de Lézignac, dénommé dans l'ordonnance ci-dessus, et de d^{lle} Philippe de Cursolle, en date du 17 août 1664, signé de Vallon, n^{re}.

Extrait de baptême d'Antoine Laurens, en date du 1er décembre 1669, par lequel il paraît qu'il est fils de Paul Laurens, éc., s^r de Saint-Paul, et de Gabrielle de Maumillon, délivré le 8 octobre 1705 par Pomier, curé de Pressac, contrôlé à Poitiers le 30 mai 1715 par Legrand.

Ordonnance : Maintenu comme noble et écuyer, le 1er juin 1715, signé : de Richebourg.

Antoine de LAAGE, éc., s^r de Laage et de Volude. — 36 — Niort

Pièces justificatives : Contrat de mariage de Paul de Laage, éc., avec d^{lle} Marie Bizien, en date du 20 janvier 1610, signé pour copie, Huart.

Contrat de mariage de Benjamin de Laage, s^{gr} de Laage et de Volude, avec d^{lle} Marie de Pontbriand, par lequel il paraît qu'il est fils de Paul de Laage, vivant s^{gr} de Laage, et de dame Marie Bizien, en date du 13 juillet 1653, signé A. Chesne, n^re.

Ordonnance de M. de Barentin en faveur de Pierre de Laage, éc., s^r de la Rivière-Beauchesne, Benjamin de Laage, éc., s^r de Volude, Philippe de Laage, éc., s^r des Texiers, et autres, par laquelle ils sont maintenus dans la qualité de nobles et écuyers, en date du 9 septembre 1667. Dans le vu des pièces est énoncé le contrat de mariage de Paul de Laage, éc., avec d^lle Marie Bizien.

Contrat de mariage d'Antoine de Laage, éc., s^r de Laage et de Volude, avec d^lle Marie-Anne Angély, par lequel il paraît qu'il est fils de feu Benjamin de Laage, éc., et de dame Marie de Pontbriand, en date du 15 novembre 1694, signé Delbain, n^re.

Pièce non visée : Extrait de baptême d'Antoine de Laage, produisant, en date du 18 février 1674, signé Lecotière, curé de la paroisse d'Alhoue.

Ordonnance : Maintenu comme noble et écuyer, le 1er juin 1715, signé : de Richebourg.

---

37   Jacques LEVESQUE, éc., s^gr de la Guérinière et de Puyberneau, demeurant à Sainte-Florence.

Fontenay Pièces justificatives : Contrat de mariage de Guy Lévesque, éc., s^r du Barré, avec d^lle Julienne Quintard, par lequel il paraît qu'il est fils de Jean Lévesque, éc., et de d^lle Joubert, en date du 7 décembre 1560, signé Autheron et Tremelier, n^res.

Contrat de mariage de Moïse Lévesque, éc., s^r du Barré, avec d^lle Marie Nicou, par lequel il paraît qu'il est fils de Guy Lévesque ci-dessus et de d^lle Julienne Quintard, en date du 22 avril 1591, signé Chauvet et Régnier, n^res.

Contrat de mariage d'Hélie Lévesque, éc., s^r de la Boilinière, avec d^lle Charlotte Voussard, par lequel il paraît qu'il est fils de Moïse Lévesque et de d^lle Marie Nicou, en date du 7 janvier 1615, signé Loyau et Cacault, n^res.

Contrat de mariage de Charles Lévesque, éc., s^r de Puyberneau, avec d^lle Françoise de la Roche, par lequel il paraît qu'il est fils puîné d'Hélie Lévesque et de Charlotte Voussard, en date du 22 septembre 1648, signé Loyau et Julliot, n^res.

Contrat du partage des biens d'Hélie Lévesque, éc., s^r de la Boilinière, entre Louis Lévesque, éc., s^r de la Boilinière, Charles Lévesque, éc., s^r de Puyberneau, Charlotte, Marie et Aimée Lévesque, ses enfants, par lequel il paraît que Louis, en qualité d'aîné, a eu les préciputs et avantages de la Coutume, en date du 1er septembre 1653, signé Girard et de la Touche, n^res.

Ordonnance de M. de Marillac, intendant du Poitou, en faveur de Françoise de la Roche, veuve de Charles Lévesque, par laquelle elle est déchargée d'une taxe sur elle faite de 1,500 livres pour les francs-fiefs, en date du 21 avril 1676, signé de Marillac, et plus bas, Par Mgr, Aubouyn.

Arrêt du Conseil d'Etat du roi, confirmatif de ladite ordonnance, en date du 22 février 1681, signé Berryer.

Contrat de mariage de Jacques Lévesque, éc., s^gr de la Guérinière et de Puyberneau, avec d^lle Marie-Anne Buignon, par lequel il paraît qu'il est fils de Charles Lévesque ci-dessus et de dame Françoise de la Roche, en date du 11 juin 1687, signé Delion, n^re.

Ordonnance : Maintenu comme noble et écuyer, le 1er juin 1715, signé : de Richebourg.

Gabrielle de Montsorbier, veuve de Jean de LYRIS, éc., s^r de Fontenay, tant en son nom que comme mère tutrice ayant la garde noble de ses enfants, Jeanne-Bénigne, Marie et Suzanne-Esther de LYRIS.

38

Mauléon

Pièces justificatives : Ordonnance de M. Pinon, intendant du Poitou, en faveur de Jean de Lyris, éc., s^r de Fontenay, par laquelle il est déchargé de l'assignation à lui donnée à la requête de Godard, au lieu et place duquel est subrogé le s^r François Ferrand, en conséquence maintenu dans la qualité de noble et écuyer, en date du 20 juin 1705.

Trois extraits de baptême, le 1er de Jeanne-Bénigne de Lyris, du 21 août 1701, le 2° de Marie de Lyris, du 20 janvier 1708, le 3° de Suzanne-Esther de Lyris, du 15 août 1710, par lesquels il paraît qu'elles sont enfants de Jean de Lyris, éc., s' de Fontenay, et de dame Gabrielle de Montsorbier, lesdits extraits délivrés le 20 mai 1715 par Aubert, curé de Saint-Denis, légalisés, et contrôlés aux Essarts le 21 mai 1715 par Mandin.

Ordonnance : Maintenues comme veuve et filles de noble, le 4 juin 1715, signé : de Richebourg.

39

Mauléon

Louis-René LEMAIGNAN, éc., s^{gr} du Marchais, procédant sous l'autorité de Jean de la Ferté, éc., s^r de la Ferté, son curateur.

Pièces justificatives : Arrêt de la Chambre établie par le roi pour la réformation de la noblesse du pays et duché de Bretagne, en faveur de Charles Lemaignan, éc., s^r de Lescorce, François Lemaignan, éc., s^r du Boisvignaud, et Louis Lemaignan, éc., s^r du Marchais, par lequel ils sont reconnus et déclarés issus d'extraction noble, et comme tels autorisés à prendre la qualité d'écuyers, en date du 31 décembre 1668, signé Malescot.

Contrat de mariage de Louis Lemaignan, éc., s^r du Marchais, avec d^{lle} Anne de Faye, par lequel il paraît qu'il est fils de René Lemaignan, éc., s^r du Marchais, et de dame Françoise Suriette, en date du 17 juin 1669, signé Boucher et Bellevaire, n^{res}.

Contrat de mariage de René Lemaignan, chev., s^{gr} du Marchais, avec d^{lle} Marie-Jeanne Sapinaud, par lequel il paraît qu'il est fils de Louis Lemaignan, chev., s^{gr} du Marchais, et de dame Anne de Faye, en date du 30 juin 1704, signé Verdon et Roquineau, n^{res}.

Ordonnance de M. de Richebourg en faveur de François Lemaignan, éc., s^r du Boisvignaud, dénommé dans l'arrêt de la Chambre établie par le roi en Bretagne, par laquelle il est maintenu en la qualité de noble et écuyer, en date du 2 mars 1715. (Voir L 8 ci-dessus.)

Extrait de baptême de Louis-René Lemaignan, du 9 mai 1705, par lequel il paraît qu'il est fils de René Lemaignan, chev., s^gr du Marchais, et de dame Marie-Jeanne Sapinaud, délivré le 23 avril 1715 par Bousseau, receveur de Vieillevigne, légalisé par le juge dudit lieu et contrôlé à Poitiers le 6 juin 1715 par Legrand.

Ordonnance : Maintenu comme noble et écuyer, le 10 juin 1715, signé : de Richebourg.

Jean-Pierre LECOMTE, éc., s^gr du Rivault, cons^er du roi, président, trésorier de France, garde-scel au Bureau des finances de la Généralité de Poitiers,

Pierre-Alexandre LECOMTE, éc., s^gr de la Couture et de Teil, son frère.

40

Poitiers

Pièces justificatives : Arrêt du Conseil d'Etat du roi en faveur de Pierre Lecomte, s^r du Rivault et de Teil, et René Lecomte, s^r de la Douhe, par lequel ils sont maintenus dans la qualité de nobles et écuyers, en date du 5 janvier 1669, signé Béchameil.

Contrat de mariage de Pierre Lecomte, éc., s^gr du Rivault et de Teil, avec d^lle Catherine Dreux, par lequel il paraît qu'il est fils de René Lecomte, éc., s^r de la Sachetière, et de d^lle Jeanne de Montalembert, en date du 3 janvier 1671, signé Marrot et Bourbeau, n^res à Poitiers.

Contrat de mariage de Jean-Pierre Lecomte, éc., s^gr du Rivault et du Teil, avec d^lle Marie Charlet, par lequel il paraît qu'il est fils de Pierre Lecomte, chev., s^gr du Rivault, trésorier de France et garde-scel au Bureau des finances de Poitiers, et de dame Catherine Dreux, en date du 25 novembre 1694, signé Duchasteigner et Piaud, n^res à Poitiers.

Contrat de mariage de Pierre-Alexandre Lecomte, chev., s^gr de la Couture et du Rivault, avec d^lle Marie-Louise Constant, par lequel il paraît qu'il est fils de Pierre Lecomte, chev., s^gr du Rivault, trésorier de France à Poitiers, et de dame

— 76 —

Catherine Dreux, en date du 10 avril 1714, signé Bourbeau et Lecarlier, n^{res} à Poitiers.

Ordonnance : Maintenus comme nobles et écuyers, le 18 juillet 1715, signé : de Richebourg.

41

Poitiers

Claude LEGIER, éc., s^r de Puyraveau, cons^{er} du roi, juge magistrat au siège présidial de Poitiers, tant en son nom que pour Claude, René, Philippe-François, Pierre-Augustin, René-Jean et Pierre LEGIER, ses enfants,

Philippe LEGIER, éc., prêtre,

Marguerite-Geneviève LEGIER, demoiselle.

Pièces justificatives : Contrat de mariage de Claude Légier, éc., s^r de Fougeré, avec d^{lle} Geneviève de Blacwood, par lequel il paraît qu'il est fils de Pierre Légier, éc., s^r de Beauregard, cons^{er} au présidial de Poitiers, et de d^{lle} Jeanne Chaubier, en date du 7 octobre 1651, signé Baraud et Johanne, n^{res} à Poitiers.

Ordonnance de M. de Barentin en faveur de Claude Légier, éc., s^r de Fougeré, cons^{er} au présidial et échevin de la maison commune de Poitiers, par laquelle il est maintenu dans la qualité de noble et écuyer, en date du 3 septembre 1667.

Arrêt du Conseil d'Etat du roi, intervenu en faveur de Simon Dreux de Montrolet, François-Simon Dreux de Montrolet, Simon Dreux, s^r de Tenille, François Dreux des Murs, Simon Dreux de la Rochette, les enfants de feu...... Dreux de Saint-Christophe, dame Marie Irland, veuve de Georges-René de la Lande de Vernon, Pierre de la Lande de la Vergnaye, René de la Lande de la Riche, Louis de Brilhac de Pilhouet, Louis, Pierre et Marguerite de Brilhac, Jean Irland, autre Jean Irland, François Pidoux de Pollié, Elisabeth Pidoux, veuve de Jacques Mayault, Charles Pidoux, Pierre Pidoux, dame Thérèse Richeteau, épouse d'Alexandre-Herbert de Bellefond, et Claude Légier, par lequel ils sont tous déchargés des sommes auxquelles ils ont été taxés au rôle arrêté au Conseil le 22 décembre 1691, et maintenus, eux, leurs veuves, enfants et descendants nés et à naître en légitime mariage, dans les privilèges dont jouissent les nobles du royaume, en date du 26 juin 1696, signé Dujardin [1].

Contrat de mariage de Claude Légier, éc., s^r de Puyraveau, avec d^{lle} Marie-Anne Richeteau, par lequel il paraît qu'il est fils de Claude Légier, éc., s^r de Fougeré, cons^{er} au présidial de Poitiers, et de dame Geneviève de Blacwod, en date du 18 mai 1692, signé Perronet et Royer, n^{res} à Poitiers.

Contrat du partage des biens de Claude Légier, s^r de Fougeré, entre Philippe Légier, prêtre, Claude Légier, s^r de Puyraveau, et Marguerite-Geneviève Légier, par lequel il paraît qu'ils sont enfants dudit Claude Légier et de Geneviève de Blacwood, et que Claude Légier, du consentement de Philippe son frère aîné, a eu les avantages et préciputs de la Coutume, en date du 24 janvier 1697, signé Renard et Clément, n^{res} au Châtelet de Paris.

Six extraits de baptême, le 1er de Claude Légier, du 6 avril 1693, le 2e de René Légier, du 16 mars 1696, le 3e de Philippe-François Legier, du 15 avril 1697, le 4e de Pierre-Augustin Légier, du 19 juillet 1699, le 5e de René-Jean Légier, du 3 janvier 1706, et le 6e de Pierre Légier, du 2 janvier 1713, par lesquels il paraît qu'ils sont tous enfants de Claude Légier, éc., s^r de Puyraveau, et de Marie-Anne Richeteau, lesdits extraits signés Guignard, curé de Saint-Porchaire de Poitiers, contrôlés à Poitiers le 29 mai 1715 par Legrand.

Ordonnance : Maintenus comme nobles et écuyers, demoiselles et fille de noble, le 7 août 1715, signé : de Richebourg.

Louis LEVRAULT, éc., s^r de Chambert.

Pièces justificatives : Ordonnance de M. de Barentin en faveur de Pierre Levrault, éc., s^r de la Maisonneuve, par laquelle il est

Châtellerault

---

1. Toutes les personnes comprises en cet arrêt avaient, à ce qu'il paraît, été imposées à la taille comme tirant leur noblesse de la mairie et de l'échevinage de Poitiers dont les privilèges avaient été révoqués par l'Edit du mois de mars 1667. Elles en furent déchargées par le Conseil d'Etat parce qu'elles prouvèrent une noblesse antérieure à cette cause. Claude Légier, père de Claude produisant, fut maire de Poitiers en 1676.

maintenu dans la qualité de noble et écuyer, en date du 9 septembre 1667. Dans le vu des pièces de ladite ordonnance est énoncé le contrat de mariage de Pierre Levrault avec d^{lle} Madeleine de Beauregard.

Contrat de mariage en secondes noces de Pierre Levrault, chev., s^{gr} de la Maisonneuve, avec d^{lle} Anne Augron, en date du 9 février 1666, signé Billon, n^{re}.

Extrait de baptême de Léon-Louis Levrault, du 29 octobre 1669, par lequel il paraît qu'il est fils de Pierre Levrault, éc., s^r de la Maisonneuve, et de dame Anne Augron, délivré le 28 janvier 1697 par Morisseau, curé d'Orches, légalisé par le s^r lieutenant général de Châtellerault, contrôlé à Poitiers le 11 septembre 1715 par Legrand.

Transaction entre Anne Augron, veuve de Pierre Levrault, éc., s^r de la Maisonneuve, et Côme Levrault, fils du premier mariage de Pierre Levrault avec d^{lle} Madeleine de Beauregard, en date du 30 avril 1691, signé Ocher et Bodin, n^{res} royaux à Châtellerault.

Contrat de mariage de Louis Levrault, chev., s^{gr} de Chambert, avec d^{lle} Marie-Jeanne de la Châtre, par lequel il paraît qu'il est fils de Pierre Levrault et de dame Anne Augron, en date du 2 février 1704, signé Jacob, n^{re}.

Ordonnance de M. de Richebourg en faveur de Côme Levrault, éc., s^r de la Maisonneuve, par laquelle il est maintenu dans la qualité de noble et écuyer, en date du 20 avril 1715. Dans le vu des pièces est énoncé le contrat de mariage de Pierre Levrault avec d^{lle} Madeleine de Beauregard, et celui dudit Côme Levrault par lequel il paraît qu'il est fils de Pierre et de Madeleine de Beauregard. (Voir L 31 ci-dessus.)

Ordonnance : **Maintenu comme noble et écuyer, le 14 septembre 1715, signé : de Richebourg.**

---

43 François de LASPAYE, éc., s^r dudit lieu, demeurant à Maransay, paroisse de Taizé.

Pièce justificative : Sentence de M. Voisin de la Noiraye, intendant de Touraine, qui maintient François de Laspaye, éc., sr dudit lieu, en sa noblesse, en date du 9 mai 1669.

Ordonnance : Maintenu comme noble et écuyer, le 24 septembre 1715, signé : de Richebourg.

Jean LAUVERGNAT, éc., s^r des Muraux,
Claude LAUVERGNAT, éc., s^r de Miauray, son fils aîné.

44

Pièces justificatives : Contrat de mariage de François Lauvergnat, éc., s^r du Chesne, avec Marie Douhet, par lequel il paraît qu'il est fils d'Artus Lauvergnat, éc., et de d^{lle} Perrette Vasselot, en date du 15 novembre 1557, signé Mestreau et Aymard, n^{res}.

Saint-Maixent

Contrat de mariage d'Artus Lauvergnat, éc., avec Jeanne Caillé, par lequel il paraît qu'il est fils de François Lauvergnat ci-dessus et de Marie Douhet, en date du 9 janvier 1582, signé Ferruyau et Nivard, n^{res}.

Contrat de mariage de Jean Lauvergnat, s^r de Bataillé, avec Marie Lauvergnat, par lequel il paraît qu'il est fils d'Artus Lauvergnat, avocat au siège royal de Lusignan, et de Jeanne Caillé, en date du 16 janvier 1611, signé Nivard et Jousselin, n^{res}.

Contrat de mariage de Jean Lauvergnat, s^r de la Grange, avec d^{lle} Marie Creuzé, par lequel il paraît qu'il est fils de Jean Lauvergnat, s^r de Bataillé, et de Marie Lauvergnat, en date du 22 novembre 1668, signé Piet et Rousseau, n^{res}.

Lettres de relief de noblesse accordées par le roi à Jean Lauvergnat, s^r des Muraux, par lesquelles Sa Majesté le relève de la dérogeance faite par Jean Lauvergnat, s^r de Bataillé, son père, en date du 16 juillet 1708, signées Louis, et plus bas, Par le roi, Phelypeaux, enregistrées en la Cour des aides le 11 octobre ensuivant.

Contrat de mariage de Claude Lauvergnat, éc., s^r de Miauray, avec d^{lle} Jeanne-Marie Bretineau, par lequel il paraît qu'il est fils de Jean Lauvergnat, éc., s^r des Muraux, et de Marie Creuzé, en date du 26 avril 1714, signé Girard et Marsault, n^{res}.

Ordonnance : Maintenus comme nobles et écuyers, le 25 septembre 1715, signé : de Richebourg.

45

Thouars

Jacques-Robert LANDERNEAU, éc., s' de la Roche-Linière,

Pierre, Louis et Catherine LANDERNEAU, ses frères et sœur, mineurs.

Pièces justificatives : Ordonnance de M. de Maupeou en faveur de Jacques Landerneau, éc., s^r du Plessis-Ray et de la Roche-Linière, par laquelle il est maintenu dans les privilèges et exemptions accordés aux nobles du royaume, en date du 7 mars 1699. Dans le vu des pièces est rapporté le contrat de mariage dudit Jacques Landerneau avec d^{lle} Thérèse Lejay, daté du 16 décembre 1680.

Acte d'émancipation de Jacques-Robert, Pierre, Louis Landerneau, éc^{rs}, et de Catherine Landerneau, par lequel il paraît qu'ils sont enfants mineurs de Jacques Landerneau, éc., dénommé dans l'ordonnance ci-dessus, et de Thérèse Lejay, en date du 6 mars 1709, passé devant le sénéchal de Chantemerle, signé Gruget, commis-greffier.

Ordonnance : Maintenus dans les privilèges, honneurs et exemptions accordés aux nobles du royaume, le 11 décembre 1715, signé : de Richebourg.

46

Fontenay

Suzanne-Françoise LE FRANC, demoiselle, dame du Plessis.

Pièces justificatives : Arrêt du Conseil d'Etat du roi intervenu en faveur de Suzanne des Moulins, veuve de Philippe Le Franc, s^r du Plessis, et Louis Le Franc, aussi s^r du Plessis, par lequel, sur l'appel par eux interjeté de l'ordonnance de M. de Barentin, qui les avait déclarés usurpateurs du titre de noblesse, et comme tels condamnés à deux mille livres d'amende, ils sont maintenus dans la qualité de veuve de gentilhomme et dans celle d'écuyer, en date du 27 août 1668, signé Berryer.

Dans le vu des pièces dudit arrêt est rapporté le contrat de mariage dudit Louis Le Franc, chev., sᵍʳ du Plessis, avec dˡˡᵉ Jeanne-Hélye de Boisrond, par lequel il paraît qu'il est fils de Philippe Le Franc, éc., sʳ du Plessis, et de Suzanne des Moulins.

Contrat de mariage d'autre Louis Le Franc, chev., sᵍʳ du Plessis, avec dˡˡᵉ Marie Durcot, par lequel il paraît qu'il est fils de Louis Le Franc, chev., sᵍʳ du Plessis, et de dame Jeanne Hélye de Boisrond, en date du 28 juin 1696, signé Proust et Genay, nʳᵉˢ.

Extrait de baptême de Suzanne-Françoise Le Franc, du 28 juillet 1697, par lequel il paraît qu'elle est fille de Louis Le Franc ci-dessus et de dame Marie Durcot, délivré le 26 octobre 1775 par Duchastellier, curé de Saint-Laurent-de-la-Salle, légalisé par le sʳ Moriceau, sénéchal de Fontenay, et contrôlé à Poitiers le 16 novembre suivant par Bonin.

Pièces non visées : Arrêt de la Cour des aides, du 28 avril 1663, par lequel Louis Le Franc, sʳ du Plessis, est déclaré issu de noble race et lignée.

Ordonnance du sʳ Jolly de Saint-Picq, subdélégué de M. de Marillac, intendant en la Généralité de Poitou, en faveur de Suzanne des Moulins, veuve de Philippe Le Franc, éc., sʳ du Plessis, qui la renvoie d'une assignation à elle donnée à la requête de Claude Viallet pour les droits de francs-fiefs, en date du 3 octobre 1673.

Ordonnance : Maintenue dans les privilèges et exemptions accordés aux demoiselles et filles de nobles, le 11 décembre 1715, signé : de Richebourg.

Pierre LE ROUX, éc., sʳ de la Corbinière,
Jacques-Pierre LE ROUX, éc., sʳ de la Suirenière, son fils.

47

Les Sables

Pièces justificatives : Ordonnance de M. de Maupeou en faveur de Pierre Le Roux, éc., sᵍʳ de la Corbinière, par laquelle il est déchargé de l'assignation à lui donnée à la requête de Guérin, au lieu et place duquel est substitué le s^r Ferrand, en date du 27 septembre 1699. Dans le vu des pièces est rapporté le contrat de mariage dudit Pierre Le Roux, chev., s^{gr} de la Corbinière, avec d^{lle} Louise-Aimée de Sallo.

Contrat de mariage de Jacques-Pierre Le Roux, chev., s^{gr} de la Suirenière, avec d^{lle} Lydie de Kerveno, demoiselle de Lairaudière, par lequel il paraît qu'il est fils de Pierre Le Roux ci-dessus et de dame Louise-Aimée de Sallo, en date du 4 mai 1707, signé Dupont et Billaud, n^{res}.

Pièce non visée : Ordonnance de M. de Barentin, par laquelle Victor Le Roux, éc., s^{gr} de la Suirenière (père et aïeul des produisants), est maintenu dans sa noblesse, en date du 9 août 1667.

Ordonnance : Maintenus comme nobles et écuyers, le 3 janvier 1715 (pour 1716), signé : de Richebourg.

48

Les Sables

Victor LE ROUX, chev., s^{gr} des Mottes.

Pièces justificatives : Ordonnance de M. de Barentin en faveur de Victor Le Roux, éc., s^r de la Quirinière, par laquelle il est maintenu dans la qualité de noble et écuyer, en date du 9 août 1667. Dans le vu des pièces sont énoncées : 1° le contrat de mariage en secondes noces de Claude Le Roux avec d^{lle} Madeleine de Béchillon, 2° le contrat de mariage de Victor Le Roux, éc., avec d^{lle} Marie Barbier.

Contrat de mariage en secondes noces de Victor Le Roux, éc., s^r de la Quirinière, avec d^{lle} Elisabeth Robineau, par lequel il paraît qu'il est fils de Claude Le Roux, éc., s^{gr} de la Barbière, et de d^{lle} Madeleine de Béchillon, et qu'il est veuf de Marie Barbier, en date du 26 août 1666, signé Bellet et Pelletier, n^{res}.

Contrat de mariage de Louis Le Roux, éc., s^r des Mottes, avec dame Jacquette-Renée Robert de Chaon, par lequel il paraît qu'il est fils de Victor Le Roux, éc., s^r de la Quirinière, et de dame Elisabeth Robineau, en date du 27 janvier 1692, signé Gaultier et Robin, n^{res}.

Extrait de baptême de Victor Le Roux, du 11 mars 1693, par lequel il paraît qu'il est fils de Louis Le Roux, éc., s^{gr} des Mottes, et de dame Jacquette Robert, délivré le 8 octobre 1715 par Prousteau, curé d'Aubigny, légalisé par le procureur fiscal dudit Aubigny, contrôlé à Poitiers cejourd'hui par Coupard.

Ordonnance : **Maintenu comme noble et écuyer, le 4 janvier 1716, signé : de Richebourg.**

André LAURENS, éc., s^r de Reirat, lieutenant de cavalerie au régiment de Saint-Aignan,

Pierre LAURENS, éc., lieutenant de cavalerie au même régiment, son frère.

49

Poitiers

Pièces justificatives : Ordonnance de M. de Maupeou en faveur de Jacques Laurens, éc., s^r de Malubert et de la Chèze de Reirat, par laquelle il est maintenu dans les privilèges et exemptions accordés aux nobles du royaume, en date du 2 mars 1701. Dans le vu des pièces est énoncé le contrat de mariage dudit Jacques Laurens avec d^{lle} Marie du Breuil-Hélion.

Deux extraits de baptême, le 1er de Pierre Laurens, du 12 octobre 1688, par lequel il paraît qu'il est fils de Jacques Laurens ci-dessus et de dame Marthe-Marie du Breuil-Hélion, délivré le 18 octobre 1702 par de Bessac, curé d'Availles, contrôlé à Poitiers par Coupard, et le 2e d'André Laurens, du 19 juillet 1687, par lequel il paraît qu'il est fils de Jacques Laurens et de Marthe-Marie du Breuil-Hélion, délivré le 2 janvier 1716 par de Bessac, curé d'Availles, aussi contrôlé.

Ordonnance : **Maintenus comme nobles et écuyers, le 7 janvier 1716, signé : de Richebourg.**

Marie, Marie-Anne et Jeanne de LAAGE, procédant sous l'autorité de René de Pontbriand, éc., s^r du Roule, leur curateur.

50

Niort

Pièces justificatives : Ordonnance de M. de Barentin en faveur de

Pierre de Laage, éc., sʳ de la Rivière-Beauchesne, Benjamin de Laage, éc., sʳ de Volude, et Philippe de Laage, éc., sʳ des Tessières, enfants de feu René de Laage, éc., sʳ de Boismort et de Vareilles, et de dame Jeanne de Salignac, par laquelle ils sont maintenus dans la qualité de nobles et écuyers, en date du 9 septembre 1667.

Ordonnance de M. de Richebourg en faveur d'Antoine de Laage, éc., sʳ de Volude, fils puîné de feu Benjamin de Laage, éc., sʳ de Volude, et de dˡˡᵉ Marie de Pontbriand, par laquelle il est maintenu dans la qualité de noble et écuyer, en date du 1ᵉʳ juin 1715.

Contrat de mariage d'Antoine de Laage, éc., sʳ de Boismort, avec dˡˡᵉ Hélène de Laage, par lequel il paraît qu'il est fils de René de Laage et de Jeanne de Salignac, dénommés dans l'ordonnance de M. de Barentin ci-dessus, en date du 25 juin 1669, signé Papaud, nʳᵉ.

Acte des épousailles en secondes noces dudit Antoine de Laage avec dˡˡᵉ Marie de Lestrade, en date du 26 avril 1672, délivré le 16 janvier 1716 par Picard, curé d'Alloue, légalisé par le sénéchal dudit Alloue, contrôlé à Poitiers le 21 août 1716 par Chevalier.

Contrat de mariage de Jean de Laage, éc., sʳ de Vareilles, avec dˡˡᵉ Honorée de la Bouchardière, par lequel il paraît qu'il est fils d'Antoine de Laage, éc., sʳ de Boismort, et de feu dame Marie de Lestrade, en date du 24 octobre 1698, signé Desouchent, nʳᵉ.

Acte de curatelle, fait par-devant le sénéchal d'Alloue, des trois filles mineures de Jean de Laage, éc., sʳ de Vareilles, et de dame Honorée de la Bouchardière, par lequel il paraît qu'incontinent le décès de Jean de Laage et d'Honorée de la Bouchardière, René de Pontbriand, éc., sʳ du Roule, oncle desdites mineures, a été nommé leur curateur, et François de Laage, éc., sʳ de la Garde, curateur aux causes, en date du 27 décembre 1712.

Trois extraits de baptême, le 1ᵉʳ de Marie de Laage, du 26 novembre 1699, le 2ᵉ de Marie-Anne de Laage, du 24 avril 1701, le 3ᵉ de Jeanne de Laage, du 7 novembre 1704, par lesquels il paraît qu'elles sont filles de Jean de Laage, éc., s⁰ de Vareilles, et de dame Honorée de la Bouchardière, délivrés le 29 mai 1716 par Picard, curé d'Alloue, contrôlés à Poitiers le 20 août 1716 par Chevalier.

Ordonnance : Maintenues comme demoiselles et filles de gentilhomme, le 22 août 1716, signé : de Latour.

Renée de LA FOREST, demoiselle.

Les Sables

Pièces justificatives : Ordonnance de M. de Maupeou en faveur de François de la Forest, éc., s⁰ de la Thomazerie, tant en son nom que comme tuteur et curateur des enfants mineurs de Gabriel de la Forest, éc., son frère aîné, par laquelle il est déchargé de la somme de 6,000 livres, à laquelle il avait été taxé au rôle arrêté au Conseil le 14 mai 1697, en conséquence maintenu, ainsi que les enfants de Gabriel de la Forest, dans la qualité de nobles et écuyers, en date du 29 août 1697. Dans le vu des pièces est énoncé le contrat de partage des biens dudit Gabriel de la Forest, éc., s⁰ de Mosny, et de d¹¹ᵉ Renée Gourdon, entre Gabriel de la Forest, éc., s⁰ dudit lieu, François de la Forest, éc., s⁰ de la Thomazerie, et d¹¹ᵉ Renée de la Forest, leurs enfants, rapporté daté du 16 mars 1693, signé Coursault et Simonnet, nʳᵉˢ.

Contrat ci-dessus énoncé du partage des biens de Gabriel de la Forest, éc., s⁰ de Mosny, et de d¹¹ᵉ Renée Gourdon, sa femme, entre leursdits enfants, en date du 16 mars 1693, signé Coursault et Boissōn, au lieu et place de feu Simonnet.

Dire de la produisante : Elle a été confirmée dans sa qualité par une ordonnance de M. de Barentin, du 15 mars 1669, rendue au profit de Renée Gourdon, veuve de Gabriel de la Forest, s⁰ de Mosny, tant en son nom que comme mère tutrice de ladite Renée de la Forest.

Ordonnance : Maintenue dans les privilèges et exemptions attribués aux filles de gentilshommes, le 29 septembre 1716, signé : de Latour.

52

Les Sables

Gabriel-François de LA FOREST, éc., sʳ dudit lieu, Charles de LA FOREST, éc., sʳ des Burons, son frère, Isabelle-Charlotte, Louis-Henri, Jeanne-Gabrielle, Joachim-Marc, Marie-Renée et Noël-Alexis de LA FOREST, enfants de Gabriel-François.

Pièces justificatives : Ordonnance de M. de Maupeou en faveur de François de la Forest, éc., sʳ de la Thomazerie, tant en son nom que comme tuteur et curateur des enfants mineurs de Gabriel de la Forest, éc., son frère aîné, par laquelle il est reçu opposant à l'exécution du rôle arrêté au Conseil le 14 mai 1697, et faisant droit sur son opposition, déchargé de la somme de 6,000 livres à laquelle il avait été taxé, en conséquence maintenu, et les enfants dudit Gabriel de la Forest, dans la qualité d'écuyers et dans les privilèges et exemptions accordés aux nobles du royaume, en date du 9 août 1697. Dans le vu des pièces sont énoncés : 1° une ordonnance rendue par M. de Barentin le 15 mars 1669, par laquelle il paraît que dame Renée Gourdon, veuve de Gabriel de la Forest, éc., sʳ de Mosny, au nom et comme mère tutrice de ses enfants, a été reçue opposante à l'exécution de ladite ordonnance qui déclarait son mari et René de la Forest, père de celui-ci, usurpateurs du titre de noblesse, et, sur la représentation de leurs titres, les maintenait nobles ; 2° le contrat de mariage d'autre Gabriel de la Forest, éc., avec dˡˡᵉ Anne Darnaud, par lequel il paraît qu'il est fils de Gabriel de la Forest et de dame Renée Gourdon, rapporté daté du 14 novembre 1681.

Extrait de baptême de Gabriel-François de la Forest, du 28 septembre 1682, par lequel il paraît qu'il est fils de Gabriel de la Forest et de dame Anne Darnaud, délivré le 15 septembre 1696 par Rambaud, curé de Sallertaine, légalisé par le sénéchal de la Garnache le 3 septembre 1715, contrôlé à Poitiers le 16 janvier 1716 par Coupard.

Contrat de mariage dudit Gabriel-François de la Forest, chev., sᵍʳ dudit lieu, avec dˡˡᵉ Jeanne-Isabelle Durand, en date du 16 mai 1707, signé Renaud et Marchand, nʳᵉˢ.

Six extraits de baptême, le 1ᵉʳ d'Isabelle-Charlotte de la

Forest, du 15 février 1708, le 2ᵉ de Louis-Henri de la Forest, du 10 janvier 1709, le 3ᵉ de Jeanne-Gabrielle de la Forest, du 31 décembre 1709, le 4ᵉ de Joachim-Marc de la Forest, du 12 février 1711, le 5ᵉ de Marie-Renée de la Forest, du 12 juin 1712, le 6ᵉ de Noël-Alexis de la Forest, du 27 décembre 1714, par lesquels il paraît qu'ils sont enfants de Gabriel-François de la Forest, éc., et de dame Jeanne-Isabelle Durand, délivrés le 19 mai 1715 par Dorion, prêtre, curé d'Aspremont, légalisés par le sénéchal dudit lieu.

Contrat de mariage de Charles de la Forest, éc., sʳ des Burons, avec dˡˡᵉ Louise-Marie Guerry, par lequel il paraît qu'il est fils de Gabriel de la Forest et de dame Anne Darnaud, en date du 25 novembre 1711, signé Lebreton et Dugast, nʳᵉˢ.

Ordonnance : Maintenus comme nobles et écuyers, demoiselles et filles de nobles, le 30 septembre 1716, signé : de Latour.

François de LA FOREST, éc., sʳ de la Thomazerie, François, Charles-François, Jacques-Gabriel et Martial de LA FOREST, ses enfants.

53

Les Sables

Pièces justificatives : Ordonnance de M. de Maupeou en faveur de François de la Forest, éc., sʳ de la Thomazerie, tant en son nom que comme tuteur curateur des enfants mineurs de Gabriel de la Forest, éc., son frère aîné, par laquelle il est déchargé de la somme de 6,000 livres, pour laquelle il avait été compris au rôle arrêté au Conseil le 14 mai 1697, et maintenu avec le titre d'écuyer dans tous les honneurs, privilèges et exemptions accordés aux nobles du royaume, en date du 9 août 1697.

Contrat de mariage de Claude-François de la Forest, chev., sᵍʳ de la Thomazerie, avec dˡˡᵉ Marie Cormier, par lequel il paraît qu'il est fils de Gabriel de la Forest, chev., sᵍʳ de Mosny, et de dame Renée Gourdon, en date du 22 janvier 1691, signé Renou et Nicoleau, nʳᵉˢ.

Quatre extraits de baptême, le 1ᵉʳ de François de la Forest, du 1ᵉʳ septembre 1698, le 2ᵉ de Charles-François de la Forest, du 3 avril 1702, le 3ᵉ de Jacques-Gabriel de la Forest, du 2 mars 1705, le 4ᵉ de Martial de la Forest, du 1ᵉʳ juillet 1708, par lesquels il paraît qu'ils sont tous enfants de François de la Forest, éc., sʳ de la Thomazerie, et de dame Marie-Hyacinthe Cormier, délivrés le 8 janvier 1716 par Thivier, curé de Sallertaine, contrôlés à Beauvoir le 23 du même mois par Dugast.

Ordonnance : Maintenus comme nobles et écuyers, le 30 septembre 1716, signé : de Latour.

54

Confo-lens

François de LAAGE (*aliàs* de LAGE), éc., sʳ de la Garde.

Pièces justificatives : Contrat de partage des biens de feu François Ferré entre dˡˡᵉ Madeleine de la Bussière, sa veuve, Jacques Ferré, éc., sʳ de la Courade, son fils, et René de Laage, éc., sʳ de Vareilles, tant en son nom que pour celui de dˡˡᵉ Catherine Ferré, sa femme, en date du 31 juillet 1595, signé Vallant, nʳᵉ.

Contrat de mariage de Marc de Laage, éc., sʳ du Bouchaud, avec dˡˡᵉ Antoinette du Chaillou, par lequel il paraît qu'il est fils de René de Laage, éc., sʳ de Vareilles, et de dˡˡᵉ Catherine Ferré, en date du 3 août 1608, signé Bissière, nʳᵉ à la Villate.

Contrat de mariage d'autre Marc de Laage, éc., sʳ de la Garde et du Bouchaud, avec dˡˡᵉ Eléonore Vérinaud, par lequel il paraît qu'il est fils de feu Marc de Laage ci-dessus et de dˡˡᵉ Antoinette du Chaillou, en date du 2 août 1635, signé Peyraud, nʳᵉ royal en la Basse-Marche.

Contrat de mariage d'Antoine de Laage, éc., sʳ de la Garde, avec dˡˡᵉ Anne Feydeau, par lequel il paraît qu'il est fils de Marc de Laage ci-dessus et de dame Eléonore Vérinaud, en date du 20 octobre 1663, signé Vallant, nʳᵉ de la Villate en Angoumois.

Contrat de mariage de François de Laage, éc., sʳ de la Garde, avec dˡˡᵉ Anne de Paradis, par lequel il paraît qu'il est fils d'Antoine de Laage ci-dessus et de dˡˡᵉ Anne Feydeau, en date du 22 février 1688, signé Marioux, nʳᵉ royal en la Basse-Marche.

Ordonnance : Maintenu comme noble et écuyer, le 30 septembre 1716, signé : de Latour.

Pierre LEBAULT, éc., s^r de la Touche-Morisson, Charles et Françoise-Augustine LEBAULT, ses enfants, Louise de la Tribouille, veuve de Jean LEBAULT, éc., s^r de Beaufort.

55

Fontenay

Pièces justificatives : Ordonnance de M. de Barentin en faveur de Joseph et Charles Lebault, éc^{rs}, s^{rs} de la Chaussée et du Peux, par laquelle ils sont maintenus dans la qualité de nobles et écuyers, en date du 10 décembre 1667. Dans le vu des pièces est énoncé le contrat de mariage de Jacques Lebault, éc., s^r de la Forest, avec d^{lle} Françoise Guinot.

Extrait de l'ordonnance rendue par M. de Richebourg, le 28 mars 1715, en faveur de Charles Lebault, éc., s^r de la Grange, Jean Lebault, éc., s^r du Gruzeau, Armand-Charles Lebault, éc., s^r du Peux, et Charles Lebault, éc., s^r de la Chaussée, par lequel il paraît que la sentence de M. de Barentin intervenue en faveur de Joseph et Charles Lebault, éc^{rs}, s^{rs} de la Chaussée et du Peux, y est énoncée, ledit extrait collationné à la minute qui est au greffe de l'Intendance le 16 septembre 1715, signé Rameau. (Voir L 20 ci-dessus.)

Contrat du partage des biens de Françoise Guinot entre Jacques Lebault, éc., s^r de la Forest, Jean Lebault, éc., s^r de Beaufort, et Aimé Piot, éc., s^r de la Brosse, comme porteur de la procuration de d^{lle} Renée Lebault, son épouse, par lequel il paraît qu'ils sont enfants de ladite Guinot et que ledit Jacques Lebault, en qualité d'aîné, a eu les préciputs et avantages de la Coutume, en date du 9 mars 1681, signé Gabard et Guilbaud, n^{res}.

Contrat de mariage de Jacques Lebault, éc., s^r de la Forest et de la Lougnonière, avec dame Renée de la Boucherie, par lequel il paraît qu'il est fils de Jacques Lebault, éc., s^r de la Forest, et de d^{lle} Françoise Guinot, en date du 14 septembre 1676, signé Héraudeau et Brecheau, n^{res}.

Extrait de baptême de Pierre Lebault, du 19 octobre

1681, par lequel il paraît qu'il est fils de Jacques Lebault, éc., s' de la Forest, et de dame Renée de la Boucherie, délivré le 26 septembre 1717 par Ruchaud, curé de Lairoux, et contrôlé.

Contrat de mariage de Pierre Lebault, éc., s' de la Touche-Morisson, avec dame Augustine Dumont, veuve de Jacques de Guignard, chev., s^{gr} de la Salle, par lequel il paraît qu'il est fils de Jacques Lebault et de dame Renée de la Boucherie, en date du 15 février 1707, signé Renou, n^{re}.

Deux extraits de baptême, le 1er de Françoise-Augustine Lebault, du 17 novembre 1707, le 2e de Charles Lebault, du 24 octobre 1712, par lesquels il paraît qu'ils sont issus de Pierre Lebault, éc., s' de la Touche-Morisson, et de dame Augustine Dumont, délivrés le 26 août 1715 par Ruchaud, curé de Lairoux, légalisés par le s' Bonnet, sénéchal de la baronnie de Saint-Michel(-en-l'Herm), et contrôlés.

Contrat de mariage de Jean Lebault, éc., s' de Beaufort, avec d^{lle} Louise de la Tribouille, par lequel il paraît qu'il est fils de Jacques Lebault, éc., et de dame Françoise Guinot, en date du 5 mai 1704, signé Leclerc et Thomas, n^{res}.

Dires des parties : Par ladite sentence de M. de Barentin, il y a une filiation suivie depuis 1559, qui fait connaître que Jacques Lebault y dénommé était fils de noble.

Louise de la Tribouille, produisante, est fille de défunt Jean de la Tribouille, éc., s' du Sensif, et de dame Marie-Anne du Rivault.

Ordonnance : Maintenus comme nobles et écuyers, veuve de gentilhomme et demoiselle, le 13 octobre 1717, signé : de Latour.

56

Thouars

Prudence Levrault, veuve de Louis de LESTOILE, éc., s' de l'Echasserie, demeurant à la Charrière, paroisse de Sanzay.

Pièces justificatives : Ordonnance de M. de Maupeou en faveur de Pierre de Lestoile, éc., s' de la Grange, par laquelle il est reçu opposant à l'exécution du rôle arrêté au Conseil le 14 mai 1697, et déchargé de la somme de 4,000 livres à laquelle il avait été taxé audit rôle, et en conséquence maintenu, ses enfants, successeurs et postérité nés et à naître en légitime mariage, en la qualité de nobles et écuyers, avec défense de les y troubler, et dans laquelle il est fait mention qu'il est fils aîné et principal héritier d'autre Louis de Lestoile, éc., s^r d'Ardancourt, ladite ordonnance en date du 8 août 1697.

Extrait de baptême de Louis de Lestoile, du 9 février 1654, par lequel il paraît qu'il est fils de Louis de Lestoile, éc., s^r d'Ardancourt, et de dame Jeanne de Chaufour, délivré le 1er janvier 1716 par Mauxion, curé de Saint-Pierre de Verché, légalisé par le sénéchal de Doué.

Contrat de mariage de Louis de Lestoile, chev., s^{gr} de la Grange, avec d^{lle} Prudence Levrault, par lequel il paraît qu'il est fils de Louis de Lestoile, chev., s^{gr} d'Ardancourt, et de dame Jeanne de Chaufour, en date du 12 août 1684, signé Normandin, n^{re}.

Ordonnance : **Maintenue comme veuve de noble, le 16 novembre 1717, signé : de Latour**

Marie-Élisabeth Landerneau, veuve de Pierre de NUCHÈZE, éc., s^r de Monthomard,
Dorothée-Armande de NUCHÈZE, sa fille,
demeurant ci-devant en la paroisse de Secondigny en Gâtine, élection de Niort, et maintenant en la ville de Fontenay.

57

Fontenay

Pièces justificatives : Ordonnance de M. de Barentin en faveur de dame Dorothée Barthon de Montbas, veuve de Pierre de Nuchèze, éc., s^r de Persac, Pierre de Nuchèze, éc., son fils, et Jean de Nuchèze, éc., fils du second mariage de Gaspard de Nuchèze, éc., s^r de la Brûlonnière, par laquelle ils sont maintenus dans la qualité de nobles et écuyers, en date du 21 juillet 1667. Dans le vu des pièces est énoncé le contrat de mariage de Pierre de Nuchèze, chev., s^{gr} de Persac, avec d^lle Dorothée Barthon de Montbas, rapporté daté du 6 novembre 1658.

Contrat de mariage de Pierre de Nuchèze, chev., s^gr de Monthomard, major des armées navales du roi, avec dame Marie-Elisabeth Landerneau, par lequel il paraît qu'il est fils de Pierre de Nuchèze, chev., marquis de Persac, s^gr de la Brûlonnière, la Mothe, la Brosse et autres lieux, capitaine de cavalerie dans le régiment de Son Altesse Royale Monsieur, frère unique du roi, et de dame Dorothée Barthon de Montbas, en date du 19 août 1690, signé Melin et Monnerat, n^res au Châtelet de Paris.

Extrait de baptême de Dorothée-Armande de Nuchèze, du 7 mai 1692, par lequel il paraît qu'elle est fille de Pierre de Nuchèze ci-dessus et de dame Marie-Elisabeth Landerneau, délivré le 20 septembre 1715 par Hugueteau-Martinière, curé de Fontenay, contrôlé à Fontenay le 15 octobre suivant par Bonnin, commis au contrôle des actes de Fontenay.

Ordonnance : Maintenues comme veuve de noble et demoiselle, le 20 juin 1718, signé : de Latour.

58

Mauléon

Louis de LESCORCE, éc., s^gr de la Bordinière et autres lieux,

Louis de LESCORCE, éc., son fils.

Pièces justificatives : Ordonnance de M. de Barentin en faveur de Jonas de Lescorce, éc., s^r de la Sivetière, et Marc de Lescorce, éc., s^r de Beaupré, par laquelle ils sont maintenus dans la qualité de nobles et écuyers, en date du 24 septembre 1667. Dans le vu des pièces est énoncé le contrat de mariage de Jonas de Lescorce, éc., s^r de la Sivetière, avec d^lle Louise Lemaignan.

Contrat de mariage de Charles de Lescorce, chev., s^gr de Canclos et de Laurière, avec d^lle Hélène Morisson, par lequel il paraît qu'il est fils de Jonas de Lescorce ci-dessus et de défunte Louise Lemaignan, en date du 8 août 1663, signé Giboteau et Daviceau, n^res.

Contrat de mariage de Louis de Lescorce, éc., s^gr de la Bordinière, avec d^lle Marie-Anne Boexon, par lequel il paraît qu'il est issu de Charles de Lescorce, éc., s^gr de la Sivetière, et de dame Hélène Morisson, en date du 23 février 1697, signé Gilbert et Bourasseau, n^res.

Extrait de baptême de Louis de Lescorce, du 11 décembre 1698, par lequel il paraît qu'il est fils de Louis de Lescorce, s^gr de la Bordinière, et de dame Marie-Anne Boexon, délivré le 19 juillet 1717 par Boitteau, prêtre régissant la cure de Bouin, et contrôlé.

Ordonnance : **Maintenus comme nobles et écuyers, le 27 juin 1718, signé : de Latour.**

M

Marguerite Thoreau, veuve d'Alexis MARON, éc., s^r de la Bonnardelière,

Jacques-François MARON, éc., s^r de la Bonnardelière, son fils,

Henri-Louis MARON, éc., s^r de Ville-Sèche, son autre fils.

Poitiers

Pièces justificatives : Lettres de relief accordées par Sa Majesté au s^r Jacques Maron, cons^er, lieutenant particulier en la sénéchaussée et siège royal de Civray, données à Saint-Germain-en-Laye le 26 avril 1680, signées Louis, et plus bas, Par le Roi, Letellier, enregistrées en la Cour des aides le 22 octobre ensuivant.

Arrêt contradictoirement rendu en ladite Cour des aides entre le procureur général, d'une part, mandé par lesdites lettres de relief que s'il lui paraissait que ledit s^r Maron fût issu de noble et ancienne race, si les père, aïeul, bisaïeul, trisaïeul et autres ses prédécesseurs fussent nobles et aient vécu noblement sans autre dérogeance que celle commise par son père, il eût à maintenir ledit Maron, ses enfants et sa postérité nés et à naître en loyal mariage, en la qualité de nobles et écuyers, pour jouir des privilèges, franchises et exemptions y appartenant, ainsi que les autres nobles du royaume, et ledit Jacques Maron (d'autre part), portant que lesdites lettres seront entérinées, et ledit Jacques Maron, issu de noble race et lignée, jouira, ainsi que ses enfants nés et à naître en loyal mariage, des privilèges attribués aux autres nobles du royaume, en date du 22 octobre 1680, signé Dumolin, avec *pareatis* sur ledit arrêt, scellé du grand sceau, en date du 25 novembre 1683, signé, Par le Roi en son Conseil.

Sentence des officiers de l'Election de Poitiers, portant que ledit arrêt sera enregistré et exécuté selon sa forme et teneur, en date du 12 septembre 1684, signé Brun.

Contrat de mariage d'Alexis Maron, conseiller au présidial de Poitiers, fils dudit Jacques Maron, lieutenant particulier au siège royal de Civray, avec Marguerite Thoreau, passé devant Péronnet, n^re royal à Poitiers, le 8 juin 1676.

Edit du mois de décembre 1692, portant confirmation des lettres de réhabilitation de noblesse enregistrées en la Cour des aides depuis l'année 1600, en payant par ceux qui les auront obtenues les sommes auxquelles ils seront modérément taxés par les rôles arrêtés au Conseil.

Extrait du rôle arrêté au Conseil le 10 janvier 1693, par lequel il paraît que ledit Alexis Maron a été taxé à 3,000 livres et les deux sols par livre, à lui signifié le 29 avril 1693.

Quittance de finance de la somme de 2,000 livres payée par ledit Alexis Maron, suivant le rôle de réformation arrêté au Conseil le 16 février 1694, ladite quittance en date du 6 mars 1694, signée Milieu, enregistrée au contrôle général de France le 26 mars audit an, signé Phelypeaux.

Autre quittance de la somme de 200 livres pour les deux sols pour livre, dudit jour 6 mars 1694, signé de Lespinasse.

Procès-verbal fait par le s^r Jean Daniau, s^r du Plessis, lieutenant civil et particulier du siège royal de Civray, le 20 avril

1682, de l'incendie arrivé le jour précédent au cabinet dudit Jacques Maron, dans lequel il avait laissé une bougie allumée, par lequel il paraît que tous les titres et papiers qui étaient dans le cabinet, appartenant à autrui et audit Jacques, ont été brûlés.

Acte passé par-devant les notaires à Poitiers, entre Jacques-François Maron, s^r de la Bonnardelière, Henry-Louis Maron, s^r de Ville-Sèche, et ladite Marguerite Thoreau, leur mère, pour justifier qu'ils sont enfants d'Alexis Maron et de ladite Thoreau et petits-enfants de Jacques Maron, en date du 20 février 1714, signé Péronnet et Bourdon, n^{res} royaux.

Ordonnance : Maintenus comme nobles et écuyers, le 11 décembre 1714, signé : de Richebourg.

Marie Quivoy, veuve de Pierre MOREAU, éc., s^r de Chaumusson, demeurant au Plessis, paroisse de Pompaire.

Pièces justificatives : Extrait tiré des registres du corps et collège de la Maison de ville d'Angoulême, par lequel il paraît que Simon Moreau, étant maire en 1539, avait été élu échevin au lieu et place de Martial Lizée, ledit extrait délivré le 27 mars 1634, signé Thomas, maire, et plus bas, Chevrier, secrétaire.

Transaction entre ledit Simon Moreau, Anne de Paris, sa femme, et Jean de Paris, son frère, et autres, par laquelle il paraît que ledit Simon Moreau est titré écuyer, s^r de Chaumusson, en date du 1er octobre 1559, signé M. Rouget.

Vidimus d'un mandement tiré par le corps de ville d'Angoulême pour les dépenses faites aux funérailles dudit Simon Moreau, en qualité d'échevin, en date du 9 octobre 1560, ledit vidimus en date du 1er février 1643, signé Chevrier, secrétaire de la Maison de ville.

Transaction entre Guillaume Moreau et les nommés Jacques Guiot et Mesnard, au sujet de certains arrérages de rente prétendus par ledit Guillaume Moreau, par laquelle il paraît qu'il est fils de Simon Moreau ci-dessus et qu'il a pris le titre d'écuyer, s^r de Chaumusson, en date du 27 février 1578, signé Rougier, n^{re}.

Contrat de mariage de François Moreau avec d^{lle} Rachel Poignand, par lequel il paraît qu'il est fils de Guillaume Moreau ci-dessus et de d^{lle} Antoinette Martin et qu'il a pris le titre d'écuyer, s^r de Chaumusson, en date du 16 janvier 1619, signé Olivier.

Contrat du partage des biens de Guillaume Moreau et d'Antoinette Martin entre François, Pierre et Jacques Moreau, leurs enfants, par lequel il paraît qu'ils ont tous pris le titre d'écuyers, en date du 9 avril 1626, signé Pilorget, n^{re}.

Contrat du partage des biens de François Moreau, éc., s^r de Chaumusson, entre Pierre Moreau, s^r du Plessis, Guy Pineau, s^r de la Bodelière, au nom et comme père et loyal administrateur de François Pineau, son fils issu de son mariage avec défunte Catherine Moreau, et d^{lle} Marie Moreau, fille usant de ses droits sous l'autorité de Pierre Guibon, s^r des Touches, avocat à Parthenay, son curateur aux causes, tous enfants dudit François Moreau et de Rachel Poignand, par lequel il paraît que Pierre a pris le titre d'écuyer et qu'en qualité d'aîné il s'est réservé de prendre ses préciputs et avantages après le décès de Rachel Poignand, passé sous le scel de Parthenay le 31 octobre 1652 par Bourceau et Alpier, n^{res} à Parthenay.

Contrat de mariage de Pierre Moreau, éc., s^r de Chaumusson, avec d^{lle} Marie Quivoy, par lequel il paraît qu'il est fils de François Moreau et de Rachel Poignand, passé sous le scel de Parthenay le 17 juillet 1663 par Bourceau et Olivier, n^{res} à Parthenay.

Ordonnance de M. de Barentin en faveur de Pierre Moreau, s^r de Chaumusson, portant que lui, ses successeurs, enfants et postérité, nés et à naître en loyal mariage, jouiront des privilèges attribués à la noblesse, en date du 10 décembre 1667.

Pièces non visées : Transaction du 4 novembre 1570, signé Tesseron, n^{re} à Angoulême, entre Annibal et Guillaume Moreau, enfants de Simon Moreau, s^r de Chaumusson.

Dix certificats de services tant de Pierre Moreau que de

François Moreau, son père, de diverses dates depuis l'année 1642 jusqu'en 1654.

Neuf autres certificats de services depuis le mois de septembre 1615 jusqu'au mois de juin 1627, de diverses dates, donnés audit François Moreau, éc.

Extrait de la généalogie de Pierre Moreau, éc., s^r de Chaumusson, mari de la produisante, signé Louis Moreau, qui était frère dudit Pierre, tous deux enfants de François Moreau et de Rachel Poignand.

Arrêt de la Chambre du Conseil, par lequel Marie Quivoy, veuve de Pierre Moreau, a été déchargée de la taxe de 267 livres imposée sur la métairie du Vivier pour les francs-fiefs, en date du 16 janvier 1694, signé Brulent.

Décharge de la taxe des francs-fiefs imposée sur la métairie de la Chauvinière appartenant à la défenderesse, avec mainlevée de l'exécution faite, en date du 26 avril 1704, ladite décharge donnée par M. Pinon, intendant de la Généralité de Poitiers, et de lui signée, et plus bas, Par Mgr, de Lyonne.

Ordonnance : Maintenue comme veuve de gentilhomme, le 23 janvier 1715, signé : de Richebourg.

Louis MOYSEN, éc., s^{gr} de Pers.

Pièces justificatives : Ordonnance de M. de Barentin en faveur de Louis Moysen, par laquelle il est maintenu dans les honneurs et privilèges attribués aux nobles du royaume, en date du 10 décembre 1667.

Contrat de mariage d'autre Louis Moysen, produisant, avec d^{lle} Angélique Brun, par lequel il paraît qu'il est fils de Louis Moysen, dénommé dans l'ordonnance ci-dessus, et de Marguerite Bobin, en date du 11 juin 1707, signé Augier, n^{re}.

Pièces non visées : Hommage rendu par Jean Moysen, éc., de la maison de la Guionnière, en date du 28 juin 1542, signé Thonnyon.

Hommage rendu par ledit Jean Moysen, s^gr de la Guionnière, en date du 8 mai 1545, signé Caillet.

Quatre quittances de paiements pour le ban et l'arrière-ban délivrées à dame Marie Groussin, veuve de Jean Moysen ci-dessus, les 23 juin 1545, 7 juin 1552, 26 avril 1554 et 4 septembre 1557.

Contrat de mariage de Pierre Moysen, éc., s^r de la Guionnière, fils de Jean ci-dessus, avec Françoise Pouvreau, en date du 30 mai 1585, signé Nyvard et Lauvergnat, n^res.

Partage des biens de la succession de Jean Moysen et de Marie Groussin, par lequel il appert que Pierre Moysen, leur fils aîné, a partagé noblement, en date du 18 février 1563, signé Morin, n^re.

Contrat de mariage de Charles Moysen, éc., fils de Pierre et de Françoise Pouvreau, avec Judith Lavocat, en date du 28 avril 1608, signé Tubéry.

Contrat de partage fait noblement des biens de la succession de Charles Moysen et de Judith Lavocat, entre Gédéon, Louis et autres, leurs enfants, en date du 5 octobre 1637, signé Salleau et Nyvard, n^res.

Contrat de mariage de Gédéon Moysen, éc., fils de Charles et de Judith Lavocat, avec Suzanne Chasteigner, en date du 6 janvier 1642, signé Priet et Rousseau, n^res.

Contrat de mariage de Louis Moysen, chev., s^gr de la Roche Laugerie, fils de défunt Gédéon et de Suzanne Chasteigner, avec d^lle Marguerite Bobin, en date du 11 décembre 1664, signé Nicolas et Hersant, n^res.

Ordonnance : **Maintenu comme noble et écuyer, le 29 janvier 1715, signé : de Richebourg.**

4

Mauléon

Augustin **MESNARD** de Touchepròs, chev., s^gr baron de Châteaumur,

René **MESNARD** de Touchepròs, chev., s^gr de la Cruslière,

René **MESNARD** de Touchepròs, chev., s^gr des Noyers, fils du précédent.

Pièces justificatives : **Ordonnance de M. de Barentin en faveur d'O-**

livier Mesnard de Touchesprès, chev., s^gr baron de Châteaumur, par laquelle il est déclaré chevalier, s^gr baron de Toucheprès, ainsi que ses successeurs, enfants et postérité nés et à naître en légitime mariage, en date du 12 août 1667.

Ordonnance de M. de Maupeou en faveur d'Augustin Mesnard de Toucheprès, chev., s^gr de Châteaumur, et René Mesnard de Toucheprès, éc., s^gr de la Cruslière, par laquelle ils sont déchargés des assignations à eux données à la requête de Guérin, à la place duquel est subrogé le s^r Ferrand, en conséquence maintenus dans leur noblesse, en date du 4 avril 1699.

Contrat de mariage de René Mesnard de Toucheprès, s^gr des Noyers, avec d^lle Marie-Aimée Bellanger (fille d'Henri Bellanger, éc., s^r du Plessis), par lequel il paraît qu'il est fils de René Mesnard, s^r de la Cruslière, dénommé dans l'ordonnance de M. de Maupeou, et qu'il a pris le titre de chevalier, en date du 25 novembre 1704, signé Mascault et Chaigneau, n^res.

Ordonnance Maintenus comme nobles et chevaliers, le 5 février 1715, signé : de Richebourg.

Jacques MAYAUD, éc., s^r de Boislambert,
Louis-Guy MAYAUD, éc., s^r du Charault, son frère.

5

Pièces justificatives : Lettres patentes de noblesse accordées par Sa Majesté à Jacques Mayaud, s^r du Charault, à cause des services qu'il a rendus dans les troupes et de plusieurs blessures qu'il a reçues au service, données au mois de juin 1690, signées Louis, et sur le repli, Par le roi, Letellier ; et sur le même repli sont les enregistrements desdites lettres en Parlement, Chambre des comptes, Cour des aides et Bureau des finances, scellées du grand sceau de cire verte et lacs de soie.

Poitiers

Contrat de mariage de Jacques Mayaud, s^r de Boislambert, avec Marie Robin, par lequel il paraît qu'il est fils de Jacques Mayaud, qui avait obtenu les lettres de noblesse ci-dessus, et de Jeanne Limozin, en date du 17 juillet 1698, signé Guillon.

Contrat de mariage de Louis-Guy Mayaud, s^r du Charault, avec Marie de Béchillon, par lequel il paraît qu'il est fils de

Jacques Mayaud, premier du nom, et de Jeanne Limozin, en date du 7 septembre 1702, signé Marot, n^re.

Ordonnance : Maintenus comme nobles et écuyers, le 9 février 1715, signé : de Richebourg.

6

Fontenay

Suzanne-Renée de Mauras de Chassenon, veuve de Jean-René de MASSOUGNE, éc., s^r de la Tour, au nom et comme ayant la garde de Nicolas-René de MASSOUGNE, son fils.

Pièces justificatives : Ordonnance de M. de Barentin en faveur de René de Massougne, éc., s^r de la Sablière, Jean de Massougne, éc., s^r des Fontaines, et Hercule-Gabriel de Massougne, par laquelle ils sont maintenus dans la qualité de nobles et écuyers, en date du 10 décembre 1667.

Contrat de mariage de Jean-René de Massougne, éc., s^r de la Tour, avec d^lle Suzanne-Renée de Mauras, par lequel il paraît qu'il est fils de René de Massougne, éc., s^r de la Sablière, dénommé dans l'ordonnance ci-dessus, et de défunte Catherine Girard, en date du 30 décembre 1697, signé Train, n^re à Fontenay.

Extrait de baptême de Nicolas-René de Massougne, du 2 avril 1701, par lequel il paraît qu'il est fils de Jean-René de Massougne, éc., s^r de la Tour, et de Suzanne-Renée de Mauras, délivré le 20 février 1715 par Hugueteau-Martinière, curé de Fontenay, légalisé par le s^r Moriceau, sénéchal de Fontenay, et contrôlé à Poitiers le 26 février suivant par Coupard.

Pièce non visée : Extrait des registres des enterrements de la paroisse de Sérigné de l'année 1707, par lequel il paraît que Jean-René de Massougne, éc., s^r de la Tour, a été enterré dans le chœur de ladite église de Sérigné le 30 avril audit an, signé Morin, prieur dudit Sérigné, dûment légalisé.

Ordonnance : Maintenus comme noble et écuyer, et veuve de gentilhomme, le 27 février 1715, signé : de Richebourg.

Jacques MANCEAU, éc., sʳ de la Fragnée.

7

Pièces justificatives : Ordonnance de M. de Maupeou en faveur de Jacques Manceau, éc., sʳ de Boissoudan, par laquelle il est déchargé de l'assignation à lui donnée à la requête de Guérin, au lieu et place duquel est substitué le sʳ Ferrand, et maintenu dans la qualité de noble et écuyer, en date du 14 mai 1698.

Saint-Maixent

Contrat de mariage de Jacques Manceau, éc., sʳ de la Fragnée, avec dˡˡᵉ Bénigne Manceau, par lequel il paraît qu'il est fils de Jacques Manceau, sʳ de Boissoudan, dénommé dans l'ordonnance ci-dessus, et de Marie Béraudin, en date du 13 février 1696, signé Rigault et Bantier.

Ordonnance : Maintenu comme noble et écuyer, le 28 février 1715, signé : de Richebourg.

Jean MAUBUÉ, éc., sʳ de Boiscoutault et de Boisferrand.

8

Pièces justificatives : Ordonnance de M. de Barentin en faveur de Claude Maubué, éc., sʳ de Boiscoutault, par laquelle il est maintenu dans la qualité de noble et écuyer, en date du 7 septembre 1668.

Saint-Maixent

Contrat de mariage de Claude Maubué, éc., sʳ de Boiscoutault, dénommé dans l'ordonnance ci-dessus, avec dˡˡᵉ Catherine de Sauzay, en date du 8 juin 1663, signé Gervais, nʳᵉ.

Contrat de mariage de Jean Maubué, éc., sʳ de Boiscoutault, avec dˡˡᵉ Renée Porcheron, par lequel il paraît qu'il est fils de Claude Maubué, éc., ci-dessus, et de dame Catherine de Sauzay, en date du 14 juillet 1693, signé Tassereau, nʳᵉ.

Ordonnance : Maintenu comme noble et écuyer, le 1ᵉʳ mars 1715, signé : de Richebourg.

Jeanne de Gastinaire, veuve de Christophe MESNARD, chev., sᵍʳ des Gazons, tant en son nom que comme mère et tutrice de ses enfants mineurs.

9

Mauléon

Pièces justificatives : Ordonnance de M. de Barentin en faveur de

Christophe Mesnard, éc., s^r de la Vergne de Péault, par laquelle il est maintenu dans la qualité de noble et écuyer, en date du 24 septembre 1667.

Contrat de mariage de Louis Mesnard, éc., s^r des Gazons, avec d^{lle} Marie de la Haye, par lequel il paraît qu'il est fils de Christophe Mesnard, éc., s^r de la Vergne de Péault, dénommé dans l'ordonnance ci-dessus, et de dame Catherine Gallier-Garnier, en date du 2 octobre 1665, signé Sucher, n^{re}.

Contrat de mariage de Christophe Mesnard, éc., s^r des Gazons, avec d^{lle} Jeanne de Gastinaire, par lequel il paraît qu'il est fils de Louis Mesnard ci-dessus et de Marie de la Haye, en date du 30 mai 1696, signé Alexandre et Gendron, n^{res}.

Ordonnance : Maintenue comme veuve de noble, le 4 mars 1715, signé : de Richebourg.

10

Thouars

Charles MARVILLAUD, chev., s^{gr} de la Forest-Montpensier.

Pièces justificatives : Ordonnance de M. de Maupeou en faveur d'Antoinette de Goulaine, veuve de Josias Marvillaud, chev., s^{gr} de la Forest-Montpensier, au nom et comme ayant la garde noble de Charles Marvillaud, son fils, par laquelle elle est renvoyée de l'assignation à elle donnée à la requête de Guérin, au lieu et place duquel est substitué le s^r Ferrand, en conséquence maintenue dans les privilèges des veuves de nobles, en date du 21 mai 1699.

Contrat de mariage de Charles Marvillaud, chev., s^{gr} de la Forest-Montpensier, avec d^{lle} Suzanne-Angélique de Grange, par lequel il paraît qu'il est fils de Josias Marvillaud, dénommé dans l'ordonnance ci-dessus, et de dame Antoinette de Goulaine, en date du 13 janvier 1706, signé Maurain et Joubert, n^{res}.

Ordonnance : Maintenu comme noble et écuyer, le 11 mars 1715, signé : de Richebourg.

Claude de MALVAULT, éc., s' de la Varenne, demeurant paroisse de la Bataille, faisant tant pour lui que pour François de MALVAULT, éc., son fils, et pour Charles de MALVAULT, enseigne de vaisseau, Louis de MALVAULT et Claude de MALVAULT, garde de la marine au département de Rochefort, ses neveux.

11

Niort

Pièces justificatives : Ordonnance de M. de Maupeou en faveur de Claude de Malvault, éc., s' de la Varenne, par laquelle il est renvoyé de l'assignation à lui donnée à la requête de Guérin, au lieu et place duquel est substitué le s' Ferrand, en conséquence maintenu dans la qualité de noble et écuyer, en date du 4 juillet 1699. D'après les pièces de cette ordonnance, il paraît que ledit Claude est fils de François de Malvault et de d^{lle} Esther de Cumont.

Contrat de mariage de François de Malvault, éc., s' de la Varenne, avec d^{lle} Florimonde Louveau, par lequel il paraît qu'il est fils de Claude de Malvaut, et de dame Charlotte de Villedon, en date du 14 février 1708, signé Rigault et Banlier, n^{res} à Saint-Maixent.

Copie collationnée des registres du Conseil supérieur de la Martinique, ce requérant Marie-Madeleine Roolle de Goursolas, veuve de Louis de Malvault, éc., s' de la Varenne, aux fins de l'enregistrement des titres de noblesse de défunt Louis de Malvault, par laquelle il paraît que l'ordonnance ci-dessus de M. de Maupeou y est insérée dans toute son étendue, ainsi que le contrat de mariage de François de Malvault, éc., s' de la Varenne, avec d^{lle} Esther de Cumont, par lequel il paraît qu'il est fils de Charles de Malvault, éc., s' de la Varenne, et de d^{lle} Hélène de Hautefoys, rapporté daté du 1er mai 1642, et signé Boureau, n^{re}, le contrat de mariage, passé en l'île de la Martinique, de Louis de Malvault, éc., capitaine commandant les troupes du roi détachées de la marine, avec d^{lle} Marie-Colombe Mannier, par lequel il paraît qu'il est natif du bourg de la Bataille en Poitou, et fils de défunt François de Malvault et de dame Esther de Cumont, rapporté daté du 19 mai 1682, signé Bruneau, n^{re}, le contrat de mariage en secondes noces de Louis de

Malvault avec d^{lle} Marie-Madeleine Roolle de Goursolas, passé le 18 mars 1692 par Bredy, n^{re} royal à la Martinique, l'ordonnance dudit Conseil portant que les titres fournis seront enregistrés sur les registres de la Cour, en conséquence le s^r Louis de Malvault et ses enfants nés en loyal mariage, déclarés et reconnus nobles, rapporté daté du 5 novembre 1709 ; et au pied est la collation faite par le commis-greffier du Conseil supérieur de la Martinique, du 28 décembre 1711, signé de Vasle, ladite copie légalisée par M. Arnaud de Vaucresson, et plus bas, Par Mgr, Marin.

Extrait de baptême de Charles de Malvault, du 27 octobre 1686, par lequel il paraît qu'il est fils de Louis de Malvault et de Marie-Colombe Mannier, délivré le 19 septembre 1714 par François du Havre, capucin, faisant les fonctions curiales de l'église paroissiale de Saint-Louis du Fort-Royal, légalisé par le juge du Fort-Royal le 22 septembre 1714, signé Dorien, et Leroy, greffier, et scellé, contrôlé à Poitiers le 9 mars 1715 par Legrand.

Deux extraits de baptême, le 1er de Louis de Malvault, du 19 janvier 1693, le 2e de Claude de Malvault, du 23 mai 1696, par lesquels il paraît qu'ils sont issus du second mariage de Louis de Malvault avec Marie-Madeleine Roolle de Goursolas, délivrés le 21 septembre 1714 par François du Havre, capucin, faisant les fonctions curiales à Saint-Louis du Fort-Royal, légalisés le 22 septembre 1714, signés Dorien, et Leroy, greffier, scellés, et contrôlés à Poitiers le 9 mars 1715 par Legrand.

Ordonnance : Maintenus comme nobles et écuyers, le 11 mars 1715, signé : de Richebourg.

12

Poitiers

Marie-Anne MAROIX d'Auzay, demoiselle.

Pièces justificatives : Ordonnance de M. de Barentin en faveur de Jacques Maroix, éc., s^r de la Vergnaye, et Nicolas Maroix, éc., s^r d'Auzay, par laquelle ils sont maintenus dans la qualité de nobles et écuyers, en date du 4 mai 1668.

Ordonnance de M. de Marillac, intendant du Poitou, en faveur de d^{lle} Radégonde Maroix (sœur de la produisante), par laquelle elle est déchargée d'une taxe sur elle faite pour les francs-fiefs, en date du 15 juillet 1677.

Arrêt du Conseil d'Etat du roi, intervenu sur l'appel interjeté des ordonnances de MM. de Barentin et de Marillac par Claude Vialet, chargé du recouvrement des francs-fiefs en cette Généralité, en faveur de Marie-Anne Maroix et Radégonde Maroix d'Auzay, par lequel il paraît qu'elles sont filles de Nicolas Maroix, dénommé dans l'ordonnance de M. de Barentin et que lesdites ordonnances ont été confirmées, en date du 14 janvier 1679, signé Berryer.

Ordonnance : **Maintenue comme noble et demoiselle, le 12 mars 1715, signé : de Richebourg.**

Anne Jacques, veuve de Charles de MOUSSY, éc., s^{gr} de la Contour,

Charles, René, Robert et Joseph-Martial de MOUSSY, ses enfants.

13

Poitiers

Pièces justificatives : Ordonnance de M. de Barentin en faveur de François de Moussy, éc., s^r de la Contour, par laquelle il est maintenu dans la qualité de noble et écuyer, en date du 10 décembre 1667.

Contrat de mariage de Charles de Moussy, chev., s^{gr} de la Contour, avec d^{lle} Louise Rocher, par lequel il paraît qu'il est fils de François de Moussy, chev., s^{gr} de la Contour, maréchal de camp des armées du roi, et de dame Marie de Grateloup, en date du 21 février 1678, signé Touchard, n^{re}.

Contrat de mariage en secondes noces de Charles de Moussy, chev., s^{gr} de la Contour, avec d^{lle} Anne Jacques, en date du 14 février 1706, signé Lhuilier, n^{re}.

Quatre extraits de baptême, le 1er de Charles de Moussy, du 24 décembre 1706, le 2e de René de Moussy, du 19 septembre 1709, le 3e de Robert de Moussy, du 28 octobre 1711, et le 4e de Joseph-Martial de Moussy, du 2 novembre 1713, par lesquels il paraît qu'ils sont tous enfants de Charles de Moussy et de sa seconde femme dame Anne Jacques, lesdits extraits délivrés le 4 mars 1715 par le sʳ de la Mazière, curé de Jouhet, contrôlés le 8 suivant par Legrand, légalisés le 10 du même mois par le sʳ de Razes, lieutenant général de Poitiers.

Ordonnance : **Maintenus comme nobles, écuyers, et veuve de noble, le 15 mars 1715, signé : de Richebourg.**

14

Poitiers

Jean de MAY, éc., sʳ de Fontaffré.

Pièces justificatives : Ordonnance de M. de Barentin en faveur de Louis de May, éc., sʳ de Fontaffré, et dˡˡᵉ Madeleine Millet, veuve de Blaise de May, éc., par laquelle ils sont maintenus dans la qualité de nobles et écuyers, en date du 10 décembre 1667.

Contrat de mariage de Jean de May, éc., sʳ de Fontaffré, avec dˡˡᵉ Marie Duquesroir, par lequel il paraît qu'il est fils de Louis de May, éc., sʳ de Fontaffré, dénommé dans l'ordonnance ci-dessus, et de dˡˡᵉ Catherine Millet, en date du 8 mai 1687, signé Leroy, nʳᵉ.

Ordonnance : **Maintenu comme noble et écuyer, le 15 mars 1715, signé : de Richebourg.**

15

Châtellerault

Denis de MASSOUGNE, éc., sʳ de la Vieillardière,
René de MASSOUGNE, éc., sʳ des Groix, capitaine au régiment de Béarn,
Marie et Louise de MASSOUGNE, demoiselles,
tous frères et sœurs.

Pièces justificatives : Ordonnance de M. de Barentin en faveur de dˡˡᵉˢ Louise et Claude de Massougne, et de dˡˡᵉ Angélique de Sorbé, veuve de Mathurin de Massougne, comme mère tutrice de César de Massougne, éc., sʳ de la Vieillardière (dénommé par erreur du copiste *Denizard* au lieu de *César*), par laquelle ils sont maintenus dans la qualité de nobles et écuyers, en date du 9 septembre 1667.

Contrat de mariage de César de Massougne, éc., sʳ de la Vieillardière, avec dˡˡᵉ Jeanne de la Bussière, par lequel il paraît qu'il est fils de Mathurin de Massougne, éc., s^r de la Vieillardière, et de dame Angélique de Sorbé, en date du 2 août 1668, signé Faulcon, n^{re}.

Contrat du partage des biens de César de Massougne, éc., ci-dessus, et de dame Jeanne de la Bussière, entre Denis de Massougne, éc., s^r de Vieillardière, René de Massougne, éc., s^r des Groix, et d^{lles} Marie et Louise de Massougne, leurs enfants, en date du 5 juin 1698, signé Menant, n^{re}.

Ordonnance : Maintenus comme nobles, écuyers et filles de noble, le 15 mars 1715, signé : de Richebourg.

Gédéon MOYSEN, chev., s^{gr} de Laugerie.   16

Pièces justificatives : Contrat de mariage de Gédéon Moysen, chev., s^{gr} de Laugerie, avec d^{lle} Suzanne Chasteigner, par lequel il paraît qu'il est fils de Charles Moysen, chev., s^{gr} de Laugerie, et de dame Judith Lavocat, en date du 6 janvier 1642, signé Piet et Lambert, n^{res}.   *Poitiers*

Copie d'une ordonnance de M. de Barentin en faveur de Louis Moysen, éc., s^r de Laugerie, Gédéon Moysen, éc., s^r de Laugerie, son père, et Bonaventure Moysen, éc., par laquelle ils sont maintenus dans la qualité de nobles et écuyers, en date du 10 décembre 1667, ladite copie délivrée le 12 juin 1714, signé Clairambault, généalogiste du roi.

Contrat de mariage de Bonaventure Moysen, chev., s^{gr} de la Coudre Laugerie, dénommé dans l'ordonnance ci-dessus, avec d^{lle} Marie Lenfant, par lequel il paraît qu'il est fils de Gédéon Moysen, chev., s^{gr} de Laugerie, dénommé dans la même ordonnance, et de Suzanne Chasteigner, en date du 25 mai 1671, signé Deshaye, n^{re}.

Contrat de mariage de Gédéon Moysen, chev., s^{gr} de Laugerie, avec d^{lle} Marie Porcheron, par lequel il paraît qu'il est fils de Bonaventure Moysen ci-dessus et de Marie Lenfant, en date du 14 décembre 1701, signé Augier et Venault, n^{res}.

Ordonnance : Maintenu comme noble et écuyer, le 16 mars 1715, signé : de Richebourg.

17

Confolens

François de MONSERAN, éc., sʳ du Cou.

Pièces justificatives : Contrat de mariage de Jean de Monseran, éc., sʳ de Gouallet, avec dˡˡᵉ Nicole-Charlotte de Chonias, par lequel il paraît qu'il est fils de Louis de Monseran, éc., sʳ de la Borderie, et de dˡˡᵉ Jeanne Lecorsier, en date du 15 janvier 1660, signé de Leysat, nʳᵉ.

Inventaire fait devant M. d'Aguesseau, intendant de la Généralité de Limoges, des titres justificatifs de la noblesse de François de Monseran, éc., sʳ de Lhusseau, et de Jean de Monseran, éc., sʳ de Gouallet, au pied duquel est l'ordonnance de M. d'Aguesseau portant acte de la représentation desdits titres, et qu'ils seront rendus après que l'inventaire sera signé des parties ou de leur procureur, en date du 3 janvier 1667.

Contrat de mariage de François de Monseran, éc., sʳ de Cou et de la Sipière, avec dˡˡᵉ Madeleine de Rabaine, par lequel il paraît qu'il est fils de Jean de Monseran, éc., sʳ de Gouallet, et de Nicole-Charlotte de Chonias, en date du 19 mars 1693, signé Joubert, nʳᵉ royal.

Ordonnance : Maintenu comme noble et écuyer, le 17 mars 1715, signé : de Richebourg.

18

Niort

Alexis MARSAULT, éc., sʳ de la Cailletière et de Parsay,
Robert-Alexis MARSAULT, éc., prieur de Ligné,
Michel MARSAULT, éc., sʳ de la Bernardière,
    tous les trois frères.

Pièces justificatives : Brevet du roi en faveur du sʳ Marsault, gouverneur du château et de la forteresse des Marets, d'une pension de deux mille livres, en date du 22 décembre 1651, signé Louis, et plus bas, de Turmenye.

Lettres patentes du roi portant anoblissement de la personne de Jean Marsault, sʳ de la Bransle, en faveur des services par lui rendus dans les troupes de Sa Majesté, données au mois de décembre 1654, signées Louis, et sur le repli, Par le Roi, de Turmenye, enregistrées en Parlement, Chambre des Comptes, Cour des Aides et au Bureau des finances de Poitiers.

Lettres patentes du roi accordées à Alexis Marsault, s^r de la Cailletière, portant confirmation des lettres de noblesse expédiées en faveur de Jean Marsault, s^r de la Bransle, son père, données au mois d'avril 1683, signées Louis, et sur le repli, Par le Roi, Letellier, enregistrées en Parlement, Chambre des Comptes, Cour des Aides et Bureau des Finances.

Quittance de finance de la somme de deux mille deux cent cinquante livres, payée par les trois fils mineurs d'Alexis Marsault et petits-fils de Jean Marsault pour la confirmation desdites lettres de noblesse, en date du 17 août 1697, signé Milieu, enregistrée au contrôle général des finances le 31 août suivant, signé Phelypeaux, et la quittance des deux sols pour livre y jointe.

Quittance de finance de la somme de sept cent cinquante livres, payée par Alexis Marsault, fils aîné d'Alexis Marsault et petit-fils de Jean, pour jouir de la confirmation desdites lettres de noblesse, en date du 17 août 1697, signé Milieu, enregistrée au contrôle général des finances le 31 août suivant, signé Phelypeaux, et la quittance des deux sols par livre y jointe.

Contrat de mariage d'Alexis Marsault, éc., s^{gr} de la Cailletière, maître particulier des eaux et forêts à Niort, avec d^{lle} Anne Boistault, par lequel il paraît qu'il est fils d'Alexis Marsault, éc., s^r de la Cailletière, président en l'Election de Niort, et de dame Marie Garnier, et petit-fils de Jean Marsault, en faveur desquels les lettres de noblesse ci-dessus ont été expédiées, en date du 15 juillet 1695, signé Gardien, n^{re}.

Contrat du partage des biens d'Alexis Marsault, président en l'Election de Niort, entre Alexis Marsault, éc., s^r de Parsay, Nicolas Avice, président en l'Election de Niort, à cause de Louise Marsault, sa femme, Alexis-Robert Marsault, éc., prieur de Ligné, et Michel Marsault, éc., s^r de la Bernardière, ses enfants, par lequel il paraît qu'Alexis Marsault, s^r de Parsay, comme aîné, a eu les préciputs et avantages de la Coutume, en date du 1er janvier 1714, signé Amirault et Goubault, n^{ros}.

Ordonnance : Maintenus comme nobles et écuyers, le 20 mars 1715, signé : de Richebourg.

19

Poitiers

François MANGIN, éc., s^r des Chirons, et ses enfants :
Jean-Baptiste MANGIN, éc., s^r de Vauroux,
Charles MANGIN, prêtre, sous-doyen de l'église de Saint-Hilaire-le-Grand de Poitiers, s^r de Rudepère,
Bernard-Hyacinthe MANGIN, chanoine de Saint-Pierre-le-Puellier de Poitiers.

Pièces justificatives : Ordonnance de M. de Maupeou en faveur de François Mangin, éc., s^r des Chirons, par laquelle il est déchargé de l'assignation à lui donnée à la requête de Guérin, au lieu et place duquel est substitué le s^r Ferrand, et maintenu dans sa noblesse, en date du 13 janvier 1701.

Extrait de baptême de Charles Mangin, du 1er février 1672, par lequel il paraît qu'il est fils de François Mangin, éc., s^r des Chirons, et de d^{lle} Marie Repin, délivré le 3 mars 1690 par Guyet, curé de Saint-Cybard de Poitiers, contrôlé le 27 février 1715 par Legrand.

Extrait de baptême de Bernard-Hyacinthe Mangin, du 5 novembre 1690, par lequel il paraît qu'il est aussi fils de François Mangin et de Marie Repin, délivré le 23 août 1710 par Dubois, curé de Vouneuil-sur-Vienne.

Contrat de mariage de Jean-Baptiste Mangin, éc., s^r de Vauroux, avec d^{lle} Claire-Clémence de Marans, par lequel il paraît qu'il est fils de François Mangin, éc., s^r des Chirons, et de dame Marie Repin, en date du 25 février 1713, signé Marot, n^{re}.

Dires des parties : D'après le procureur du s^r Ferrand, l'ordonnance de M. de Maupeou a été rendue en faveur de François Mangin sur la représentation des titres justificatifs de noblesse depuis l'année 1440 et des lettres de relief qu'il a obtenues pour la dérogeance de Pierre Mangin, son bisaïeul.

Ordonnance : Maintenus comme nobles et écuyers, le 20 mars 1715, signé : de Richebourg.

Charles-Daniel de MONTSORBIER, chev., s^gr de Montsorbier.   20

Pièces justificatives : Ordonnance de M. de Barentin en faveur d'Isaac de Montsorbier, éc., s^r de la Brassettière, Daniel de Montsorbier, éc., son fils, par laquelle ils sont maintenus dans la qualité de nobles et écuyers, en date du 24 septembre 1667.   *Mauléon*

Contrat de mariage de Daniel de Montsorbier, éc., avec d^lle Gabrielle Robineau, par lequel il paraît qu'il est fils d'Isaac de Montsorbier, dénommé dans l'ordonnance ci-dessus, et de dame Madeleine de Lespaye, en date du 30 janvier 1663, signé Vrignault et Mercier, n^res.

Contrat de mariage de Charles-Daniel de Montsorbier, chev., avec d^lle Anne de la Barre, par lequel il paraît qu'il est fils de Daniel de Montsorbier ci-dessus et de Gabrielle Robineau, en date du 19 juillet 1694, signé Roy et Lefebvre, n^res.

Ordonnance : Maintenu comme noble et écuyer, le 22 mars 1715, signé : de Richebourg.

Louis MAIGRET (*aliàs* MESGRET), éc., s^r de Villiers.   21

Pièces justificatives : Ordonnance de M. de Barentin en faveur d'Antoine Maigret, éc., s^r de Villiers, par laquelle il est maintenu dans la qualité de noble et écuyer, en date du 31 décembre 1667.   *Poitiers*

Contrat de mariage dudit Antoine Maigret, éc., s^r de Villiers, avec d^lle Marie Cornuault, par lequel il paraît qu'il est fils de Louis Maigret, éc., s^r de Villiers, et de dame Lucrèce Beugnon, en date du 11 juin 1653, signé Agier, n^re, par commission.

Contrat de mariage de Louis Maigret, éc., s^r de Villiers, avec d^lle Marie Loiseau, par lequel il paraît qu'il est fils d'Antoine Maigret ci-dessus et de dame Marie Cornuault, en date du 18 septembre 1685, signé Ayrault et Fricault, n^res à Gençay.

Contrat de mariage en secondes noces dudit Louis Maigret, éc., s^r de Villiers, avec d^lle Marie Bergereau, en date du 22 février 1711, signé Chauvineau, n^re.

Pièces non visées : Contrat de mariage de Florent Maigret, éc., s^r de Villiers, bisaïeul du produisant, avec d^{lle} Françoise Lesné, en date du 7 février 1588, signé Guérin et Morineau, n^{res} à Poitiers.

Arrêt de renvoi obtenu par ledit s^r Florent Maigret, éc., s^r de Villiers, en date du 10 décembre 1598, signé de Sainte-Marthe, de Here, et plus bas, Par ordonnance de mesdits sieurs, Vassée.

Contrat de mariage de Louis Maigret, éc., s^r de Villiers, aïeul du produisant, avec Lucrèce Beugnon, en date du 22 juin 1614, signé Orry et Thévenet, n^{res} à Poitiers.

Sentence rendue par les s^{rs} Elus de Poitiers au profit de d^{lle} Françoise Maigret, veuve de René de Montsorbier, et de d^{lle} Lucrèce Beugnon, veuve de Louis Maigret, éc., s^r de Villiers, en date du 30 juin 1634, signé Doriou.

Inventaire fait après le décès d'Antoine Maigret, éc., s^r de Villiers, en date du 24 mai 1684, signé Fricault, n^{re} à Gençay.

Transaction en forme de partage fait entre Louis Maigret, produisant, et d^{lles} Marie-Anne et Catherine Maigret, ses sœurs, des biens d'Antoine Maigret, éc., s^r de Villiers, leur père, en date du 16 janvier 1687, signé Chauvineau, n^{re} à Gençay.

Ordonnance : Maintenu comme noble et écuyer, le 22 mars 1715, signé : de Richebourg.

22

Poitiers

René de MAUVISE, éc., s^r de la Motte, Villars, demeurant paroisse de Persac, faisant tant pour lui que pour Alexis et André de MAUVISE, éc^{rs}, ses enfants.

Pièces justificatives : Contrat de mariage de Blaise de Mauvise, éc., s^r de la Mauviserie, avec d^{lle} Catherine de Massée, en date du 11 septembre 1586, signé Rabault, n^{re}.

Contrat de mariage de Jean de Mauvise, éc., s^r de la Mauviserie et du Tilloux, avec d^{lle} Madeleine Pérot, par lequel il paraît qu'il est fils de Blaise de Mauvise ci-dessus et de dame Catherine de Massée, en date du 31 mai 1625, signé Pesrin, n^{re}.

Contrat de mariage de Charles de Mauvise, éc., s^r du Tilloux, avec d^lle Charlotte de Martel, par lequel il paraît qu'il est fils de Jean de Mauvise ci-dessus et de Madeleine Pérot, en date du 15 mars 1651, signé Pesrin, n^re.

Contrat de mariage de René de Mauvise, éc., s^r de la Motte Villars, avec d^lle Catherine Goudon, par lequel il paraît qu'il est fils de Jean de Mauvise, éc., et de dame Madeleine Pérot, en date du 11 avril 1672, signé Goudon, n^re.

Contrat du testament fait en forme de partage par Madeleine Pérot, veuve de Jean de Mauvise et sa donataire, entre Charles, son fils aîné, Etienne et René de Mauvise, par lequel il paraît que ledit Charles, comme aîné, a eu les préciputs et avantages de la Coutume, en date du 19 juin 1660, signé Berthonneau et Chastelin, n^res.

Contrat de mariage d'Alexis de Mauvise, éc., avec d^lle Louise de la Bussière, par lequel il paraît qu'il est fils de René de Mauvise, éc., s^r de la Motte-Villars, et de dame Catherine Goudon, en date du 22 février 1705, signé Germoneau et Doré, n^res.

Extrait de baptême d'André de Mauvise, en date du 25 décembre 1679, par lequel il paraît qu'il est fils de René de Mauvise et de dame Catherine Goudon, délivré le 10 mars 1715 par Cothereau, curé de Persac, légalisé par le sénéchal du marquisat de Lussac-le-Château, signé Bodard, contrôlé à Poitiers le 21 mars 1715 par Legrand.

Ordonnance : **Maintenus comme nobles et écuyers, le 22 mars 1715, signé : de Richebourg.**

Louis-Sylvain de MUZARD, éc., mineur. 23

L'ordonnance qui maintient le mineur de Muzard comme noble a été, par une erreur du classement primitif, portée au nom de Louis Lebeau, son beau-frère et curateur. (Voir L 16 ci-dessus.)

24

Niort

Jean de MASSOUGNE, éc., s^r des Fontaines.

Pièce justificative : Ordonnance de M. de Maupeou en faveur de Jean de Massougne, éc., s^r des Fontaines, par laquelle il est maintenu en sa noblesse, en date du 7 avril 1699.

Ordonnance : Ordonne son inscription au catalogue des nobles de la Généralité de Poitiers, le 27 mars 1715, signé : de Richebourg.

25

Poitiers

Françoise de Chambes, veuve de Calixte MESNARD (*alias* MAYNARD), éc., s^r de la Fortinière,
René-Calixte MESNARD, éc., s^r de la Fortinière,
Pierre MESNARD, prêtre, éc.

Pièces justificatives : Ordonnance de M. de Barentin en faveur de Calixte Mesnard, éc., s^r de la Fortinière et du Petit-Puy, par laquelle il est maintenu dans la qualité de noble et écuyer, en date du 8 octobre 1667.

Contrat de mariage de Calixte Mesnard, éc., dénommé ci-dessus, avec d^{lle} Marie Sochet, par lequel il paraît qu'il est fils de Pierre Mesnard, éc., s^r du Petit-Puy, et de dame Marguerite du Plantis, en date du 23 novembre 1669, signé Loyauté et Brain, n^{res} à Fontenay.

Contrat de mariage des secondes noces dudit Calixte Mesnard, éc., avec dame Françoise de Chambes, aussi veuve, en date du 6 août 1681, signé Guesbin, n^{re} royal à Lusignan.

Extrait de baptême de René-Calixte Mesnard, par lequel il paraît qu'il est fils de Calixte Mesnard, éc., s^r de la Fortinière, et de dame Marie Sochet, en date du 25 décembre 1672, délivré le 8 février 1715 par Hugueteau, curé de Notre-Dame de Fontenay, légalisé par un conseiller du siège royal de Fontenay, signé Fouchereau, contrôlé à Poitiers le 15 mars 1715 par Legrand.

Extrait de baptême de Pierre Mesnard, par lequel il paraît qu'il est fils du second mariage de Calixte Mesnard, ci-dessus nommé, avec dame Françoise de Chambes, en date du 8 août

1683, délivré le 18 février 1715 par Allard, curé de Clessé, légalisé par le lieutenant particulier de Poitiers, signé Poignand, contrôlé le 15 de ce mois à Poitiers par Legrand.

Ordonnance : Maintenus comme nobles et écuyers, et veuve de noble, le 27 mars 1715, signé : de Richebourg.

Jean-François MAUCLERC, chev., s^{gr} de la Muzanchère.

Pièces justificatives : Contrat du partage des biens de Nicolas Mauclerc, éc., s^r de la Muzanchère, et de dame Renée Maistre, entre Pierre, Samuel, Isaac et d^{lle} Perrette Mauclerc, leurs enfants, par lequel il paraît que ledit Pierre, comme aîné, a eu les préciputs et avantages de la Coutume, en date du 5 septembre 1595, signé Lefebvre et Febvre, n^{res}.

Fontenay

Contrat de mariage de François Mauclerc, chev., s^{gr} de la Bretaudière, avec d^{lle} Françoise Legeay, par lequel il paraît qu'il est fils de Pierre Mauclerc, chev., s^{gr} de la Muzanchère, et de Marie Prévost, et petit-fils de Nicolas Mauclerc et de Renée Maistre, en date du 2 décembre 1625, signé Gouraud, n^{re}.

Contrat de mariage de Jean Mauclerc, chev., s^{gr} de Saulnay, avec dame Louise Bellinaud, par lequel il paraît qu'il est fils de François Mauclerc ci-dessus et de Françoise Legeay, en date du 16 mai 1672, signé Boursaud et Betuy, n^{res}.

Contrat de mariage de Jean-François Mauclerc, chev., s^{gr} de la Muzanchère et de la Morinière, avec d^{lle} Jeanne-Renée Bertrand, par lequel il paraît qu'il est fils de Jean Mauclerc ci-dessus et de dame Louise Bellinaud, en date du 24 mai 1707, signé Payneau et Giraudeau, n^{res}.

Lettre de cachet du roi adressée au s^r de la Muzanchère, portant que Sa Majesté l'aurait choisi pour travailler aux états de la capitation de la noblesse de l'Election de Fontenay, avec messieurs les intendants, en date du 7 juin 1711, signé Louis, et plus bas, Phelypeaux.

Pièces non visées : Transaction sur l'entérinement de testament et en forme de partage, passée entre François Mauclerc, chev., baron du Resort, et ses cadets, par laquelle il appert qu'ils sont fils de Pierre Mauclerc et de Marie Prévost, en date du 6 avril 1630, signé Delarue et Buteault. Au pied est la ratification de dame Anne Mauclerc, signé Jean Leblanc, Trinquant et Auriau, n^res.

Contrat de partage entre Jean, Guy, Jacques et Pierre Mauclerc, et leur sœur et autres cadets, de la succession de François Mauclerc, leur père commun, en date du 26 mai 1674, signé Delarue et Brevet, n^res.

Ordonnance : Maintenu comme noble et écuyer, le 29 mars 1715, signé : de Richebourg.

27

Niort

Louis MARTIN, éc., s^r de Marclaine, demeurant paroisse de Secondigné.

Pièces justificatives : Ordonnance de M. de Barentin en faveur de Louis Martin, éc., s^r de la Lance, et Georges Martin, éc., s^r du Magnou, par laquelle ils sont maintenus dans la qualité de nobles et écuyers, en date du 1er septembre 1667. Dans cette ordonnance est énoncé le contrat de mariage dudit Georges Martin avec d^lle Renée Couillaud, en date du 2 octobre 1663.

Contrat de mariage de Louis Martin, éc., s^r de Marclaine, avec d^lle Louise Prévost, par lequel il paraît qu'il est fils de Georges Martin, éc., s^r du Maignou, dénommé dans l'ordonnance ci-dessus, et de dame Renée Couillaud, en date du 2 juillet 1698, signé Benoist, n^re.

Ordonnance : Maintenu comme noble et écuyer, le 31 mars 1715, signé : de Richebourg.

28

Saint-Maixent

François MARCHAND, éc., s^r de la Taupinière et du Puy-Bourassier,

Marie-Thérèse et Jeanne MARCHAND, ses sœurs, demeurant paroisse de Paizay-le-Tort,

Louise, Marie, Éléonore et Élisabeth MARCHAND, sœurs,
Marie MARCHAND,
    demeurant en la ville de Melle.

Pièces justificatives : Arrêt du Conseil du roi en faveur de Pierre Marchand, éc., s^r du Puy-Bourassier, Pierre Marchand, éc., s^r de Garnaud, Georges Marchand, éc., s^r de la Garenne, et d^{lle} Jacquette Marchand, sur l'appel par eux interjeté d'une ordonnance de M. de Barentin qui les déclarait usurpateurs du titre de noblesse et comme tels les condamnait à quatre mille cinq cents livres d'amende, par lequel Sa Majesté, sans avoir égard à ladite ordonnance, les maintient et garde dans la qualité de nobles et écuyers, en date du 27 septembre 1675, signé Le Tellier.

Contrat de mariage de François Marchand, éc., s^r de la Taupinière, avec d^{lle} Françoise de Maurienne, par lequel il paraît qu'il est fils de Pierre Marchand, éc., s^r du Puy-Bourassier, dénommé dans l'arrêt ci-dessus, et de Jeanne Annelet, en date du 1er mai 1702, signé Lafiton et Grugnet, n^{res}.

Contrat du délaissement de biens, en forme de partage, fait par Pierre Marchand, éc., s^r du Puy-Bourassier, à François Marchand, éc., s^r de la Taupinière, et d^{lles} Marie-Thérèse et Jeanne Marchand, ses enfants, par lequel il paraît que ledit François, en qualité d'aîné, a eu les préciputs et avantages de la Coutume, en date du 6 août 1704, signé Bidault et Moyne, n^{res}.

Contrat de mariage de Jacques Marchand, éc., s^r de la Chambre, avec d^{lle} Jeanne Garnier, par lequel il paraît qu'il est fils de Georges Marchand, éc., s^r de la Garenne, dénommé dans l'arrêt ci-dessus, et de Marie Thébault, en date du 13 août 1661, signé Gilbert, n^{re}.

Contrat du partage des biens de Georges Marchand et de Marie Thébault entre Jacques Marchand, éc., s^r de la Chambre et de la Garenne, Pierre Marchand, éc., s^r des Garentières, Louis Marchand, éc., s^r du Teil, René Marchand, chanoine à Melle, Louise, Marie, Eléonore et Elisabeth Marchand, leurs enfants, par lequel il paraît que ledit Jacques, comme aîné, a eu les avantages et préciputs de la Coutume, en date du 29 août 1685, signé Rousseau et Treuille, n^{res}.

Contrat du partage des biens de Jacques Marchand, éc., sʳ de la Chambre et de la Garenne, et de Jeanne Garnier entre René Marchand, éc., sʳ de la Garenne, Marie Marchand, fille majeure, Marie Des Arnault, fille de feu Louise Marchand, et René de la Bussière, à cause de Marie-Françoise Marchand, sa femme, tous enfants desdits Jacques Marchand et Jeanne Garnier, par lequel il paraît que ledit René a eu, en qualité d'aîné, les préciputs et avantages de la Coutume, en date du 11 juillet 1710, signé Rousseau, nʳᵉ.

Ordonnance : Maintenus comme noble et écuyer et comme demoiselles et filles de noble, le 2 avril 1715, signé : de Richebourg.

29

Fontenay

Charles-Jacques MAURAS, éc., sʳ de Chassenon.

Pièces justificatives : Ordonnance de M. de Barentin en faveur de Charles Mauras, éc., sʳ de Chassenon, par laquelle il est maintenu dans la qualité de noble et écuyer, en date du 23 septembre 1667.

Contrat de mariage de Charles Mauras, chev., sᵍʳ de Chassenon, avec dˡˡᵉ Louise Marchand, par lequel il paraît qu'il est fils de feu Louis Mauras, chev., sᵍʳ de Chassenon, et de dame Marie Masson, en date du 17 novembre 1669, signé Martineau et Peynau, nʳᵉˢ du comté d'Olonne.

Contrat de mariage de Charles-Jacques Mauras, chev., sᵍʳ de Chassenon, avec dˡˡᵉ Henriette de Lescorse, par lequel il paraît qu'il est fils de Charles Mauras ci-dessus et de Louise Marchand, en date du 15 septembre 1705, signé Billaud et Joussemet, nʳᵉˢ de la baronnie de Poiroux.

Quatre extraits de baptême en suite les uns des autres, le 1ᵉʳ du 17 mai 1709, de Marc Mauras, le 2ᵉ du 21 août 1710, de Suzanne-Gabrielle Mauras, le 3ᵉ du 4 septembre 1711, de Charlotte-Antoinette Mauras, le 4ᵉ du 30 juillet 1714, d'Adrien-Nicolas Mauras, par lesquels il paraît qu'ils sont tous enfants de Jacques-Charles Mauras, éc., sᵍʳ de Chassenon, et de dame Henriette de Lescorse ; délivrés le 26 mars 1715 par Hugueteau-Martinière, curé de Fontenay, légalisés par le lieutenant particulier de Fontenay le même jour, signé Jolly, et contrôlés à Poitiers le 1ᵉʳ avril 1715 par Coupard.

Ordonnance : Maintenu comme noble et écuyer, le 2 avril 1715, signé : de Richebourg.

Pierre MESNARD, éc., sʳ des Plantes.

Pièces justificatives : Lettres de provision du roi de l'état et office de conseiller secrétaire du roi près le présidial d'Angoulême créé par édit du mois de décembre 1708, expédiées en faveur de Pierre Mesnard, sʳ des Plantes, du consentement des sieurs officiers dudit présidial, par acte du 17 juillet 1710, énoncé en lesdites lettres de provision, par lesquelles Sa Majesté ordonne qu'il jouira des mêmes honneurs et privilèges de noblesse que les conseillers secrétaires de la grande chancellerie, données à Versailles le 7 juin 1711, signé sur le repli, Par le roi, Borye, enregistrées en la grande chancellerie et au Bureau des finances de Limoges.

Quittance de finance de la somme de six mille livres payée par ledit Pierre Mesnard pour la finance principale dudit office, en date du 20 mai 1711, signé Bertin, enregistrée au contrôle général des finances de France le 28 dudit mois, signé Perrottin.

Commission de Mᵍʳ le chancelier de France adressée à M. d'Orsay, intendant de la Généralité de Limoges, aux fins de recevoir ledit Pierre Mesnard audit office et de prendre de lui le serment en tel cas requis. Au pied de ladite commission est l'ordonnance de M. d'Orsay, portant que ledit Pierre Mesnard a prêté le serment au cas requis, rapportée datée du 8 juillet 1711, signé Boucher d'Orsay, et plus bas, Par Mᵍʳ, Fournier, la constatation faite par ledit Foürnier pour avoir les minutes au greffe de l'Intendance.

Ordonnance : Maintenu dans les honneurs, exemptions et privilèges de la noblesse, le 3 avril 1715, signé : de Richebourg.

30

Niort

31

Thouars

Henri et Michel de MALAUNAY, éc^{rs}, frères.

Pièce justificative : Ordonnance de M. de Maupeou en faveur d'Henri et Michel de Malaunay, frères, par laquelle ils sont maintenus dans leur noblesse, en date du 24 juillet 1697.

Dire des produisants : Ils sont fils de feu Henri de Malaunay, éc., s^r de Magé.

Ordonnance : Ordonne leur inscription au catalogue des nobles de la Généralité de Poitou, le 13 avril 1715, signé : de Richebourg.

32

St-Maixent

François-Armand MAICHIN, éc., s^r du Fief-Franc, demeurant en la paroisse de Tillou.

Pièces justificatives : Ordonnance de M. Begon, intendant de la Rochelle, en faveur de Louis Maichin, éc., s^r du Fief-Franc, Charles-Auguste Maichin, éc., s^r des Places, Armand Maichin, éc., s^r de Tresence et de Bessé, et Daniel Maichin, éc., s^r de la Prade, par laquelle ils sont maintenus dans la qualité de nobles et écuyers, en date du 30 janvier 1699.

Contrat de mariage de François-Armand Maichin, éc., s^r du Fief-Franc, avec d^{lle} Françoise de Masne, par lequel il paraît qu'il est fils de Louis Maichin, éc., s^r du Fief-Franc, et de Jeanne-Marie de Cumont, en date du 3 mars 1714, signé Izambard et Arnaud, n^{res} à Aulnay.

Ordonnance : Maintenu comme noble et écuyer, le 16 avril 1715, signé : de Richebourg.

33

Poitiers

Charles-Roger de MONTBEL, chev., s^{gr} de la Roche-aux-Enfants.

Pièces justificatives : Contrat de mariage de Robert de Montbel, gentilhomme de la chambre du roi, l'un des vingt-cinq gentilshommes de la suite de Sa Majesté, et lieutenant de M. le duc de Vendôme, fils naturel du roi, avec

— 121 —

d^lle Anne de Laage, par lequel il paraît qu'il est fils de Guille de Montbel, éc., s^r de la Tâche et de Champeron, et de d^lle Guillon Pot, en date du 8 novembre 1598, signé Delafond, n^re.

Contrat de mariage de Roger de Montbel, chev., s^gr de Champeron, avec d^lle Louise Taveau de Morthemer, par lequel il paraît qu'il est fils de Robert de Montbel ci-dessus et de dame Anne de Laage, en date du 27 décembre 1648, signé Cabrion, n^re.

Contrat de mariage de Jacques-Roger de Montbel, chev., s^gr de Champeron, avec d^lle Anne Aymard, par lequel il paraît qu'il est fils de Roger de Montbel ci-dessus et de Louise Taveau de Morthemer, en date du 11 juillet 1683, signé Gouin et Royer, n^res.

Extrait de baptême de Charles-Roger de Montbel, en date du 25 février 1687, par lequel il paraît qu'il est fils de Jacques-Roger de Montbel ci-dessus et de dame Anne Aymard, délivré le 3 mars 1715 par Decressac, curé de Saint-Michel de Poitiers, contrôlé le 3 avril suivant à Poitiers par Legrand.

Ordonnance : Maintenu comme noble et écuyer, le 23 avril 1715, signé : de Richebourg.

Céleste-Françoise Cherbonneau de l'Echasserie, veuve de François de MARBOEUF, chev., s^gr de la Saminière,
Alexis de MARBOEUF, éc., s^r de la Saminière, son fils,
François-Joseph de MARBOEUF, éc., son autre fils,
Joseph de MARBOEUF, éc., prêtre,
Séraphin de MARBOEUF, éc., s^gr de La Motte,
Jean-François de MARBOEUF, éc., s^gr de Nouzillac.

34

Thouars

Pièces justificatives : Ordonnance de M. de Barentin en faveur de Séraphin de Marbœuf, éc., s^r de la Saminière, par laquelle il est maintenu dans la qualité de noble et écuyer, en date du 12 août 1667.

Ordonnance de M. de Maupeou en faveur de dame Jeanne Letourneur, veuve de Séraphin de Marbœuf, éc., s^r de la Saminière, et François de Marbœuf, éc., son fils, par laquelle ils sont déchargés des assignations à eux données à la requête de Guérin, au lieu et place duquel est substitué le s⁺ Ferrand, en conséquence maintenus dans leur noblesse, en date du 2 mai 1699.

Contrat de mariage de François de Marbœuf, chev., s⁺ᵍʳ de la Saminière, avec d^lle Céleste-Françoise Cherbonneau, par lequel il paraît qu'il est fils de Séraphin de Marbœuf et de dame Jeanne Letourneur, en date du 26 janvier 1693, signé Thoumazeau et Badereau, n^res de Montaigu.

Contrat du partage des biens de Séraphin de Marbœuf et de Jeanne Letourneur entre François de Marbœuf, chev., s^gr de la Saminière, Joseph de Marbœuf, Séraphin de Marbœuf, chev., s^gr de La Motte, et Jean-François de Marbœuf, chev., s^gr de Nouzillac, leurs enfants, par lequel il paraît que ledit François, comme aîné, a eu les préciputs et avantages de la Coutume, en date du 9 février 1711, signé Gautroneau et Payneau, n^res.

Certificat du sieur Alquier, prieur de la Flocellière, contenant que les registres de baptême se sont perdus, et qu'Alexis de Marbœuf est fils dudit François de Marbœuf et de Céleste-Françoise Cherbonneau, en date du 21 mars 1715.

Lettres d'émancipation accordées par le roi en faveur d'Alexis et François-Joseph de Marbœuf, par lesquelles il paraît qu'ils sont enfants de François de Marbœuf, chev., s^gr de la Saminière, et de dame Céleste-Françoise Cherbonneau, données à Paris en chancellerie le 5 juillet 1713, signé, Par le Conseil, Veillard.

Sentence du lieutenant général de Poitiers portant que lesdites lettres seront entérinées et que lesdits Alexis et François-Joseph de Marbœuf demeureront émancipés et maîtres de leurs droits, par laquelle il paraît aussi qu'ils sont enfants de François de Marbœuf, chev., s^gr de la Saminière, en date du 14 août 1713, signée Pillac, commis-greffier.

Ordonnance : Maintenus comme nobles et écuyers, et veuve de noble, le 27 avril 1715, signé : de Richebourg.

Jacques de MASCUREAU, chev., s^gr de Sainte-Terre et de la Gaudinie, demeurant à sa maison de Sainte-Terre, paroisse de Benest.

35

Confolens

Pièces justificatives : Ordonnance de M. de Barentin en faveur de Gabriel de Mascureau, éc., s^r de Villars, par laquelle il est maintenu dans la qualité de noble et écuyer, en date du 21 février 1669. Dans le vu des pièces de ladite ordonnance est énoncé le contrat de mariage dudit Gabriel de Mascureau avec d^lle Marie Caillou, daté du 22 novembre 1661.

Contrat de mariage de Jacques de Mascureau, chev., s^gr de Sainte-Terre, avec d^lle Marie-Anne Augron, par lequel il paraît qu'il est fils de Gabriel de Mascureau, chev., s^gr de Sainte-Terre et de la Gaudinie, dénommé dans l'ordonnance ci-dessus, et de Marie Caillou, en date du 9 février 1699, signé Bourbeau et Royer, n^res.

Ordonnance : Maintenu comme noble et écuyer, le 14 avril 1715, signé : de Richebourg.

Pierre de MONTAIGU, éc., s^r de la Bosse,
Charles-François de MONTAIGU, éc., s^r de Boisdavid, son frère.

36

Thouars

Pièce justificative : Ordonnance de M. de Maupeou en faveur de Pierre de Montaigu, éc., s^r de la Bosse, et de Charles-François de Montaigu, éc., s^r de Boisdavid, par laquelle ils sont renvoyés de l'assignation à eux donnée à la requête de Guérin, au lieu et place duquel est substitué le s^r Ferrand, en conséquence maintenus en leur noblesse, en date du 2 mai 1699.

Dire des produisants : L'ordonnance ci-dessus a été rendue en leur faveur à la vue de celle de M. de Barentin, du 12 août 1667, obtenue par Charles de Montaigu, éc., s^r de la Rousselière Boisdavid, leur père, et du partage fait entre eux de la succession de leurdit père.

Ordonnance : Ordonne leur inscription au catalogue des

nobles de la Généralité de Poitiers, le 7 mai 1715, signé : de Richebourg.

37

Les Sables

Gilles MARCHAND, éc., s^r de la Mulnière,
Louis MARCHAND, éc., s^r de Saint-Martin, son frère.

Pièce justificative : Ordonnance de M. de Maupeou en faveur de dame Gillette Poitevin, veuve de Louis Marchand, éc., s^r de la Mulnière, Gilles Marchand, éc., s^r de la Mulnière, Louis Marchand, éc., s^r de Saint-Martin, et d^{lle} Anne-Charlotte Marchand, par laquelle ils sont déchargés de l'assignation à eux donnée à la requête de Guérin, au lieu et place duquel est substitué le s^r Ferrand, et maintenus dans la qualité de nobles et écuyers, en date du 28 septembre 1699.

Pièce non visée : Sentence de M. de Barentin rendue le 9 août 1667 au profit de Louis Marchand, éc., s^r de la Mulnière, père des produisants, qui le maintient en la qualité de noble avec tous les privilèges et exemptions attribués aux gentilshommes.

Ordonnance : Les décharge de l'assignation et ordonne leur inscription au catalogue des nobles de la Généralité, le 14 mai 1715, signé : de Richebourg.

38

Poitiers

Raymond de MONFREBOEUF, éc., s^r dudit lieu et de Beauregard,
Nicolas de MONFREBOEUF, éc., s^r de Morville, son oncle.

Pièces justificatives : Acte d'un testament fait par Jean de Monfrebœuf, éc., s^r de la Nadalie, en date du 6 juin 1586, signé Marsillaud, n^{re}.

Contrat de mariage de Jean de Monfrebœuf, éc., avec d^{lle} Madeleine Chasteigner, par lequel il paraît qu'il est fils d'autre Jean de Monfrebœuf, éc., s^r de la Nadalie, et de Marguerite de la Rivière, en date du 15 novembre 1604, signé Brunelou, n^{re}.

Contrat de mariage de Jean de Monfrebœuf, éc., s^r de la Nadalie, avec d^{lle} Marie de Pastureau, par lequel il paraît qu'il est fils de Jean de Monfrebœuf ci-dessus et de Madeleine Chasteigner, en date du 9 juillet 1635, signé Debonnesset et Desmassons, n^{res}.

Contrat de mariage de François de Monfrebœuf, éc., s^r de Beauregard, avec d^{lle} Jeanne de Saint-Garaud, par lequel il paraît qu'il est fils de Jean de Monfrebœuf ci-dessus et de Marie de Pastureau, en date du 27 novembre 1674, signé Delhoume, n^{re}.

Extrait de baptême de Nicolas de Monfrebœuf, par lequel il paraît qu'il est fils de Jean de Monfrebœuf, éc., s^r de la Nadalie, et de Marie de Pastureau, en date du 31 mars 1661, délivré le 9 mai 1715 par Thorin, curé d'Asnois, et contrôlé à Poitiers le 12 mai suivant par Legrand.

Contrat de mariage de Raymond de Monfrebœuf, chev., s^{gr} de Morville, avec d^{lle} Anne-Marie Bodet, par lequel il paraît qu'il est fils de François de Monfrebœuf, chev., s^{gr} de Beauregard, et de dame Jeanne de Saint-Garaud, en date du 2 février 1697, signé Delavault, n^{re}.

Ordonnance : Maintenus comme nobles et écuyers, le 14 mai 1715, signé : de Richebourg.

François MORISSON de la Bassetière, éc., s^r de la Naulière.

39 (a)

Pièces justificatives : Ordonnance de M. de Barentin en faveur de Jean-Baptiste Morisson, éc., s^r de la Bassetière, François Morisson, éc., s^r de la Gostrie, Charles Morisson, éc., s^r des Rochettes, René Morisson, éc., s^r de Villenoble, Louis Morisson, éc., s^r de Cressy, et d^{lles} Hélène, Jacquette et Gabrielle Morisson, par laquelle ils sont maintenus dans la qualité de nobles et écuyers, en date du 24 septembre 1667.

Les Sables

Contrat de mariage de François Morisson de la Bassetière, éc., s^{gr} de la Gostrie, avec d^{lle} Marie-Anne Garnier, par lequel il paraît qu'il est fils de Guy Morisson, éc., s^r de la Fillenière et de la Bassetière, et de dame Charlotte Bouhet, en date du 20 mai 1669, signé Besnoit, n^re.

Contrat de mariage de François Morisson de la Bassetière, chev., s^gr de la Naulière, avec d^lle Anne Robineau de la Vergne, par lequel il paraît qu'il est fils de feu François Morisson de la Bassetière, chev., s^gr de la Gostrie, dénommé dans l'ordonnance de M. de Barentin, et de dame Anne Garnier, en date du 14 mars 1693, signé Guillon et Chastellier, n^res.

Ordonnance : Maintenu comme noble et écuyer, le 15 mai 1715, signé : de Richebourg.

---

39 (b)

Les Sables

Jean-Baptiste MORISSON, éc., s^r de la Bassetière.

Pièces justificatives : Ordonnance de M. de Barentin en faveur de Jean-Baptiste Morisson, éc., s^r de la Bassetière, François Morisson, éc., s^r de la Gostrie, Charles Morisson, éc., s^r des Rochettes, René Morisson, éc., s^r de Villenoble, Louis Morisson, éc., s^r de Cressy, et d^lles Hélène, Jacquette et Gabrielle Morisson, par laquelle ils sont maintenus dans la qualité de nobles et écuyers, en date du 24 septembre 1667.

Contrat de mariage de Jean-Baptiste Morisson, chev., s^gr de la Bassetière, avec d^lle Marie-Anne du Tréhan, par lequel il paraît qu'il est fils de Jean-Baptiste Morisson, chev., s^gr de la Bassetière, dénommé dans l'ordonnance ci-dessus, et de dame Perrine Joubert, en date du 22 janvier 1693, signé Bouchet et Badreau, n^res.

Ordonnance : Maintenu comme noble et écuyer, le 15 mai 1715, signé : de Richebourg.

40

Poitiers et Thouars

Mathurin de MONTSORBIER, éc., s^r de Boisvert, de la paroisse de Champagné-Saint-Hilaire,

Henri de MONTSORBIER, éc., s^r de la Crespelle et de la Vergnaye, demeurant en la paroisse de Cersay.

Pièces justificatives : Ordonnance de M. de Barentin en faveur de

François de Montsorbier, éc., sʳ de Boisvert, Henri de Montsorbier, éc., sʳ de la Noue, et René de Montsorbier, éc., sʳ de la Vrignonnière, par laquelle ils sont maintenus dans la qualité de nobles et écuyers, en date du 10 décembre 1667.

Contrat de mariage de François de Montsorbier, éc., sʳ de Boisvert, dénommé dans l'ordonnance ci-dessus, avec dˡˡᵉ Geneviève Rognon, par lequel il paraît qu'il est fils de défunt Gabriel de Montsorbier, éc., sʳ de Boisvert, et de dˡˡᵉ Claude Léger, en date du 27 mai 1654, signé Jeanne Chauvet, veuve de Pinetière, nʳᵉ à Poitiers, qui a passé la minute, et Bourbeau, nʳᵉ, en vertu de commission.

Contrat de mariage de Mathurin de Montsorbier, éc., sʳ de Boisvert, avec dˡˡᵉ Gabrielle de Beauregard, par lequel il paraît qu'il est fils de François de Montsorbier ci-dessus et de dˡˡᵉ Geneviève Rognon, en date du 23 décembre 1697, signé Savin, nʳᵉ de la châtellenie de la Messelière.

Contrat de mariage d'Henri de Montsorbier, éc., sʳ de la Noue, avec dˡˡᵉ Jacquette Blanchard, par lequel il paraît qu'il est fils d'Antoine de Montsorbier, éc., sʳ de la Groie, et de dˡˡᵉ Jacquette de Thuys, dont le contrat de mariage est émoncé en l'ordonnance de M. de Barentin, en date du 23 avril 1667, signé Dupin, nʳᵉ du duché de la Meilleraye à Parthenay.

Contrat de mariage d'Henri de Montsorbier, chev., sᵍʳ de la Crespelle et de la Vergnaye, avec dˡˡᵉ Anne-Aimée Buor, par lequel il paraît qu'il est fils d'Henri de Montsorbier, dénommé ci-dessus, et de Jacquette Blanchard, en date du 26 août 1704, signé Grelet et Chastry, nʳᵉˢ.

Ordonnance : Maintenus comme nobles et écuyers, le 26 mai 1715, signé : de Richebourg.

Emmanuel MAULIN, éc., sʳ de la Vernède et de Rimbaud.

41

Niort

Pièce justificative : Ordonnance de M. de Maupeou en faveur d'Emmanuel Maulin, sʳ de la Vernède, de Rochebrune et de Rimbaud, produisant, par laquelle il est maintenu en sa noblesse, en date du 15 mars 1699.

Ordonnance : Le décharge de l'assignation et ordonne son inscription au catalogue des nobles de la Généralité, le 2 juin 1715, signé : de Richebourg.

---

42   Alexandre MESNARD, éc., s^r de la Godelinière et de Chasnays.

Pièces justificatives : Ordonnance de M. de Richebourg en faveur de Jeanne de Gastinaire, veuve de Christophe Mesnard, chev., s^{gr} des Gazons, par laquelle elle est maintenue en sa noblesse, en date du 4 mars 1715. Dans le vu des pièces de ladite ordonnance est énoncé le contrat de mariage de Louis Mesnard, éc., s^r des Gazons, avec d^{lle} Marie de la Haye. (Voir M 9.)

Contrat de mariage d'Alexandre Mesnard, chev., s^r de la Godelinière, avec dame Marie-Jacqueline Foucher (veuve de Jean Mesnard, éc., s^r de la Barotière et Sainte-Flaive), par lequel il paraît qu'il est fils de Louis Mesnard, chev., s^{gr} des Gazons, et de dame Marie de la Haye, en date du 13 mai 1701, signé Pesson et Prévereau, n^{res}.

Ordonnance : Maintenu comme noble et écuyer, le 27 juillet 1715, signé : de Richebourg.

---

43   Louis de MANE, éc., s^r des Couts, y demeurant, paroisse de Chives.

Poitiers Pièces justificatives : Contrat de mariage de César de Mâne, éc., chevalier de l'ordre du Roi, gentilhomme ordinaire de la chambre de Monsieur, frère du roi, avec d^{lle} Gillette de Ponthieu, en date du 9 février 1576, signé Guyon, n^{re} à Raix.

Contrat en forme de transaction et vente entre César de Mâne, éc., chevalier de l'ordre du Roi, Gillette de Ponthieu, sa femme, Jean de Ponthieu, et autres, en date du 28 juin 1578, signé Jarousset et Rimbault, n^{res}.

Contrat de mariage de Louis de Mâne, éc., avec d^{lle} Jeanne d'Estivale, par lequel il paraît qu'il est fils de César de Mâne ci-dessus et de Gillette de Ponthieu, en date du 1ᵉʳ janvier 1604, signé Foucaut, nʳᵉ royal en Angoumois.

Contrat de mariage d'autre Louis de Mâne, éc., avec dˡˡᵉ Jacquette Turpin, par lequel il paraît qu'il est fils de Louis de Mâne ci-dessus et de Jeanne d'Estivale, en date du 16 mars 1632, signé Passecour, nʳᵉ de la Brouhe.

Contrat de mariage de Jacques de Mâne, chev., sᵍʳ du Gazon, avec dˡˡᵉ Marie de Culan, par lequel il paraît qu'il est fils de Louis de Mâne ci-dessus et de Jacquette Turpin, en date du 4 juillet 1689, signé Bonneau, nʳᵉ royal.

Contrat de mariage de Louis de Mâne, éc., sʳ des Couts, avec dˡˡᵉ Elisabeth-Henriette-Charlotte Guillaumeau, par lequel il paraît qu'il est fils de Jacques de Mâne ci-dessus et de défunte Marie de Culan, en date du 5 février 1711, signé Poirier, nʳᵉ royal en Angoumois.

Ordonnance : Maintenu comme noble et écuyer, le 29 juillet 1715, signé : de Richebourg.

Louis de MARANS, éc., sʳ de Saint-Mars,
Jean et François de MARANS, écʳˢ, ses enfants,
Louis de MARANS, éc., sʳ de Laudetrie,
François-Marie et Gabriel de MARANS, écʳˢ, ses enfants,
Pierre de MARANS, éc., sʳ de la Chauvetière, capitaine d'infanterie au régiment de Béarn, chevalier de l'ordre de Saint-Louis.

44
Châtellerault

Pièces justificatives : Inventaire des titres de noblesse de Louis de Marans, éc., sʳ de la Saule, Joachim de Marans, éc., sʳ de Foniette, François de Marans, éc., sʳ de Laudetrie, Louis de Marans, éc., sʳ de Saint-Mars, et Jacques de Marans, éc., sʳ du Tartre, fait par-devant M. Tubœuf, intendant de la Généralité de Bourges, au pied duquel est son ordonnance portant qu'ils seront employés dans le catalogue des gentilshommes, en date du 23 juillet 1669. Dans le vu des pièces dudit inventaire se trouvent énoncés le contrat de mariage de Louis de Marans, éc., sʳ de la Saule, avec Elisabeth Gueldrap, celui de François de Marans, éc., s^r de Laudetrie, avec Louise de Saint-Hilaire, et celui de Joachim de Marans, éc., avec Antoinette de la Bussière.

Contrat de mariage de Louis de Marans, éc., s^r de Saint-Mars, avec d^lle Marguerite de Feydeau, par lequel il paraît qu'il est fils d'autre Louis de Marans, chev., s^gr de Saint-Mars, et d'Elisabeth Gueldrap, en date du 10 janvier 1684, signé Thiaudière, n^re.

Deux extraits de baptême, le 1er de Jean de Marans, du 21 septembre 1690, et le 2e de François de Marans, du 27 juin 1694, par lesquels il paraît qu'ils sont enfants de Louis de Marans, chev., s^gr de Saint-Mars, et de dame Marguerite de Feydeau, délivrés le 2 avril 1715 par Duplex, curé de Bonneuil-Matours, contrôlés à Poitiers le 3 du même mois par Coupard.

Contrat de mariage de Louis de Marans, chev., s^gr de Laudetrie, avec d^lle Louise-Aimée Taillefer de Montausier, par lequel il paraît qu'il est fils de François de Marans, chev., s^gr de Laudetrie, et de dame Louise de Saint-Hilaire, en date du 23 février 1700, signé Regnaud, n^re.

Deux extraits de baptême, le 1er de François-Marie de Marans, du 14 janvier 1701, le 2e de Gabriel de Marans, du 3 juillet 1708, par lesquels il paraît qu'ils sont enfants de Louis de Marans, éc., s^r de Laudetrie, et de dame Louise-Aimée Taillefer de Montausier, délivrés le 21 juin 1715 par Chasseloup, desservant le prieuré de Tournon, légalisés par le procureur fiscal de Tournon, signé Vidard, contrôlés à Poitiers le 29 juillet 1715 par Legrand.

Extrait de baptême de Pierre de Marans, du 30 février 1664, par lequel il paraît qu'il est fils de Joachim de Marans et d'Antoinette de la Bussière, délivré le 16 avril 1715 par Bastide, curé de Preuilly, légalisé par le sénéchal d'Angles le même jour, signé Moreau de Beaulieu, contrôlé à Angles le même jour par de Lamboyse.

Ordonnance : Maintenus comme nobles et écuyers, le 29 juillet 1715, signé : de Richebourg.

Françoise-Marie Grelier, veuve de Pierre MAUCLERC, éc., s^r de la Ferté. — 45 *Fontenay*

Pièces justificatives : Ordonnance de M. de Richebourg en faveur de Jean-François Mauclerc, éc., s^r de la Muzanchère, du 29 mars 1715. Dans le vu des pièces de ladite ordonnance est énoncé le contrat de mariage de François Mauclerc, chev., s^gr de la Bretaudière, avec d^lle Françoise Legeays. (Voir M 26.)

Contrat de mariage de Pierre Mauclerc, chev., s^gr de la Ferté, avec d^lle Françoise-Marie Grelier, par lequel il paraît qu'il est fils de François Mauclerc, chev., s^gr de la Muzanchère, et de dame Françoise Legeays, en date du 2 novembre 1689, signé Masseau et Filleau, n^res.

Dire de la produisante : Elle est fille de Philippe Grelier, chev., s^gr du Fougeroux, et de dame Marie Robert.

Ordonnance : Maintenue dans les privilèges et exemptions de la noblesse, le 9 août 1715, signé : de Richebourg.

Marie-Louise Voyneau, veuve de Benjamin MAUCLERC, chev., s^gr de Marconnay, — 46

Marie-Louise, Benjamin-Louis et Jacques-Henri MAUCLERC, ses enfants. — *Les Sables*

Pièces justificatives : Ordonnance de M. de Barentin en faveur de Jacques Mauclerc, éc., s^gr de Marconnay, et autre Jacques Mauclerc, son fils, par laquelle ils sont maintenus dans la qualité de nobles et écuyers, en date du 29 août 1667. Dans le vu des pièces de ladite ordonnance est énoncé le contrat de mariage de Jacques Mauclerc père avec d^lle Madeleine Gourjault, et celui de Jacques Mauclerc fils avec d^lle Marthe de Jaucourt.

Ordonnance de M. de Maupeou en faveur de Jacques Mauclerc, éc., s^gr de Marconnay, par laquelle il est déchargé de l'assignation à lui donnée à la requête de Guérin, attendu qu'il a été maintenu par l'ordonnance de M. de Barentin, en date du 28 septembre 1699.

Contrat de mariage de Benjamin Mauclerc, chev., s^{gr} de Marconnay, avec d^{lle} Marie-Louise Voyneau, par lequel il paraît qu'il est fils de Jacques Mauclerc, chev., s^{gr} de Marconnay, et de défunte Marthe de Jaucourt, en date du 18 juin 1704, signé Allaizeau, n^{re} de Beaulieu-sous-la-Roche-sur-Yon.

Trois extraits de baptême, le 1er de Marie-Louise Mauclerc, du 8 octobre 1706, le 2e de Benjamin-Louis Mauclerc, du 3 septembre 1707, et le 3e de Jacques-Henri Mauclerc, du même jour 3 septembre 1707, par lesquels il paraît qu'ils sont enfants de Benjamin Mauclerc, chev., s^{gr} de Marconnay, et de dame Marie-Louise Voyneau, délivrés le 31 mars 1715 par Vrignault, curé de Saint-Christophe-du-Ligneron, légalisés par le sénéchal dudit Saint-Christophe, et contrôlés à Challans par Gaubert.

Ordonnance : Maintenus comme nobles, écuyers, demoiselle et veuve de noble, le 20 août 1715, signé : de Richebourg.

---

47   Bénigne Béraudin, veuve de Jacques MANCEAU, éc., s^r de Boissoudan.

Niort   Pièces justificatives : Ordonnance de M. de Maupeou en faveur de Jacques Manceau, éc., s^r de Boissoudan, par laquelle il est déchargé de l'assignation à lui donnée à la requête de Guérin, au lieu duquel est substitué le s^r Ferrand, en conséquence maintenu dans sa noblesse, en date du 14 mai 1698.

Contrat de mariage de Jacques Manceau, chev., s^{gr} de Boissoudan, Pamplie et la Fragnée, avec d^{lle} Bénigne Béraudin, par lequel il paraît qu'il est fils de Balthasar Manceau, éc., s^{gr} de la Renaudière, l'un des écuyers de la grande écurie de S. M., et de dame Catherine de Mayré, en date du 6 mai 1671, signé Savin, n^{re} royal à la Rochelle.

Ordonnance : Maintenue comme veuve de noble, le 20 août 1715, signé : de Richebourg.

Marie Babin, veuve de Charles-Auguste de MOUILLE-BERT, éc., s^gr du Lis, tant de son chef que comme mère tutrice de Nicolas-Henri, René-Auguste, Marie et Jeanne de MOUILLEBERT, demeurant paroisse de Saint-Martin-du-Fraigneau,

Françoise-Angélique de MOUILLEBERT, veuve de Charles de Brémond, éc., s^gr de Vaudoré,

Charles-Antoine de MOUILLEBERT, éc., s^r de Saint-Barthélemy, demeurant en la paroisse de Montbrun.

48

Fontenay et Thouars

Pièces justificatives : Ordonnance de M. de Barentin en faveur de Dominique de Mouillebert, éc., s^r du Tillet, tant pour lui que pour Charles, René, Isabeau, Marguerite et Anne de Mouillebert, ses puînés, par laquelle ils sont maintenus dans la qualité de nobles et écuyers, en date du 9 septembre 1667. Dans le vu des pièces de ladite ordonnance est énoncé le contrat de mariage dudit Dominique de Mouillebert, éc., par lequel il paraît qu'il est fils de Charles de Mouillebert et de Jeanne Vigoureux.

Contrat de mariage de Dominique de Mouillebert, éc., s^r du Lis, avec d^lle Françoise Maquin, par lequel il paraît qu'il est fils de Charles de Mouillebert et de Jeanne Vigoureux, en date du 2 septembre 1658, signé Thomas, n^re de la baronnie de Loge-Fougereuse.

Contrat de mariage de Charles-Auguste de Mouillebert, chev., s^gr du Lis, avec d^lle Marie Babin, par lequel il paraît qu'il est fils de Dominique de Mouillebert, vivant chev., s^gr du Lis, et de Françoise Maquin, en date du 2 mai 1689, signé Loyauté et Train, n^res royaux à Fontenay.

Extrait de baptême de Nicolas-Henri de Mouillebert, du 9 septembre 1693, par lequel il paraît qu'il est fils de Charles-Auguste de Mouillebert, chev., s^gr du Lis, et de dame Marie Babin, délivré le 26 septembre 1708 par Rodé, curé de la Chapelle-au-Lis, contrôlé à Poitiers le 14 mai 1715 par Legrand.

Certificat du s^r curé de la paroisse de Saint-Martin-de-Fraigneau, contenant qu'à la réquisition de Marie Babin, il avait cherché dans les registres de baptême de ladite paroisse l'acte de René-Auguste de Mouillebert, son fils et dudit feu Charles-Auguste de Mouillebert, qu'au registre de l'année 1696 il avait trouvé la feuille du 26 mars moitié déchirée, et néanmoins il lui avait paru que le s^r Clément, curé de ladite paroisse, avait baptisé le fils du s^r du Lis et de la dame Babin, et reconnu les signatures des sieurs René de Bessay et Renée Massotteau, parrain et marraine, et du sieur Clément ; ledit certificat du 25 avril 1715, signé Gibaud, curé de Fraigneau, René de Bessay, Renée Massoteau, et Marie Babin, contrôlé à Poitiers le 14 mai 1715 par Legrand.

Extrait de baptême de Marie de Mouillebert, du 10 juillet 1705, par lequel il paraît qu'elle est fille de Charles-Auguste de Mouillebert, s^{gr} du Lis, et de Marie Babin, délivré le 10 mars 1715, par Gibaud, curé de Fraigneau, contrôlé à Poitiers le 14 mai 1715 par Legrand.

Extrait de baptême de Jeanne de Mouillebert, du 2 septembre 1701, par lequel il paraît qu'elle est fille de Charles-Auguste de Mouillebert et de Marie Babin, délivré comme le précédent et contrôlé.

Contrat de mariage de Charles de Brémond, chev., s^{gr} de Vaudoré, avec d^{lle} Françoise-Angélique de Mouillebert, par lequel il paraît qu'elle est fille de Dominique de Mouillebert, chev., s^{gr} du Lis, et de dame Françoise Maquin, en date du 17 juillet 1685, passé sous la cour de Loge-Fougereuse par Chauvet et Guillemet, n^{res}.

Contrat de mariage de Charles de Mouillebert, éc., dénommé dans l'ordonnance de M. de Barentin, avec d^{lle} Charlotte du Bouchet, par lequel il paraît qu'il est fils d'autre Charles de Mouillebert, vivant éc., s^r du Lis, et de d^{lle} Jeanne Vigoureux, en date du 18 février 1669, signé Mesnil, n^{ro} de la baronnie d'Ingrande et de la châtellenie de Champtocé.

Contrat de mariage de Charles-Antoine de Mouillebert, éc., s^r de Saint-Barthélemy, avec d^{lle} Jeanne de Lestoile, par lequel il paraît qu'il est fils de défunt Charles de Mouillebert, éc., s^r de Saint-Barthélemy, et de dame Charlotte du Bouchet, en date du 5 juin 1696, passé par André Blais, n^re royal à Saumur à la résidence de Douhé, délivré par de Lhopitault, comme ayant les minutes de Blais.

Ordonnance : Maintenus dans les privilèges, honneurs et exemptions attribués aux gentilshommes du royaume, le 10 septembre 1715, signé : de Richebourg.

Henri-René de MORAIS, éc., s^r de Cerisay,
Charles-Jean-Baptiste de MORAIS, éc., s^r de la Boscherie.

49

Thouars

Pièces justificatives : Contrat de mariage de Charles de Morais, chev., s^gr de la Garantière, avec d^lle Anne d'Harcourt, en date du 22 décembre 1530, signé Delauze et Belset, n^res.

Contrat de mariage de noble Jacques de Morais, s^r de Lory, avec d^lle Marguerite d'Acher, par lequel il paraît qu'il est fils de Charles de Morais, chev., s^gr de Garantière, et de dame Anne d'Harcourt, en date du 9 avril 1567, signé Gresfier, n^re.

Contrat du partage des biens d'Anne d'Harcourt entre Jean de Morais, s^r de la Garantière, chevalier de l'ordre du Roi, Pierre de Morais, éc., s^gr de la Tour, et Jacques de Morais, s^gr de Lory, chevalier de l'ordre du Roi, par lequel il paraît qu'ils sont enfants de Charles de Morais et d'Anne d'Harcourt, et que ledit Jean de Morais, en qualité d'aîné, a eu les préciputs et avantages de la Coutume, en date du 20 juin 1578, signé Picard, n^re.

Contrat de mariage d'Urbain de Morais, chevalier de l'ordre du Roi, s^r de Lory, avec d^lle Françoise d'Angennes, par lequel il paraît qu'il est fils de Jacques de Morais, chevalier de l'ordre du Roi, s^r de Lory, et de dame Marguerite d'Acher, en date du 1er juin 1604, signé Garnon et Delapye, n^res.

Contrat de mariage de Paul-Philippe de Morais, chev., avec d^lle Marie Masson, par lequel il paraît qu'il est fils d'Urbain de Morais, chev., et de dame Françoise d'Angennes, en date du 8 mai 1644, signé Morineau, n^re.

Contrat de mariage d'Henri de Morais, chev., s^{gr} marquis de la Flocellière, avec d^{lle} Marguerite Baudouin, dame des Arpans, par lequel il paraît qu'il est fils de Paul-Philippe de Morais, chev., s^{gr} de la Flocellière, et de dame Marie Masson, en date du 18 août 1692, signé Blayneau et Jousseaume, n^{res}.

Deux extraits de baptême, le 1er d'Henri-René de Morais, du 19 décembre 1694, le 2e de Charles-Jean-Baptiste de Morais, du 20 mai 1696, par lesquels il paraît qu'ils sont fils d'Henri de Morais, chev., s^{gr} de la Flocellière, et de dame Marguerite Baudouin, délivrés le 8 août 1715 par Ussault, curé de Saint-Nicolas de la Chaize, contrôlés à la Chapelle par Thoumazeau le 8 septembre suivant.

Ordonnance : Maintenus comme nobles et écuyers, le 13 septembre 1715, signé : de Richebourg.

50

Niort

Charles de MARCONNAY, éc., s^r de Villiers.

Pièces justificatives : Ordonnance de M. de Barentin en faveur de Louis de Marconnay, éc., s^r de Curzay, René, Charles, François de Marconnay, éc., et d^{lles} Marie, Marguerite et Marie de Marconnay, par laquelle ils sont maintenus dans la qualité de nobles et écuyers, en date du 16 août 1667.

Acte passé devant les notaires royaux de Lusignan, contenant quittance de la somme de sept cent soixante-quatorze livres, à déduire et valoir sur le principal de la somme d'onze cent trente livres, consentie par Charles de Marconnay, éc., s^r de Villiers, et d^{lle} Gabrielle de la Taupanne, au profit de Jean Martin, éc., s^r de Thorigné, ladite somme de 1130 livres due à ladite d^{lle} de la Taupanne, comme créancière de la succession de la Chesnaye. Par cet acte il paraît que Gabrielle de la Taupanne était femme dudit Charles de Marconnay, en date du 20 avril 1671, signé Ozanet et Marot, n^{res}.

Contrat de mariage de Charles de Marconnay, éc., avec d^{lle} Françoise Berthelin d'Aiffres, par lequel il paraît qu'il est fils de Charles de Marconnay ci-dessus et de dame Gabrielle de la Taupanne, en date du 13 octobre 1698, signé Grugnet et Lafiton, n^{res}.

Ordonnance : Maintenu comme noble et écuyer, le 16 septembre 1715, signé : de Richebourg.

Pierre MARIN, éc., s^r du Tréhan.

51

Pièces justificatives : Ordonnance de M. de Maupeou en faveur de Jean Marin, éc., s^r du Genest, et Loup Marin, éc., s^r de la Boucherie, par laquelle ils sont déchargés des assignations à eux données à la requête de Guérin, au lieu duquel est substitué le s^r Ferrand, en conséquence maintenus dans les privilèges des nobles du royaume, en date du 26 décembre 1699. Dans le vu des pièces de ladite ordonnance est énoncé le contrat de mariage de Loup Marin, éc., s^r de la Boucherie, avec d^{lle} Renée Marin.

Les Sables

Contrat de mariage de Pierre Marin, chev., s^{gr} de la Boucherie et du Tréhan, avec d^{lle} Gabrielle Bedé, par lequel il paraît qu'il est fils de Loup Marin ci-dessus et de dame Renée Marin, en date du 16 janvier 1702, signé Lory, n^{re}.

Ordonnance : Maintenu comme noble et écuyer, le 19 septembre 1715, signé : de Richebourg.

Mathurin MANGIN, éc., s^r de la Ronde.

52

Pièces justificatives : Contrat de mariage de Jérôme Mangin, éc., s^r de Chalençon, avec d^{lle} Jeanne de la Haye, en date du 29 juin 1440, signé Delesteilly.

Poitiers

Contrat de mariage de Georges Mangin, éc., s^r de Bellefond, avec d^{lle} Marie de la Touche, par lequel il paraît qu'il est fils de Jérôme Mangin ci-dessus et de Jeanne de la Haye, en date du 18 octobre 1471, signé Abelly, n^{re}.

Contrat de mariage de Jérôme Mangin, éc., s^r des Fontaines, avec d^{lle} Jeanne de la Feste, par lequel il paraît qu'il est fils de Georges Mangin ci-dessus et de Marie de la Touche, en date du 4 septembre 1495, signé Pichon et Pichon, n^{res} au Châtelet de Paris.

Contrat de mariage d'Etienne Mangin, éc., s^r de la Sevinière, enseigne de cent lances entretenues pour le service du roi, avec d^{lle} Françoise Auzannet, par lequel il paraît qu'il est fils de Jérôme Mangin ci-dessus et de Jeanne de la Feste, en date du 6 juin 1519, signé de Bagnolles, n^{re} et secrétaire de la cour de Parlement de Paris.

Contrat de mariage de Pierre Mangin, éc., s^r de Chizé, avec d^{lle} Claude Maubué, par lequel il paraît qu'il est fils d'Etienne Mangin ci-dessus et de Françoise Auzannet, en date du 12 avril 1563, signé Huet et Salvard, n^{res} au Blanc.

Contrat de mariage de Jean Mangin, avocat, avec Marie Thomas, par lequel il paraît qu'il est fils de feu honorable Pierre Mangin, s^r de Chizé, et de dame Claude Maubué, en date du 27 juillet 1601, signé Chesneau, n^{re}.

Contrat de mariage de noble Mathieu Mangin, s^r de la Prévosté, avec d^{lle} Anne Regnault, par lequel il paraît qu'il est fils de feu noble Jean Mangin, trésorier de France en la Généralité de Poitiers, et de dame Marie Thomas, en date du 30 juillet 1636, signé Martin, n^{re}.

Contrat de mariage de Mathurin Mangin, s^r de la Prévosté, avec d^{lle} Madeleine Thevin, par lequel il paraît qu'il est fils de Mathieu Mangin ci-dessus et de d^{lle} Anne Regnault, en date du 19 décembre 1660, signé Nicolas et Hersant, n^{res}.

Lettres de réhabilitation accordées par le roi à Mathurin Mangin, s^r de la Prévosté, qui le relèvent de la dérogeance de Pierre Mangin, son bisaïeul, en date du 29 août 1684, signé Louis, Par le roi, Colbert, enregistrées en la Cour des aides.

Quittance de finance de la somme de cinq cents livres, payée par ledit Mathurin Mangin pour jouir de la confirmation desdites lettres de réhabilitation, en date du 20 janvier 1695, signé Milieu, enregistrée au contrôle général des finances le 4 mars de ladite année, signé Phelypeaux.

Contrat de mariage de Mathurin Mangin, éc., s^r de la Ronde, avec d^{lle} Marie Liège, par lequel il paraît qu'il est fils de Mathurin Mangin ci-dessus et de d^{lle} Madeleine Thevin, en date du 30 avril 1706, signé Marrot et Cailler, n^{res}.

Pièce non visée : Inventaire des titres et sentence portant maintenue des aînés du nom, demeurant dans la Généralité de Bourges où les titres ci-dessus sont employés avec les autres titres portés audit inventaire, ladite sentence de maintenue en date du 6 juin 1715.

Ordonnance : Maintenu comme noble et écuyer, le 20 septembre 1715, signé : de Richebourg.

Louis MAROIX, éc., s^r de Mortagne.   53

Pièces justificatives : Contrat de mariage d'Antoine-François Maroix, éc., s^r de Mortagne, avec d^{lle} Catherine Tronchon, par lequel il paraît qu'il est fils de François Maroix, éc., s^r de Mortagne, et de dame Françoise Chasteigner, en date du 16 août 1677, signé Gaillard, n^{re}, au lieu de Renaudin, n^{re} de la baronnie du Petit-Château, qui a passé l'acte.   *Fontenay*

Ordonnance de M. Begon, intendant de la Rochelle, en faveur d'Antoine(-François) Maroix, éc., s^{gr} de Mortagne, par laquelle il est maintenu en la qualité de noble et écuyer, en date du 13 juin 1699.

Extrait de baptême de Louis Maroix, du 12 mars 1682, par lequel il paraît qu'il est fils d'Antoine(-François) Maroix, éc., s^{gr} de Mortagne, et de dame Catherine Tronchon, délivré par Bruxelle, curé de Salles, légalisé par le s^r Regnaud, cons^{er} au siège de l'Amirauté de la Rochelle, et contrôlé à Poitiers le 30 septembre 1715 par Legrand.

Ordonnance : Maintenu comme noble et écuyer, le 8 octobre 1715, signé : de Richebourg.

Pierre MAROIX, éc., s^r de la Rochebirault,   54
Pierre MAROIX, éc., s^r de la Mazourie, son fils.

Pièces justificatives : Ordonnance de M. Begon, intendant de la Rochelle, en faveur d'Antoine Maroix, éc., s^r de Mortagne, par laquelle il est maintenu dans la qualité de noble et écuyer, en date du 13 juin 1699. Dans le vu des pièces de ladite or-   *Fontenay* donnance se trouve énoncé le contrat de mariage de François Maroix avec d{ll}e Françoise Chasteigner.

Contrat de mariage de Pierre Maroix, éc., sr de la Rochebirault, avec d{lle} Marie-Anne Brunet [1], par lequel il paraît qu'il est fils de François Maroix, éc., sr de Mortagne, et de dame Françoise Chasteigner, en date du 21 janvier 1675, signé Goguet, au pied duquel est l'acte de certification du sr de Cheusse, subdélégué à Fontenay, que ledit Goguet est n{re} royal.

Contrat de mariage de Pierre Maroix, chev., sgr de la Mazourie, avec dame Marie-Jeanne de Sapinaud, par lequel il paraît qu'il est fils de Pierre de Maroix, éc., sr de la Rochebirault, et de dame Marie-Anne Brunet, en date du 4 juillet 1711, signé Ballard et Goguet, n{res} royaux à Fontenay.

Pièces non visées : Arrêts de la Cour des aides, du 26 mai 1663, et du Conseil d'État, du 27 juin 1672, par lesquels François Maroix, éc., sr de Mortagne, et dame Françoise de Mondon, veuve de Jean Maroix, éc., sr de la Clériette et de Mortagne, sont confirmés dans leur noblesse.

Transaction passée entre Pierre de Maroix, éc., sr de la Rochebirault, comme héritier de dame Françoise de Mondon, son aïeule, dénommée ci-dessus, et de dame Françoise Chasteigner, sa mère, du 2 janvier 1688, reçue par Train, n{re} royal à Fontenay.

Extrait baptistaire de Pierre-César Maroix, produisant, fils de François Maroix, éc., sr de Mortagne, en date du 6 novembre 1656, légalisé et contrôlé.

Extrait baptistaire de Pierre Maroix, aussi produisant, fils dudit sr de la Rochebirault et de dame Marie-Anne Brunet, en date du 18 janvier 1689, légalisé et contrôlé.

Ordonnance : Maintenus comme nobles et écuyers, le 10 octobre 1715, signé : de Richebourg.

---

1. Il est dit dans la requête que Marie-Anne Brunet « était fille de Louis Brunet, sgr de la Brouhe, président en l'Élection de Fontenay, et de dame Françoise Chasteigner, sa femme en secondes nopces et veuve de François Maroix, escuyer, sr de Mortagne. père dudit sieur de la Rochebiraud. » Celui-ci aurait donc épousé sa demi-sœur.

François de MALLEVILLE, éc., s^r de la Roctrie, lieutenant de dragons dans le régiment de la Reine.

55

Poitiers

Pièce justificative : Ordonnance de M. de Maupeou, par laquelle ledit François de Malleville, éc., s^r de la Roctrie, est maintenu et confirmé en sa noblesse, en date du 9 mars 1701.

Dire du produisant : Il est depuis cinquante ans au service de Sa Majesté et y est encore actuellement.

Ordonnance : Ordonne son inscription au catalogue des nobles de la Généralité de Poitou, le 15 octobre 1715, signé : de Richebourg.

Jean MARTIN, éc., s^r de Lespinay.

56

Les Sables

Pièces justificatives : Copie collationnée d'une ordonnance de M. de Barentin en faveur de Jean Martin, s^r de la Mortière, par laquelle, sur le vu des lettres d'anoblissement accordées par le roi Louis XIII à Jacques Martin, capitaine de marine, en considération des services par lui rendus, en date du mois de juin 1628, il est maintenu dans la qualité de noble et écuyer, en date du 9 août 1667 ; ladite copie signée Clairambault, généalogiste des ordres du roi.

Contrat de mariage de Jean Martin, éc., s^r de la Mortière, avec d^{lle} Marguerite Boutin, par lequel il paraît qu'il est fils de Jacques Martin, éc., s^r de la Mortière, capitaine entretenu pour le service du roi dans ses armées navales, et de défunte d^{lle} Catherine Guérin, en date du 7 février 1644, signé Grellaud et Joyau, n^{res}.

Extrait de baptême de Jean Martin, du 26 avril 1663, par lequel il paraît qu'il est fils de Jean Martin, éc., s^r de la Mortière, et de Marguerite Boutin, délivré le 7 janvier 1698 par Gaspard Strech, curé de Landevieille, légalisé par le s^r Porchier, sénéchal de la Mothe-Achard, et contrôlé à Poitiers le 10 décembre 1715.

Contrat de mariage de Jean Martin, éc., s^r de Lespinay, avec d^{lle} Marguerite Parant, par lequel il paraît qu'il est fils de

Jean Martin, éc., s^r de la Mortière, et de dame Marguerite Boutin, en date du 9 février 1674 [1], signé Gaudin, n^re.

Ordonnance : Maintenu comme noble et écuyer, le 14 décembre 1715, signé : de Richebourg.

57

Henri-Jacques-Valère de MOMBIELLE, chev., s^gr d'Hus et du Vautour, demeurant paroisse de Terves.

Thouars

Pièces justificatives : Ordonnance de M. de Maupeou en faveur d'Henri de Mombielle, éc., par laquelle il est reçu opposant à l'exécution du rôle arrêté au Conseil le 14 mai 1697, en conséquence déchargé de la somme de 3,000 livres à laquelle il avait été taxé au Conseil, et maintenu dans les privilèges et exemptions accordés aux nobles du royaume, en date du 29 mars 1699. Dans le vu des pièces de ladite ordonnance est rapporté le contrat de mariage dudit Pierre-Henri de Mombielle avec d^lle Madeleine Jaudonnet.

Contrat de mariage d'Henri-Jacques-Valère de Mombielle, chev., s^gr d'Hus et du Vautour, avec d^lle Henriette de la Ville, par lequel il paraît qu'il est fils de (Pierre)-Henri de Mombielle, vivant éc., s^gr d'Hus, et de dame Madeleine Jaudonnet, en date du 7 février 1713, signé Bange et Renault, n^res à Thouars.

Ordonnance : Maintenu comme noble et écuyer, le 14 décembre 1715, signé : de Richebourg.

58

Charles-Louis MACÉ, éc., s^r de la Salle.

Les Sables

Pièces justificatives : Arrêt de MM. les commissaires généraux du Conseil députés par le roi pour l'exécution de ses déclarations des 4 septembre 1696, 30 mai 1702 et 30 janvier 1703, et arrêt rendu en conséquence contre les usurpateurs du titre de noblesse, en faveur de Julienne Caris, veuve de Charles Macé,

---

1. Cette date, ou celle de l'extrait de baptême, est nécessairement fautive.

éc., sʳ de la Salle, tutrice de ses enfants mineurs, par lequel elle a été reçue opposante à l'exécution du rôle arrêté au Conseil le 7 juillet 1699, et ayant été fait droit sur son opposition, déchargée du paiement de la somme de deux mil deux cents livres et deux sols pour livre portée par ledit rôle, en conséquence ordonné qu'elle jouira des privilèges attribués aux veuves des gentilshommes, tant qu'elle sera en viduité, et les enfants dudit feu Charles Macé, son mari, et d'elle maintenus dans la qualité de nobles et écuyers, en date du 17 avril 1704, signé Hersant.

Extrait de baptême de Charles-Louis Macé, du 20 février 1688, par lequel il paraît qu'il est fils de Charles Macé, éc., sʳ de la Salle, et de dˡˡᵉ Julienne Caris, délivré le 6 octobre 1712 par Danyau, prêtre, curé de Noirmoutiers, contrôlé à Poitiers le 18 décembre 1715 par Coupard.

Ordonnance : Maintenu comme noble et écuyer, le 20 décembre 1715, signé : de Richebourg.

Gilbert MARÉCHAL, chev., sᵍʳ du Poiroux,
Marguerite de Patras, sa mère, veuve d'Alexandre MARÉCHAL, chev., sᵍʳ du Poiroux, tant en son nom que comme tutrice de ses autres enfants mineurs.

59

Fontenay

Pièces justificatives : Ordonnance de M. de Barentin en faveur de Charlotte de la Forest, veuve de Samuel Maréchal, éc., sʳ de Limbertière et du Poiroux, tutrice d'Alexandre Maréchal, éc., sᵍʳ baron du Poiroux et de Limbertière, son fils unique, par laquelle ledit Alexandre Maréchal est maintenu dans la qualité de noble et écuyer, et ladite Charlotte de la Forest, sa mère, dans les privilèges et exemptions accordés aux veuves des nobles du royaume, en date du 9 août 1667.

Contrat de mariage d'Alexandre Maréchal, éc., sᵍʳ du Poiroux, avec dˡˡᵉ Marguerite de Patras, par lequel il paraît qu'il est fils de Samuel Maréchal, éc., sᵍʳ du Poiroux et de Limbertière, et de dame Charlotte de la Forest, en date du 31 juillet 1671, signé Bleneau et Blanchard, nʳᵉˢ.

Contrat de mariage de Gilbert Maréchal, chev., s^gr du Poiroux, avec d^lle Charlotte Beufvier, par lequel il paraît qu'il est fils d'Alexandre Maréchal ci-dessus et de Marguerite de Patras, en date du 25 septembre 1712, signé Neufville et Doillard, n^res.

Ordonnance : Maintenus dans les privilèges, honneurs et exemptions attribués aux nobles du royaume, le 3 janvier 1716, signé : de Richebourg.

60

Fontenay

Alexis Le MAIGNAN, éc., s^gr de la Giraudière.

Pièces justificatives : Arrêt de la chambre établie par le roi pour la réformation de la noblesse du pays et duché de Bretagne, en faveur de Charles Le Maignan, éc., s^r de Lescorse, François Le Maignan, éc., s^r de Boisvignault, et Louis Le Maignan, éc., s^r du Mauchaix, par lequel ils sont déclarés issus d'extraction noble, et il est permis à eux et à leurs descendants de prendre la qualité de nobles et d'écuyers, en date du 31 décembre 1668, signé Malescot. Dans le vu des pièces dudit arrêt est énoncé le contrat de mariage de François Le Maignan, éc., s^r du Boisvignault, avec d^lle Gilette-Marie Amiaud. (Voir L 8 et 39 ci-dessus.)

Contrat de mariage d'Alexis Le Maignan, éc., s^gr de la Giraudière, avec d^lle Marie-Anne Garipaud, par lequel il paraît qu'il est fils de François Le Maignan, éc., s^r de Boisvignault, et de dame Gilette-Marie Amiaud, en date du 27 février 1696, signé Bernier et Bourineau, n^res.

Ordonnance : Maintenu comme noble et écuyer, le 7 janvier 1716, signé : de Richebourg.

61

Les Sables

Jacques MESNARD, chev., s^gr baron du Gué-Sainte-Flaive.

Pièce justificative : Ordonnance de M. de Maupeou en faveur de Jacques Mesnard, chev., s^gr du Gué-Sainte-Flaive, produisant, par laquelle il est maintenu en sa noblesse, en date du 28 septembre 1699.

Ordonnance : Le décharge de l'assignation à lui donnée à la requête du sʳ Ferrand et ordonne son inscription au catalogue des nobles de la Généralité de Poitiers, le 14 janvier 1716, signé : de Richebourg.

Charles Citoys, éc., sᵍʳ de la Tousche, au nom et comme tuteur et curateur de Charles, Christophe et Jeanne MESNARD,

Louis MESNARD, éc., sᵍʳ de Loulerie,

Gabriel MESNARD, éc., son frère.

62

Les Sables

Pièces justificatives : Ordonnance de M. de Maupeou en faveur de Marie-Jacqueline Foucher, veuve de Jean Mesnard, chev., sᵍʳ de la Barotière, et Jacques Mesnard, chev., baron du Gué-de-Sainte-Flaive, par laquelle ils sont déchargés de l'assignation à eux donnée à la requête de Guérin, au lieu duquel est substitué le sʳ Ferrand, en conséquence maintenus dans les privilèges accordés aux nobles du royaume, en date du 28 septembre 1699. Dans le vu des pièces de ladite ordonnance se trouvent énoncés : 1° le testament olographe de Christophe Mesnard, chev., et de dame Catherine Gallier-Garnier, sa femme, par lequel il paraît que François Mesnard, éc., est leur fils, 2° le contrat de mariage de Jean Mesnard, chev., sᵍʳ de la Barotière, avec dˡˡᵉ Marie-Jacqueline Foucher, par lequel il paraît qu'il est fils de François Mesnard, chev., et de dame Renée Huislard.

Contrat de mariage de Gabriel Mesnard, chev., sᵍʳ du Deffend, avec dˡˡᵉ Renée Taillefer de Montausier, par lequel il paraît qu'il est fils de haut et puissant messire Christophe Mesnard, vivant chev., sᵍʳ de la Vergne de Péault, et de dame Catherine Gallier-Garnier, en date du 13 novembre 1678, signé Landreau, nʳᵉ.

Contrat de mariage de Christophe Mesnard, chev., sʳ de la Claye, avec dˡˡᵉ Jeanne Citoys, par lequel il paraît qu'il est fils de Gabriel Mesnard, éc., sᵍʳ du Deffend, et de dame Renée Taillefer de Montausier, en date du 8 janvier 1695, signé Chateigner et Arnaud, nʳᵉˢ.

Contrat de mariage de Louis Mesnard, éc., s^r de Loulerie, avec d^lle Julie-Charlotte Gourdeau, par lequel il paraît qu'il est fils de Gabriel Mesnard, vivant éc., s^gr du Deffend, et de dame Renée Taillefer de Montausier, en date du 8 janvier 1708, signé Jacob et Sabourin, n^res.

Extrait de baptême de Gabriel Mesnard, du 26 octobre 1680, par lequel il paraît qu'il est aussi fils de Gabriel Mesnard et de Renée Taillefer de Montausier, délivré le 7 janvier 1716 par Boisdin, curé de la Claye, contrôlé à Poitiers le 12 dudit mois par Faisolle.

Acte de curatelle passé devant le sénéchal de Luçon pour Charles, Christophe et Jeanne Mesnard, par lequel il paraît qu'ils sont enfants de Christophe Mesnard, s^gr de la Claye, et de Jeanne Citoys, en date du 9 novembre 1707, signé Chénier, greffier.

Ordonnance : Maintenus comme nobles et écuyers, et demoiselle, le 15 janvier 1716, signé : de Richebourg.

63

Pierre-Laurent MANGIN, éc., s^r de Joumé,
Joseph Mangin, éc., son frère.

Les Sables

Pièces justificatives : Inventaire fait par-devant M. Foullé de Martangy, intendant de la Généralité de Bourges, des titres de noblesse d'Antoine Mangin, éc., s^r de Chizé, François Mangin, éc., s^r des Bastides, frères, Etienne, François et René Mangin, autres frères, au pied duquel est son ordonnance, portant acte de la représentation desdits titres, en conséquence les maintenant dans les privilèges et exemptions accordés aux nobles du royaume, en date du 26 juin 1715.

Ordonnance de M. de Richebourg en faveur de Mathurin Mangin, éc., s^r de la Ronde, par laquelle il est déchargé de l'assignation à lui donnée à la requête du s^r Ferrand, en conséquence maintenu dans la qualité de noble et écuyer, en date du 20 septembre 1715. Dans le vu des pièces de ladite ordonnance sont énoncés : le contrat de mariage de Jérôme Mangin, éc., s^r de Chalençon, avec d^lle Jeanne de la Haye, du 29 juin 1440 ; le contrat de mariage de Georges Mangin, éc., sr de Bellefonds, avec dlle Marie de la Touche, par lequel il paraît qu'il est fils de Jérôme Mangin ci-dessus et de Jeanne de la Haye, du 18 octobre 1471 ; le contrat de mariage de Jérôme Mangin, éc., sr des Fontaines, avec dlle Jeanne de la Feste, par lequel il paraît qu'il est fils de Georges Mangin et de Marie de la Touche, du 4 septembre 1495 ; le contrat de mariage d'Etienne Mangin, éc., sr de la Sevinière, avec dlle Françoise Auzannet, par lequel il paraît qu'il est fils de Jérôme Mangin et de Jeanne de la Feste, du 6 juin 1519 ; et le contrat de mariage de Pierre Mangin, éc., sr de Chizé, avec dlle Claude Maubué, par lequel il paraît qu'il est fils d'Etienne Mangin et de Françoise Auzannet, du 12 avril 1563. (Voir M 52 ci-dessus.)

Contrat de mariage d'Etienne Mangin, éc., sr de Chizé, avec dlle Jeanne Mauvillon, par lequel il paraît qu'il est fils de Pierre Mangin ci-dessus et de Claude Maubué, en date du 26 juillet 1595, signé Delaribardière.

Testament fait par ledit Etienne Mangin, par lequel il paraît qu'il avait épousé Jeanne Mauvillon et qu'il donne à Jean Mangin, son petit-fils, fils de défunt Pierre Mangin, sr de Chizé, la somme de 500 livres par préciput et avantage, en date du 30 mars 1645, signé Berthelot et Lamoureux, nres.

Contrat du partage des biens de Pierre Mangin, sr de Chizé, et de dlle Jeanne Rouelle, entre Jean Mangin, dénommé au testament ci-dessus, Pierre Mangin, sr de Joumé, et Gabriel Mangin, sr de la Ferrande, leurs enfants, en date du 16 mars 1657, signé Babert et Claude, nres.

Extrait de baptême de Pierre Mangin, du 25 février 1631, par lequel il paraît qu'il est fils de Pierre Mangin, sr de Chizé, et de dlle Jeanne Rouelle, délivré le 9 février 1688 par Delagasmel, curé de Saint-Etienne du Blanc, légalisé par le sénéchal et bailli du Blanc, dûment contrôlé.

Lettres patentes accordées par le roi Louis XIV, d'heureuse mémoire, à Pierre Mangin, éc., sr de Joumé, de la dérogeance commise par autre Pierre Mangin (époux de Claude Maubué), son bisaïeul, pour avoir fait commerce de marchandises d'étoffes de soie, par lesquelles Sa Majesté l'aurait relevé, en conséquence maintenu, ses enfants et postérité nés et à naître en légitime mariage, dans le titre de nobles et écuyers, en date du 31 août 1687, signé Louis, et plus bas, Par le Roi, Le Tellier, dûment enregistrées en la Cour des aides à Paris.

Quittance de finance de la somme de 454 livres, payée en exécution de l'édit du mois de décembre 1692 par les enfants dudit Pierre Mangin, s^r de Joumé, réhabilité par les lettres ci-dessus, en date du 23 avril 1695, signé Milieu, enregistrée au contrôle général des finances le 7 mai suivant, signé Phelypeaux.

Contrat de mariage de Pierre Mangin, s^r de Joumé, avec d^{lle} Marie Arnaudet, en date du 25 mars 1686, signé Lhuilier, n^{re}.

Contrat de mariage de Joseph Mangin, éc., s^r de Joumé, avec d^{lle} Madeleine Bosse, par lequel il paraît qu'il est fils de feu Pierre Mangin (réhabilité) et de Marie Arnaudet, en date du 22 avril 1714, signé Cailleau, n^{re}.

Extrait de baptême de Pierre-Laurent Mangin, du 26 février 1688, par lequel il paraît qu'il est aussi fils dudit Pierre Mangin et de Marie Arnaudet, délivré le 23 décembre 1715 par Augier, curé de Saint-Martial de Montmorillon, légalisé par le s^r Augier, subdélégué audit Montmorillon, contrôlé à Poitiers le 14 janvier 1716 par Coupard.

Ordonnance : Maintenus comme nobles et écuyers, le 17 janvier 1716, signé : de Richebourg.

64

Châtellerault

Renée des Herbiers, veuve d'Antoine MARTEL, chev., s^{gr} de Landrepouste,

Pierre MARTEL, éc., son fils,

François MARTEL, éc., s^r de Tricon,

Jean-François MARTEL, éc., son fils,

Marie-Esther Lignault, veuve d'Isaac MARTEL, éc., s^r de Dercé, Landrepouste et Saint-Sauveur,

Marguerite MARTEL, veuve de Pierre de Signy, chev., s^{gr} dudit lieu.

Pièces justificatives : Ordonnance de M. de Barentin en faveur de

Philbert Martel, éc., s^r de Tricon, Charles Martel, chev., s^{gr} de Dercé, et François Martel, éc., fils aîné dudit Philbert Martel, par laquelle ils sont maintenus dans la qualité de nobles et écuyers, en date du 1er septembre 1667. Dans le vu des pièces de ladite ordonnance sont énoncés : le contrat de mariage de Léonard Martel, éc., s^{gr} de Tricon, avec d^{lle} Anne Taveau de Morthemer, le contrat de partage des biens des successions de Léonard Martel et d'Anne Taveau entre Philbert Martel, chev., s^{gr} de Tricon, et Charles Martel, chev., s^{gr} de Dercé, et le contrat de mariage de François Martel avec d^{lle} Suzanne Thubert.

Contrat de mariage de Charles Martel, éc., s^r de Dercé, avec d^{lle} Suzanne de Landrepouste, par lequel il paraît qu'il est fils de Léonard Martel, chev., s^{gr} de Tricon, et de dame Anne Taveau, en date du 18 octobre 1631, signé Aubry, n^{re}.

Contrat de mariage d'Antoine Martel, chev., s^{gr} de Landrepouste, avec d^{lle} Renée des Herbiers, par lequel il paraît qu'il est fils de Charles Martel, chev., s^{gr} de Landrepouste, et de dame Suzanne de Landrepouste, en date du 12 mai 1682, signé Buet et Ledigne, n^{res}.

Extrait de baptême de Pierre Martel, du 15 avril 1683, par lequel il paraît qu'il est fils d'Antoine Martel, chev., et de dame Renée des Herbiers, signé Martel, curé de Quinlièvre, contrôlé à Poitiers le 30 décembre 1715 par Coupard.

Contrat de mariage d'Isaac Martel, chev., avec Marie-Esther Lignault, en date du 12 août 1691, signé Billette et Deschamps. Dans ce contrat il n'est pas fait mention de qui il est fils, et seulement rapporté qu'il est veuf de Madeleine Dupré, mais dans le contrat de mariage ci-dessus il est établi sous le titre de frère dudit Antoine Martel, et ladite Madeleine Dupré est établie sa femme.

Extrait de baptême de François et de Suzanne-Renée Martel, frère et sœur jumeaux, du 14 décembre 1665, par lequel il paraît qu'ils sont enfants de François Martel, éc., et de dame Suzanne Thubert, délivré le 9 juin 1715 par Barbotin, curé d'Ouzilly.

Contrat de mariage de Pierre de Signy, chev., s^{gr} dudit lieu, avec d^lle Marguerite Martel, par lequel il paraît qu'elle est fille de François Martel ci-dessus et de Suzanne Thubert, en date du 10 juillet 1684, signé Cuisinier et Chevallier, n^res.

Ordonnance : **Maintenus dans les privilèges, honneurs et exemptions attribués aux gentilshommes du royaume, le 18 janvier 1716, signé : de Richebourg.**

65

Fontenay

Nicolas-Joseph MARIN, chev., s^gr de Chassaigne.

Pièce justificative : Ordonnance de M. Begon, intendant de la Généralité de la Rochelle, en faveur de François-Alexis Marin, chev., s^gr de Saint-Palais-sur-Mer, par laquelle il est maintenu dans la qualité de noble et écuyer, en date du 19 décembre 1699. Dans le vu des pièces de ladite ordonnance sont rapportés : le contrat de mariage d'Alexandre Marin, éc., avec d^lle Marie Maron, daté du 23 janvier 1647, et le partage noble des biens d'Alexandre Marin, chev., entre François-Alexis Marin et Nicolas-Joseph Marin, par lequel il paraît qu'ils sont enfants dudit Alexandre Marin, chev., s^gr de Saint-Palais et de Chassaigne, et de feu dame Marie Maron, en date du 27 juillet 1686, signé Charron, n^re.

Ordonnance : **Maintenu comme noble et écuyer, le 19 janvier 1716, signé : de Richebourg.**

66

Châtellerault

Françoise Brunon, veuve de Joachim de MARANS, chev., s^gr de Laudetrie.

Pièces justificatives : Ordonnance de M. de Richebourg en faveur de Louis de Marans, éc., s^r de Saint-Mars, Jean et François de Marans, ses enfants, Louis de Marans, éc., s^r de Laudetrie, François-Marie et Gabriel de Marans, ses enfants, et Pierre de Marans, éc., s^r de la Chauvetière, capitaine d'infanterie au régiment de Béarn, chevalier de l'ordre de Saint-Louis, par laquelle ils sont maintenus dans la qualité de nobles et écuyers, en date du 29 juillet 1715. Dans le vu des pièces de ladite ordonnance se trouve énoncé le contrat de mariage de Louis de Marans, chev., s^gr de Laudetrie, avec Louise-Aimée Taillefer, par lequel il paraît qu'il est fils de François de Marans, chev., s^gr de Laudetrie, et de dame Louise de Saint-Hilaire. (Voir M 44 ci-dessus.)

Contrat de mariage de Joachim de Marans, chev., s^gr de Laudetrie (veuf en 1res noces d'Antoinette de la Bussière), avec dame Françoise Brunon, veuve en 1res noces de Philippe Thomasset, chev., s^gr du Pin, Boisliniers, par lequel il paraît qu'il est fils de François de Marans et de dame Louise de Saint-Hilaire, en date du 9 mai 1695, signé Remigeau et Baillon, n^res.

Ordonnance : Maintenue comme veuve de gentilhomme, le 29 mai 1716, signé : Desgalois de Latour.

Marc-Antoine Le MAYE, chev., s^gr de Moyseaux, Brenegou et autres lieux,
Jean Le MAYE, éc., s^r de la Couraudière, son frère.

67

Poitiers

Pièces justificatives : Contrat de mariage d'Etienne Le Maye, éc., avec d^lle Jacquette du Vignaud, par lequel il paraît qu'il est fils de François Le Maye, éc., et de d^lle Marie Jouneau, en date du 9 février 1596, signé Saugaud, n^re.

Contrat de mariage d'autre Etienne Le Maye, éc., s^r de Châteaugarnier, avec d^lle Marie-Anne de Maurienne, par lequel il paraît qu'il est fils d'Etienne Le Maye, éc., s^r de Moyseaux, cons^er au présidial de Poitiers, et de dame Françoise Mignot, en date du 4 octobre 1661, signé Berton, n^re.

Contrat de mariage de Marc-Antoine Le Maye, chev., s^gr de Moyseaux et Brenegou, avec d^lle Marie-Olympe Le Maye, par lequel il paraît qu'il est fils d'Etienne Le Maye, chev., s^gr dudit lieu, et de dame Marie-Anne de Maurienne, en date du 10 avril 1701, signé Lemoine et Leprévost, n^res au Châtelet de Paris.

Contrat de mariage de Jean Le Maye, chev., s^gr de la Couraudière, avec d^lle Françoise d'Arcemale, par lequel il paraît qu'il est fils d'Etienne Le Maye, chev., s^gr de Châteaugarnier, et de défunte Marie-Anne de Maurienne, en date du 9 décembre 1694, signé Oliveau, n^ro.

Récépissé du s^r de la Bonardière, ci-devant commis pour la recherche de la noblesse, contenant que Jean Le Maye, éc., s^r de la Couraudière, ou Dupont, son procureur, lui a communiqué sa production pour justifier des titres de sa noblesse et une seconde production pour Marc-Antoine Le Maye, éc., s^r de Moyseaux, avec la signification de l'inventaire desdits titres au s^r Ferrand et une copie de leur généalogie, en date du 29 mai 1706.

Dires des produisants : Ils ont été poursuivis en l'année 1706 à la requête de François Ferrand, poursuites et diligences de Marin Basille, s^r de la Bonardière, son commis, pour la représentation de leurs titres de noblesse, et ils ont alors fourni chacun leur production que Joseph Dupont l'aîné, leur procureur, a mise entre les mains du s^r de la Bonardière, ainsi qu'il paraît par son récépissé du 28 mai 1706. Depuis ce temps il ne leur a pas été possible de recouvrer leurs pièces, attendu l'évasion du s^r de la Bonardière, qui les a sans doute emportées, et après plusieurs perquisitions ils ont trouvé les quelques titres ci-dessus énoncés qui prouvent incontestablement leur qualité d'écuyers.

Dires du procureur du traitant : Il reconnaît que le s^r de la Bonardière, alors chargé de la recherche de la noblesse, a quitté la province, accablé de dettes, et qu'il a laissé à l'abandon les titres qui lui avaient été confiés et dont beaucoup ont été perdus.

Observations du procureur du roi : Quoiqu'il paraisse une fenêtre dans la généalogie ci-dessus expliquée d'entre Etienne Le Maye, premier du nom, marié avec Jacquette du Vignaud, et autre Etienne Le Maye, marié avec Françoise Mignot, dont on ne rapporte pas le contrat de mariage pour justifier qu'il était issu d'Etienne Le Maye ci-dessus et de Jacquette du Vignaud, il est vraisemblable que ce contrat était joint à la production énoncée au récépissé du s^r de la Bonardière, que les produisants, quelques perquisitions qu'ils en aient faites, n'ont pu recouvrer ; et comme il est notoire qu'ils sont nobles d'extraction, il n'empêche pour le roi qu'ils soient maintenus avec le titre d'écuyers.

Ordonnance : Maintenus comme nobles et écuyers, le 1ᵉʳ août 1716, signé : Desgalois de Latour.

Pierre-Louis MACÉ, éc., sʳ du Plessis.   68

Pièce justificative : Sentence de M. Doujat, intendant de la Généralité de Poitou, en faveur de Pierre-Louis Macé, éc., sʳ du Plessis (produisant), par laquelle il est maintenu et confirmé en sa noblesse, en date du 29 mars 1707. *Les Sables*

Ordonnance : Le décharge de l'assignation à lui donnée à la requête du sʳ Ferrand, et ordonne son inscription au catalogue des nobles de la Généralité, le 30 septembre 1716, signé : de Latour.

Pierre-Antoine MOREAU, éc., sʳ de Mazière,   69
Joseph MOREAU, éc., son frère,
Renée Gabillé, veuve de François-Joseph MOREAU, éc., sʳ de la Sécherie, tant de son chef que comme mère tutrice de Marie et Renée MOREAU, *Thouar*

   demeurant tous au bourg de Voultegon,
Joseph-Claude MOREAU, éc., sʳ de Puy-Monbault, demeurant en la paroisse de Saint-Marsault.

Pièces justificatives : Copie collationnée d'une ordonnance de M. de Barentin en faveur de Marguerite Tressard, veuve de Pierre Moreau, éc., sʳ du Puy-Cadoret, Jean Moreau, éc., sʳ du Puy-Cadoret, Pierre, autre Pierre et Joseph-Claude Moreau, écʳˢ, ses enfants, par laquelle ils sont maintenus dans la qualité de nobles et écuyers, en date du 24 septembre 1667, ladite copie délivrée par Clérambault, généalogiste des ordres du roi. Dans le vu des pièces de ladite ordonnance se trouve énoncé le contrat de mariage de Pierre Moreau, chev., sᵍʳ du Puy-Cadoret, avec dˡˡᵉ Marguerite Tressard.

Contrat de mariage de Pierre Moreau, chev., s^{gr} du Puy-Cadoret, Mazière, Puy-Montbault, la Sécherie et autres lieux, avec d^{lle} Marie-Catherine de la Cour, par lequel il paraît qu'il est fils de Pierre Moreau ci-dessus et de Marguerite Tressard, en date du 24 mai 1671, signé Florisson et Bernaudeau, n^{res} du duché de la Meilleraye à Parthenay.

Deux extraits de baptême, le 1er de Pierre-Antoine Moreau, ondoyé le 22 mai 1674, et baptisé le 26 février 1676, le 2e de Joseph Moreau, du 14 novembre 1687, par lesquels il paraît qu'ils sont enfants de Pierre Moreau, vivant chev., s^{gr} du Puy-Cadoret, et de dame Marie-Catherine de la Cour, délivrés le 25 septembre 1715 par Girard, curé de Mazière, légalisés par le sénéchal de la ville et marquisat de Cholet, et contrôlés audit Cholet le 7 octobre suivant par Boureau.

Contrat de mariage de François-Joseph Moreau, éc., s^{gr} du Puy-Montbault, avec d^{lle} Renée Gabillé, par lequel il paraît qu'il est fils de Pierre Moreau, vivant chev., s^{gr} du Puy-Cadoret et de Mazière, et de dame Marie-Catherine de la Cour, en date du 23 mars 1701, signé Frouin et Poitou, n^{res} de la châtellenie de Saint-Clémentin.

Deux extraits de baptême, le 1er de Marie Moreau, du 26 février 1705, le 2e de Renée Moreau, du 11 décembre 1706, par lesquels il paraît qu'elles sont filles de François-Joseph Moreau, éc., s^{gr} de la Sécherie, et de dame Renée Gabillé ; dans le 1er est mis par erreur le nom de Marie Gabillé au lieu de Renée ; lesdits extraits délivrés le 9 mars 1715 par Jaunay, curé de Saint-Clémentin, légalisés par le sénéchal dudit lieu, et contrôlés le 30 décembre 1715 à Poitiers par Coupard.

Extrait de baptême de Joseph(-Claude) Moreau, ondoyé le 25 avril 1646, et baptisé le 9 juin 1655, par lequel il paraît qu'il est fils de Pierre Moreau, chev., s^{gr} du Puy-Cadoret et autres lieux, et de dame Marguerite Tressard, délivré le 23 juillet 1715 par Beau, curé des Moutiers, contrôlé à Poitiers le 30 décembre 1715 par Coupard.

Ordonnance : Maintenus comme nobles et écuyers, veuve de noble et demoiselles, le 13 janvier 1717, signé : de Latour.

Pierre MALLERAY, éc., sr de la Mansaire,   70
Jacques-Claude Malleray, éc., sr de la Jaurière, son frère.   *Fontenay*

Pièces justificatives : Ordonnance de M. de Maupeou en faveur de Jacques Malleray, éc., sr de la Jaurière, Suzanne Malleray, veuve d'Etienne de la Garde, et Bénigne Malleray, veuve de Jean Bernardeau, sr du Gast, par laquelle ils sont maintenus dans les privilèges et exemptions accordés aux nobles du royaume, en date du 25 septembre 1700. Dans le vu des pièces de ladite ordonnance est énoncé le contrat de mariage de Jacques Malleray, éc., avec dlle Marie-Anne Caillault.

Contrat de mariage de Pierre Malleray, éc., sr de la Mansaire, avec dlle Marguerite Daguzé, par lequel il paraît qu'il est issu de Jacques Malleray, éc., sr de la Jaurière, et de dame Marie-Anne Caillault, en date du 2 septembre 1713, signé Guignaudeau, nre.

Extrait de baptême de Jacques-Claude Malleray, du 4 septembre 1699, par lequel il paraît qu'il est fils de Jacques Malleray, éc., sgr de la Jaurière, et de dame Marie-Anne Caillault, délivré le 2 janvier 1716 par Grimaudet, curé de Thouarsay.

Ordonnance : **Maintenus comme nobles et écuyers, le 24 juin 1748, signé : de Latour.**

François MANCIER, éc., sr de la Vergne.   71

Pièces justificatives : Ordonnance de M. de Barentin en faveur de Gaspard Mancier, éc., sr de la Vergne, et Pierre Mancier, éc., sr de Puy-Robin (son fils), par laquelle ils sont maintenus dans la qualité de nobles et écuyers, en date du 9 septembre 1667.   *Poitiers*

Contrat de mariage de François Mancier, éc., sr de la Vergne, avec dlle Catherine Penin (veuve de maître Jean Umeau, conser du roi, docteur régent ès lois en l'Université de Poitiers), par lequel il paraît qu'il est fils de Pierre Mancier, éc., sr de Puy-Robin, dénommé dans l'ordonnance ci-dessus, et de Marguerite de Guillaumet, en date du 12 septembre 1688, signé Marrot et Béquier, n^res.

Pièces non visées : Contrat de mariage de Gaspard Mancier, éc., s^gr de la Vergne, fils de François Mancier, éc., s^gr de Puy-Robin, et de d^lle Judith Couraud, avec d^lle Claude Hillaire, fille de Pierre Hillaire, éc., s^r de Salvert, en date du 12 juillet 1617, signé Cuirblanc et Delavau, n^res à Usson.

Contrat de mariage de Pierre Mancier, éc., s^gr de Puy-Robin, fils de Gaspard Mancier et de d^lle Claude Hillaire, avec d^lle Marguerite de Guillaumet, fille et héritière de Philippe de Guillaumet, éc., s^gr de Ballantru et de Maugodart, en date du 26 février 1647, signé Jacques, n^re à Montmorillon.

Ordonnance : Maintenu comme noble et écuyer, le 7 mai 1715, signé : de Richebourg.

N

1. Marie de NESMOND, demoiselle, demeurant en la paroisse de Siecq.

Fontenay Pièce justificative : Arrêt de MM. les commissaires généraux du Conseil députés par le roi pour l'exécution de la Déclaration du 4 septembre 1696 en faveur de ladite Marie de Nesmond, par lequel, sans avoir égard à l'ordonnance de M. de Maupeou d'Ableiges, elle est renvoyée de l'assignation à elle donnée à la requête de Guérin et maintenue dans les privilèges de la noblesse, en date du 27 janvier 1701, signé Hersent.

Dires de la produisante : Elle est fille de Pierre de Nesmond, éc., s^r de Sansac, et de dame Arthémise de Caumont. En 1668, son père fut assigné, conjointement avec André de Nesmond, Philippe de Nesmond, Jean de Nesmond et François de Nesmond, tous écuyers, pour justifier de leur noblesse par-devant M. d'Aguesseau, cons^er du roi, commissaire départi pour la vérification des titres de noblesse en la Généralité de Limoges. Celui-ci, après avoir vu et examiné les titres des s^rs de Nesmond, ordonna que l'inventaire d'iceux serait envoyé au Conseil de S. M. et maintint les s^rs de Nesmond dans leur noblesse par son ordonnance du 16 mars 1668.

La suppliante ayant de son côté été assignée à même fin pardevant M. de Maupeou d'Ableiges, intendant de Poitou, celui-ci rendit contre elle, le 13 mai 1705, une ordonnance par défaut, par laquelle il la condamnait en deux mille livres d'amende, lui faisait défense de prendre à l'avenir la qualité de demoiselle et ordonnait qu'elle serait imposée à la taille suivant ses biens et facultés ; ce qui l'obligea à se pourvoir devant MM. les commissaires généraux du Conseil dont l'arrêt est énoncé ci-dessus.

Ordonnance : **Déchargée de l'assignation à elle donnée à la requête du s^r Ferrand, le 28 février 1715, signé : de Richebourg.**

Marie de Ferrière, veuve de François de NOSSAY, éc., s^gr des Buons,
   Joseph-Louis de NOSSAY, éc., son fils,
      demeurant paroisse de Périgné.

2

Saint-Maixent

Pièces justificatives : Ordonnance de M. de Barentin en faveur de dame Louise de Brémond, veuve de Pierre de Nossay, éc., s^gr de la Forge, au nom et comme mère tutrice naturelle de ses enfants, par laquelle François de Nossay, éc., s^gr de la Forge, son fils aîné, est maintenu dans la qualité de noble et écuyer, et ladite de Brémond est maintenue dans les privilèges des veuves de nobles, en date du 12 août 1667. Dans le vu des pièces de ladite ordonnance sont énoncés : le contrat de mariage de René de Nossay, chev., s^gr de la Forge, avec d^lle Jeanne-Marie Hélye, rapporté daté du 20 septembre 1602 ; le contrat de partage des successions de Charles de Nossay et de dame Anne de Saint-More entre René et François de Nossay, leurs enfants, par lequel l'aîné a eu les préciputs et avantages de la Coutume, rapporté daté du 10 avril 1603 ; une ordonnance rendue par M. Amelot en faveur de dame Marie Hélye, veuve de René de Nossay, qui la renvoie de l'assignation à elle donnée pour la représentation de ses titres de noblesse, rapportée datée en 1624, signé Amelot, Thoreau, et plus bas, Laby ; le contrat de mariage de Pierre de Nossay, chev., s^{gr} de la Forge, avec dame Louise de Brémond, par lequel il paraît qu'il est fils de René de Nossay, rapporté daté du 20 janvier 1628.

Contrat de mariage d'Henri-Louis de Nossay, éc., s^{gr} des Châtelliers, avec d^{lle} Marguerite d'Authon, par lequel il paraît qu'il est fils de René de Nossay, chev., s^{gr} de la Forge, et de Jeanne-Marie Hélye, en date du 3 novembre 1634, reçu par Jacques, n^{re} à Taillebourg, signé Guillonet et Albert, greffier commis.

Contrat de mariage de François de Nossay, chev., s^{gr} des Buons, avec d^{lle} Marie de Ferrière, par lequel il paraît qu'il est fils de Louis-Henri de Nossay ci-dessus et de Marguerite d'Authon, en date du 7 novembre 1677, signé Hermand, n^{re} à Ansigny.

Extrait de baptême de Joseph-Louis de Nossay, du 9 avril 1681, par lequel il paraît qu'il est fils de François de Nossay, éc., s^{gr} des Buons, et de dame Marie de Ferrière de Champigny, délivré le 11 février 1715 par Pichon, curé d'Ansigny, contrôlé à Poitiers le 29 mars suivant par Legrand.

Pièces non visées : Contrat de partage de la succession de René de Nossay, s^{gr} de la Forge, entre Pierre de Nossay, chev., s^{gr} de la Forge, Henri-Louis de Nossay, éc., s^{gr} des Châtelliers, et ses autres enfants, en date du 5 juillet 1655, signé Cailler et Berthonneau, n^{res} à Poitiers.

Acte passé entre François de Nossay, éc., s^{gr} des Buons, et les s^{rs} de Nossay, ses frères, en date du 27 octobre 1682, pardevant Fleurant et Gaigné, n^{res} royaux à Melle.

Ordonnance : Maintenus comme noble et écuyer, veuve de noble, le 31 mars 1715, signé : de Richebourg.

Jacques de NOSSAY, chev., s^{gr} de la Forge, Teillou, faisant tant pour lui que pour François de NOSSAY, éc., son fils aîné, demeurant audit Teillou.

3

Saint-Maixent

Pièces justificatives : Contrat de mariage de François de Nossay, chev., s^{gr} de la Forge, avec d^{lle} Bénigne de Saint-Gelais de Lusignan, par lequel il paraît qu'il est fils de Pierre de Nossay, vivant s^{gr} de la Forge, et de dame Louise de Brémond, en date du 27 novembre 1657, passé devant Brethon et Péraud, n^{res} royaux à Aulnay, signé François, n^{re} royal par vertu de commission.

Ordonnance de M. de Barentin en faveur de Louise de Brémond, veuve de Pierre de Nossay, éc., s^{gr} de la Forge, au nom et comme tutrice de ses enfants, et de François de Nossay, éc., s^r de la Forge, son fils aîné, par laquelle ils sont maintenus en la qualité de nobles et écuyers, en date du 12 août 1667.

Contrat du partage des biens de François de Nossay, chev., s^{gr} de la Forge, entre Jacques de Nossay, chev., s^{gr} de la Forge, Teillou, son fils, et René de Saint-Léger, chev., s^{gr} d'Orignac, à cause de Bénigne de Nossay, son épouse, par lequel il paraît que Jacques de Nossay a eu les préciputs et avantages de la Coutume, en date du 28 janvier 1692, passé devant Viollet et Boisseau, n^{res} de la baronnie de Gascougnolle, signé Aubineau.

Contrat de mariage de Jacques de Nossay, chev., s^{gr} de la Forge, Teillou, avec d^{lle} Anne de Chalus, par lequel il paraît qu'il est fils de François de Nossay, chev., s^{gr} de la Forge, et de dame Bénigne de Saint-Gelais de Lusignan, en date du 28 janvier 1694, signé Dupuy, n^{re} royal en Saintonge.

Contrat de mariage en secondes noces dudit Jacques de Nossay avec d^{lle} Marie Guillon, en date du 24 juin 1697, signé Verdon, n^{re} royal en Saintonge.

Extrait du baptême de François de Nossay, du 17 mars 1699, par lequel il paraît qu'il est fils de Jacques de Nossay, chev., s^{gr} de la Forge, Teillou, et de Marie Guillon, délivré le 18 mars 1715, signé Thieny, contrôlé à Poitiers le 29 dudit mois par Legrand.

Ordonnance : Maintenus comme nobles et écuyers, le 18 avril 1715, signé : de Richebourg.

4

Fontenay

André-Gabriel de NICOU, éc., s^r d'Essiré et de la Nicollière,

Esther de NICOU, demoiselle, sa cousine germaine.

Pièces justificatives : Contrat de mariage de noble homme André Nicou, s^r d'Essiré, avec Marie Girault, par lequel il paraît qu'il est fils de défunt noble homme André Nicou, s^r de la Melleraye, et de dame Marie Royrault, en date du 3 octobre 1630, signé Brunet et Maison, n^{res}.

Ordonnance de M. de Barentin en faveur d'André, Gabriel et Jean Nicou, éc^{rs}, s^{rs} d'Essiré, de l'Isleau et de la Nicollière, enfants d'André Nicou, s^r d'Essiré, anobli par lettres patentes du roi, du mois de janvier 1656, par laquelle ils sont maintenus dans la qualité de nobles et écuyers, en date du 10 décembre 1667.

Contrat de mariage de Jean de Nicou, éc., s^r de la Nicollière, avec d^{lle} Marie de Rabin, par lequel il paraît qu'il est fils d'André de Nicou, éc., s^r d'Essiré, et de dame Marie Girault, en date du 9 juillet 1681, signé Morin et Thonnard, n^{res}.

Extrait de baptême d'André-Gabriel de Nicou, du 10 avril 1682, par lequel il paraît qu'il est fils de Jean de Nicou, éc., s^r de la Nicollière, et de Marie de Rabin, délivré le 17 novembre 1701 par Maudet, greffier du présidial de la Rochelle, où le registre des baptêmes de ceux de la Religion prétendue réformée de la ville de Marans aurait été déposé en conséquence de l'arrêt du Conseil du mois d'août 1683.

Contrat de mariage d'André de Nicou, éc., s^r d'Essiré, avec d^{lle} Marie Gasteau, par lequel il paraît qu'il est fils d'André de Nicou et de dame Marie Girault, en date du 1er juin 1676, signé Villeneau et Landriau, n^{res}.

Acte d'émancipation d'Esther de Nicou, par lequel il paraît qu'elle est fille d'André de Nicou ci-dessus et de Marie Gasteau, en date du 7 novembre 1703, signé Constantin, greffier du siège royal de Fontenay.

Ordonnance : Maintenus comme noble et écuyer, demoiselle et fille de noble, le 17 août 1715, signé : de Richebourg.

Jacquette Thébault, veuve de Pierre de NOSSAY, éc., s^r de Teillou, demeurant paroisse de Montigné, tant en son nom que comme tutrice de Jacquette-Marie-Anne, Marie-Anne-Thérèse, et Marie-Marguerite de NOSSAY, ses filles.

5

Saint-Maixent

Pièces justificatives : Ordonnance de M. de Barentin en faveur de Louise de Brémond, veuve de Pierre de Nossay, éc., s^{gr} de la Forge, au nom et comme mère tutrice de ses enfants, et de François de Nossay, éc., s^r de la Forge, son fils aîné, par laquelle ils sont maintenus dans la qualité de nobles et écuyers, en date du 12 août 1667.

Contrat de mariage de Pierre de Nossay, chev., s^{gr} de Teillou, avec d^{lle} Jacquette Thébault, par lequel il paraît qu'il est fils de Pierre de Nossay, éc., s^r de la Forge, et de dame Louise de Brémond, en date du 29 juillet 1701, signé Prieur, n^{re}.

Trois extraits de baptême, le 1er de Jacquette-Marie-Anne de Nossay, du 18 mai 1703, le 2e de Marie-Anne-Thérèse de Nossay, du 15 mai 1704, le 3e de Marie-Marguerite de Nossay, du 30 septembre 1708, par lesquels il paraît qu'elles sont filles de Pierre de Nossay, s^{gr} de Teillou, et de dame Jacquette Thébault, délivrés le 17 août 1715 par Jousselin, curé de Montigné, légalisés par le s^r Gilbert, subdélégué à Melle.

Ordonnance : Maintenues comme veuve et filles de noble, le 30 août 1715, signé : de Richebourg.

P

1

Mauléon

Marin PARENT, éc., s^r de Boisame, faisant tant pour lui que pour Jean-Baptiste PARENT, éc., s^r de Beauregard, son frère.

Pièces justificatives : Contrat de mariage de Georges Parent, fils aîné d'autre Georges Parent, avec d^{lle} Jeanne Aymon, par lequel il paraît qu'ils prenaient le titre d'écuyer, en date du 26 août 1565, signé Jouhenaudeau, n^{re}.

Contrat du partage des biens dudit Georges Parent, de dame Jeanne Aymon (sa femme, et aussi d'Antoine Parent, leur fils aîné), entre Pierre Parent, s^r de la Bertrandière, et Jacob Parent, s^r de la Pelissonnière, leurs enfants, par lequel il paraît qu'ils ont pris la qualité d'écuyer et que Pierre Parent, comme aîné, a eu les avantages de la Coutume, passé sous la cour d'Aizenay le 4 juillet 1620, signé Georget et Goupilleau, n^{res}.

Contrat de mariage de Jacob Parent, s^r de la Pelissonnière, avec d^{lle} Charlotte Clotteau, par lequel il paraît qu'il est fils de Georges Parent ci-dessus et de dame Jeanne Aymon, et qu'il a pris le titre d'écuyer, passé sous la cour de Nantes le 20 janvier 1625, signé Plumaugat, n^{re}.

Contrat de mariage de Damien Parent avec d^{lle} Jeanne Cherbonnier, par lequel il paraît qu'il est fils aîné et principal héritier de Jacob Parent et de Charlotte Clotteau et qu'ils sont qualifiés écuyers, s^{rs} de la Pelissonnière, passé sous la cour de la baronnie de Montaigu le 13 mai 1652, signé Grasset et Rochay, n^{res}.

Contrat de mariage de Marin Parent avec Jeanne de Rangot, par lequel il paraît qu'il est fils de Damien Parent et de Jeanne Cherbonnier, et qu'il a pris la qualité de chevalier, s^{gr} de Boisame, passé sous la cour de la baronnie de Mortagne le 8 février 1684, signé Grolleau et Foucher, n^{res}.

Contrat de mariage de Marin Parent avec d^{lle} Marie de la Boucherie, par lequel il paraît qu'il est fils de feu Marin Parent ci-dessus et de Jeanne de Rangot, et qu'il a pris le titre d'écuyer, s^r de Boisame, passé sous le scel de la cour de la Gaubretière le 22 novembre 1705 par Seguin et Grimaud, n^{res}.

Ordonnance de M. de Barentin qui maintient Damien Parent dans sa noblesse, en date du 2 mai 1668. Ladite ordonnance contient acte de la représentation de beaucoup plus de titres et plus anciens que ceux énoncés ci-dessus ; mais le produisant a déclaré ne savoir ce qu'ils sont devenus et n'avoir quant à présent que ceux ci-dessus produits qu'il estime suffisants pour prouver la filiation et qu'il est issu de noble race.

Pièces non visées : Transaction portant partage des biens de Jacob Parent, éc., s^r de la Pelissonnière, fait entre René Guignardeau, éc., s^r de Puymay, comme curateur de d^{lles} Marie et Céleste Parent, filles du premier mariage dudit Parent avec dame Suzanne des Villattes, et d^{lle} Charlotte Clotteau, seconde femme et veuve dudit Parent, tant en son nom que comme tutrice et ayant la garde noble de Damien, Alexis, Suzanne, Marie, Angélique et Charlotte Parent, ses enfants, par lequel partage ledit Damien, comme fils aîné, a eu ses préciputs et avantages, en date du 22 novembre 1635, reçu sous la cour de Montaigu par Fleury et Badereau, n^{res}.

Contrat du partage des biens de Charlotte Clotteau, veuve de Jacob Parent, éc., s^r de la Pelissonnière, fait noblement entre Damien Parent, éc., s^r de la Pelissonnière, et d^{lle} Charlotte Parent, ses enfants, reçu sous la cour de la baronnie de Mortagne le 22 avril 1660, signé Guiton et Cougnon, n^{res}.

Extrait de baptême de Marin Parent, produisant, par lequel il paraît qu'il est fils de Marin Parent et de Jeanne de Rangot, en date du 3 décembre 1684, signé Mérand, curé de Mortagne, légalisé par le s^r Chauvière, procureur fiscal dudit Mortagne, le 3 janvier 1715.

Requête présentée à M. de Maupeou, au pied de laquelle est l'ordonnance de renvoi de Marin Parent, produisant, du 17 juillet 1700, signé Marguerite de la Grange.

Ordonnance : Maintenu comme noble et écuyer, le 11 janvier 1715, signé : de Richebourg.

2

Saint-Maixent

Gaspard PANDIN, éc., s^{gr} du Chail, Lussaudière et autres places,

Marie Lecocq, veuve de Pierre PANDIN, éc., s^r du Peux, et ses enfants,

Pierre PANDIN, éc., s^{gr} du Peux, Châteauneuf et autres lieux, François PANDIN, éc., s^r de Rouillé, et Marie-Jeanne PANDIN, demoiselle,

Anne-Aimée Tagot, veuve de Josué PANDIN, éc., s^r de Lussaudière.

Pièces justificatives : Ordonnance de M. de Maupeou en faveur de Gaspard Pandin, éc., s^r du Chail, et Josué Pandin, éc., s^r de Lussaudière (tous les deux frères), par laquelle il paraît qu'ils ont été déchargés des assignations à eux données à la requête de Guérin, au lieu et place duquel est substitué le s^r Ferrand, et maintenus dans les privilèges de la noblesse, en date du 30 juillet 1698.

Contrat de mariage de Pierre Pandin, éc., s^r du Peux, avec d^{lle} Marie Lecocq, par lequel il paraît qu'il est fils de feu Josué Pandin, éc., s^r de Lussaudière, et de d^{lle} Gabrielle d'Auzy, en date du 29 mars 1677, signé Texier, n^{re}.

Extrait de baptême de Pierre Pandin, du 23 janvier 1679, par lequel il paraît qu'il est fils de Pierre Pandin ci-dessus et de Marie Lecocq, délivré par le greffier de la Mothe-Saint-Héraye le 6 février 1715, signé Violette, légalisé par le sénéchal de la Mothe, et contrôlé à Poitiers le 15 dudit mois par Coupard.

Extrait de baptême de François Pandin, du 8 janvier 1688, par lequel il paraît qu'il est fils du même Pierre Pandin et de ladite Marie Lecocq, délivré par Chartier, curé de Vitré, le 13 janvier 1715, légalisé par le s^r Collin, lieutenant particulier de Melle, et contrôlé à Poitiers le 15 février 1715 par Coupard.

Extrait de baptême de Marie-Jeanne Pandin, du 16 décembre 1696, par lequel il paraît qu'elle est fille dudit Pierre Pandin et de ladite Marie Lecocq, délivré par le s^r Chartier, curé de Vitré, le 13 janvier 1715, légalisé par le sʳ lieutenant particulier de Melle, et contrôlé à Poitiers le 15 février 1715 par Coupard.

Dires des produisants : Leur noblesse est prouvée avoir commencé dès le 28 mars 1526, ainsi qu'il paraît par un arrêt du Conseil du 27 juillet 1667 rendu au profit de Jean Pandin, éc., sʳ de Beauregard, et Pascal Pandin, éc., sʳ des Paillandières, auteurs des suppliants, et par une ordonnance rendue par M. Rouillé, pour lors intendant de cette province, le 18 mars 1670, au profit de Gaspard et Josué Pandin, cadets desdits Jean et Pascal Pandin, qui déclare ledit arrêt commun avec eux, et par la sentence rendue au profit dudit Gaspard Pandin, suppliant, par M. de Maupeou le 30 juin 1698, où toutes les pièces ci-dessus sont énoncées.

Anne-Aimée Tagot est veuve de Josué Pandin, maintenu par ladite sentence de M. de Maupeou [1].

Ordonnance : Maintenus comme nobles et écuyers, veuves de gentilshommes et demoiselles, le 16 février 1715, signé : de Richebourg.

Adrien PICOT, éc., sʳ de Lameintaye, capitaine de dragons au régiment de Bonnelle.

Pièce justificative : Ordonnance de M. de Maupeou en faveur d'Adrien Picot, éc., sʳ de Lameintaye, par laquelle il est déchargé de l'assignation à lui donnée à la requête de Guérin, au lieu et place duquel est substitué le sʳ Ferrand, et maintenu dans les privilèges de noblesse, en date du 10 février 1699.

Ordonnance : Maintenu comme noble et écuyer, le 21 février 1715, signé : de Richebourg.

---

1. Ce Josué Pandin était fils du second lit d'autre Josué Pandin, sʳ de Lussaudière et de la Potardière, qui, étant veuf de Gabrielle d'Auzy, se remaria avec Anne des Francs.
La filiation qui semble établie par ces *dires* énoncés dans la requête des produisants n'est pas tout à fait d'accord avec les généalogies de la famille Pandin publiées par Lainé et par le *Dictionnaire des familles de l'ancien Poitou*, de Beauchet-Filleau.

4

Niort

Jean PASTUREAU, éc., sʳ de Germond.

Pièce justificative : Arrêt du Conseil d'État du roi en faveur de Jean Pastureau, éc., sʳ de Germond, suppliant, par lequel, après avoir justifié au Conseil et par-devant M. de la Bourdonnaye, intendant de Poitou, qu'il était descendu d'officiers de la maison de ville de Niort avant l'année 1600, il est déchargé d'une taxe sur lui faite et maintenu dans les privilèges de la noblesse, en date du 26 juin 1696.

Ordonnance : Maintenu comme noble et écuyer, le 25 février 1715, signé : de Richebourg.

5

St-Maixent

Marguerite Garnier, veuve de René de PONS, éc., sʳ de la Coudre,

Pierre de PONS, éc., son fils,

Jean de PONS, éc., sʳ de la Caillaudière,

Claude de PONS, éc., sʳ du Coutumier.

Pièces justificatives : Contrat de mariage d'Antoine de Pons, éc., sʳ de la Caillaudière, avec dˡˡᵉ Marguerite Maubué, par lequel il paraît qu'il est fils de Pierre de Pons, éc., et de dame Marie de Pons, en date du 29 novembre 1649, signé Branger, nʳᵉ.

Ordonnance de M. de Barentin en faveur de René de Pons, éc., sʳ de la Vacherie, dame Catherine Gareau, veuve de Moïse de Pons, et dame Marguerite Maubué, veuve d'Antoine de Pons, sʳ de la Caillaudière, par laquelle ils sont maintenus dans les privilèges de la noblesse, en date du 7 septembre 1667.

Contrat de mariage de René de Pons, éc., sʳ de la Coudre, avec dˡˡᵉ Marguerite Garnier, par lequel il paraît qu'il est fils d'Antoine de Pons et de Marguerite Maubué, dénommés dans l'ordonnance ci-dessus, en date du 26 juillet 1679, signé Fruchard.

Contrat de mariage de Pierre de Pons, éc., avec dˡˡᵉ Elisabeth-Marie Simon, par lequel il paraît qu'il est fils de René de Pons ci-dessus et de Marguerite Garnier, en date du 11 février 1711, signé Granet, nʳᵉ.

Contrat de mariage de Claude de Pons, éc., s{{r}} du Coutumier, avec d{{lle}} Marguerite de Vieillechèze, par lequel il paraît qu'il est fils d'Antoine de Pons, éc., s{{r}} de la Caillaudière, et de Marguerite Maubué, en date du 21 avril 1694, signé Lelièvre et Lévesque.

Contrat de mariage de Jean de Pons, éc., s{{r}} de la Caillaudière, avec d{{lle}} Jeanne-Marguerite Chollet, par lequel il paraît qu'il est fils d'Antoine de Pons et de Marguerite Maubué, en date du 23 septembre 1692, signé Nicole.

Ordonnance : Maintenus comme nobles, écuyers, veuve de noble, le 1{{er}} mars 1715, signé : de Richebourg.

Charles PINIOT, éc., s{{r}} de la Largère,
Charlotte PINIOT, demoiselle, sa sœur. 6

Fontenay

Pièces justificatives : Ordonnance de M. de Barentin en faveur de Samuel Piniot, éc., s{{r}} de la Largère, Jacques Piniot, éc., s{{r}} de Puychenin, Jacob Piniot, éc., s{{r}} du Vivier, Françoise Mauclerc, veuve de Pierre Piniot, éc., s{{r}} de la Girardière, et Moïse Piniot, éc., s{{r}} de l'Hommetail, par laquelle ils sont tous maintenus dans la qualité de nobles et écuyers, en date du 5 septembre 1667.

Contrat de mariage de Samuel Piniot, éc., s{{r}} de la Largère, avec d{{lle}} Marie-Henriette Chasteigner, par lequel il paraît qu'il est fils d'Etienne Piniot, éc., s{{r}} de la Girardière, et de dame Renée Guillemin, en date du 23 juillet 1675, signé Drouineau, n{{re}} royal à la Rochelle.

Jugement du lieutenant général du siège royal de Fontenay de dation de curatelle aux personnes et biens de Charles, Alexandre, Jeanne et Charlotte Piniot, par lequel il paraît qu'ils sont enfants de Samuel Piniot, éc., s{{r}} de la Largère, et de dame Marie-Henriette Chasteigner, en date du 2 mars 1690, signé Bastard.

Dire des produisants : Comme leurs père et mère étaient de la Religion prétendue réformée et qu'ils ont été eux-mêmes baptisés dans la même religion, il ne leur a pas été possible de rapporter leurs actes de baptême, malgré les recherches qu'ils ont faites. Pour y suppléer, ils rapportent le jugement de dation de tutelle ci-dessus énoncé rendu en leur faveur après que Samuel Piniot, leur père, fut sorti du royaume à cause de la religion.

Ordonnance : Maintenus comme noble et écuyer, et demoiselle, le 8 mars 1715, signé : de Richebourg.

7

Poitiers et Châtellerault

Joseph PIDOUX, éc., s^{gr} de Malaguet,
René PIDOUX, éc., s^r du Verger,
Pierre PIDOUX, éc., s^r du Petit-Cenon, frère du précédent.

Pièces justificatives : Contrat de mariage de René Pidoux, éc., avec d^{lle} Marie Pastureau, par lequel il paraît qu'il est fils de Pierre Pidoux, éc., s^r de Malaguet, l'un des pairs et échevins de la ville de Poitiers, et de d^{lle} Marguerite Duval, en date du 10 septembre 1605, signé Charrier et Chaigneau, n^{res}.

Contrat du partage fait par Pierre Pidoux et Marguerite Duval, son épouse, de leurs biens entre Jean Pidoux, éc., pair et échevin de la ville de Poitiers et sous-chantre de l'église de Saint-Hilaire, et René Pidoux, éc., cons^{er} du roi, assesseur et lieutenant particulier au siège royal de Châtellerault, par lequel il paraît que Pierre Pidoux est qualifié chevalier de l'ordre du Roi, pair et échevin de Poitiers, et que Jean Pidoux, en qualité d'aîné, a eu les avantages et préciputs de la Coutume, en date du 12 juin 1629, signé Chauvet et Douadic, n^{res} royaux à Poitiers.

Contrat de mariage en secondes noces de René Pidoux, éc., s^r du Verger, assesseur civil au siège royal de Châtellerault, avec d^{lle} Marie Philippon, en date du 5 juillet 1646, signé Gounelle et Desforges, n^{res} royaux à Châtellerault.

Contrat du partage des biens de René Pidoux, éc., s^r du Verger, ci-dessus, entre René Pidoux, éc., s^r du Verger, Pierre Pidoux, éc., Ardouin Béraudin, lieutenant particulier et assesseur civil au siège royal de Châtellerault, à cause de d^{lle} Marie Pidoux, sa femme, et d^{lle} Jeanne Pidoux, tous enfants dudit René Pidoux, par lequel il paraît que René Pidoux, en qualité d'aîné, a eu les avantages de la Coutume, en date du 20 février 1688, signé Bodin et Ouvrard, n^{res} royaux à Châtellerault.

Contrat de mariage de Pierre Pidoux, éc., s^r du Petit-Cenon, avec d^{lle} Madeleine Tondreau, par lequel il paraît qu'il est fils de René Pidoux, éc., s^r du Verger, et de d^{lle} Marie Philippon, en date du 11 juillet 1691, signé Péronnet, n^{ro}.

Ordonnance de M. de Maupeou en faveur de Joseph Pidoux, éc., s^r de Malaguet, par laquelle il est renvoyé de l'assignation à lui donnée à la requête de Guérin, au lieu duquel est substitué le s^r Ferrand, en date du 15 mars 1701. Dans le vu des pièces de ladite ordonnance sont énoncés : 1° un acte d'assemblée en plein Mois et Cent par les maire et échevins de la ville de Poitiers, du 6 octobre 1575, par lequel il paraît que Pierre Pidoux, maire et capitaine de ladite ville, a été reçu l'un des vingt-cinq échevins, au lieu et place de François Fumée, rapporté signé Martin, secrétaire ; 2° un certificat desdits maire et échevins de la ville de Poitiers, tiré du registre de la Maison commune, par lequel il paraît que ledit Pierre Pidoux a été élu maire en 1575, et que le 1er octobre de la même année, il fut fait échevin par le décès de François Fumée, rapporté délivré le 19 mars 1692 ; 3° le contrat de mariage de Jean Pidoux, cons^{er} au Parlement de Bretagne, qualifié écuyer, avec d^{lle} Françoise Bouhier, rapporté daté du 31 décembre 1601, et passé par Artault et Lordre, notaires aux Sables, par lequel il paraît qu'il est fils de Pierre Pidoux, 1er du nom, et de Marguerite Duval ; 4° le contrat de mariage de Pierre Pidoux, éc., avec d^{lle} Madeleine Maisonnier, par lequel il paraît qu'il est fils de Jean Pidoux ci-dessus et de Françoise Bouhier, rapporté daté du 22 décembre 1633, et passé devant Johanne et Aubineau, notaires royaux à Poitiers.

Contrat de mariage de Joseph Pidoux, éc., s^r de Malaguet, avec d^{lle} Catherine Irland, par lequel il paraît qu'il est fils de Pierre Pidoux, éc., s^r de Malaguet, et de dame Madeleine Maisonnier, en date du 19 mai 1668, signé Gaultier et Bourbeau, n^{res} royaux à Poitiers.

Contrat de mariage de Joseph Pidoux, éc., avec d^{lle} Gilberte de la Court, par lequel il paraît qu'il est fils de Joseph Pidoux ci-dessus et de dame Catherine Irland, en date du 30 février 1700, signé Chantefin et Debelhoir, n^{res} à Cerizay.

Des pièces ci-dessus énoncées il résulte que de Pierre Pidoux, 1er du nom, et de Marguerite Duval sont issus Jean et René ; de Jean, époux de Françoise Bouhier, est issu Pierre, époux de Madeleine Maisonnier, dont est issu Joseph, époux de Catherine Irland, dont est issu Joseph, époux de Gilberte de la Court, produisant. De René, époux de Marie Philippon, sont issus autre René, produisant, et Pierre, époux de Madeleine Tondreau, aussi produisant.

Ordonnance : Maintenus comme nobles et écuyers, le 10 mars 1715, signé : de Richebourg.

8

Fontenay

Marie-Anne PAGER, demoiselle.

Pièces justificatives : Copie collationnée d'une ordonnance de M. de Barentin en faveur de Jacques Pager, éc., s^r de Maisonville, par laquelle il est maintenu dans la qualité de noble et écuyer, en date du 31 décembre 1667, ladite collation faite le 7 décembre 1680 par Ballard et Train, n^{res} royaux à Fontenay.

Extrait du contrat de partage des biens de Catherine Fourneau entre Jacques Pager, Marie-Anne Pager et Geneviève Pager, par lequel il paraît que Jacques Pager, dénommé dans l'ordonnance de M. de Barentin, était époux de ladite Catherine Fourneau, et père de Jacques, Marie-Anne et Geneviève Pager, en date du 16 février 1696, signé Train et Ballard, n^{res} royaux.

Dire de la produisante : Tous les titres de sa famille sont entre les mains de Jacques Pager, son frère aîné, qui est dans la province d'Auvergne.

Ordonnance : Maintenu comme noble et demoiselle, le 15 mars 1715, signé : de Richebourg.

Adam de PELARD, éc., sgr de la Touche-Montigny,
Jean de PELARD, éc., sr de Genouillé,
Marie de PELARD, demoiselle,
Stéphanie Maire, veuve d'Olivier de PELARD.

9

Niort et Fontenay

Pièce justificative : Ordonnance de M. de Maupeou en faveur de Jean de Pelard, éc., sr de Genouillé, Marie de Pelard, demoiselle, et Adam de Pelard, éc., sr de la Touche-Montigny, par laquelle ils sont maintenus dans les privilèges de la noblesse, en date du 9 juillet 1699. Il appert de cette ordonnance que ledit Adam de Pelard est fils d'Olivier de Pelard et de Stéphanie Maire.

Ordonnance : Déchargés de l'assignation à eux donnée à la requête du sr Ferrand, le 19 mars 1715, signé : de Richebourg.

Christophe-François PRÉVOST, éc., sgr de la Boutetière, faisant tant pour lui que pour François-Antoine, Louis-Christophe, Alexis-Denis et Pierre PRÉVOST, ses enfants.

10

Fontenay

Pièces justificatives : Ordonnance de M. de Barentin en faveur de François Prévost, éc., sr de la Boutetière, François Prévost, éc., sr du Pouet, et Antoine Prévost, éc., sr de la Javellière, par laquelle ils sont maintenus dans la qualité de nobles et écuyers, en date du 5 septembre 1667.

Contrat de mariage de François Prévost, chev., sgr du Pouet, avec dlle Elisabeth Morin de Loudon, par lequel il paraît qu'il est fils de François Prévost, chev., sgr de la Boutetière, dénommé dans l'ordonnance ci-dessus, et de dame Bénigne de Jaucourt, en date du 9 février 1669, signé Hérisson, nro.

Contrat de mariage de Christophe-François Prévost, chev., sgr de la Boutetière, avec dlle Marie-Bénigne Bertrand, par lequel il paraît qu'il est fils de François Prévost ci-dessus et de dame Elisabeth Morin de Loudon, en date du 15 septembre 700, signé des parties et de Bouteville et Riffault, nres.

— 172 —

Ordonnance : Maintenus comme nobles et écuyers, le 27 mars 1715, signé : de Richebourg.

11

Mauléon

Alexandre PRÉVOST, chev., s^{gr} de Gagemont, chevalier de l'ordre militaire de Saint-Louis, capitaine de dragons au régiment de Guébriant,

Charlotte PRÉVOST, demoiselle, sa sœur.

Pièces justificatives : Ordonnance de M. de Barentin en faveur de Daniel Prévost, éc., s^r de Lestorière, Daniel Prévost, éc., s^r de la Fraignée, et Louis Prévost, éc., s^r de Gagemont, par laquelle ils sont maintenus en la qualité de nobles et écuyers, en date du 10 décembre 1667.

Contrat du partage des biens de Louis Prévost, éc., s^r de Gagemont, et de Marie Lhuilier, sa femme, entre Alexandre Prévost, Charlotte Prévost et Louise Prévost, épouse du s^r de Marclène, leurs enfants, par lequel il paraît qu'Alexandre Prévost, éc., s^r de Gagemont, en qualité d'aîné, a eu les préciputs et avantages de la Coutume, en date du 21 avril 1708, signé Cotheron et Martin, n^{res}.

Ordonnance : Maintenus comme noble et écuyer, et fille de noble, le 1er avril 1715, signé : de Richebourg.

12

Saint-Maixent

Catherine Garnier, veuve de Charles PIDOUX, éc., s^r du Chaillou.

Pièces justificatives : Ordonnance de M. de Barentin en faveur de d^{lle} Louise-Anne de Liniers, veuve de Claude Pidoux, éc., s^r de Nesde et du Chaillou, mère tutrice de Charles, Pierre, Marie-Marguerite et Marie-Anne Pidoux, par laquelle ladite veuve est maintenue dans les privilèges des veuves de nobles et les enfants dans la qualité de nobles et écuyers, en date du 10 décembre 1667.

Contrat de mariage de Charles Pidoux, éc., s^r du Chaillou, avec d^{lle} Catherine Garnier, par lequel il paraît qu'il est fils de Claude Pidoux, éc., s^r de Nesde et du Chaillou, et de dame

Louise-Anne de Liniers, en date du 24 juin 1681, signé Dupont, n^{re} à Lusignan.

Ordonnance Maintenue comme veuve de noble, le 1er avril 1715, signé : de Richebourg.

Louis PASTUREAU, éc., s^r du Lacquet.

13

Pièces justificatives : Contrat du partage des biens de Fiacre Aubusson et de dame Jacquette Richebourg entre Jacques Pastureau, échevin de la ville de Niort, au nom et comme père et loyal administrateur de Guillaume Pastureau, issu de son mariage avec défunte dame Françoise Aubusson, et Claude Jolly, à cause de Marie Aubusson, sa femme, et autres, en date du 16 juin 1595, signé Girard, n^{re}.

Saint-Maixent

Acte de réception de la personne de Guillaume Pastureau, s^r des Rochers, en la place d'échevin de la ville de Niort, que tenait Jacques Pastureau, son père, par-devant les maire et échevins de Niort, en date du 26 mars 1611, signé Pelletier, secrétaire du Corps de ville.

Acte d'une déclaration faite au greffe de l'Élection de Niort par ledit Guillaume Pastureau, éc., s^r des Rochers, contenant qu'il entend vivre noblement, en date du 26 mars 1611, signé Fournier, commis-greffier.

Contrat de mariage de Guillaume Pastureau, avocat, avec d^{lle} Catherine Giraudeau, par lequel il paraît qu'il est titré noble homme et qu'il est fils de Jacques Pastureau, s^r de la Rochequartaud, échevin de la ville de Niort, et de d^{lle} Françoise Aubusson, en date du 17 juillet 1604, signé Bertheau, n^{re}.

Contrat de mariage de François Pastureau, éc., s^r des Rochers, avec d^{lle} Louise Pelletier, par lequel il paraît qu'il est fils de Guillaume Pastureau ci-dessus et de Catherine Giraudeau, en date du 20 juillet 1649, signé Pezot et Desmoulins, n^{res}.

Contrat de mariage de Louis Pastureau, éc., s^r du Lacquet, avec d^{lle} Anne Poupeau, par lequel il paraît qu'il est fils de François Pastureau, éc., et de Louise Pelletier, en date du 24 novembre 1698, signé Martin, n^{re}.

Ordonnance : Maintenu comme noble et écuyer, le 14 avril 1715, signé : de Richebourg.

14

Poitiers

François PIGNONNEAU, éc., s^r de Beaumarchais,
Jean PIGNONNEAU, éc., s^r des Brières,
Louis PIGNONNEAU, éc., s^r de Moindin et de la Billardière.

Pièces justificatives : Contrat de mariage de Jean Pignonneau, éc., avec d^{lle} Jeanne de la Bussière, par lequel il paraît qu'il est fils de Léon Pignonneau, éc., s^r de Boisgigon, et de d^{lle} Ambroise Barreau, en date du 9 décembre 1582, signé Barthélemy et Charaudeau, n^{res}.

Ordonnance de M. Legay, maître des requêtes, Sainte-Marthe, trésorier de France, et Deshaire, cons^{er} en la Cour des aides, commissaires généraux députés par le roi pour le régalement des tailles et réformation des abus au fait des finances, en faveur de Jean et Louis Pignonneau, éc^{rs}, par laquelle ils sont renvoyés de l'assignation à eux donnée à la requête du procureur général de la commission pour la représentation de leurs titres de noblesse, en date du 6 novembre 1598, signée Legay, de Sainte-Marthe, Deshaire, et plus bas, Par ordonnance de mesdits sieurs, Descelles.

Contrat de mariage de Léon Pignonneau, éc., s^r du Puy, avec d^{lle} Jeanne Pidoux, par lequel il paraît qu'il est fils de Jean Pignonneau, éc., s^r de Boisgigon, et de d^{lle} Jeanne de la Bussière, en date du 2 août 1610, signé Delafuye et Vantadon, n^{res} royaux à Poitiers.

Contrat du partage des biens de Jean Pignonneau, éc., s^r de Boisgigon, et de Jeanne de la Bussière, entre Léon Pignonneau, éc., s^r du Puy, et Jean Pignonneau, éc., s^r des Minetières, leurs enfants, par lequel il paraît que Léon, comme aîné, a eu les avantages de la Coutume, en date du 2 novembre 1620, signé Bonnet et Ledonné, n^{res}.

Contrat du partage des biens de Léon Pignonneau, éc., s^r de Boisgigon et du Puy, et dame Jeanne Pidoux, entre Jean Pignonneau, éc., s^r de Boisgigon, Jean de Montbel, éc., s^r de

Latache, à cause de d^lle Catherine Pignonneau, sa femme, François Pignonneau, éc., s^r de Beaumarchais, René Pignonneau, éc., s^r des Brières, et Léon Pignonneau, éc., s^r de Mirancelles, leurs enfants, par lequel il paraît que Jean Pignonneau, en qualité d'aîné, a eu les préciputs et avantages de la Coutume, en date du 20 novembre 1661, signé Giboureau et Charles, n^res royaux à Chauvigny.

Contrat de mariage de François Pignonneau, éc., s^r de Beaumarchais, avec d^lle Marie Porcheron de Saint-James, par lequel il paraît qu'il est fils de Léon Pignonneau, éc., s^r de Boisgigon, et de d^lle Jeanne Pidoux, en date du 15 octobre 1668, signé Germoneau, n^re.

Contrat de mariage de René Pignonneau, éc., s^r des Brières, avec d^lle Elisabeth de Monléon, par lequel il paraît qu'il est fils de Léon Pignonneau, éc., s^r de Boisgigon, et de Jeanne Pidoux, en date du 12 janvier 1665, signé Pasquier, n^re royal à Chinon.

Extrait de baptême de Jean Pignonneau, par lequel il paraît qu'il est fils de René Pignonneau, éc., s^r des Brières, et de dame Elisabeth de Monléon, en date du 15 juin 1670, délivré le 1er avril 1715 par Texereau, curé de Saint-Pierre de Chauvigny, et contrôlé à Poitiers le 25 dudit mois par Legrand.

Contrat de mariage de François Pignonneau, éc., s^r de Beaumarchais, avec dame Marie-Jeanne Chauvin, par lequel il paraît qu'il est fils de François Pignonneau, éc., et de d^lle Marie Porcheron de Saint-James, en date du 12 janvier 1707, signé Cherbonnier, n^re à Chauvigny.

Contrat de mariage de Louis Pignonneau, éc., s^r des Brières, avec Renée Texereau, par lequel il paraît qu'il est fils de René Pignonneau, éc., s^r des Brières, et d'Elisabeth de Monléon, en date du 2 décembre 1704, signé Cherbonnier, n^re à Chauvigny.

Pièces non visées : Contrat de partage entre Jean Pignonneau, éc., s^r de Mandin, Louis Pignonneau, éc., s^r des Brières, et d^lle Elisabeth Pignonneau, de la succession mobilière de René Pignonneau et de d^lle Elisabeth de Monléon, leurs père et mère, en date du 17 janvier 1705, reçu par Cherbonnier et Germonneau, n^res à Chauvigny.

Acte d'épousailles de Jean Pignonneau ci-dessus avec d^lle Marie-Anne de la Porte, en date du 12 août 1710, délivré le 1er avril 1715 par Forgé, curé de Saint-Léger de Chauvigny.

Ordonnance : Maintenus comme nobles et écuyers, le 28 avril 1715, signé : de Richebourg.

---

15 Isaac-Jacques PAIN, éc., s^r des Forges,
Urbain-Guillaume PAIN, éc., s^r de la Reintrie, capitaine au régiment de Condé-Cavalerie.

Pièces justificatives : Contrat de mariage de Daniel Pain avec Jeanne Dieulefit, par lequel il paraît qu'il est fils d'Hélie Pain, éc., s^r de Mauroux, et de Françoise Verron, en date du 5 avril 1595, signé des parties et de Guyoneau, n^re.

Contrat de mariage d'Isaac Pain avec Elisabeth Foureau, par lequel il paraît qu'il est fils de Daniel Pain, marchand, demeurant à Poitiers, et de Jeanne Dieulefit, en date du 17 septembre 1623, signé Massoneau et Martin, n^res.

Contrat de mariage de Jean Pain, avocat en parlement, avec Jacqueline Grimaudet, par lequel il paraît qu'il est fils d'Isaac Pain, marchand et bourgeois de la ville de Poitiers, et d'Elisabeth Foureau, en date du 17 avril 1653, signé Carré et Billette, n^res.

Contrat de mariage de René Pain, éc., s^r de la Reintrie, capitaine au régiment royal des *Vaisseaux*, avec d^lle Catherine Chapotin, par lequel il paraît qu'il est fils d'Isaac Pain ci-dessus et d'Elisabeth Foureau, en date du 20 septembre 1680, signé Dupuy et Garnier, n^res.

Lettres patentes de réhabilitation en faveur de Jean Pain, par lesquelles Sa Majesté le relève de la dérogeance commise par lesdits Daniel et Isaac Pain ci-dessus, son père et son aïeul, en date du 11 mai 1661, signées Louis, Par le roi, Phelypeaux, registrées en la Cour des Aides le 30 juin

1671, dont l'acte est inséré au pied desdites lettres, signé Dumolin.

Arrêt de la Cour des aides en faveur dudit Jean Pain, portant que lesdites lettres seront entérinées, du 30 juin 1671, signé Boucher.

Copie d'autres lettres de réhabilitation accordées par le roi en faveur de René Pain, lieutenant d'une compagnie d'infanterie au régiment de Chevry, par lesquelles Sa Majesté le relève de même de la dérogeance commise par Daniel et Isaac Pain, son père et son aïeul, rapportées datées du 7 septembre 1671, signées Louis, Par le roi, Colbert, enregistrées en la Cour des aides le 18 juin 1677, signé par extrait de la Cour des Aides, Dupuy.

Arrêt de la Cour des aides en faveur dudit René Pain, portant que lesdites lettres seront entérinées, du 18 juin 1677, signé Dupuy.

Ordonnance de M. de Miromesnil, intendant de Poitou, en faveur de Jean Pain, éc., s^r de la Fenestre, par laquelle il est déchargé d'une taxe sur lui faite à cause des francs-fiefs pour raison de sa maison de la Fenestre, en date du 14 août 1673.

Arrêt du Conseil privé du roi en faveur de René Pain, éc., s^r de la Reintrie, par lequel il est déchargé d'une assignation à lui donnée à la requête du procureur général de la Chambre des Comptes, faute d'avoir représenté en ladite Chambre ses lettres de réhabilitation, en date du 19 mai 1684, signé Brunet.

Contrat de mariage d'Isaac-Jacques Pain, éc., s^r des Forges, avec d^{lle} Suzanne-Marie Béranger, par lequel il paraît qu'il est fils de Jean Pain, éc., s^r de la Fenestre, et de Jacqueline Grimaudet, en date du 14 mars 1694, signé Rullier, n^{re}.

Contrat de mariage d'Urbain-Guillaume Pain, éc., s^r de la Reintrie, avec Marie Poignand, par lequel il paraît qu'il est fils de René Pain, éc., s^r de la Reintrie, et de Catherine Chapotin, en date du 2 janvier 1712, signé Duchasteigner et Marrot, n^{res}.

Quittance de finance de la somme de deux cents livres payée par ledit Isaac-Jacques Pain pour la confirmation des lettres de réhabilitation ci-dessus, en date du 18 mai 1699, signé Milieu, enregistrée au contrôle général des finances le 29 mai 1699, signé Phelypeaux.

Quittance de finance de la somme de quatre cents livres payée par la veuve et le fils de René Pain, s^r de la Reintrie, pour jouir de la confirmation de ses lettres de réhabilitation, en date du 25 mars 1698, signée Milieu, enregistrée au contrôle général des finances le 12 avril 1698, signé Phelypeaux.

Observations du procureur du traitant : Isaac-Jacques Pain, s^r des Forges, fils de Jean réhabilité, et Urbain-Guillaume Pain, s^r de la Reintrie, fils de René, aussi réhabilité, produisent, pour justifier que leur réhabilitation est juste et bien fondée,

Un contrat de mariage de Jean Payen, qualifié de noble homme et fils d'Hélie Payen, éc., s^{gr} de la Fouleresse, avec Joachine de Fautré, en date du 17 mars 1546, signé Duracinay, n^{re},

Un contrat de vente par lequel il appert que Jean Payen, ci-dessus qualifié écuyer, s^r de la Philipponière, a acheté quelques coupes de bois taillis de Jeanne de Fautré, veuve d'Hélie Payen, éc., s^r de la Fouleresse, signé Bouyn,

Un acte de transaction passé entre Hélie Payen, qualifié de noble, et René Jourdain, ladite transaction faite à cause de quelques domaines que ledit Hélie voulait retirer, lesquels avaient été vendus par Jean Payen, son père, ledit acte du...... 1570, signé Seguin et Arnaudet, n^{res},

Et les autres actes mentionnés ci-dessus.

Les pièces ci-dessus prouvent que les sieurs produisants sont issus d'Hélie Pain, qualifié écuyer en 1595, et qu'Hélie Payen était fils de Jean Payen, mais elles ne justifient pas qu'Hélie Payen et Hélie Pain soient le même, et pour le justifier les produisants prouvent, savoir :

Que la terre de la Fouleresse était dans la maison des Payen, qu'elle était échue à Madeleine Payen, qui avait épousé un nommé Joulain, duquel mariage serait issue une fille qui avait aussi ladite terre de la Fouleresse, laquelle fille aurait épousé un Cytois, de qui elle n'aurait point eu d'enfant, et que ledit Jean Payen, réhabilité, et un nommé Robert, à cause de...... Pain, sa femme, auraient été déclarés héritiers de ladite dame Cytois, et en cette qualité ladite terre de la Fouleresse leur aurait été adjugée, et que ladite terre aurait été par eux vendue ; tout ce que dessus est prouvé par les actes mentionnés dans l'inventaire et rapportés.

Mais comme ces preuves sont seulement des indices pour faire connaître que les sieurs Pain sont descendus des Payen et qu'elles ne sont pas suffisantes pour justifier qu'Hélie Pain, qualifié écuyer en 1595, est fils de Jean Payen, et que les suppliants ne peuvent s'empêcher, conformément à l'article 36 de l'arrêt du Conseil du 15 mai 1703, de rapporter les titres justificatifs de leur noblesse et filiation depuis l'année 1560, ce qu'ils ne peuvent faire en commençant leur filiation depuis ledit Hélie Pain, duquel ils ne rapportent qu'une pièce où il ait été qualifié écuyer, qui est le contrat de mariage de Daniel, son fils, fait en l'année 1595,

Le soussigné requiert qu'il vous plaise, Monseigneur, ordonner que lesdits sieurs Pain, produisants, rapporteront, dans le temps qu'il vous plaira prescrire, le contrat de mariage dudit Hélie Pain, pour justifier qu'il est fils de Jean Payen, et faute par eux d'y satisfaire, qu'ils seront déclarés usurpateurs du titre d'écuyers et condamnés chacun en 2,000 livres d'amende, aux dépens et à telle somme qu'il vous plaira liquider pour les indues jouissances des privilèges.

Conclusions du procureur du roi : Des pièces ci-dessus énoncées il résulte que de Daniel Pain, marié en 1595 avec Jeanne Dieulefit, qui avait dérogé, est issu Isaac Pain, qui a aussi continué la dérogeance ; de lui et d'Elisabeth Foureau sont issus Jean Pain et René Pain, qui l'un et l'autre ont obtenu des lettres de réhabilitation; dudit Jean et de Jacqueline Grimaudet est sorti Isaac-Jacques Pain, et dudit René et de Catherine Chapotin est sorti Urbain-Guillaume.

Attendu que par la Déclaration du roi du 16 janvier 1714 le temps des preuves de la recherche des usurpateurs du titre d'écuyer est limité à cent années complètes, sans aucune exception des réhabilités, je n'empêche, pour le roi, que lesdits

Isaac-Jacques et Urbain-Guillaume Pain soient déchargés des assignations à eux données à la requête du sʳ Ferrand, en conséquence maintenus avec le titre d'écuyers, etc.

Ordonnance : Maintenus dans la qualité de nobles et écuyers, le 1ᵉʳ mai 1715, signé : de Richebourg.

---

16   Antoine PRÉVOST, éc., sʳ de la Javellière, de la paroisse de Chantonnay.

Fontenay   Pièce justificative : Ordonnance de M. de Barentin en faveur de François Prévost, éc., sʳ de la Boutetière, François Prévost, éc., sʳ du Pouet, et Antoine Prévost, éc., sʳ de la Javellière, par laquelle ils sont maintenus dans la qualité de nobles et écuyers, en date du 5 septembre 1667.

Ordonnance : Maintenu comme noble et écuyer, le 3 mai 1715, signé : de Richebourg.

---

17   Augustin PHILIPPES, éc., sʳ de la Gerbaudie et de la Chesnelay, demeurant à la Gibonnière, paroisse de Saint-Cyr-des-Gats.

Fontenay

Pièces justificatives : Contrat de mariage de Bonaventure Philippes, éc., sʳ de Monceau, avec dˡˡᵉ Marie de Parthenay, par lequel il paraît qu'il est fils de René Philippes, éc., sʳ de Monceau, et de Catherine Regnault, en date du 9 mars 1572, signé Dufour, nʳᵉ d'Anjou.

Contrat de mariage de Bonaventure Philippes, éc., avec dˡˡᵉ Louise Tutault, par lequel il paraît qu'il est fils de Bonaventure Philippes ci-dessus et de Marie de Parthenay, en date du 29 juillet 1596, signé Quincarlet et Rivet, nʳᵉˢ royaux à Saint-Maixent.

Transaction en forme de partage des biens de Bonaventure Philippes et de Marie de Parthenay, entre Bonaventure Philippes, éc., sʳ du Retail, Louis-René et dˡˡᵉ Claude Philippes, leurs enfants, par lequel il paraît que ledit Bonaventure, en qualité d'aîné, a eu les préciputs et avantages de la Coutume, en date du 29 septembre 1598, signée Olivier et Turpin, n^res à Parthenay.

Contrat de mariage de René Philippes, éc., s^gr de la Chauruée, avec d^lle Françoise Chasteigner, par lequel il paraît qu'il est fils de Bonaventure Philippes et de d^lle Louise Tutault, en date du 13 mai 1656, signé Boujeu, n^re de Champdeniers.

Contrat de mariage d'Augustin Philippes, éc., s^r de la Chesnelay, avec d^lle Renée-Angélique Hélie, par lequel il paraît qu'il est fils de René Philippes, chev., s^gr de la Gerbaudie, et de dame Françoise Chasteigner, en date du 3 février 1696, signé Doizeau, n^re.

Pièces non visées : Contrat de mariage de René Philippes, éc., s^r de Monceau, avec Catherine Regnault, en date du 28 janvier 1533, signé Trinquant et Trinquant.

Acte du 17 juin 1545, reçu par Guillaume Champagné et Charles Trinquant, n^res de Marmande, portant entre autres choses les dépositions de François de Gréaume, éc., et autres, que ledit René Philippes, éc., s^r de Monceau, était indisposé et ne pouvait aller au ban et arrière-ban.

Sentence rendue le 30 mars 1549 au siège royal de Châtellerault entre ledit René Philippes, éc., s^r de Monceau, et Etienne Deveriers et Jean de Pindray, éc^rs, d^lles Perrette et Bertrande Philippes, leurs femmes.

Partage fait le 26 octobre 1549 par-devant le juge de Châtellerault entre ledit René Philippes et ledit Deveriers.

Contrat d'échange fait entre Catherine Regnault, veuve de René Philippes, en son vivant s^gr de Monceau et de Lardonnière, et Bonaventure Philippes, éc., son fils aîné, d'une part, et Anne Lelois, d'autre part, en date du 13 mai 1565, signé Dagoust, n^re de Marmande.

Contrat de partage des biens des successions de Bonaventure Philippes, éc., s^r du Retail, et de Louise Tutault, sa femme, entre Louis Philippes, éc., s^r de la Jolinière, aîné, René Philippes, éc., s^r de la Chaurade, d^lle Marie Philippes, et Pierre de Hanne, éc., s^r de la Fontaine-Liguetière, veuf de d^lle Gabrielle Philippes, leurs enfants, en date du 25 novembre 1644, signé Sebilleau, n^re à Parthenay.

Ordonnance : Maintenu comme noble et écuyer, le 13 mai 1715, signé : de Richebourg.

18

Fontenay

Jean-René de PUYROUSSET, éc., s^{gr} de la Bretaizière, François-Louis, Pierre-Auguste et Marie-Rose de PUYROUSSET, ses enfants,

Marie-Catherine, Suzanne et Jacques de PUYROUSSET, ses sœurs et frère,

Paul de PUYROUSSET, éc., son oncle.

Pièces justificatives : Arrêt du Conseil d'Etat privé du roi en faveur de Jacob de Puyrousset, par lequel il est maintenu en la qualité de noble et écuyer accordée à Etienne de Puyrousset, son père, par lettres patentes du mois d'août 1615, en date du 25 octobre 1675, signé Phelypeaux.

Contrat de mariage de Jacob de Puyrousset, éc., s^r de la Bretaizière, avec d^{lle} Marguerite de la Roche, par lequel il paraît qu'il est fils de défunt Etienne de Puyrousset, éc., s^r de la Bretaizière, et de d^{lle} Marie Demondon, en date du 15 janvier 1641, signé Cahord et Thiré, n^{res}.

Contrat de mariage de René de Puyrousset, éc., s^r de la Bretaizière, avec d^{lle} Catherine Esnard, par lequel il paraît qu'il est fils de Jacob de Puyrousset, éc., ci-dessus, et de Marguerite de la Roche, en date du 7 janvier 1680, signé Barraud, n^{re}.

Contrat de mariage de Jean-René de Puyrousset, éc., s^r de la Bretaizière, avec d^{lle} Marie-Louise d'Eslennes, par lequel il paraît qu'il est fils de René de Puyrousset, éc., ci-dessus, et de dame Catherine Esnard, en date du 19 novembre 1709, signé Fourneau, n^{re}.

Trois extraits de baptême, le 1er de François-Louis de Puyrousset, du 20 octobre 1710, le 2e de Pierre-Auguste de Puyrousset, du 14 juin 1712, et le 3e de Marie-Rose de Puyrousset, du 7 avril 1714, par lesquels il paraît qu'ils sont tous les trois enfants de Jean-René de Puyrousset ci-dessus et de Marie-Louise d'Eslennes, signés Jobet, curé de Saint-Michel-le-

Cloucq, et Bérard, curé de la Jaudonnière, et contrôlés à Poitiers le 6 mai 1715 par Legrand.

Trois autres extraits de baptême, le 1er de Marie-Catherine de Puyrousset, du 24 octobre 1689, le 2e de Suzanne de Puyrousset, du 5 octobre 1693, et le 3e de Jacques de Puyrousset, du 2 septembre 1698, par lesquels il paraît qu'ils sont enfants de René de Puyrousset ci-dessus et de Catherine Esnard, délivrés le 25 avril 1715 par Bérard, curé de la Jaudonnière, contrôlés à Poitiers le 6 mai suivant par Legrand.

Contrat du partage des biens de Jacob de Puyrousset, chev., sgr de la Bretaizière, et de Marguerite de la Roche, entre René et Paul de Puyrousset, leurs enfants, par lequel il paraît que René a eu les avantages et préciputs de la Coutume, en date du 25 février 1690, signé des parties et Raffeneau et Chassay, nres.

Contrat de mariage de Paul de Puyrousset, éc., sr du Deffend, avec dlle Jeanne Mesnage, par lequel il paraît qu'il est fils de Jacob de Puyrousset, éc., sr de la Bretaizière, et de Marguerite de la Roche, en date du 4 septembre 1682, signé Guillemin, nre.

Ordonnance : Maintenus comme nobles, écuyers, demoiselles et filles de noble, le 14 mai 1715, signé : de Richebourg.

Quentin PINAULT, chev., sgr de la Joubretière.

19.

Pièces justificatives : Lettres patentes de noblesse accordées par le roi à Quentin Pinault, sr du Coulombier, en considération des services par lui rendus, données au mois de mars 1645, signées Louis, et sur le repli, Par le roi, la Reine régente, sa mère, présente, Letellier, enregistrées en la Chambre des comptes et Cour des aides.

Fontenay

Lettres patentes accordées par le roi en faveur de Gaston Pinault, fils de Quentin Pinault ci-dessus, portant confirmation desdites lettres de noblesse, données au mois de juillet 1674, signées Louis, et sur le repli, Par le roi, Letellier, enregistrées en la Chambre des comptes et Cour des aides.

Contrat de mariage de Gaston Pinault, éc., s^r de la Joubretière, avec d^{lle} Anne Desprez, par lequel il paraît qu'il est fils de Quentin Pinault, éc., s^r du Coulombier, et de d^{lle} Suzanne de la Roche, en date du 27 octobre 1669, signé Mariteau, n^{re} de Coulonges-les-Royaux.

Contrat de mariage de Quentin Pinault, chev., s^{gr} de la Joubretière, avec d^{lle} Marie-Françoise d'Escoubleau de Sourdis, par lequel il paraît qu'il est fils aîné de Gaston Pinault, éc., ci-dessus, et de dame Anne Desprez, en date du 7 janvier 1693, signé Bourasseau, n^{re} des Herbiers.

Ordonnance : Maintenu comme noble et écuyer, le 7 juin 1715, signé : de Richebourg.

20

Claude de PREUILLE, éc., s^r de Beauvais, demeurant en la paroisse d'Antran.

Châtellerault

Pièces justificatives : Extrait des registres de mariages, baptêmes et mortuaires de la paroisse de Notre-Dame de Rassine, par lequel il paraît que le 14 novembre 1581 Christophe de Preuille, éc., s^r de Bournais, épousa Marie-Olive de Terves, délivré le 1er mars 1698 par Lhuilier, curé de Rassine, légalisé par le s^r Babaud, sénéchal de Richelieu, contrôlé à Poitiers le 22 juillet 1715 par Legrand.

Contrat de mariage de Louis de Preuille, éc., s^r de Beauvais, avec d^{lle} Louise Lucas, par lequel il paraît qu'il est fils de feu Christophe de Preuille, éc., et de d^{lle} Marie-Olive de Terves, en date du 27 octobre 1636, signé Jenan, n^{re}, légalisé par le s^r Béraudin, lieutenant particulier de Châtellerault, le 22 janvier 1701.

Transaction en forme de partage des biens de Louis de Preuille, éc., s^r de Beauvais, et de dame Louise Lucas, entre Claude de Preuille, éc., s^r de Beauvais, et Jeanne de Preuille, femme de Côme Levrault, éc., s^r de la Maisonneuve, par laquelle il paraît qu'ils sont enfants desdits Louis de Preuille et Louise Lucas, et que Claude a eu les avantages et préciputs de la Coutume, en date du 24 janvier 1685, signé Bodin, n^{re} royal.

Dire du produisant : Il a été au service de Sa Majesté pendant plus de vingt ans, tant dans les gendarmes du roi que comme commandant des gentilshommes du haut Poitou, ainsi qu'il se voit par les certificats de service qui lui ont été délivrés et par lesquels il est qualifié d'écuyer.

Ordonnance : Maintenu comme noble et écuyer, le 29 juillet 1715, signé : de Richebourg.

Florent PASTOUREAU, éc., s^r de Juignat,
Pierre-Louis PASTOUREAU, éc., s^r de la Boulandière, son fils.

Poitiers

Pièces justificatives : Lettres bénéficiaires obtenues en chancellerie par François Pastoureau, éc., s^r de la Lande, pour prendre la succession de Jacques Pastoureau, éc., s^r de la Paillerie, son frère, du 22 novembre 1585, signé, Par le Conseil, Ruffet.

Acte d'hommage rendu par Marguerite Jourdain, veuve de François Pastoureau, éc., s^r de la Lande, comme tutrice de ses enfants, à Abel Pastoureau, éc., s^r d'Ordières, en date du 25 décembre 1602, signé Pastoureau, pour avoir reçu l'hommage, et Marin et Delacossèbe, n^{res}.

Testament de François Pastoureau, éc., s^r de la Lande, par lequel il paraît que Marguerite Jourdain était sa femme, en date du 26 mai 1596, signé Menut, n^{re}.

Contrat de mariage de Jean Pastoureau, éc., s$_r$ de la Lande, avec d^{lle} Louise Chevalier, par lequel il paraît qu'il est fils de François Pastoureau et de Marguerite Jourdain, en date du 9 février 1618, signé Deparis, n^{re} à Saint-Maixent.

Contrat de mariage de Louis Pastoureau, éc., s^r de Chatain, avec d^{lle} Aimée Bardonnin, par lequel il paraît qu'il est fils de feu Jean Pastoureau et de d^{lle} Louise Chevalier, en date du 27 février 1656, signé Naudin et Chillau, n^{res}.

Contrat de mariage de Florent Pastoureau, éc., s^r de Juignat, avec d^{lle} Marguerite Vérinaud, par lequel il paraît qu'il est fils de Louis Pastoureau et d'Aimée Bardonnin, en date du 29 mai 1688, signé Beau, n^{re}.

— 186 —

Extrait de baptême de Pierre-Louis Pastoureau, du 25 août 1691, par lequel il paraît qu'il est fils de Florent Pastoureau, éc., s^r de Juignat, et de Marguerite Vérinaud, délivré le 9 août 1715 par Coutineau, chanoine de Saint-Pierre-le-Puellier de Poitiers, ci-devant curé de Persac, contrôlé à Poitiers le même jour par Legrand.

Ordonnance : Maintenus comme nobles et écuyers, le 22 août 1715, signé : de Richebourg.

22

Niort

Claude d'Angliers Aymer, d^{lle}, veuve de Jacob PINIOT, chev., s^{gr} de Puychenin.

Pièce justificative : Ordonnance de M. de Maupeou en faveur de Jacob Piniot, chev., s^{gr} de Puychenin, par laquelle il est déchargé de l'assignation à lui donnée à la requête de Guérin, au lieu et place duquel est substitué le s^r Ferrand, en conséquence maintenu dans les exemptions et privilèges accordés aux nobles du royaume, en date du 7 mars 1699. Dans le vu des pièces de ladite ordonnance est énoncé le contrat de mariage de Jacob Piniot, chev., s^{gr} de Puychenin, avec d^{lle} Claude d'Angliers Aymer.

Ordonnance : Maintenue comme veuve de gentilhomme, le 29 août 1715, signé : de Richebourg.

23

Poitiers

Pierre-Louis de PUYGUYON, éc., s^r de la Vouste, Marie-Louise, Louise et Françoise de PUYGUYON, d^{lles}.

Pièces justificatives : Ordonnance de M. de Barentin en faveur de Pierre de Puyguyon, éc., s^r de la Vouste, et de François de Puyguyon, son oncle, par laquelle ils sont maintenus dans la qualité de nobles et écuyers, en date du 30 août 1667. Dans le vu des pièces de ladite ordonnance sont énoncés le contrat de mariage de Pierre de Puyguyon, éc., avec d^{lle} Jeanne Garnier, et le contrat de mariage de Pierre de Puyguyon, éc., avec d^{lle} Anne Baudoin, par lequel il paraît qu'il est fils de Pierre de Puyguyon, éc., et de Jeanne Garnier.

Contrat de mariage des secondes noces de Pierre de Puyguyon ci-dessus, veuf d'Anne Baudoin, avec d^{lle} Jeanne Guérin, en date du 11 février 1665, signé Leroy, n^{re}.

Contrat de mariage de Pierre-Louis de Puyguyon, éc., s^r de la Vouste, avec d^{lle} Jeanne Lentier, par lequel il paraît qu'il est fils de Pierre de Puyguyon, éc., et de Jeanne Guérin, en date du 25 juin 1701, signé Grimaud, n^{re}.

Contrat de mariage de Pierre de Puyguyon, éc., s^r de la Vouste, avec d^{lle} Louise Motheau, par lequel il paraît qu'il est fils du premier mariage de Pierre de Puyguyon, éc., et de d^{lle} Anne Baudoin, en date du 26 mai 1681, signé des parties et Magnin et Motheau, n^{res}.

Trois extraits de baptême, le 1er de Marie-Louise de Puyguyon, du 12 septembre 1686, le 2e de Louise de Puyguyon, du 7 janvier 1688, le 3e de Françoise de Puyguyon, du 22 mars 1690, par lesquels il paraît qu'elles sont filles de Pierre de Puyguyon, éc., s^r de la Vouste, et de dame Louise Motheau, délivrés le 18 juillet 1715 par Jouteau, curé de Clussay, contrôlés à Poitiers le 20 du même mois par Legrand.

Ordonnance : Maintenus comme noble et écuyer et filles de noble, le 9 septembre 1715, signé : de Richebourg.

Jacques-Etienne POITEVIN, éc., s^r de la Traversière. 24

Pièces justificatives : Copie collationnée de l'ordonnance de M. de Barentin en faveur de d^{lle} Suzanne de la Ferté, veuve de Baptiste Poitevin, éc., s^r de la Traversière, au nom et comme tutrice de ses enfants, par laquelle elle est maintenue avec ses enfants dans les privilèges accordés aux gentilshommes du royaume, rapportée datée du 21 juillet 1668, délivrée le 8 juin 1714 par Clairambault, généalogiste des ordres du roi.

Les Sables

Acte des épousailles d'André Poitevin, éc., avec d^{lle} Marie Bonnin, par lequel il paraît qu'il est fils de Baptiste Poitevin, éc., s^r de la Traversière, et de d^{lle} Suzanne de la Ferté, en date du 31 octobre 1676, délivré le 1er avril 1715 par Collin, prieur-curé de Soullans, légalisé par le s^r Riou, sénéchal de la châtellenie du Perrier, contrôlé à Poitiers le 26 septembre 1715 par Legrand.

Extrait du baptême de Jacques-Etienne Poitevin, du 31 décembre 1682, par lequel il paraît qu'il est fils d'André Poitevin, éc., s^r de la Traversière, et de d^{lle} Marie Bonnin, délivré le 8 septembre 1715 par Denis, prêtre-curé de Challans, légalisé par le sénéchal de Challans, contrôlé à Poitiers le 26 du même mois par Legrand.

Ordonnance : Maintenu comme noble et écuyer, le 28 septembre 1715, signé : de Richebourg.

25

Poitiers

François PIDOUX, éc., s^r de Pouillé, conseiller, procureur du roi au présidial de Poitiers,

Jean PIDOUX, éc., prêtre, sous-chantre et chanoine de Notre-Dame de Poitiers,

Marie PIDOUX, veuve d'Etienne Constant, éc., s^r de la Gautrie.

Pièces justificatives : Arrêt du Conseil d'Etat du roi en faveur d'Henri Pidoux, s^r de la Maduère, par lequel il est maintenu en la qualité de noble et écuyer, en date du 6 octobre 1667, signé Béchameil. Dans le vu des pièces dudit arrêt sont énoncés l'extrait de baptême d'Henri Pidoux, par lequel il paraît qu'il est fils de Valentin Pidoux, éc., et de d^{lle} Madeleine Fallaise, et le contrat de mariage dudit Henri Pidoux, éc., avocat au Parlement, avec d^{lle} Marthe Lefort.

Ordonnance de M. de Barentin en faveur de Charles Pidoux, éc., s^r de Pouillé, Nicolas Pidoux, éc., chanoine de l'église de Poitiers, Pierre Pidoux, éc., s^r de Tiré, non marié, d^{lle} Marie Pidoux, veuve de Bonaventure Irland, éc., s^r de la Maingouère, et Elisabeth Pidoux, femme de Bonaventure Mayault, éc., s^r des Groges, par laquelle il est ordonné que les défendeurs, leurs successeurs et postérité nés et à naître, jouiront en qualité de nobles et écuyers de tous les privilèges accordés aux nobles du royaume, en date du 31 décembre 1667.

Acte de tutelle fait par-devant le s^r lieutenant général de

Poitiers, sur la requête de dame Louise de Lauzon, veuve de Charles Pidoux, éc., sʳ de Pouillé, des personnes de François-Nicolas, Jean-Charles, Pierre, Catherine-Isabelle et Marie Pidoux, ses enfants, en date du 2 janvier 1680, signé Bouzier, greffier.

Contrat de mariage de François Pidoux, chev., sᵍʳ de Pouillé, procureur du roi au présidial de Poitiers, avec dame Françoise Dousset, par lequel il paraît qu'il est fils de Charles Pidoux, chev., sᵍʳ de Pouillé, et de dame Louise de Lauzon, en date du 25 février 1688, signé Bujault et Barreau, nʳᵉˢ.

Arrêt du Conseil d'Etat du roi en faveur de François Pidoux, éc., sʳ de Pouillé, et de plusieurs autres personnes, par lequel ils sont déchargés des sommes auxquelles ils avaient été taxés au rôle arrêté au Conseil le 6 octobre 1691, et ordonne ledit arrêt que les susdits jouiront, eux, leurs veuves, enfants et postérité nés et à naître en légitime mariage, des privilèges dont jouissent les nobles du royaume, en date du 26 juin 1696, signé Dujardin. Dans le vu des pièces est énoncé l'arrêt du Conseil, du 6 octobre 1667, ci-dessus.

Ordonnance : Maintenus comme nobles, écuyers, et veuve de gentilhomme, le 29 septembre 1715, signé : de Richebourg.

Jean-Baptiste PARENT, éc., sʳ de Beauregard.

Pièces justificatives : Extrait de l'ordonnance rendue par M. de Richebourg le 11 janvier 1715 en faveur de Marin Parent, éc., sʳ de Boisame, par laquelle il est maintenu en la qualité de noble et écuyer, délivré le 15 octobre 1715 par Rameau, secrétaire. Dans ledit extrait sont rapportés : 1° le contrat de mariage de Damien Parent, éc., avec dˡˡᵉ Jeanne Cherbonnier, par lequel il paraît qu'il est fils aîné et principal héritier de Jacob Parent, éc., et de Charlotte Clotteau, rapporté daté du 13 mai 1652, signé Grasset et Rochays, nʳᵉˢ, 2° le contrat de mariage de Marin Parent, chev., sᵍʳ de Boisame, avec dˡˡᵉ Jeanne Rangot, par lequel il paraît qu'il est fils de Damien Parent ci-dessus et de Jeanne Cherbonnier, rapporté daté du 8 février 1684, signé Grolleau et Foucher, n^res, 3° l'ordonnance de M. de Barentin en faveur de Damien Parent, éc., s^r de la Pelissonière, par laquelle il a été maintenu en la qualité de noble et écuyer, rapportée datée du 2 mai 1668. (Voir P 1 ci-dessus.)

Contrat de mariage de Jean-Baptiste Parent, éc., s^gr de Beauregard, avec d^lle Anne Marillet, par lequel il paraît qu'il est fils de Marin Parent, éc., s^r de Boisame, et de dame Jeanne de Rangot, en date du 28 janvier 1707, signé Soulard et Barreau, n^res.

Ordonnance : **Maintenu comme noble et écuyer, le 18 octobre 1715, signé : de Richebourg.**

27

Fontenay

Julie-Henriette Gourdeau, veuve d'Henri-Philémon PINIOT, chev., s^gr de la Girardière, demeurant à Creil-Bournezeaux,

Etienne-Henri, Philémon, Marie-Henriette et Céleste PINIOT, ses enfants.

Pièces justificatives : Ordonnance de M. de Barentin en faveur de Samuel Piniot, éc., s^gr de la Largère, Jacques Piniot, éc., s^r de Puychenin, Jacob Piniot, éc., s^gr du Vivier, Françoise Mauclerc, veuve de Pierre Piniot, éc., s^r de la Girardière, et Moïse Piniot, éc., s^r de l'Hommetail, par laquelle ils sont maintenus dans la qualité de nobles et écuyers, en date du 5 septembre 1667. Dans le vu des pièces de ladite ordonnance est énoncé le contrat de mariage de Pierre Piniot, éc., s^r de la Girardière, avec dame Françoise Mauclerc.

Contrat de mariage d'Etienne Piniot, chev., s^gr de la Girardière, avec d^lle Marie Gourdeau, par lequel il paraît qu'il est fils de Pierre Piniot ci-dessus et de dame Françoise Mauclerc, en date du 3 mai 1672, signé Paindessous et Chantefin, n^res à Châteaumur.

Contrat de mariage d'Henri-Philémon Piniot, chev., s^gr de la Girardière, avec d^lle Julie-Henriette Gourdeau du Rozay, par lequel il paraît qu'il est fils d'Etienne Piniot ci-dessus et de dame Marie Gourdeau, en date du 12 février 1697, signé Baqua et Fayau, n^res de la Roche-sur-Yon.

Quatre extraits de baptême, le 1er d'Etienne-Henri Piniot, du 31 mai 1699, le 2e de Philémon Piniot, du 19 mars 1702, le 3e de Marie-Henriette Piniot, du 3 décembre 1697, le 4e de Céleste Piniot, du 14 mars...., par lesquels il paraît qu'ils sont enfants d'Henri-Philémon Piniot et de Julie-Henriette Gourdeau, délivrés, les 1er, 2e et 4e le 20 avril 1715 par Payrault, curé de Bournezeau, le 3e le 14 avril 1715 par Fournil, prieur des Chapelets, contrôlés à Poitiers le 25 septembre 1715 par Legrand.

Ordonnance : **Maintenus dans les privilèges, honneurs et exemptions attribués aux gentilshommes, le 11 décembre 1715, signé : de Richebourg.**

Marie Gourdeau, veuve d'Etienne PINIOT, chev., s^gr de la Girardière, demeurant à la Bréchoire, paroisse de Saint-Hilaire-du-Bois, faisant tant pour elle que pour Pierre-Auguste, Léon, Benjamin-Etienne et Angélique-Elisabeth PINIOT, ses enfants.

28

Fontenay

Pièces justificatives : Ordonnance de M. de Barentin en faveur de Samuel Piniot, éc., s^gr de la Largère, Jacques Piniot, éc., s^r de Puychenin, Jacob Piniot, éc., s^gr du Vivier, Françoise Mauclerc, veuve de Pierre Piniot, éc., s^r de la Girardière, et Moïse Piniot, éc., s^r de l'Hommetail, par laquelle ils sont maintenus dans la qualité de nobles et d'écuyers, en date du 5 septembre 1667. Dans le vu des pièces de ladite ordonnance est rapporté le contrat de mariage de Pierre Piniot, chev., s^gr de la Girardière, avec d^lle Françoise Mauclerc.

Contrat de mariage d'Etienne Piniot, chev., s^gr de la Girardière, avec d^lle Marie Gourdeau, par lequel il paraît qu'il est fils de Pierre Piniot, chev., et de dame Françoise Mauclerc, en date du 3 mai 1672, signé Paindessous et Chantefin, n^res.

Quatre extraits de baptême, le 1er de Pierre-Auguste Piniot, du 23 juin 1675, le 2e de Léon Piniot, du 15 mars 1687, le 3e de

Benjamin-Etienne Piniot, du 31 mars 1691, le 4ᵉ d'Angélique-Elisabeth Piniot, du 18 février 1686, par lesquels il paraît qu'ils sont enfants d'Etienne Piniot ci-dessus et de dame Marie Gourdeau, délivrés, le 1ᵉʳ le 14 septembre 1715 par le sieur Martin, sénéchal de la Jaudonnière, pour être conforme au registre de baptêmes de la Religion prétendue réformée, et les trois autres le 6 mai 1715 par Payrault, curé de Bournezeau, tous contrôlés à Poitiers le 25 septembre 1715 par Legrand.

Ordonnance : Maintenus comme nobles, écuyers, veuve et fille de noble, le 11 décembre 1715, signé : de Richebourg.

29

Niort

François de PINDRAY, éc., sʳ de Montaigon.

Pièces justificatives : Ordonnance de M. de Barentin en faveur de François de Pindray, éc., sʳ de Montaigon, par laquelle il est maintenu en la qualité de noble et écuyer, en date du 1ᵉʳ septembre 1667.

Ordonnance de M. de Maupeou en faveur dudit François de Pindray, éc., sʳ de Montaigon, par laquelle il est déchargé de l'assignation à lui donnée à la requête de Guérin, au lieu duquel est substitué le sʳ Ferrand, et maintenu dans les privilèges et exemptions accordés aux nobles du royaume, en date du 18 janvier 1699.

Contrat de mariage de François de Pindray, éc., sᵍʳ de Montaigon, avec dˡˡᵉ Marguerite du Chillou, par lequel il paraît qu'il est fils de François de Pindray, éc., dénommé dans les deux ordonnances ci-dessus, et de dˡˡᵉ Ozanne Marsault, en date du 5 septembre 1694, signé Pichault, nʳᵉ.

Ordonnance : Maintenu comme noble et écuyer, le 14 décembre 1515, signé : de Richebourg.

30

Fontenay

Françoise de la PRIMAUDAYE, demoiselle.

Pièces justificatives : Copie d'une ordonnance de M. de Barentin en faveur de Daniel de la Primaudaye, éc., par laquelle il est maintenu dans la qualité de noble et d'écuyer, en date du 2 août 1667, ladite copie signée, par collation Isaac Delphe, n^re à Londres, et délivrée le 13 janvier 1715. Dans le vu des pièces de cette ordonnance est énoncé le contrat de mariage dudit Daniel de la Primaudaye avec d^lle Marie de Goulaine.

Contrat de mariage de Gabriel de la Primaudaye, chev., s^gr de la Goyre, avec d^lle Marie-Anne de Masclary, par lequel il paraît qu'il est fils de Daniel de la Primaudaye, chev., s^gr de la Goyre, et de dame Marie de Goulaine, en date du 9 octobre 1691, signé par collation Gasteau, n^re royal, légalisé par le s^r Hudelin, président et lieutenant général au bailliage du duché de Nemours, le 19 septembre 1715.

Extrait de baptême de Françoise de la Primaudaye, du 3 juin 1698, par lequel il paraît qu'elle est fille de Gabriel de la Primaudaye, éc., et de dame Anne de Masclary, délivré le 17 novembre 1715 par Gouraud, curé de Saint-Georges près Montaigu, contrôlé à Poitiers le 1er janvier 1716.

Ordonnance : **Maintenue dans les honneurs, privilèges et exemptions attribués aux nobles du royaume, le 1er janvier 1716, signé : de Richebourg.**

Louis de POISPAILLE, éc., s^r de la Rousselière.

Pièces justificatives : Ordonnance de M. de Barentin en faveur de Charles de Poispaille, éc., s^r de la Rousselière, par laquelle il est maintenu dans la qualité de noble et écuyer, en date du 10 décembre 1667. Dans le vu des pièces de ladite ordonnance est énoncé le contrat de mariage de Charles de Poispaille, éc., s^r de la Rousselière, avec d^lle Catherine Nau, du 10 juin 1648.

Contrat de mariage de Louis de Poispaille, éc., s^r de la Rousselière, avec d^lle Marie-Anne Marsault, par lequel il paraît qu'il est fils de Charles de Poispaille ci-dessus et de Catherine Nau, en date du 30 octobre 1714, signé Marsault et Huet, n^res royaux de la sénéchaussée de Poitiers.

Ordonnance : **Maintenu comme noble et écuyer, le 6 janvier 1716, signé : de Richebourg.**

31

Poitiers

— 194 —

32

Thouars

Alcide-Constantin de PREAUX, éc., s^r de Chastillon.

Pièce justificative : Sentence de M. de Maupeou qui maintient Alcide-Constantin de Preaux, éc., s^r de Chastillon, en sa noblesse, en date du 22 juin 1699.

Ordonnance : Maintenu dans les privilèges et exemptions attribués aux gentilshommes du royaume, le 7 janvier 1716, signé : de Richebourg.

33

Poitiers

Catherine Geay, veuve de Louis PASTOUREAU, éc., s^r du fief Trelland.

Pièces justificatives : Copie collationnée de l'ordonnance de M. de Richebourg, intervenue en faveur de Jean Pastoureau, éc., s^r de Germon, par laquelle il est maintenu et gardé dans le droit de prendre la qualité de noble et écuyer, rapportée datée du 25 février 1715, ladite collation faite par Guillemin et Pers, n^{res}. (Voir P 4 ci-dessus.)

Contrat de mariage de Louis Pastoureau, éc., s^r du fief Trelland, veuf de Louise Chasteigner, avec dame Catherine Geay, veuve d'André Guignard, par lequel il paraît que ledit mariage a été fait du consentement de Jean Pastoureau, éc., s^r de Germon, son frère, en faveur duquel a été rendue l'ordonnance ci-dessus, en date du 3 janvier 1700, signé Suyre et Brottier, n^{res}.

Ordonnance : Maintenue dans les privilèges et exemptions de la noblesse, le 10 janvier 1716, signé : de Richebourg.

34

Les Sables

Marie-Charlotte Cherbonnel, veuve de Louis PIERRE, chev., s^{gr} du Plessis-Baudoin et de Pont-de-Vie, mère tutrice et garde noble de Charles-Louis PIERRE, chev., s^{gr} du Plessis-Baudoin.

Pièces justificatives : Ordonnance de M. de Maupeou en faveur de François et Louis Pierre, chev., s^{grs} du Plessis-Baudoin et de

Pont-de-Vie, par laquelle ils sont déchargés de l'assignation à eux donnée à la requête de Guérin, au lieu et place duquel est substitué le s^r Ferrand, en conséquence maintenus dans les exemptions et privilèges accordés aux nobles du royaume, en date du 4 octobre 1699.

Contrat de mariage de Louis Pierre, chev., s^{gr} du Plessis-Baudoin, avec d^{lle} Marie-Charlotte Cherbonnel, par lequel il paraît qu'il est fils de François Pierre, chev., dénommé dans l'ordonnance ci-dessus, et de dame Hélène Foucher, en date du 19 janvier 1699, signé Thomazeau et Pillot, n^{res}.

Extrait du baptême de Charles-Louis Pierre, du 10 février 1706, par lequel il paraît qu'il est fils de Louis Pierre, chev., s^{gr} du Plessis-Baudoin et de Pont-de-Vie, et de Marie-Charlotte Cherbonnel, délivré le 28 novembre 1715 par Grellier, prêtre, curé du Poiré-sous-la-Roche, contrôlé à Poitiers le 23 décembre suivant par Coupard.

Ordonnance : Maintenus comme noble et écuyer, et veuve de noble, le 13 janvier 1716, signé : de Richebourg.

Louis POITEVIN du Plessis-Landry, chev., s^{gr} de la Rochette et des Clouzeaux,

René-François POITEVIN, chev., s^{gr} de la Touche, son frère.

35

Les Sables

Pièces justificatives : Ordonnance de M. de Barentin en faveur de Jacques Poitevin, éc., s^{gr} du Plessis-Landry, de la Rochette, des Clouzeaux, de la Poitevinière, et autres lieux, Charles Poitevin, éc., s^r du Plessis-Landry, Antoine Poitevin, éc., s^r de la Guitière, et dame Marguerite Jamet, veuve d'Antoine Poitevin, éc., s^r de la Gourderie, par laquelle ils sont maintenus dans la qualité de nobles et écuyers, en date du 24 septembre 1667. Dans le vu des pièces de ladite ordonnance est énoncé le contrat de mariage d'Antoine Poitevin, éc., s^r de la Guitière, avec d^{lle} Marie Aymon de Brachechien, rapporté daté du 10 juillet 1663, signé Brault et Pelletier, n^{res}.

Ordonnance de M. de Maupeou en faveur d'Antoine Poitevin, éc., s^r de la Guitière, par laquelle il est reçu opposant à l'exécution du rôle arrêté au Conseil le 14 mars 1697, en conséquence déchargé de la somme de six mille livres à laquelle il avait été taxé au Conseil et maintenu dans la qualité de noble et écuyer, en date du 4 janvier 1699.

Contrat de mariage de Louis Poitevin du Plessis-Landry, chev., s^{gr} de la Rochette et des Clouzeaux, avec d^{lle} Suzanne Thomasset, par lequel il paraît qu'il est fils d'Antoine Poitevin du Plessis-Landry, chev., s^{gr} de la Guitière, et de dame Marie Aymon, en date du 10 février 1711, signé Blanchard et Brisseau, n^{res}.

Contrat de mariage de René-François Poitevin, chev., s^{gr} de la Touche, avec d^{lle} Marie-Anne-Charlotte Baudouin, par lequel il paraît qu'il est fils d'Antoine Poitevin, chev., s^{gr} de la Guitière, et de dame Marie Aymon, en date du 11 septembre 1714, signé Pomeraye et Gaudin, n^{res}.

Ordonnance : **Maintenus comme nobles et écuyers, le 14 mai 1716, signé : de Latour.**

Q

1 François-Alexandre QUERQUI, éc., s^r de Challais, demeurant en la paroisse de Saint-Hilaire-le-Vouhis.

Fontenay Pièces justificatives : Edit du roi, du mois de mars 1696, portant anoblissement de cinq cents personnes, moyennant finance.

Quittance de finance de la somme de six mille livres, payée par François-Alexandre Querqui, s^r de Challais, en conséquence dudit édit, le 18 octobre 1696, signé Brunet, enregistrée au contrôle général des finances le 27 du même mois, signé, Phelypeaux.

Lettres patentes du roi en faveur de François-Alexandre Querqui, s^r de Challais, portant anoblissement de sa personne conformément à l'édit ci-dessus, données à Versailles au mois de juin 1697, signées Louis, et sur le repli, Par le roi, Phelypeaux, enregistrées en Parlement, Chambre des Comptes,

Cour des Aides, Bureau des finances de Poitiers et au Présidial de la sénéchaussée de Poitou.

Copie collationnée d'une quittance de finance de la somme de trois mille livres payée par François-Alexandre Querqui, s^r de Challais, pour jouir par ledit Querqui de cent cinquante livres de rente et de la confirmation desdites lettres patentes, en date du 27 mai 1706, rapportée signée Gruyn, et enregistrée au contrôle général des finances le 12 juin 1706, signé Lamolère, secrétaire du roi.

Quittance de finance de la somme de douze cents livres payée par François-Alexandre Querqui, pour jouir de soixante livres de rente et de la confirmation de ses lettres de noblesse, en date du 3 février 1713, signé Gruyn, enregistrée au contrôle général des finances le 16 février 1713, signé Perrottin.

Ordonnance : Maintenu comme noble et écuyer, le 23 mai 1715, signé : de Richebourg.

Hélène-Marguerite de Laurière, veuve d'Alexandre de KERVENO, chev., s^{gr} de l'Héraudière et de l'Aubouinière, Louis-Alexandre, Charles-Alexandre-Léon et Catherine de KERVENO, ses enfants.

2

Fontenay

Pièces justificatives : Ordonnance de M. de Barentin en faveur de Louis de Kerveno, éc., par laquelle il est maintenu dans la qualité de noble et écuyer, en date du 24 septembre 1667.

Contrat du partage fait entre René de Kerveno, chev., s^{gr} dudit lieu, et Alexandre de Kerveno, chev., s^{gr} de l'Héraudière et de l'Aubouinière, des biens de Louis de Kerveno et de Madeleine Aubert, leurs père et mère, et encore des biens à eux délaissés par le décès de leurs frères, sœurs et tantes, par lequel il paraît que ledit René, en qualité d'aîné, a eu les préciputs et avantages de la Coutume, en date du 27 mai 1690, signé Oliveau et Dugué, n^{res}.

Contrat de mariage d'Alexandre de Kerveno, éc., s^{gr} de l'Héraudière, avec d^{lle} Hélène-Marguerite de Laurière, par lequel il paraît qu'il est fils de Louis de Kerveno, éc., et de dame Madeleine Aubert, en date du 3 mars 1696, signé Girault et Chauveau, n^res de Champgillon et la Touche-le-Moine.

Trois extraits de baptême, le 1er de Catherine de Kerveno, du 16 novembre 1696, le 2e de Louis-Alexandre de Kerveno, du 9 juin 1699, le 3e de Charles-Alexandre-Léon de Kerveno, du 3 juin 1701, par lesquels il paraît qu'ils sont enfants d'Alexandre de Kerveno, éc., s^r de l'Héraudière, et de Marguerite de Laurière, délivrés le 21 mars 1715 par Gennet, curé de Sainte-Hermine, légalisés par le sénéchal de Sainte-Hermine, contrôlés à Poitiers le 25 mai 1715 par Legrand.

Ordonnance : Maintenus comme nobles, écuyers, fille et veuve de noble, le 25 juin 1715, signé : de Richebourg.

3

Les Sables

Bénigne de Brion, veuve de René de KERVENO, éc., s^r de Garnaud, tant en son nom que comme mère tutrice de ses filles.

Pièce justificative : Ordonnance de M. de Maupeou en faveur de Bénigne de Brion, veuve de René de Kerveno, éc., s^r de Garnaud, par laquelle elle est maintenue dans les privilèges de la noblesse, en date du 13 novembre 1699.

Ordonnance : Déchargée de l'assignation à elle donnée à la requête du s^r Ferrand, le 13 janvier 1716, signé : de Richebourg.

R

1

Thouars

Charles ROGIER, éc., s^r de Thiors,
Charles ROGIER, éc., s^r de Rothemond,
Jean-Louis ROGIER, éc., s^r de Belleville, capitaine de dragons au régiment de Guébriant.

Pièces justificatives : Lettres patentes d'anoblissement accordées par le roi à Jean Rogier, s^r d'Irais, données à Paris au mois d'avril 1635, scellées du grand sceau de cire verte en lacs de soie, sur le repli desquelles est l'enregistrement fait d'icelles en la Chambre des Comptes et en la Cour des Aides les 6 juin et 2 août 1635.

Contrat de mariage de Louis Rogier, s^r d'Irais, avec d^{lle} Gasparde Lambert, dame de la Bucherie, fille de feu Paul Lambert, gentilhomme ordinaire de la Chambre, par lequel il paraît qu'il est fils aîné de Jean Rogier ci-dessus, en date du 17 août 1655, passé par Chanteur et Bertrand, n^{res} de la juridiction de Vieillevigne.

Lettres patentes d'anoblissement accordées par le roi au mois d'avril 1669, enregistrées en Parlement, Chambre des Comptes et Cour des Aides les 3 juin, 17 juillet et 20 décembre 1669, signé Riché, Boucher et du Tillet, portant confirmation de noblesse aux nommés Louis et Jean Rogier, fils de Jean Rogier, en faveur duquel lesdites lettres du mois d'avril 1635 avaient été accordées, et encore à Charles, Jean-Henri et Marie-Emilie Rogier, ses petits-enfants.

Extrait de baptême de Charles Rogier, du 27 janvier 1664, par lequel il paraît qu'il est fils de Louis Rogier, s^r d'Irais et de Thiors, et de dame Gasparde Lambert, signé Bouzier.

Extrait de baptême de Charles Rogier, fils d'Henri-Charles Rogier, s^r de Rothemond, du 6 décembre 1665, signé Bouzier.

Extrait de baptême de Jean-Louis Rogier, fils de Jean Rogier, s^r de Belleville, du 14 septembre 1659, signé Bouzier.

Contrat de mariage de Charles Rogier, s^r de Rothemond, avec d^{lle} Françoise de Savignac, en date du 30 juin 1692, signé Laffiton et Grugnet, n^{res} à Niort.

Contrat de mariage de Jean Rogier, s^r de Belleville, avec d^{lle} Eléonore du Bellay, en date du 24 novembre 1658, passé par Thibaudeau, n^{re} de la duché-pairie de Thouars.

Jugement de M. de Barentin, du 12 août 1667, portant maintenue des exemptions et privilèges accordés aux nobles du royaume en faveur de Louis Rogier, s^r d'Irais, Henri-Charles Rogier, s⁰ de Rothemond, et Jean Rogier, s⁰ de Belleville.

Jugement de M. de Maupeou, du 19 décembre 1698, portant maintenue en faveur de Charles Rogier, s⁰ de Rothemond, des privilèges accordés aux nobles du royaume.

Jugement de M. de Maupeou, du 16 décembre 1698, portant maintenue en faveur d'Eléonore de Bessay, veuve de Jean Rogier, s⁰ de Belleville, Jean-Louis Rogier, capitaine de dragons du régiment de Pezac, Charles Rogier, s⁰ de Thiors, et dˡˡᵉ Elisabeth Rogier, des privilèges accordés aux nobles du royaume.

Ordonnance : **Maintenus comme nobles et écuyers, le 9 décembre 1714, signé : de Richebourg.**

---

2 Pierre ROGIER, éc., s⁰ du Vergnais.

Pièces justificatives : Acte signé par collation Gauvain et Marot, notaires royaux à Poitiers, expédié par les sieurs maire, pairs, échevins et bourgeois de la ville de Poitiers le 9 juillet 1568, en faveur de Joachim Rogier, s⁰ de Migné, contenant qu'il a été reçu et nommé l'un des vingt-cinq échevins et conseillers jurés de ladite ville de Poitiers, au lieu et place de feu René Berthelot.

Contrat de mariage de Pierre Rogier avec Catherine Mayault, par lequel il paraît qu'il est fils de noble homme Joachim Rogier, échevin, et de Françoise Boisnet, passé à Chauvigny le 9 août 1563, signé par collation Gauvain et Marot, nʳᵉˢ royaux à Poitiers.

Contrat du partage fait entre Hilaire, Jeanne et Perrette Rogier des biens de Pierre Rogier et de Catherine Mayault, leurs père et mère, et encore des biens de Joachim Rogier, leur aïeul, en date du 22 septembre 1598, passé par Royer et Fauveau, nʳᵉˢ royaux à Poitiers, par lequel il paraît qu'Hilaire Rogier a pris le titre d'écuyer et a eu tous les préciputs et avantages que la Coutume accorde aux nobles.

Contrat de mariage d'Hilaire Rogier, fils de Pierre Rogier

et de Catherine Mayault, avec d^lle Françoise Gracien, par lequel il paraît qu'il a pris la qualité d'écuyer, s^r de Migné, passé à Poitiers le 25 juillet 1595 par Rigoumier et Delafuye, n^res, signé par collation Gauvain et Marot, n^res.

Transaction passée entre Françoise Gracien, veuve d'Hilaire Rogier, éc., s^r de Migné, et Philippe, Antoine et Pierre Rogier, ses enfants, tant de ses reprises et conventions matrimoniales que du partage entre ses enfants des biens de leur père, par lequel il paraît qu'Antoine Rogier, fils aîné, a pris les avantages de la Coutume en faveur des nobles, passé à Poitiers le 11 décembre 1627, signé Rigoumier et Drouilhard, n^res.

Contrat de mariage de Pierre Rogier avec d^lle Gabrielle Achard, dans lequel est établie Françoise Gracien, sa mère, veuve d'Hilaire Rogier, par lequel il paraît qu'il a pris la qualité d'écuyer, s^r des Ages et qu'il est fils d'Hilaire Rogier, passé le 19 mai 1643 par Vezien et Montenay, n^res à Poitiers.

Contrat de mariage de Pierre Rogier, éc., s^r du Vergnais, produisant, avec dame Anne de Merainville, veuve de François-Achille de Percier, par lequel il paraît qu'il est fils de Pierre Rogier, éc., s^r des Ages, et de dame Gabrielle Achard, passé à Paris le 4 décembre 1692, signé Decombes et Drouet, n^res.

Ordonnance : Maintenu comme noble et écuyer, le 31 décembre 1714, signé : de Richebourg.

Louis ROUSSEAU, éc., s^r de la Place et de Lonchard. 3

Pièces justificatives : Contrat de partage entre Philippe, Pierre et Madeleine Rousseau, qualifiés écuyers, des biens à eux échus par le décès de Philippe Rousseau, leur père, aussi qualifié écuyer et cons^or au Parlement de Bretagne, en date du 20 novembre 1613, signé Barrault, n^re à Poitiers.

Contrat de mariage de Pierre Rousseau, fils de Philippe Rousseau, éc., conseiller au Parlement de Bretagne, avec d^lle Forget, en date du 15 février 1616, signé Laffon et Boucher, n^res au Châtelet de Paris.

Contrat de mariage en secondes noces dudit Pierre Rousseau,

lieutenant général criminel au siège royal de Niort, avec d{lle} Catherine Le Blanc, en date du 30 octobre 1623, signé Porcheron et Royer, n{res} à Poitiers.

Contrat de mariage de Louis Rousseau, éc., sr de la Place et Mortier, cons{er} du roi, trésorier au Bureau des finances, avec d{lle} Marie de Brilhac, par lequel il paraît qu'il est fils de feu Pierre Rousseau ci-dessus, aussi trésorier au Bureau des finances, et de Catherine Le Blanc, en date du 8 février 1655, signé Bourbeau et Royer, n{res} à Poitiers.

Inventaire des pièces produites par dame Marie de Brilhac, veuve dudit Louis Rousseau, par-devant M. de Barentin, le 19 mai 1666, signé Barentin, et à la suite le vu desdites pièces et la restitution d'icelles, signé Pinet.

Contrat de mariage de Louis Rousseau, éc., produisant, avec d{lle} Marie Joubert, par lequel il paraît qu'il est fils de Louis Rousseau ci-dessus et de dame Marie de Brilhac, en date du 19 septembre 1687, signé Montenay et Royer, n{res} à Poitiers.

Transaction passée entre Pierre-Georges Rousseau, prêtre, éc., et Louis Rousseau, produisant, son frère, pour raison de leurs prétentions aux successions de Louis Rousseau, éc., et de dame Marie de Brilhac, leurs père et mère, en date du 1er juin 1700, signé Decressac et Bourbeau, n{res} à Poitiers.

Pièce non visée : Acte du 9 août 1630, par lequel Pierre Rousseau, oncle du produisant, a été reçu trésorier de France au Bureau des finances de la Généralité de Poitiers.

Ordonnance : Maintenu comme noble et écuyer, le 31 décembre 1714, signé : de Richebourg.

4

Châtellerault

Pierre REMOLLARD, éc., sr de Châteaugontier.

Pièces justificatives : Contrat de mariage de Charles Remollard avec d{lle} Marguerite de Butan, par lequel il paraît qu'il se marie du consentement de Catherin Remollard, son frère aîné, et que l'un et l'autre ont pris le titre d'écuyers, srs de la Brèche, en date du 1er janvier 1574, signé Proust et Virleu, n{res} à Châtellerault.

Quittance de Catherine Remollard au profit de Catherin Remollard, son frère, des droits qui lui appartenaient dans la succession de Charles Remollard et de dame Marguerite de Butan, leurs père et mère, en date du 5 janvier 1619, signé Gilbert, n^{re} royal à Chinon.

Ordonnance de MM. Destempes et de Bragelonne, commissaires généraux députés par Sa Majesté pour le régalement des tailles et abus dans les finances en la Généralité de Touraine, par laquelle il paraît que Catherin Remollard et Jacques Remollard, éc^{rs}, s^{rs} de la Brèche de Brizay, et autre Jacques Remollard, éc., s^r de Chanteloup, ont eu acte de la représentation des titres justificatifs de leur noblesse, et qu'ils ont été maintenus dans les privilèges attribués aux nobles, et leur postérité née et à naître en loyal mariage, en date du 16 mars 1635, signé Destempes, de Bragelonne, et plus bas, Leclerc. Dans le vu des pièces sur lesquelles est intervenue ladite ordonnance il paraît que lesdits Catherin et Jacques Remollard avaient produit, pour justifier de leur noblesse, des titres de l'année 1441 et autres y énoncés que le suppliant n'a pu recouvrer.

Ordonnance des commissaires généraux établis par Sa Majesté pour l'exécution de l'édit du mois de novembre 1640, portant révocation des anoblissements depuis trente ans, par laquelle lesdits Catherin et Jacques Remollard sont maintenus dans les privilèges des nobles du royaume, en date du 18 avril 1641, signée Drouin et Duchesneau, et plus bas, Roger.

Contrat de mariage de Jacques Remollard avec d^{lle} Marguerite de Ferron, par lequel il paraît qu'il est fils de Catherin Remollard, éc., et de dame Jeanne de Marsircon, et qu'il a pris le titre d'écuyer, s^r de la Guichardière, en date du 10 février 1634, signé Myvert, n^{ro} à Chinon.

Transaction entre Jacques Remollard, éc., s^r de la Guichardière, et Jacques André, éc., s^r de la Messardière, se faisant fort pour Marquise Remollard, sa femme, au sujet des successions de Catherin Remollard, éc., et de dame Jeanne de Marsircon, leurs père et mère, en date du 30 juillet 1637, signé Gilbert, n^{re} à Chinon.

Contrat du partage des biens de Jacques Remollard, éc., s^r de la Guichardière, et de dame Marguerite de Ferron, sa femme, entre François, Alexandre et Louise Remollard, leurs enfants, par lequel il paraît que François Remollard, éc., s^r de la Guichardière, comme aîné, a eu les préciputs et avantages de la Coutume, passé sous le scel de la cour et duché-pairie de Richelieu le 26 avril 1663, signé Porcheron, n^{re}.

Ordonnance de M. Voysin de la Noiraye, intendant de Touraine, en faveur de François et Alexandre Remollard, portant acte de la représentation de leurs titres de noblesse, pour y avoir égard lors de la confection du catalogue des gentilshommes, donné à Tours le 6 septembre 1668.

Contrat de mariage d'Alexandre Remollard avec d^{lle} Jeanne Desmonts, par lequel il paraît qu'il est fils de Jacques Remollard et de Marguerite de Ferron, et qu'il a pris le titre d'écuyer, s^r de Châteaugontier, passé à Châtellerault le 29 janvier 1674, signé Menant, n^{re} royal à Châtellerault.

Contrat du partage des biens de Pierre Desmonts et de Marguerite du Poirier, sa femme, père et mère de Jeanne Desmonts, épouse d'Alexandre Remollard, entre les sieurs et demoiselles Desmonts et par représentation Pierre Remollard, fils unique desdits Alexandre Remollard et Jeanne Desmonts, passé à Châtellerault le 18 avril 1698, signé Menant et Denyau, n^{res} à Châtellerault.

Ordonnance de M. Doujat, intendant du Poitou, en faveur de Pierre Remollard, éc., s^r de Châteaugontier, portant que lui, ses successeurs, enfants et postérité nés et à naître en loyal mariage, jouiront des privilèges attribués aux nobles, en date du 20 mai 1707, signé Doujat, et plus bas, Par Mgr, de Lespinay.

Pièces non visées : Contrat d'échange du 9 décembre 1573 passé en la cour de l'Isle-Bouchard entre noble homme Charles Remollard, éc., René Remollard, éc., son frère, du consentement de noble, vénérable et discrète personne Catherin Remollard, prêtre, s^{gr} de la Brèche de Brizay et curé dudit lieu, leur frère aîné, par lequel ledit Charles baille à René la maison noble de Chanteloup par lui acquise, et ledit René baille à

Charles tout et tel droit qui peut lui appartenir en la maison noble et seigneurie dudit lieu de la Brèche de Brizay à lui échu tant par la mort de noble homme René Remollard et d^lle Guillemette Dreux, en leur vivant s^r et dame dudit lieu de la Brèche, leurs père et mère, que par la mort de Jacques et Françoise Remollard, signé Delafaye.

Contrat de vente par noble homme messire Catherin Remollard, éc., s^r de la Brèche de Brizay, curé de ladite paroisse, à noble personne Charles Remollard, éc., son frère, des meubles étant en la maison de la Brèche, en date du 28 décembre 1573, signé Boutet, n^re.

Ordonnance : **Maintenu comme noble et écuyer, le 13 janvier 1715, signé : de Richebourg.**

Pierre ROY, éc., s^r de Parnay, demeurant paroisse de Luzay.

Thouars

Pièces justificatives : Copie collationnée de deux déclarations du roi, la première de Louis XI, du mois de novembre 1461, portant attribution des privilèges de noblesse aux douze échevins et douze conseillers jurés de la Maison de ville de Niort et à leur lignée ; la seconde de Henri III, du mois de juillet 1576, portant confirmation des mêmes privilèges, signé Jamard et Essertault, n^res royaux à Niort.

Certificat des s^rs maire, échevins, conseillers et pairs de la ville de Niort, du 24 février 1582, signé Bourguignon, maire, Hugteau, Pelletier, Brisset et Jamard, contenant que feu maître Olivier Roy était l'un des 24 échevins et conseillers du corps et collège de Niort l'an 1535, lequel avait laissé Jeanne Lablanche, sa veuve, et de leur mariage Olivier Roy, s^gr de la Bodinière et la Glandière, requérant ledit certificat.

Trois contrats du partage des biens dudit Olivier Roy et de Jeanne Lablanche, par lesquels il paraît qu'autre Olivier Roy, leur fils aîné, a eu les préciputs et avantages de la Coutume avec les autres cohéritiers, en date des 7 mai, 1er et 7 décembre 1557.

Contrat de mariage de Jean Roy avec d^lle Gabrielle de

Bouchereau, par lequel il est titré écuyer, passé sous le scel de Bressuire le 2 juin 1589 par Pignerot et Fradin, n^{res}.

Transaction en forme de partage entre Jean Roy ci-dessus et Paul Roy, son frère, des biens de la sucession d'Olivier Roy, 2e du nom, et de d^{lle} Radégonde de Brilhac, sa femme, leurs père et mère, en date du 26 mars 1594, signé Jouslard et Riffault, n^{res} à Poitiers.

Contrat du partage des mêmes biens d'Olivier Roy et de Radegonde de Brilhac entre Jean et Paul Roy, en explication de la transaction ci-dessus, en date du 8 avril 1596, signé Voussant.

Certificat de M. de Malycorne, gouverneur et lieutenant pour le roi en Poitou, contenant que Jean et Paul Roy, frères, éc^{rs}, s^{rs} de la Glandière, ont par son mandement suivi et accompagné M. de Parabère, lieutenant général pour le roi au gouvernement de Poitou, au siège du château de la Flocellière surpris par les ennemis de Sa Majesté, en date du 26 novembre 1597, signé de Malycorne, et plus bas, Meslier.

Ordonnance de M. Gaucher de Sainte-Marthe, trésorier de France et commissaire ordonné par le roi pour le régalement des tailles et abus dans les finances, par laquelle lesdits Jean et Paul Roy, frères, sont renvoyés de l'assignation à eux donnée à la requête du substitut du procureur général du roi et en conséquence rayés et biffés du rôle des tailles de la paroisse de Moncoutant, et par laquelle ils sont titrés écuyers, en date du 5 novembre 1599, signé de Sainte-Marthe, et plus bas, Vallée.

Ordonnance de M. Rousseau de la Parisière, trésorier de France et commissaire nommé par le roi pour la réformation des nobles et des abus qui se commettent dans les tailles, par laquelle Jean Roy, éc., s^r de la Glandière, est renvoyé de l'assignation à lui donnée et en conséquence maintenu dans l'exemption de la taille, en date du 4 janvier 1607, signé Rousseau, et plus bas, Brun.

Contrat de mariage de Jacques Roy avec d^{lle} Louise de Lesbaupine, par lequel il paraît qu'il est fils de Jean Roy et de Gabrielle Bouchereau, et qu'il a pris le titre d'écuyer, en date du 8 novembre 1624, signé Macé, n^{re} à Airvault.

Contrat de mariage de Jean Roy avec d^{lle} Ambroise Pinault, par lequel il paraît qu'il est fils de Jacques ci-dessus et de Louise de Lesbaupine et qu'il a pris le titre d'écuyer, en date du 27 novembre 1653, signé Chevreau, n^{re} à Thouars.

Jugement rendu par la Chambre souveraine établie par édit du mois de novembre 1666 sur le fait de l'affranchissement des francs-fiefs, par lequel ledit Jean Roy est déchargé d'une taxe sur lui faite à cause d'un fief noble, vu son titre d'écuyer, en date du 13 juin 1670, signé Masclarye.

Deux ordonnances rendues par MM. de Barentin et de Maupeou, intendants du Poitou, la 1re du 30 décembre 1667, par laquelle Jean Roy est maintenu dans sa noblesse avec le titre d'écuyer, signé Barentin, et plus bas, Par Mgr, Dubellineau, la 2e du 19 décembre 1698, par laquelle le même Jean Roy est de même maintenu avec le titre d'écuyer, signé de Maupeou, et plus bas, Par Mgr, Lecoq.

Contrat du partage des biens de Jean Roy, éc., et de d^{lle} Ambroise Pinault entre Pierre Roy, s^r de Parnay, produisant, leur fils aîné et principal héritier, et Renée Roy, sa sœur, par lequel il paraît que ledit Pierre Roy a eu les préciputs et avantages de la Coutume et qu'il a pris le titre d'écuyer, passé sous le scel de la duché-pairie de Thouars le 1er juin 1704 par Martin et Millorin, n^{res}.

Contrat de mariage de Pierre Roy avec d^{lle} Louise des Nouhes, par lequel il paraît qu'il est fils aîné de Jean Roy et d'Ambroise Pinault et qu'il a pris le titre de chevalier, s^{gr} de Parnay, la Roche-de-Luzay, Bouillé et la Bodinière, passé sous le scel de la châtellenie des Roches-Baritaud le 15 janvier 1704 par Gentil et Rambault, n^{res}.

Pièces non visées: Sentence rendue par les Élus de Thouars le 13 janvier 1609, par laquelle Jean et Paul Roy, frères, comme nobles et écuyers, sont renvoyés de l'assignation qui leur a été donnée à la requête du procureur du roi pour la représentation des titres justificatifs de leur exemption de la taille.

Acte de curatelle de Jean Roy, fils mineur de Jacques Roy, éc., s^r de la Roche-Bodinière, et de d^{lle} Louise de Lesbaupine, en date du 16 mai 1630, fait par-devant le juge de la baronnie d'Airvault, signé Lanet, greffier.

Sentence rendue au présidial de Poitiers entre Jean Roy, éc., s^r de la Bodinière, comme curateur de Jean Roy, éc., son petit-fils, et d^{lle} Louise de Lesbaupine, veuve de Jacques Roy, éc., s^r de la Roche, en date du 14 septembre 1634, signé Girault, greffier.

Sentence rendue par les Elus de Thouars au profit de Jean Roy, éc., s^r de la Bodinière, fils de défunt Jacques Roy, éc., s^r de la Roche, et de Louise de Lesbaupine, en date du 26 février 1655, par laquelle il est dit qu'il jouira des titres et privilèges de noblesse et exemption de taille, ainsi que ses prédécesseurs avaient fait, signé Delaville, greffier.

Sentence rendue par M. de Marillac, intendant de Poitou, qui décharge ledit Jean Roy, éc., s^r de la Bodinière, de la taxe sur lui faite pour les francs-fiefs, en date du 18 août 1679.

Testament fait par ledit Jean Roy, éc., s^r de la Bodinière, le 10 mai 1703, signé Gachinard et Caffin, n^{res}.

Trois actes de partage des biens de Jean Roy, éc., s^r de la Bodinière, et d'Ambroise Pinault, sa femme, entre Pierre Roy, éc., produisant, d^{lle} Renée Roy, sa sœur, et Henri de Mallonay, éc., s^{gr} de Magé, comme père et loyal administrateur de d^{lle} Ambroise Roy, sa fille issue de son premier mariage avec défunte dame Marie Roy, en date des 29 mai, 1er et 4 juin 1704.

Ordonnance : Maintenu comme noble et écuyer, le 21 janvier 1715, signé : de Richebourg.

6

Poitiers

Jean RICHARD, éc., s^r de la Brunalière.

Pièce justificative : Ordonnance de M. Roujault, intendant de Poitou, en faveur de Jean Richard, éc., s^r de la Brunalière, produisant, dans le vu des pièces de laquelle sont énoncés ses titres, et par laquelle il est déchargé de l'assignation à lui donnée à la requête de Ferrand, en conséquence maintenu dans sa noblesse, en date du 13 juin 1711, signée Roujault, et plus bas, Par Mgr, Thieriat.

Dire du produisant : Il est fils de Jean Richard, éc., s^r de la Brunalière, et de d^{lle} Marie Citois, et petit-fils d'autre Jean Richard, éc., s^r de la Barre, et d'Anne Cacquemer. Son père a été maintenu en sa noblesse par une sentence de M. de Barentin.

Ordonnance : Maintenu comme noble et écuyer, le 12 février 1715, signé : de Richebourg.

Jean RABAULT, éc., s^r de la Vaudebreuil et de Jazeneuil.

Pièces justificatives : Contrat de mariage de Jacques Rabault, éc., s^r de la Vaudebreuil, avec d^{lle} Marie d'Armagnac, fille de feu Jean d'Armagnac, éc., s^r dudit lieu et d'Izoré, premier valet de chambre du roi, et de d^{lle} Anne de la Fontaine, passé sous le scel de la cour de Chinon le 15 mars 1602 pardevant Gouin, n^{re} royal.

Contrat de mariage de René Rabault, éc., s^r de Jazeneuil, avec d^{lle} Louise Moysen, par lequel il paraît qu'il est fils puîné de Jacques Rabault ci-dessus et de Marie d'Armagnac et que Jean Rabault est son frère aîné, en date du 30 janvier 1643, signé Coudré, n^{re} royal à Saint-Maixent.

Contrat de mariage de René Rabault, chev., s^{gr} de la Vaudebreuil, avec d^{lle} Suzanne Moysen, fille de Gédéon Moysen, éc., s^r de Laugerie, et de dame Suzanne Chasteigner, par lequel il paraît qu'il est fils aîné de feu Jean Rabault, éc., s^r de la Vaudebreuil (frère de René ci-dessus), et de dame Marie Mercier, en date du 29 août 1663, reçu par Marrot et Lauvergnat, n^{res} royaux à Lusignan.

Inventaire des titres justificatifs de noblesse dudit René Rabault fait devant M. Colbert, intendant de Poitou, le 11 mars 1665, au pied duquel est acte de la représentation et Communiqué au s^r Pinet, signé Colbert, et au-dessous est écrit : Vu les pièces y mentionnées, signé Pinet.

Extrait de baptême de Jean Rabault, du 13 février 1667, par lequel il paraît qu'il est fils de René, s^r de la Vaudebreuil, et de dame Suzanne Moysen, délivré le 8 décembre 1694 par Venault, greffier de Lusignan, contrôlé le 4 février 1715 à Poitiers par Coupard.

— 210 —

Ordonnance de M. de Barentin en faveur de René Rabault, s^r de la Vaudebreuil, et autre René Rabault, s^r de Mateflon, par laquelle ils sont maintenus dans les privilèges de la noblesse, en date du 9 septembre 1667.

Ordonnance : Maintenu comme noble et écuyer, le 19 février 1715, signé : de Richebourg.

8

Gabriel ROUX, éc., s^r de la Salle, demeurant paroisse de Saint-Gervais.

Poitiers

Pièce justificative : Copie collationnée d'une ordonnance de M. de Barentin en faveur de Jean Roux, éc., s^r de Lusson, et de Gabriel Roux, éc., s^r de la Salle, par laquelle ils ont été maintenus dans les privilèges de la noblesse, en date du 7 décembre 1667, ladite copie délivrée le 4 juin 1670 par le secrétaire de M. Rouillé du Coudray, intendant de Poitou, signé Beaubourg.

Pièce non visée : Contrat de mariage dudit Gabriel Roux, produisant, avec d^{lle} Madeleine de Conday de Brie, reçu le 16 janvier 1659 par Pascaud, n^{re} royal en la sénéchaussée de Limousin.

Ordonnance : Déchargé de l'assignation à lui donnée à la requête du s^r Ferrand, le 23 février 1715, signé : de Richebourg.

9

François RÉGNIER, éc., s^r des Remondières,
Renée Veillat, veuve en secondes noces de René RÉGNIER, éc., s^r de la Brochetière.

Niort

Pièce justificative : Ordonnance de M. de Maupeou en faveur de Renée Veillat, veuve en secondes noces de René Régnier, éc., s^r de la Brochetière, François Régnier, éc., s^r des Remondières, Pierre Régnier, éc., s^r de la Brochetière, et François Régnier, éc., s^r des Boulles, par laquelle ils sont déchargés des assignations à eux données à la requête de Guérin, au lieu et place duquel est substitué le sʳ Ferrand, et maintenus dans les privilèges de la noblesse, en date du 14 janvier 1699.

Ordonnance : Déchargés de l'assignation à eux donnée à la requête du sʳ Ferrand, le 24 février 1715, signé : de Richebourg.

Louis-Suirot RÉGNIER, éc., sʳ de Champeaux,
Jean-Louis, Jacques-Daniel et François-Augustin RÉGNIER, ses enfants.

10

Niort

Pièces justificatives : Ordonnance de M. de Barentin en faveur de Jean Régnier, éc., sʳ de Champdevaux, et François Régnier, éc., sʳ d'Availles, par laquelle ils sont maintenus dans les privilèges de la noblesse, en date du 9 septembre 1667.

Ordonnance de M. de Maupeou en faveur de Louis-Suirot Régnier, éc., sʳ de Champeaux, par laquelle il est déchargé de l'assignation à lui donnée à la requête de Guérin, au lieu et place duquel est substitué le sʳ Ferrand, et maintenu en sa noblesse, en date du 15 janvier 1699.

Trois extraits de baptême à la suite les uns des autres, le 1ᵉʳ de Jean-Louis Régnier, du 7 septembre 1686, le 2ᵉ de Jacques-Daniel Régnier, du 7 mai 1696, le 3ᵉ de François-Augustin Régnier, du 12 août 1697, par lesquels il paraît qu'ils sont enfants de Louis-Suirot Régnier, éc., sʳ de Champeaux, et de Catherine Belin, signés Aubert, curé de Champeaux, et contrôlés à Poitiers le 23 février 1715 par Legrand.

Ordonnance : Maintenus comme nobles et écuyers, le 24 février 1715, signé : de Richebourg.

Marguerite RÉGNIER, dˡˡᵉ de Puybernaud,
Anne RÉGNIER, dˡˡᵉ de la Mignaudière, sa sœur.

11

Niort

Pièces justificatives : Transaction passée entre dame Marie Dupuy, veuve de Jean Régnier, éc., sʳ de Bourgneuf, Pierre, Jacques, Gaspard, Antoine et Daniel Régnier, écʳˢ, ses enfants, d'une part, et Pierre Régnier, éc., sʳ du Bourgneuf, d'autre part, au sujet du testament fait par ledit Jean Régnier, éc., s'r de Bourgneuf, en date du 16 octobre 1579, signé Bodin et Caillon, n^res royaux à Saint-Maixent.

Contrat de mariage de René Régnier, éc., s^r de Louvrardière, avec d^lle Catherine Chaillot, par lequel il paraît qu'il est fils aîné de Jacques Régnier ci-dessus et de d^lle Marguerite Suirot, en date du 24 octobre 1616, signé Coustand et Anguinet, n^res.

Contrat de mariage de Daniel Régnier, éc., s^r de la Borlière, avec d^lle Marie Régnier, fille de Jacques Régnier, éc., s^r de la Brochetière, et de d^lle Jacquette de Vallenche, par lequel il paraît qu'il est fils de René ci-dessus et de Catherine Chaillot, en date du 3 février 1642, signé Arnaudeau et Jousseaume, n^res royaux à Niort.

Contrat du partage des biens de Daniel Régnier, éc., s^r de la Borlière, entre Josué, Jacques, Daniel, Marguerite et Anne Régnier, enfants dudit Daniel Régnier et de Marie Régnier, par lequel il paraît que Josué, comme aîné, a eu les avantages et préciputs de la Coutume, en date du 8 décembre 1676, signé Rousseau, n^re royal à Niort.

Ordonnance : Maintenues comme demoiselles, le 24 février 1715, signé : de Richebourg.

12

Confolens

Anne de la Mothe, veuve de Marc RÉGNAUD, *alias* RÉGNAULT, éc., s^r de Bellemothe.

Pièces justificatives : Contrat de mariage de Marc Régnaud, éc., s^r de Bellemothe, avec d^lle Anne de la Mothe, en date du 27 juin 1675, signé Delacourbye, n^re.

Ordonnance de M. de Maupeou en faveur de Marc Régnaud, éc., s^r de Bellemothe, par laquelle il est déchargé de l'assignation à lui donnée à la requête de Guérin, à la place duquel est substitué le s^r Ferrand, et maintenu dans la qualité de noble et écuyer, en date du 14 mars 1700.

Ordonnance : Maintenue comme veuve de noble, le 26 février 1715, signé : de Richebourg.

Jeanne Raquette, veuve de Frédéric de ROSSY, éc., s^r de Beauséjour. *13* *Mauléon*

Pièce justificative : Ordonnance de M. de Maupeou en faveur de Jeanne Raquette, veuve de Frédéric de Rossy, éc., s^r de Beauséjour, par laquelle elle est déchargée de l'assignation à elle donnée, tant en son nom qu'en celui de Louis, Frédéric et Pierre-Jacques de Rossy, ses enfants, en conséquence maintenue dans les droits et privilèges de la noblesse, en date du 13 août 1700.

Ordonnance : Déchargée de l'assignation à elle donnée à la requête du s^r Ferrand, le 2 mars 1715, signé : de Richebourg.

Jean RÉGNAUD, *alias* RÉGNAULT, éc., s^r de Maslandry, *14*

François RÉGNAUD, éc., s^r de Leyrat. *Niort*

Pièces justificatives : Ordonnance de M. de Barentin en faveur de René Régnaud, éc., s^r de Massignac, Pierre Régnaud, éc., s^r de Beaupuy, et Jean-Louis Régnaud, éc., s^r de Maslandry, par laquelle ils sont tous maintenus dans la qualité de nobles et écuyers, en date du 1er septembre 1667.

Extrait de baptême de Jean Régnaud, du 23 juillet 1670, par lequel il paraît qu'il est fils de Jean-Louis Régnaud, éc., s^r de Maslandry, et de d^{lle} Louise Guy, signé Caron, curé d'Amberac, contrôlé le 11 mars 1715 à Poitiers par Coupard.

Extrait de baptême de François Régnaud, du 16 novembre 1675, par lequel il paraît qu'il est fils de Jean-Louis Régnaud, éc., et de d^{lle} Louise Guy, signé Caron, curé d'Amberac, légalisé par le s^r Brumaud, sénéchal d'Amberac, le 9 mars 1715, contrôlé à Poitiers le 11 mars 1715 par Coupard.

Ordonnance : Maintenus comme nobles et écuyers, le 12 mars 1715, signé : de Richebourg.

15

Les Sables

Jean-Gabriel de RORTHAYS, éc., s^r de la Roche-Saint-Révérend,

Louis-Gabriel de RORTHAYS, éc.,

Henri-André de RORTHAYS, éc.

Pièces justificatives : Contrat de mariage de Jean-Gabriel de Rorthays, éc., s^r de la Roche-Saint-Révérend, avec d^{lle} Laurence Hertfelt, par lequel il paraît qu'il est fils d'autre Jean-Gabriel de Rorthays, éc., et de dame Marie-Angélique d'Arcemalle, en date du 8 septembre 1704, signé Viaud pour deuxième grosse.

Deux extraits de baptême, le 1er de Louis-Gabriel de Rorthays, du 10 septembre 1689, signé Grazeau, le 2e d'Henri-André de Rorthays, du 9 novembre 1693, signé Gaussan, par lesquels il paraît qu'ils sont enfants de Jean-Gabriel de Rorthays, s^{gr} de la Roche-Saint-Révérend, et de dame Marie-Angélique d'Arcemalle, lesdits extraits délivrés par Armot, curé de Saint-Révérend, contrôlés par Régnault.

Ordonnance de M. de Maupeou en faveur de dame Marie-Angélique d'Arcemalle, veuve de Jean-Gabriel de Rorthays, éc., s^r de la Roche-Saint-Révérend, par laquelle elle est renvoyée de l'assignation à elle donnée, tant en son nom que comme mère tutrice de ses enfants, par Guérin, au lieu et place duquel est substitué le s^r Ferrand, et maintenue dans les privilèges de la noblesse, en date du 6 octobre 1699.

Ordonnance : Déchargés de l'assignation à eux donnée à la requête du s^r Ferrand, le 20 mars 1715, signé : de Richebourg.

16

Fontenay

Josué ROBINEAU, chev., s^{gr} de la Chauvinière,

Charlotte-Marguerite Genty, veuve d'autre Josué ROBINEAU, éc., s^r de la Chauvinière.

Pièces justificatives : Ordonnance de M. de Maupeou en faveur de Josué Robineau, éc., s^r de la Chauvinière, par laquelle il est déchargé de l'assignation à lui donnée à la requête de Guérin, au lieu et place duquel est substitué le s^r Ferrand, et en conséquence maintenu dans sa noblesse, en date du 4 octobre 1699. Dans le vu des pièces de ladite ordonnance sont énoncés deux contrats de mariage dudit Josué Robineau, le 1ᵉʳ avec dᵉˡˡᵉ Gabrielle Chasteigner, rapporté daté du 17 février 1663, et le 2ᵉ avec dᵉˡˡᵉ Charlotte-Marguerite Genty, rapporté daté du 3 juin 1671.

Contrat de mariage de Josué Robineau, chev., sᵍʳ de Marsiac, avec dᵉˡˡᵉ Angélique de la Pastelière, par lequel il paraît qu'il est fils de Josué Robineau, chev., sᵍʳ de la Vergne et de la Chauvinière, dénommé ci-dessus, et de dame Gabrielle Chasteigner, en date du 26 novembre 1694, signé Bruard et Paindessous, nʳᵉˢ.

Acte d'émancipation de Josué Robineau, chev., sᵍʳ de la Chauvinière, par lequel il paraît qu'il est fils de Josué Robineau ci-dessus et de dame Angélique de la Pastelière, en date du 29 mai 1714, signé Fayault, greffier de la principauté et pairie des Lucs.

Ordonnance : Maintenus comme noble et écuyer, et comme veuve de gentilhomme, le 22 mars 1715, signé : de Richebourg.

Pierre-Louis ROBERT, éc., sʳ de Lézardière, *17 et 18*
Claude ROBERT, éc., sʳ de la Jarrye.

Les Sables

Pièce justificative : Ordonnance de M. de Maupeou en faveur de Pierre-Louis Robert, éc., sʳ de Lézardière, et de Claude Robert, éc., sʳ de la Jarrye, par laquelle ils sont déchargés de l'assignation à eux donnée à la requête de Guérin, au lieu et place duquel est substitué le sʳ Ferrand, en conséquence maintenus en leur noblesse, en date du 17 novembre 1699.

Pièces non visées : Contrat de mariage de Louis Robert, éc., sʳ de Lézardière, avec dᵉˡˡᵉ Madeleine Poitevin, par lequel il paraît qu'il est fils de Pierre Robert, en date du 22 septembre 1682.

Extrait de baptême de Pierre-Louis Robert, du 6 septembre 1690, par lequel il appert qu'il est fils de Louis Robert, éc., sʳ de Lézardière, et de dame Madeleine Poitevin.

Dires des produisants : Pierre Robert, aïeul de Pierre-Louis, a obtenu une sentence de décharge de M. de Barentin le 24 septembre 1667.

Madeleine Poitevin, alors veuve de Louis Robert, était comprise dans l'ordonnance rendue par M. de Maupeou en faveur des produisants.

Ordonnance : Maintenus comme nobles et écuyers, le 22 mars 1715, signé : de Richebourg.

19

Thouars

Pierre de RÉGNIER, éc., s^r du Courtioux.

Pièces justificatives : Inventaire fait devant M. Voysin de la Noiraye, intendant de la Généralité de Tours, des titres justificatifs de la noblesse de Pierre de Régnier, éc., s^r du Courtioux, au pied duquel est l'ordonnance portant acte de la représentation desdits titres pour y avoir égard lors de la confection du catalogue des gentilshommes du royaume, en date du 17 mai 1667.

Contrat de mariage de Pierre de Régnier, éc., s^r de Preuillé, avec d^{lle} Renée de Cornillon, par lequel il paraît qu'il est fils de Pierre de Régnier, éc., s^r du Courtioux, dénommé dans l'ordonnance ci-dessus, et de dame Philippe du Meslay, en date du 11 octobre 1702, signé Cagot, n^{re}.

Ordonnance : Maintenu comme noble et écuyer, le 28 mars 1715, signé : de Richebourg.

20

Fontenay

Elisabeth Bernard, veuve de Louis RÉGNAULT, chev., s^{gr} de la Barre-Saint-Juire.

Pièces justificatives : Ordonnance de M. de Barentin en faveur de Louis Régnault, éc., s^r de la Barre-Saint-Juire, par laquelle il est maintenu dans la qualité de noble et écuyer, en date du 31 août 1667.

Contrat de mariage de Louis Régnault, chev., s^{gr} de la Barre-Saint-Juire, avec dame Elisabeth Bernard, en date du 26 juin 1699, signé Jobet, n^{re} royal à Fontenay.

Ordonnance : Maintenue comme veuve de noble, le 31 mars 1715, signé : de Richebourg.

Nicolas RÉGNAUD, chev., s^{gr} du Repaire, de Massignac. 21

Pièces justificatives : Ordonnance de M. de Barentin en faveur de René Régnaud, éc., s^r de Massignac, Pierre Régnaud, éc., s^r de Beaupuy, et Jean-Louis Régnaud, éc., s^r de Maslandry, par laquelle ils sont maintenus dans la qualité de nobles et écuyers, en date du 1er septembre 1667. *Niort*

Contrat de mariage de René Régnaud, éc., s^r de Massignac, dénommé dans l'ordonnance ci-dessus, avec d^{lle} Elisabeth de la Chétardie, par lequel il paraît qu'il est fils de Paul Régnaud, éc., s^r de Massignac, et de dame Marie de Salignac, en date du 3 février 1650, signé Denis, n^{ro}.

Contrat de mariage de Nicolas Régnaud, chev., s^{gr} du Repaire et de Massignac, chevalier de l'ordre de Saint-Louis, avec d^{lle} Jeanne de Curzay, par lequel il paraît qu'il est fils de René Régnaud ci-dessus et de dame Elisabeth de la Chétardie, en date du 25 décembre 1710, signé Jéhu, n^{ro}.

Ordonnance : Maintenu comme noble et écuyer, le 3 avril 1715, signé : de Richebourg.

Jean RICHELOT, éc., s^r de la Verrie, faisant tant pour lui que pour d^{lles} Anne et Renée RICHELOT, ses sœurs, demeurant paroisses de la Verrie, Tiffauges et les Herbiers. 22

Mauléon

Pièce justificative : Ordonnance de M. Pinon, intendant du Poitou, en faveur de Jean Richelot, éc., s^r de la Verrie, et d^{lles} Anne et Renée Richelot, par laquelle ils sont maintenus en leur noblesse, en date du 23 mai 1704.

Ordonnance : Maintenus dans les privilèges de la noblesse, le 27 avril 1715, signé : de Richebourg.

Hélène Pandin, veuve de François RIBIER, éc., s^r de Saint-Rémy. 23

Pièces justificatives : Acte passé entre Clément Ribier, éc., s^r du *Poitiers*

Courty, et Jean et François Ribier, ses enfants, contenant transport de domaines en leur faveur, en date du 5 novembre 1582, signé Fillon et Couronneau, n^res à Cognac.

Acte passé entre ledit Clément Ribier, éc., s^r du Courty, et François Ribier, éc., s^r de Brette, son fils, contenant un compte fait entre eux des sommes de deniers prêtées par ledit François Ribier à son père, en date du 29 mars 1588, signé Phelipon et Guiochon, n^res à Villefagnan.

Acte d'émancipation de la personne de François Ribier, sur la réquisition de François Ribier, éc., s^r de Brette, son père, donné par le juge du marquisat de Ruffec le 30 mai 1597, signé Fradin, juge, et Lestreux, greffier.

Contrat de mariage de François Ribier, éc., s^r de Brethé, avec d^lle Charlotte de Bessac, par lequel il paraît qu'il est fils de François Ribier ci-dessus, premier du nom, et de d^lle Marie Richard, en date du 9 février 1620, signé Calliot, n^re royal en Angoumois.

Contrat de mariage d'Abraham Ribier, éc., s^r de la Mesnardière, avec d^lle Judith Texier, par lequel il paraît qu'il est fils de François Ribier, éc., s^r de Brethé, et de Charlotte de Bessac, en date du 22 avril 1659, signé Finet et Chauvegrain, n^res.

Contrat de mariage de François Ribier, éc., s^r de Saint-Rémy, avec d^lle Hélène Pandin (fille de défunt Gaspard Pandin, éc., s^r des Loges, et de défunte d^lle Elisabeth Raveau), par lequel il paraît qu'il est fils d'Abraham Ribier, éc., s^r de la Mesnardière, et de défunte Judith Texier, en date du 16 novembre 1693, signé Dupont, n^re royal en Angoumois.

Pièces non visées : Contrat passé à Ruffec entre Clément Ribier, éc., s^r du Courty, et Pierre Bienvenu, le 16 février 1546, signé Chain, n^re.

Contrat passé à Villefagnan entre Clément Ribier, s^r du Courty, et Mathurine Audoyer, le 15 juin 1558, signé Chain, n^re.

Acte d'émancipation de Jean et François Ribier, enfants dudit Clément Ribier, rendu à Cognac le 8 avril 1566, signé Dugal, commis-greffier.

Contrat passé à Champagné-Saint-Hilaire le 31 août 1566 entre Méry Ribier, éc., et Clément Ribier, son oncle, signé Ferrault et Maingault, n^{res}.

Ordonnance : Maintenue dans les privilèges et exemptions attribués aux gentilshommes, le 15 mai 1715, signé : de Richebourg.

Antoine RACODET, chev., s^{gr} de Saint-Martin. 24

Pièces justificatives : Ordonnance de M. de Maupeou en faveur de François Racodet, éc., s^r de la Guinemandière, par laquelle il est déchargé de la somme de trois mille livres, à laquelle il avait été taxé au Conseil par le rôle du 24 mai 1697, et en conséquence maintenu dans la qualité de noble et écuyer, en date du 15 juillet 1697.

Fontenay

Contrat de mariage d'Antoine Racodet, chev., s^{gr} de Saint-Martin, avec d^{lle} Suzanne-Céleste de Voullon, par lequel il paraît qu'il est fils de François Racodet, chev., s^{gr} de la Guinemandière, dénommé ci-dessus, et de dame Louise Blouin, en date du 22 septembre 1699, signé Audebran, n^{re}.

Ordonnance : Maintenu comme noble et écuyer, le 16 mai 1715, signé : de Richebourg.

Antoinette ROUSSEAU de la Parisière, faisant tant pour elle que pour d^{lles} Madeleine et Marie-Anne ROUSSEAU, ses sœurs. 25

Pièces justificatives : Contrat de mariage de René Rousseau, éc., avec d^{lle} Marie Chabot (fille de Jean Chabot, chev., s^{gr} de Saint-Florent, et de dame Perrette Viguier), par lequel il paraît qu'il est fils et principal héritier d'autre René Rousseau, chev., s^{gr} de la Parisière, et de dame Marie Courtois, passé sous le scel royal de Niort par Gatault et Mullot, n^{res} royaux, le 5 août 1576, signé Demoulins.

Poitiers

Provisions de la charge de maître d'hôtel du roi, accordées

par le roi Henri IV en faveur du sr Rousseau de la Parisière, conseiller président trésorier général de France en Poitou, en date du 26 août 1600, signé Henry, et plus bas, Par le roi, Bouché, au bas desquelles est l'acte de prestation de serment dudit sieur de la Parisière, fait à Mgr le comte de Soissons, Grand Maître de France, du 28 septembre 1600, signé Mauduisson.

Commission imprimée du même roi Henri IV, adressée au sr Rousseau de la Parisière, maître d'hôtel ordinaire du roi, trésorier de France en Poitou, aux fins de faire payer les restes dus de la taille des années 1595, 1596 et surséance de 1597 par les paroisses de cette Généralité, en date du 17 février 1601, signée Henry, et plus bas, Par le Roi, Forget, et scellée du grand sceau de cire jaune à simple queue.

Commission en suite de la précédente du même roi Henri IV à Nicolas Rapin, grand prévôt de la Connétablie et Maréchaussée de France, pour l'exécution de la précédente commission, en date du 17 février 1601, au pied de laquelle est l'attache de René Rousseau, éc., sr de la Parisière, maître d'hôtel ordinaire de Sa Majesté et trésorier général de France en Poitou, et de Nicolas Rapin, éc., sr de la Cholletière, grand prévôt de la Connétablie et Maréchaussée de France, en date du 2 mars 1601, signé Sorin, commis-greffier.

Contrat de mariage de François Rousseau, chev., sr de la Parisière, conser du roi, trésorier général de France au Bureau des finances établi à Poitiers, avec dlle Madeleine Charlet (fille de François Charlet, éc., sr de la Papinière, et de dlle Jeanne Gaultreau), par lequel il paraît qu'il est fils de feu René Rousseau de la Parisière, dénommé ci-dessus, et de dame Marie Chabot, en date du 12 février 1629, signé Porcheron, nre à Poitiers.

Contrat de mariage de Georges Rousseau, éc., sgr de la Parisière, avec dlle Antoinette Charton, par lequel il paraît qu'il est fils et principal héritier de défunt François Rousseau ci-dessus et de dame Madeleine Charlet, en date du 11 janvier 1655, signé Marchand, nre à Poitiers.

Extrait de baptême d'Antoinette-Geneviève Rousseau de la

Parisière, par lequel il paraît qu'elle est fille de Georges Rousseau, éc., s^gr de la Parisière, ci-dessus, et de dame Antoinette Charton, en date du 3 janvier 1665, délivré le 21 décembre 1714 par Guyet, curé de Saint-Cybard de Poitiers, légalisé le 14 janvier 1715 par le s^r Besse, conseiller au présidial de Poitiers, contrôlé à Poitiers le 10 mai 1715 par Legrand.

Pièces non visées : Extrait mortuaire de René Rousseau, chev., s^gr de la Parisière, cons^er du roi, président au Bureau des finances, marié avec dame Marie Courtois, en date ledit extrait du 27 juillet 1587, signé du révérend père Texier, sacriste des Religieux Cordeliers de Poitiers, où il fut inhumé. Au dos duquel est l'acte de légalisation du s^r Besse, cons^er au siège de ladite ville, daté du 15 janvier 1715.

Acte mortuaire de René Rousseau, fils du précédent, du 22 juillet 1610, au bas duquel est le certificat du révérend père Giraud, sacriste des Religieux Cordeliers de Poitiers, et au dos est l'acte de légalisation du s^r Besse, cons^er, du 15 janvier 1715.

Acte mortuaire de François Rousseau, trésorier au Bureau des finances de Poitiers, fils du précédent, du 19 septembre 1648, au bas duquel est le certificat du révérend père Giraud, sacriste des Religieux Cordeliers de Poitiers, et l'acte de légalisation du s^r Besse.

Ordonnance : Maintenue comme noble et demoiselle, le 18 mai 1715, signé : de Richebourg.

Henri de RAMPSAY, éc., s^r de Claveau, demeurant en la paroisse de Saint-Valérien.

Fontenay

Pièces justificatives : Ordonnance de M. de Barentin en faveur de d^lle Marguerite Guibert, veuve de Jacques de Rampsay, éc., faisant pour François de Rampsay, éc., son fils, Marie et Marguerite de Rampsay, ses filles, par laquelle ils sont maintenus dans la qualité de nobles et écuyers et dans tous les privilèges, honneurs et exemptions accordés aux nobles du royaume, en date du 16 août 1667.

Contrat de mariage de François de Rampsay, éc., s^gr dudit lieu, avec d^lle Marie Corbière, par lequel il paraît qu'il est fils de défunt Jacques de Rampsay, éc., et de Marguerite Guibert, dénommée dans l'ordonnance ci-dessus, en date du 11 avril 1674, signé Rousseau et Girard, n^ros à Mouchamp.

Acte de dation de curatelle à Jean et Henri de Rampsay, fait par-devant le sénéchal de Mouchamp, à la réquisition de François de Rampsay, susnommé, par lequel il paraît qu'ils sont issus de François de Rampsay, éc., et de Marie Corbière, en date du 31 janvier 1687, signé Cerclé, greffier.

Acte d'émancipation desdits Jean et Henri de Rampsay, fait devant le sieur lieutenant général de Poitou à Poitiers, à la réquisition de François de Rampsay, leur père, en date du 22 janvier 1692, signé Bouzier, greffier.

Sentence rendue par le sieur Moriceau, sénéchal de Fontenay-le-Comte, par laquelle il paraît que François de Rampsay, éc., a épousé en secondes noces Madeleine Voyer, que Jean de Rampsay, fils du 1er mariage dudit François de Rampsay et de Marie Corbière, a épousé Marie-Eléonore de Rivecourt, dont est issu Henri de Rampsay, éc., produisant, et que Madeleine Voyer, épouse en secondes noces de François de Rampsay, éc., suivant le testament de ce dernier, a accepté la tutelle dudit Henri de Rampsay, éc., mineur, en laquelle elle est confirmée par la présente sentence, en date du 21 novembre 1702, signé Constantin, greffier.

Ordonnance : Maintenu comme noble et écuyer, le 25 mai 1715, signé : de Richebourg.

---

27. Gilbert RAOUL, éc., s^r du Soulier, y demeurant, paroisse de Combrand.

Thouars Pièces justificatives : Ordonnance de M. de Barentin en faveur de Philippe Raoul, éc., s^r du Soulier, et de Gilberte Raoul, sa tante, par laquelle ils sont maintenus dans la qualité de nobles et écuyers, en date du 9 décembre 1667.

Contrat de mariage de Philippe Raoul, chev., s^gr du Soulier, avec d^lle Marguerite Bigot, par lequel il paraît qu'il est fils de Louis Raoul, chev., s^gr du Soulier, et de dame Marie de Tusseau, en date du 28 juin 1664, signé Delavault, n^re.

Extrait de baptême de Gilbert Raoul, du 2 mai 1668, par lequel il paraît qu'il est fils de Philippe Raoul ci-dessus et de dame Marguerite Bigot, délivré le 1er juin 1715 par Deniau, curé de Combrand, légalisé par le sénéchal de Mauléon et contrôlé à Poitiers le 24 juin 1715 par Legrand.

Ordonnance : Maintenu comme noble et écuyer, le 26 juin 1715, signé : de Richebourg.

Marie Maquenon, veuve de Jean de RAZES, éc., s^gr de Verneuil, cons^er du roi, ci-devant cons^er en la cour de Parlement de Bretagne, et au jour de son décès président au présidial de Poitiers,

François de RAZES, éc., s^gr de Verneuil, cons^er du roi, lieutenant général en la sénéchaussée de Poitou et siège présidial de Poitiers,

Jean de RAZES, éc., s^gr d'Auxances,

Antoine de RAZES, éc., prieur de Sainte-Radégonde,

Charles-François de RAZES, éc.,

Marie-Françoise Divé, veuve de François de RAZES, éc., s^r de Ché,

Timothée de RAZES, éc., s^r de Ché.

28

Poitiers

Pièces justificatives : Aveu et dénombrement rendu par Jean Estourneau, chapelain de Saint-Nicolas, à Joseph et François de Razes, éc^rs, s^grs de Laleu, à cause du fief et ténement des Perrières mouvant de la maison et terre de Laleu, en date du 27 mars 1563, signé de Razes, Berthé, Chartier, n^re, et Masson.

Aveu et dénombrement rendu par Joseph et François de Razes, éc^rs, au seigneur de Champeaux, de leur maison, terre et seigneurie de Laleu, mouvante de Champeaux, en date du 9 novembre 1570, signé Maujalon et Daniau, n^res.

Extrait de baptême de François de Razes, du 24 mars 1595, par lequel il paraît qu'il est fils de noble Nicolas de Razes, éc., s^r de Ché, cons^{er} au présidial de Poitiers, et de d^{lle} Izieux Gabriault, délivré le 11 mai 1714 par Guyet, curé de Saint-Cybard, légalisé par le lieutenant particulier du siège présidial de Poitiers et contrôlé le 25 juin 1715 par Legrand.

Contrat de mariage de François de Razes, éc., s^r de Ché, cons^{er} au présidial de Poitiers, avec d^{lle} Catherine Morelon, par lequel il paraît qu'il est fils de Nicolas de Razes., éc., s^r de Ché, et de dame Izieux Gabriault, en date du 22 avril 1621, signé Joussant et Aubineau, n^{res}.

Contrat du partage des biens de Nicolas de Razes, éc., s^r de Ché, et de dame Izieux Gabriault, entre François de Razes, éc., s^r de Ché, et Jean Barbarin, éc., s^r du Bost, à cause de d^{lle} Catherine de Razes, sa femme, leurs enfants, par lequel il paraît que ledit François, en qualité d'aîné, a eu les préciputs et avantages de la Coutume, en date du 22 février 1629, signé Royer et Porcheron, n^{res} à Poitiers.

Contrat de mariage de Jean de Razes, éc., s^r de Verneuil, cons^{er} au Parlement de Bretagne, avec d^{lle} Marie Maquenon, par lequel il paraît qu'il est fils de François de Razes ci-dessus et de dame Catherine Morelon, en date du 15 mars 1654, signé Hersant et Nicolas, n^{res}.

Contrat de mariage de Pierre de Razes, éc., avec d^{lle} Marie de la Coussaye, par lequel il paraît qu'il est fils de François de Razes, éc., s^r de Ché, cons^{er} au présidial de Poitiers et l'un des pairs et échevins de cette ville, et de dame Catherine Morelon, en date du 6 avril 1654, signé Martin et Prévost, n^{res}.

Contrat du partage des biens de François de Razes et de dame Catherine Morelon, entre Jean de Razes, éc., s^{gr} de Verneuil, lieutenant général de la sénéchaussée et présidial de Poitiers, Pierre de Razes, éc., cons^{er} au même présidial, et Jeanne de Razes, leurs enfants, par lequel il paraît que Jean, en qualité d'aîné, a eu les avantages et préciputs de la Coutume, en date du 22 août 1662, signé Bourbeau et Royer, n^{res} à Poitiers.

Extrait du baptême de François de Razes, du 14 avril 1655, par lequel il paraît qu'il est fils de Jean de Razes, s^gr de Verneuil, lieutenant général au présidial de Poitiers, et de dame Marie Maquenon, délivré le 4 décembre 1714 par Richard, curé de Saint-Paul de Poitiers, légalisé par le lieutenant particulier du présidial de cette ville, et contrôlé le 25 juin 1715 par Coupard.

Contrat de mariage de Jean de Razes, chev., s^gr d'Auxances, avec d^lle Marie-Renée-Geneviève de Chouppes, par lequel il paraît qu'il est fils de Jean de Razes, vivant chev., s^gr de Verneuil, président au présidial de Poitiers, et de dame Marie Maquenon, en date du 12 novembre 1697, signé Royer et Marot, n^res à Poitiers.

Extrait de baptême d'Antoine de Razes, du 7 mars 1665, par lequel il paraît qu'il est fils de Jean de Razes, cons^er du roi, lieutenant général de Poitou, et de dame Marie Maquenon, signé Savin, curé de Migné, légalisé à Poitiers et contrôlé le 25 juin 1715 par Coupard.

Extrait de baptême de Charles-François de Razes, du 16 janvier 1699, par lequel il paraît qu'il est fils de Jean de Razes, seigneur comte d'Auxances, et de Marie-Renée-Geneviève de Chouppes, délivré le 15 juin 1715 par de Vieillechèze, curé de Saint-Didier de Poitiers, contrôlé à Poitiers le 25 dudit mois par Coupard.

Contrat de mariage de François de Razes, éc., s^r de Ché, avec d^lle Marie-Françoise Divé, par lequel il paraît qu'il est fils de Pierre de Razes, éc., s^r de Ché, cons^er au présidial de Poitiers, et de dame Marie de la Coussaye, en date du 4 avril 1683, signé Péronnet et Dubois, n^res.

Extrait de baptême de Timothée de Razes, du 15 mai 1693, par lequel il paraît qu'il est fils de François de Razes, éc., s^r de Ché, et de dame Marie-Françoise Divé, délivré le 18 décembre 1714 par Guignard, curé de Saint-Porchaire à Poitiers, contrôlé à Poitiers le 26 juin 1715 par Legrand.

Ordonnance. Maintenus comme nobles, écuyers, et veuves de gentilshommes, le 28 juin 1715, signé : de Richebourg.

29   Pierre RÉGNAUD, éc., s^r de Limalonges,
     Pierre RÉGNAUD, éc., s^r de Villeneuve, son frère.

Poitiers   Pièces justificatives : Inventaire fait par-devant M. d'Aguesseau, intendant de la Généralité de Limoges, des titres de noblesse de Pierre Régnaud, éc., s^r de l'Age de Chirat, au pied duquel est l'ordonnance contenant acte de la représentation d'iceux, et que l'inventaire sera signé de la partie ou de son procureur, pour rester au greffe, en date du 14 mai 1667, signé d'Aguesseau, et plus bas, Par Mgr, Lefebvre.

Contrat de mariage de Pierre Régnaud, chev., s^{gr} de l'Age-Bertrand, avec d^{lle} Marie Green de Saint-Marsault, en date du 7 février 1656, signé Desbordes, n^{re}.

Contrat du partage des biens de Pierre Régnaud, chev., s^{gr} de l'Age-Bertrand, et de dame Marie Green de Saint-Marsault, entre François Régnaud, éc., s^r de la Soudière, Pierre Régnaud, éc., s^r de Villeneuve, et autre Pierre Régnaud, éc., s^r de Limalonges, leurs enfants, par lequel il paraît que François, en qualité d'aîné, a eu les préciputs et avantages de la Coutume, en date du 15 avril 1701, signé Micheau, n^{re}.

Ordonnance : Maintenus comme nobles et écuyers, le 6 août 1715, signé : de Richebourg.

---

30   Marie de Villedon, veuve de Claude-Louis RAOUL, éc., s^r des Chastelliers, demeurant paroisse de Fenioux, tant de son chef que comme tutrice de Gabriel, Marguerite et Renée RAOUL, ses enfants.

Niort

Pièces justificatives : Ordonnance de M. de Maupeou en faveur de d^{lle} Marie Dubois, veuve de François Raoul, éc., s^r des Chastelliers, et Claude-Louis Raoul, éc., son fils, par laquelle ils sont maintenus dans les privilèges et exemptions attribués aux nobles du royaume, en date du 17 mai 1699. Dans le vu des pièces de ladite ordonnance est énoncé le contrat de mariage dudit François Raoul, éc., avec Marie Dubois.

Contrat de mariage de Claude-Louis Raoul, chev., s^{gr} des

Chastelliers, avec d^lle Marie de Villedon, par lequel il paraît qu'il est fils de François Raoul et de Marie Dubois, en date du 30 janvier 1693, signé Rousseau, n^re à Benet.

Trois extraits de baptême, le 1er de Gabriel Raoul, du 5 novembre 1693, le 2° de Marguerite Raoul, du 10 juillet 1696, et le 3° de Renée Raoul, du 30 avril 1700, par lesquels il paraît qu'ils sont enfants de Claude-Louis Raoul et de dame Marie de Villedon, délivrés le 2 mai 1715 par Boutheron, curé de Fenioux, contrôlés à Poitiers le 3 août 1715 par Legrand.

Ordonnance : Maintenus dans les privilèges et exemptions des nobles du royaume, le 14 août 1715, signé : de Richebourg.

René REIGNIER, éc., s^r des Boulles, demeurant à Benet.

Pièces justificatives : Ordonnance de M. de Maupeou en faveur de d^lle Renée Veillat, veuve en secondes noces de René Reignier, éc., s^r de la Brochetière, François Reignier, éc., s^r des Rémondières, d^lle Renée Reignier, Pierre Reignier, éc., s^r de la Brochetière, et François Reignier, éc., s^r des Boulles, par laquelle ils sont maintenus dans les exemptions et privilèges accordés aux nobles du royaume, en date du 14 janvier 1699. Dans le vu des pièces de ladite ordonnance est énoncé le contrat de mariage de François Reignier, éc., s^r des Boulles, avec d^lle Louise du Chilleau.

Contrat de mariage de René Reignier, éc., s^r de Rochard (produisant), avec d^lle Henriette Duverger, par lequel il paraît qu'il est fils de François Reignier, dénommé dans l'ordonnance ci-dessus, et de dame Louise du Chilleau, en date du 22 avril 1699, signé Charles et Panou, n^res de la Meilleraye.

Pièces non visées : Contrat de mariage de François Reignier, éc., s^r des Boulles, avec d^lle Louise du Chilleau, en date du 28 janvier 1660, signé Métayer et Escotière, n^res à Chandeniers.

Partage des biens des successions de François Reignier, éc., s^r de la Grangerie, et de d^lle Marie Viet, sa femme (aïeul et aïeule du produisant), reçu le 14 janvier 1672 par Bouin et Robert, n^res à Chandeniers.

Ordonnance : Maintenu comme noble et écuyer, le 28 août 1715, signé : de Richebourg.

32

Confolens

Geneviève Pidoux, veuve d'Antoine RICHARD, éc., s^{gr} de la Tour-au-Paumier, au nom et comme tutrice ayant la garde noble d'Antoine RICHARD, éc., s^{gr} de la Tour-au-Paumier, et de François RICHARD, éc., s^{gr} de la Jarige, ses enfants, demeurant audit lieu de la Jarige, paroisse de Pressac.

Pièces justificatives : Inventaire fait par-devant M. Tubœuf, intendant de la Généralité de Bourges, des titres de noblesse de Sylvain Richard, éc., s^{gr} de la Tour-au-Paumier, et de René Richard, éc., s^r de la Jarige, au pied duquel est son ordonnance portant acte de la représentation d'iceux, en conséquence ordonne qu'ils seront employés au catalogue des gentilshommes de ladite Généralité, en date du 5 juillet 1699, signé Tubœuf, et plus bas, Par Mgr, Mareschal. Dans le vu des pièces dudit inventaire est énoncé le contrat de mariage de Robert Richard avec Perrine Esmoing.

Contrat de mariage de René Richard, éc., s^r de la Valade, avec d^{lle} Marguerite de Saint-Georges, par lequel il paraît qu'il est fils de Robert Richard, éc., s^r de la Tour-au-Paumier, et de Perrine Esmoing, en date du 3 février 1639, signé Demailly, n^{re}, visé par M. Tubœuf.

Contrat de mariage d'Antoine Richard, éc., s^r de la Jarige, avec d^{lle} Marguerite-Jeanne Garnier, par lequel il paraît qu'il est fils de René Richard, éc., s^r de la Valade, et de dame Marguerite de Saint-Georges, en date du 3 février 1673, signé Babert et Goudon, n^{res}.

Contrat de mariage d'autre Antoine Richard, chev., s^{gr} de la Tour-au-Paumier, avec d^{lle} Geneviève Pidoux, par lequel il paraît qu'il est fils d'Antoine Richard, chev., s^{gr} de la Jarige, et de dame Marguerite-Jeanne Garnier, en date du 4 septembre 1695, signé Decressac et Gaultier, n^{res}.

Deux extraits de baptême, le 1er de François Richard, du 3 octobre 1697, ondoyé le 29 septembre précédent, le 2e d'Antoine Richard, du 26 janvier 1698, ondoyé le 12 juillet 1696, par lesquels il paraît qu'ils sont enfants d'Antoine Richard, éc., ci-dessus, et de dame Geneviève Pidoux ; le 1ᵉʳ délivré le 2 avril 1715 par Rouraud, curé de Pressac, et le second délivré le 14 février 1715 par Pain, secrétaire du chapitre de Saint-Hilaire de Poitiers, tous les deux légalisés et contrôlés à Poitiers par Legrand.

Ordonnance : Maintenus comme nobles et écuyers, et veuve de noble, le 13 septembre 1715, signé : de Richebourg.

Pierre RÉGNIER, éc., sʳ de la Planche. 33

Pièces justificatives : Contrat de mariage de Louis Régnier, éc., sʳ de la Planche, avec dˡˡᵉ Françoise Flamand, en date du 1ᵉʳ février 1574, signé Coumeau, nʳᵉ royal en Angoumois.

Poitiers

Contrat de mariage de Pierre Régnier, éc., sʳ du Lude, avec dˡˡᵉ Catherine Collin, en date du 26 décembre 1633, signé Beaufou et Foucault, nʳᵉˢ à Vivône.

Transaction entre Louis Régnier, chev., sᵍʳ de la Planche, et Pierre Régnier, éc., sʳ du Lude, par laquelle il paraît qu'ils sont frères et enfants de Louis Régnier, éc., sʳ de la Planche, et de Françoise Flamand, en date du 16 janvier 1639, signé Delarobertière, nʳᵉ.

Contrat du partage des biens de Pierre Régnier, éc., sʳ du Lude, et de Catherine Collin, sa femme, entre Louis Régnier, chev., sʳ de la Planche et du Teil, Ruben Régnier, éc., sʳ des Minières, Pierre Régnier, éc., sʳ du Lude, Daniel Régnier, éc., sʳ de Lambrunière, et dˡˡᵉ Madeleine Régnier, par lequel il paraît qu'ils sont enfants des susdits Pierre Régnier et Catherine Collin, et que Louis, en qualité d'aîné, a eu les préciputs et avantages de la Coutume, en date du 3 juin 1664, signé Bedoire et Tricoche, nʳᵉˢ à Vivône.

Contrat de mariage de Louis Régnier, chev., sᵍʳ de la Planche, avec dˡˡᵉ Catherine Fallaizeau, par lequel il paraît qu'il est fils de Pierre Régnier, chev., sᵍʳ du Lude, la Planche et autres lieux, et de dame Catherine Collin, en date du 21 novembre 1665, signé Jouye et Pasteau, nʳᵉˢ royaux à Tours.

Extrait de baptême de Pierre Régnier, du 3 mai 1677, par lequel il paraît qu'il est fils de Louis Régnier, chev., s^{gr} de la Planche, et de dame Catherine Fallaizeau, délivré le 15 juillet 1701, signé Venault, greffier du siège royal de Lusignan, contrôlé à Poitiers le 11 octobre 1715 par Coupard.

Dire du produisant : Il est issu du s^r Régnier, de Vaujompe, de la province d'Angoumois, et il n'a pas les titres les plus anciens pour prouver sa noblesse et sa filiation des temps les plus reculés, parce qu'ils sont demeurés par devers les aînés de la maison dans la province d'Angoumois.

Pièce non visée : Procès-verbal de la représentation de pièces faite à M. de Barentin le 25 mars 1666, signé de lui et du s^r Pinet, en conséquence duquel il a été expédié une sentence de maintenue au profit de Louis Régnier, éc., s^r de la Planche, père du produisant.

Ordonnance : Maintenu comme noble et écuyer, le 16 octobre 1715, signé : de Richebourg.

34

Poitiers

Julien-Charles RÉGNIER, éc., s^{gr} de Peuxchaux.

Pièces justificatives : Ordonnance de M. de Richebourg en faveur de Pierre Régnier, éc., s^r de la Planche, par laquelle il est maintenu en la qualité de noble et écuyer, en date du 16 octobre 1715. Dans le vu des pièces de ladite ordonnance est énoncé le contrat de mariage de Pierre Régnier, éc., s^r du Lude, avec Catherine Collin.

Contrat de mariage de Daniel Régnier, chev., s^{gr} de Lambrunière, avec d^{lle} Marie-Anne de Vannes, par lequel il paraît qu'il est fils de Pierre Régnier ci-dessus et de dame Catherine Collin, en date du 25 novembre 1686, signé Lefebvre, n^{re} successeur de Chauvet, n^{re}, légalisé par le s^r de Razes, lieutenant général de Poitiers.

Extrait de baptême de Julien-Charles Régnier, du 12 septembre 1689, par lequel il paraît qu'il est fils de Daniel Régnier, éc., s^r de Lambrunière, et de Marie-Anne de Vannes, délivré le 21 octobre 1715 par Garreau, curé de Saint-Georges, contrôlé à Vivône le 30 octobre 1715 par Tricoche.

Ordonnance : Maintenu comme noble et écuyer, le 2 décembre 1715, signé : de Richebourg.

François RÉGNAUD, éc., s^r de la Tourette.

Pièces justificatives : Contrat de mariage de Nicolas Régnaud, éc., s^r de Fayolle, avec d^{lle} Marguerite Arembert, en date du 17 septembre 1576, signé Boudreau, n^{re}.

Contrat de mariage de Louis Régnaud, éc., s^r de Fayolle, avec d^{lle} Anne d'Asnière, par lequel il paraît qu'il est fils de Nicolas Régnaud ci-dessus et de Marguerite Arembert, en date du 29 septembre 1602, signé Boudreau et Legrand, n^{res}.

Contrat de mariage de Jacob Régnaud, éc., s^r de la Tourette, avec d^{lle} Françoise L'Houmeau, par lequel il paraît qu'il est fils de Louis Régnaud ci-dessus et de d^{lle} Anne d'Asnière, en date du 15 avril 1640, signé Soury, n^{re}.

Contrat de mariage de Paul Régnaud, éc., s^r de la Tourette, avec d^{lle} Henriette de Ravard, par lequel il paraît qu'il est fils de Jacob Régnaud ci-dessus et de Françoise L'Houmeau, en date du 16 février 1686, signé Hérault, n^{re}, légalisé par le sénéchal du Grand-Masdieu.

Contrat de mariage de François Régnaud, éc., s^r de la Tourette, avec d^{lle} Catherine Mascureau, par lequel il paraît qu'il est fils de Paul Régnaud ci-dessus et de d^{lle} Henriette de Ravard, en date du 18 juin 1713, signé Bire, n^{re}.

Ordonnance : Maintenu comme noble et écuyer, le 10 décembre 1715, signé : de Richebourg.

36

Châtelle-rault

Jacques de REMIGIOU, éc., sʳ de la Fuye, demeurant paroisse de Marigny,

Jacques-Etienne de REMIGIOU, éc., sʳ de la Maitrie et de Nancré, demeurant paroisse dudit Nancré,

François et Jean de REMIGIOU, frères jumeaux.

Pièces justificatives : Inventaire fait par-devant M. Voysin de la Noiraye, intendant de la Généralité de Tours, des titres de noblesse d'Etienne de Remigiou, éc., sʳ de Chezelle, au pied duquel est l'ordonnance portant acte de la représentation des titres mentionnés audit inventaire pour y avoir égard lors de la confection du catalogue des gentilshommes, en date du 15 janvier 1669. Dans cet inventaire Jacques de Remigiou, éc., sʳ de la Fuye (produisant), cousin germain d'Etienne, est aussi dénommé, et dans le même inventaire est rapporté le contrat de mariage d'Etienne de Remigiou, éc., sʳ de la Maitrie, avec dˡˡᵉ Marie Isle (dont est issu ledit Jacques).

Ordonnance de M. Chauvelin, intendant de la Généralité de Tours, en faveur de Jacques de Remigiou, éc., sʳ de la Fuye (fils de Jacques, ici produisant), par laquelle il est maintenu dans la qualité de noble et écuyer, en date du 26 février 1715. Dans le vu des pièces de cette ordonnance est rapporté le contrat de mariage de Jacques de Remigiou avec dˡˡᵉ Elisabeth de Blet.

Contrat de mariage d'Etienne de Remigiou, éc., sʳ de la Maitrie, avec dˡˡᵉ Catherine Porcheron de Saint-James, par lequel il paraît qu'il est fils d'Etienne de Remigiou ci-dessus et de dame Marie Isle, en date du 3 juillet 1668, signé Bruslon, nʳᵉ, légalisé par le lieutenant général de Langeais.

Deux extraits de baptême, le 1ᵉʳ de Jacques-Etienne de Remigiou, du 21 août 1684, et le 2ᵉ de François et de Jean de Remigiou, frères jumeaux, du 8 février 1691, par lesquels il paraît qu'ils sont enfants d'Etienne de Remigiou, éc., sʳ de la Maitrie, et de dame Catherine Porcheron, délivrés, le 1ᵉʳ le 23 mars 1703, et le 2ᵉ en 1702, signés Torterue, curé de Marigny, contrôlés à Poitiers le 20 septembre 1715 par Legrand.

Ordonnance : Maintenus comme nobles et écuyers, le 13 décembre 1715, signé : de Richebourg.

Jacques RÉGNIER, éc., s^r de Lambrunière.

37

Pièces justificatives : Ordonnance de M. de Richebourg, en faveur de Julien-Charles Régnier, éc., s^{gr} de Peuxchaux, fils de Daniel Régnier, éc., s^r de Lambrunière, et de dame Marie-Anne de Vannes, par laquelle il est maintenu dans la qualité de noble et écuyer, en date du 2 décembre 1715. Dans le vu des pièces de ladite ordonnance est rapporté le contrat de mariage de Daniel Régnier, chev., s^{gr} de Lambrunière, avec d^{lle} Marie-Anne de Vannes, en date du 25 novembre 1686.

Poitiers

Extrait de baptême de Jacques Régnier, du 2 octobre 1687, par lequel il paraît qu'il est fils de Daniel Régnier, éc., s^r de Lambrunière, et de dame Marie-Anne de Vannes, délivré le 7 mai 1696 par de la Lande de la Vergnée, curé de Vivône, contrôlé à Vivône le 1er décembre 1715 par Tricoche.

Ordonnance : Maintenu comme noble et écuyer, le 13 décembre 1715, signé : de Richebourg.

Jacques ROUSSEAU, éc., s^r du Fort de Doux,
Urbaine ROUSSEAU, d^{lle}, sa sœur,
    demeurant paroisse de Saint-Germain-de-Longue-Chaume.

38

Poitiers

Pièces justificatives : Ordonnance de M. de Barentin en faveur de Jacques Rousseau, éc., s^r de Dennezay, par laquelle il est maintenu dans la qualité de noble et écuyer, en date du 30 décembre 1667. Dans le vu des pièces de ladite ordonnance est énoncé le contrat de mariage de Jacques Rousseau, éc., s^r de Dennezay, avec d^{lle} Marie-Urbaine de Beaussay.

Contrat de mariage de Jacques Rousseau, éc., s^r du Fort de Doux, avec D^{lle} Françoise Barrotin, par lequel il paraît qu'il est fils de défunt Jacques Rousseau, éc., s^r de Dennezay, et de dame Marie-Urbaine de Beaussay, en date du 22 avril 1694, signé Marot, n^{re}.

Extrait de baptême d'Urbaine Rousseau, du 24 août 1674, par lequel il paraît qu'elle est fille de Jacques Rousseau, éc., s^r de Dennezay, et de dame Marie-Urbaine de Beaussay, délivré le 15 décembre 1714 par Pissard, curé de Thénezay, contrôlé à Poitiers le 18 décembre 1715 par Legrand.

Ordonnance : Maintenus comme noble et écuyer, et fille de noble, le 20 décembre 1715, signé : de Richebourg.

---

39 — Charles-Joseph de RAMBERVILLERS, éc.

Mauléon

Pièces justificatives : Copie collationnée d'une ordonnance de M. de Barberie de Saint-Contest, intendant de la Généralité de Metz, en faveur de Lucie de Rambervillers, veuve de Jean-Jacques de Rambervillers, par laquelle elle est maintenue en la qualité de veuve de noble et d'écuyer, et il est dit que les enfants issus d'elle et de Jean-Jacques de Rambervillers jouiront comme elle de tous les privilèges, honneurs et exemptions accordés aux gentilshommes du royaume, rapportée datée du 27 juin 1702, signé de Barberie de Saint-Contest, et plus bas, Par Mgr, Charles, la collation faite par des notaires royaux établis à Metz ; signée Biron et Champion, certifiée par le lieutenant général du présidial de Metz.

Copie collationnée du contrat de mariage de Jean-Jacques de Rambervillers, éc., capitaine de cavalerie dans les troupes de Lorraine, avec d^{lle} Marie de Villequoy, en date du 10 mars 1658, signé Thibault, n^{re}, légalisée par des conseillers du bailliage de l'évêché de Metz.

Copie du contrat de mariage des secondes noces dudit Jean-Jacques de Rambervillers, éc., avec d^{lle} Lucie de Rambervillers, en date du 25 juillet 1676, signé Pescheur, n^{re}, dûment légalisée.

Contrat de mariage de Charles-Joseph de Rambervillers avec d^{lle} Charlotte Durcot, par lequel il paraît qu'il est fils de

Jean-Jacques de Rambervillers, chev., s^{gr} de Cé, et de dame Marie de Villequoy, sa première femme, en date du 5 avril 1694, signé Proust, n^{re}.

Dire du produisant : Dès le 26 juin 1700, il avait été assigné pour le même fait et il avait produit les pièces justificatives de sa noblesse, qui passèrent entre les mains du préposé à la Recherche. Celui-ci, les ayant trouvées suffisantes, les fit remettre au procureur du produisant par M. de Razes, lieutenant général de Poitiers, il y a environ six mois, sans qu'il paraisse qu'il ait été rien statué. A la vérité, le suppliant, qui a épuisé sa jeunesse et ses forces au service du roi, dont il est très infirme et indisposé depuis douze à treize ans, n'aurait pu se transporter à Poitiers pour se faire décharger de ladite assignation. Il a été de nouveau assigné au mois de décembre 1714.

Ordonnance : **Maintenu comme noble et écuyer, le 4 janvier 1746, signé : de Richebourg.**

Anne de Lambertie, veuve de Pierre de ROCQUARD, éc., s^{gr} de Saint-Laurent,

Jean de ROCQUARD, éc., s^{gr} de Saint-Laurent, son fils.

40

Poitiers

Pièces justificatives : Inventaire fait par-devant M. d'Aguesseau, intendant de la Généralité de Limoges, des titres de noblesse de François de Rocquard, éc., s^r de Saint-Laurent, au pied duquel est l'ordonnance que les titres produits par ledit de Rocquard lui seront rendus, néanmoins que l'inventaire d'iceux signé par les parties ou leur procureur demeurera par devers lui pour être envoyé au Conseil de Sa Majesté, en date du mois de décembre 1666, signé Daguesseau, et plus bas, Par Mgr, Lefébure. Dans le vu des pièces dudit inventaire se trouve énoncé le contrat de mariage de François de Rocquard, chev., s^{gr} de Saint-Laurent, avec d^{lle} Henriette Renault.

Contrat de mariage de Pierre de Rocquard, chev., s^{gr} de Saint-Laurent, avec d^{lle} Anne de Lambertie, par lequel il paraît qu'il est fils de François de Rocquard, chev., s^{gr} de Saint-

Laurent, et de dame Henriette Renault, en date du 19 janvier 1693, signé Chamaignon et Delagarde, n^res.

Extrait du baptême de Jean de Rocquard, du 2 novembre 1693, par lequel il paraît qu'il est fils de Pierre de Rocquard, chev., s^gr de Saint-Laurent, et de dame Anne de Lambertie, délivré le 20 mars 1708 par Joubert, curé de Saint-Maurice, légalisé par le sénéchal du comté de Confolens, contrôlé à Poitiers le 5 janvier 1716 par Legrand.

Ordonnance : Maintenus comme noble et écuyer, et veuve de gentilhomme, le 7 janvier 1716, signé : de Richebourg.

41 Antoine de RANQUE, éc., s^r des Chartres,
Abraham-Antoine de RANQUE, éc., son fils.

La Rochelle

Pièces justificatives : Ordonnance de M. de Barentin en faveur d'Abraham de Ranque, éc., s^r des Marais, autre Abraham de Ranque, éc., s^r du Breuil, Pierre de Ranque, éc., s^r des Granges, et Henri de Ranque, éc., s^r de Prin, par laquelle ils sont maintenus dans la qualité de nobles et écuyers, en date du 1er septembre 1667. Dans le vu des pièces de ladite ordonnance est énoncé le contrat de mariage d'Abraham de Ranque, éc., s^r du Breuil, avec d^lle Charlotte Argier.

Contrat de mariage d'Antoine de Ranque, éc., s^r des Chartres, avec d^lle Elisabeth Bouquet, par lequel il paraît qu'il est fils d'Abraham de Ranque, éc., s^r du Breuil, et de défunte dame Charlotte Argier, en date du 11 novembre 1676, signé Texier et Lasnier, n^res.

Contrat de mariage d'Abraham-Antoine de Ranque, éc., s^r de Ranque, avec Catherine Boexon, par lequel il paraît qu'il est fils d'Antoine de Ranque, éc., s^r des Chartres, et de dame Elisabeth Bouquet, en date du 4 février 1708, signé Layneau et Gilbert, n^res, légalisé par le sénéchal de Saint-Fulgent.

Ordonnance : Maintenus comme nobles et écuyers, le 9 janvier 1716, signé : de Richebourg.

Jacques RICHER, éc., s^gr de Pougnes.   42

Niort

Pièces justificatives : Ordonnance de M. de Barentin en faveur de Louis Richer, éc., s^r de la Foye, la Peyrate, par laquelle il est maintenu dans la qualité de noble et écuyer, en date du 30 décembre 1667. Dans le vu des pièces de ladite ordonnance se trouve énoncé le contrat de mariage de Louis Richer, éc., avec d^lle Marie Desvaud, par lequel il paraît qu'il est fils d'Antoine Richer, éc., s^r de la Foye, et de dame Marguerite Chateigner.

Contrat de mariage de Jacques Richer, éc., s^r de Pougnes, avec d^lle Louise de Brémond, par lequel il paraît qu'il est fils d'Antoine Richer, éc., et de Marguerite Chateigner, en date du 27 avril 1652, signé Magnan et Dubois, n^res.

Contrat de mariage de Jacques Richer, éc., s^gr de la Marière, avec d^lle Marie-Louise Robin, par lequel il paraît qu'il est fils de Jacques Richer, éc., s^r de Pougnes, et de défunte dame Louise de Brémond, en date du 29 mai 1679, signé Olivier, n^re.

Ordonnance : **Maintenu comme noble et écuyer, le 10 janvier 1716, signé : de Richebourg.**

Gabriel RÉGNAULT, éc., s^gr de la Proustière.   43

Les Sables

Pièces justificatives : Ordonnance de M. de Barentin en faveur de Robert Régnault, éc., s^r de la Mothe-Bobinière, par laquelle il est maintenu dans la qualité de noble et écuyer, en date du 31 août 1667. Dans le vu des pièces de ladite ordonnance est énoncé le contrat de mariage dudit Robert Régnault avec d^lle Louise Boucher.

Contrat de mariage de Robert Régnault, chev., s^gr de la Proustière, avec d^lle Isabelle de la Touche, par lequel il paraît qu'il est fils de Robert Régnault, chev., s^gr de la Mothe-Bobinière, et de dame Louise Boucher, en date du 3 avril 1664, signé Chévallier et Leroy, n^res.

Contrat de mariage de Gabriel Régnault, chev., s^gr de la

Proustière, avec d^lle Marie-Madeleine Bodet (de la Fenestre), par lequel il paraît qu'il est fils de Robert Régnault ci-dessus et d'Elisabeth de la Touche, en date du 28 mai 1694, signé Delaveau et Mesnard, n^res.

Pièce non visée : Contrat de partage des biens meubles et immeubles de dame Louise Boucher, femme de Robert Régnault, s^r de la Mothe-Bobinière, qui justifie que Robert Régnault, s^r de la Proustière, était leur fils aîné et principal héritier, en date du 28 mars 1665, signé Thudeault et Drouet, n^res.

Ordonnance : Maintenu comme noble et écuyer, le 12 janvier 1716, signé : de Richebourg.

44

Jean ROULLIN, éc., s^r de la Mortmartin,
Arthus ROULLIN, éc., s^r de la Pierrière.

Niort

Pièces justificatives : Arrêt du Conseil d'Etat du roi en faveur d'Alexandre Roullin, s^r de la Mortmartin, par lequel il est reçu appelant d'une ordonnance de M. de Barentin, qui l'avait déclaré usurpateur du titre de noblesse et comme tel condamné à 3,000 livres, tant pour l'amende que pour les indues jouissances, et en conséquence, sans s'arrêter à ladite ordonnance maintenu et gardé, ses successeurs, enfants et postérité nés et à naître en légitime mariage, en la qualité de noble et écuyer, en date du 5 décembre 1667, signé Béchameil. Dans le vu des pièces dudit arrêt, il paraît que ledit Alexandre Roullin avait épousé en premières noces d^lle Marie Guerry Béranger et avait convolé en secondes noces avec d^lle Gabrielle de Morienne.

Extrait du baptême de Jean Roullin, du 22 juillet 1657, par lequel il paraît qu'il est fils d'Alexandre Roullin, éc., s^r de la Mortmartin, et de dame Gabrielle de Morienne, délivré le 22 août 1715 par Mady, prêtre, curé d'Aiffres, légalisé par le s^r Chebrou, subdélégué à Niort, et contrôlé à Poitiers.

Transaction en forme de partage des biens d'Alexandre Roullin, chev., s^gr de la Mortmartin, entre Gabrielle de Morienne, Jean Roullin, chev., s^gr de la Mortmartin, Armand Roullin, chev., s^gr de la Fuye, et Arthus Roullin, chev., s^gr de la Pierrière, par laquelle il paraît que ladite Gabrielle de Morienne est veuve dudit Alexandre Roullin, et que lesdits Jean, Armand et Arthus Roullin sont issus d'eux, en date du 3 octobre 1701, signé Grugnet et Lafiton, n^res à Niort.

Ordonnance : Maintenus comme nobles et écuyers, le 13 janvier 1716, signé : de Richebourg.

Marie Guilbaud, veuve de Gilbert ROBERT, éc., s^r de la Salle-Lézardière, en son vivant gouverneur des Sables-d'Olonne,

Claude-Gilbert ROBERT, éc., son fils,

Louis-Frédéric ROBERT, éc., son autre fils.

45

Les Sables

Pièces justificatives : Ordonnance de M. de Maupeou en faveur de Madeleine Poitevin, veuve de Louis Robert, éc., s^r de Lézardière, Pierre-Louis Robert, éc., son fils, Gilbert Robert, éc., s^r de la Salle-Lézardière, Claude Robert, éc., s^r de la Jarye, Pierre Robert, éc., s^r de Saint-Benoist, et Françoise Robert, d^lle, par laquelle ils sont déchargés des assignations à eux données à la requête de Guérin, au lieu duquel est substitué le s^r Ferrand, en conséquence maintenus dans les exemptions et privilèges accordés aux nobles du royaume, en date du 17 novembre 1699. Dans le vu des pièces de ladite ordonnance est énoncé le contrat de mariage de Gilbert Robert, chev., s^gr de la Salle-Lézardière, la Proustière et autres places, avec d^lle Marie Guilbaud.

Deux extraits de baptême, le 1er de Claude-Gilbert Robert, du 3 avril 1696, le 2e de Louis-Frédéric Robert, du 14 décembre 1701, par lesquels il paraît qu'ils sont enfants de Gilbert Robert, éc., s^gr de la Salle-Lézardière, et de dame Marie Guilbaud, délivrés le 16 novembre 1715 par Cantin, curé de Poiroux, légalisés par le s^r Rabillé, sénéchal de Talmont, contrôlés à Poitiers le 14 janvier 1716 par Legrand.

Ordonnance : Maintenus comme nobles et écuyers, et veuve de gentilhomme, le 15 janvier 1716, signé : de Richebourg.

46 René-Claude de la ROCHEFOUCAULT, éc., s' du Breuil,

Les Sables
Pierre-Joseph de la ROCHEFOUCAULT, éc., s' de la Ferronnière, son frère.

Pièces justificatives : Ordonnance de M. de Barentin en faveur de Mathurin de la Rochefoucault, éc., s' du Breuil, Jean et René de la Rochefoucault, éc'ˢ, ses frères, par laquelle ils sont maintenus dans la qualité de nobles et écuyers, en date du 24 septembre 1667. Dans le vu des pièces de ladite ordonnance est énoncé le contrat de mariage de Jacques de la Rochefoucault, éc., sᵍʳ du Breuil, avec dˡˡᵉ Françoise Rondeau, par lequel il paraît qu'il est fils de haut et puissant messire Louis de la Rochefoucault, chevalier de l'ordre du roi, gentilhomme ordinaire de sa chambre, conseiller du roi en ses Conseils d'Etat et privé, et de dame Suzanne de Beaumont.

Ordonnance de M. de Maupeou en faveur de Mathurin de la Rochefoucault, éc., s' du Breuil, et de René de la Rochefoucault, éc, s' de Beauregard, son frère, par laquelle ils sont déchargés, vu l'ordonnance ci-dessus, des assignations à eux données à la requête de Guérin, au lieu duquel est substitué le s' Ferrand, en date du 8 décembre 1699.

Acte des épousailles de René de la Rochefoucault, chev., sᵍʳ de Beauregard, avec dˡˡᵉ Florence Blanchet, en date du 14 novembre 1674, délivré le 10 décembre 1715 par Viaud, prêtre, curé de Saint-Hilaire-de-Riez, légalisé par le sénéchal dudit lieu, contrôlé à Poitiers le 8 janvier 1716 par Faissolle.

Extrait de baptême de René-Claude de la Rochefoucault, du 3 avril 1678, par lequel il paraît qu'il est fils de René de la Rochefoucault, éc., sᵍʳ de Beauregard, et de dame Florence Blanchet, délivré le 24 mars 1715 par Viaud, prêtre, curé de Saint-Hilaire-de-Riez, légalisé par le sénéchal dudit lieu, contrôlé à Poitiers le 31 mars 1715 par Legrand.

Extrait de baptême de Pierre-Joseph de la Rochefoucault, du 5 février 1685, par lequel il paraît qu'il est fils de René de la Rochefoucault et de dame Florence Blanchet, délivré le 12 décembre 1715 par Mercier, prêtre-curé de Notre-Dame-de-Riez, légalisé, et contrôlé à Poitiers le 8 janvier 1716 par Faissolle.

Ordonnance : Maintenus comme nobles et écuyers, le 16 janvier 1716, signé : de Richebourg.

Louise Blouin, veuve de François RACODET, chev., s^{gr} de la Guinemandière. *47*

Fontenay

Pièce justificative : Ordonnance de M. de Richebourg en faveur d'Antonin Racodet, chev., s^{gr} de Saint-Martin, par laquelle il est maintenu dans la qualité de noble et écuyer, en date du 16 mai 1715. Dans le vu des pièces de ladite ordonnance se trouve énoncé le contrat de mariage d'Antoine Racodet, chev., s^{gr} de Saint-Martin, avec d^{lle} Suzanne-Céleste de Voullon, par lequel il paraît qu'il est fils de François Racodet, chev., s^{gr} de la Guinemandière, en faveur duquel est intervenue une ordonnance de M. de Maupeou, et de dame Louise Blouin.

Ordonnance : Maintenue comme veuve de gentilhomme, le 16 janvier 1716, signé : de Richebourg.

Yves-Léon de RORTHAYS, chev., s^{gr} de la Frogerie, *48*
Yves-Honoré-Gabriel, René-Jacques, Louise-Anne, Marie-Anne-Céleste de RORTHAYS, ses enfants,
René-Gabriel de RORTHAYS, éc., son frère cadet.

Les Sables

Pièces justificatives : Ordonnance de M. de Maupeou en faveur de Calixte de Rorthays, éc., s^r de la Rochette, Beaulieu, René de Rorthays, éc., s^r de la Savarière, Louis-Gabriel de Rorthays, éc., s^r des Touches, Louis-Germond de Rorthays, éc., s^r de Saint-Hilaire, Jean-Gabriel de Rorthays, éc., s^r de la Suze, Louise-Jeanne de Rorthays, Marie-Angélique d'Arcemale, veuve de Jean-Gabriel de Rorthays, éc., s^r de la Roche, Saint-Révérend, et Daniel de Rorthays, éc., s^r de Monbail, par laquelle ils sont déchargés des assignations à eux données à la requête de Guérin, au lieu et place duquel est substitué

TOME XXIII.

le s^r Ferrand, en conséquence maintenus dans les privilèges et exemptions accordés aux nobles du royaume, en date du 6 octobre 1699. Dans le vu des pièces de ladite ordonnance est énoncé le contrat de partage noble des biens d'Yves de Rorthays, chev., entre Calixte de Rorthays, chev., s^{gr} de la Rochette, René de Rorthays, chev., s^{gr} dudit lieu, et Louis-Gabriel de Rorthays, chev., s^{gr} des Touches, par lequel il paraît qu'ils sont enfants dudit Yves.

Contrat de mariage de Louis-Gabriel de Rorthays, chev., s^{gr} des Touches, avec d^{lle} Marie-Anne Robert, par lequel il paraît qu'il est fils d'Yves de Rorthays, chev., s^{gr} de la Rochette, et de dame Philippe Lefebvre, en date du 14 juillet 1688, signé Frapier, n^{re}.

Extrait de baptême de René-Gabriel de Rorthays, du 30 juin 1690, par lequel il paraît qu'il est fils de Louis-Gabriel de Rorthays, chev., s^{gr} des Touches, et de d^{lle} Marie-Anne Robert, délivré le 30 décembre 1715 par Prousteau, curé d'Aubigny, légalisé par le sénéchal du Buignon, contrôlé à Poitiers le 15 janvier 1716 par Coupard.

Contrat de mariage d'Yves-Léon de Rorthays, chev., s^{gr} de la Frogerie, avec d^{lle} Louise-Jeanne de Ramberge, par lequel il paraît qu'il est fils de Louis-Gabriel de Rorthays, chev., s^{gr} des Touches, et de dame Marie-Anne Robert, en date du 13 janvier 1711, signé Dupont et Poupard, n^{res}.

Quatre extraits de baptême, le 1er de Louise-Anne de Rorthays, du 23 novembre 1711, le 2e d'Yves-Honoré-Gabriel de Rorthays, du 8 septembre 1713, le 3e de René-Jacques de Rorthays, du 21 septembre 1714, et le 4e de Marie-Anne-Céleste de Rorthays, du 10 novembre 1715, par lesquels il paraît qu'ils sont enfants d'Yves-Léon de Rorthays, chev., s^{gr} de la Frogerie, et de dame Louise-Jeanne de Ramberge, délivrés le 5 janvier 1716 par Hervé-Joseph Lavaut, curé de Curzon, légalisés par le procureur fiscal des châtellenies de Curzon et des Moutiers, contrôlés à Poitiers le 16 dudit mois par Coupard.

Ordonnance : Maintenus comme nobles et écuyers, et filles de noble, le 17 janvier 1716, signé : de Richebourg.

Céleste Aymond, veuve de Daniel de RORTHAYS, chev., s^gr de Monbail,

Pierre de RORTHAYS, chev., s^gr de Monbail, son fils ainé,

Pierre de RORTHAYS, chev., s^gr de Monbail, son fils puiné,

Anne et Marguerite de RORTHAYS, ses filles.

Les Sables

Pièces justificatives : Ordonnance de M. de Maupeou en faveur de Calixte de Rorthays, éc., s^r de la Rochette, René de Rorthays, éc., s^r de la Savarière, Louis-Gabriel de Rorthays, éc., s^r des Touches, Louis-Germond de Rorthays, éc., s^r de Saint-Hilaire, Jean-Gabriel de Rorthays, éc., s^r de la Suze, Louise-Jeanne de Rorthays, Marie-Angélique d'Arcemale, veuve de Jean-Gabriel de Rorthays, éc., s^r de la Roche, Saint-Révérend, et Daniel de Rorthays, éc., s^r de Monbail, par laquelle ils sont déchargés des assignations à eux données à la requête de Guérin, au lieu et place duquel est substitué le s^r Ferrand, en conséquence maintenus dans les exemptions et privilèges accordés aux nobles du royaume, en date du 6 octobre 1699. Dans le vu des pièces de ladite ordonnance est énoncé le contrat de mariage dudit Daniel de Rorthays, chev., s^gr de Monbail, avec d^lle Céleste Aymond, rapporté daté du 22 octobre 1670.

Quatre extraits de baptême, le 1er de Pierre de Rorthays, du 10 février 1679, le 2e d'autre Pierre de Rorthays, chev., du 28 septembre 1689, le 3e d'Anne de Rorthays, du 15 mars 1691, le 4e de Marguerite de Rorthays, du 20 décembre 1693, par lesquels il paraît qu'ils sont enfants de Daniel de Rorthays, chev., s^gr de Monbail, et de dame Céleste Aymond, délivrés le 4 décembre 1715 par Lebault, curé de Venansault, légalisés par Mgr Jean-François, évêque de Luçon, contrôlés à Poitiers le 7 janvier 1716 par Legrand.

Ordonnance : Maintenus comme nobles et écuyers, veuve et filles de noble, le 17 janvier 1716, signé : de Richebourg.

50   Renée-Charlotte Gazeau, veuve de Louis-Germond de RORTHAYS, éc., s^{gr} de Saint-Hilaire et de la Rochette,

Les Sables   Calixte-Yves, René, Louis et Marie-Anne de RORTHAYS,

Jean-Baptiste-Calixte de RORTHAYS, chev., s^{gr} de Saint-Hilaire.

Pièces justificatives : Ordonnance de M. de Maupeou en faveur de Calixte de Rorthays, éc., s^r de la Rochette et de Beaulieu, René de Rorthays, éc., s^r de la Savarière, Louis-Gabriel de Rorthays, éc., s^r des Touches, Louis-Germond de Rorthays, éc., s^r de Saint-Hilaire, Jean-Gabriel de Rorthays, éc., s^r de la Suze, Louise-Jeanne de Rorthays, Marie-Angélique d'Arcemale, veuve de Jean-Gabriel de Rorthays, éc., s^r de la Roche, Saint-Révérend, et Daniel de Rorthays, éc., s^r de Monbail, par laquelle ils sont déchargés des assignations à eux données à la requête de Guérin, au lieu et place duquel est substitué le s^r Ferrand, en conséquence maintenus dans les privilèges, honneurs et exemptions accordés aux nobles du royaume, en date du 6 octobre 1699. Dans le vu des pièces de ladite ordonnance est énoncé le contrat de mariage de Louis-Germond de Rorthays, chev., s^{gr} de Saint-Hilaire, sans qu'il soit fait mention du nom de sa femme, par lequel il paraît qu'il est fils de Calixte de Rorthays, chev., s^{gr} de la Rochette, sans qu'il soit non plus parlé de sa mère.

Contrat de mariage en secondes noces de Louis-Germond de Rorthays, chev., s^{gr} de Saint-Hilaire, veuf de dame Marie-Anne Marin, avec d^{lle} Renée-Charlotte Gazeau de la Brandanière, par lequel il paraît qu'il est fils aîné de Calixte de Rorthays, chev., s^{gr} de Saint-Hilaire, et de défunte dame Jeanne Macé de la Tigerie, en date du 17 septembre 1702, signé Rousseau et Boudault, n^{ros}.

Quatre extraits de baptême, le 1er de Calixte-Yves de Rorthays, du 21 mai 1696, le 2e de René de Rorthays, du 22 juillet 1697, le 3e de Louis de Rorthays, du 11 novembre 1698, et le 4e de Marie-Anne de Rorthays, du 23 août 1700, par lesquels il paraît qu'ils sont enfants du premier mariage de Louis-Germond de Rorthays, éc., s^{gr} de Saint-Hilaire, avec dame Marie-Anne Marin, dont un délivré le 14 février 1707 par Morhan, recteur de Remouillé, contrôlé à Montaigu le 18 mars suivant et à Poitiers le 15 janvier 1716, et les trois autres délivrés le 16 novembre 1715 par Hervonet, prêtre, vicaire de Remouillé, contrôlés à Poitiers le 15 janvier 1716 par Coupard.

Contrat de mariage de Jean-Baptiste-Calixte de Rorthays, chev., s^{gr} de Saint-Hilaire, avec d^{lle} Elisabeth-Marie Jamet de la Guessière, par lequel il paraît qu'il est fils de Calixte de Rorthays, chev., s^{gr} de la Rochette et de Beaulieu, dénommé en l'ordonnance de M. de Maupeou, et de dame Jeanne Macé de la Tigerie, en date du 22 août 1714, signé Hourriau, n^{ro}.

Ordonnance : Maintenus dans les privilèges, honneurs et exemptions attribués aux gentilshommes du royaume, le 18 janvier 1716, signé : de Richebourg.

Anne-Victoire Thomasset, demoiselle, veuve de René de la ROCHEFOUCAULT, chev., s^{gr} de Beauregard.

51

Les Sables

Pièces justificatives : Copie collationnée d'une ordonnance de M. de Richebourg en faveur de René-Claude de la Rochefoucault, éc., s^r de Breuil, et de Pierre-Joseph de la Rochefoucault, éc., s^r de la Ferronnière, frères, par laquelle ils sont maintenus dans la qualité de nobles et écuyers, en date du 16 janvier 1716 ; ladite collation faite le 19 février suivant par Coudreau, greffier des conventions. Dans le vu des pièces de ladite ordonnance sont énoncés : l'acte des épousailles de René de la Rochefoucault, chev., s^{gr} de Beauregard, avec d^{lle} Florence Blanchet, du 14 novembre 1674 ; deux extraits de baptême, le 1er de René-Claude de la Rochefoucault, du 3 avril 1678, et le 2e de Pierre-Joseph de la Rochefoucault, du 5 février 1685, par lesquels il paraît qu'ils sont enfants dudit René de la Rochefoucault, chev., s^{gr} de Beauregard, et de dame Florence Blanchet.

Contrat de mariage en secondes noces de René de la

Rochefoucault, chev., s^gr de Beauregard, avec d^lle Anne-Victoire Thomasset, par lequel il paraît qu'il est veuf et donataire de dame Florence Blanchet, sa première femme, en date du 6 mai 1699, signé Renaud et Perdriau, n^res.

Ordonnance : Maintenue comme veuve de gentilhomme, le 26 mai 1716, signé : Desgalois de Latour.

---

52   René RANFRAY, éc., s^r du Fief et de la Bajonnière.

La minute de cette ordonnance manque à notre collection.

On lit sur le registre du greffe : « Du 22 aoust 1716. Production pour René Ranfray, éc., sieur du Fief et de la Bajonnière, chevalier de l'ordre militaire de Saint-Louis, deffendeur, contre ledit Ferrand »

En marge est écrit : « Ordonnance du 20 septembre 1716 de maintenue [1] ».

Et dans l'autre marge : « J'ay retiré ma production ce 20° septembre 1716. Du Fief Ranfray ».

---

53   Louis-Jean ROBERT, éc., s^r de Boisfossé,
Louis ROBERT, éc., s^r de Beaufort, son frère.

Les Sables

Pièces justificatives : Contrat de mariage de Louis Robert., éc., s^r de Boisfossé, avec d^lle Isabeau Voisin, par lequel il paraît qu'il est fils de Claude Robert, éc., et de d^lle Jeanne Rondeau, en date du 3 avril 1630, signé Fuzelier et Mesnier, n^res.

Contrat de mariage de Jean Robert, éc., s^r de la Prous-

---

1. Cette ordonnance est énoncée dans des Lettres patentes données par le roi à Versailles au mois d'août 1732, conformément à un arrêt du Conseil d'Etat rendu le même jour (16 août), en faveur de Jean Ranfray, s^r de la Bajonnière, trésorier de France à Poitiers, et de Louis Ranfray, son frère, s^r du Fief, conseiller et procureur du roi en l'Election des Sables-d'Olonne. Ces Lettres déclarent l'ordonnance rendue par M. Desgalois de Latour au profit de René Ranfray, capitaine de dragons, commune avec lesdits Jean et Louis Ranfray, ses neveux, fils de Louis Ranfray, son frère cadet.

tière, avec d^lle Marie Berlaud, par lequel il paraît qu'il est fils de Louis Robert, chev., s^gr de Boisfossé, et de dame Isabeau Voisin, en date du 7 janvier 1663, signé Rochellet, n^re.

Certificat du sénéchal des vicomté et châtellenie de la Rabatelière, la Jarye et la Bassetière, contenant que la signature dudit Rochellet, apposée au contrat de mariage ci-dessus, est sincère et véritable, et que la grosse est écrite de sa main, en date du 3 septembre 1716, signé Gouraud.

Contrat de mariage d'André Robert, chev., s^gr de Laugerie, avec dame Céleste Vigoureux, veuve de Louis Espinasseau, chevalier de la Barbinière, par lequel il paraît qu'il est fils de Louis Robert, chev., s^gr de Boisfossé, et de feu dame Isabeau Voisin, en date du 28 février 1685, signé Allaizeau, n^re.

Ordonnance de M. de Barentin en faveur de Jean Robert, éc., s^r de Boisfossé, et de Guillaume Robert, éc., s^r de Laugerie, par laquelle ils sont maintenus dans la qualité de nobles et écuyers, en date du 24 septembre 1667. Dans le vu des pièces de ladite ordonnance est énoncé le contrat de mariage de Louis Robert, éc., fils de Claude Robert et de d^lle Jeanne Rondeau, rapporté daté du 3 avril 1630.

Requête présentée à M. de Maupeou par Jean Robert, éc., s^r de Boisfossé, André Robert, éc., s^r de Laugerie, et autres frères et sœurs, tendant à être déchargés de l'assignation à eux donnée à la requête du s^r De la Grange, au pied de laquelle est son ordonnance de « soit communiqué audit s^r De la Grange et montré au procureur du roi de la commission », en date du 5 janvier 1700. En suite de laquelle est la réponse du s^r De la Grange, portant que les assignés doivent être déchargés vu la sentence de M. de Barentin du 24 septembre 1667, en date du 28 mars 1700.

Deux extraits de baptême, le 1er de Jean-Louis Robert, du 23 janvier 1672, le 2e de Louis Robert, du 30 novembre 1674, par lesquels il paraît qu'ils sont enfants de Jean Robert, éc., s^r de Boisfossé, et de dame Marie Berlaud, délivrés les 10 mai et 30 décembre 1715 par Corbin, curé de Challans, légalisés par le sénéchal dudit lieu, et contrôlés à Poitiers le 3 novembre 1716 par Chevalier.

Contrat de mariage de Jean-Louis Robert, éc., s^{gr} de Boisfossé, avec d^{lle} Céleste-Marguerite Sapinaud, par lequel il paraît qu'il est fils de Jean Robert, éc., s^r de Boisfossé, et de dame Marie Berlaud, en date du 29 juillet 1695, signé Simonneau et Caillaud, n^{res}.

Ordonnance : Maintenus comme nobles et écuyers, le 1er décembre 1716, signé : de Latour.

54

Saint-Maixent

Jeanne Jouslard, veuve sans enfants de François-Louis RORTEAU, éc., s^{gr} de la Roche-Tollay.

Pièces justificatives : Ordonnance de M. de Richebourg en faveur de François Jouslard, éc., s^r d'Ayron, Jean-Baptiste Jouslard, éc., son frère, dame Françoise Rogier, leur mère, veuve de Jean-Baptiste-Jacques Jouslard, éc., s^r d'Ayron (frère aîné de la suppliante), et Charles Jouslard, éc., s^r d'Yversay, par laquelle ils sont maintenus dans la qualité de nobles et écuyers, en date du 26 juin 1715. Dans le vu des pièces est énoncé le contrat de mariage de Jean-Baptiste Jouslard, chev., s^{gr} de la Renaudière, avec d^{lle} Marie Mayaud. (Voir J 18 ci-dessus.)

Contrat de mariage de Jeanne Jouslard avec François-Louis Rorteau, chev., s^{gr} de la Roche-Tollay, par lequel il paraît qu'elle est fille de Jean-Baptiste Jouslard, chevalier de l'ordre du roi, s^{gr} d'Ayron, et de dame Marie Mayaud, en date du 16 juillet 1690, signé Payade, n^{re} de la châtellenie de Coutière.

Ordonnance : Maintenue comme veuve de gentilhomme, le 31 décembre 1716, signé : de Latour.

55

Les Sables

Joseph-François ROBERT, chev., s^{gr} de Chaon,

René-Henri ROBERT, chev., s^{gr} de Chaon, capitaine de frégate des vaisseaux du Roi.

Pièce justificative : Ordonnance de M. de Maupeou en faveur de Joseph-François et René-Henri Robert, éc^{rs}, s^{grs} de Chaon, par laquelle ils sont déchargés de l'assignation à eux donnée à la requête de Guérin, au lieu et place duquel est substitué le s^r Ferrand, en conséquence maintenus en la qualité de nobles et écuyers, en date du 27 septembre 1699.

Ordonnance : Maintenus comme nobles et écuyers, le 12 novembre 1715, signé : de Richebourg.

Louis RÉGNON (*alias* Reignon), éc., s^{gr} de Chaligny.   56

Pièces justificatives : Ordonnance de M. de Maupeou en faveur d'Henri Régnon, éc., s^r de Chaligny, par laquelle il est maintenu dans les privilèges et exemptions accordés aux nobles du royaume, en date du 19 mars 1700. Dans le vu des pièces est énoncé le contrat de mariage dudit Henri Régnon, chev., s^{gr} de Chaligny, avec dame Renée de Saligné.   *Fontenay*

Contrat de mariage de Louis Régnon, chev., s^{gr} de Chaligny, avec d^{lle} Sarah Sonnet d'Auzon, par lequel il paraît qu'il est fils d'Henri Régnon, dénommé ci-dessus, et de dame Renée de Saligné, en date du 11 novembre 1703, signé Fradin et Cousin, n^{res} du marquisat de Pouzauges.

Ordonnance : Maintenu comme noble et écuyer, le 22 août 1715, signé : de Richebourg.

Frédéric RÉGNON, chev., s^{gr} du Page,   57
Louis-Elie RÉGNON, chev., s^{gr} de Chaligny, capitaine au régiment de l'Isle-de-France, son frère.   *Fontenay*

Pièces justificatives : Ordonnance de M. de Maupeou en faveur d'Henri Régnon, éc., s^r de Chaligny, par laquelle il est maintenu dans les exemptions et privilèges accordés aux nobles du royaume, en date du 19 mars 1700.

Contrat de mariage d'Elie Régnon, chev., s^{gr} des Bigotières, avec d^{lle} Louise Robert, par lequel il paraît qu'il est fils d'Elie Régnon, chev., s^{gr} de Chaligny, et de dame Louise Durcot, et qu'Henri Régnon, chev., s^{gr} de Chaligny, était son frère aîné, en date du 4 janvier 1676, signé Train et Loyauté, n^{res} à Fontenay.

Contrat de mariage de Frédéric Régnon, chev., s^{gr} du Page, avec d^{lle} Julie de Kerveno de la Guigneraye, par lequel il paraît qu'il est fils d'Elie Régnon, chev., s^{gr} des Bigotières, et de dame Louise Robert, en date du 15 septembre 1711, signé : Dupont et Dubreuil, n^{res}.

Contrat de mariage de Louis-Elie Régnon, chev., s^{gr} de Chaligny et des Bigotières, avec d^{lle} Perside Devay, par lequel il paraît qu'il est fils d'Elie Régnon, s^{gr} des Bigotières, et de dame Louise Robert, en date du 4 octobre 1716, signé Fradin et Chaigneau, n^{res}.

Ordonnance : Maintenus comme nobles et écuyers, le 8 juillet 1717, signé : de Latour.

58

Les Sables

Marie de RAMBERGE, demoiselle.

Pièces justificatives : Ordonnance de M. de Maupeou rendue en faveur de Charles-Antoine de Ramberge, éc., s^r de Boislambert, qui le maintient dans les exemptions et privilèges accordés aux nobles du royaume, en date du 28 septembre 1699. Dans le vu des pièces de ladite ordonnance est énoncé le contrat de mariage dudit Charles-Antoine de Ramberge, chev., s^{gr} de Boislambert, avec d^{lle} Angélique Aubert.

Extrait du baptême de Marie de Ramberge, du 11 août 1706, délivré le 19 juin 1717 par Bion, curé de Saint-Vincent, légalisé le 6 juillet 1717 par le s^r Bardin, sénéchal de la châtellenie des Moutiers-les-Maufaits, Curzon et des hautes justices de Saint-Vincent, contrôlé à Poitiers le 2 août 1717 par Legrand, par lequel il paraît qu'elle est fille de Charles-Antoine de Ramberge, éc., s^{gr} de Boislambert, et de dame Angélique Aubert.

Ordonnance : Maintenue comme demoiselle et fille de noble, le 4 août 1717, signé : de Latour.

59

Châtellerault

Michel de la RIVIÈRE, éc., s^r de Vaucelle et de Séjourné.

Pièces justificatives : Copie d'une ordonnance de M. Voisin de la Noiraye, intendant de la Généralité de Tours, en faveur de

Nicolas de la Rivière, éc., s^{gr} de Montigny, et de Charles de la Rivière, éc., s^r de Brèche, par laquelle il leur est donné acte de la représentation de leurs titres, pour y avoir recours lors de la confection du catalogue des gentilshommes du royaume, en date du 26 juin 1667, ladite copie délivrée le 23 avril 1716 par Clairambault, généalogiste des ordres du roi. Dans le vu des pièces de l'ordonnance est énoncé le contrat de mariage de Nicolas de la Rivière avec d^{lle} Marie de Broc.

Contrat de mariage de Jean de la Rivière, chev., s^{gr} de la Cour de Broc, avec d^{lle} Marie-Gabrielle Le Bossu, par lequel il paraît qu'il est issu de défunt Nicolas de la Rivière, chev., s^{gr} de Montigny, et de dame Marie de Broc, en date du 20 novembre 1670, signé Menant, n^{re} royal.

Contrat de mariage de Michel de la Rivière, chev., s^{gr} de Vaucelle et de Séjourné, avec d^{lle} Marie-Anne Taveau de la Robercherie, par lequel il paraît qu'il est fils de Jean de la Rivière, chev., s^{gr} de la Cour de Broc, et de dame Marie-Gabrielle Le Bossu, en date du 7 février 1713, signé Laillaud, n^{re}.

Dires du produisant : Il est originaire de la province d'Anjou et demeure depuis quelques années dans la paroisse de Sossay en Poitou. Il n'a pas été assigné lui-même pour la recherche de la noblesse, mais bien sa belle-sœur, Marie de Messemé, veuve de Victor de la Rivière, son frère, aîné de la branche cadette, laquelle dame demeure aussi en la paroisse de Sossay, et s'est fait employer au renvoi accordé par M. de Richebourg à Alexandre de Messemé et autres de la même famille. (Voir D 126.)

Il tire son nom de la maison de la Rivière, sise en la paroisse de Chouzé (-sur-Loire), province de Touraine. Les pièces originales de ses titres sont entre les mains de l'aîné de la famille, qui habite cette province.

Ordonnance : **Maintenu comme noble et écuyer, le 13 août 1717, signé : de Latour.**

60 Philippe de la ROCHE, éc., s' de la Mondie,
Philippe de la ROCHE, éc., son fils.

Poitiers Pièces justificatives : Contrat de mariage de Jonas de la Roche, éc., s' d'Oradour, avec d^{lle} Félix d'Archiat, par lequel il paraît qu'il est issu de noble Clément de la Roche, éc., s' d'Oradour et de la Mondie, et de d^{lle} Françoise de la Béraudière, en date du 7 février 1595, signé Prouet et Jamet, n^{res}.

Ordonnance de MM. les commissaires nommés par le roi pour le régalement des tailles et pour la réformation des abus introduits dans la finance en Poitou, en faveur de Gédéon de la Roche, éc., s^r de la Mondie, tant pour lui que pour Josias, Jonas et Daniel de la Roche, éc^{rs}, ses frères, par laquelle ils sont renvoyés de l'assignation à eux donnée à la requête du substitut du procureur général du roi pour la représentation des titres justificatifs de leur noblesse, en date du 9 juin 1599, signé Huaut de Montmagny, maître des requêtes, de Sainte-Marthe, trésorier de France, commissaires députés par le roi, et plus bas, Par mesdits sieurs, d'Aligre.

Contrat de mariage de Paul de la Roche, éc., s^r de la Mondie, avec d^{lle} Agathe de Marois, par lequel il paraît qu'il est fils de Jonas de la Roche, éc., s^{gr} de la Mondie et d'Oradour-Fanois, et de d^{lle} Félix d'Archiat, en date du 28 août 1634, ledit contrat par copie vidimée de Louradou, notaire qui a la minute, Martin et Bourault, n^{res}, contrôlé le 17 septembre 1717 par Patarin, et légalisé par le s^r Gervais de Lafond, sénéchal du marquisat du Vigean.

Copie collationnée du contrat de mariage de Philippe de la Roche, chev., s^{gr} de la Mondie, avec d^{lle} Luce Laurand, par lequel il paraît qu'il est issu de défunt Paul de la Roche, éc., s^r de la Mondie, et de dame Agathe de Marois, en date du 26 septembre 1672, signé Chauveau, n^{re}, ladite copie faite par Tenault et Rouffier, n^{res}, contrôlée, et légalisée le 27 mai 1716 par le s^r Bonneau, sénéchal d'Availles.

Contrat de mariage des secondes noces dudit Philippe de la Roche, éc., s^r de la Mondie, avec d^{lle} Marie-Anne Texereau, en date du 20 juillet 1697, signé Martin, n^{re}.

Extrait du baptême de Philippe de la Roche, du 8 décembre 1698, par lequel il paraît qu'il est fils de Philippe de la Roche, sr de la Mondie, et de dlle Marie-Anne Texereau, sa seconde femme, délivré le 5 janvier 1716 par Cuirblanc, prieur-curé de Millac, et contrôlé à Poitiers par Legrand.

Ordonnance : Maintenus comme nobles et écuyers, le 12 novembre 1717, signé : de Latour.

Louis-François de RIVAUDEAU, éc., sr de la Jollonnière.   61

Pièces justificatives : Ordonnance de M. de Maupeou en faveur de dame Louise Pinart, veuve d'André de Rivaudeau, éc., sr de la Guillotière, et Louis de Rivaudeau, éc., sr de la Jollonnière, par laquelle ils sont maintenus dans les privilèges et exemptions accordés aux nobles du royaume, en date du 28 septembre 1699.

Les Sables

Contrat de mariage de Louis de Rivaudeau, éc., sgr de la Jollonnière, dénommé dans l'ordonnance ci-dessus, avec dlle Louise Macé de Boisjolly, en date du 24 janvier 1703, signé Portest et Viaud, nres.

Extrait du baptême de Louis-François de Rivaudeau, du 2 janvier 1704, par lequel il paraît qu'il est fils de Louis de Rivaudeau, éc., sgr de la Jollonnière, et de dame Louise Macé, délivré le 12 janvier 1716 par Thivier, curé de Sallertaine, légalisé par Guillon, sénéchal de la Garnache, le 13 janvier 1716.

Ordonnance : Maintenu comme noble et écuyer, le 6 décembre 1717, signé : de Latour.

Marie-Marthe de la Barre, veuve de Claude de RANGOT, éc., sr de la Roussière,   62
Gabriel, Jean et René de RANGOT, ses enfants.

Pièces justificatives : Ordonnance de M. de Richebourg en faveur de dame Marie-Anne de Marillet, veuve de Gabriel de Rangot, éc., s^r de la Guinemoire, par laquelle elle est maintenue dans les exemptions et privilèges attribués aux veuves des nobles du royaume, en date du 11 décembre 1715. Dans le vu des pièces de ladite ordonnance est énoncé le contrat de partage des biens de Claude de Rangot, éc., s^r de Barroux, et de dame Charlotte de Romaigné, entre Charles de Rangot, éc., s^r de Barroux, Claude de Rangot, éc., s^r de la Roussière, Gabriel de Rangot, éc., s^r de la Guinemoire, et Jean de Rangot, éc., par lequel il paraît qu'ils sont issus de Claude de Rangot, éc., et de Charlotte de Romaigné, et que ledit Charles de Rangot, en qualité d'aîné, a eu les préciputs et avantages de la Coutume. (Voir D 140.)

Acte des épousailles de Claude de Rangot, éc., s^r de la Roussière, avec d^{lle} Marie-Marthe de la Barre, du 19 octobre 1693, signé Goujon, prieur de Saint-Germain-de-Longue-Chaume.

Contrat de mariage de Claude de Rangot, éc., s^r de la Roussière, avec d^{lle} Marie-Marthe de la Barre, par lequel il paraît qu'il est fils de Claude de Rangot, éc., s^r de Barroux, et de dame Charlotte de Romaigné, en date du 23 août 1694, signé Pineau, n^{re}.

Trois extraits de baptême, le 1er de Gabriel de Rangot, du 27 octobre 1694, le 2e de Jean de Rangot, du 26 octobre 1705, le 3e de René de Rangot, du 4 novembre 1707, par lesquels il paraît qu'ils sont fils de Claude de Rangot, éc., s^r de la Roussière, et de Marie-Marthe de la Barre, délivrés le 24 septembre 1717, les deux premiers par Goujon, prieur de Saint-Germain-de-Longue-Chaume, et le 3e par Bourdault, curé d'Adilly.

Ordonnance : Maintenus comme nobles et écuyers, et veuve de noble, le 4 mars 1718, signé : de Latour.

S

Mauléon

Jean SAVARY, éc., s^r de la Bedoutière,
Jacques SAVARY, éc., s^r dudit lieu,
François SAVARY, éc., s^r de la Sablère,
Antoine SAVARY, éc., s^r de la Quiesrière,
Jeanne SAVARY, demoiselle,
    tous frères et sœur.

Pièces justificatives : Contrat de mariage de Josias Savary, éc., s^r de la Bedoutière, avec Diane Desvieux, par lequel il paraît que ledit Josias est fils de François Savary, éc., s^{gr} de la Sablère, et de d^{lle} Catherine Bolleau, passé sous le scel de la duché-pairie de Thouars le 20 juin 1605, signé Chaigneau et Martin, n^{res}.

Contrat en minute du mariage de Jacques Savary, chev., s^{gr} de la Bedoutière, avec d^{lle} Roberte Gareau, par lequel il paraît qu'il est fils de Josias Savary ci-dessus et de Diane Desvieux, passé sous le scel du duché de Retz le 21 juillet 1652, signé Garnier, Tavenet et Garot, n^{res}.

Ordonnance de M. de Barentin en faveur de Jacques Savary, s^r de la Bedoutière, portant que ledit Jacques Savary, éc., s^r de la Bedoutière, ses successeurs, enfants et postérité, nés et à naître en loyal mariage, jouiront des privilèges attribués aux nobles du royaume et du titre d'écuyer, tant et si longtemps qu'ils ne feront acte dérogeant à noblesse, en date du 24 septembre 1667.

Contrat de mariage de Jean Savary, chev., s^{gr} de la Bedoutière, avec d^{lle} Jeanne Charette, par lequel il paraît qu'il est fils de Jacques Savary ci-dessus et de Roberte Gareau, passé sous le scel de la duché-pairie de Retz le 13 septembre 1689, signé Louet et Guillaud, n^{res}.

Transaction en forme de partage entre Jean Savary, Jacques, François, Antoine et Jeanne Savary, des biens de Jacques Savary, éc., s^r de la Bedoutière, et de dame Roberte Gareau, leurs père et mère, par laquelle il paraît que ledit Jean, en qualité d'aîné, a eu les préciputs et avantages de la Coutume et qu'il a pris le titre d'écuyer, s^r de la Bedoutière, passé à Luçon le 24 juillet 1711 par Bourdeau et Charpentier, n^{res}.

Ordonnance : Maintenus comme nobles et écuyers, et demoiselle, le 21 janvier 1715, signé : de Richebourg.

2

Fontenay

Gabriel-Samuel SUZANNET, éc., s^{gr} de la Chardière, demeurant audit lieu noble de la Chardière, paroisse de Chavagnes.

Pièces justificatives : Ordonnance de M. de Barentin en faveur de dame Elisabeth de Coursillon, veuve de Frédéric Suzannet, éc., s^r de la Forest, tutrice de Marc-Antoine, Philippe-Frédéric, Charlotte-Elisabeth et Hélène Suzannet, ses enfants, Frédéric-Henri Suzannet, fils aîné dudit Frédéric et de dame Esther Henry, sa première femme, Gabriel Suzannet, éc., s^r de la Chardière et Pontabert, Cécile, Louise et Marie Suzannet, ses sœurs, par laquelle ils sont tous maintenus dans les privilèges de la noblesse, rapportée datée du 23 septembre 1667, collationnée à la minute le 3 février 1694, signé Clairambault, généalogiste des ordres du roi.

Contrat de mariage de Gabriel Suzannet, éc., s^r de la Chardière, avec d^{lle} Françoise de la Vieuville, par lequel il paraît qu'il est fils de François Suzannet, éc., s^r de Pontabert, en date du 15 février 1670, signé Dardane, n^{re} royal.

Contrat de mariage de Gabriel-Samuel Suzannet, éc., s^r de la Chardière, avec d^{lle} Israélite Mauclerc, par lequel il paraît qu'il est fils de Gabriel Suzannet ci-dessus et de dame Françoise de la Vieuville, en date du 15 mars 1696, signé Musseau et Filleau, n^{res}.

Ordonnance : Maintenu comme noble et écuyer, le 18 février 1715, signé : de Richebourg.

Paul SONNET, éc., s^r d'Auzon, Boisménard et autres lieux, demeurant en la paroisse du Boupère.   3

Pièce justificative : Arrêt de MM. les commissaires généraux députés par le roi pour l'exécution de sa déclaration du 4 septembre 1696 et arrêts du Conseil rendus en conséquence contre les usurpateurs du titre de noblesse, par lequel ledit Paul Sonnet, éc., s^r d'Auzon, est maintenu, ses successeurs, enfants et postérité nés et à naître en légitime mariage, en la qualité de noble et écuyer, en date du 4 juillet 1699, signé Hersent.   *Thouars*

Ordonnance : Maintenu comme noble et écuyer, le 18 février 1715, signé : de Richebourg.

Jean de SAINT-MORIC (*aliàs* Mory ou Mauric), chev., s^{gr} de Favières, de la paroisse de la Chapelle-Baston.   4

Pièce justificative : Ordonnance de M. Begon, intendant de la Généralité de la Rochelle, en faveur de Jean de Saint-Mauric, éc., s^r de Favières, par laquelle il est maintenu en la qualité de noble et écuyer, en date du 20 décembre 1699.   *Saint-Maixent*

Ordonnance : Maintenu comme noble et écuyer, le 27 février 1715, signé : de Richebourg.

Elisabeth Poussard d'Anguitard, veuve de Léon de SAINT-GELAIS DE LUSIGNAN, chev., s^{gr} de Séligny, y demeurant, tutrice et ayant la garde noble de Charles-Auguste, Jean-Léon et Bénigne-Elisabeth de SAINT-GELAIS DE LUSIGNAN, ses enfants.   5   *Niort*

Pièces justificatives : Ordonnance de M. de Maupeou en faveur de Léon de Saint-Gelais de Lusignan, éc., s^r de Séligny, contenant décharge de l'assignation à lui donnée à la requête de Guérin, au lieu et place duquel est substitué le s^r Ferrand, et maintenu dans la qualité de noble et écuyer, en date du 23 juillet 1699.

Contrat de mariage de Léon de Saint-Gelais de Lusignan avec d^{lle} Elisabeth Poussard d'Anguitard, en date du 23 mai 1693, signé Tioulet, n^{re} royal en Saintonge.

Acte du testament fait par ledit Léon de Saint-Gelais, par lequel il charge dame Elisabeth Poussard d'Anguitard, sa femme, de la garde noble et administration des biens de Charles-Auguste, Jean-Léon et Bénigne-Elisabeth de Saint-Gelais, ses enfants, en date du 13 août 1700, signé Gaignepain, n^{re}.

Ordonnance : **Maintenus comme nobles, écuyers, veuve et fille de noble, le 28 février 1715, signé : de Richebourg.**

6

Niort

Jean de SALIGNAC, éc., s^r de la Maingoterie, ancien capitaine au régiment de Perrain et pensionnaire du roi.

Pièces justificatives : Contrat de mariage de Nicolas de Salignac, éc., s^r de Romagné, avec d^{lle} Jacquette Duplessis, par lequel il paraît qu'il est fils de René de Salignac, vivant, éc., s^r de la Forest, et de d^{lle} Louise Gallet, en date du 19 février 1656, signé Prioneau, n^{re}.

Contrat d'un partage fait entre Nicolas de Salignac, éc., s^r de Romagné, et Jacques de Salignac, éc., s^r de la Boissière, par lequel il paraît qu'ils sont enfants de René de Salignac, éc., s^r de la Forest, et de Louise Gallet, en date du 27 octobre 1659, signé Bertrand, n^{re}.

Ordonnance de M. Rouillé, intendant de la Généralité de Limoges, en faveur de Girard de Salignac, éc., s^r dudit lieu, par laquelle il est déchargé de l'assignation à lui donnée à la requête de François Ferrand, en conséquence est maintenu dans les exemptions et privilèges accordés aux nobles du royaume, en date du 29 juillet 1708. Dans le vu des pièces de ladite ordonnance il paraît que ledit Gérard de Salignac est issu de Jacques de Salignac, éc., s^r de la Boissière, qui l'était de René de Salignac, éc., s^r de la Forest, et de Louise Gallet ci-dessus, ce qui montre que ledit Girard de Salignac est neveu de Nicolas de Salignac.

Arrêt de MM. les commissaires généraux députés par le roi

pour l'exécution des édits du mois d'août 1692 concernant le recouvrement des droits de francs-fiefs, en faveur de Jacquette Duplessis, veuve de Nicolas de Salignac, éc., s^r de Romagné, et Jean de Salignac, éc., s^r de la Maingoterie, lieutenant de la compagnie colonelle du régiment de Bourgogne-Infanterie, Marie et Marguerite de Salignac, enfants et héritiers de Nicolas de Salignac, par lequel ils sont déchargés des sommes pour lesquelles ils avaient été compris aux rôles des francs-fiefs, en date du 4 décembre 1694, signé Hersent.

Contrat de mariage de Jean de Salignac, éc., s^r de la Maingoterie, capitaine d'infanterie au régiment de Beaufermé, avec d^{lle} Marie-Madeleine de Cumont, par lequel il paraît qu'il est fils de Nicolas de Salignac, éc., s^r de Romagné, et de dame Jacquette Duplessis, en date du 14 février 1707, signé Isambert, n^{re}.

Ordonnance : **Maintenu comme noble et écuyer, le 12 mars 1715, signé : de Richebourg.**

Olivier SARDAIN, éc., s^r de Saint-Michel,
François SARDAIN, éc., s^r de Beauregard, son frère.

7

Pièces justificatives : Edit du roi du mois de mars 1696, portant anoblissement de cinq cents personnes.

Niort

Quittance de finance de la somme de six mille livres payée par Joseph Sardain, s^r de Borde, pour acquérir des lettres de noblesse en exécution de l'édit ci-dessus, en date du 23 novembre 1696, signé Brunel, enregistrée au contrôle général des finances le 7 avril 1697, signé Phelypeaux.

Lettres patentes de Sa Majesté portant anoblissement de la personne de Joseph Sardain, s^r de Borde, données au mois de décembre 1696, signé Louis, et sur le repli, Par le roi, Colbert, enregistrées en la Chambre des comptes, Cour des aides et Bureau des finances de la Généralité de Limoges, suivant les actes insérés sur le repli.

Autres lettres patentes expédiées en faveur du même Joseph Sardain, s^r de Borde, contenant même anoblissement, à défaut par lui d'avoir fait enregistrer les premières au Parlement, données au mois d'avril 1698, signé Louis, et sur le repli, Par le roi, Colbert, registrées en Parlement le 13 août 1698, suivant l'acte inséré sur le repli, et scellées en lacs de soie du grand sceau de cire verte.

Quittance de finance de la somme de trois mille livres payée par Joseph Sardain, s^r de Borde, pour jouir de cent cinquante livres de rente et de la confirmation de sa noblesse, en date du 16 mars 1705, signé de Turmenye, enregistrée au contrôle général des finances le 11 avril 1705, signé Chamillard, et la quittance des deux sols pour livre.

Ordonnance des s^{rs} présidents trésoriers de France de la Généralité de Limoges, contenant l'enregistrement de ladite quittance de finance, en date du 31 mai 1706, signé desdits sieurs et de Dachet, greffier commis.

Quittance de finance de la somme de douze cents livres, payée par Joseph Sardain, s^r de Borde, pour jouir de soixante livres de rente et de la confirmation de sa noblesse, en date du 1er juin 1712, signé Lebas de Montargis, enregistrée au contrôle général des finances le 25 juin 1712, signé Perottin, et la quittance des deux sols pour livre.

Contrat de mariage d'Olivier Sardain, s^r de Saint-Michel, avec d^{lle} Anne de la Court, par lequel il paraît qu'il est fils de Joseph Sardain, s^r de Borde, et de d^{lle} Renée de la Chalonie, en date du 10 septembre 1681, signé Saulnyer, n^{re}.

Contrat de mariage de François Sardain, s^r de Beauregard, avec d^{lle} Madeleine de la Court, par lequel il paraît qu'il est fils de Joseph Sardain, s^r de Borde, et de d^{lle} Renée de la Chalonie, en date du 14 novembre 1685, signé Saulnyer, n^{re}.

Ordonnance : Maintenus comme nobles et écuyers, le 14 mars 1715, signé : de Richebourg.

8

Niort

Pierre SUIROT (*aliàs* Suyrot), éc., s^r d'Angles,
Suzanne Louveau, veuve de Gabriel SUIROT, éc., s^r du Breuil et de la Barberie.

Pièces justificatives : Ordonnance de M. de Barentin en faveur de Jacques Suirot, éc., s^r d'Angles, et autres, par laquelle ils sont maintenus dans la qualité de nobles et écuyers, en date du 31 août 1667.

Ordonnance de M. de Maupeou en faveur de Gabriel Suirot, éc., s⁰ de la Barberie, Pierre Suirot, éc., s⁰ d'Angles, Anne d'Abillon, veuve de Jean Suirot, éc., s⁰ de la Bissière, par laquelle ils sont renvoyés des assignations à eux données à la requête de Guérin, au lieu duquel est substitué le s⁰ Ferrand, et maintenus en leur noblesse, en date du 30 mai 1699.

Contrat de mariage de Gabriel Suirot, éc., s⁰ du Breuil et de la Barberie, avec d¹¹⁰ Suzanne Louveau, par lequel il paraît qu'il est fils de Jacques Suirot, éc., s⁰ d'Angles, et de dame Perrette d'Abillon, en date du 1ᵉʳ juin 1700, signé Baudin et Sabourin, nᵣᵉˢ.

Extrait mortuaire de Gabriel Suirot, éc., s⁰ du Breuil, en date du 7 janvier 1715, délivré le 11 mars 1715 par Simon, prieur de Celles, légalisé par le sénéchal dudit lieu.

Ordonnance : Maintenus comme noble et écuyer, et veuve de noble, le 18 mars 1715, signé : de Richebourg.

Bénigne de Nossay, veuve de René de SAINT-LEGIER, éc., sᵍʳ d'Orignac. *9*

Pièce justificative : Ordonnance de M. de Maupeou en faveur de Bénigne de Nossay, veuve de René de Saint-Legier, éc., s⁰ d'Orignac, par laquelle elle est déchargée de l'assignation à elle donnée à la requête de Guérin, au lieu et place duquel est substitué le s⁰ Ferrand, en conséquence maintenue en la qualité de veuve de gentilhomme, en date du 9 novembre 1699. *Niort*

Ordonnance : Maintenue comme veuve de noble, le 29 mars 1715, signé : de Richebourg.

Nicolas SUIROT, chev., sᵍʳ des Champs, Courpantay, Ternenteuil et autres lieux, ci-devant capitaine au régiment de Navarre, *10*

Marie-Anne Blandin, veuve de Claude SUIROT, chev., *Fontenay* s^{gr} du Coudreau, faisant tant pour elle que pour Claude-Hector, Louis-Henri et Claude SUIROT, ses enfants,

Céleste Janvre, veuve de François SUIROT, chev., s^{gr} du Mazeau, faisant tant pour elle que pour Charles-Joseph, Marie-Anne-Angélique et Thérèse-Angélique-Céleste SUIROT, ses enfants.

Pièces justificatives : Ordonnance de M. de Maupeou en faveur de Claude Suirot, chev., s^{gr} du Coudreau, François Suirot, chev., s^{gr} du Mazeau, et Marguerite Suirot, par laquelle ils sont déchargés des assignations à eux données à la requête de Guérin, en conséquence maintenus dans la qualité de nobles et écuyers, en date du 28 novembre 1699. Dans le vu des pièces de ladite ordonnance sont énoncés: 1° le contrat du partage des biens de François Suirot et de dame Anne Lucas, entre François Suirot, chev., s^{gr} des Champs, Nicolas Suirot, chev., s^{gr} de Rochefort, et Henri Suirot, chev., s^{gr} des Aulnays, leurs enfants ; 2° le contrat de mariage d'Henri Suirot, chev., s^{gr} des Aulnays, avec d^{lle} Olympe du Fay ; 3° le contrat de mariage de Claude Suirot, chev., s^{gr} du Coudreau, avec d^{lle} Marie-Anne Blandin, par lequel il paraît qu'il est fils d'Henri Suirot et d'Olympe du Fay; 4° le contrat de mariage de François Suirot, chev., s^{gr} du Mazeau, avec d^{lle} Olympe-Céleste Janvre, par lequel il paraît qu'il est fils d'Henri Suirot et d'Olympe du Fay.

Trois extraits de baptême, le 1er de Claude-Hector Suirot, ondoyé le 27 octobre 1688, baptisé le 8 février 1690, le 2e de Louis-Henri Suirot, ondoyé le 5 novembre 1690, baptisé le 30 juillet 1691, le 3e de Claude Suirot, ondoyé le 25 janvier 1696, baptisé le 25 octobre 1701, par lesquels il paraît qu'ils sont enfants de Claude Suirot, éc., s^r du Coudreau, et de Marie-Anne Blandin, délivrés le 10 avril 1715 par Dannelot, curé d'Echiré, contrôlés à Poitiers le 13 mai 1715 par Legrand.

Trois extraits de baptême, le 1er de Charles-Joseph Suirot, en date du 5 novembre 1702, le 2e de Marie-Anne-Angélique Suirot, ondoyée le 12 août 1701, baptisée le 29 janvier 1705, le 3e de Thérèse-Angélique-Céleste Suirot, du 29 janvier 1700, par lequel il paraît qu'ils sont enfants de François Suirot, éc., sr du Mazeau, et de dame Angélique-Céleste Janvre, délivrés le 20 mars 1715 par Hugueteau-Martinière, curé de Fontenay, contrôlés audit Fontenay le 23 du même mois par Sourdeval.

Trois extraits de baptême, le 1er de Claude-Hector Suirot, ondoyé le 27 octobre 1686, baptisé le 8 février 1690, le 2e de Louis-Henri Suirot, ondoyé le 5 novembre 1690, baptisé le 20 juillet 1691, le 3e de Claude Suirot, ondoyé le 25 janvier 1696, baptisé le 25 octobre 1701, par lesquels il paraît qu'ils sont enfants de Claude Suirot, éc., sr du Coudreau, et de Marie-Anne Blandin, délivrés le 10 août 1715 par Dammelot, curé d'Echiré, contrôlés à Poitiers le 13 mai 1715 par Legrand.

Ordonnance : Maintenus comme nobles, écuyers, filles et veuves de nobles, le 4 juin 1715, signé : de Richebourg.

Samuel-René SAJOT, éc., sr de la Girardière, Louis-René et Rose-Aimée SAJOT, ses enfants.

11

Pièces justificatives : Ordonnance de M. de Barentin en faveur de Charles Sajot, éc., sr de la Renaudière, et Frédéric Sajot, éc., sr des Landes, par laquelle ils sont maintenus dans leur noblesse, en date du 24 septembre 1667.

Fontenay

Lettres patentes du roi en faveur desdits Charles et Frédéric Sajot, portant confirmation des lettres de noblesse accordées par Sa Majesté à Nicolas Sajot, leur aïeul, au mois de mars 1635, données à Versailles au mois de mai 1686, signé Louis, et sur le repli, Par le roi, Letellier, enregistrées en la Chambre des comptes et Cour des aides.

Quittance de finance de la somme de trois cents livres payée par Frédéric Sajot, petit-fils de Nicolas Sajot anobli par lettres du mois de mars 1635, pour jouir de l'effet et contenu en la déclaration du 17 janvier 1696, en date du 30 juin 1698, signé Milieu, enregistrée au contrôle général des finances de France le 12 juillet suivant, signé Phelypeaux.

Contrat de mariage de Samuel-René Sajot, éc., sr de la Girardière, avec dlle Louise-Aimée Desportes, par lequel il paraît qu'il est fils de Frédéric Sajot, éc., sr des Landes, et de d^lle Louise Marchegay, en date du 20 mars 1699, signé Blanchard et Payneaud, n^res du marquisat de Creil-Bournezeau.

Deux extraits de baptême, le 1er de Rose-Aimée Sajot, du 2 avril 1704, le 2e de Louis-René Sajot, du 15 avril 1701, par lesquels il paraît qu'ils sont enfants de Samuel-René Sajot, éc., s^r de la Girardière, et de dame Louise-Aimée Desportes, délivrés le 1er mai 1715 par Mercerot, curé de Saint-Hilaire-le-Vouhis, légalisés par le sénéchal dudit lieu, contrôlés à Poitiers le 28 mai 1715 par Legrand.

Ordonnance : Maintenus comme nobles et écuyers, et fille de noble, le 14 juin 1715, signé : de Richebourg.

12

Saint-Maixent et Fontenay

François SUIROT, éc., s^r de Lautremont, demeurant en la paroisse de Thorigné,

Pierre SUIROT, éc., s^r de Logerie, son fils, demeurant en la paroisse de Menomblet.

Pièces justificatives : Copie de l'ordonnance de M. de Barentin en faveur de François Suirot, éc., s^r de Lautremont, par laquelle il est maintenu dans la qualité de noble et écuyer, en date du 31 août 1667, ladite copie délivrée le 19 septembre 1674 par Dupont, secrétaire de M. de Marillac, intendant de Poitou.

Ordonnance de M. de Maupeou en faveur de Pierre Suirot, éc., s^r de Logerie, fils de François Suirot, maintenu ci-dessus, par laquelle il est aussi maintenu dans les privilèges de la noblesse, en date du 30 mai 1699.

Pièce non visée : Contrat de mariage dudit Pierre Suirot avec Anne Panoux, passé le 6 janvier 1695 par Lacroix, notaire de la baronnie du Busseau.

Ordonnance : Déchargés de l'assignation à eux donnée à la requête du s^r Ferrand, le 7 août 1715, signé : de Richebourg.

Claude SAJOT, éc., sr de la Braudière, *13*
Marie-Anne, Louise-Jacquette et Françoise SAJOT.

Mauléon

Pièces justificatives : Ordonnance de M. de Barentin en faveur de Charles Sajot, éc., sr de la Renaudière, et Frédéric Sajot, éc., sr des Landes, par laquelle ils sont maintenus dans leur noblesse, en date du 24 septembre 1667. Dans le vu des pièces de ladite ordonnance sont énoncées : 1° les lettres patentes de noblesse accordées par le roi à Nicolas Sajot, sr de la Girardière, données à Gentilly au mois de mars 1635, 2° les lettres patentes de confirmation de noblesse accordées par le roi à Charles et Frédéric Sajot, srs de la Renaudière et des Landes, petits-enfants dudit Nicolas, données à Versailles au mois de mai 1686, signées Louis, et sur le repli, Par le roi, Le Tellier, scellées du grand sceau de cire verte en lacs de soie, enregistrées en la Chambre des comptes et la Cour des aides, 3° deux quittances de finance de chacune trois cents livres, payées par Frédéric Sajot, petit-fils de Nicolas, et René-Isaac Sajot, qui était aussi petit-fils de Nicolas, en exécution de la déclaration du 17 janvier 1696, en date des 30 juin 1698 et 8 avril 1699, signé Milieu, enregistrées au contrôle général des finances les 12 juillet 1698 et 9 mai 1699, signé Phelypeaux.

Grosse du contrat de mariage de Frédéric Sajot, éc., sr des Landes, veuf de Louise Marchegay, avec Anne Hersant, veuve de François Landry, en date du 16 octobre 1665, signé Moreau, nre.

Acte des épousailles dudit Frédéric Sajot, éc., sr des Landes, avec dlle Anne Hersant, du 8 juillet 1666, au-dessous duquel est l'acte de baptême de Claude Sajot, en date du 1er mai 1667, par lequel il paraît qu'il est fils dudit Frédéric Sajot et d'Anne Hersant, délivré le 5 septembre 1715 par Jagueneau, curé des Brousils, légalisé par le sénéchal de Montaigu, contrôlé à Poitiers le 16 septembre suivant par Legrand.

Contrat de mariage de Claude Sajot, éc., sr de la Braudière, avec dlle Charlotte-Françoise de Béranger, par lequel il paraît qu'il est fils de Frédéric Sajot, éc., sr des Landes, et d'Anne Hersant, en date du 13 novembre 1695, signé Joullin, nre.

Contrat de mariage de Charles Sajot, éc., s^r de la Renaudière, avec d^{lle} Judith du Buttay, par lequel il paraît qu'il est fils d'autre Charles Sajot, éc., s^r de la Girardière, et de dame Françoise Bidey, en date du 2 avril 1652, signé Allaizeau et Grolleau, n^{res}.

Contrat de mariage de René-Isaac Sajot, chev., s^{gr} du Plessis, avec d^{lle} Jeanne-Aimée Sajot, par lequel il paraît qu'il est fils de Charles Sajot, éc., s^r de la Renaudière, et de dame Judith du Buttay, en date du 12 janvier 1693, signé Barraud et Hersant, n^{res}.

Contrat de mariage en secondes noces dudit René-Isaac Sajot avec d^{lle} Louise de Lescorce, en date du 27 février 1696, signé Pavageau et Joullin, n^{res}.

Trois extraits de baptême, le 1er de Marie-Anne Sajot, du 15 février 1697, le 2e de Louise-Jacquette Sajot, du 20 mars 1699, le 3e de Françoise Sajot, du 7 juillet 1708, par lesquels il paraît qu'elles sont filles de René-Isaac Sajot, éc., s^r du Plessis, et de dame Louise de Lescorce ; lesdits extraits délivrés, le 1er le 12 avril 1715 par Rogier, prieur de Saint-André, le 2. le 14 du même mois par Renaud, prêtre, en l'absence dudit prieur, et le 3e par Jagueneau, curé des Brousils, légalisés par le procureur fiscal de Vieillevigne, contrôlés à Poitiers le 15 mai 1715 par Legrand.

Dire des parties : Une ordonnance de M. de Richebourg, rendue le 19 août 1715 à la requête du s^r Ferrand, portait qu'avant faire droit, les produisants rapporteront dans le délai d'un mois une grosse et expédition en forme du contrat de mariage de Frédéric Sajot avec Anne Hersant.

Ordonnance : Maintenus dans les privilèges attribués aux nobles du royaume, le 17 septembre 1715, signé : de Richebourg.

---

14 Paul SIDRAC DE SAINT-MATHIEU, éc., s^r de la Traverserie, chevalier de Saint-Louis, capitaine au régiment de Villeroi.

Thouars

Pièce justificative : Ordonnance de M. Begon, intendant de la Généralité de la Rochelle, en faveur de Paul Sidrac de Saint-Mathieu et de ses frères, par laquelle ils sont maintenus en leur noblesse, en date du 14 avril 1698.

Dire du produisant : La qualité de noble a été accordée à sa famille par le roi Henri II en l'année 1556.

Ordonnance : Déchargé de l'assignation à lui donnée à la requête du s^r Ferrand, le 29 septembre 1715, signé : de Richebourg.

Charles SAUDELET, éc., s^{gr} de Letur.

15

Pièces justificatives : Copie collationnée du partage des biens de René Saudelet, éc., s^r du Retail, et de d^{lle} Catherine Joubert, sa femme, entre Thomas Saudelet, éc., s^r du Retail, François Saudelet, éc., s^r de la Guicherie, David Saudelet, éc., s^r de la Guignaudière, et René Bardin, sénéchal de Beaupreau, mari de d^{lle} Louise Saudelet, leurs enfants, par lequel il paraît que Thomas, en qualité d'aîné, a eu les préciputs et avantages de la Coutume, en date du 18 juin 1593 ; ladite collation faite par Henri et Levasseur, n^{res} du Châtelet de Paris.

Les Sables

Contrat d'un échange fait entre Thomas Saudelet, éc., s^r du Retail, et David Saudelet, éc., s^r de la Guignaudière, son frère, en date du 20 janvier 1594, signé Peguis et Bouchet, n^{res}.

Copie collationnée du contrat de mariage de Thomas Saudelet, éc., s^r du Retail, avec d^{lle} Charlotte Mosnier, par lequel il paraît qu'il est fils de René Saudelet, éc., s^r du Retail, et de d^{lle} Catherine Joubert, rapporté daté du 30 octobre 1602, signé Lenormand et Boucheraud, n^{res}, ladite copie collationnée le 11 octobre 1715 sur l'original en parchemin par Gaudion, secrétaire du roi, greffier de la commission établie pour la recherche de la noblesse, dépositaire dudit original.

Contrat d'un acquêt fait par Thomas Saudelet, éc., s^r du Retail, et Charlotte Mosnier, sa femme, en date du 31 juillet 1627, signé David et Robigeon, n^{res}.

Contrat du partage des biens de Thomas Saudelet, éc., s^r du Retail, et de d^{lle} Charlotte Mosnier, entre Charles Saudelet, éc., s^r de la Roussière et du Retail, Daniel Saudelet, éc., s^r de la Guignaudière, Noël Saudelet, éc., s^r de la Brandinière, Gabriel Saudelet, éc., s^r de l'Age-Maubretière, et d^{lle} Françoise Saudelet, leurs enfants, par lequel il paraît que Charles, en qualité d'aîné, a eu les préciputs et avantages de la Coutume, en date du 27 juin 1645, signé Rousseau et Robigeon, n^{res}.

Deux extraits de baptême, le 1er de Françoise Saudelet, du 1er janvier 1606, le 2e de Charles Saudelet, du 30 avril 1608, par lesquels il paraît qu'ils sont enfants de Thomas Saudelet, éc., s^r du Retail, et de d^{lle} Charlotte Mosnier, délivrés le 19 juin 1715 par Jarrie, curé de Beaurepaire, légalisés par le s^r Guyot, sénéchal dudit lieu, contrôlés à Poitiers le 26 octobre 1715 par Legrand.

Contrat de mariage de Gabriel Saudelet, éc., s^r de l'Age-Maubretière, avec d^{lle} Yvonne Plumet, par lequel il paraît qu'il est fils de Thomas Saudelet, éc., s^r du Retail, et de Charlotte Mosnier, en date du 17 octobre 1644, signé Brossier, n^{re}.

Contrat de mariage de Charles Saudelet, éc., s^r de Letur, avec d^{lle} Jacquette Moysand, veuve de Louis Morisseau, par lequel il paraît qu'il est fils de Gabriel Saudelet, éc., s^r de l'Age-Maubretière, et d'Yvonne Plumet, en date du 5 janvier 1701, signé Rambert et Caillault, n^{res}.

Ordonnance : Maintenu comme noble et écuyer, le 29 octobre 1715, signé : de Richebourg.

NOTA. Une précédente ordonnance de M. de Richebourg, du 27 octobre 1715, avait ordonné que le produisant serait tenu de rapporter dans le délai d'un mois un supplément de pièces.

16

Les Sables

Charles SAUDELET, éc., s^{gr} du Retail.

Pièces justificatives : Ordonnance de M. de Richebourg en faveur de Charles Saudelet, éc., s^r de Letur, par laquelle il est maintenu dans la qualité de noble et écuyer, en date du 29 octobre 1715. Dans le vu des pièces de ladite ordonnance sont énoncés le contrat de mariage de Thomas Saudelet, éc., s^r du Retail, avec d^{lle} Charlotte Mosnier, et le contrat de partage des biens desdits Thomas Saudelet et Charlotte Mosnier entre leurs enfants, Charles Saudelet, éc., s^r de la Roussière et du Retail,

Daniel Saudelet, éc., s^r de la Guignaudière, Noël Saudelet, éc., s^r de la Brandinière, Gabriel Saudelet, éc., s^r de l'Age-Maubretière, et Françoise Saudelet.

Contrat de mariage de Charles Saudelet, éc., s^r du Retail, avec d^{lle} Marguerite Gourdon, par lequel il paraît qu'il est fils de feu Thomas Saudelet, éc., s^r du Retail, et de dame Charlotte Mosnier, en date du 22 mai 1648, signé Beugnon, n^{re}.

Contrat de mariage de Charles Saudelet, éc., s^r du Retail, avec d^{lle} Renée Baillif, par lequel il paraît qu'il est fils de Charles Saudelet, éc., s^r du Retail, et de Marguerite Gourdon, en date du 30 novembre 1684, signé Chauvière, n^{re}.

Ordonnance : Maintenu comme noble et écuyer, le 14 décembre 1715, signé : de Richebourg.

Pierre de SALUSSE, éc., s^r d'Amoncourt et de la Robertye.   17

Pièces justificatives : Ordonnance de M. Le Febvre de Caumartin, intendant de la Généralité de Champagne, en faveur de Charles de Salusse, éc., s^{gr} de Champetin, Charles de Salusse, éc., s^{gr} des Fosses, et François de Salusse, éc., s^{gr} de Bailly, par laquelle ils sont maintenus dans les privilèges et exemptions dont jouïssent les véritables gentilshommes du royaume, en date du 30 juin 1667. Dans le vu des pièces de cette ordonnance il paraît, d'après l'arbre généalogique desdits de Salusse, que Charles de Salusse, s^{gr} de Champetin, avait épousé Angélique de Sorny, qu'il était fils de Louis de Salusse et de Marguerite de Vexin, qui lui-même était issu de Jean-Louis de Salusse et de Blaisine Cabaret.

Poitiers

Contrat de mariage de Charles de Salusse, chev., capitaine entretenu pour le service du roi en la marine, avec d^{lle} Claire d'Amoncourt, par lequel il paraît qu'il est fils de Jean-Louis de Salusse et de Blaisine Cabaret, en date du 24 juin 1664, signé Levasseur et Delamothe, n^{res}.

Contrat de mariage de Pierre de Salusse, éc., s^r d'Amoncourt, avec d^{lle} Marie d'Abzac, par lequel il paraît qu'il est fils de Charles de Salusse ci-dessus et de dame Claire d'Amoncourt, en date du 23 juin 1694, signé Trébuchet, n^{re}.

Ordonnance : **Maintenu comme noble et écuyer, le 16 janvier 1716, signé : de Richebourg.**

18

Pierre SURINEAU, chev., s^{gr} de la Guessière,
Charles SURINEAU, chev., s^{gr} de la Touche, son frère.

Les Sables

Pièces justificatives : Ordonnance de M. de Barentin en faveur de Pierre Surineau, éc., s^r de la Touche et de la Guessière, par laquelle il est maintenu dans la qualité de noble et écuyer, en date du 9 août 1667. Dans le vu des pièces de ladite ordonnance sont énoncés : 1° le contrat de mariage de Charles Surineau, éc., s^{gr} de la Touche, avec d^{lle} Marie de Saligny, 2° et le contrat de mariage de Pierre Surineau, chev., s^{gr} de la Touche, avec d^{lle} Louise de Saligny, par lequel il paraît qu'il est fils de Charles Surineau et de Marie de Saligny.

Contrat de mariage de Pierre Surineau, chev., s^{gr} de la Guessière, avec d^{lle} Jacqueline Guerry, par lequel il paraît qu'il est fils de feu Charles Surineau, chev., s^{gr} de la Touche, et de dame Marie de Saligny, en date du 14 novembre 1674, signé Merland et Royer, n^{res}.

Contrat de mariage de Pierre Surineau, chev., s^{gr} de la Guessière, la Menolière, Bois-Plaisant et autres lieux, avec d^{lle} Marie-Anne de la Haye-Montbault, par lequel il paraît qu'il est fils de défunt Pierre Surineau, chev., s^{gr} de la Guessière, et de dame Jacqueline Guerry, en date du 10 février 1698, signé Grelet et Arnoult, n^{res}.

Contrat du partage des biens de Pierre Surineau, chev., s^{gr} de la Guessière, la Menolière et autres lieux, et de dame Jacqueline Guerry, entre Pierre Surineau, chev., s^{gr} de la Guessière, et Charles Surineau, chev., s^{gr} de la Touche, leurs enfants, par lequel il paraît que ledit Pierre, en qualité d'aîné, a eu les préciputs et avantages de la Coutume, en date du 16 janvier 1707, signé Robard et Rouvière, n^{res}.

Ordonnance : **Maintenus comme nobles et écuyers, le 17 janvier 1716, signé : de Richebourg.**

René-Esprit SOCHET, éc., sʳ du Copinson.

Fontenay

Pièces justificatives : Contrat de mariage de René Sochet, éc., sʳ de Nesde et du Vau, conseiller secrétaire du roi, maison et couronne de France et de ses finances, avec dˡˡᵉ Marguerite de Laurière, par lequel il paraît qu'il est fils de Jean Sochet, éc., sʳ du Vau, et de dˡˡᵉ Marie Gorgeau, en date du 26 avril 1654, signé Gaulin et Tarné, nʳᵉˢ à Luçon.

Lettres d'honneur accordées par le roi Louis XIV d'heureuse mémoire, en faveur de René Sochet, portant qu'encore que ledit René Sochet résignât sondit office de secrétaire du roi, il lui serait permis de se nommer et qualifier, sa vie durant, de conseiller secrétaire du roi, maison et couronne de France et de ses finances, en date du 1ᵉʳ mars 1668, signé Louis, et plus bas, Par le roi, Phelypeaux, enregistrées au Parlement le 20 mars ensuivant, signé du Tillet.

Ordonnance de M. Rouillé du Coudray, intendant de Poitou, en faveur de René Sochet, par laquelle il lui donne acte de la représentation faite par lui d'une ordonnance de M. de Barentin du 24 septembre 1667, qui le maintenait en sa noblesse, en qualité de conseiller secrétaire du roi, maison et couronne de France et de ses finances, et desdites lettres d'honneur à lui accordées le 1ᵉʳ mars 1668, en conséquence qu'il jouirait, sa veuve et postérité, de l'effet et contenu en icelles, en date du 8 mai 1672.

Contrat de mariage de René-Esprit Sochet, chev., sᵍʳ du Copinson, avec dˡˡᵉ Françoise de la Rapidie, par lequel il paraît qu'il est fils de René Sochet ci-dessus et de Marguerite de Laurière, en date du 10 octobre 1687, signé Drieux et Savariau, nʳᵉˢ du duché de Rais.

Pièce non visée : Contrat du 8 août 1703, reçu par Aulneau, nʳᵉ de Luçon, par lequel le produisant partage noblement avec Philippe Sochet, éc., sʳ de Nesde, et Charles de Rangot, éc., sʳ de Barroux, loyal administrateur de ses enfants issus de son mariage avec la dame Sochet, les biens de la succession de Marguerite de Laurière, leur mère.

Ordonnance : Maintenu dans les privilèges, honneurs et exemptions attribués aux enfants et descendants de secrétaires du roi, le 18 janvier 1716, signé : de Richebourg.

20

Les Sables

MATHIEU SIMON, éc., s^r des Sansives.

Pièces justificatives : Grosse d'un arrêt du Conseil intervenu en faveur de Mathieu Simon, éc., s^r de la Bretagnerie, auditeur en la Chambre des comptes de Bretagne, et autres y dénommés, par laquelle ils sont déchargés des sommes auxquelles ils avaient été taxés par les rôles arrêtés au Conseil les 26 janvier, 15 mars et 2 septembre 1692 et 13 octobre 1693, en conséquence maintenus, leurs veuves et descendants, dans les privilèges dont jouissent les nobles du royaume, rapporté daté du 26 juin 1696, signé Dujardin, collationnée par Laurencin, secrétaire du roi, enregistrée au greffe de l'Election des Sables-d'Olonne le 28 mai 1712, signé Laurent, commis-greffier.

Contrat de mariage de Mathieu Simon, éc., s^r de la Bretagnerie, conseiller du roi, auditeur ordinaire en la Chambre des comptes de Bretagne, avec d^{lle} Bonne Beaunier, par lequel il paraît qu'il est fils de Mathurin Simon, éc., s^r de Villeneuve, et de d^{lle} Gratienne Gorgeteau, en date du 25 juillet 1659, signé Bedeau et Thomas, n^{res} royaux à Nantes.

Extrait du baptême de Mathieu Simon, du 5 juillet 1675, par lequel il paraît qu'il est fils de Mathieu Simon, éc., s^r de la Bretagnerie, et de dame Bonne Beaunier, délivré le 12 novembre 1703 par Bizeuil, prêtre, recteur de Saint-Vincent de Nantes, légalisé par M. de Beauvau, évêque de Nantes, le 24 janvier 1711, signé Brulé, prêtre, secrétaire, et scellé.

Contrat de mariage de Mathieu Simon, éc., s^r des Sansives, avec d^{lle} Louise Poitevin du Plessis-Landry, par lequel il paraît qu'il est fils de défunt Mathieu Simon, éc., s^r de la Bretagnerie, et de dame Bonne Beaunier, en date du 31 janvier 1711, signé Michon et Godefroy, n^{res}.

Ordonnance : Maintenu comme noble et écuyer, le 15 juillet 1716, signé : de Latour.

Philippe SOCHET, éc., sr de Nesde.   21

Pièces justificatives : Ordonnance de M. de Richebourg en faveur de René-Esprit Sochet, éc., sr du Copinson, par laquelle il est maintenu dans la qualité de noble et écuyer, en date du 18 janvier 1716. Dans le vu des pièces de ladite ordonnance sont énoncés : 1° le contrat de mariage de René Sochet, éc., sr de Nesde et du Vau, avec dlle Marguerite de Laurière ; 2° le contrat de mariage de René-Esprit Sochet, éc., avec dlle Françoise de la Rapidie, par lequel il paraît qu'il est issu de René Sochet et de Marguerite de Laurière. (Voir S 19 ci-dessus.)   *Fontenay*

Contrat de mariage de Philippe Sochet, éc., sr de Nesde, avec dlle Marie Costard, par lequel il paraît qu'il est fils de René Sochet, éc., et de dame Marguerite de Laurière, en date du 26 août 1705, signé Desmaisons, nre royal en Saintonge.

Ordonnance : Maintenu comme noble et écuyer, le 10 août 1717, signé : de Latour.

Scolastique Thébault, veuve de René SERMENTON, éc., sr de Fougeré,   22

Jacques-René SERMENTON, éc., sr de Fougeré, mousquetaire du Roi,

Jean-Baptiste-Urbain SERMENTON, abbé,

Scolastique SERMENTON, demoiselle.   *Saint-Maixent*

Pièces justificatives : Ordonnance de M. de Maupeou en faveur de René Sermenton, éc., sr de Fougeré, André Sermenton, éc., sr de Préroux, prêtre, et Charles Sermenton, éc., sr de la Chauvinière, par laquelle ils sont maintenus dans la qualité de nobles et écuyers, en date du 25 juillet 1699. Dans le vu des pièces de ladite ordonnance est énoncé le contrat de mariage de René Sermenton avec dlle Scolastique Thébault.

Contrat de mariage de René Sermenton, éc., sgr de Fougeré, avec dlle Scolastique Sermenton, par lequel il paraît qu'il est issu et fils aîné de René Sermenton, vivant éc., s^r de Préroux et de Fougeré, et de dame Antoinette Gibou, en date du 17 septembre 1680, signé François, n^{re}.

Trois extraits de baptême, le 1er de Jacques-René Sermenton, du 2 mai 1683, le 2e de Scolastique Sermenton, du 22 novembre 1688, et le 3e de Jean-Baptiste-Urbain Sermenton, du 10 janvier 1696, par lesquels il paraît qu'ils sont enfants de René Sermenton, éc., s^{gr} de Fougeré, et de dame Scolastique Thébault, délivrés le 17 décembre 1711, par Gabriaud, prieur curé de Goux, légalisé par le président et lieutenant général de Melle le 13 janvier 1716, signé Collin, contrôlés à Poitiers le 12 juillet suivant par Faisolle.

Ordonnance : Maintenus comme nobles et écuyers, demoiselle et veuve de noble, le 27 novembre 1717, signé : de Latour.

23

Les Sables

André SERVANTEAU, éc., s^r de la Brunière.

Pièces justificatives : Lettres de provisions accordées par le roi à André Servanteau d'un office de conseiller et secrétaire du roi, maison et couronne de France et de ses finances, en date du 5 juin 1702, signé sur le repli, Par le roi, Lepetit. Sur le repli desdites lettres est l'acte d'enregistrement ès registre de l'Audience de France du 26 juin 1702, signé Pajot et Pirot.

Commission de Mgr le Chancelier de France adressée à M. Pinon, intendant de Poitou, afin de recevoir dudit André Servanteau le serment en tel cas requis et accoutumé, en date du 6 juin 1702, signé Phelypeaux, et plus bas, Par Mgr, Boschet, au pied de laquelle est l'acte de prestation de serment du s^r Servanteau entre les mains du s^r Pinon, du 16 juin 1702.

Contrat de mariage d'André Servanteau, éc., s^r de la Brunière, avec d^{lle} Marie Jouslard, par lequel il paraît qu'il est fils d'André Servanteau, éc., s^r de la Brunière, secrétaire du roi, et de Catherine Reston, en date du 19 septembre 1708, signé Blanchard et Gennet, n^{res}.

Extrait mortuaire d'André Servanteau, éc., conseiller du roi, maison et couronne de France et de ses finances, du 24 janvier 1718, délivré le 27 dudit mois par Péroteau, curé de la Chaume, légalisé par le s' Dupleix, sénéchal des Sables-d'Olonne.

Pièces non visées : Copie collationnée par Lepetit, secrétaire du roi, maison et couronne de France et de ses finances, des lettres de provisions de secrétaire du roi accordées par Louis XIV, roi de France, à Antoine Rondé, expédiées en 1699 et rapportées signées Desvieux et scellées du grand sceau de cire jaune, ladite copie signée dudit Lepetit.

Quittance de finance de la somme de quinze cents livres payée par ledit Antoine Rondé le 13 mars 1699 pour la survivance, collationnée, signé Desvieux.

Lettres de survivance en résignation dudit office accordées par S. M. audit Antoine Rondé le 13 avril 1699, signé sur le repli, Par le roi, Desvieux.

Acte de présentation de la personne d'André Servanteau, conseiller du roi, receveur des consignations de l'Election des Sables, par dame Suzanne Merus, veuve d'Antoine Rondé, éc., secrétaire du roi, tutrice de ses enfants mineurs, pour être pourvu dans l'office de secrétaire du roi que possédait ledit Antoine Rondé, en date du 5 avril 1702.

Ordonnance : Maintenu comme noble et écuyer, le 11 mars 1718, signé : de Latour.

T

Gabriel THÉRONNEAU, éc., s' de la Boucherie.

Pièces justificatives : Ordonnance de M. de Barentin en faveur de René Théronneau, s' de la Pépinière, Louis Théronneau, s' de la Boucherie, Jean Théronneau, s' du Tillac, Guy Théronneau, s' de la Coudraye et de Richebonne, Perrine Théronneau, veuve de Pierre Bouhet, Marguerite Morisson, veuve

Poitiers

de René Théronneau, et Marie Théronneau, par laquelle ils sont maintenus dans les privilèges de la noblesse, et leurs successeurs, enfants et postérité nés et à naître en légitime mariage, en date du 6 août 1667.

Arrêt du Conseil d'Etat du roi, intervenu sur l'appel de l'ordonnance ci-dessus interjeté par Claude Viallet, chargé par le roi du recouvrement des droits de francs-fiefs et affranchissement d'iceux et droit de nouveaux acquêts, en faveur de René Théronneau, s^r de la Pépinière, par lequel ladite ordonnance de M. de Barentin est confirmée, en date du 3 août 1680, signé Ranchin.

Contrat de mariage de Gabriel Théronneau, s^r de la Boucherie, avec d^{lle} Françoise de Crugy-Marcillac, par lequel il paraît qu'il est fils de Louis Théronneau, s^r de la Boucherie, dénommé dans l'ordonnance de M. de Barentin, et de d^{lle} Gilberte Guesdon, passé à Poitiers le 8 juillet 1701, signé Bourbeau et Decressac, n^{res} royaux.

Contrat du partage des biens de Louis Théronneau et de Gilberte Guesdon entre leurs enfants, Gabriel Théronneau, éc., s^r de la Boucherie, Anne et autre Anne Théronneau, par lequel il paraît que Gabriel a eu les préciputs et avantages de la Coutume, en date du 21 mars 1703, signé Lefebvre et Bousseau, n^{res}.

Ordonnance : Maintenu comme noble et écuyer, le 31 janvier 1715, signé : de Richebourg.

2

Mauléon

René THÉRONNEAU, éc., s^r de la Pépinière.

Pièces justificatives : Ordonnance de M. de Barentin en faveur de René Théronneau, s^r de la Pépinière, et autres frères et sœurs y denommés, par laquelle ils sont maintenus dans les privilèges attribués aux nobles du royaume, leurs successeurs, enfants et postérité nés et à naître en légitime mariage, en date du 6 août 1667.

Arrêt du Conseil d'Etat du roi, contradictoirement rendu entre Claude Viallet, chargé par Sa Majesté du recouvrement des droits de francs-fiefs et affranchissement d'iceux et droits de nouveaux acquêts, sur l'appel par lui interjeté de l'ordonnance ci-dessus, et René Théronneau, s' de la Pépinière, par lequel ladite ordonnance est confirmée, en date du 3 août 1680, signé Ranchin.

Arrêt de MM. les commissaires généraux du Conseil pour l'exécution de la déclaration du roi du mois de septembre 1696, sur l'appel interjeté par ledit René Théronneau, s' de la Pépinière, de l'ordonnance par défaut contre lui rendue par M. de Nointel, intendant en Bretagne, qui le déclarait roturier et en amende de deux mille livres envers le s' Ferrand, lequel arrêt reçoit ledit René Théronneau, s' de la Pépinière opposant à ladite ordonnance, et faisant droit sur son opposition, ordonne que l'ordonnance de M. de Barentin, du 6 août 1667, sera exécutée selon sa forme et teneur, et donne mainlevée des saisies de ses meubles faites à la requête dudit Ferrand qui est condamné à lui rendre et restituer les sommes de deniers par lui perçues et aux dépens, en date du 3 mars 1704, signé Hersent.

Ordonnance : Maintenu comme noble et écuyer, le 31 janvier 1715, signé : de Richebourg.

Philippe-Louis TUTAULT, chev., s^{gr} de l'Herbaudière, demeurant en sa maison de l'Herbaudière, paroisse de Saivre.

Pièces justificatives : Ordonnance de M. de Barentin en faveur de Philippe Tutault, éc., s' de l'Herbaudière, et Gabriel Tutault, éc., s' de la Verdonnière, par laquelle ils sont maintenus dans les privilèges de la noblesse, en date du 1er septembre 1667.

Arrêt du Conseil d'Etat du roi, en faveur de dame Louise Aubry, veuve de Philippe Tutault, et de Philippe-Louis Tutault, éc., s' de l'Herbaudière, son fils, sur l'appel de l'ordonnance de M. de Barentin interjeté par Claude Viallet, chargé du recouvrement des francs-fiefs, par lequel, sans s'arrêter audit appel, il est ordonné que l'ordonnance de M. de Barentin sera exécutée selon sa forme et teneur, ce faisant, ladite veuve Tu-

Saint-Maixent

tault et Philippe-Louis Tutault, son fils, sont déchargés des sommes auxquelles ils avaient été taxés par les rôles arrêtés au Conseil, en date du 8 février 1681, signé Berryer.

Ordonnance : Maintenu comme noble et écuyer, le 20 février 1715, signé : de Richebourg.

4

Châtelle-rault.

Charles-Nicolas de TERVES, chev., s^{gr} de l'Herbaudière.

Pièce justificative : Ordonnance de M. de Barentin en faveur de Louise Gendrault, comme mère tutrice de Charles-Nicolas, Anne, Jacquette et Marie-Anne de Terves, enfants mineurs de feu Nicolas de Terves, s^r de l'Herbaudière, par laquelle ils sont tous maintenus dans les privilèges de la noblesse, en date du 20 juillet 1667.

Ordonnance : Maintenu comme noble et écuyer, le 28 février 1715, signé : de Richebourg.

5

Mauléon

Charles THÉVENIN, éc., s^r de la Perraudière,
Suzanne THÉVENIN, demoiselle, sa sœur.

Pièce justificative : Ordonnance de M. Doujat, intendant du Poitou, en faveur de Jacques Thévenin, éc., s^r de la Roche, Charles Thévenin, éc., s^r de la Perraudière, et d^{lle} Suzanne Thévenin, frères et sœur, par laquelle ils sont déchargés de l'assignation à eux donnée à la requête de Ferrand et maintenus dans les privilèges et exemptions attribués aux nobles du royaume, en date du 24 mars 1707.

Ordonnance : Déchargés de l'assignation à eux donnée à la requête du s^r Ferrand, le 8 mars 1715, signé : de Richebourg.

6

Niort

Louis THÉBAULT, éc., s^r de la Tour-la-Plesse, demeurant au bourg de Prahecq,
Gabriel THÉBAULT, éc., s^r de la Ruffinière, capitaine

de vaisseau et lieutenant de l'artillerie du port de Rochefort, demeurant audit lieu de la Ruffinière,

Charles THÉBAULT, éc., s^r de Ruffay, frère du précédent, demeurant au bourg de Prahecq,

Louis THÉBAULT, éc., s^r de Beauchamp, demeurant en la paroisse de Chérigné.

Pièces justificatives : Ordonnance de M. de Barentin en faveur de Jacques Thébault, éc., s^r de la Tour-la-Plesse, et de ses enfants Charles Thébault, éc., s^r de la Ruffinière, et Jacques Thébault, éc., s^r de Grand-Bois, par laquelle ils sont maintenus dans la qualité de nobles et écuyers, en date du 1er septembre 1667.

Contrat de mariage de Louis Thébault, éc., s^r de la Tour-la-Plesse, avec d^{lle} Jeanne France, par lequel il paraît qu'il est fils de Jacques Thébault, éc., s^r de la Tour-la-Plesse, et de d^{lle} Marie Lebel, en date du 27 octobre 1675, signé Varin, n^{re}.

Contrat du partage des biens de Charles Thébault, éc., s^r de la Ruffinière, dénommé dans l'ordonnance ci-dessus, et de Jacquette de Poix, sa femme, entre René Thébault, éc., s^r de la Ruffinière, Louis Thébault, éc., s^r de la Tour, Gabriel Thébault, éc., Charles Thébault, éc., s^r de Ruffay, Marie-Anne Thébault, épouse de Jacques Bonetie, s^r de Sainte-Ruhe, et Jacquette Thébault, leurs enfants, par lequel il paraît que ledit René, en qualité d'aîné, a eu les préciputs et avantages de la Coutume, en date du 5 avril 1698, signé François, n^{re}.

Ordonnance de M. de Maupeou en faveur de Louis Thébault, éc., s^r de la Tour, Jacques Thébault, éc., s^r du Grand-Bois, et ses enfants Louis et Antoine Thébault, éc^{rs}, par laquelle ils sont déchargés des assignations à eux données à la requête de Guérin, au lieu duquel est substitué le s^r Ferrand, et maintenus en leur noblesse, en date du 17 février 1699.

Ordonnance : Maintenus comme nobles et écuyers, le 29 mars 1715, signé : de Richebourg.

7

Mauléon

David TINGUY, éc., sʳ de Soulette.

Pièce justificative : Ordonnance de M. de Maupeou en faveur de David Tinguy, éc., sʳ de Soulette, par laquelle il est déchargé de l'assignation à lui donnée à la requête de Guérin, au lieu duquel est substitué le sʳ Ferrand, en conséquence maintenu dans la qualité de noble et écuyer, en date du 24 décembre 1700.

Ordonnance : Déchargé de l'assignation à lui donnée à la requête du sʳ Ferrand, le 14 avril 1715, signé : de Richebourg.

8

Mauléon

Elisabeth de Verteuil, veuve de René THÉRONNEAU, éc., sʳ de Puyviault,

Daniel-René THÉRONNEAU, éc., sʳ de Puyviault, son fils ainé.

Pièces justificatives : Contrat de mariage de René Théronneau, éc., sʳ de Puyviault, avec dˡˡᵉ Elisabeth de Verteuil, par lequel il paraît qu'il est fils d'autre René Théronneau et de dame Sarah Robert, en date du 11 novembre 1686, signé Ballard, nʳᵒ.

Ordonnance de M. de Maupeou en faveur de René Théronneau, éc., sʳ de Puyviault, par laquelle il est déchargé de l'assignation à lui donnée à la requête de Guérin, au lieu duquel est substitué le sʳ Ferrand, en conséquence maintenu dans sa noblesse, en date du 28 mai 1698.

Extrait de baptême de Daniel-René Théronneau, par lequel il paraît qu'il est fils de René Théronneau, éc., sʳ de Puyviault, et de dame Elisabeth de Verteuil, en date du 27 mars 1689, délivré le 10 avril 1715 par Audouet, prieur de Saint-Sulpice, contrôlé à Poitiers le 16 dudit mois par Legrand.

Ordonnance : Maintenus comme noble et écuyer, et comme veuve de noble, le 16 avril 1715, signé : de Richebourg.

Jean TAGAULT, éc., s^r de Chorigny,
Josué TAGAULT, éc., s^r de Boisneuf,
Hélène TAGAULT, demoiselle,
Louise TAGAULT, demoiselle,
 tous frères et sœurs.

9

Niort

Pièces justificatives : Contrat de mariage de Jean Tagault, éc., avec d^{lle} Claude Bernard, par lequel il paraît qu'il est fils d'autre Jean Tagault, éc., en date du 14 décembre 1554, signé Jacquemot, certifié par le syndic et Conseil de Genève le 23 octobre 1660, signé de Chasteau-Rouget.

Contrat de mariage de Jean Tagault, titré de noble homme, avec d^{lle} Elisabeth de Gazeau, par lequel il paraît qu'il est fils de Jean Tagault, éc., ci-dessus, et de dame Claude Bernard, en date du 4 novembre 1614, signé Cornier et Sabourin, n^{res}.

Procuration de Jean Tagault, éc., en faveur de Jean Tenans, professeur de l'Académie de Montauban, contenant pouvoir de requérir en justice les biens obvenus à son profit par les décès de Jean Tagault et de d^{lle} Claude Bernard, ses père et mère, en date du 9 décembre 1603, signé Loup, n^{re}.

Quittance dudit Jean Tagault, éc., au profit de Jean Tenans, portant reconnaissance d'avoir reçu, en vertu de la procuration qu'il lui avait consentie, les sommes de deniers qui lui revenaient des successions de Jean Tagault et Claude Bernard, ses père et mère, et les préciputs et avantages qui lui appartenaient pour son droit d'aînesse, en date du 18 novembre 1605, signé Tagault, et Loup, n^{re}.

Contrat de mariage de Philippe Tagault, chev., s^{gr} de Villeneuve et de Vieil-Romans, avec d^{lle} Lucrèce Tinguy, par lequel il paraît qu'il est fils de Jean Tagault, chev., et d'Elisabeth de Gazeau, en date du 9 février 1650, signé Sauvereau et Girard, n^{res}.

Lettres patentes de relief accordées par le roi à Philippe Tagault, éc., s^r de Villeneuve, par lesquelles Sa Majesté le relève du défaut par Jean Tagault, son père, d'avoir pris la qualité d'écuyer dans son contrat de mariage avec Elisabeth de Gazeau, données à Fontainebleau le 31 août 1677, signé Louis, et plus bas, Par le roi, Letellier ; et sur le repli est écrit l'enregistrement en la Cour des Aides, le 2 janvier 1679, signé Dupuy.

Arrêt de la Cour des Aides portant entérinement desdites lettres du 2 janvier 1679, signé Dupuy.

Procuration de Philippe Tagault, éc., au profit de Josué David, aux fins de consentir et contracter le mariage de Jonas Tagault, éc., s^r de Villermat, son fils et de défunte Lucrèce Tinguy, avec d^{lle} Hélène Lecocq, en date du 22 mai 1680, passé à la Mothe par Baron et Palustre, n^{res}. A la suite se trouve le contrat de mariage de Jonas Tagault, éc., s^r de Villermat, avec d^{lle} Hélène Lecocq, en date du 25 mai 1680, signé Labbé, n^{re}.

Acte de dation de tutelle à Jean, Josué, Hélène et Louise Tagault, par lequel il paraît qu'ils sont enfants mineurs de Jonas Tagault, éc., s^{gr} de Villermat, et de d^{lle} Hélène Lecocq, par le sénéchal de la justice de Villermat, en date du 11 janvier 1687, signé Palaste, greffier.

Testament d'Hélène Lecocq, contenant le partage de ses biens entre Jean, Josué, Hélène et Louise Tagault, ses enfants, par lequel elle fixe les préciputs et avantages dus à Jean Tagault, son fils aîné, et fait des dispositions en faveur de ses trois autres enfants, en date du 19 octobre 1703, signé Chalemot, n^{re}.

Contrat de mariage de Jean Tagault, éc., s^r de Chorigny, avec d^{lle} Jacquette Desmier, par lequel il paraît qu'il est fils de Jonas Tagault, éc., s^r de Villermat, et de dame Hélène Lecocq, en date du 8 décembre 1707, signé Gadon, n^{re}.

Ordonnance : Maintenus comme nobles et écuyers et comme demoiselles et filles de noble, le 8 mai 1715, signé : de Richebourg.

---

10 Louis THÉVENIN, éc., s^{gr} de Salidieu,
Joseph THÉVENIN, éc., s^r de la Chauvelière, son frère.

Fontenay Pièce justificative : Ordonnance de M. Doujat, intendant du Poitou, en faveur d'Elisabeth Clémenceau, veuve de Louis Thévenin, éc., s^r de Salidieu, par laquelle elle est déchargée de l'assignation à elle donnée à la requête du s^r Ferrand, en conséquence maintenue, ainsi que Louis et Joseph Thévenin, ses enfants, dans les privilèges de la noblesse, en date du 24 mars 1707.

Pièce non visée : Ordonnance de M. de Barentin en faveur de Philippe Thévenin, éc., s^r de la Roche-Thévenin (oncle des produisants), et de Louis Thévenin, éc., s^r de Salidieu (leur père), par laquelle ils sont maintenus dans leur noblesse, en date du 9 septembre 1667.

Ordonnance : Déchargés de l'assignation à eux donnée à la requête du s^r Ferrand, le 20 mai 1715, signé de Richebourg.

François THIBAULT de la Carte, chev., s^gr dudit lieu, colonel du régiment de milice du Poitou,

Philippe-Louis THIBAULT de la Carte, chev.,

Jacques THIBAULT de la Carte, chev., s^gr marquis de la Carte, Veuzé, les Mouillières et autres lieux,

François THIBAULT de la Carte, chev., s^gr de la Chalonnière,

Gabriel THIBAULT de la Carte, chev., s^gr des Roches de Vendeuvre, frère du précédent,

François-Marie-Gabriel THIBAULT de la Carte, éc.,

Gabriel THIBAULT de la Carte, éc., frère du précédent.

11

Poitiers

Pièces justificatives : Ordonnance de M. de Barentin en faveur de François Thibault de la Carte, éc., s^r de la Chalonnière, autre François Thibault de la Carte, éc., et Georges Thibault de la Carte, éc., s^r des Essarts, par laquelle ils sont maintenus dans la qualité de nobles et écuyers, en date du 10 novembre 1667.

Contrat de mariage de François Thibault de la Carte, chev., s^gr marquis dudit lieu et de la Planche, dénommé dans l'ordonnance ci-dessus, avec d^lle Françoise Berland, par lequel il paraît qu'il est fils de Jacques Thibault de la Carte, vivant chev., s^gr desdits lieux, et de dame Françoise de Chauvinière, en date du 17 avril 1666, signé Levasseur et Ogier, n^res au Châtelet.

Contrat de mariage de Gabriel Thibault de la Carte, chev., marquis de la Carte, capitaine des gardes du corps de Monseigneur, fils de France, frère unique du roi, avec d^lle Charlotte-Françoise de la Ferté de Senneterre, par lequel il paraît qu'il est fils de François Thibault, chev., marquis de la Carte, et de dame Françoise Berland, en date du 15 juillet 1698, signé Bellanger et Bliquet, n^res ; ledit contrat délivré pour copie collationnée sur la grosse par Béraud et Lambert, n^res royaux à Saint-Maixent, le 23 mars 1713, d'eux signé et contrôlé.

Extrait de baptême de Philippe-Louis Thibault de la Carte, par lequel il paraît qu'il est fils de Gabriel Thibault de Senneterre de la Carte, marquis de la Ferté, capitaine des gardes du corps de Son Altesse Royale Monsieur, et de dame Charlotte-Françoise de la Ferté, du 24 avril 1699, ledit extrait signé Delagarde, vicaire, délivré le 22 avril 1715 par Mathias de Fierville, curé de Saint-Cloud, collationné et vidimé par Antheaume, grand vicaire de Mgr l'archevêque de Paris, et contrôlé à Poitiers par Legrand le 21 mai 1715.

Contrat de mariage de Jacques Thibault de la Carte, chev., s^gr marquis de la Carte, avec dame Marie-Angélique d'Aquin, dame de Roissy en France, veuve de messire Louis-Rollin Rouillé, chev., s^gr comte de Jouy, maître des requêtes, par lequel il paraît qu'il est fils de François Thibault de la Carte, chev., s^gr marquis de la Carte, et de dame Françoise Berland, en date du 4 novembre 1713, signé Dussart et Lechanteur, n^res au Châtelet.

Contrat de mariage de François Thibault de la Carte, chev., s^gr de la Chalonnière, dénommé en l'ordonnance de M. de Barentin, avec d^lle Marie de Colasseau, par lequel il paraît qu'il est fils de Jacques Thibault, vivant chev., s^gr de la Carte et de Veuzé, et de défunte Françoise de Barbezières, en date du 20 août 1656, signé Perronet, n^re.

Contrat de mariage de François Thibault de la Carte, chev., s^gr de la Chalonnière, avec dame Catherine de la Lande, veuve de Pierre Buignon, conseiller au présidial de Poitiers, par lequel il paraît qu'il est fils de François Thibault de la Carte ci-dessus et de dame Marie de Colasseau, en date du 25 février 1691, signé Rullier et Dubois, n^res.

Trois extraits de baptême, le 1er de Gabriel Thibault de la Carte, en date du 26 juin 1665, par lequel il paraît qu'il est fils de François Thibault de la Carte, éc., s^r de la Chalonnière, et de dame Marie de Colasseau, le 2e de François-Marie-Gabriel Thibault de la Carte, du 20 octobre 1693, et le 3e de Gabriel Thibault de la Carte, ondoyé le 5 août 1695, baptisé le 23 juin 1709, par lesquels il paraît que les deux derniers sont fils de François Thibault de la Carte, éc., s^gr de la Chalonnière, et de dame Catherine de la Lande ; les trois extraits délivrés par Habert, curé de Vendeuvre, et contrôlés à Poitiers le 21 mai 1715 par Legrand.

Ordonnance : Maintenus comme nobles et écuyers, le 23 mai 1715, signé : de Richebourg.

Guy Le TEXIER, chev., s^gr du Chastelier.   12

Fontenay

Pièces justificatives : Arrêt de la Chambre établie par le roi pour la réformation de la noblesse en Bretagne, en faveur de Samuel-Hélie et Benjamin Le Texier, frères, par lequel ils sont reconnus issus d'extraction noble et maintenus dans la qualité de nobles et écuyers, en date du 11 avril 1669, signé Maleset. Dans le vu des pièces dudit arrêt il paraît que Samuel-Hélie Le Texier avait épousé d^lle Jeanne Macé.

Extrait de baptême de Guy Le Texier, du 24 janvier 1658, par lequel il paraît qu'il est fils de Samuel Le Texier, s^gr du Chastelier, et de dame Jeanne Macé, délivré le 7 avril 1715 par Cassard, recteur de Saint-Laurent à Nantes, légalisé par Charette, sénéchal de Nantes, scellé à Nantes le 15 mai 1715 par Breau.

Ordonnance : Maintenu comme noble et écuyer, le 15 juin 1715, signé : de Richebourg.

13 Jean-Baptiste THOMASSET, éc., s^{gr} du Pin et de Boislivière.

Les Sables

Pièces justificatives : Ordonnance de M. de Barentin en faveur de Philippe Thomasset, éc., s^r du Vignault, Pierre Thomasset, éc., s^r de Boislivière, son frère, et Philippe Thomasset, éc., s^r du Pin, par laquelle ils sont maintenus dans la qualité de nobles et écuyers, en date du 24 septembre 1667. Dans le vu des pièces de ladite ordonnance est énoncé le contrat de mariage de Philippe Thomasset, éc., s^r du Vignault, avec d^{lle} Marie de Méré.

Contrat de mariage de Philippe Thomasset, chev., s^{gr} du Pin, dénommé dans l'ordonnance ci-dessus, avec d^{lle} Françoise Brunon, par lequel il paraît qu'il est fils de Philippe Thomasset, chev., s^{gr} du Vignault, et de dame Marie de Méré, en date du 13 juin 1660, signé Viaud, n^{re}.

Extrait de baptême de Jean-Baptiste Thomasset, du 28 décembre 1682, par lequel il paraît qu'il est fils de Philippe Thomasset, chev., s^{gr} du Pin, et de dame Françoise Brunon, délivré le 4 octobre 1699 par Tardiveau, curé de Beauvoir-sur-Mer, légalisé par le procureur fiscal de la Garnache, contrôlé à Poitiers le 5 août 1715 par Legrand.

Dire du produisant : Philippe Thomasset, s^r du Vignault, son aïeul, était gouverneur de Princé dans la province de Bretagne.

Ordonnance : **Maintenu comme noble et écuyer, le 17 août 1715, signé : de Richebourg.**

---

14 Jean THIBAULT, éc., s^r du Bellay.

Niort

Pièce justificative : Ordonnance de M. de Maupeou en faveur de Marie de Villiers, veuve de Charles Thibault, éc., s^r du Bellay, et de Jean Thibault, éc., son fils, par laquelle ils sont maintenus en leur noblesse, en date du 6 juin 1700.

Pièce non visée : **Contrat de mariage du produisant, en date du 2** février 1702, signé Benoist et Minot, n^res royaux à Melle, en suite duquel est la procuration de la dame Marie de Villiers, sa mère.

Ordonnance : Maintenu dans les privilèges et exemptions attribués aux gentilshommes du royaume, le 31 août 1715, signé : de Richebourg.

Abraham-Théophile de TINGUY, éc., s^gr de Vaussay, Henri de TINGUY, éc., s^gr de Bois-Bertrand, son frère.

15

Mauléon

Pièces justificatives : Ordonnance de M. de Maupeou en faveur de Charles Tinguy, éc., s^r de Nesmy, Auguste de Tinguy, éc., s^r de la Turmelière, et Abraham-Théophile de Tinguy, éc., s^r de Vaussay, par laquelle ils sont déchargés des assignations à eux données à la requête de Guérin, au lieu duquel est substitué le s^r Ferrand, en conséquence maintenus dans les exemptions et privilèges accordés aux nobles du royaume, en date du 14 juin 1700.

Contrat de mariage d'Henri de Tinguy, éc., s^r de Bois-Bertrand, avec d^lle Jeanne Gouraud, par lequel il paraît qu'il est fils de Florimond de Tinguy et de dame Elisabeth Bouquet, dont le contrat de mariage est énoncé dans le vu des pièces de l'ordonnance ci-dessus, en date du 18 juin 1693, signé Bouquié et Bernardeau, n^res.

Contrat du partage des biens de Florimond de Tinguy, chev., s^gr de Girondin, et de dame Elisabeth Bouquet, entre Abraham-Théophile de Tinguy, éc., s^gr de Vaussay, et Henri-Florimond de Tinguy, éc., s^r de Bois-Bertrand, par lequel il paraît qu'ils sont enfants de Florimond de Tinguy et de dame Elisabeth Bouquet, et que ledit Abraham-Théophile, en qualité d'aîné, a eu les préciputs et avantages de la Coutume, en date du 17 octobre 1699, signé Bourasseau et Gilbert, n^res.

Ordonnance : Maintenus comme nobles et écuyers, le 19 septembre 1715, signé : de Richebourg.

16   Elisabeth de Marconnay, veuve de Jacques TAVEAU, éc., s^r de la Rebergerie.

Pièces justificatives : Ordonnance de M. de Maupeou en faveur de Jacques Taveau, éc., s^r de la Rebergerie, par laquelle il est maintenu dans la qualité de noble et écuyer, en date du 12 mars 1699.

Contrat de mariage de Jacques Taveau, éc., s^r de la Rebergerie, avec d^{lle} Elisabeth de Marconnay, par lequel il paraît qu'il est fils de Louis Taveau, éc., s^{gr} de la Raudière, et de dame Renée de Peimac, en date du 14 juin 1672, signé Goutière et Jourselin, n^{res} royaux.

Ordonnance : Maintenue comme veuve de noble, le 19 octobre 1715, signé : de Richebourg.

---

17   Raoul TIRAQUEAU, éc., s^r de la Grignonnière.

Fontenay

Pièces justificatives : Contrat du partage des biens de Lancelot Tiraqueau, éc., s^r de la Vrignaye, et de d^{lle} René Blouin, sa femme, entre Hilaire Tiraqueau, éc., s^{gr} de la Grignonnière, cons^{er} et premier maître des requêtes des ordinaires de la reine Marguerite, François Tiraqueau, éc., s^r d'Auzay, gentilhomme ordinaire de la maison de la reine, Louis Tiraqueau, éc., s^r de la Vrignaye, Charles Tiraqueau, éc., s^r de Lessort, avocat au Parlement, Marie Tiraqueau, veuve de Philippe Chasteau, Renée Tiraqueau et Anne Tiraqueau, leurs enfants, par lequel il paraît qu'Hilaire, en qualité d'aîné, a eu les avantages et préciputs de la Coutume, en date du 14 août 1610, signé Pineau et Charrier, n^{res} royaux à Fontenay.

Contrat du partage des biens de François Tiraqueau, éc., s^r de la Grignonnière, entre d^{lle} Marie Texier, sa veuve, Marie Tiraqueau, femme de Romain Pager, éc., s^r du Pin, Charles Tiraqueau, éc., s^r de la Grignonnière, et d^{lles} Sylvie et Françoise Tiraqueau, leurs enfants, par lequel il paraît que Charles, en qualité d'aîné, a eu les avantages et préciputs de la Coutume, en date du 26 septembre 1640, signé Picoron, n^r à Vouvant.

Contrat de mariage de Charles Tiraqueau, éc., s^r de la Grignonnière, avec d^lle Marie Brunet, par lequel il paraît qu'il est fils de François Tiraqueau, éc., s^r de la Grignonnière, et de dame Marie Texier, en date du 19 octobre 1644, signé Bonnet, n^re royal à Fontenay.

Ordonnance de M. de Barentin en faveur de Jacques Tiraqueau, éc., s^r de la Jarrie, par laquelle il est maintenu dans la qualité de noble et écuyer, en date du 16 août 1667, rapportée signée Barentin, et plus bas, Par Mgr, du Bellineau, signé Clairambault, généalogiste des ordres du roi.

Ordonnance de M. de Marillac, intendant du Poitou, au sujet des droits de francs-fiefs, en faveur de Charles Tiraqueau, s^gr de la Grignonnière, par laquelle il est déchargé des assignations à lui données à la requête de Viallet, chargé du recouvrement, et ledit Viallet condamné aux dépens, en date du 24 décembre 1674, rapportée signée de Marillac, et plus bas, Par Mgr, Dupont, signé par collation Gallier, secrétaire de M. de la Bourdonnaye, intendant du Poitou. Dans le vu des pièces de ladite ordonnance se trouve énoncé le contrat de mariage de François Tiraqueau, éc., s^r d'Auzay, cons^er du roi et commissaire pour faire les montres du prévôt des maréchaussées de Fontenay et Niort, avec d^lle Marie Texier, par lequel il paraît qu'il est fils de Lancelot Tiraqueau, éc., s^r de la Vrignaye et de la Grignonnière, et de d^lle Renée Blouin, rapporté daté du 8 juin 1610, signé Drouault et Jousseaune, n^res.

Extrait de baptême de Charles Tiraqueau, rapporté daté du 18 août 1620, par lequel il paraît qu'il est fils de François Tiraqueau, éc., s^r de la Grignonnière, et de dame Marie Texier.

Contrat de mariage de Charles Tiraqueau, éc., s^r de la Grignonnière, avec d^lle Marie Brunet, par lequel il paraît qu'il est fils de défunt François Tiraqueau, éc., s^r de la Grignonnière, et de dame Marie Texier, en date du 18 octobre 1644, rapporté signé Bonnet.

Contrat de mariage de Raoul Tiraqueau, éc., s^r de la Grignonnière, avec d^lle Marguerite Rapin, par lequel il paraît qu'il est fils de Charles Tiraqueau, vivant éc., sʳ de la Grignonnière, et de dame Marie Brunet, en date du 26 novembre 1698, signé Gaudriau, nʳᵉ de la Melleraye.

Dires du produisant : Lancelot Tiraqueau, époux de Renée Blouin, était fils de François Tiraqueau et de Marie Cailler, et ledit François était fils de Jean Tiraqueau, éc., sʳ de la Touche, et de dˡˡᵉ Thomine Marchand.

Dans le vu des pièces de l'ordonnance susmentionnée de M. de Barentin, du 16 août 1667, est énoncée une transaction du 31 juillet 1512, passée entre André Tiraqueau, éc., et François Tiraqueau, son frère aîné, enfants de Jean Tiraqueau et de Thomine Marchand.

Ordonnance : **Maintenu comme noble et écuyer, le 20 décembre 1715**, signé : de Richebourg.

18

Les Sables

Jacques-René THOMASSET, éc., sʳ de la Boissonnière.

Pièce justificative : Ordonnance de M. de Maupeou en faveur de Jacques-René Thomasset, éc., sʳ de la Boissonnière, Laurence Richard, veuve de René Thomasset, éc., sʳ de la Coutancière, et Hélène Chauvineau, veuve de Jacques Thomasset, éc., sʳ de la Giraudinière, par laquelle ils sont déchargés des assignations à eux données à la requête de Guérin, au lieu duquel est substitué le sʳ Ferrand, en conséquence maintenus dans les privilèges accordés aux nobles du royaume, en date du 13 juillet 1700.

Ordonnance : Déchargé de l'assignation à lui donnée à la requête du sʳ Ferrand, le 7 janvier 1716, signé : de Richebourg.

19

Poitiers

François TAVEAU, éc, sʳ de Normandou.

Pièce justificative : Ordonnance de M. de Maupeou en faveur de François Taveau, chev., baron de Mortemer, Jean Taveau, chev., sᵍʳ de Normandou, et François Taveau, chev., sᵍʳ des

Meurs, ses enfants, et Pierre Taveau, chev., s^{gr} de Vaucourt, oncle dudit s^r baron, par laquelle ils sont déchargés des assignations à eux données à la requête de Guérin, au lieu duquel est substitué le s^r Ferrand, en conséquence maintenus dans les privilèges accordés aux nobles du royaume, en date du 26 février 1701.

Ordonnance : Maintenu comme noble et écuyer, le 10 janvier 1716, signé : de Richebourg.

Jeanne Martel, veuve de Jean TAVEAU, chev., baron de Mortemer,

Marie-Esther et Catherine TAVEAU, demoiselles, ses filles,

François TAVEAU, chev., s^{gr} de la Férandière.

Pièces justificatives : Ordonnance de M. de Maupeou en faveur de François Taveau, chev., s^{gr} baron de Mortemer, Jean Taveau, chev., s^{gr} de Normandou, et François Taveau, chev., s^{gr} des Meurs, ses enfants, et Pierre Taveau, chev., s^{gr} de Vaucourt, oncle dudit s^r baron, par laquelle ils sont déchargés des assignations à eux données à la requête de Guérin, au lieu duquel est substitué le s^r Ferrand, en conséquence maintenus dans les privilèges accordés aux nobles du royaume, en date du 26 février 1701. Dans le vu des pièces de ladite ordonnance se trouvent énoncés le contrat de mariage de Jean Taveau, chev., s^{gr} de Normandou, avec Jeanne-Suzanne Martel, et celui de Pierre Taveau, éc., s^r de Vaucourt, avec Marie-Anne Buignon.

Deux extraits de baptême, le 1er de Marie-Esther Taveau, du 8 novembre 1700, le 2e de Catherine Taveau, du 6 mars 1704, par lesquels il paraît qu'elles sont filles de Jean Taveau, chev., s^{gr} de Mortemer, Normandou et autres places, et de dame Jeanne Martel, délivrés, le premier le 15 avril 1715 par Béon, curé de Saint-Sauveur, le second le 1er du même mois par Nau, prêtre, chanoine de Mortemer.

Contrat de mariage de François Taveau, chev., s^{gr} de la Férandière, avec d^lle Marie-Françoise de Blom, par lequel il paraît qu'il est fils de Pierre Taveau, chev., s^gr de Vaucourt, et de Marie-Anne Buignon, en date du 12 mars 1709, signé Cuisinier et Vezien, n^res royaux à Poitiers.

Ordonnance : Maintenus dans les privilèges, honneurs et exemptions attribués aux gentilshommes du royaume, le 10 janvier 1716, signé : de Richebourg.

21

Fontenay

Alexandre TEXIER, éc., s^gr de Saint-Germain, demeurant à la Mothe, paroisse de Saint-Jacques-en-Tillay.

Pièces justificatives : Ordonnance de M. de Barentin en faveur de Charles Texier, éc., s^r de Saint-Germain, par laquelle il est maintenu en la qualité de noble et écuyer, en date du 31 août 1668. Dans le vu des pièces de ladite ordonnance sont énoncés le contrat de mariage de Jacques Texier avec d^lle Charlotte Mingarneau, par lequel il paraît qu'il est fils de Jacques Texier, éc., s^r de la Mothe, et de d^lle Marie Jousseaume, et l'extrait du papier baptistaire de ceux de la religion prétendue réformée de Pouzauges, de Charles Texier, par lequel il paraît qu'il est fils de Jacques Texier, éc., s^r de la Mothe, et de d^lle Charlotte Mingarneau.

Contrat de mariage de Charles Texier, éc., s^gr de Saint-Germain, avec d^lle Jeanne Julliot, par lequel il paraît qu'il est fils de Jacques Texier, éc., s^gr de Saint-Germain, la Mothe, la Bononière et autres lieux, et de Charlotte Mingarneau, en date du 28 juillet 1691, signé Ranfray et Gaborit, n^res.

Sentence de la sénéchaussée et cour présidiale de Poitiers, par laquelle il paraît qu'Alexandre Texier, éc., s^r de Saint-Germain, est héritier de Charles Texier, éc., son père, en date du 21 mai 1712, signé Pillat, greffier.

Requête présentée au s^r conservateur des privilèges royaux de l'Université de Poitiers par André Chenu, prêtre, curé de Saint-Jacques-en-Tillay dont Alexandre Texier, produisant, est seigneur, par laquelle il demande permission de faire appeler ledit Alexandre Texier, pour reprendre l'instance d'entre lui et feu Charles Texier, père d'Alexandre, appointé le 2 juillet 1708, signé Thoreau.

Ordonnance : Maintenu comme noble et écuyer, le 16 janvier 1716, signé : de Richebourg.

Marie-Henriette de Fourny-Dujon, veuve de Pierre THOREAU, éc., s^{gr} d'Assay, demeurant à Poitiers, faisant tant pour elle que pour François THOREAU, éc., s^{gr} de Rouilly, son fils.

22

Poitiers

Pièces justificatives : Arrêt du Conseil d'Etat du roi intervenu en faveur de la dame Catherine Milon, veuve de Gilles Thoreau, éc., s^r d'Assay, Pierre Thoreau, éc., s^r d'Assay, Mathieu Thoreau, éc., s^r du Breuil, et Nicolas Thoreau, éc., s^r de Surin, par lequel ils sont déchargés du paiement des sommes auxquelles ils avaient été taxés au rôle arrêté au Conseil le 22 décembre 1691, et maintenus, eux, leurs veuves, enfants et descendants nés et à naître en légitime mariage, dans tous les privilèges accordés aux nobles du royaume, en date du 26 juin 1696, signé Dujardin. Dans le vu des pièces dudit arrêt il paraît qu'ils avaient été compris audit rôle comme descendants des nobles de la mairie de Poitiers, et qu'ils ont justifié tirer leur noblesse d'un office de trésorier de France dont leur aïeul était pourvu.

Contrat de mariage de Pierre Thoreau, éc., s^r d'Assay, trésorier de France à Poitiers, avec d^{lle} Marie-Henriette de Fourny-Dujon, par lequel il paraît qu'il est fils de Gilles Thoreau, éc., s^r d'Assay, aussi trésorier de France à Poitiers, et de dame Catherine Milon, en date du 15 mars 1681, signé Rullier et Chevalier, n^{res}.

Extrait de baptême de François Thoreau, du 18 novembre 1697, par lequel il paraît qu'il est fils de Pierre Thoreau, chev., s^{gr} d'Assay, et de Marie-Henriette de Fourny-Dujon, délivré le 14 août 1712 par Dupuis, dépositaire des registres de baptêmes de Saint-André-des-Arts de Paris.

Ordonnance : Maintenus dans les privilèges, honneurs et

exemptions attribués aux gentilshommes du royaume, le 17 janvier 1716, signé : de Richebourg.

23 François du TEIL, éc., s^{gr} de la Tribozière, y demeurant, paroisse de Mouterre en la Basse-Marche.

Confo-
lens

Pièces justificatives : Contrat de mariage de Simon du Teil, éc., avec d^{lle} Anne Vérinaud, par lequel il paraît qu'il est fils de François du Teil, éc., s^r de la Cour, et de d^{lle} Marie de Lyvène, en date du 27 janvier 1596, signé Bouthier, n^{re}.

Contrat de mariage de René du Teil, éc., s^r du Moutet, avec d^{lle} Catherine Dreux, par lequel il paraît qu'il est fils de Simon du Teil, éc., s^r de Saint-Christophe, et de d^{lle} Anne Vérinaud, en date du 12 juillet 1620, signé Denesde et Douadic, n^{res}.

Partage noble des biens de René du Teil, éc., s^r de la Cour, fait entre François du Teil, éc., s^r de la Cour, Saint-Christophe, son fils aîné, faisant tant pour lui que pour son frère cadet François du Teil, éc., s^r de la Tribozière, et Gaspard de Beyzat, éc., s^r de la Feuilletrie, mari de d^{lle} Gillonne du Teil, par lequel il paraît que ledit François du Teil a eu les préciputs et avantages de la Coutume, en date du 6 juillet 1660, signé Vignault.

Contrat de mariage de François du Teil, éc., s^r de Saint-Christophe, avec d^{lle} Françoise Vedrenne, par lequel il paraît qu'il est fils de René du Teil, chev., s^{gr} de Saint-Christophe, la Tribozière et autres lieux, et de d^{lle} Catherine Dreux, en date du 29 novembre 1659, signé Bosredon, n^{re} royal.

Contrat du partage des biens de la succession de François du Teil, éc., s^{gr} de la Tribozière, et de d^{lle} Françoise Vedrenne, entre François du Teil, éc., s^{gr} de la Tribozière, Joseph du Teil, éc., s^r de Lestang, et François du Teil, éc., s^r de la Mondie, leurs enfants, par lequel il paraît que François a eu, comme aîné, les avantages et préciputs de la Coutume, en date du 4 mars 1702, signé Mercier, n^{re}.

Ordonnance : Maintenu comme noble et écuyer, le 2 janvier 1717, signé : de Latour.

Jacques-René TAVEAU, éc., s^r de la Bussière,
Marie et Marguerite TAVEAU, sœurs du précédent,
Louis TAVEAU, éc., s^r de l'Age-Bourget, leur oncle.

24

Poitiers

Pièces justificatives : Ordonnance de M. de Barentin en faveur de Louis Taveau, éc., s^r de la Tour-aux-Cognons, Isaac Taveau, éc., s^r de Rive, Marguerite Taveau, sa sœur, et Mathurin Taveau, éc., s^r de la Bussière, par laquelle ils sont maintenus dans la qualité de nobles et écuyers, en date du 9 septembre 1667. Dans le vu des pièces de ladite ordonnance est énoncé le contrat de mariage de François Taveau, éc., s^r de la Bussière, avec d^{lle} Bonaventure Martinet, daté du 15 avril 1621.

Contrat de mariage de Mathurin Taveau, éc., s^r de la Bussière, avec d^{lle} Gabrielle de la Leu, par lequel il paraît qu'il est issu de François Taveau, et de Bonaventure Martinet, en date du 27 juillet 1659, signé Maurat, n^{re}.

Contrat de mariage de René Taveau, chev., s^{gr} de la Bussière, avec d^{lle} Marie Carré (de la Pinotière), par lequel il paraît qu'il est issu de Mathurin Taveau, éc., s^{gr} de la Bussière, et de Gabrielle de la Leu, en date du 1er août 1687, signé Decressac et Bourbeau, n^{res}.

Deux extraits de baptême, le 1er de Jacques-René Taveau, du 20 février 1696, le 2e de Marguerite Taveau, du 14 avril 1698, par lesquels il paraît qu'ils sont enfants de René Taveau, éc., s^r de la Bussière, et de Marie Carré, délivrés le 20 février 1715 par Drouet, curé de Goix (Gouex), contrôlés à Poitiers le 13 juillet 1717 par Chevalier.

Extrait de baptême de Marie Taveau, du 23 août 1688, par lequel il paraît qu'elle est fille de René Taveau, éc., et de dame Marie Carré, délivré le 26 février 1715 par de Senlis, curé de Lussac.

Contrat de mariage de Louis Taveau, éc., s^r de l'Age-Bourget, avec d^{lle} Marie de Mauvise, par lequel il paraît qu'il est fils de Mathurin Taveau, éc., s^r de la Bussière, et de dame Gabrielle de la Leu, en date du 15 février 1706, signé Pian et Véras, n^{res}.

Ordonnance : Maintenus comme nobles et écuyers, et filles de noble, le 14 juillet 1717, signé : de Latour.

25

Poitiers

Jean-Baptiste TESSEREAU, éc., s^r de Chaume, l'un des gardes de Sa Majesté, agissant tant pour lui que pour Jacques TESSEREAU, son fils, et encore pour d^{lle} Suzanne TESSEREAU, sa nièce.

Pièces justificatives : Contrat de mariage de Louis Tessereau, éc., s^r de Giverdan avec d^{lle} Jeanne Vérinaud, par lequel il paraît qu'il est issu de Jean Tessereau, éc., s^r de Pierrefitte, et de d^{lle} Marie Caillaud, en date du 12 janvier 1573, signé Chevalier, n^{re}.

Copie collationnée du contrat de mariage de Pierre Tessereau, éc., s^r de Vras, avec d^{lle} Gabrielle de Laage, par lequel il paraît qu'il est issu de Louis Tessereau, éc., s^r de Giverdan, et de d^{lle} Jeanne Vérinaud, en date du 8 novembre 1604, délivrée par de Champagne et du Thoury, n^{res}, légalisée par le lieutenant général du Dorat le 19 juillet 1717, signé de Malvault.

Brevet de sauvegarde expédié en faveur de Louis Tessereau, éc., l'un des cent gentilshommes de l'ancienne bande de Sa Majesté, Pierre Tessereau, éc., s^r de Vras, son fils, étant pour lors près Sa Majesté au lieu et place du s^r de Giverdan, son père, en date du 15 novembre 1615, signé Louis, et plus bas, Par le roi, de Loménie.

Contrat de mariage de Louis Tessereau, éc., s^r de Pressigny, avec d^{lle} Barbe Poictevin, par lequel il paraît qu'il est fils de Pierre Tessereau, éc., et de d^{lle} Gabrielle de Laage, en date du 1er mai 1645, signé Cholet, n^{re}.

Lettres de Sa Majesté portant confirmation de chevalier de l'ordre de Saint-Michel, expédiées en faveur de Louis Tessereau, s^{gr} de Pressigny, en date du 28 avril 1665, signé Louis, et plus bas, Par le roi, Le Tellier.

Contrat de mariage de Louis Tessereau, éc., s^{gr} de Pressigny et Pierrefitte, avec d^{lle} Marie de la Porte, par lequel il paraît qu'il est le frère aîné de Jean-Baptiste Tessereau, éc., sʳ de Chaume, produisant, en date du 22 janvier 1698, signé Rabethe, nʳᵉ.

Extrait de baptême de Suzanne Tessereau, du 27 novembre 1698, par lequel il paraît qu'elle est fille de Louis Tessereau, éc., sᵍʳ de Pressigny, et de dame Marie de la Porte, délivré par le sʳ Cuirblanc, prieur curé de Millac.

Contrat de mariage de Jean-Baptiste Tessereau, éc., sʳ de Chaume, avec dˡˡᵉ Marie de Vasselot, par lequel il paraît qu'il est fils de Louis Tessereau, chevalier de l'ordre du Roi, sᵍʳ de Pressigny, et de dame Barbe Poictevin, en date du 19 août 1686, signé Loradour, nʳᵉ, légalisé le 19 juillet 1717 par le sʳ de Malvault, lieutenant général du Dorat.

Extrait de baptême de Jacques Tessereau, du 21 juin 1701, par lequel il paraît qu'il est fils de Jean-Baptiste Tessereau, éc., sʳ de Chaume, et de dˡˡᵉ Marie Vasselot, délivré le 5 janvier 1716 par le sʳ Cuirblanc, prieur curé de Millac.

Ordonnance : Maintient Jean-Baptiste et Jacques Tessereau comme nobles et écuyers, le 28 juillet 1717, signé : de Latour.

Nota. — L'ordonnance ne nomme pas Suzanne Tessereau.

Charles TOUZALIN, éc., sʳ de Lussabeau, capitaine d'infanterie,

Jean-Henri TOUZALIN, éc., sʳ de Tampenoux, capitaine d'infanterie.

Pièces justificatives : Contrat de mariage de René Touzalin, éc., sʳ de Tampenoux, avec dˡˡᵉ Charlotte Le Maye, par lequel il paraît qu'il est issu de Sébastien Touzalin, éc., sʳ de Bretagne, et de défunte dˡˡᵉ Catherine Dupré, en date du 8 octobre 1645, signé Ogier et Saulleau, nʳᵉˢ.

Lettres patentes de Sa Majesté en faveur de René Touzalin, sʳ de Tampenoux, par lesquelles, en considération des services par lui rendus dans les armées et de ses blessures, Sa Majesté l'anoblit, ses enfants nés et à naître en loyal mariage, données à Arles, au mois de mars 1660, signé Louis, et sur le repli, Par le roi, de Loménie, scellées en lacs de soie du grand sceau de cire verte sur simple queue. Sur le repli desdites lettres sont insérés les enregistrements faits en Parlement et en la Cour des Aides à Paris, signé du Tillet et Boucher.

Arrêt de la Cour du Parlement portant que lesdites lettres seront registrées au greffe d'icelle pour jouir par l'impétrant et ses successeurs de l'effet et contenu en icelles, en date du 23 août 1660, signé du Tillet.

Autres lettres patentes de Sa Majesté en faveur dudit René Touzalin, s^r de Tampenoux, par lesquelles Sa Majesté l'anoblit en considération de ses services et de ses blessures, ensemble ses enfants et postérité nés et à naître en loyal mariage, et d'autant que par erreur et inadvertance il a été omis dans les précédentes lettres de décharger ledit Touzalin des amendes qu'il pourrait avoir encourues pour avoir pris la qualité d'écuyer, Sa Majesté l'en décharge, données à Versailles au mois d'octobre 1663, signé Louis, et sur le repli, Par le roi, de Guénegaud, enregistrées en la Cour des Aides le 3 avril 1664, signé Boucher.

Certificat de M. le duc de la Vieuville, pair de France, chevalier d'honneur de la reine, gouverneur et lieutenant général pour le roi du haut et bas Poitou, Châtelleraudais et Loudunais, contenant que ledit René Touzalin, éc., s^r de Tampenoux, a servi pour la défense des côtes de cette province dans l'escadron des gentilshommes de Poitiers, commandé par le s^r de Foy, en date du 1er août 1674, signé le duc de la Vieuville, et plus bas, Par Mgr, Taconnet.

Grosse du contrat de mariage de Jean Touzalin, éc., s^r de Lussabeau, avec d^{lle} Jeanne Filleau, par lequel il paraît qu'il est issu de René Touzalin, éc., s^r de Tampenoux, et de dame Charlotte Le Maye, en date du 29 décembre 1687, passé devant Rullier et Chevalier, n^{res} royaux à Poitiers, tiré du papier des insinuations du greffe du siège royal de Lusignan le 14 novembre 1691, signé Venault, greffier.

Deux extraits de baptême, le 1er de Charles Touzalin, du 9 octobre 1688, le 2e de Jean-Henri Touzalin, du 17 décembre

1689, par lesquels il paraît qu'ils sont enfants de Jean Touzalin, éc., s^r de Lussabeau, et de dame Jeanne Filleau, signés Clémenceau, curé de Notre-Dame-la-Grande de Poitiers, légalisés le 3 septembre 1705 par le vicaire général de Mgr l'évêque de Poitiers, signé Rabreuil, et plus bas, Par M. le vicaire général, Gervais.

Certificat de M. de Miromesnil, colonel d'un régiment d'infanterie, contenant que les s^{rs} Touzalin de Lussabeau et de Tampenoux sont actuellement capitaines dans son régiment, donné à Condé le 11 juillet 1714, signé Miromesnil, colonel, de Lorry, lieutenant-colonel, la Bastide, major, Belleserre, de Marsilly, de Rozellier, Dannet, Bernin, et de Feston, capitaines.

Autre certificat du lieutenant-colonel du régiment de Piémont contenant que lesdits s^{rs} Touzalin de Lussabeau et de Tampenoux, ci-devant capitaines au régiment de Miromesnil, sont réformés à la suite du régiment de Piémont et qu'ils sont actuellement chez eux conformément à l'ordonnance du roi, donné à Arras le 15 septembre 1716, signé Chenelet.

Ordonnance : **Maintenus comme nobles et écuyers, le 31 décembre 1717, signé : de Latour.**

Samuel TINGUY, éc., s^{gr} de Chaillé,
Pierre-Benjamin TINGUY, chev., s^{gr} de Nesmy et la Guitardière, son frère,
Marie-Anne et Bénigne-Honorée TINGUY, demoiselles.

Fontenay Les Sables

Pièces justificatives : Ordonnance de M. de Maupeou en faveur de Charles Tinguy, éc., s^r de Nesmy, Auguste Tinguy, éc., s^r de la Turmelière, et Abraham-Théophile Tinguy, éc., s^r de Vaussay, par laquelle ils sont maintenus dans la qualité de nobles et écuyers, en date du 14 juillet 1700. Dans le vu des pièces de ladite ordonnance sont énoncés : 1° le contrat de mariage d'Abraham Tinguy, chev., s^{gr} de Nesmy, avec d^{lle} Suzanne Bodin, par lequel il paraît qu'il est issu de Benjamin Tinguy, chev., s^{gr} des Audrières, Nesmy, la Garde et autres lieux, et de d^{lle} Anne Bertrand, rapporté daté du 17 juillet 1646, 2° le contrat de mariage de Charles Tinguy, chev., s^gr des Audrières, avec d^lle Israélite Mauclerc, par lequel il paraît qu'il est issu d'Abraham Tinguy, chev., s^gr de Nesmy, et de dame Suzanne Bodin, 3° et le contrat de mariage d'Abraham-Théophile Tinguy, éc., s^r de Vaussay, fils de Florimond Tinguy, éc., s^r de Girondin, et de dame Elisabeth Bouquet, et petit-fils de Benjamin Tinguy, chev., s^gr de Nesmy, et de dame Anne Bertrand.

Contrat de mariage de Jonas Tinguy, éc., s^r de Vaussay, avec d^lle Suzanne de Jaudouin, par lequel il paraît qu'il est fils de défunt Benjamin Tinguy et d'Anne Bertrand, en date du 29 mai 1665, signé Puychaud, n^ro.

Sentence du lieutenant général de Poitiers, portant nomination d'un curateur aux causes à Marie-Anne et Bénigne-Honorée Tinguy, par laquelle il paraît qu'elles sont filles de défunt Jonas Tinguy, éc., s^gr de Vaussay, et de dame Suzanne de Jaudouin, en date du 23 décembre 1684, signé Bouzier et Garreau, commis-greffier.

Extrait de baptême de Jacques Tinguy, du 26 mai 1687, par lequel il paraît qu'il est fils de Charles Tinguy, éc., s^r de Nesmy, et de dame Israélite Mauclerc, délivré le 7 janvier 1716, signé Rousseau, curé de Nesmy.

Extrait de baptême d'Abraham Tinguy, du 24 juin 1690, par lequel il paraît qu'il est fils de Charles Tinguy, éc., s^r de Nesmy, et de dame Israélite Mauclerc, délivré le 7 janvier 1716 par Rousseau, curé de Nesmy.

Enquête faite en conséquence d'une ordonnance du lieutenant général de Poitiers pour justifier que Samuel Tinguy, éc., s^gr de Chaillé, est issu de défunt Charles Tinguy, éc., s^gr de Nesmy, et de défunte Israélite Mauclerc, laquelle est concluante, et au pied sont les conclusions du procureur du roi, qui consent que ladite enquête serve de preuve, et plus bas est l'ordonnance du lieutenant général, en date du 14 août 1717, signé Derazes.

Contrat de mariage de Pierre-Benjamin Tinguy, chev., s^gr de Nesmy, Chaillé, la Guitardière et autres lieux, avec d^lle Marie-Anne Sicotteau, par lequel il paraît qu'il est issu de Charles Tinguy, chev., s^gr de Nesmy, et de dame Israélite

Mauclerc, en date du 19 juin 1713, signé Ballard et Goguet, n^res à Fontenay.

Ordonnance : Maintenus comme nobles et écuyers, et comme demoiselles et filles de noble, le 25 juin 1718, signé : de Latour.

U V

Pierre VIDARD, éc., capitaine de vaisseau,

Antoine-Mathieu VIDARD, éc., s^gr de Saint-Clair, lieutenant pour le roi au gouvernement de Champagne et Brie,

Marie Duflos, veuve d'André VIDARD, éc., s^r de Saint-Clair,

Jean VIDARD, éc., s^r de Busseroux, fils de la précédente.

Poitiers

Pièces justificatives : Contrat de mariage de Louis Vidard, s^r de la Ferrandière, avec d^lle Marie de la Barre, en date du 22 juin 1598, en marge duquel est écrit et paraphé *ne varietur* et signé Voisin de la Noiraye, que les suppliants ont déclaré être le premier titre d'une branche cadette, signé Pairault et Chollet, n^res à Poitiers. Par ce contrat il paraît que Louis Vidard est sorti d'un autre Jean Vidard, s^r de Saint-Clair, et que l'un et l'autre ont pris la qualité d'écuyers.

Contrat de partage des biens de Jean Vidard, entre Mathieu Vidard, procureur du roi au présidial de Poitiers, fils aîné dudit Jean Vidard, Louis Vidard, s^r de la Ferrandière, et d^lle Hélène Vidard, paraphé *ne varietur* et signé Voisin de la Noiraye, par lequel il paraît que ledit Mathieu a eu les avantages et préciputs de la Coutume, en qualité d'aîné, et qu'ils ont pris le titre d'écuyers, s^rs de Saint-Clair, de la Ferrandière et de Busseroux, en date du 6 juin 1603, signé Porcheron et Pommerays, n^res à Poitiers.

Contrat de partage des biens de Mathieu Vidard, procureur

du roi, entre autre Mathieu Vidard, Hélène Vidard et autres sœurs, par lequel il paraît que ledit Mathieu Vidard, trésorier de France, a eu les préciputs attribués aux aînés et qu'il a pris la qualité d'écuyer, en date du 13 octobre 1632, signé Martin, n^{re} royal.

Contrat de mariage de Mathieu Vidard, éc., s^r de Saint-Clair, trésorier de France, avec d^{lle} Charlotte Bétoulat, paraphé en marge *ne varietur* et signé Voisin de la Noiraye, en date du 30 septembre 1636, signé Boismenay, n^{re} d'Airvault.

Contrat de partage des biens de Louis Vidard, s^r de la Ferrandière, et de Marie de la Barre, sa femme, entre Mathieu Vidard et autres frères et sœurs, par lequel il paraît que ledit Mathieu est fils aîné de Louis Vidard et qu'il a partagé noblement, paraphé en marge *ne varietur* et signé Voisin de la Noiraye, en date du 17 octobre 1634, signé Barreau et Aubineau, n^{res} à Poitiers.

Extrait de baptême de Pierre Vidard, produisant, du 2 juillet 1648, par lequel il paraît qu'il est fils de Mathieu Vidard, éc., s^r de Saint-Clair, trésorier de France, et de Charlotte Bétoulat, délivré par Bassetard, curé de Saint-Hilaire-de-la Celle de Poitiers.

Contrat de mariage d'André Vidard avec d^{lle} Marie Duflos, par lequel il paraît qu'il est fils de Mathieu Vidard et de Charlotte Bétoulat et qu'ils ont pris la qualité d'écuyers, paraphé en marge *ne varietur* et signé Voisin de la Noiraye, en date du 25 juin 1664, signé Delafond et Vezien, n^{res} royaux à Poitiers.

Contrat de mariage de Pierre Vidard, éc., s^r de Saint-Clair, capitaine de vaisseau, avec d^{lle} Catherine de Roussel, par lequel il paraît qu'il est fils de Mathieu Vidard et de Charlotte Bétoulat, passé à Boulogne le 29 décembre 1692, signé Delataignan, n^{re}.

Contrat du partage des biens de Mathieu Vidard, éc., s^r de Saint-Clair, trésorier de France à Poitiers, et de Charlotte Bétoulat, sa femme, entre André, Charles et Pierre Vidard, leurs enfants, par lequel il paraît que ledit André, fils aîné, a pris les avantages et préciputs de la Coutume, en date du 16 avril 1695, signé Vezien et Perronet, n^{res} royaux à Poitiers.

Contrat de mariage d'Antoine-Mathieu Vidard, éc., s^r de Saint-Clair, lieutenant au régiment des Gardes Françaises de Sa Majesté, avec d^{lle} Catherine Havelet, par lequel il paraît qu'il est fils d'André Vidard et de Marie Duflos, en date du 7 juin 1695, passé à Paris par Vattel et Prieur.

Acte de la représentation des titres de noblesse d'André Vidard, éc., s^r de Busseroux et de Saint-Clair, par-devant M. de Miromesnil, intendant de Tours, en date du 12 février 1700.

Lettres de provisions accordées par le roi à Antoine-Mathieu Vidard, de l'état et office de lieutenant de roi de la province de Champagne et de Brie, du 23 mai 1698, signé Louis, et sur le repli, Par le roi, Colbert, et sur le même repli est écrite la prestation de serment faite entre les mains du roi par ledit Vidard.

Contrat du partage des biens d'André Vidard, éc., s^r de Busseroux et Saint-Clair, entre Antoine-Mathieu, Jean, Amable et Madeleine Vidard, par lequel il paraît qu'ils sont enfants d'André Vidard et de Marie Duflos, et qu'Antoine-Mathieu, comme aîné, a eu les avantages et préciputs de la Coutume, en date du 9 août 1709, signé Renou, n^{re} royal à Loudun.

Ordonnance de M. Chauvelin, intendant de Tours, contenant le vu d'une ordonnance de M. de Miromesnil, lors intendant à Tours, en faveur d'André Vidard, s^r de Bussseroux et de Saint-Clair, d'une autre ordonnance de M. Voisin de la Noiraye, intendant audit Tours en 1670, par lesquelles ledit André Vidard a été maintenu en sa noblesse comme noble d'extraction, du contrat de mariage dudit André avec d^{lle} Duflos, de celui d'Antoine-Mathieu avec d^{lle} Catherine Havelet, dans lequel il est qualifié de chevalier, s^{gr} de Saint-Clair, des provisions de lieutenant de roi en Champagne, sur le vu desquelles pièces est intervenue son ordonnance du 4 juin 1714, portant maintenue d'Antoine-Mathieu Vidard en sa noblesse.

Pièces non visées : Deux brevets expédiés en faveur de Mathieu Vidard, s^r de Saint-Clair (fils de Jean), par l'un desquels le roi l'a fait conseiller d'État et par l'autre S. M. lui donne 2,000 livres de pension, outre et par-dessus les 2,000 livres de gages attribués pour lors aux conseillers d'État, lesdits brevets en date des 1ᵉʳ juillet et 2 août 1616, signé Louis, et plus bas, Phelypeaux.

Acte de baptême de Jean Vidard, du 8 avril 1670, par lequel il paraît qu'il est fils d'André Vidard et de Marie Duflos, signé Pain, secrétaire du chapitre de Saint-Hilaire de Poitiers, et son seing affirmé véritable par M. de Razes, lieutenant général.

Certificat du Père Le Faou, gardien des Pères Cordeliers de Poitiers, qui dit que MM. Vidard de Saint-Clair ont droit de sépulture dans leur église, que leurs armes sont apposées dans les lieux les plus honorables d'icelle et principalement dans le chœur dès l'année 1552, ledit certificat en date du 25 août 1699, signé Le Faou, et sa signature certifiée véritable par M. de Razes, lieutenant général du présidial de Poitiers.

Ordonnance : Maintenus comme nobles et écuyers et comme veuve de noble, le 9 janvier 1715, signé : de Richebourg.

Jean-Armand VIDARD, éc., sʳ des Bouchetières,
Madeleine Chapelain, veuve de Pierre-Alexis VIDARD, éc., sʳ de Mont-Marclain.

Pièces justificatives : Certificat des sʳˢ maire et échevins de la ville de Poitiers, contenant que, sur les registres de l'hôtel de ville qui sont au trésor, des années 1571, 1580, 1592 et 1595, il paraît que Pierre Vidard est au rang des échevins, qu'il est établi présent en plusieurs conseils de ville, et même le premier et le plus ancien dans celui de ladite année 1595, en date du 22 novembre 1700, signé Ollivier, faisant la charge de maire, Fouqueteau et Jaudonet, échevins, et plus bas, Par ordonnance du Conseil, Bourbeau, greffier.

Acte de délibération de l'hôtel de ville de Poitiers contenant que, par commandement du roi, ils avaient député l'un d'eux à l'assemblée tenue à Rouen, que Pierre Vidard s'y était transporté comme premier pair et échevin, que pour son voyage ledit hôtel de ville avait emprunté quatre cents écus, que ledit Pierre Vidard étant mort à Rouen, son corps avait été ramené à Poitiers, et que son épouse avait rendu compte des quatre cents écus et que par son compte elle s'était trouvée redevable de cent écus, qu'elle avait payés à M⁰ Jean Millet, receveur, en date du 31 mars 1599, signé, Par ordonnance du Conseil, Guinereau, secrétaire.

Testament de Jacquette Bibard, veuve de Pierre Vidard ci-dessus, s^r de Saint-Généroux, par lequel elle donne à Charles Vidard, éc., son fils, la charge de conseiller au présidial de Poitiers, dont il était pourvu par préciput, en date du 19 juillet 1598, signé Morineau et Guioneau, n^{res} royaux à Poitiers.

Contrat du partage des biens de Pierre Vidard et de Jacquette Bibard entre Charles, Pierre et Marthe Vidard, leurs enfants, par lequel il paraît qu'ils prennent le titre d'écuyers, en date du 29 avril 1599, signé Aubineau et Royer, n^{res} à Poitiers.

Contrat de mariage de Charles Vidard, s^r des Bouchetières, cons^{er} au présidial de Poitiers, avec d^{lle} Antoinette Tiraqueau, par lequel il paraît qu'il est fils de Pierre Vidard et de Jacquette Bibard et qu'il est titré d'écuyer, en date du 8 août 1599, signé Beugnon et Guioneau, n^{res}.

Contrat de mariage en secondes noces dudit Charles Vidard avec d^{lle} Catherine Guignard, en date du 14 février 1610, signé Goubaud et Lapierre, n^{res}.

Contrat de mariage en troisièmes noces dudit Charles Vidard avec d^{lle} Marguerite Guimard, veuve de Jacques Petiot, juge royal de Limoges, en date du 27 janvier 1625, signé Bouhier.

Contrat du partage des biens de Charles Vidard, éc., et de Catherine Guignard, sa seconde femme, entre Charles Vidard, éc., s^r des Bouchetières, Pierre, René, Marie, Catherine-Madeleine et Hélène Vidard, leurs enfants, par lequel il paraît que ledit Charles, comme aîné, a reçu les préciputs et avantages de la Coutume, en date du 26 juillet 1640, signé Johanne, n^{re} à Poitiers.

Contrat de mariage de René Vidard, éc., s^r de la Fosse et des Bouchetières, avec d^{lle} Jeanne Meschinet, par lequel il paraît qu'il est fils de Charles Vidard et de Catherine Guignard, en date du 24 mai 1649, signé Marot et Johanne, n^{res} à Poitiers.

Extrait de baptême de Jean-Armand Vidard, par lequel il paraît qu'il est fils de René Vidard, éc., et de Jeanne Meschinet, délivré le 2 septembre 1661 par Bayard, curé de Notre-Dame de Richelieu.

Lettre de tonsure accordée audit Jean-Armand Vidard, par laquelle il paraît qu'il est fils de René Vidard et de Jeanne Meschinet, en date du 20 mars 1660, signé Gilbertus de Clérambault, et plus bas, Michellet.

Contrat de mariage de Pierre-Alexis Vidard, éc., s^r de Montmarclain, avec d^{lle} Madeleine Chapelain, par lequel il paraît qu'il est issu de Charles Vidard, éc., second du nom, et de Catherine Gayaud-Texier, en date du 6 juin 1661, signé Gaultier et Martineau, n^{res} à Parthenay.

Pièces non visées : Acte de l'assemblée tenue par les maire et échevins de Poitiers le mercredi 15 décembre 1563, signé Lebailly, secrétaire, et collationné par Bourbeau, greffier de l'hôtel de ville, par lequel il appert que Pierre Vidard, premier du nom, était maire dans ledit temps et pourvu d'une place d'échevin vacante par la mort de Jacques Lebreton.

Epitaphe dudit Pierre Vidard, du mois d'octobre 1596, insérée dans un tableau qui est à côté de sa sépulture dans l'église de Saint-Didier de cette ville, par laquelle il paraît qu'il est mort à Rouen où il avait été député comme premier échevin pour assister aux États qui y avaient été convoqués, ledit extrait certifié du s^r Chaubier, curé de Saint-Didier, le 12 juin 1692, légalisé par M. de Razes, lieutenant général de Poitiers.

Sentence rendue par M. de Maupeou d'Ableiges le 24 août 1701, qui maintient les produisants dans leur noblesse.

Ordonnance : **Maintenus dans les privilèges et exemptions de la noblesse, le 21 janvier 1715, signé : de Richebourg.**

Pierre VATELET, éc., sʳ de Monnanteuil, ancien commandant du second bataillon du régiment d'Aunis, maintenant pensionnaire du roi.

3.

Poitiers

Pièces justificatives : Ordonnance de M. de Maupeou en faveur de Pierre Vatelet, éc., sʳ de Monnanteuil, par laquelle il est déchargé de l'assignation à lui donnée à la requête de Guérin, au lieu duquel est substitué le sʳ Ferrand, en conséquence maintenu dans les honneurs et privilèges de la noblesse, en date du 24 février 1698.

Extrait de baptême de Pierre Vatelet, produisant, en date du 28 septembre 1666, par lequel il paraît qu'il est fils de Pierre Vatelet ci-dessus et de Jeanne de Louche, délivré par le sous-prieur de Saint-Hilaire-de-la-Celle le 11 février 1715, signé Rigault, légalisé par le lieutenant général de Poitiers le 12 dudit mois, signé de Razes, contrôlé le 13 suivant par Legrand.

Ordonnance : Maintenu comme noble et écuyer, le 15 février 1715, signé : de Richebourg.

Martial de VERTAMON, éc., sʳ de Lavau et de Bussière-Beaufils.

4

Poitiers

Pièces justificatives : Lettres de provisions du roi, expédiées en faveur de Martial de Vertamon, d'un état et office de trésorier de France au Bureau des finances de la Généralité de Limoges, en date du 26 avril 1593, signé sur le repli, Par le roi, Bonnet, et sur le même repli est inséré l'acte de prestation de serment entre les mains de Mᵍʳ le chancelier, et réception dudit état et office en la Chambre des comptes.

Autres lettres de provisions du même état et office expédiées en faveur de François de Vertamon, par lesquelles il paraît qu'il est fils de Martial ci-dessus, en date du 26 novembre 1627, signé sur le repli, Par le roi, Lecoq ; et sur le même repli est insérée la prestation de serment entre les mains de Mᵍʳ le chancelier, et réception en la Chambre des comptes.

Contrat de mariage de Martial de Vertamon, éc., avec d[lle] Isabeau de Lambertye, par lequel il paraît qu'il est fils de François de Vertamon ci-dessus, en date du 12 septembre 1649, signé Dugadonay, n[re] royal.

Contrat de vente dudit état et office de trésorier de France faite par François de Vertamon ci-dessus à Pierre Bardoulat, en date du 20 octobre 1652, signé Villemonteix, n[re].

Lettres de provisions du roi accordées audit Martial de Vertamon (2e du nom) de la charge de premier chambellan de Monsieur, frère du roi, par lesquelles il paraît qu'il est qualifié de comte de Lavau, en date du 25 mars 1654, signé sur le repli, Par le roi, Guénegaud, et sur le même repli est insérée la prestation de serment entre les mains de M. le maréchal Duplessis.

Contrat de mariage de Martial de Vertamon (3e du nom, produisant), éc., s[r] de Bussière, avec d[lle] Marie de Roffinac, par lequel il paraît qu'il est fils de Martial ci-dessus et d'Isabeau de Lambertye, en date du 5 décembre 1688, signé Badou, n[re] royal.

Contrat de mariage de Martial de Vertamon (4e du nom), éc., s[r] de Lavau, avec d[lle] Barbe Poutte, par lequel il paraît qu'il est fils de Martial ci-dessus et de Marie de Roffinac, en date du 1er décembre 1714, signé Baillarge, n[re] royal.

Pièces non visées : Contrat de mariage de François de Vertamon, fils de Martial (1er du nom), avec dame Martial Dupouget, en date du 29 juin 1611, signé par collation Decordes, lieutenant particulier à Limoges, et Verneuille, greffier.

Le roi donna à Martial de Vertamon (3e du nom), produisant, une compagnie dans le régiment de Normandie, comme il est justifié par une commission du 24 octobre 1683 ; cette compagnie ayant été réformée en 1685, le roi lui donna une autre compagnie dans le régiment de Picardie, ainsi qu'il est justifié par la commission du 14 septembre 1685.

Le produisant avait un frère, nommé Jean de Vertamon, qui servit Sa Majesté en qualité de capitaine dans le régiment de Presle depuis l'année 1689 (commission du 25 octobre 1689) jusqu'en l'année 1706, auquel temps, accablé de blessures et tout estropié, il reçut de Sa Majesté une pension de six cents livres par an avec la croix de chevalier de l'ordre militaire de Saint-Louis (provisions du 26 juin 1707), après quoi il se retira et est décédé en 1714.

Ordonnance : Maintenu comme noble et écuyer, le 24 février 1715, signé : de Richebourg.

Jean de VIVONNE, éc., s^r de Moy.

Poitiers

Pièce justificative : Ordonnance de M. de Barentin en faveur de Jean de Vivonne, éc., s^r de la Brousse, d'Asnière et de Moy, produisant, et ses frères et sœurs, enfants de Tobie de Vivonne et de dame Madeleine Jousserand, par laquelle ils sont maintenus dans les privilèges et honneurs de la noblesse, en date du 12 août 1667, délivrée le 8 mars 1702 par Clairambault, généalogiste des ordres du roi.

Ordonnance : Maintenu comme noble et écuyer, le 25 février 1715, signé : de Richebourg.

Antoine VIDARD, éc., s^r des Bouchetières, chevalier de l'ordre militaire de Saint-Louis, officier des vaisseaux du roi.

Niort

Pièces justificatives : Ordonnance de M. de Richebourg en faveur de Jean-Armand Vidard, éc., s^r des Bouchetières, en date du 21 janvier 1715. Dans le vu des pièces de ladite ordonnance il paraît que Charles Vidard, éc., avait épousé en secondes noces d^{lle} Catherine Guignard, et qu'il était fils de Pierre Vidard, échevin de la ville de Poitiers les années 1580, 1592 et 1595. (Voir V 2 ci-dessus.)

Contrat de mariage de Charles Vidard, éc., cons^{er} au présidial de Poitiers, avec d^{lle} Catherine Gayaud-Texier, par lequel il paraît qu'il est fils de Charles Vidard, éc., et de Catherine Guignard, en date du 13 août 1635, signé Bourbeau et Chauvet, n^{res} à Poitiers.

Extrait de baptême d'Antoine Vidard, en date du 18 février 1651, par lequel il paraît qu'il est fils de Charles Vidard, éc., s^r des Bouchetières, et de Catherine Gayaud-Texier, délivré le 7 février 1715 par de Vieillechèze, curé de Saint-Didier de Poitiers, contrôlé le 8 du même mois par Legrand.

Copie vidimée du contrat de mariage dudit Antoine Vidard, éc., s^r des Bouchetières, lieutenant de frégate, avec d^{lle} Esther de Marsac, en date du 12 novembre 1702, ledit vidimus fait le 25 janvier 1715 devant Lafitton et Sabourin, n^{res} à Niort.

Ordonnance : Maintenu comme noble et écuyer, le 26 février 1715, signé : de Richebourg.

7

Saint-Maixent

Pierre-Gabriel de VILLEDON, éc., s^{gr} de Sainte-Rhue, de Suyré, demeurant en la ville de Saint-Maixent.

Pièces justificatives : Copie d'une ordonnance de M. de Barentin en faveur de Gabriel de Villedon, éc., s^r de Sainte-Rhue, par laquelle il est maintenu dans la qualité de noble et écuyer, en date du 16 août 1667, ladite copie délivrée le 19 août 1700 par Clairambault, généalogiste des ordres du roi.

Contrat de mariage de Pierre-Gabriel de Villedon, éc., s^r de Sainte-Rhue, avec d^{lle} Marie Gogué, par lequel il paraît qu'il est fils de Gabriel de Villedon ci-dessus et de dame Marie-Anne de Bosquevert, en date du 6 mai 1687, signé Chaignon et Faidy, n^{res} à Saint-Maixent.

Ordonnance : Maintenu comme noble et écuyer, le 28 février 1715, signé : de Richebourg.

8

Saint-Maixent

Joseph de VILLEDON, éc., s^{gr} de Gournay et de la Chevrelière.

Pièces justificatives : Contrat de mariage de Charles de Villedon, éc., s^r de Gournay, avec d^{lle} Renée de Hautefoye, par lequel il paraît qu'il est fils d'autre Charles de Villedon, éc., s^r de la Chevrelière, et de dame Jeanne de la Mothe-Fouquet, en date du 20 décembre 1632, signé Pellerin et Coiteux, n^res à Chef-Boutonne.

Contrat de mariage de François de Villedon, éc., s^r de la Chevrelière, avec d^lle Gabrielle Richier, par lequel il paraît qu'il est fils de Charles de Villedon ci-dessus et de d^lle Renée de Hautefoye, en date du 1er janvier 1654, signé Brunyer, n^re.

Contrat du partage des biens de Charles de Villedon, éc., et de Renée de Hautefoye, sa seconde femme, entre Gabriel de Villedon, éc., s^r de Sainte-Rhue, François de Villedon, éc., et autres frères et sœurs, tous enfants du premier et du second lit dudit Charles, par lequel il paraît que les aînés de chaque lit ont eu les avantages de la Coutume, le premier dans les biens nobles du père et de Sébastienne de Chargé, sa première femme, et le second dans les biens nobles de ladite Renée de Hautefoye, en date du 20 juin 1655, signé Mercier et Porcheron, n^res à Poitiers.

Copie de l'ordonnance de M. de Barentin en faveur de Gabriel de Villedon, éc., s^r de Sainte-Rhue, par laquelle il est maintenu en sa noblesse, en date du 16 août 1667, ladite copie délivrée le 19 août 1700 par Clairambault, généalogiste des ordres du roi.

Contrat de mariage de Joseph de Villedon, éc., s^r de Gournay, avec d^lle Françoise Duperrier, par lequel il paraît qu'il est fils de François de Villedon, éc., et de Gabrielle Richier, en date du 21 août 1667, signé Mayault, n^re royal en Saintonge.

Ordonnance de M. de Richebourg en faveur de Pierre-Gabriel de Villedon, éc., s^r de Sainte-Rhue (cousin germain du produisant), par laquelle il est maintenu dans la qualité de noble et écuyer, en date du 28 février 1715.

Ordonnance : **Maintenu comme noble et écuyer, le 9 mars 1715, signé : de Richebourg.**

Louis VIAULT, éc., s^gr du Breuilhac, paroisse de Mazière,

René-Marie VIAULT, éc., s^r de Pressigny, son fils,

Marie-Renée, Marguerite-Georgette VIAULT, demoiselles, sœurs de Louis,

Françoise de Saint-Maury, veuve de François VIAULT, éc., s^r de Verdeuil.

Pièces justificatives : Ordonnance de M. de Barentin en faveur de René Viault, éc., s^r du Breuilhac, par laquelle il est maintenu dans la qualité de noble et écuyer, en date du 1er septembre 1667.

Contrat de mariage de Louis Viault, chev., s^{gr} du Petit-Chesne, avec d^{lle} Françoise-Jacquette Des Francs, par lequel il paraît qu'il est fils de René Viault, éc., s^{gr} du Breuilhac, et de dame Renée Thibault de la Carte, en date du 15 septembre 1693, signé Gardien et Gabard, n^{res} du duché-pairie de la Meilleraye.

Extrait de baptême de René-Marie Viault, du 15 septembre 1695, par lequel il paraît qu'il est fils de Louis Viault ci-dessus et de dame Françoise-Jacquette Des Francs, délivré le 9 février 1715 par Aubert, curé de Cramard, légalisé par le s^r de Razes, lieutenant général de Poitiers, le 8 mars 1715, contrôlé le même jour par Legrand.

Contrat du partage des biens de René Viault, chev., s^{gr} du Breuilhac, et de dame Renée Thibault de la Carte, entre Louis Viault, chev., s^{gr} du Breuilhac, François Viault, éc., s^{gr} de Verdeuil, et d^{lles} Marie-Renée et Marguerite-Georgette Viault, leurs enfants, par lequel il paraît que Louis, comme aîné, a eu les préciputs et avantages de la Coutume, en date du 9 septembre 1698, signé Marot et Bourbeau, n^{res}.

Contrat de mariage de François Viault, éc., s^r de Verdeuil, avec d^{lle} Françoise de Saint-Maury, par lequel il paraît qu'il est fils de René Viault, chev., s^{gr} du Breuilhac, et de dame Renée Thibault de la Carte, en date du 4 mars 1696, signé Gaillard, n^{re}.

Ordonnance : Maintenus comme nobles, écuyers, filles et veuve de noble, le 12 mars 1715, signé : de Richebourg.

Gabriel VASSELOT, chev., sʳ de Reigné,
Louis VASSELOT, chev., sᵍʳ de la Gravette.

Saint-Maixent

Pièces justificatives : Inventaire fait devant M. de Barentin des titres justificatifs de noblesse d'Antoine Vasselot, éc., sʳ de la Guigneraye, et Pierre Vasselot, éc., sʳ de la Barre, son fils, en date du 3 février 1666.

Ordonnance de M. de Barentin en faveur de Pierre Vasselot, éc., sʳ de Reigné, Gabriel Vasselot, éc., sʳ de la Guigneraye, et Jeanne Monnet, sa mère, veuve de Joachim Vasselot, éc., sʳ de la Gravette, Antoine Vasselot, éc., sʳ de la Guigneraye, et Pierre Vasselot, éc., sʳ de la Barre, par laquelle ils sont tous maintenus dans leur noblesse, en date du 12 août 1667, délivrée le 20 août 1670 et signée par collation Baubourg, secrétaire de M. Rouillé du Coudray.

Contrat du partage fait par Antoine Vasselot, chev., sᵍʳ de Reigné, et dame Elisabeth Janvre, sa femme, de leurs biens entre Pierre Vasselot, chev., sᵍʳ de la Barre, assisté de Marie Baugier, son épouse, et Gabriel Vasselot, leurs enfants, par lequel il paraît que Pierre, comme aîné, a eu les préciputs et avantages de la Coutume, en date du 15 novembre 1666, signé Faydi, nʳᵉ.

Contrat de mariage de Gabriel Vasselot, chev., sᵍʳ de Reigné et Romefort, avec dˡˡᵉ Marthe-Marguerite-Charlotte Prévost de Touchimbert, par lequel il paraît qu'il est fils de Pierre Vasselot, chev., sᵍʳ de Reigné, et de dame Marie Baugier, en date du 29 mai 1713, signé Bastard et Goguet, nʳᵉˢ.

Contrat de mariage d'autre Gabriel Vasselot, chev., sᵍʳ de la Gravette, avec dˡˡᵉ Louise Girard, par lequel il paraît qu'il est fils de Joachim Vasselot, éc., sʳ de la Gravette, et de dame Jeanne Monnet, dénommée dans l'ordonnance de M. de Barentin, en date du 8 septembre 1676, signé Motheau, nʳᵉ.

Extrait de baptême de Louis Vasselot, du 15 février 1688, par lequel il paraît qu'il est fils de Gabriel Vasselot, éc., sʳ de la Gravette, et de dˡˡᵉ Louise Girard, délivré le 21 janvier 1715 par Paslin, curé de Prailles, contrôlé à Poitiers le 20 mars suivant par Legrand.

Ordonnance : Maintenus comme nobles et écuyers, le 22 mars 1715, signé : de Richebourg.

11

Saint-Maixent

Louis-Charles de VERNOU, chev., s^{gr} de Bonneuil, Louis-Charles-Gabriel-Christophe de VERNOU, son fils, Marie-Françoise de VERNOU, demoiselle, sa sœur.

Pièces justificatives : Contrat de mariage d'Henri de Vernou, chev., s^{gr} de la Rivière, Bonneuil et Melzéart, avec d^{lle} Marie-Anne Rolland, par lequel il paraît qu'il est fils de Louis de Vernou, chev., s^{gr} des mêmes lieux, et de dame Marguerite de Nossay, en date du 10 avril 1659, signé Gastineau, n^{re}.

Ordonnance de M. de Barentin en faveur d'Henri de Vernou, éc., s^{r} de la Rivière et de Bonneuil, Louis et Pierre de Vernou, éc^{rs}, frères, par laquelle ils sont maintenus dans la qualité de nobles et écuyers, en date du 23 août 1667.

Contrat de mariage de Louis-Charles de Vernou, chev., s^{gr} de Bonneuil, avec d^{lle} Marie-Suzanne Béraudin, par lequel il paraît qu'il est fils d'Henri de Vernou, dénommé dans l'ordonnance de M. de Barentin, et de dame Marie-Anne Rolland, en date du 16 décembre 1703, signé Billon, n^{re}.

Extrait du baptême de Louis-Charles-Gabriel-Christophe de Vernou, du 24 décembre 1704, par lequel il paraît qu'il est fils de Louis-Charles de Vernou, chev., s^{gr} de Bonneuil, et de dame Marie-Suzanne Béraudin, délivré le 21 mars 1715 par Durand de Bonremeil, curé de Saint-Barthélemy de la Rochelle, contrôlé à Poitiers le 26 du même mois par Legrand.

Sentence du sénéchal de la justice de Melzéart, portant partage et apurement de compte des biens d'Henri de Vernou, entre Marie-Françoise de Vernou, Louis-Charles de Vernou, et Mathieu de Chièvres, s^{gr} de Guitre, au nom et comme curateur aux causes de d^{lle} Jeanne-Baptiste-Elisabeth-Charlotte de Vernou, fille unique et seule héritière de feu Jean-Baptiste-Gaston de Vernou, s^{gr} de Melzéart, par lequel il paraît que lesdits Jean-Baptiste-Gaston, Louis-Charles et Marie-Françoise de Vernou sont enfants d'Henri de Vernou et de Marie-Anne Rolland et que la fille de Jean-Baptiste-Gaston a eu, par représentation de son père qui était l'aîné, les préciputs et avantages de la Coutume, en date du 30 juin 1699, signé Bidault, greffier.

Ordonnance : **Maintenus comme nobles et écuyers et fille de noble, le 29 mars 1715, signé : de Richebourg.**

Jacques VASSELOT, éc., s^r d'Annemarie et du Chasteigner. *12*

Poitiers

Pièce justificative : Sentence de M. Doujat, intendant de Poitou, en faveur de Jacques Vasselot, éc., s^r d'Annemarie et du Chasteigner, produisant, par laquelle il est maintenu dans les privilèges et honneurs de la noblesse, en date du 15 mai 1707.

Ordonnance : **Maintenu comme noble et écuyer, le 30 mars 1715, signé : de Richebourg.**

Marie-Gabrielle de Villeneuve, veuve de Jean-François de VAUGIRAULT (*aliàs* VAUGIRAUD), chev., s^{gr} de Laugerie, *13*

Pierre de VAUGIRAULT, éc., s^r de la Jaumarière et de Laugerie. *Fontenay*

Pièces justificatives : Ordonnance de M. de Barentin en faveur de René de Vaugirault, éc., s^r de Laugerie, par laquelle il est maintenu dans la qualité de noble et écuyer, en date du 24 septembre 1667. Dans le vu des pièces de ladite ordonnance se trouve énoncé le contrat de mariage dudit René de Vaugirault avec d^{lle} Renée Moreau.

Contrat de mariage de Jean-François de Vaugirault, chev., s^{gr} de Laugerie, avec dame Marie-Gabrielle de Villeneuve, par lequel il paraît qu'il est fils de René de Vaugirault, chev., s^r de Laugerie, et de Renée Moreau, en date du 22 février 1689, signé Guillemineau, n^{re}.

Contrat de partage des biens de René de Vaugirault et de Renée Moreau entre Jean-François de Vaugirault, chev., s^{gr} de Laugerie, et Pierre de Vaugirault, chev., leurs enfants, par lequel il paraît que Jean-François, comme aîné, a eu les préciputs et avantages de la Coutume, en date du 14 janvier 1692, signé Lefebvre et Boudaud, n^res.

Contrat de mariage de Pierre de Vaugirault, chev., s^gr de la Jaumarière, avec d^lle Marie-Renée Desnos, par lequel il paraît qu'il est fils de René de Vaugirault ci-dessus et de Renée Moreau, en date du 16 janvier 1697, signé Lefebvre et Boudaud, n^res.

Pièce non visée : Extrait baptistaire de Pierre de Vaugirault, produisant, du 20 juin 1661, délivré par le s^r Gaboriou, curé de Notre-Dame de Bazoges, et légalisé par le s^r Labarre Proust, sénéchal des châtellenies de Saint-Fulgent et de Bazoges.

Ordonnance : **Maintenus comme noble et écuyer et comme veuve de noble, le 28 avril 1715, signé : de Richebourg.**

14

Poitiers

Madeleine de Cléré, veuve de François de VEZEAU, éc., s^r de Fleurat,

Charles, Hippolyte, Jeanne et Gabrielle de VEZEAU, ses enfants.

Pièces justificatives : Copie d'un vidimus de trois pièces, la 1re du contrat de mariage de Claude de Vezeau, éc., avec Jacquette de Lauvergnat, par lequel il paraît qu'il est fils de Guillaume de Vezeau, éc., s^gr du Treuil, en date du 2 février 1535, rapporté signé Delavault et Desalliers, n^res, la 2e du contrat de mariage de François de Vezeau, éc., s^gr du Treuil, avec d^lle Anne de Rocard, par lequel il paraît qu'il est fils de Claude de Vezeau, éc., et de Jacquette de Lauvergnat, rapporté daté du 2 août 1574 et signé Delavault et Jourdain, n^res, la 3e de l'inventaire fait devant M. d'Aguesseau, intendant de la Généralité de Limoges, des titres de noblesse de François de Vezeau, éc., s^r des terres, baronnies et châtellenies de l'Age, Chasseneuil, Metry, le Pin et Puygibault, au pied duquel est l'ordonnance de M. d'Aguesseau portant acte de la représentation desdits titres et consentement du traitant, et ordonnant que les titres produits par ledit de Vezeau lui seront rendus, néanmoins que l'inventaire signé des parties ou de leur procureur restera par-devers lui pour être envoyé au Conseil, rapporté daté du 27 août 1666, signé d'Aguesseau, et plus bas, Par Mgr, Lefeuvre, ledit vidimus fait le 10 novembre 1693 par Boissière, n^{re} royal, contrôlé le même jour.

Contrat de mariage de Jacques de Vezeau, éc., s^{gr} de la Coussière, avec d^{lle} Jacquette de Mergé, par lequel il paraît qu'il est fils de François de Vezeau, éc., s^r du Treuil, et de d^{lle} Anne de Rocard, en date du 26 février 1623, signé de Colebeuf, n^{re} sous la cour de Cellefrouin.

Contrat de mariage de Louis de Vezeau, éc., s^r de Fleurat, avec d^{lle} Jeanne Mondot, par lequel il paraît qu'il est fils de Jacques de Vezeau, éc., s^r du Treuil, et de Jacquette de Mergé, en date du 22 septembre 1669, signé Benoît et Boutin, n^{res} sous la comté de Sansac.

Contrat de mariage de François de Vezeau, éc., s^r de Fleurat, avec d^{lle} Madeleine de Cléré, par lequel il paraît qu'il est fils de Louis de Vezeau, éc., s^r de Fleurat, et de Jeanne Mondot, en date du 4 mai 1693, signé Deroche, n^{re}.

Quatre extraits de baptême sur un même cahier, le 1er de Jeanne de Vezeau, du 21 février 1694, le 2e de Charles de Vezeau, du 25 juin 1695, le 3e de Gabrielle de Vezeau, du 10 janvier 1699, et le 4° d'Hippolyte de Vezeau, du 12 janvier 1700, par lesquels il paraît qu'ils sont tous enfants de François de Vezeau, éc., s^r de Fleurat, et de dame Madeleine de Cléré, délivrés le 6 juillet 1715 par le s^r Paynaud, curé de la paroisse de Chatain, dûment légalisés par le s^r Bourdier, sénéchal de Charroux, et contrôlés à Poitiers le 24 juillet suivant.

Ordonnances : 1° Maintient Madeleine de Cléré, veuve de François de Vezeau, comme veuve de noble, le 1er mai 1715 ; 2° maintient ses enfants, sur le vu de leurs extraits de baptême produits depuis la première ordonnance, comme nobles et écuyers et comme demoiselles, le 24 juillet 1715, signé : de Richebourg.

15

Saint-Maixent

Jacques de VOULLON, éc., s^r du Breuil de Prailles, y demeurant.

Pièces justificatives : Ordonnance de M. de Barentin en faveur de Pierre de Voullon, éc., s^r du Breuil de Prailles, par laquelle il est maintenu dans la qualité de noble et écuyer, en date du 1er septembre 1667.

Contrat de mariage de Pierre de Voullon, éc., s^r du Breuil de Prailles, avec d^{lle} Henriette Fradin (fille de Pierre Fradin de la Vigerie), par lequel il paraît qu'il est fils de Pierre de Voullon, éc., s^r du Breuil de Prailles, maintenu par l'ordonnance ci-dessus, et de d^{lle} Marie du Simetière, en date du 1er octobre 1682, signé Bureau, n^{re}.

Extrait de baptême de Jacques de Voullon, du 3 décembre 1690, par lequel il paraît qu'il est fils de Pierre de Voullon, éc., ci-dessus, et de d^{lle} Henriette Fradin, délivré le 1er avril 1715 par Lefebvre, contrôlé à Poitiers le 30 du même mois par Legrand.

Ordonnance : Maintenu comme noble et écuyer, le 1er mai 1715, signé : de Richebourg.

16

Niort

Pierre de VILLEDON, éc., s^r de Chesnepain, demeurant paroisse d'Aubigné.

Pièces justificatives : Contrat de mariage de Pierre de Villedon, éc., s^{gr} de Chesnepain, avec d^{lle} Henriette de Saint-Martin, par lequel il paraît qu'il est fils de Charles de Villedon, éc., s^{gr} de Gournay, et de d^{lle} Renée de Hautefoye, en date du 25 avril 1674, signé Lalle et Dupont, n^{res} à Chef-Boutonne.

Extrait de baptême de Pierre de Villedon, en date du 7 juin 1680, par lequel il paraît qu'il est fils de Pierre de Villedon, éc., ci-dessus, et de dame Henriette de Saint-Martin, délivré le 15 avril 1715 par Binot, prieur-curé de Saint-Vincent de la Chastre.

Extrait de l'ordonnance rendue par M. de Richebourg le 9 mars 1715, en faveur de Joseph de Villedon, éc., s^r de Gournay, dans le vu des pièces de laquelle est énoncé le contrat de mariage en secondes noces de Charles de Villedon, éc., avec d^lle Renée de Hautefoye. (Voir V 8 ci-dessus.)

Ordonnance : Maintenu comme noble et écuyer, le 6 mai 1715, signé : de Richebourg.

Alexandre de VANDÉE, éc., s^r dudit lieu, du Bois-Chapeleau et de Champrond.   17

Pièces justificatives : Contrat de mariage d'Henri de Vandée, chev., s^gr dudit lieu et du Bois-Chapeleau, avec d^lle Suzanne Robineau, par lequel il paraît qu'il est fils de Paul de Vandée, chev., et de dame Françoise d'Appelvoisin, en date du 28 octobre 1650, signé Recoquillon et Cartault, n^ros.   *Fontenay*

Arrêt du Conseil d'Etat du roi en faveur d'Henri de Vandée, par lequel il est maintenu dans la qualité de noble et écuyer, en date du 31 mai 1672, signé Hersent.

Contrat de mariage d'Alexandre de Vandée, chev., s^gr de Champrond, avec d^lle Jeanne-Thérèse-Ursule Fradin, par lequel il paraît qu'il est fils d'Henri de Vandée, chev., s^gr dudit lieu et du Bois-Chapeleau, et de Suzanne Robineau, en date du 3 janvier 1705, signé Sureau, n^re.

Ordonnance : Maintenu comme noble et écuyer, le 15 mai 1715, signé : de Richebourg.

François-René de VASSÉ, chev., s^gr de la Rochefaton, de Chatillon et de Pontmedy.   18

Pièces justificatives : Contrat de mariage de Jean de Vassé, chev., capitaine de cinquante hommes d'armes des ordonnances du roi, avec d^lle Jeanne Levavasseur, par lequel il paraît qu'il est fils d'Antoine de Vassé, chevalier de l'ordre du roi, en date du 26 septembre 1566, signé Latroyne, commis juré du tabellion.   *Poitiers*

Contrat du partage des biens de Jean de Vassé et de dame Jeanne Levavasseur, entre Françoise de Gondy, épouse de Lancelot dit Grougnet de Vassé, chevalier de l'ordre du roi, baron de Vassé, Charles de Vassé, s^r de la Roche, et François de Vassé, s^r de Classe, leurs enfants, par lequel il paraît que Lancelot de Vassé, comme aîné, a eu les préciputs et avantages de la Coutume, en date du 14 novembre 1609, signé Beauchard, n^{re}.

Contrat de mariage de François de Vassé, chev., s^{gr} de Classe, de Chatillon, le Brun et autres lieux, avec d^{lle} Renée de Conterne, par lequel il paraît qu'il est fils de Jean Grougnet dit de Vassé, vivant chevalier des deux ordres du roi et gouverneur pour Sa Majesté en la ville de Chartres, et de dame Jeanne Levavasseur, en date du 6 mai 1618, signé Beauchard et Mollet, n^{res}.

Contrat de mariage de René de Vassé, chev., s^{gr} de Châtillon, avec d^{lle} Elisabeth Pidoux, par lequel il paraît qu'il est fils de François de Vassé, vivant chev., s^{gr} de Classe et de Châtillon, et de dame Renée de Conterne, en date du 26 avril 1640, signé C. Viel et Leconte, n^{res}.

Contrat de mariage de René-Jean-Baptiste de Vassé, chev., s^{gr} de la Rochefaton, avec d^{lle} Marguerite Bernard, par lequel il paraît qu'il est fils de René de Vassé, chev., s^{gr} de Châtillon, et de dame Elisabeth Pidoux, en date du 29 avril 1694, signé Chiquet et Maupetit, n^{res}.

Contrat de mariage de François-René de Vassé, chev., s^{gr} de la Rochefaton, Châtillon et autres lieux, avec d^{lle} Jeanne Thudert, par lequel il paraît qu'il est fils de René-Jean-Baptiste de Vassé ci-dessus et de Marguerite Bernard, en date du 20 février 1708, signé Arnault, n^{re}.

Ordonnance : Maintenu comme noble et chevalier, le 20 mai 1715, signé : de Richebourg.

19

Poitiers

Ignace de VILLIERS, éc., s^r de Magné,
François-Félix de VILLIERS, éc., s^r de Lautremont,
Louis de VILLIERS, éc., s^r de Chantemerle.

Cette ordonnance manque à notre collection.
On lit sur le registre du greffe : « Du 21 may 1715. Pro-

duction pour Ignace de Villiers, éc., s^r du Masgné, François-Félix de Villiers, éc., s^r de Lautremont, et Louis de Villiers, éc., s^r de Chantemerle, deffendeurs, contre ledit s^r Ferrand. »

En marge est écrit : « Du 22 may, Ordonnance qui décharge de l'assignation ».

Et dans l'autre marge : « J'ay retiré ma production, ce 22 may 1715, Louis de Villiers ».

Anne Duquesroy, veuve de Jean VÉRINAUD, éc., s^r de la Ferrière,
René VÉRINAUD, éc., son fils.

20

Poitiers

Pièces justificatives : Contrat de mariage de Pierre Vérinaud, éc., s^r du Mosnard, avec d^lle Marguerite de Cléré, par lequel il paraît qu'il est fils de Jean Vérinaud, éc., et de d^lle Léonarde de la Touche, en date du 21 septembre 1636, signé Rampier et Sautreau, n^res.

Ordonnance de M. d'Aguesseau, intendant de la Généralité de Limoges, en faveur de Pierre Vérinaud, éc., s^r du Mosnard, par laquelle il lui donne acte de la représentation de ses titres, pour l'inventaire d'iceux, après avoir été signé, être envoyé au Conseil, en date du 28 juin 1667.

Grosse du contrat de mariage de Jean Vérinaud, éc., s^r de la Ferrière, avec d^lle Anne Duquesroy, par lequel il paraît qu'il est fils de Pierre Vérinaud, éc., s^r du Mosnard, et de d^lle Marguerite de Cléré, en date du 7 octobre 1686, signé Delavault, n^re.

Extrait de baptême de René Vérinaud, du 4 novembre 1687, par lequel il paraît qu'il est fils de Jean Vérinaud, éc., s^r de la Ferrière, et de d^lle Anne Duquesroy, délivré le 18 mai 1715 par Bernardeau, curé d'Adriers, et contrôlé le 24 du même mois à Poitiers par Legrand.

Ordonnance : Maintenus comme noble et écuyer et comme veuve de noble, le 24 mai 1715, signé : de Richebourg.

21

Fontenay

Gaspard VÉRINAUD, éc., s⁰ dudit lieu.

Pièces justificatives : Ordonnance de M. de Barentin en faveur de Jean Vérinaud, éc., s⁰ du Mas, Louis Vérinaud, éc., s⁰ de la Bourgesse, et René Vérinaud, éc., s⁰ de la Ferrière, par laquelle ils sont maintenus dans la qualité de nobles et écuyers, en date du 30 décembre 1667.

Lettres de rescision expédiées en chancellerie en faveur de Marie Dumont, femme de Louis Vérinaud, éc., s⁰ de la Bourgesse, données à Paris le 9 juin 1660, signées, Par le Conseil, Turpin, et scellées.

Transaction en forme de partage des biens de Louis Vérinaud, éc., s⁰ de la Bourgesse, et de Marie Dumont, sa femme, entre Louis Vérinaud, éc., Gaspard Vérinaud, éc., et Renée Vérinaud, leurs enfants, par laquelle il paraît que Louis, en qualité d'aîné, a eu les préciputs et avantages de la Coutume, en date du 3 mai 1684, signé Leroy, nʳᵉ.

Contrat de mariage de Gaspard Vérinaud, éc., avec dˡˡᵉ Marguerite de la Couture, par lequel il paraît qu'il est fils de Louis Vérinaud, éc., s⁰ de la Bourgesse, et de Marie Dumont, en date du 14 août, signé Martin, nʳᵉ.

Ordonnance : Maintenu comme noble et écuyer, le 4 juin 1715, signé : de Richebourg.

22

Fontenay

Jacques de VERTEUIL, éc., s⁰ de Saint-Léger.

Pièce justificative : Ordonnance de M. de Maupeou en faveur de Jacques de Verteuil, éc., s⁰ de Saint-Léger, produisant, par laquelle il est maintenu dans sa noblesse et déchargé de la taxe de 3,000 livres faite sur lui et sur la veuve de Denis de Verteuil, en date du 16 juillet 1697.

Ordonnance : Déchargé de l'assignation à lui donnée à la requête du s⁰ Ferrand, le 13 juin 1715, signé : de Richebourg.

Marguerite Prévost, veuve de Samuel de VASSAULT, éc., sʳ de la Feslière,

Samuel de VASSAULT, éc., sʳ de la Feslière, son fils.

23

Poitiers

Pièces justificatives : Ordonnance de M. de Maupeou en faveur de Marguerite Prévost, veuve de Samuel de Vassault, éc., sʳ de la Feslière, par laquelle elle et ses enfants sont maintenus dans leur noblesse ; en date du 23 avril 1698.

Contrat de mariage de Samuel de Vassault, éc., sʳ de la Feslière, avec dˡˡᵉ Marguerite Prévost, par lequel il paraît qu'il est fils de Benjamin de Vassault, éc., et de dame Catherine du Tartre, en date du 20 octobre 1684, signé Merceron et Loiseau, nʳᵉˢ.

Extrait de baptême de Samuel de Vassault, du 19 janvier 1686, par lequel il paraît qu'il est fils de Samuel de Vassault et de Marguerite Prévost, délivré le 18 mai 1715 par Mercerot, curé de Saint-Hilaire-le-Vouhis, contrôlé à Poitiers par Legrand.

Dire du produisant : Samuel de Vassault, son mari, avait été maintenu noble par une sentence de M. de Barentin, du 23 septembre 1667.

Ordonnance : Maintenu comme noble et écuyer et comme veuve de noble, le 22 juillet 1715, signé : de Richebourg.

Louis VERGNAULT, chev., sᵍʳ de Baunay, demeurant en la paroisse de la Chapelle-Bâton.

24

Saint-Maixent

Pièces justificatives : Inventaire fait par-devant M. Voysin de la Noiraye, intendant de la Généralité de Tours, des titres de noblesse de Louis Vergnault, éc., sʳ de Bournezeau, et de Jacques Vergnault, éc., sʳ de la Giraudière, au pied duquel est son ordonnance portant acte de la représentation d'iceux, pour y avoir égard lors de la confection du catalogue des gentilshommes, en date du 13 mai 1667. Dans le vu des pièces de ladite ordonnance est énoncé le contrat de mariage de Jacques Vergnaud, éc., s^r de la Giraudière, avec d^lle Claude de la Chaussée.

Ordonnance de M. de Barentin en faveur de Louis Vergnault, éc., s^r de Bournezeaux, Jacques Vergnault et Pierre Vergnault, par laquelle ils sont maintenus dans la qualité de nobles et écuyers, rapportée datée du 16 août 1667, signé par collation Clairambault, généalogiste des ordres du roi.

Contrat de mariage de Louis Vergnault, chev., s^gr de Bournezeaux, avec d^lle Eléonore Saulnier, par lequel il paraît qu'il est fils de Jacques Vergnault, chev., s^gr de la Giraudière, et de dame Claude de la Chaussée, dame de Bournezeaux, en date du 2 décembre 1654, signé Grugnet, n^re, par vertu de commission, légalisé par le s^r Rouget, lieutenant général de Niort, le 21 août 1715.

Contrat du partage des biens de Louis Vergnault, chev., s^gr de Bournezeaux, et de dame Eléonore Saulnier, entre Louis Vergnault, chev., s^gr de Baunay, Marie-Anne, Renée et Marie-Madeleine Vergnault, leurs enfants, par lequel il paraît que Louis, en qualité de fils aîné, a eu les préciputs et avantages de la Coutume, en date du 7 octobre 1705, signé Regnault, n^re.

Ordonnance : **Maintenu comme noble et écuyer, le 28 août 1715, signé : de Richebourg.**

26

Niort

Henri de VOULLON, éc., s^r de la Vergnaye.

Pièce justificative : Ordonnance de M. de Maupeou en faveur d'Henri de Voullon, éc., s^r de la Vergnaye, produisant, par laquelle il est maintenu en sa noblesse, en date du 29 mars 1699.

Ordonnance : **Déchargé de l'assignation à lui donnée à la requête du s^r Ferrand, le 29 août 1715, signé : de Richebourg.**

Charles de VOYONS, éc., sʳ de Beauregard, demeurant en la paroisse du Beugnon.   26

Niort

Pièce justificative : Ordonnance de M. Pinon, intendant de Poitou, en faveur de Charles de Voyons, éc., sʳ de Beauregard, produisant, par laquelle il est maintenu en sa noblesse, en date du 28 juin 1704.

Ordonnance : Déchargé de l'assignation à lui donnée à la requête du sʳ Ferrand, le 30 août 1715, signé : de Richebourg.

Jean VATELET, éc., sʳ de Monnanteuil.   27

Poitiers

Pièces justificatives : Ordonnance de M. de Richebourg en faveur de Pierre Vatelet, éc., sʳ de Monnanteuil, frère du produisant, par laquelle il est maintenu dans la qualité de noble et écuyer, en date du 15 février 1715.

Extrait de baptême de Jean Vatelet, du 11 août 1672, par lequel il paraît qu'il est fils de Pierre Vatelet, éc., sʳ de Monnanteuil, ci-dessus, et de dˡˡᵉ Jeanne de Louche, délivré le 22 août 1715 par Paumier, curé de Saint-Hilaire de la Celle de Poitiers, contrôlé le 28 dudit mois par Legrand.

Ordonnance : Maintenu comme noble et écuyer, le 2 septembre 1715, signé : de Richebourg.

Pierre-Louis, François et autre François de VALENCIENNES, écʳˢ,   28

Marie, Louise, Anne, autre Marie et Madeleine-Renée de VALENCIENNES, dˡˡᵉˢ,   tous frères et sœurs.

Poitiers

Pièces justificatives : Inventaire fait par-devant M. de Maupeou des titres de noblesse de François de Valenciennes, éc., sʳ de la Jarige et de Lespine, en conséquence de l'assignation à lui donnée à la requête de Guérin, au pied duquel est l'ordonnance par laquelle il est maintenu en sa noblesse, en date du

18 janvier 1701. Dans le vu des pièces est énoncé le contrat de mariage dudit François avec d^{lle} Louise-Barbe de la Jarige.

Huit extraits de baptême : le 1er de Pierre-Louis, du 13 octobre 1685, le 2e de Marie, du 15 février 1677, le 3e de Louise, du 1er mai 1680, le 4e d'Anne, du 31 octobre 1682, le 5e de Marie, du 3 mars 1684, le 6e de Madeleine-Renée, du 27 juin 1687, le 7e de François, du 26 janvier 1696, et le 8e d'autre François, du 20 février 1698, par lesquels il paraît qu'ils sont tous enfants de François de Valenciennes, éc., s^{gr} de la Jarige, et de dame Louise-Barbe de la Jarige, lesdits extraits délivrés le 28 mai 1715 par Abriou, curé de Leignes, contrôlés le 26 juillet 1715 par Legrand.

Ordonnance : Maintenus comme nobles et écuyers et filles de noble, le 8 janvier 1716, signé : de Richebourg.

---

29 Pierre de VÉTAT, éc., s^r de la Barotière,
Henri-Auguste de VÉTAT, son fils.

Pièces justificatives : Contrat de mariage de Gilbert de Vétat, éc., s^r de Chandoré, avec d^{lle} Marie Mallet, par lequel il paraît qu'il est fils de Pierre de Vétat, éc., s^r de Valançon, et de d^{lle} Gabrielle Monte, en date du 26 septembre 1640, signé Lescure et Bouzac, n^{res}.

Ordonnance de M. d'Aguesseau, intendant en la Généralité de Bordeaux, en faveur de Gilbert de Vétat, éc., s^r de Chandoré, par laquelle, quoiqu'il n'ait pas rapporté les titres justificatifs dont Sa Majesté l'a dispensé en considération de ses services et autres causes y mentionnées, il est maintenu dans les privilèges de la noblesse, en date du 29 avril 1671, délivrée par collation le 6 juin 1714, signé Clairambault, généalogiste des ordres du roi.

Contrat de mariage de Jean de Vétat, éc., s^r de la Barotière, avec d^{lle} Catherine de Morilhon, par lequel il paraît qu'il est fils de Gilbert de Vétat, éc., ci-dessus, et de Marie Mallet, en date du 29 juillet 1662, signé Chinours et Rousseau, n^{res}.

Contrat de mariage de Pierre de Vétat, chev., s^{gr} de la Barotière, avec dame Suzanne Moysen, par lequel il paraît qu'il est fils de Jean de Vétat, chev., s^{gr} de la Barotière, et de dame Catherine de Morilhon, en date du 25 janvier 1704, signé Marrot et Venault, n^{res}.

Extrait de baptême d'Henri-Auguste de Vétat, du 12 août 1713, par lequel il paraît qu'il est fils de Pierre de Vétat, éc., capitaine au régiment de Picardie, et de Suzanne Moysen, délivré le 8 avril 1715 par Letellier, prêtre, dépositaire des registres, vicaire de l'église paroissiale de Saint-Sulpice de Paris, contrôlé à Poitiers par Faissolle.

Ordonnance : **Maintenus comme nobles et écuyers, le 17 juillet 1716, signé : de Latour.**

Renée Suzanneau, veuve de Michel URVOY, éc., s^r du Breuil et de la Pelissonnière,
Michel-Léon URVOY, éc., son fils.

30

Niort

Pièces justificatives : Arrêt du Conseil d'Etat du roi en faveur de Suzanne Brunet, veuve de Michel Urvoy, s^r du Breuil, qui met à néant l'ordonnance de M. de Barentin dont elle a interjeté appel, et émendant et sans s'arrêter à l'incident de faux formé contre les pièces par elle produites de la part de Barthélemy Paris, chargé de la recherche de la noblesse, maintient et garde ladite Suzanne Brunet dans la qualité de gentilhomme et Michel Urvoy, son fils, dans la possession de la qualité d'écuyer, en date du 18 février 1673, signé Berryer.

Contrat de mariage de Michel Urvoy, éc., s^r du Breuil et de la Pelissonnière, avec d^{lle} Renée Suzanneau, par lequel il paraît qu'il est fils de Michel Urvoy, éc., s^r du Breuil et de la Pelissionnière, et de dame Suzanne Brunet, en date du 17 juin 1682, signé Gibotteau et Danjau, n^{res} de la principauté de la Roche-sur-Yon.

Extrait de baptême de Michel-Léon Urvoy, du 27 janvier 1688, par lequel il paraît qu'il est fils de Michel Urvoy, éc., s^r du Breuil, et de dame Renée Suzanneau, délivré le 9 septembre 1715 par Barbier, prieur curé de Château-Fromage, contrôlé le même jour à la Chaize-le-Vicomte par Thomazeau.

Ordonnance : Maintenus comme noble et écuyer et comme veuve de gentilhomme, le 31 décembre 1716, signé : de Latour.

31

Fontenay

Renée Roy, veuve de Pierre de la VOIRYE, éc., s^r de la Barette,

Marie de la VOIRYE, veuve d'Artus de la VOIRYE, éc., faisant tant pour elle que pour Pierre et Suzanne-Renée de la VOIRYE, ses enfants.

Pièces justificatives : Ordonnance de M. de Maupeou en faveur de d^{lle} Marie Guérusseau, veuve d'Artus de la Voirye, éc., par laquelle elle est maintenue dans les privilèges de la noblesse, en date du 20 janvier 1699. Dans le vu des pièces est énoncé le contrat de mariage de René de la Voirye, éc., avec d^{lle} Madeleine Landerneau.

Contrat de mariage de Pierre de la Voirye, éc., s^r de la Barette, avec d^{lle} Renée Roy, par lequel il paraît qu'il est fils de René de la Voirye et de dame Madeleine Landerneau, en date du 13 juillet 1669, signé Charier, n^{re}.

Contrat de mariage d'Artus de la Voirye, éc., avec d^{lle} Marie de la Voirye, par lequel il paraît qu'il est issu de Pierre de la Voirye, éc., s^r de la Barette, et de dame Marie Roy, en date du 15 novembre 1702, signé Charier, n^{re}.

Extrait de baptême de Pierre de la Voirye, du 24 juillet 1703, par lequel il paraît qu'il est fils d'Artus de la Voirye et de dame Marie de la Voyrie, délivré le 9 septembre 1715 par Boutron, curé de Fenioux, contrôlé le 24 décembre suivant.

Extrait de baptême de Suzanne-Renée de la Voirye, du 6 novembre 1706, par lequel il paraît qu'elle est fille dudit Artus de la Voirye et de dame Marie de la Voyrie, délivré le 10 septembre 1715 par Housset, curé du Buignon, contrôlé le 24 décembre suivant.

Ordonnance : Maintenus comme noble et écuyer, veuves et fille de noble, le 25 juin 1718, signé : de Latour.

APPENDICE

I

Arrêt du Conseil d'État du roi, du 22 septembre 1665, qui lève, à l'égard des Généralités de Poitiers et Limoges, la surséance portée par l'arrêt du 1er juin précédent pour la recherche des usurpateurs de noblesse et ordonne que la recherche commencée devant M. Colbert, commissaire départi en la Généralité de Poitiers, sera continuée devant M. Barentin, son successeur. — (Minute originale, signée, Archives nat., E. 1727, non folioté, à la date.)

Sur ce qui a esté representé au Roy estant en son Conseil qu'en exécution de la declaration de Sa Majesté du VIIIe febrier 1661 il a esté procedé en ses Cours des Aydes à la verification des tiltres de partie des pretenduz usurpateurs du tiltre de noblesse, mais avec sy peu de succez que souvent il est arrivé par interest ou intelligence de ceux qui estoient chargez de ladicte recherche qu'aucuns desd. usurpateurs ont esté déchargez et declarez nobles, et les veritables gentilshommes vexez par des longueurs aportées à la verification et communication de leurs tiltres, qui les a constituez en frais considerables, tant à cause de leurs voyages qu'autres qu'il leur a fallu suporter pour obtenir leurs décharges èsd. Cours des Aydes ; De quoy Sa Majesté ayant esté informée, elle auroit, par arrest de son Conseil du premier jour de juin dernier, surcis lad. recherche ; mais comme, en vertu des ordres particuliers de Sa Majesté, le sr Colbert, maistre des requestes, cy devant commissaire departy en la generalité de Poictiers, a faict assigner par devant luy tous les veritables gentilshommes et ceux que l'on pretendoit usurpateurs, pour representer leurs tiltres sans aucuns frais, il y en a eu quantité qui y ont satisfaict, et d'autres lesquelz estoient sur le poinct d'obeyr, lorsque lad. surcéance generale fust publiée. Depuis Sa Majesté a appris que la veritable noblesse ne faict aucune dificulté à la representation de ses tiltres, estant assurée qu'après lad. recherche, Sa Majesté la distinguera en faisant faire un cathalogue des noms, surnoms et armes de ceux qui sont de cette qualité, pour y avoir recours à l'advenir et empescher l'usurpation d'un tiltre qui ne se doibt communiquer qu'à des personnes de naissance ou que les Roys annoblissent pour services et autres considérations importantes, tellement que pour parvenir à l'effet de ce bon dessein, utile à Sa Majesté, à l'ancienne noblesse et aux taillables, il seroit necessaire de faire parachever le travail commancé par led. s^r Colbert, par led. s^r Barentin, conseiller aud. Conseil, maistre des requestes, à present commissaire departy par Sa Majesté ez generalitez de Poictiers et Limoges, nonobstant la surcéance portée par led. arrest du premier jour de juin dernier. A quoy voulant Sa Majesté pourveoir, ouy le raport des s^{rs} commissaires à ce deputez ;

Sa Majesté estant en son Conseil a levé et osté la surcéance portée par l'arrest rendu en iceluy le premier jour de juin dernier, à l'égard desd. generalitez de Poictiers et Limoges, et en ce faisant ordonné que tant les gentilshommes que les pretendus usurpateurs du tiltre de noblesse desd. generalitez seront tenuz de representer leurs tiltres par devant led. s^r Barentin, pour estre par luy examinez, après les avoir communiquez à ceux qui seront chargez par Sa Majesté de lad. recherche, dont il sera dressé procez verbal par led. s^r Barentin, pour estre envoyé aud. Conseil avec son advis, distingué par deux chapitres, l'un contenant les noms et surnoms de ceux qu'il estimera estre veritables gentilshommes, et l'autre des usurpateurs, pour estre tous lesd. tiltres rendus incontinant et sans frais, à l'exception de ceux qui seront jugez necessaires pour décider de l'usurpation des particuliers poursuivys en cette qualité ; et dans lequel advis led. s^r Barentin cottera ce que chacun desd. usurpateurs devra payer d'amande, eu egard à ses facultez et au benefice qu'il aura tiré de son usurpation ; pour le tout veu et raporté aud. Conseil, estre ordonné ce qu'il apartiendra par raison. N'entendant Sa Majesté que ceux qui ont representé leurs tiltres aud. s^r Colbert, et dont son procez verbal se trouvera chargé soyent de nouveau assignez par devant led. s^r Barentin. Et seront toutes les ordonnances qu'il delivrera en consequence du present arrest, executées nonobstant oppositions ou appellations quelconques, dont, sy aucunes interviennent, Sa Majesté s'est reservée la cognoissance en sond. Conseil, icelle interdite et defendue à toutes ses Cours et autres juges.

SEGUIER, VILLEROY, d'ALIGRE, COLBERT, C. MARIN.
A Paris, le XXII septembre 1665.

(Au dos :) Arrest pour lever la surceance de l'arrest du 1er juin 1665 pour la recherche des usurpateurs de noblesse. Poictiers et Limoges. — Bon à expédier, 22 septembre 1665.

II

Nous n'avions pas primitivement l'intention de publier la liste des *Barentines* dressée par Pierre de Sauzay, sr de Boisferrand, dont nous parlons dans notre *Introduction*, p. XXI et LIII. Après de longues réflexions, nous nous décidons cependant à l'insérer dans cet *Appendice*, comme se liant intimement à l'histoire des Maintenues de noblesse en Poitou ; elle complète l'ensemble des documents que nous présentons sur cette question encore mal connue. Mais il faut reconnaître que si elle est exacte dans le fond, elle est très relâchée dans la forme et surchargée de doubles emplois et de renvois qui l'alourdissent singulièrement. Certains articles sont consignés d'une manière imparfaite ; on s'aperçoit que M. de Sauzay attendait des renseignements nouveaux qui ne lui sont pas toujours parvenus. Ainsi cinq ou six noms de roturiers ont été inscrits et conservés, peut-être parce qu'il y avait encore doute sur leur état. L'orthographe est en outre très fautive, non seulement pour les noms propres, mais même pour les mots usuels, et l'ordre alphabétique prend des licences qui rendent les recherches fort pénibles. Malgré ces incorrections, nous présentons cette liste telle qu'elle est, à défaut d'une liste officielle qui n'existe pas. Nous avons cru seulement devoir la débarrasser de quelques répétitions dues à des distractions évidentes et rectifier l'orthographe par trop capricieuse du rédacteur, en la rapprochant de l'orthographe moderne. Nous la faisons suivre d'une table particulière, rigoureusement alphabétique, qui permettra au lecteur de se retrouver au milieu de cette confusion de noms. Est-il nécessaire de faire remarquer que les noms de lieux mis en marge de chaque article sont ceux des paroisses où les personnes étaient portées au chapitre des exempts de la taille ? On trouve aussi quelquefois en marge du manuscrit des dates qui ne sont accompagnées d'aucune explication ; ce sont les dates des premiers titres représentés ; il nous a paru utile de les reproduire entre parenthèses.

Nous sommes aujourd'hui à même d'ajouter une petite information de plus à ce que nous avons dit concernant les listes connues des *Barentines*. On se souvient (voir notre *Introduction*, p. XXIII) qu'en 1755 M. Riffault, juge de la Monnaie de Poitiers, faisait imprimer une liste de 165 Barentines qui n'avaient pas été retirées par les intéressés et se trouvaient en sa possession. Dix-neuf ans plus tard, ces titres, dont le nombre n'avait pas sensiblement diminué, étaient arrivés entre les mains de son gendre, M. Babinet (de Santilly), conseiller au présidial, et celui-ci adressait à son tour un avis aux familles intéressées et publiait une nouvelle liste dans les *Affiches du Poitou*, de Jouyneau-Desloges, nos des 5, 12, 26 mai, 21, 28 juillet, 11 août, 24 novembre, 1er et 8 décembre 1774.

ROOLES de tous les nobles réservés en la généralitté de Poictou tant par Monsieur Barantin, conser du Roy en ses conseils, maistre des requestes ordinaires de son hostel et présidant au grand Conseil, Intandant en la dicte généralitté, et ensuitte par Monsieur Roullier aussy maistre des requestes et Intandant en la dicte province, ensemble de ceux quy ont esté confirmés tant par Arrest du Conseil d'en haut que par Messieurs les commissaires généraux, et dont la pluspart des santances ont esté expédiées, les autres reste à expédier avec les dattes de celles quy ont esté expédiées et le blason des armes des familles contenues ès Ellections quy suivent, Poictiers, Chasteleraut, Saint-Maixant, Les Sables, Mauléon, Touars, Niort, Fontenay, La Rochelle [1].

Extraict des nobles quy font leur demeure dans la ville de Poictiers.

Champagne-Mouton.
Le Bouchage.
Moutardon.

DE GORET (René), éc., sr des Saules, conser à Poitiers; Jean de Goret d'Elbène, frère du dit René. Il y a encore d'autres du même nom et famille ès paroisses de Champagne-Mouton, le Bouchage et Moutardon où ils seront employés. Maintenus nobles par sentence du 10 septembre 1667. Porte de Goret :

---

1. Malgré ce titre, l'ordre adopté dans le manuscrit pour les Elections est le suivant: Poitiers, Châtellerault, Saint-Maixent, Thouars, Mauléon, les Sables, la Rochelle, Fontenay, Niort.

d'argent à trois hures de sanglier de sable arrachées, languées et mirées du second.

De Soizy (Roch), éc., s' de la Moulière, maintenu par sentence du 9 septembre 1667. Porte de Soizy : *d'argent à trois bandes d'azur au chef de même.*

De la Lande (François), éc., s' du Breuil de Vernon, trésorier de France à Poitiers ; René de la Lande, s' des Roches de Marigny ; Pierre de la Lande, s' de la Riche ; maintenus nobles par sentence du 10 décembre 1667. Porte : *d'or au chêne de sinople, au chef d'azur chargé d'un croissant montant d'argent.*

Dreux (Jacques), éc., s' de la Vallée ; Simon Dreux, s' des Rochettes, cons^{er} à Poitiers, fils ; Bonaventure Dreux et les autres, ses enfants ; maintenus par sentence du 7 septembre 1667. Porte Dreux : *d'azur au chevron d'or accompagné de deux roses d'argent en chef et d'un soleil d'or en pointe.*

Duflos (Claude), éc., s' d'Avanton ; Antoine, s' du Coulombier ; Louis, s' des Gilliers, capitaine au régiment de Champagne ; Charles, s' de Saint-Mandé ; Jean, s' de la Thibaudière ; Mre Amable Duflos, prêtre, docteur de Sorbonne ; Marie et Antoinette Duflos, tous frères et sœurs ; maintenus nobles par sentence du dernier décembre 1667. Porte Duflos : *d'or au chevron d'azur chargé de trois trèfles du premier.*

Faudry (Louis), éc., s' de la Briaude, maintenu par jugement du 9 septembre 1667. Porte Faudry : *d'azur à trois ranchers d'argent posés en fasce.*

Filleau (Jean), cons^{er} du roi et son avocat au présidial et docteur régent ès lois en l'Université de Poitiers, anobli par lettres confirmées. Porte Filleau : *de gueules à la fasce d'argent accompagnée de trois coquilles d'or, 2 et 1.*

Gaultier (Claude), éc., s' du Breuil, docteur régent ès lois en l'Université de Poitiers, maintenu par sentence du dernier décembre 1667. Porte Gaultier : *d'or à la fasce de gueules accompagnée de deux merlettes de même en chef et d'une étoile de même en pointe.* Pour devise : *Innocuæ super astra feruntur.*

Jaumier (Jean), éc., s' de Saint-Gouard, trésorier de France à

Poitiers, et son frère, maintenus par sentence du 30 décembre 1667. Porte Jaumier : *d'azur à deux pals d'or accompagnés d'un soleil de même au cœur de l'écu.*

LE PEULTRE (Philippe), éc., s^r de la Grand-Maison, trésorier de France à Poitiers, et son frère, chanoine de Saint-Hilaire de Poitiers ; maintenus nobles le 30 décembre 1667. Porte Le Peultre : *d'azur à la licorne d'argent.*

Poitiers (ville). S.-Marc-de-la-Lande, élect. de Niort.

LUCAS (François), éc., s^r de Vangueil, trésorier général à Poitiers ; Gilles, autre Gilles et François Lucas, ses enfants ; maintenus nobles par sentence du 20 décembre 1667. Porte Lucas : *d'or au taureau passant de gueules, à trois roses de même en chef.*

MAROIX (Jacques), s^r de la Vergnaye, et Nicolas Maroix, s^r d'Auzais, et autres de la même élection ci-après, maintenus nobles par sentence du 4 mai 1668. Porte Maroix : *de gueules à la croix d'argent accompagnée de quatre lions d'or, à la bordure de même, chargée de six lances de sable passées en sautoir au bout de la croix.*

PINEAU (Charles), éc., s^r de Viennay, cons^{er} au présidial, par des lettres d'anoblissement confirmées et brevet de retenue du 17 décembre 1638 et dernier décembre 1667. Porte Pineau : *d'argent à trois pommes de pin au naturel.*

Thorigny, élect. de Fontenay. Mignaloux.

ROATIN (Florentin), s^r de Jorigny, et les autres du même nom ; Joseph Roatin, s^r du Temple, l'aîné ; Claude Roatin, s^r de la Cigogne ; Joseph Roatin, éc., s^r de Jorigny, cons^{er} au présidial ; Maurice Roatin, s^r de Beauvais ; maintenus par sentence du 9 février 1667. Porte : *d'azur au chevron d'or accompagné de trois otelles d'argent.* (Nobles dès 1498.)

LESTANG (François de), éc., s^r de Ry, maintenu par sentence du 9 juillet 1667.

Poitiers (ville).

JARNO (Marc), éc., s^r du Pont, procureur du roi au présidial de Poitiers ; Mathieu Jarno, son frère, s^r de la Bonnaudière ; maintenus par sentence du 9 septembre 1667. Porte : *d'azur à trois encolures et têtes de cygne d'argent becquées de sable.*

Poitiers (ville).

ROUSSEAU (César), éc., s^r de la Parisière, maintenu noble. Porte pour armes : *d'azur à deux matras d'or posés en sautoir.*

Chéronnac. Vidois.	CHAMPELON (Jean de), éc., sr du Bouchet ; Pierre de Champelon, éc., sr de la Coux ; maintenus nobles.
Poitiers.	DUGUYE (Jacques de la), éc., sr de Pimpaneau, des anciens échevins.
Poitiers.	ROY (Jean), éc., sr de Cloistre, docteur régent ès lois et échevin de la ville de Poitiers, maintenu noble.
Poitiers (ville).	PALUSTRE (César), éc., sr de Chambonneau, capitaine au régiment de Navarre, et ses frères, maintenus nobles.
Poitiers (ville).	FUMÉE (Pierre), éc., sr de Jaulnay, et ses enfants, maintenus nobles. Porte : *d'argent à six losanges ou fusées de sable, 3, 2 et 1.*
Pleuville.	NOYER (Isaac du), éc., sr du Béraut, condamné en 80 livres pour avoir usurpé.
Poitiers (ville).	ROUSSEAU (Pierre), éc., sr de Coursec, et Jeanne Rousseau de Traversonne, maintenus nobles.
Poitiers (ville).	BRILHAC (Claude), éc., sr de Bernay, et les autres, maintenus nobles.
Poitiers.	ROBION (Jean), éc., sr de la Nerbonnière, trésorier de France, maintenu noble.

Roolles expédiés et estat des nobles de l'Élection de Poictiers avec le lieu de leur résidance et le blazon de leurs armes par ordre alfabétique.

Azay.	ADAM (dlle Françoise), de la famille de ceux de l'élection de Saint-Maixent à Azay, renvoyée en l'élection de Saint-Maixent. Porte : *d'azur au lion d'argent.*
S.-Coutant.	AGUES (Jacques), éc., sr de la Vouste, Saint-Coutant, Ecossais, maintenu le 10 décembre 1667. Porte : *de gueules à trois chevrons d'argent.*
S.-Pierre-d'Exideuil.	DE MAY (dlle Marie Millet, veuve de Blaise), éc., sr de Fontafret, maintenue noble par sentence du 10 décembre 1667. Porte : *d'azur à la fasce d'argent chargée de deux roses de gueules, à une rose de même en pointe, au lambel d'argent de trois pendants mouvant du chef.*

Vieux-Cerier. Champagne-Mouton. Pressac. S.-Coutant, élect. de Niort.	ANGELY (Jean), éc., s^r de Majussier ; Jacques Angely, s^r de Fontcreuse ; Louis Angely, s^r de Bonnefond ; Jean Angely, s^r de la Ressource ; maintenus par sentence du 8 octobre 1667. Porte Angely : *d'argent parti coupé à quatre croix raccourcies de sinople aux quatre quartiers.*
Anché.	AUBANEAU (François), éc., s^r de la Monjatière, maintenu par sentence du 10 décembre 1667. Porte : *d'argent à trois têtes de loup arrachées de sable.*
Le Vigean.	AUDEBERT (Philippe), éc., s^r de l'Aubuge ; Emmanuel Audebert, éc., s^r des Chapelles. Porte Audebert : *d'azur au sautoir d'or.* Arrêt du Conseil ; maintenus nobles le... juin 1672.
Gourgé.	AYMARD (d^{lle} Anne Gabriaud, veuve de Charles), éc., s^r de la Roche-aux-Enfants ; Charles, Anne et Marie Aymard, enfants ; maintenus par sentence du 8 octobre 1667. Porte Aymard : *de gueules à trois coquilles d'argent.* (1433.)
Lathus.	BARBE (Henri), éc., s^r de l'Aage-Courbe, maintenu par sentence du 18 août 1667. Porte Barbe : *d'argent à deux lions de gueules supportant un chef d'azur.* (1530.)
S.-Léomer.	BLANCHARD (Gabriel), éc., s^r du Bourg-Archambault ; Louis Blanchard ; maintenus nobles.
Rom. Limalonges. Baussay, élect. de S.-Maixent. Cloué.	BARRÉ (de la), éc., s^r du Bois-de-Luché ; Isaac et Pierre de la Barre, s^{rs} de Rigné et de la Barre ; Pierre, s^r d'Aubanye et Vaution ; Louis de la Barre, son fils ; maintenus par sentence du 7 septembre 1667. Porte La Barre : *d'argent à la bande d'azur chargée de trois coquilles d'or, accompagnée de deux merlettes de sable, une en chef et l'autre en pointe.*
Cloué.	BRUN (Abraham), éc., s^r de Villesoufran et de la Mingouère, et ses enfants ; d^{lle} Jeanne de Malvaut, sa veuve ; Abraham, René, Marie, Suzanne, Marguerite et Elisabeth Brun, ses enfants ; maintenus par sentence du 21 septembre 1667. Porte Brun : *burelé d'or et d'azur de huit pièces, au lion d'or brochant sur le tout.* Porte de Malvaut : *burelé d'or et d'azur de huit pièces, au lion d'or lampassé et armé de gueules brochant sur le tout.* (1504.)

Oradour-Fanois. Gajoubert, son enclave.	BARTHON (dame Denise de Maillé, veuve de Mre François), vicomte de Montbas, maintenue noble le 9 septembre 1667. Porte : *d'azur à un cerf couché d'or, au chef échiqueté d'or et de gueules de trois tires.*
Bourg-Archambault. l'Isle-Jourdain. Le Vigean.	BARBARIN (d^lle Marguerite), veuve de Louis Guérin, éc., s^r de la Courtillerie, ci-après à Lusignan, maintenue le 10 décembre 1667. Porte Guérin : *d'azur à quatre losanges d'or, 2 en fasce et 2 en pointe.*
Moulismes.	BACONNET (Isaac), s^r de la Bouige ; François Baconnet, s^r de la Rode ; maintenus nobles par sentence du 9 septembre 1667. Porte Baconnet : *de gueules à trois mouches d'or membrées de sable.*
Sillars.	BARACHIN (René de), éc., s^r de la Roderie, maintenu noble par sentence du 16 août 1667. Porte: *de gueules à la bordure de sable, au lion d'or.* Idem à Chenevelles, élection de Châtellerault.
Queaux.	BARDONNIN (Gaspard), s^r de l'Angellerie, renvoyé à la Rochelle.
Coignac. Breuil-au-Fa.	BASTIDE (Antoine de), s^r de Coignac et du Croiset ; Anne de Bastide ; maintenus nobles. Porte Bastide : *d'argent à cinq fusées de gueules.*
Availles. Pindray.	BALLON (Robert de), éc., s^r dudit lieu ; Élisabeth de Chamborant, veuve de Pierre de Ballon ; sortis d'Ecosse ; maintenus par sentence du 7 septembre 1667. Porte : *d'argent à trois fusées d'azur, 2 et 1.*
Brion. S.-Laurent. Chiré. Queaux. Chasnier.	BEAUREGARD (Louis de), s^r de la Mothe-Coutillon ; Jean de Beauregard, s^r de Milly ; Pierre de Beauregard, s^r de Champnoir, aîné de la famille ; Jacquette de Genouillé, veuve de Jean de Beauregard ; maintenus par sentence du 9 septembre 1667. Porte de Beauregard : *d'or à la bande d'azur, une demi-lamproie en chef et deux en flanc de la bande de sable.*
S.-Sauvant. S.-Marsault. Le Vigean. Pers.	BELLIVIER (Pierre), éc., s^r de Forest ; Robert Bellivier, éc., s^r de Pers, aîné de la famille ; Jacques Bellivier, éc., s^r de Saint-Palais, frères, et les autres du nom ; maintenus par sentence du 10 décembre 1667. Porte : *de gueules à trois otelles mornées d'argent.* (1396.)
Oradour-sur-Vaire.	BERMONDET (Louis de), éc., s^r d'Oradour et de Cromière ; Georges de Bermondet, éc., s^r de Cromière, comte d'Oradour-sur-

Vaire et de Saint-Bazille, lieutenant général de l'artillerie de France ; maintenus nobles le 30 décembre 1667. Porte : *d'azur à trois mains gauches renversées, posées en pal.* Supports, deux lions. (1508.)

Poitiers (ville). BÉRAUDIN (Joseph), s^r de Vérines, maintenu par sentence de M. Rouillé du 15 décembre 1670. Porte : *d'azur à trois fasces d'or, à trois besants d'or en chef.*

Lathus. BERTHELIN (Jacques), s^r de Romagné, d'Aiffres et du Cluseau ;
Niort (ville). d^{lle} Marie Pastoureau, veuve de Michel Berthelin, éc., s^r d'Aiffres ; maintenus par sentence du 10 septembre 1667. Porte Berthelin : *d'argent au chevron d'azur accompagné de deux fleurs de lis de même en chef et une hermine en pointe, au chef de gueules chargé de trois coquilles d'argent.*

Adriers. BONNIN (Judith Bernard, veuve de....), s^{gr} de Messignac, aîné
Les Forges. de la famille tombée en quenouille ; René Bonnin, s^{gr} des
S.-Martin-Lars. Forges, et son frère le chevalier de Messignac ; maintenus par sentence du 22 septembre 1667. Porte Bonnin : *de sable à la croix engrêlée d'argent.* (1350, 1458.)

Auché. BELLAY (Jeanne Bertrand, veuve d'Henri du), ci-après à Thouars. Porte du Bellay : *d'argent à une bande fuselée de gueules, côtoyée de six fleurs de lis d'azur mises en orle, 3 en chef et 3 en pointe.*

Jardres. BÉCHILLON (Louis), s^r de l'Epinoux ; Charles Béchillon, s^r de l'Islereau, l'aîné de la famille ; René Béchillon, s^r de la Giraudière ; maintenus par sentence du 20 septembre 1667. Porte Béchillon : *d'argent à la fasce de sable fuselée de trois pièces.* (1475.)

S.-Pierre de BOYNET (François), éc., s^r de la Touche-Fressinet; Louis Boynet,
Marnay. éc., s^r de la Frémaudière, aîné de la famille, anoblie par
S.-Maurice-de- lettres de Louis XI en 1480 ; Jean Boynet, s^r de Vernoux ;
Gençay. Jean Boynet, s^r de la Foucaudière ; François Boynet, s^r de la
Poitiers (ville). Touche ; maintenus par sentence des 9, 24 et 3 septembre 1667. Porte Boynet : *d'argent au chef d'azur, au lion de gueules entrant dans le chef.*

Celle-Lévescaut. BODIN (Charles), s^r de Puchaut, et les autres du nom, maintenus par sentence du 10 décembre 1667. Porte Bodin : *d'azur* à neuf besants d'or mis en pal le long des flancs de l'écu, 4 et 4, et 1 en pointe. (1382.)

Liglet.
BROSSARD (René de), éc., s^r de la Gerbaudie, fils de René de Brossard et de d^{lle} Guillonne de Sauzay, maintenu noble par sentence du 9 septembre 1667. Porte de Brossard : *d'azur au chevron d'or à trois fleurs de lis d'or*. (1526.)

Thénezay.
Oroux.
BAULT (Joseph Le), s^r de la Grange ; Charles Le Bault, s^r du Peux ; d^{lle} Renée Dammartin, veuve de Charles Le Bault, éc., s^r de la Lande; Jacques Le Bault, s^r de la Forest ; Jean Le Bault, s^r du Peux. Il y en a de la même famille en Bas-Poitou. Maintenus par sentence du 10 décembre 1667. Porte Le Bault: *d'argent à un cerf passant au naturel, soutenu par deux aigles de sable*.

Availle.
BROUE (..... de la), éc., s^r de Vareilles ; Bernard de la Broue, de Vareilles et du Pouyaud ; N... la veuve du s^r de Vareilles s^r de la Broue.

Availle.
Vitrac.
BERTRAND (Charles), s^r de la Brousse; Claude Bertrand, s^r de Lestang ; Jean Bertrand, s^r de Laurière ; maintenus par sentence du 3 septembre 1668. Porte: *d'azur au chevron d'or de trois pièces*.

Rom.
S.-Pardoux,
lect. de Niort.
CAILLET (Michel), éc., s^r d'Issé, des anciens maires de Poitiers ; Dominique Caillet, s^r d'Issé ; Louis Caillet, s^r du Breuil ; maintenus nobles par sentence du 30 août 1667. Porte : *d'azur au lion d'argent armé et lampassé de gueules, à trois cailles d'argent, 2 en chef et 1 en pointe*.

Civray.
CAILLABEUF (d^{lle}...), veuve de Maurice de Montsorbier, éc., s^r de la Boissière, ci-après à Champagné-Saint-Hilaire, élection de Poitiers.

Lamairé.
S.-Loup, élect. de Thouars.
CANTINEAU (Jacques), s^r de la Cantinière; René Cantineau, s^r de la Huttière, l'aîné de la famille ; d^{lle} Françoise Cantineau ; maintenus par sentence du 29 août 1667. Porte Cantineau: *d'argent à trois molettes d'éperon de sable, 2 et 1*. Idem aux Moutiers-sur-le-Lay, élection de Fontenay.

Poitiers (ville).
Aslonne.
Paris (ville).
CHARLET (.....), éc., s^r de ....., cons^{er} du roi et trésorier de France à Poitiers; François Charlet, éc., s^r de la Poupardière, frère du précédent, et autres, ses frères et sœurs, et

autres de la même famille; maintenus nobles. Porte pour armes: *d'argent à l'aigle éployée de sable, membrée et becquée de gueules.* Il y a encore la famille des Charlet établis depuis longues années à Paris, étant cons^{ers} au Parlement et en la Chambre des Comptes.

Gourgé. CHAPPELAIN (Joseph), éc., s^r des Vaux, mort, a laissé une fille, seule héritière, mariée à Vidard, s^r de Montmarquelin; maintenu par sentence du 9 septembre 1667.

La Peyrate.
La Ferrière.
Les Groseillers, élect. de Niort.

CHAUVIN (Catherine du Bois, veuve de René), sans hoirs; François Chauvin, éc., s^r de Chour; Louis Chauvin, éc., s^r de la Mithière; Anne et Hilaire Chauvin; maintenus nobles par jugement du 7 septembre 1667. Portent: *écartelé au premier et quatre d'argent à l'aigle éployée d'azur, au deux et trois fascé d'argent et d'azur de trois pièces, à trois bandes de gueules brochant sur le tout.*

Amaillou.
S.-Gervais.

CHASTEIGNER (Nicolas), éc., s^r de la Guessière; Louis-Pons Chasteigner, éc., s^r de la Salle; de même famille que celle de la Rocheposay, les aînés comtes de Saint-Georges, barons du Lindois, Tennessue, la Blouère, la Roche-Hudon, et les autres; maintenus par jugement du 7 septembre 1667. Porte pour armes: *d'or au lion passant de sinople.* Les cadets brisent d'un lambel de gueules à trois pendants.

Sanxay.
Latillé.
Thénezay.
S.-Maixent.

CHEVALIER (François), éc., s^r de la Forest, Coindardière; Jacques Chevalier, éc., s^r de Saulx; Philippe, éc., s^r de Leugny; François Chevalier, d'église; Louis Chevalier, chevalier de Malte, frères; Simon Chevalier, protonotaire apostolique; d^{lle} Marguerite Chevalier, veuve du feu s^r de Richemont, issus de l'aîné; les enfants du frère de ladite Chevalier et la veuve, leur mère, aînés de la famille. Il y a la branche de ceux de la Frapinière, près Saint-Maixent. Maintenus par jugement du 10 décembre 1667. Porte Chevalier: *de gueules à trois clefs d'or mises en pal.*

Montamisé.
Jardres.
Poitiers (ville).

CHESSÉ (Gaspard), éc., s^r de Charassé; Georges Chessé, s^r d'Anzec; d^{lles} Renée et Hilaire Chessé; de l'échevinage de Poitiers en l'année 1570; maintenus par jugement. Porte Chessé: *d'argent au chevron de gueules accompagné de trois merlettes de sable, 2 et 1.*

Asnois. Genouillé. S.-Gaudent.	CHITTON (Benjamin), sʳ de Montlaurier ; Pierre Chitton, sʳ de Blanzac ; Louis Chitton, sʳ de Moulin-Neuf ; anoblis par lettres du roi confirmées par finance. Jugés le 20 juin 1670 par M. Rouillé. Jacques Chitton, sʳ de Landraudière, de l'échevinage de Niort, moyennant le paiement de sa taxe.
Cussac.	CHOUILLY (Hiriel de), éc., sʳ de Permangle, maréchal des logis des chevau-légers de la garde du roi ; Jacques de Chouilly, éc., sʳ de Monchastier, son frère ; maintenus par arrêt de MM. les commissaires généraux le... mars 1668, attendu la qualité d'officier des chevau-légers du roi. Porte de Chouilly : *d'azur à la fasce d'argent accompagnée de trois lis du second feuillés et tigés du même en chef de l'écu, à une fleur de lis d'or mise en pointe.*
	COURAUT (François), éc., sʳ du Cluseau ; condamné à payer à La Vallée-Cornet 2,000 livres.
Vasles. Fonperron.	CLAVEURIER (René), éc., sʳ de la Rousselière ; Louis Claveurier, éc., sʳ de la Poitevinière ;..... Claveurier, éc., sʳ de Ferrière ; maintenus par sentence du dernier décembre 1667. Porte Claveurier : *d'azur à quatre clefs d'or posées en croix et mises et attachées à un clavier du second.*
Jaulnay. Azay. Antran, élect. de Châtellerault.	COURTINIER (Louis), éc., sʳ de Richebourg ; François Courtinier, éc., sʳ de la Millanchère ; Pierre Courtinier, éc., sʳ de Valençay ; maintenus nobles de l'échevinage de Poitiers, 1574, par jugement du 3 septembre 1667. Porte Courtinier : *de gueules à six annelets d'argent, 3, 2 et 1, et trois otelles d'argent en chef.*
Vaussay.	COULLAUD (René), éc., sʳ du Vignault ; Jean Coullaud, éc., sʳ des Touches-aux-Barres ; maintenus par sentence du 13 octobre 1668.
Journet.	COUSTIN (René), éc., sʳ des Forges, maintenu noble par sentence du 30 décembre 1667. Porte pour armes : *d'argent au lion de sable couronné, lampassé et armé de gueules.* (Premier titre, 1423.)
Poitiers (ville).	CONSTANT (François), éc., sʳ des Chézeaux ; François Constant, éc., sʳ de Monts, et les autres, de l'échevinage de Poitiers de l'année 1607 ; confirmés moyennant leur taxe. Porte pour

armes : *d'argent au palmier de sinople élevé sur une terrasse du second.*

Parthenay.
Poitiers.

CLABAT (Jean), bailli de Gâtine ; Antoine Clabat, s^r de la Gallonnière, assesseur en l'élection de Poitiers, de l'échevinage de l'an 1656 ; maintenus nobles moyennant le paiement de leur taxe. Porte Clabat : *d'argent au loup rampant de sable, à la bande d'argent.*

S.-Mathieu.

CALLUAU (Jean), s^{gr} vicomte de Saint-Mathieu et de Loisellerie, maintenu par sentence du 7 septembre 1667. Porte Calluau : *d'azur au croissant montant d'argent surmonté d'une étoile d'or.*

Archigny.
Dissais.
S.-Hilaire-sur-l'Autise.
S.-André de Fontenay.

DAUX (Henri), éc., s^r de la Brochetière ; César Daux, éc., s^r de la Bourdillière ; René Daux, éc., s^r de la Chaume ; François Daux, éc., s^r des Aubus ; maintenus nobles par jugement du 9 septembre 1667. Porte Daux : *d'or au lion de sable, au chef de gueules chargé de trois fers de lances à l'antique d'argent.*

Vausseroux.
S.-Maixent.

DAIX (Suzanne), veuve de Michel Daix, éc., s^r de la Guillotière ; Isaac Daix, éc., s^r de Langevinière ; Daix, éc., s^r de la Roche-Elie, père de ladite Suzanne Daix ; maintenus nobles par sentence du 20 décembre 1667. Idem à Merlange, élection de la Rochelle. Porte Daix : *de gueules à la bande d'or et au lambel de même de trois pendants.*

Vouneuil-sur-Vienne.
Moutiers-sous-Chantemerle,
él. de Thouars.
Bouillé, élect. de Niort.

D'APPELVOISIN (Charles Tiercelin), éc., s^r de la Roche-du-Maine, et ses frères ; Martin d'Appelvoisin, éc., s^r de Courtray ; Jacques d'Appelvoisin, éc., s^r de Saint-Hilaire ; maintenus nobles par sentence du 8 octobre 1667. Porte d'Appelvoisin : *de gueules à la herse percée d'or de trois traits.* Porte Tiercelin d'Appelvoisin : *d'argent à deux tierces d'azur passées en sautoir, cantonnées de quatre merlettes de sable. Supports, deux sauvages ; cimier, l'aigle éployée de sable.* Cri de guerre : *Appellevoisin, virtute et armis.*

Azay.

DARROT (Uriel), s^{gr} de la Poupelinière ; René-Elisée Darrot, s^{gr} de....... ; René Darrot, s^{gr} de la Boutrochère ; Charlotte et Maria Darrot ; maintenus nobles par jugement du 3 septembre 1667. Porte Darrot : *de sable arrondi d'or à deux cygnes d'argent accolés, membrés et becqués d'or.*

— 345 —

Vaussay. Montjean et Lorigny. — D'Anché (Antoine), éc., s^r de Puy-d'Anché ; Antoine d'Anché, éc., s^r de la Guérinière; Louis d'Anché, éc., s^r de la Perusche ; Charles d'Anché, éc.; s^r de Laillé ; René d'Anché, éc., s^r du Fief-Richard ; la veuve de René d'Anché, éc., s^r des Renardières ; Mre Isaac d'Anché, prêtre, curé de Neuville. Il y a encore la famille des d'Anché, seigneurs de Bessé, paroisse de Tusson. Maintenus nobles le 7 décembre 1667. Porte d'Anché : *d'argent au lion de sable couronné, lampassé et armé de gueules.* La plus ancienne famille de la province.

Voulesme. — D'Abzac (Raymond), éc., s^r de la Robertie, maintenu par jugement du 4 décembre 1667. Porte d'Abzac : *de gueules à trois léopards d'or les uns sur les autres, écartelé au premier et quatre d'argent à la bande d'azur, à la bordure de même, accompagné de six fleurs de lis d'azur, trois en chef et trois en pointe, posées en fasce.*

Biennac. — D'Asnière (Robert), s^r de la Chapelle, maintenu noble par jugement du dernier décembre 1667. Le premier contrat de mariage de Jean d'Asnière avec d^{lle} Joygne de Glenay, du 27 décembre 1492. Porte d'Asnière : *d'argent à trois croissants montants de gueules, 2 et 1.*

Persac. — Des Aages (d^{lle}), dame du Poret, ci-après avec les autres.

Availles. S.-Gaudent. — Desmier (Salomon), éc., s^r de la Bussière ; Robert Desmier, éc., s^r de la Chapelle ; François-Alexandre Desmier, éc., s^r de Saint-Simon ; Louis Desmier, éc., s^r de Loron, son frère ; Louis Desmier, éc., s^r du Roc ; maintenus nobles par sentence du 10 novembre 1667. Porte Desmier : *écartelé d'argent et d'azur à quatre fleurs de lis de l'un à l'autre.*

Availles. Usson. S.-Gaudent. — D'Oradour (d^{lle} Elisabeth), dame du Bouchet ; François d'Oradour, éc., s^r de la Paillerie, son neveu, condamnés par contumace du 20 octobre 1667, reçus opposants par requête et maintenus nobles par sentence du 2 septembre 1668. Porte : *d'azur à la fasce d'or accompagnée de six fleurs de lis d'argent, trois en chef renversées et trois en fasce en pointe.*

Montrollet. — Dreux (Simon), éc., s^r de Montrollet, idem ci-devant (à Poitiersville), maintenu en sa qualité par sentence du 7 septembre 1667. Idem aux Sables.

Liglet.	DURFORT (Maximilien de), s^{gr} de Born, maintenu noble par jugement du 9 septembre 1667. Porte de Durfort : *d'azur à la bande d'or, à la filière de gueules.*
Sanxay. Lusignan.	DE BARBEZIÈRE (Geoffroy), s^{gr} de la Roche-Chémeraut ; Charles de Barbezière, s^{gr} de Chémeraut ; maintenus nobles, aînés de la famille. Porte de Chémeraut : *d'argent à une fasce fuselée de gueules de cinq pièces.*
S.-Saviol.	DE BESSAC (Gaspard), s^r de la Feuilletrie, maintenu par sentence du 9 septembre 1667. Porte de Bessac : *d'or au lion de sable armé, lampassé de gueules, accompagné de deux étoiles, l'une en chef et l'autre au flanc sénestre.*
S.-Just et S.-Pierre de Chauvigny. Poisay-le-Joly, élect. de Châtellerault.	DE BESDON (Joachim), éc., s^r des Aubiers, de même en l'élection de Châtellerault à Poisay-le-Joly ; Jacques de Besdon, s^r de Mousseaux ; maintenus nobles par jugement du 29 août 1667. Porte de Besdon : *d'argent à deux fasces d'azur accompagnées de six roses de gueules pointées de sinople.* (1391.)
Château-Larcher. Les Crouzilles. Marnay. Queaux.	DE BLOM (Gaspard), s^r de la Brunetière ; René de Blom, éc., s^r des Crouzilles ; Louis de Blom, s^r de Maugué ; Gaspard de Blom, s^r de la Brunetière ; Emmanuel de Blom, s^r de Beaupuy ; maintenus par jugements des 16 août et 9 septembre 1667. Porte de Blom : *d'argent au sautoir péri de gueules, accompagné de quatre croisettes pattées de même.*
Vendeuvre.	DE BRIDIEU (Pierre), éc., s^r de la Baron, *aliàs* Jacquemeton de Bridieu ; Louis de Bridieu, s^r dudit lieu, gouverneur de Guise ; N.... de Bridieu, s^r du Claveau, gouverneur de Mézières ; Roch de Bridieu, capitaine au régiment de Normandie ; maintenus nobles par sentence du 16 août 1667. Porte de Bridieu : *d'azur à la macle cramponnée d'argent à trois étoiles d'or, 2 et 1.*
Ruffigny.	DE BRÉMOND (Antoine), s^r de Belleville, originaire de Touraine, maintenu le 10 décembre 1667. Porte : *d'argent à l'aigle de sable membrée et becquée de gueules.*
Payroux.	DU BREUIL (Jacques), éc., s^r des Souches, maintenu noble par sentence du 9 septembre 1667. Porte du Breuil : *d'argent au chevron brisé de gueules surmonté d'une aigle de sable.* Charles du Breuil, s^r dudit lieu.

Jaulnay. Assay.	DE BAUGÉ (René), éc., sr de la Chaullière ; François de Baugé, éc., sr de la Mothe ; maintenus en leur qualité par jugement du 9 septembre 1667. Porte : *d'azur à la croix engrêlée d'argent.*
Les villages de Cloué. Gençay. Tessonnière.	DE BROUILHAC (Jacques), éc., sr de la Mothe de Contay ; Anne Gaborit, sa veuve ; Raymond de Brouilhac, éc., sr de la Tour ; Jacques de Brouilhac, éc., sr de la Mothe de Contay ; Abraham de Brouilhac, éc., sr de la Bodinière ; maintenus nobles par sentences des 9 et 21 septembre 1667. Porte de Brouilhac : *d'argent à cinq mouchetures d'hermine mises en sautoir.* (1501.)
Nohic.	DE BROSSEGUIN (dlle Elisabeth Papon, veuve de Jean) ; Gaspard de Brosseguin, sr de la Forêt ; maintenus par jugement du 3 septembre 1667. Porte : *d'argent à l'aigle à deux têtes éployée de sable, membrée et becquée d'or.*
Iray.	DE BEUIL (Jean), éc., sr de Beston, maintenu par jugement du 3 septembre 1667. Porte de Beuil : *d'azur au croissant montant d'argent accompagné de six croisettes au pied fiché d'or.*
Pleuville.	DU BREUIL-HÉLION (Pierre), sr de la Vau ; Emmanuel du Breuil-Hélion, sr de la Combe ; maintenus nobles par jugement du 7 septembre 1667. Porte : *d'argent au lion de sable armé et lampassé de gueules.*
Oradour-Fanois.	DE CAMIN (Jean), éc., sr de Cussac ; Jacques de Camin, éc., sr de Puy-Lombard ; maintenus nobles sur une requête en opposition et pièces nouvelles produites le 6 août 1668. Porte de Camin : *de gueules au pal d'argent accosté de deux lions affrontés de même, au chef cousu d'azur chargé d'une croix de Malte d'argent accompagnée de deux étoiles de même.*
Jazeneuil.	DU CHASTEAU (Louise), veuve Louis Rousseau, sr de la Court, ci-après à R.
Montmorillon.	DU CHASTENET (Pierre), éc., sr de Mérignac, sénéchal de Montmorillon, maintenu par arrêt du Conseil d'en haut du 8 septembre 1672. Porte du Chastenet : *de sinople au soleil d'or cantonné de quatre hermines de gueules.*
Asnières.	DE CHASTILLON (Pierre), sr de la Pierre et de Sallo, maintenu par jugement du 7 septembre 1667. Porte : *de gueules à l'aigle éployée d'argent.* (1485.)

Pouzioux.	Du Chasteau (Jacques), s^r du Ry et du Chasteau, maintenu par jugement du 9 juillet 1667. Porte : *d'or à trois têtes de loup de sable.*
Cherves.	De Chasteauneuf (Louis)), s^r de la Serve-Forgemont, maintenu noble par sentence de M. D'Aguesseau du 11 mai 1667 et ensuite par M. Barentin. Porte : *de gueules à trois tours d'or.*
Brilhac.	De Chamborant (d^{lle} Anne de la Barde, veuve Joachim), maintenue par sentence du 3 septembre 1667. Marin de Chamborant, s^{gr} du Vignault et de Droux, maintenu noble par jugement du 9 septembre 1667. (Premier contrat du 8 février 1464.) Porte de Chamborant : *d'or au lion de sable langué et armé de gueules.*
Champeaux. La Rivière-Beaufils.	De Chantillac (Sylvain), éc., s^r de la Vigerie, maintenu noble le 19 août 1667. (Première pièce de 1502.)
Vasles, à la Pagerie. Menigoute. Craon.	Du Chilleau (François), s^{gr} dudit lieu, et ses frères et oncles, maintenus par sentence du 16 décembre 1667. Charles, s^r du Reteil ; François, s^r du Vignault ; François, s^r du Grand-Velours ; Jacques, René, Babliste, Urbain et Antoinette du Chilleau. Porte du Chilleau : *de sable à trois moutons paissants d'argent sur une terrasse de sinople.*
Champeaux. Payroux. Adriers.	Chaigneau (Louis), s^r de Champeaux ; d^{lle} Louise Lévesque, sa veuve, a produit, et Marie Chaigneau ; maintenus le 10 septembre 1667. Porte Chaigneau : *d'azur à une mer ondée de sinople, à trois chiens passants de sable, 2 et 1, au chef d'or chargé d'une croix potencée de gueules.* (Lettres de 1566.)
Les Roches-Prémarie.	Du Choizy (Louis), s^r de la Garde, maintenu par jugement du 16 août 1667. Porte du Choizy : *d'azur à trois coquilles d'or, 2 et 1.*
Breuil-au-Fa.	Du Clou (Mathieu), éc., s^r de Chatain, maintenu noble par jugement du 1er août 1668. Porte du Clou : *d'azur au chevron d'or accompagné de trois coquilles d'argent.* (Contrat de mariage du 20 septembre 1540.)
Asnières	De Clairé (Jean), éc., s^r de Fraizac, et Jean de Clairé, éc., s^r de la Roche, son neveu ; maintenus nobles par jugement du 7 septembre 1667. Porte de Clairé : *d'azur à la bordure de*

gueules à une main droite d'argent mise en pal, lesquelles armes leur furent données par le roi Charles VI.

Pressigny.	DE CHOUPPES (le marquis) et du Portaut, du nom de Chouppes.
Chaunay.	DE CLERVAUX (Benjamin), éc., s^r de la Brousse et du Breuil-Cartais, maintenu noble par jugement du 30 décembre 1667. Porte de Clervaux : *de gueules à la croix pattée de vair.*
Lussac. Cussac. S.-Just. Abzac.	DE COUHÉ (Charles), éc., s^r du Mas ; Gilbert de Couhé, éc., s^r de la Faye ; Henri de Couhé, éc., s^r de Lestang ; Charles de Couhé, s^r du Mas ; René de Couhé, s^r du Peux ; Gabriel de Couhé, s^r de la Fayolle ; maintenus par sentence du 10 décembre 1667. Porte pour armes : *écartelé d'or et d'azur à quatre merlettes de l'un à l'autre.* (1485, 1503.)
Abzac. Sillars.	DE CORAL (Paul), s^r du Breuil, de la Fouchardière et du Mazet, maintenu noble par sentence du 16 août 1667. Porte de Coral : *de gueules à la croix pattée d'or supportée par deux lions affrontés de même.*
Poitiers (ville).	COUASGNE (François), éc., s^r de la Roche-Couasgne ; d^{lle} Catherine Le Jude, sa veuve. Ils n'ont qu'une fille mariée. Maintenu noble par sentence du 10 décembre 1667. Porte Couasgne : *d'argent aux hermines de sable sans nombre.*
Abzac.	DE COUGNAC (Jean), éc., s^r de Boisbelet, maintenu noble par sentence du 1er septembre 1667. (Premier titre, 1527.)
Vidais.	DE CROISSANT (Louis), éc., s^r de Moulifant ; Jean de Croissant, son frère ; maintenus nobles par sentence du 7 septembre 1667. Porte de Croissant : *d'azur à la croix d'argent.*
Cussac.	DU DOUSSET GUILLOT (Pierre et Léonard), éc^{rs}, s^{rs} du Puy de Cussac et de la Vau, maintenus nobles par sentence du 10 décembre 1667. Porte pour armes : *de sable à trois besants d'or, 2 et 1.*
Pindray.	DE CROMIÈRE (Elisabeth), veuve de feu Ferré, éc., s^r de Bois-Commun, ci-après à la lettre F.
Vausseroux. La Villedieu-d'Aunay. Contré, élect. de Niort. Vinax. Parthenay.	DE CUMONT (René), s^r de la Barbotière ; René de Cumont, éc., s^r des Tannières, et les autres de Cumont, s^{grs} de Fief-Brun, et autres, élection de Niort ; Louis de Cumont, s^r des Tannières ; Elie de Cumont, s^r de Chantemerlière ; Jean de Cumont, s^r de Moulinvaut ; Louis de Cumont, s^r de Puymarteau ; René de

Cumont, sr de la Barbotière, et ses sœurs ; maintenus nobles par sentence du 1er septembre 1667. Porte de Cumont : *de gueules à la croix pattée d'argent.* Pour supports, deux anges ; cimier, une aigle éployée de sable. Ci-après à Niort.

Liglet. DE FORGES (Michel), éc., sr de Bois-Grenier, maintenu noble par jugement du 18 août 1667. (Premiers contrats, 1456, 1467.) Porte pour armes : *d'azur bordé de gueules à la bande d'or.*

DES FRANCS (N.....), éc., sr de la Bretonnière, et ses enfants, renvoyé à Niort, paroisse de Germond.

S.-Sauvant. D'ANCELON (Honorat), sr de Fontbaudry, et la dlle de Fontbaudry, maintenus par jugement du 3 septembre 1667. Porte : *de gueules semé de fleurs de lis d'argent, au franc canton gauche de même à la fleur de lis d'azur.*

Queaux. DE FEYDEAU (Gaspard), sr de Ressonneau, maintenu par sentence du 18 août 1667. Porte de Feydeau : *d'azur aux fleurs de lis d'or sans nombre.*

Maisonnay. DE FONTLEBON (Charles), éc., sr du Puy ; Léon de Fontlebon, éc., sr du Mayré-Bareau ; maintenus par sentence du dernier août 1667. Porte de Fontlebon : *d'argent à trois aigles de sable.*

Brux. DE FLEURY (François), sr de .... ; Jean Fleury, éc., sr de la Raffinière ; maintenus nobles le 3 septembre 1667. Porte Fleury : *d'argent à l'aigle éployée de sable.*

La Roche-Amaury. DE GANNES (Louis) ; Annet et Georges, ses frères, et autres, sgrs de Falaise, de la Fontaine et de Montdidier ; maintenus nobles le 7 septembre 1667. Porte : *d'hermine à trois traits de huit mouchetures, 4, 3 et 1.* (Premiers contrats, 1456, 1477.)

Caulnay. Mairé-l'Evescaut. Vérines. DES GITTONS (Benjamin), éc., sr de Messé, à présent l'aîné ; Gabriel des Gittons, éc., sr de la Baronnière, aîné, mort sans hoirs ; François des Gittons, sr de Vérines, mort sans hoirs ; Barthélemy Pivert des Gittons, sr de Chenay ; maintenus nobles le 10 décembre 1667. Porte des Gittons : *d'azur à trois gitons d'or.*

Malvaut. DE GLENEST (François), éc., sr de Viellecourt, maintenu noble par sentence du 9 septembre 1667. Porte de Glenest : *écartelé de quatorze hermines, quatre en chef et trois en pointe.*

Poitiers (ville). Moutardon. Champagne-Mouton, élect. de S.-Maixent. S.-Pierre de Pranzay. Le Bouchage.

DE GORET (René), éc., s^r des Saules, cons^{er} à Poitiers, l'aîné de la famille, sans hoirs; Jean de Goret, éc., s^r d'Elbène, frère du précédent; Joseph de Goret, éc., s^r de Pousac; Charles de Goret, éc., s^r de Juyers; François de Goret, éc., s^r des Couts et de Genouillé; Maximilien et Louis de Goret, éc^{rs}., s^{rs} de la Martinière; Jacques et Joseph de Goret, éc^{rs}, s^{rs} de la Brousse, branche des cadets, enfants de défunt Moyse de Goret, cousins germains de Maximilien et Louis de Goret; maintenus nobles par sentence du 10 décembre 1667. Porte de Goret : *d'argent à la fasce de gueules à trois têtes de sanglier arrachées de sable, languées du second, mirées du premier.*

Mairé. Assay, élect. de Thouars.

DE GRESME (Pierre), éc., s^r de la Gantrie, issu d'Ecossais, maintenu noble par sentence du 12 août 1667. Porte de Gresme : *écartelé au premier et quart d'or à trois roses simples de gueules, au deux et trois d'or au chef de sable à trois crousilles d'or, 2 et 1.*

Luchapt. S.-Quantin. S.-Cyr.

DE GRANDSAIGNE (Pierre), éc., s^r du Plat; Jean, s^{gr} de Beaupuy; autre Jean, s^{gr} d'Aisenat; Pierre et François de Grandsaigne; déchargés de la condamnation de M. Barentin et maintenus nobles par arrêt de MM. les commissaires généraux le 26 septembre 1671.

S.-Romain,

DE GUITTARD (d^{lle} Madeleine Lefranc, veuve de Guy), éc., s^r de la Borie; maintenue par sentence du 29 décembre 1667.

Charrais. Étables. Archigny. S.-Just et S.-Pierre de Chauvigny.

DU GUILLOT (Louis), éc., s^r de Chénéché; René, s^r du Chesne et de la Gantrie; Jean, s^r de Puychelle; Louis du Guillot, s^r de Vandée, aîné de la famille; maintenus nobles par sentence du......, non expédiée. Porte du Guillot : *d'azur à une fontaine d'argent dont sort un lion de gueules armé et lampassé d'or.*

S.-Martin-Lars.

DE GUILLERVILLE (......), éc., s^r de Villaigue, maintenu noble par sentence non expédiée. Porte de Guillerville : *d'azur à trois fasces ondées d'argent et de sable.*

Le Bouchage, S.-Pierre d'Exideuil.

DE JOUSSERAN (Olivier), éc., s^r de la Voulernye; d^{lle} Jeannette Mayré, veuve d'Olivier de Jousseran, éc., s^r de Layré, et ses enfants; maintenus nobles par jugement du 7 septembre 1667. Porte pour armes : *burelé de dix pièces d'argent et d'azur à l'aigle de gueules brochant sur le tout.*

Romagne.	DE JOUSSERAN (Jacques), éc., s^r de Champrond, soi-disant issu de la famille des Jousseran, déclaré noble par arrêt de MM. les commissaires généraux.
S.-Martin-de-Jussac.	DE JULIEN (Charles), éc., s^r du Mesnieu, maintenu noble par sentence du 20 décembre 1667. Porte : *d'azur à deux lions d'or.*
Lésigny. La Roche-Amenon.	DE LA LANDE (Pierre), s^r du Tillet, issu de la famille des seigneurs de Saint-Etienne, maintenu noble par sentence du 7 décembre 1667. Porte de la Lande : *écartelé d'argent et d'azur, au premier et quatre d'argent, au deux et trois d'azur.*
La Pagerie de Vasles.	DE LAURIÈRE (René), éc., s^r des Bourdinières ; d^{lle} Marie de la Chaussée, sa veuve ; Gaspard, Pierre, Louise, Hilaire, Marie et Anne de Laurière ; maintenus nobles par sentence du 10 décembre 1667. (Premiers contrats de 1466, 1574.) Porte de Laurière : *d'azur à trois fasces d'argent, au croissant montant de même sur le canton dextre, à un lion passant d'or, lampassé de gueules au-dessous de la première fasce.*
Airvault. La Peyratte. Assay. S.-Pompain. S.-Hilaire-sur-l'Autize, él. de Fontenay.	DE LINIERS (François-Lancelot), s^{gr} de Soulièvre ; Isaac de Liniers, s^{gr} de la Bourbelière, aîné du nom ; Philippe et Jean, ses enfants ; Pierre de Liniers, s^r de la Courtière ; Antoine de Liniers, s^{gr} de la Rochette, et ses enfants ; François de Liniers, s^{gr} de Saint-Pompain ; Jean de Liniers, s^{gr} de Château-Musset ; maintenus nobles par sentence du 3 septembre 1667. Porte de Liniers : *d'argent à la fasce de gueules, à la bordure de sable chargée de huit besants d'or.*
Clessé.	DE LAAGE-HÉLIE (Gabriel et Louis), éc^{rs}, s^{rs} du Plessis et de la Courelière, père et fils, maintenus nobles par sentence du 21 septembre 1667. Porte de Laage-Hélie : *d'argent à trois merlettes de sable.*
S.-Martin-du-Fouilloux.	DE LASTRE (Pierre), s^r de Touchelonge, issu de secrétaire du roi de Navarre et encore de l'échevinage de la Rochelle. A juger. Porte de Lastre : *d'azur au chevron d'or accompagné d'un soleil de même, côtoyé de deux étoiles d'argent, au croissant montant de même en pointe.*
Rom.	DE LAAGE (Jacques), éc., s^r dudit lieu, maintenu par sentence du 7 septembre 1667. Porte de Laage : *d'azur à la croix de gueules.*

Alloue, élect. de Niort. Pleuville. Chérigné.	DE LAAGE (Philippe), éc., s^r des Texiers ; Benjamin de Laage, éc., s^r de Volude ; Pierre de Laage, s^r de la Rivière-Beauchesne ; Nicolas et Jacques de Laage, s^{rs} de la Roche-Mingault ; maintenus nobles par sentence du 7 septembre 1667. Porte de Laage : *d'or à une aigle à deux têtes éployée de gueules, armée et becquée d'azur.*
S.-Mathieu. Malvaut. Marval.	DE LAMBERTIE (Jean), s^{gr} de Chamborant ; Léonard de Lambertie, s^r de Lespinay ; maintenus par sentence du 9 septembre 1667. Porte de Lambertie : *d'azur à deux chevrons d'or.*
Neuville.	DE LESTANG (René), s^{gr} de Furigny, de même famille que le s^r de Ry, ci-devant, qui est l'aîné de la famille, et encore le s^r de Vilaine ; maintenus par sentence du 9 juillet 1667. Porte de Lestang : *d'argent à sept fusées de gueules, 4 et 3.*
Charroux. Mauprevoir. Lathus. Payroux.	DE LESPINE (d^{lle} Suzanne) ; Jean de Lespine, s^r dudit lieu et de Lambertie ; François de Lespine, s^r du Garaut ; René de Lespine, s^r de la Ville-au-Roi ; Louis de Lespine, s^r de la Mothe ; maintenus nobles par sentence non expédiée. Porte de Lespine: *d'or au lion de gueules rampant, appuyé sur un ébaupin de sinople, à trois étoiles d'azur en chef.*
Savigny.	DE LÉMERIE (Georges), s^r de Mouchedune ; Jean de Lémerie, s^r du Gros ; maintenus nobles par sentence non expédiée. Porte de Lémerie : *d'or à trois arbres de sinople.*
Oradour-sur-Vaire.	DE LESCOURS (François), s^r d'Oradour-sur-Vaire et de Puy-Gaillard ; Jean de Lescours, s^r de Puy-Gaillard et du Repaire; Judith de Lescours, dame de Roussillon ; maintenus nobles par sentence du 10 décembre 1667. Porte de Lescours : *d'azur bandé d'or sans pair et sans nombre.*
Clessé. Amaillou. Luché, Él. de Thouars.	DE LINAX (Charles), s^r d'Aubigny ; Jean de Linax, s^r de Villegay ; Michel de Linax, s^r de la Jassière ; Antoine de Linax, s^r des Brosses ; Jacques, Louis, Charles et René de Linax, frères ; maintenus par sentences des 7 et 10 décembre 1667. Porte de Linax : *de gueules à trois rocquets ou fers de lance à l'antique, mornés d'argent.*
S.-Germain-de-Longue-Chaume. Rom. S.-Macoux.	DE LA BARRE (Charles), éc., s^r de Londière ; Jean de la Barre, s^r du Bois-de-Luché ; Pierre de la Barre, s^r de Vaution ; Louis de la Barre, s^r de la Boussay ; Jean de la Barre, s^r dudit lieu ;

Le Vieux-Cerier. Boussay.	maintenus par sentence du 10 décembre 1667. Porte la Barre : *d'argent à la bande d'azur chargée de trois coquilles d'or, accompagnée dessus et dessous de deux merlettes de sable, au croissant montant d'azur sur le deuxième quartier.*
Lathus. S.-Romais.	DE LA BARLOTIÈRE (Robert), sr dudit lieu ; Laurent de la Barlotière, sr de Puy-Martin ; maintenus par sentence du dernier décembre 1667. Porte de la Barlotière : *de sable à trois fasces d'argent et trois chevrons d'azur brochant sur le tout.*
S.-Quentin.	DE CHAMBORANT (Joachim), sgr de Droux ; dlle de la Barde, sa veuve, maintenue par sentence du 3 septembre 1667. Porte de Chamborant : *d'or au lion de sable armé et lampassé de gueules.*
Blond, Vaury. S.-Cyr.	DE LA BASTIDE (Jean), éc., sr du Croiset ; Charles de la Bastide, sgr de Coignac ; maintenus par sentence du 19 août 1667. Porte de la Bastide : *d'argent à cinq fusées de gueules.*
L'Isle-Jourdain.	DE LA BÉRAUDIÈRE (....,..), sgr marquis de l'Isle, et son frère sans enfants ; maintenus nobles par sentence du 9 septembre 1667. Porte de la Béraudière : *d'or à l'aigle de gueules couronnée, becquée et membrée d'azur, au chef de même chargé de deux croix pattées d'or.*
Poitiers. Parthenay.	DE LAUZON (Charles), sr de la Bouchollière, et tous les autres de Lauzon issus de la famille de Poitiers, maintenus nobles par sentence non expédiée. Porte de Lauzon : *d'azur à trois serpents d'argent posés en rond, se mordant le bout de la queue.*
S.-Secondin.	DE BROUILHAC (Abraham), sr de la Baudinière. Porte : *de gueules à la croix d'argent, à la bande de même brochant sur le tout, à la bordure du second.* Maintenu noble. Idem ci-devant avec les autres de Brouilhac maintenus nobles par sentences des 9 et 21 septembre 1667.
Cenon.	DE LA BUSSIÈRE (Isaac et Mathurin), srs du Fouilloux et du Cros ; Désiré de la Bussière, éc., sr du Fouilloux ; ci-après à Châtellerault, paroisse de Cenon.
Bussière-Poitevine. Les villages de Cloué.	DE LA COUSSAYE (Marin), éc., sr de la Ressonnière ; Joseph, Louis, Joachim de la Coussaye, srs de Villiers ; François de la Coussaye ; maintenus nobles par sentence du 9 septembre 1667. Porte de la Coussaye : *d'argent à trois roses de gueules.* (1540, 1549).

Mazières. Blond, Vaury et Flex. Loubigny, élect. de Niort.	DE LA COUSTURE-RENON (François), éc., s^r de Brisay ; Charles de la Cousture-Renon, s^r dudit lieu ; Pierre de la Cousture-Renon, s^r de Loubigny ; maintenus nobles par sentence du 9 septembre 1667. Porte : *de gueules à la fasce d'argent fuselée de cinq pièces.*
Vernou. Clessé. Lezay. La Forêt-sur-Sèvre, élect. de Thouars.	DE LA COUR (René), s^r du Fouteniou ; Antoine de la Cour, s^r de la Chambaudière ; Nicolas de la Cour, s^r du Vergier ; Joachim de la Cour, s^r de la Touche ; Pierre de la Cour, s^r de Montaissier ; d^{lle} Renée Pommeray, veuve de Léon de la Cour, s^r de la Touche-Billet ; maintenus nobles par jugement du 3 septembre 1667. Porte La Cour : *de sinople à la bande d'or chargée d'un porc-épic de gueules.* (1424, 1486.)
Vivonne.	DE LA CROIX (François), s^r des Bretinières ; Antoine de la Croix, s^r de la Carte ; maintenus par sentence du 9 septembre 1667. Porte La Croix : *de gueules à cinq fusées d'argent.*
Payré. S.-Ouen.	DE LA FAYE (Jean), éc., s^r de Montorchon ; Suzanne de la Chaumette, veuve de Gabriel de la Faye, éc., s^r dudit lieu ; Marcointe, Jean, Marie et Françoise de la Faye, ses enfants ; maintenus par sentence du 9 septembre 1667. Porte La Faye Montorchon : *d'or à une croix nillée de sable ou nille de moulin, au croissant raccourci et ancré au bout, au lambel de gueules de cinq pièces mouvant du chef.*
Savigny.	DE LA FAYE (Jean), éc., s^r de la Groix, d'une autre famille venue de Touraine, maintenu noble avec dépens contre Me Jean Pinet par sentence présidialement rendue, M. Barentin président, le 18 avril 1668. Porte de la Faye La Groix : *de sable à la croix nillée d'argent.*
Payré.	DE LA FERRIÈRE (Jacques), s^r de Belhomme, jugé bon le 29 août 1667. Porte de la Ferrière : *d'argent à deux lions léopardés de sable l'un sur l'autre.*
Malvaut. Payroux. Brillac.	DE LAMBERTIE (Jean), s^r du Bouchet, maintenu en sa qualité par sentence du 9 septembre 1667. Porte : *d'azur à deux chevrons d'or.*
Moustier.	DE LANNET (Jacques), s^{gr} de Bellefond, maintenu noble par jugement du 10 décembre 1667. Porte : *de gueules au bœuf passant d'argent, accorné et onglé d'or.*

— 356 —

Montreuil-Bonnin.
DE LA NOUE (Claude), chev., sgr de Montreuil-Bonnin, renvoyé noble d'ancienne extraction. Porte de la Noue : *d'argent fretté de sable, au chef de gueules chargé de trois têtes de loup d'or à gueules béantes posées en pal.*

Liglot.
Oradour-sur-Vaire.
DE LA PISSE (René), éc., sr des Brosses, mari d'Anne de Sauzay, maintenu par jugement du 30 décembre 1667.

Parthenay.
DE LA PORTE (Armand), sr de la Bouinière ; François de la Porte, sr de la Rambourgère ; dlle Marie de la Porte ; Pierre de la Porte, ecclésiastique ; François de la Porte, sr de Vilaine ; maintenus nobles par jugement du 30 décembre 1667. Porte de la Porte : *de gueules au croissant montant d'argent chargé d'hermines.* Issus autrefois de Vezins.

Millac.
La Chapelle-Vivier.
DE LA PORTE DES VAUX (Pierre), sr des Vaux ; Pierre de la Porte, sr du Teil-au-Servant ; Jeanne de la Porte, dame de la Groussilière ; renvoyés nobles par jugement du 9 septembre 1667. Porte : *d'or au chevron brisé de gueules.*

L'Isle-Jourdain.
Oradour.
Millac.
DE LA ROCHE (François-Marc), sr de Jousseau, et son fils ; Daniel de la Roche, sr de Saint-Chaumant ; Jean de la Roche, sr de Monac ; Pierre de la Roche, sr de la Roche-Beaucourt ; Agathe de Maroix, sa veuve ; Philippe de la Roche, sr de Lomandie ; renvoyés nobles le 19 août 1667. Porte La Roche : *d'argent à l'aigle éployée de sable en chef, au lion de gueules en pointe.*

S.-Auvent.
DE LA ROMAGÈRE (François), sr de Lambertie, condamné à 1,000 livres par sentence du 3 septembre 1667 par défaut, ensuite déchargé et maintenu noble, sur les pièces par lui produites, par M. Barentin.

Luchapt.
DE LA SEIGNE (Philippe), éc., sr de Piedel ; Jean de la Seigne, sr des Prises, de l'élection de Limoges ; maintenus nobles par sentence du 12 septembre 1668 sur pièces nouvelles, qui casse la sentence de condamnation du 6 août 1668. Porte de la Seigne : *d'argent au lion de sable couronné, lampassé et muselé de gueules.*

Vasles.
S.-Philbert.
DE LA SAYETTE (Jacques), *alias* Le Mareschal, éc., sgr de la Sayette, changé en 1512 par Yvon Le Mareschal ; Jacques de la Sayette, éc., sr de la Grange, son oncle ; maintenus

— 357 —

nobles par sentence du 9 septembre 1667. Porte : *d'azur à trois fers de lance d'argent ou de pique à l'antique.*

La Pagerie.
Vasles.

DE LA TAUPANE (François), éc., s^r de Lauvinière et de Neufchèse, anobli par anciennes lettres d'anoblissement, maintenu noble par sentence de renvoi du 16 août 1667. Porte de la Taupane : *de gueules à trois merlettes d'argent.*

Andillé.
Thuré, élect. de Châtellerault.
Moutiers.

DE LA TOUCHE (François), éc., s^r de la Touche, et ses frères ; Louis de la Touche, s^r de la Rochère ; maintenus nobles par sentences des 16 août 1667 et 9 septembre 1667. (Premières pièces produites, 1486.) Porte La Touche : *d'or au lion de sable couronné, armé et lampassé de gueules.*

S.-Secondin.
Pleuville.
Chef-Boutonne.
Sompt, élect. de S.-Maixent.
Montreuil-sous-S.-Fraigne, élect. de S.-Jean-d'Angély.

DE LA TOUR (Abraham), s^r dudit lieu ; Olivier et Jean de la Tour, s^{rs} de la Gorce ; Guy de la Tour, s^r de Lestang ; Gabriel de la Tour, s^r de Couturette ; Charles de la Tour, s^r de la Combe ; maintenus nobles par sentence du 18 août 1667. Porte La Tour de la Gorce : *d'argent à l'aigle éployée de sable, armée et becquée d'or, à la bordure d'azur chargée de six besants d'or, 3 en chef, 2 en flanc et 1 en pointe.*

Queaux.
Montrol-Sénart.

DE LA TOUR (autre famille) : Jean de la Tour, s^{gr} de la Vialle ; Abraham de la Tour, s^{gr} dudit lieu ; Charles de la Tour, s^r du Fougeré ; maintenus nobles par sentence du 9 septembre 1667. Porte de la Tour : *d'azur à la tour d'argent maçonnée de sable, crénelée d'une pièce et deux demies, sommée de France, au lambel de gueules.*

S.-Pierre-d'Exideuil.

DE MAY (Louis), éc., s^r de Fontafret, fils de d^{lle} Madeleine Millet, maintenu par sentence du 10 décembre 1667. Porte : *d'azur à la fasce d'argent chargée de deux roses de gueules, au lambel d'argent de trois pendants mouvant du chef, à une rose du second en pointe.*

Couhé.
Persac.

DE MAUVISE (Jacques), éc., s^r de la Richardière ; Etienne de Mauvise, s^r de Villars, maintenus nobles par sentence du 5 septembre 1667. Porte Mauvise : *d'argent à la croix raccourcie ancrée de sable, deux croissants montants de gueules en chef.* (Premiers titres, 1483, 1512.)

Marnay.
Rom.

DE MAURAISE (Gabriel), éc., s^r de la Vergne ; Antoine de Mauraise, éc., s^r du Vergier et du May ; Richard, François de

Mauraise ; maintenus nobles par sentence du 3 septembre 1667. Porte Mauraise : *de sable au lion d'argent armé et lampassé de gueules.*

Verruyes. — DES MARETS (Louise), veuve de Jean Vernou, s^{gr} d'Orfeuille et des Fontenelles, renvoyée ci-après à la lettre V avec les Vernou, élection de Saint-Maixent.

Millac.
S.-Marc-la-Lande, élect. de Niort.
Ville de Poitiers.
S.-Vincent.
— DE MAROIX (Philbert-Emmanuel), s^{gr} de Millac ; Agathe de Maroix, dame de la Mondrie, veuve de Philippe-Pol de la Roche, et son fils ci-après ; ...... de Maroix, éc., s^r d'Auzay ; Nicolas de Maroix, s^r de la Vergnaye ; d^{lle} Marie de Maroix, veuve de feu François Clavestier ; maintenus nobles par sentence du 4 mai 1668. Portés ci-devant.

Montbron. — DE MAUMONT (François), éc., s^r de la Ferrye, renvoyé noble. Porte : *d'azur à la croix d'or.*

Curzay.
Ste Néomaye, élect. de S.-Maixent.
— DE MARCONNAY (Louis), s^{gr} de Curzay, et ses frères, maintenus en leur qualité par sentence du 16 août 1667 ; Philémon de Marconnay, s^r de Mondevis, renvoyé noble. Porte de Marconnay : *de gueules à trois pals de vair, au chef d'or.* (Premier contrat, 1489.)

Benest. — DE MASCUREAU (Gabriel), s^{gr} de Villarmin, maintenu par sentence du 21 février 1669. Porte : *coupé d'argent sur azur, au premier de gueules de trois pièces, à trois étoiles mises 2 et 1 au second.*

Blond, Vaury et Fraize. — DE MARSANGE (Pol), éc., s^r de la Cour de Vaury, maintenu par sentence du 3 décembre 1667. Porte de Marsange : *d'argent à trois merlettes de sable.*

Maisonnay. — DU MAS (François), éc., s^r de la Serre, de même famille que les s^{grs} de Rousillon et du Peux, paroisse de Ligné-les-Bois en Angoumois ; renvoyé noble par sentence du dernier août 1668. Porte du Mas : *de gueules à trois têtes de lion arrachées d'or.*

Ceaux. — DE MÉZIEUX (Emery), éc., s^r dudit lieu, maintenu noble par sentence du 10 décembre 1667. Porte de Mézieux : *d'argent à trois chevrons d'azur.*

Benest. — DE MONEYS (Abel), s^r d'Ordière, renvoyé noble par sentence du 30 décembre 1667. Porte de Moneys : *écartelé au premier et quatre d'or au lion rampant de gueules, au second et trois d'azur à deux chevrons d'or.*

Adriers.	DE MONTLOUIS (Joseph), éc., s⁰ de la Fosse, et ses frères et sœurs ; d^lle Elisabeth Chaigneau, sa mère ; d^lle Anne de Montlouis ; maintenus nobles par sentence du 9 septembre 1667. Porte Montlouis; *d'azur à trois chevrons d'or chargés de trois fleurs de lis de même qui sont semées en chef.*
Fleuré.	DE MONTJON (René), s^r de la Valette, et ses frères, de l'échevinage de Poitiers en 1637 ; Jacques de Montjon, maire. Porte : *d'or à la montagne de sinople, au chef d'azur chargé de trois étoiles d'or.*
S.-Martial.	DU MOSNARD (François), s^r de la Rye, maintenu noble par sentence de M. Rouillé du 24 mars 1670.
Champagné-S.-Hilaire. Brion. S.-Pardoux, élect. de Niort. Boulogne. Montaigu, él. de Mauléon. Beaufou.	DE MONTSORBIER (François), éc., s^r de Boisvert ; d^lle Catherine de Montsorbier, veuve de Pierre Le Roy, éc., s^r de Céré, ci-après aux Le Roy ; René de Montsorbier, s^r de la Vrignonnière ; Jean de Montsorbier, s^r de Gavallet ; Isaac de Montsorbier, s^r de la Braillière ; d^lle Hélène de Montsorbier, veuve de René Guitteau, s^r de la Mothe ; maintenus nobles, les premiers par sentence du 10 décembre 1667, et Isaac de Montsorbier par sentence du 24 septembre 1667. Porte : *burelé en pal d'azur et d'argent de onze pièces, à la bordure componée de même.*
Jouhet.	DE MOUSSY (François), s^gr de la Contour, et autres de la famille, maintenus par sentence du 10 décembre 1667. Porte pour armes : *d'or au chef de gueules chargé d'un lion léopardé d'argent.* (Premier titre, 1448.)
Sillars.	DE MONS (Jacques), éc., s^r de Maillesac et de Puygodet, maintenu par sentence du 17 août 1668 en opposition à la sentence de condamnation du 3 septembre 1667. Porte de Mons : ...... *à trois lances mornées.*
Nohic.	DES MONTIERS (François), comte de Mérinville ; François des Montiers, s^r de la Rochelidoux ; Roch des Montiers, s^r de la Vallette ; renvoyés nobles anciens par jugement du 3 septembre 1667. Porte : *écartelé au premier et quatre d'argent à trois fasces de gueules, au deux et trois d'azur au lion passant d'or, armé et lampassé de gueules.* Il y en a un chevalier de l'ordre du Saint-Esprit.

Oradour. Marvaut.	DE MONTMILLON (Mathieu et René), s^{rs} de Lestang et de la Martinière, et Suzanne, leur sœur ; Jean de Montmillon, s^r de la Chabanière ; maintenus nobles par sentence du 7 septembre 1667. Porte : *d'azur à trois étoiles d'or et deux cœurs de même joints ensemble par le bout en abîme.* (Conseiller au Parlement de Bretagne, 1569.)
Asnois.	DE MONFREBEUF (Jean), s^r de la Nadalie, renvoyé noble par sentence du 7 septembre 1672. Porte : *d'or au lion de gueules.* (1445.)
Usson. Persac.	DE NEUFCHÈSE (dame Dorothée Barthon de Montbas, veuve de Pierre), s^r de Persac ; Pierre de Neufchèse, leur fils ; Jacques de Neufchèse, éc., s^r de Badevillain ; Jean de Neufchèse, s^{gr} des Francs, et les autres du même nom ; Gaspard de Neufchèse, s^r de la Brulonnière, et Jean, son fils ; renvoyés nobles par jugement du 21 juillet 1667. Porte de Neufchèse : *de gueules à neuf molettes d'argent, 3, 3, 2 et 1.*
S.-Vertunien.	DE NESMOND (dame Marie), veuve de Jean de Rochechouart, marquis de Saint-Vertunien, maintenue par sentence du 7 septembre 1667. Porte de Rochechouart : *de gueules à trois fasces ondées d'argent.*
Les Salles.	DE NESMOND (Jacques), éc., s^r de la Pougerie, renvoyé noble. Idem à Sainte-Pezenne, élection de Niort. Porte de Nesmond : *d'or à trois cornes de sable liées d'azur, virolées et enguichées du champ.*
Lautiers.	DE PINDRAY (Louis et Isaac), s^r de Beaupuy et de Lautiers, maintenus nobles.
Vaussay. Vanzay. Vaux-Cormy. Mazières. Négrat.	DU PIN (François), éc., s^r de la Guérivière ; François du Pin, s^r de la Guyonnière ; Gautier du Pin, s^r de la Maison-Rouge ; Jean du Pin, s^r de la Grange-Pabot ; Gilbert du Pin, s^r de la Coste-Mézière ; Charles du Pin, s^r dudit lieu ; Jean du Pin, s^r de Bessac ; maintenus par sentences des 21 septembre, 10 et 21 décembre 1667. Porte du Pin : *d'argent à trois bourdons de gueules posés en pal, 2 et 1.*
Blond, Vaury et Flex. S.-Cyr. S.-Maurice de Vaux.	DE PONS (d^{lle} Marguerite Maubué, veuve d'Antoine), et ses enfants, s^{gr} de la Caillaudière ; René de Pons, s^r de la Vacherie ; Jean de Pons, s^r de Felet ; François de Pons, s^r des Layes ;

Chey. Plcuville. Mont-Jehan et Lorigny.	Jean de Pons, s^r de la Chebassière; ..... de Pons, s^r de la Brunette; maintenus nobles par sentence des 7 et 9 septembre 1667. Porte de Pons : *d'argent à la fasce bandée d'or et de gueules de six pièces.* (Premiers titres, 1508, 1514.)
S.-Laurent.	DES POUSSES (Marc), éc., s^r de la Bonnetie ; Legier des Pousses, son fils ; Pierre des Pousses, éc., s^r du Fouilloux ; maintenus nobles par sentence du 3 septembre 1667.
Chapelle-Bertrand.	DES PRÉS (François), éc., s^r du Vivier; François des Prés, éc., s^r de la Jarrière, n'a que des filles ; maintenus nobles par sentence du 9 décembre 1667. Porte : *d'argent au chevron de gueules accompagné de deux coquilles de gueules en chef et d'un chabot de même en pointe posé en pal.* (Premier titre, 1461.)
Messé.	DE POISPAILLE (Charles), s^r de la Rousselière, maintenu par sentence du 10 décembre 1667. Porte : *d'azur à la fasce d'argent accompagnée de trois fleurs de lis de même, 2 en chef et 1 en pointe.*
Châtain.	DE PERÈS (Jean-Jacques), s^r du Plessis-Mareuil ; Jean-Louis de Perès, s^r de Beaulieu ; renvoyés nobles par jugement. Porte : *de gueules à trois fasces d'or.*
S.-Gervais. Chéronnac.	DE PRESSAC (Jean), s^r du Repair, renvoyé noble. Porte de Pressac: *d'azur au lion d'argent armé, lampassé et couronné d'or.*
Marçay. Archigny. Dangé, élect de Châtellerault.	DU PUYS (François), éc., s^r de la Badonnière ; Louis du Puys, éc., s^r de Beauchamp ; idem à Dangé, élection de Châtellerault ; N.... du Puys, s^r de la Brouaudière : d^{lle} Léonarde du Puys, sa sœur ; renvoyés nobles par jugement du 10 décembre 1667. Porte : *d'azur à trois chevrons d'or.* Du Puys Badonnière porte : *d'argent au puits de sable accosté de deux serpents ailés de sinople, affrontés et buvant dans le puits.*
Clussay, él. de S.-Maixent. S -Romain.	DE PUYGUYON (Pierre), s^r de la Voûte et de Clussay, et ses frères ; François de Puyguyon, capitaine en Hollande ; maintenus nobles par sentence du 30 août 1667. Porte : *d'or à une tête de cheval effarouché, contournée de sable.* (Premier titre, 1424.)
Luchapt.	DU QUERROY (Pierre), éc., s^r de Ville-Champagne, renvoyé noble le 9 septembre 1667. Porte : *d'argent à la fasce ondée d'azur.* (Premiers titres, 1400, 1442.)

La Trémouille. S.-Léomer. Bourg-Archambault. Liglet. Journet.	DE RAVENEL (René), éc., s^r de Reigner ; Louis de Ravenel ; Jacques de Ravenel, s^r de Reigner ; Jacob de Ravenel, éc., s^r de la Rivière ; Anne du Bouchet, veuve de Ravenel, éc., s^r de la Braudière ; maintenus nobles par jugement du 18 août 1667. Porte Ravenel : *d'argent à une quintefeuille de gueules.*
Payré. Bellefont, él. de Châtellerault.	DE RECHIGNEVOISIN (Jean), s^{gr} de Guron ; Pierre de Rechignevoisin, s^{gr} de la Pagerie et de la Maisonneuve, et les autres ; maintenus nobles le 10 septembre 1667. Porte de Rechignevoisin : *d'argent à une fleur de lis de gueules au cœur de l'écu.*
Queaux.	DE RAYMOND (Joseph), s^r des Brousses, anobli par lettres de 1638.
Voulesme.	DES RUAUX (François), s^r de Puydorioux, issu de l'échevinage d'Angoulême de l'année 1607.
Curzay.	DE ROCQUET (René), s^r de la Pacaudière, bien noble.
S.-Barthélemy de Flex.	DU RY (Jean), s^r de Mongarnaut, maintenu noble par jugement du 9 septembre 1667. Porte : *de gueules à trois fasces d'argent.*
S.-Saviol. S.-Mathieu.	DU ROUSSEAU (Jean), s^{gr} de Fayolle et de Marandat, et ses frères ; Jacques du Rousseau, s^{gr} de Séchère, et ses frères ; maintenus nobles par arrêt de la Chambre souveraine des commissaires généraux. Porte du Rousseau : *de gueules au chevron d'argent accompagné de trois besants de même, au chef d'argent à trois losanges renversés de gueules mis en fasce.*
Surin.	DU RECLUS (Jean), s^{gr} de Faugère ; François du Reclus, s^{gr} du Sibioux et de Polignac ; évoqués au Conseil et maintenus nobles par arrêt du 11 avril 1672, signé Foucaut. Porte : *d'azur à trois chabots d'argent en pal, 2 et 1.*
Biennac. S.-Auvent.	DE ROCHECHOUART (Louis), s^r des Bastimens ; Jean de Rochechouart, s^r de Saint-Aunays. Cette famille est issue des aînés de la maison de Rochechouart ; M. de Champdeniers en est à présent l'aîné. Porte : *de gueules enté ou ondé d'argent de six pièces.* Renvoyés nobles.
Poitiers. Soudan, él. de S.-Maixent. Thuré.	DE SAUZAY (Pierre), éc., s^r de Boisferrand ; Jean de Sauzay, éc., s^r du Breuil-Mayrault ; Pierre de Sauzay, prêtre, et leurs sœurs, Suzanne, Marie, Catherine et Geneviève de Sauzay ; d^{lle} Françoise Repin, veuve de Pierre de Sauzay, éc., s^r de Vi-

say, mort sans hoirs ; frère Emery de Sauzay, chevalier de Malte, mort ; Pierre et Jean de Sauzay, éc^{rs}, petits-enfants de Maurice de Sauzay, éc., s^r de Beaurepaire, aîné de la famille, à Thuré, élection de Châtellerault ; Charles de Sauzay, éc., s^r du Chastelet, leur oncle ; maintenus nobles par sentence du 7 septembre 1667. Porte de Sauzay : *d'azur à la tour d'argent bretessée de cinq pièces, maçonnée de sable, porte béante hersée à la herse sarrazine, élevée sur une terrasse de sinople, deux étoiles du second en chef.* Supports, deux chats sauvages ; pour cimier, un dragon naissant volant.

Châtain. — DE SAINT-GARAUD (Raymond), éc., s^r de Trallebaut, maintenu par sentence du 10 décembre 1667. Porte : *d'argent à trois hures de sanglier arrachées de sable.* (Premiers titres, 1443, 1530.)

Brilhac. — DE SENECTERRE (Charles), s^{gr} de Brilhac, de même famille que le marquis de Senecterre, maintenu noble par sentence du 18 août 1667. Porte Senecterre : *d'azur à cinq fusées d'argent mises en pal.* Supports, deux lions ; cimier, un taureau de gueules.

Montrollet. — DE SALIGNAC (Jacques), éc., s^r de l'Olivier ; Simon de Salignac, s^r du Vignault ; Pierre de Salignac, son frère ; maintenus par sentence du 18 août 1667. Porte : *d'azur fuselé d'or de trois pièces.*

Mauprevoir. La Ferrière. — DE SAINT-SAVIN (François), s^r de Malbuffe ; Gabriel de Saint-Savin, éc. ; maintenus nobles par sentence du 9 septembre 1667. Porte Saint-Savin : *d'azur à la fasce ondée d'argent, à cinq fleurs de lis de même, 3 en chef et 2 en pointe.*

Exoudun. Blond, Vaury. Champagné-le-Sec. Ceaux, élect. de Niort. Marçay, élect. de La Rochelle. — DE SAINT-GEORGES (dame Marguerite), veuve du s^r Forin ; François de Saint-Georges, s^r du Frays ; Léonard de Saint-Georges, s^r de Périssay ; ..... de Saint-Georges, s^{gr} de Vérac ; la dame de Verrue, du nom de Saint-Georges ; Philippe de Saint-Georges, éc., s^r de Ceaux ; Louis de Saint-Georges, éc., s^r de Marçay ; renvoyés nobles par jugement du 1er septembre 1667. Porte Saint-Georges : *d'argent à une croix de gueules* ; autrement, *écartelé d'argent au premier et quatre à la croix alaisée de gueules, au deux et trois d'argent à trois fasces ondées de gueules.*

Moutiers. Brux.	Du Teil (Yvon), s^r de Verneuil ; François-Simon du Teil, s^r de Moutiers ; Henri du Teil, s^r de Verneuil ; maintenus nobles par sentence du 10 décembre 1667. Porte du Teil : *d'or au chef d'azur, au lion de gueules couronné, langué et armé d'argent, entrant dans le chef.*
Javarzay.	De Tisseuil (d^{lle} Anne Valentin, veuve de Luc), éc., s^r d'Envaux et du Chesnepin, tant pour elle que pour ses enfants, maintenue par sentence du 3 septembre 1667. (Premier titre, 1483.)
Brux.	De Trion (......), éc., s^r d'Epanvilliers.
Maisontiers Coutières. S.-Philbert. Allonne.	De Tusseau (Louis), éc., s^r de Maisontiers, aîné de la famille ; Louis de Tusseau, éc., s^r de la Bironnière ; Antoine de Tusseau, éc., s^r de la Favrelière ; Claude de Tusseau, éc., s^r de la Tour ; maintenus nobles par sentence du 10 novembre 1667. Porte : *d'argent à trois croissants montants de gueules.*
Avoilles.	De Vassault (René). Porte : *de gueules à l'aigle éployée d'argent, membrée et couronnée d'or.*
Airvault.	De Vandel (René), éc., s^r de Vernay, maintenu noble par jugement du 9 septembre 1667. Porte de Vandel : *de gueules à trois gantelets d'argent.*
Lamairé. Lhoumois.	De Vassé (René), s^{gr} de Chastillon et de la Rochefaton, de la famille de Vassé Grougnet, renvoyé noble par jugement du 9 septembre 1667. Porte de Vassé : *burelé d'or et d'azur de sept pièces.*
Pleuville.	Du Verrier (François), s^r de Chambort ; ..... du Verrier, s^r de Boulzat, son fils ; maintenus nobles contre la sentence de condamnation, sur pièces nouvelles produites.
Montjehan et Lorigny. Limalonges.	De Vessac (François), éc., s^r du Moulin ; Louis de Vessac, éc., s^r de Grandchamp ; renvoyés nobles par jugement du 10 décembre 1667. (Premier titre, 1383.)
Pouzioux. Azay.	De Verrine (Antoine), s^r de la Gaudinière, taxé à 2,000 livres, ensuite présente requête et demande à représenter titres, en suite de quoi déchargé par M. Barentin par sentence. Idem en l'élection de Saint-Maixent, paroisse d'Azay, Florence Chalmot, veuve de Pierre de Verrine, aussi déchargée comme l'autre.

Amberre.	DE VILLELUNE (.....), s^r de Morthemar.
Moutardon. .'Isle-Jourdain. Asnières. Oradour-Fanois. Chef-Boutonne, élect. de Niort. S.-Médard, él. de S -Maixent.	DE VILLEDON (Antoine), éc., s^r de la Rivière ; Pierre de Villedon, s^r de la Grange. Autre branche : Abraham de Villedon, Jean de Villedon, père et fils, s^{grs} dudit lieu ; Pierre de Villedon, s^r de Juignac ; Guy de Villedon, s^r du Breuil. Autre branche : Abraham de Villedon, s^r de la Chevrelière ; Gabriel de Villedon, s^r de Saint-Rue ; François de Villedon, s^r du Chaignepain ; Jacques de Villedon, s^r du Brouilhac ; Jean-Charles de Villedon, s^r de Gournay ; Jean de Villedon, s^r de Boisroger ; d^{lle} Charlotte de Villedon. Maintenus nobles par sentence du 21 juillet 1667. Porte de Villedon : *d'argent à trois fasces ondées de gueules.*
Oradour-Fanois.	DE VERTHAMON (Martial), éc., s^r de la Bussière, renvoyé noble au Conseil où il avait été renvoyé. Porte de Verthamon : *de gueules au lion d'or écartelé de cinq points de gueules équipollés à quatre d'or.*
Sommières.	ESCHALLARD (Antoine), éc., s^r de la Grange-Chastillon ; Balthazar Eschallard, éc., s^r de Genouillé ; maintenus nobles le 18 août 1667. Porte Eschallard : *d'azur au chevron d'or.*
Lusignan.	ESCHALLÉ (Jean), éc., s^r du Magnou et de Linazay ; Louis Eschallé, s^r de la Foubertière ; maintenus nobles par jugement du 9 septembre 1667. Porte Eschallé : *d'hermine à trois têtes de lion arrachées de gueules.*
	FAVIER, s^r du Bourgneuf, déchargé de la condamnation de M. Barentin le 21 février 1670 par M. Rouillé. (Il n'est point noble.)
Ayroux. La Ferrière. Payroux. Lathus. S.-Romain. Moutiers. Pindray.	FERRÉ (Jacques), éc., s^r de la Fa ; d^{lle} Marie Ferré ; Jean Ferré, s^r de la Courade et de Payroux ; François Ferré, s^r des Faugères ; Jacques Ferré, s^r des Aages ; Louis Ferré, s^r de la Garnerie ; Louis Ferré, s^r de Pindray ; maintenus par sentence du 30 septembre 1667, et encore du 10 décembre 1667. Porte Ferré : *de gueules à trois fleurs de lis d'or.* Pierre Ferré, s^r de Péruge, déchargé par M. Rouillé par sentence du 14 novembre 1670.
Brion. Brux. Ste-Gemme-des-Bruères.	FLEURY (Jean), éc., s^r de la Rafinière et de la Villeneuve, et autres, renvoyés nobles par sentence du 3 septembre 1667. Porte Fleury : *d'argent à l'aigle éployée de sable.*

Vendeuvre.	FOURNY (Henri), s^r du Jon ; ..... Fourny, s^r de Beaulieu. A juger.
S.-Clémentin.	FOURESTIER (Jacob), éc., s^r du Teil ; Jacob, éc., s^r du Coudray, son fils ; maintenus par jugement du 19 août 1667. Porte : *d'azur au chevron d'or surmonté d'un losange de même en chef à un gland d'or avec sa coupelle en pointe.*
Ceaux.	FRACARD (Gabriel), s^r des Houlières, renvoyé noble par sentence du 10 décembre 1667. Porte Fracard : *de gueules à trois trèfles d'or.*
Lathus. Pindray. S.-Romais.	FRICON (Pierre), s^r de la Dauge ; Charles Fricon, s^r de Bourcavier ; Marie Fricon, veuve de Louis Négrier ; maintenus par sentence du 18 août 1667. Porte Fricon : *d'or à la bande ondée de sable.*
Queaux. Moussac. Gouex. Limalonges. Bouresse.	FROTTIER (Louis), s^{gr} de la Messelière ; Charles Frottier, s^r de Chamousseau ; d^{lle} Adrienne Frottier ; Philippe Frottier, s^r de l'Escorcière ; Benjamin Frottier, s^r de la Coste-Messelière ; d^{lle} Anne Frottier, veuve du défunt s^r Fontaneau, s^r du Ferrou ; maintenus par sentences des 21 juillet et 30 décembre 1667. Porte Frottier : *d'argent à dix fusées de gueules partagées par une vergette du second mise en pal, 2, 2 et 1, 2, 2 et 1.*
Leigné.	GAULIER (Jessé de), s^r de Beaulieu, renvoyé noble par jugement du 3 septembre 1667. Porte : *de gueules à trois fleurs de lis d'argent et une fasce d'or sur le tout.*
Poitiers (ville). S.-Varent, élect. de Thouars.	GABRIAUT (Jean), éc., s^r de Riparfond, et ses enfants ; Charles Gabriaut, éc., s^r d'Argentine, son frère ; maintenus nobles par sentence du 9 septembre 1667. Porte Gabriaut : *d'azur au cerf courant d'or.*
Pleuville. Chenay. Nouvy, élect. de Thouars.	GARNIER (Pierre), s^r de Butré ; Pierre Garnier, s^r du Breuil ; Jacques Garnier, s^r de Rochevineuse ; Pierre Garnier, s^r de la Cormorant ; maintenus nobles par jugement du 2 septembre 1667. Porte Garnier : *gironné d'or et de gueules.* (Premier titre, 1519.)
Parthenay. Fontenay (ville).	GARNIER (Louis), s^r de Fenéry ; Jacques Garnier, s^r de Surin ; d^{lle} Suzanne Garnier, sa sœur ; maintenus nobles par sentence du 30 décembre 1667. Porte Garnier : *d'azur à trois roses d'argent tigées et pointées de sinople.* (Par lettres anciennes.)

Lezay.	GAUDIN (d^lle Catherine), veuve de Bellivier, s^gr de Pers. Renvoi de M. Dehère, 1598. Ci-devant au B.
Lezay.	GEOFFROY (Jean), éc., s^r de Teillé et des Bouchaux, maintenu par sentence du 18 août 1667. (Premier titre, 1460.) Porte : *d'azur à deux chevrons d'or.*
Gourgé.	GIRARD (d^lle Jeanne), dame de la Girardière, de la famille des seigneurs de Beaurepaire, renvoyée avec les autres.
S.-Vincent. Azac en Angoumois. Mairé-Lévescaut	GIRARD (René), éc., s^r de la Tour-Blanche ; Abraham Girard, éc., s^r du Pinier ;..... Girard, s^r de la Valade en Angoumois, paroisse d'Azac, qui est l'aîné de cette branche ; et les aînés de toute la famille sont les Girard, s^grs de Beaurepaire et des Echardières, et M. le procureur général de la Chambre des comptes de Paris et autres du même nom établis à Paris et à...... ; maintenus nobles par sentence du 10 décembre 1667. Porte Girard : *d'azur à trois chevrons d'or.*
Benassais. Arçais, élect. de Niort.	GIBOUREAU (René), s^r de la Rousselière ; Charles Giboureau ; maintenus nobles par sentence du 1er septembre 1667. Porte Giboureau : *de gueules à trois croix pattées d'argent.* Idem à Niort et à Arçais.
Lezay.	GAUDIN (d^lle Catherine), dame de la Payre, fille puînée d'Antoine Gaudin, éc., et de d^lle Catherine Bellivier ; ladite Catherine maintenue noble le 10 décembre 1667. Porte : *d'argent à trois chevrons de sable.* Mariée à M. d'Elbène de Goret, de Poitiers.
Les Tessonnières.	GILBERT (André), s^r de Chasteauneuf, maintenu noble par sentence du 10 décembre 1667. Porte Gilbert : *d'argent à l'aigle à deux têtes de sable.*
Chaunay.	GUY (d^lle Elisabeth Galet, veuve Salomon), éc., s^r de Pontlevain, et ses enfants, maintenus nobles par sentence du 7 septembre 1667. Porte Guy : *d'azur à trois fermaillets d'argent.* (Premier titre, 1442).
Rouillé. Vitré, élect. de S.-Maixent. Romagne. Aigonnay. Thorigné.	GOURJAULT (Charles), éc., s^r de Venours ; Charles Gourjault, éc., s^r de Bessé ; Olivier Gourjault, éc., s^r de la Millière ; Louis Gourjault, éc., s^r de Passac ; Claude Gourjault, éc., s^r de la Bessière ; Charles Gourjault, éc., s^r de la Groye de Parthenay ; Charles Gourjault, éc., s^r de la Berlière ; Pierre

Rom. Chaniers.	Gourjault, éc., s^r du May ; maintenus par sentence du 10 décembre 1667. Porte Gourjault : *de gueules au croissant montant d'argent.*
Archigny. Parthenay.	GRUGET (Pierre), éc., s^r de la Salle-d'Archigny, et tous les autres du nom, de la mairie de Poitiers en l'année 1599 ; maintenus nobles. D^{lle} Catherine Pavin, veuve de Nicolas Gruget, éc., s^r de Chillois. Porte Gruget : *de gueules à la fasce d'argent chargée d'un vol de sable, accompagné en chef d'un soleil d'or et en pointe d'une rose d'argent.*
Lusignan. Le Vigean. L'Isle-Jourdain.	GUÉRIN (Louis), éc., s^r de la Courtillerie ; Charles Guérin, éc., s^r des Plats; maintenus par sentence du 10 décembre 1667. La mère, Marguerite Barbarin, demeure au Vigean. Porte pour armes : *d'azur à quatre losanges d'or, 2 en chef et 2 en pointe.* (Premier titre, 1420.)
Gourgé.	GUICHARD (Jacob), s^{gr} d'Orfeuille, cadet de la famille, maintenu noble par sentence du 9 septembre 1667. Porte Guichard : *d'argent à trois têtes de léopards arrachées de sable, lampassées de gueules et couronnées d'or.*
Tessonnières.	GUIGNARD (Jacques de), éc., s^r de la Salle-Guibert ;...... de Guignard, éc., s^r de......, et leurs sœurs ; déchargés de la condamnation rendue contre eux le 3 septembre 1667, et maintenus nobles sur pièces nouvelles produites le 15 mars 1669. Porte Guignard : *de sable à trois chevrons d'argent chargés d'hermines.*
Payroux. Mauprevoir. Asnières.	GUYOT (Pierre), éc., et son fils, s^{rs} des Ferrandières et des Combes ; Jean Guyot, éc., s^r du Rivaut ; Jean Guyot, éc., s^r du Barbateau ; Jean Guyot, s^r de Ceaux ; maintenus par sentence du 9 septembre 1667. Porte : *d'or à trois perroquets de sinople.*
Asnières. Archigny. S.-Quentin.	GUYOT (Mathieu), s^r d'Asnières ; Etienne Guyot, s^r de Châteaugaillard ; René Guyot, s^r des Petits-Champs ; Etienne Guyot, s^r du Doignon ; Catherine de Maisonneuve, veuve de Marc Guyot, s^r de Chantelouve ; maintenus par sentence du 9 septembre 1667. Porte Guyot : *d'or à trois perroquets de sinople.*
Celle-Lévescault	GUILLIER (Tanneguy), éc., s^r d'Asnières, ancienne noblesse,

maintenu noble. Porte Guillier : *d'azur à neuf besants d'or mis 4 et 4 en pal et 1 en pointe.* (Nota : ce sont les armes des Bodin).

Nérignac. GUILLAUMET (Philippe), s^{gr} de Balentru, maintenu par sentence du 20 décembre 1667. Porte Guillaumet : *d'argent à trois hures de sanglier de sable au chef de gueules.*

Lussac.
Cussac.
GUILLEMAIN (Isaac), éc., s^r de Laumont ; Jean Guillemain, éc., s^r de Puygré, de Chaumont, renvoyés nobles. Porte Guillemain : *d'or à deux bandes de sable chargées de trois étoiles d'argent, 2 et 1, au chef de gueules.*

La Boissière, lect. du Blanc.
Availles.
Pressac.
Cenon, élect. e Châtellerault.
La Bussière, élect. de Niort.
GUILLON (Joachim), capitaine au régiment royal ; les s^{rs} de Lésigny et des Villates ; Samuel Guillon, s^r des Granges ; Pòl Guillon, s^r des Touches ; Jean Guillon, s^r des Verrines ; François, s^r du Magnou, des anciens échevins de Poitiers ; maintenus nobles par sentence du 3 septembre 1667. Porte : *d'argent à un geai de sable patté et becqué d'or, au croissant d'azur en pointe, au chef cousu d'or à trois roses de gueules.*

Journet.
Chenet.
GIRARD (d^{lle} Charlotte Vaillant, veuve de François), éc., s^r de Champignolles, faisant pour Bonaventure Girard, éc., s^r de Champignolles, François Girard, éc., s^r des Francs, et pour d^{lle} Marguerite Girard, sœur dudit François ; maintenus nobles par M. d'Aguesseau à Limoges. Porte pour armes : *d'argent à trois fleurs de lis d'azur, au bâton posé en bande d'or, à la bordure de même chargée de six cœurs de gueules.*

Usson. HILAIRE (François), éc., s^r de Lestang, de Bagné, de la Broue, du Rivaut et de Salvert ; François Hilaire, s^r de Lestang ; René Hilaire, s^r de la Broue ; René Hilaire, s^r du Rivaut ; d^{lle} Marie Hilaire ; maintenus nobles par sentence du 9 septembre 1667.

Chiré. JACQUES (Jean), éc., s^r de Chiré ; François Jacques, s^{gr} des Pruniers ; d^{lle} Vezien, veuve de François Jacques, s^r des Pruniers. (Premier titre, 1376. Lettres d'anoblissement du roi Charles VII à Philippe Jacques.) Maintenus par sentence du 30 août 1667. Porte Jacques : *d'azur à trois coquilles de Saint-Michel d'or.*

Montamisé. RICHARD (Jean), ses frères et neveux, s^{rs} de la Roche-de-Brand, issus d'un échevin de Poitiers, trésorier de France, avant 1600. Porte Richard : *de sinople au chevron d'or à trois cannettes en divise d'argent.*

Mauprevoir. JUGLARD (René), éc., s^r de la Grange du Tillet ; Henri Juglard, s^r de la Roche-du-Maine ; maintenus par sentence du 9 septembre 1667. Porte Juglard : *d'azur à la fasce d'argent accompagnée de six étoiles d'or, 3 en chef et 3 en pointe.*

Cenon, élect. de Châtellerault. Cissé. Chatain. JOUBERT (Charles), éc., s^r de la Touche-Milletière ; François Joubert, éc., s^r du Puy ; autre Charles Joubert, éc. ; Hippolyte Joubert, éc., s^r de Beauvais et de la Touche-Milletière ; maintenus nobles par jugement du 3 septembre 1667. Porte : *de gueules à trois tours d'or maçonnées de sable, ouvertes du premier.* (Premier titre, 1340.)

Chatain. Niort (ville). JOURDAIN (René), éc., s^r de Payroux ; Pierre Jourdain, éc., s^r de Boistilié ; ..... Jourdain, éc., s^r de Lhomedé, et les autres. Porte Jourdain : *d'argent à un taf de gueules.* Maintenus en leur qualité par sentence du 7 septembre 1667. (Premier titre, 1463.)

Poitiers. Vouillé. Niort. JOUSLARD (Jean-Baptiste), éc., s^r d'Ayron et de la Rouaudière ; Joseph Jouslard, éc., s^r d'Ayron ; Philippe Jouslard, s^r de la Thibaudière ; ..... Jouslard, lieutenant général à Niort ; maintenus issus des anciens maires de Poitiers de l'an 1596 par jugement du 9 septembre 1667. Porte Jouslard : *d'azur à deux coquilles d'or en chef et un croissant d'argent en pointe.*

Poitiers (ville). IRLAND (Jean), éc., s^r de Beaumont, lieutenant général criminel à Poitiers ; Robert Irland, éc., s^r de Fief-Clairet ; les héritiers de Bonaventure Irland, cons^{er} à Poitiers, fils de René Irland et de d^{lle} Regnaut ; Jacques Irland, éc., s^r de la Cigogne, frères ; Bonaventure Irland, éc., s^r de la Vau, contrôleur général de la maison de la reine-mère Anne d'Autriche, ensuite trésorier de Saint-Hilaire-le-Grand de Poitiers, du second mariage de Bonaventure Irland et de Marie de Sauzay ; Louis Irland, éc., s^r de la Bussière, son fils, trésorier de Saint-Hilaire et garde de la bibliothèque du roi ; Mre Louis Irland, frère dudit Bonaventure, doyen dudit Saint-Hilaire ; issus de Robert Irland, noble d'Ecosse du temps de la reine Marie

Stuart ; maintenus nobles par jugement du dernier décembre 1667. Porte Irland : *d'argent à deux fasces de gueules et trois étoiles d'azur en chef.*

JOUSSERAN (d^lle Marie Lorin, veuve de Jean), s^r des Roches, renvoyée avec les Jousseran.

Brux.
Pindray.

LABBÉ (d^lle Marguerite du Teil, veuve d'André), éc., s^r des Champs et des Bordes ; Jean et François Labbé, enfants mineurs ; maintenus par jugement du 9 août 1667. Porte Labbé : *de gueules à deux fasces d'argent, trois fers de lance en chef du second, une étoile de même au centre, et trois coquilles de même en pointe.*

Pressac.
Mont-Jehan et Lorigny.

LAURENS (Georges), éc., s^r de Lésignac ; Pierre Laurens, éc., s^r du Coudret ; d^lle Catherine Laurens ; maintenus par sentence du 10 décembre 1667. Porte Laurens : *d'argent à trois aigles de sable soutenues par deux griffons.*

La Chapelle-Pouilloux.
Sillars.

LAURENS (autre famille) : Gabriel Laurens, éc., s^r de la Tour ; Jean Laurens, éc., s^r de Pierrefolle ; maintenus par sentence du 16 août 1667. Porte Laurens : *d'or à trois têtes de sanglier arrachées de sable.*

Neuville.

LEBLANC (François), éc., s^r de Saint-Chartres, issu de l'échevinage de Poitiers en l'an 1552, maintenu noble. Porte : *d'azur au cygne d'argent picoté de sable.*

Journet.

LEBEAU (Geoffroy), éc., s^r de Vaugerie, maintenu en sa qualité de noble par M. de Marillac, sur les pièces par lui produites en conséquence de la poursuite faite contre lui pour les francs-fiefs par le s^r Bithon, lequel a été condamné en tous les dépens, en conséquence d'une garnison mise dans sa maison pendant sept mois, le 22 mars 1674. Porte Lebeau : *d'azur à une fasce d'argent, à trois coquilles d'argent en chef et une étoile d'or en pointe.*

Vendeuvre.

LEBEL (Paul), éc., s^r de Bussy, maintenu noble par jugement du 9 août 1667. Porte Lebel : *de sinople à la fasce d'azur.*

S.-Secondin.
Usson.
Tiffauges.
Brion.

LE ROY (Pierre), éc., s^r de la Bussière ; René Le Roy, s^r de Fontgaschet; Philippe Le Roy, s^r de la Vergne; Guy Le Roy, s^r de la Vigerie ; Catherine de Montsorbier, veuve de Pierre Le Roy, s^r de la Gestière ; maintenus par sentence du 9 août

1669. Porte Le Roy : *de sable au lion d'argent couronné, lampassé et armé de gueules, au chef d'argent chargé de trois roses de gueules en divise boutonnées d'or.*

LEBAULT (Joseph), éc., s^r de la Chaussée ; Charles Lebault, éc., s^r de la Forêt ; la veuve Claude Lebault, s^r du Taiste, portés ci-devant à la lettre B.

Châtillon. LHUILIER (César), éc., s^r de Chalandeau, et son fils ; Judith Doisy, sa mère ; maintenus nobles par sentence du 10 décembre 1667. Porte Lhuilier : *d'argent à trois ondes d'azur surmontées d'un trèfle de sable et d'un tourteau de gueules.*

Sanxay. LÉVESQUE (Gabriel), éc., s^r de Marconnay ; Gabriel Lévesque,
Rouillé. éc., s^r de Boisgrolier ; maintenus nobles. Porte Lévesque de Marconnay : *d'or à trois bandes de gueules.*

Menigoute. LÉGIER (Louis), éc., s^r de la Sauvagère, et ses enfants, maintenus nobles par jugement du 7 septembre 1667. Porte Légier : *d'argent à trois roses de gueules.*

Poitiers (ville). LÉGIER (Claude), éc., s^r de Faugère, cons^{er} et échevin à Poitiers, maintenu noble par sentence du 3 septembre 1667. Porte les mêmes armes que le précédent.

Rom. LECOMTE (Pierre), s^r du Rivault, maintenu noble par arrêt du Conseil où il avait été renvoyé.

LUCAS (François), éc., s^r de Vangueil, et ses enfants, renvoyés à Scorbé, élection de Châtellerault.

Les villages de la Clouère. MAISONNIER (Joseph), s^r de la Rochereau, et son frère, sortis de l'échevinage de Poitiers en 1611. Porte Maisonnier : *d'azur à une maison d'argent.*

Fouperron. MAUBUÉ (Claude), éc., s^r de Boiscoutaut ; Jean Maubué, maître-école et chanoine de Saint-Hilaire ; maintenus nobles, en conséquence des lettres d'anoblissement concédées à Jean Maubué par le roi Louis XI en 1474, par sentence du 7 septembre 1668. Porte : *d'azur à trois vases d'argent, 2 et 1.*

Clessé. MAYNARD (Calixte), éc., s^r de la Fortinière et du Petit-Puy, maintenu par sentence du 6 octobre 1668. Porte Maynard : *d'argent à une hure de sanglier de sable fiertée d'argent.*

La Ferrière.   MAIGRET (Antoine), s^r de Villiers, et sa sœur ; Pierre Maigret,
Pressac.   s^r de Froidefond ; Michel Maigret, s^r de Fontlebon ; Jean
Availles.   Maigret, s^r de Font-Jasme ; Nicolas Maigret, s^r de Chasse-
Millac.   nigou ; Philippe Maigret, s^r de Champdolent ; maintenus
nobles par sentence du 9 septembre 1667. Porte : *d'azur au bâton péri en bande d'argent, accompagné de trois fleurs de lis d'argent.* (Premiers titres produits, 1474, 1498.)

Chaunay.   MANDRON (Jean), s^r de Traversay, maintenu par sentence du 30 décembre 1667. Porte Mandron : *d'argent à deux fasces d'azur accompagnées de six merlettes de sable.* (Premier titre, 1473.)

Nérignac.   MANCIER (Gaspard), éc., s^r de Puyrobin ; Pierre Mancier, éc., s^r de la Vergne ; maintenus nobles par sentence du 9 septembre 1667. Porte Mancier : *d'azur à trois mains d'argent.* Supports, deux léopards.

Archigny.   MARQUET (François), éc., s^r de la Bournerie, bec-de-corbin, condamné roturier, exempt.

Chénéché.   MOURAUT (François), éc., s^r de Cremille, mort sans hoirs. Il n'y a plus de mâle de son nom. Maintenu noble. Porte : *d'azur à trois fasces d'argent dont la première et dernière chargées de trois billettes de gueules, 2 sur la première et 1 sur la dernière, au chef de même.*

Poitiers (ville).   MILON (Pierre), s^r de la Touche-aux-Proux, cons^er au présidial ; François Milon, chanoine en l'église cathédrale de Poitiers ; issus d'un médecin du roi, l'aïeul des dessus dits ; maintenus nobles par sentence du 9 septembre 1667. Porte Milon : *d'azur à la fasce d'or accompagnée de trois roses d'argent mises 2 et 1, au soleil d'or au milieu du chef.*

Rouillé.   MOYSEN (Gédéon), éc., s^r de Laugerie, et ses enfants ; Louis Moysen, éc., s^r dudit lieu ; Bonaventure Moysen, éc. ; maintenus nobles par jugement du 10 décembre 1667. Porte Moysen : *d'azur à trois croissants montants d'argent, 2 et 1, à une rose d'or au cœur de l'écu.*

Pompaire.   MOREAU (Pierre), s^r du Plessis-Chaumusson, maintenu noble par sentence du 10 décembre 1667. Porte : *d'azur à un mourier d'argent.*

Pleuville. S.-Pierre- d'Exideuil.	MUSSET (René), éc., s' de Fontresnier ; Jean Musset, éc., s' de la Grolière ; d^lle Marie Musset, veuve d'Aimé ; maintenus nobles par M. Rouillé le 23 juin 1670. Porte Musset : *d'azur à une jumelle côtoyée de six étoiles à six rais d'argent.*
Mortemart. Blond, Vaury. Oradour-Fanois.	NOLLET (Pol de), éc., s' du Mas du Bost ; Pierre de Nollet, éc., s' de Roussay ; Jean de Nollet, éc., s' dudit lieu ; maintenus par sentence du 9 septembre 1667. Porte de Nollet : *d'azur au bâton d'argent péri en bande, accompagné de trois fleurs de lis du même.* (Premier titre, 1492.)
Availles. S.-Romais. Millac.	NÉGRIER (Nicolas), éc., s' de Chasseningou ; David Négrier, éc., s' de la Dauge ; d^lle Renée Négrier, dame de la Tournière ; Daniel Négrier, s' de la Peyre ; maintenus nobles par sentence du 3 septembre 1667. Porte Négrier : *d'argent au chevron de gueules accompagné de trois têtes de More de sable au bandeau d'argent.* (1498.)
Poitiers.	OLIVIER (Jacques), s' de la Chauvetière, maire en 1679, fait échevin ensuite, puis anobli par le roi pour services considérables le 27 juin 1672. Porte : *d'azur à six besants d'or, 3, 2 et 1, au chef d'argent chargé d'un lion naissant de sable langué et armé de gueules.*
Le Vigean.	PANDIN (Joseph), éc., s' de la Potardière ; Gaspard Pandin, éc., s' des Jarriges ; maintenus nobles par M. Rouillé le 10 mars 1670. Porte Pandin : *d'azur à trois pals d'argent, au chef d'or.*
Lathus.	PETIT-PIED (Charles), éc., s' d'Ouzilly, issu de secrétaire du roi, maintenu noble par le renvoi de M. Barentin au Conseil. Porte : *d'azur à une tortue d'argent, trois fusées en chef et deux en pointe de même.*
Limalonges.	PÉPIN (Charles-César), éc., s' de Frédouville. D^lle Marie de Puyguyon, sa veuve sans hoirs, fille de François de Puyguyon et de Marie de Sauzay, du pays de Berri, maintenue noble par sentence du 10 décembre 1667. Porte Pépin : *d'argent à neuf sautoirs de sable mis 3 à 3, séparés par un trangle du second.*
Bonnes. Liglet. Le village de la Clouère.	PIGNONNEAU (François), s' de Beaumarchais ; René, s' des Bruères, et Léon, s' de la Marsolière ; Etienne Pignonneau, éc., s' de la Chapelle ; René Pignonneau, s' du Teil (au mois d'octobre

S.-Marsault. Chauvigny.	1674, N... de Sainte-Marthe, sa mère, est morte âgée de 88 ans) ; Isaac Pignonneau, s^r des Minetières ; Jean Pignonneau, s^r de Boisgigon ; issus des anciens échevins de Poitiers et de la Rochelle, de 1426 et de 1499 ; maintenus nobles par sentence du 16 août 1667. Porte Pignonneau : *d'argent à la fasce fuselée de gueules de trois pièces et deux demies.*
Poitiers (ville).	PIDOUX (Claude), éc., s^r de Malaguet, et ses frères, de l'échevinage de Poitiers ancien ; maintenus nobles par jugement des 10 et 31 décembre 1667. Porte Pidoux : *d'argent à trois losanges frettés de sable, 2 et 1.*
Naide. Poitiers (ville).	PIDOUX (Claude), éc., s^r de Naide ; dame Anne de Liniers, sa veuve ; Charles Pidoux, éc., s^r de Pouillé, et son frère Pierre Pidoux ; maintenus nobles par sentence du 25 juin 1670 rendue par M. Rouillé conformément aux autres. Porte les mêmes armes que les précédents.
Marnay. Poitiers (ville).	PORCHERON (Charles), éc., s^r de Béroute ; René Porcheron, s^r de Saint-Jasme ; Philbert Porcheron, s^r de Vermay ; issus des anciens échevins de Poitiers ; maintenus par sentence du 16 août 1667. Porte : *d'or au chevron d'azur, à deux têtes de sanglier de sable affrontées en chef, fiertées d'argent, au porc-épic de sable en pointe.*
Sanxay.	POITEVIN (d^{lle} Marguerite), dame de la Possonnière ; la famille finit en elle. Maintenue noble avec les autres Poitevin, élection des Sables, ci-après paroisse de Champ-Saint-Père.
Rom. Chaunay.	PELARD (Pierre de), éc., s^r de la Guessonnière ; d^{lle} Marguerite de Marconnay, veuve de Jean de Pelard ; Olivier, Jean, Louis et Philémon de Pelard, ses enfants ; maintenus par jugement du 10 décembre 1667. Porte : *d'argent à l'aigle double éployée de sable, membrée de gueules.*
Chaunay. S.-Coutant.	PRÉVOST (François), éc., s^r de Beaulieu et de Puybottier ; François Prévost, s^r de Beaulieu ; maintenus nobles par sentence du 22 septembre 1667. Porte : *d'argent à deux fasces de sable accompagnées de six merlettes de même, 3, 2 et 1.*
Pompaire.	POUGNANT (Rasclet), renvoyé noble, de l'échevinage d'Angoulême.
Jazeneuil.	RABAUT (René), éc., s^r de la Vau-de-Breuil ; René Rabaut, éc.,

Avesne, élect. de Richelieu.	sʳ de Jazeneuil ; Jacques Rabaut, éc., sʳ de la Gaucherie ; dᵉˡˡᵉ Marie Rabaut, sa sœur ; maintenus nobles par sentences des 9 et 21 septembre 1667. Porte Rabaut : *fascé de six pièces de gueules et d'argent chargées les deux premières d'un trangle ondé de sable.* (Titres prouvés, 1403, 1407.)
S.-Secondin. Brion.	RESTY (Jacques), éc., sʳ de Vitré, Antoine de Resty, Charlotte, Marie et Elisabeth Resty, tous frères et sœurs, maintenus nobles par sentence du 18 août 1667. Porte : *de gueules à la rivière d'argent ondée de sable, surmontée d'un cygne nageant du second, accompagnée d'une comète de huit rais au canton dextre.*
Niort. Champeaux. Le Beugnon. Benassay. Stᵉ-Ouenne, él. de S.-Maixent. Faymoreau, S.-Marc, Le Buceau, él. de Fontenay. Germond.	RÉGNIER (Louis), éc., sʳ de la Brochetière ; Jean Régnier, éc., sʳ de Champdevaux ; René Régnier, sʳ de la Brochetière ; François Régnier, sʳ d'Availle, et François, sʳ du Couteau, ès élections de Fontenay, Mauléon et Saint-Maixent ; Antoine Régnier, sʳ de la Grangerie ; Isaïe Régnier, sʳ du Couteau ; Philotée Régnier, sʳ du Plessis, veuve Simon Bellanger ; François Régnier, sʳ des Couteaux ; renvoyés ci-après à Fontenay, Mauléon et Saint-Maixent où ils ont produit. Porte : *d'azur à trois coquilles d'argent.* De la branche de Bourgneuf, d'une autre famille que les sʳˢ de la Planche.
Vivonne.	RÉGNIER (Louis), éc., sʳ de la Planche et du Theil ; Ruben Régnier, sʳ de la Minière ; Ruben Régnier, sʳ du Lude ; Daniel Régnier, sʳ de Lambrunière ; Pierre Régnier, sʳ du Puy et du Lude ; maintenus nobles par sentence du 8 octobre 1667. Porte Régnier : *d'argent au lion de gueules couronné, lampassé et armé d'or.*
Gourgé. Poitiers.	RICHER (Louis), éc., sʳ de la Foye, la Peyratte ; Jacques Richer Garnier, éc., sʳ de Pougnes ; maintenus nobles par jugement du 30 décembre 1667. Porte Richer : *d'azur à trois trèfles d'or.* (Premier titre, 1473.)
Vaussay.	RIBIER (François), éc., sʳ de Brethé ; Abraham Ribier, éc., sʳ de la Mesnardière ; maintenus nobles par jugement du 3 septembre 1667. Porte : *d'azur au croissant montant d'argent, au chef de gueules chargé de trois étoiles d'or.*
Thorigny, él. de Fontenay. Mignaloux. Poitiers.	ROATIN (Joseph), éc., sʳ du Temple, l'aîné de la famille ; Claude Roatin, éc., sʳ de la Cigougne ; Maurice Roatin, éc., sʳ de Beauvoir ; Joseph Roatin, éc., sʳ de Jorigny, consᵉʳ à Poitiers ;

tous issus de Guillaume Roatin, échevin de Poitiers en 1498 ; maintenus nobles par sentence du 9 février 1667. Porte Roatin : *d'azur au chevron d'or accompagné de trois otelles d'argent.*

Poitiers (ville). REPIN (Bonaventure), éc., s^r de la Ronde ; Louis Repin, éc., s^r de Mons, son fils ; maintenus nobles par sentence du 30 décembre 1667. Porte pour armes : *d'or au rinceau d'olivier de sinople.*

Clessé. Luzay, élect. de Thouars. ROY (Pol), s^r des Arnollières ; Jean, s^r de la Bodinière ; maintenus par sentence du 30 décembre 1667. Porte : *d'azur à trois étoiles d'or (posées 2 et 1), à une fleur de lis de même en abîme.*

Poitiers (ville). RIOUL (Pierre), s^r d'Ouilly, issu de Normandie, receveur général des tailles en Poitou, anobli par lettres du roi Henri IV de l'an 1596 et maintenu par sentence de M. Rouillé du 10 décembre 1670. Porte : *d'argent à la bordure engrêlée de sable, à l'aigle à deux têtes de même.* Supports, deux lions d'or ; cimier, un lion naissant de même.

Marçay. Poitiers (ville). ROUGIER (Jean), s^r de Puy-Poirier, issu de l'échevinage en 1611; René Rougier, s^r de Recreux, avocat du roi au Bureau et échevin dès 1643 ; maintenus nobles par l'ordre du roi et arrêt de son Conseil en faveur du Bureau des trésoriers de France. Porte Rougier : *d'argent au chevron d'azur à trois roses de gueules pointées de sinople, boutonnées d'or.*

Sanxay. Ccaux. Jazeneuil. ROUSSEAU (René), éc., s^r de la Boissière ; Jacques Rousseau, s^r de Nezay ; Achille Rousseau, s^r de la Cour ; maintenus nobles par sentences des 9 septembre et 30 décembre 1667. Porte pour armes : *d'argent à la bande de gueules accompagnée de six roseaux de sable mis en pal, 3 dessus et 3 dessous.*

Vidais. S.-Gervais. ROUX (Jean), s^r de Lusson ; Gabriel Roux, s^r de la Salle ; maintenus nobles par sentence du 3 septembre 1667. Porte Roux : *d'azur à trois fasces d'argent en divise, au chef d'azur chargé de trois fleurs de lis d'or.*

Sanxay. Les Moutiers-sur-le-Lay. St-Hilaire-le-Vouhis. SAVARY (Pierre), éc., s^r de Forzon, idem que ceux de Fontenay-le-Comte qui sont : Jonas Savary, s^r de la Belletière ; Pierre Savary, s^r de Magny et de Chantenay ; Charles Savary, s^r de Lestang ; Isaac Savary, s^r du Chastenet ; maintenus nobles par sentences des 23, 5 et 24 septembre 1667. Porte Savary :

d'argent à une croix engrêlée de gueules, à l'orle de pourpre chargée de neuf tourteaux de gueules.

Sillars.
Civaux.
SAVATTE (Diane de la Couture, veuve de François), éc., s^r de la Fouchardière ; Pierre Savatte, éc., s^r de Genouillé ; maintenus par sentence du 10 septembre 1667. Porte : *d'or à une savatte ou semelle de soulier de gueules mise en pal.*

Parthenay.
SIMONNEAU (Pierre), s^r de Mauzay. Sa veuve a produit et a été déchargée, ayant justifié être issue d'un ancien échevin de Niort. Porte : *d'argent à trois mouchetures d'hermine de sable.*

Amaillou.
SOCHET (Julien), éc., s^r de Villebouin, et ses frères, issus de l'échevinage de Poitiers, 1610. Porte Sochet : *d'argent à trois merlettes de sable.*

Maisonnay.
STUART (Jacques), comte de la Vauguyon, maintenu par sentence du dernier décembre 1667. Porte : *d'argent au sautoir de gueules cantonné de quatre quintefeuilles de même.*

Mauprevoir.
SABOURAUT (François), s^r de Monpommery et de Mauprevoir, renvoyé noble, maintenu le 30 août 1667. Porte : *d'azur à trois épées d'argent posées en fasce.*

Poitiers (ville).
Queaux.
Lussac.
TAVEAU (......), éc., s^r de la Tour-aux-Cognons ; Isaac Taveau, s^r de Rive ; d^{lle} Marguerite Taveau ; d^{lle} Jeanne Taveau, dame de Puy-Buzin ; Mathurin Taveau, s^r de la Bussière ; sortis cadets des barons de Morthemer ; maintenus par sentence du 9 septembre 1667. Porte Taveau : *d'or parti de gueules en chef à deux pals de vair*, qui est Taveau ; *au second d'azur à la fasce ondée d'argent accompagnée de cinq fleurs de lis de même, 3 en chef et 2 en pointe*, qui sont les armes de la Tour-aux-Cognons.

Vendeuvre.
Chapelle-Bâton, élect. de S.-Maixent.
Fenioux, élect. de Niort.
THIBAULT (François), s^r de la Carte ; François Thibault, s^r de la Chalonnière ; idem que le s^r de Vuzé et des Essarts, élection de Niort ; maintenus par sentence du 10 novembre 1667. Porte Thibault : *d'azur à la tour d'argent maçonnée et crénelée de sable.*

Romagne.
Usson.
Château-Garnier.
TISON (François), s^r de la Forge ; Antoine Tison, s^r de la Bedaudière ; François Tison, s^r des Sables ; Mathurin Tison, s^r de Villars ; maintenus par sentence du 20 décembre 1667. Porte : *d'azur à la fasce d'argent accompagnée de quatre fleurs de lis de même.*

Vendeuvre.	THUBERT (Charles), éc., s^r de Boussay, petit-fils d'un échevin de Poitiers en 1516 ; maintenu, a payé la taxe.
Champagné-S.-Hilaire.	TOUZALIN (René), s^r de Tampenoux, anobli par lettres du roi.
Chiré-en-Gençay.	TIRAQUEAU (Pierre), s^r de Pied-Buzin, maintenu en sa qualité par jugement du 20 décembre 1667. Porte : *d'argent à la fasce ondée d'azur, surmontée de trois merlettes de sable.* Idem que les autres, élection de Fontenay, le s^r de Denant, à Denant et à Saint-Cyr-des-Gâts, et au Vieux-Pouzauges, élection de Thouars.
Couhé. Rom.	VESLON (Michel), éc., s^r du Coulombier et du Fouilloux ; Jean Veslon, éc., s^r de Fonclou ; maintenus par sentence du 10 décembre 1667. Porte pour armes : *d'argent à trois têtes de veau au naturel.*
Mazerolles.	VACHER (Nicolas), s^r de la Pouge, maintenu noble ; sentence à expédier.
Chatain. Adriers. Mouterre.	VÉRINAUD (Jean), éc., s^r du Mas ; Pierre Vérinaud, éc., s^r de Boygorand ; d^{lle} Léonarde de la Touche, veuve de Jean Vérinaud, s^r de la Ferrière ; Louis Vérinaud, s^r de la Bourgesse ; René Vérinaud, s^r de la Forest ; maintenus nobles par sentence du 30 décembre 1667. Porte Vérinaud : *de sable à trois croissants montants d'argent, 2 et 1, à la bordure double de gueules.*
Poitiers.	UMEAU (François), docteur régent en la Faculté de médecine, issu de François Umeau, aussi docteur en ladite Faculté, son aïeul, échevin de la ville de Poitiers en l'an 1591 ; maintenu noble.
Gourgé. Poitiers. S.-Quentin.	VIDARD (Pierre), éc., s^r de Mont-Marquelin ; Pierre Vidard, éc., s^r de la Ferrandière ; Mathieu Vidard, éc., s^r de Saint-Clair, trésorier de France, frère aîné ; Etienne Vidard, s^r de Saint-Etienne et de la Courtaudière ; maintenus nobles par sentence du.... Porte : *de gueules à six dards d'argent, trois en chef passés en sautoir et trois en pointe, 2 et 1, posés en pal.* (Des anciens échevins de Poitiers.)
Availles.	VINCENT (Hilaire), éc., s^r de Lestang et de Bagneux ; Hilaire Vincent, éc., s^r de Lestang ; maintenus par sentence non expédiée.

— 380 —

Saint-Cyr. SAINT-FIEF (Jean de), éc., s' de Saint-Paul, maintenu en sa qualité par jugement du 28 novembre 1668, rendu sur son opposition à l'exécution d'un jugement de condamnation contre lui donné le 3 septembre 1668 comme usurpateur de noblesse. Porte de Saint-Fief : *d'argent au chevron de gueules accompagné de trois croix de même, 2 en chef et 1 en pointe.*

Chaillac. SOULLIER (du), s' du Verdier, maintenu noble par M. Rouillé, le 21 mars 1670.

Election de Châtellerault.

Poizay-le-Joli. S.-Remy en Anjou. AUBÉRY (Maximilien), éc., s' de la Fontaine et du Maurier, issu de secrétaire du roi ; Louis Aubéry, s' de la Touscherie ; maintenus par sentence du 16 juillet 1667. Porte Aubéry : *de gueules au croissant montant d'or, accompagné de trois trèfles d'argent.*

S.-Remy. BARBOTIN (d^{lle} Marie), veuve d'Abraham Duchesne, s' de la Boistardière, maintenue en sa qualité par jugement du 1er septembre 1667 avec les Duchesne de Cherveux, élection de Saint-Maixent. Porte Duchesne : *d'azur à trois glands d'or.*

Chenevelles. Sillars. BARACHIN (Bertrand), éc., s' des Moulins, idem que René Barachin, éc., s' de la Roderie, paroisse de Sillars, élection de Poitiers ; maintenus nobles par sentence du 16 août 1667. Porte Barachin : *de gueules bordé de sable au lion d'or.*

S.-Léger. BOYNET (André), éc., s' de la Vauguyon ; d^{lle} Hélène Peyraud, sa veuve, maintenue noble avec les autres Boynet, élection de Poitiers, et autres, par jugements des 9, 24 et 3 septembre 1667. Porte Boynet : *d'argent au lion de gueules armé et lampassé de sable, entrant dans le chef d'azur ou brochant sur le tout.*

Marigny. Marmande. BAUSSIGNY (Louise), veuve de Jacques Daigret, s' de la Marche, maintenue noble par sentence non expédiée.

Senillé. Jaunay-Châtelet en Touraine. BOIS (René du), éc., s' de la Morinière, fils de défunt François du Bois et de d^{lle} Renée de Bizac, maintenu en sa qualité par sentence du 12 septembre 1668, rendue sur son opposition contre la sentence de condamnation du 13 août 1667, contre ladite défunte de Bizac, sa mère, de la somme de 300 livres, comme usurpateur de noblesse, sur pièces nouvelles produites. Porte pour armes : *d'azur chevronné d'or de deux pièces.*

Usseau. CARRÉ (Aimé), s^r de la Mothe et des Ombres, par lettres confirmées du roi en 1648, maintenu le 26 septembre 1667. Porte Carré : *d'argent à une bande de sable chargée de trois roses d'argent.*

S.-Jean-Baptiste de Châtellerault. Oyré. CHASTEIGNER (d^{lle} Françoise) ; d^{lle} Renée Chasteigner ; idem que les autres Chasteigner renvoyés ci-devant à la fin de l'élection de Poitiers.

Scuillé. CHASTEAU (Benjamin), s^r du Pin, maintenu par sentence du 26 juillet 1668. Porte : *d'azur au chevron d'or, à deux tours d'argent en chef et un sanglier au naturel en pointe.*

Antran. Poitiers (ville). COMPAING (Georges), éc., s^r de la Tour-Girard ; Jacques Compaing, éc., s^r de Champaurie ; maintenus sur l'opposition par eux formée à la sentence rendue contre eux le 3 août 1667, par celle du dernier décembre de la même année. Porte Compaing : *d'azur à trois fasces d'or, deux étoiles de même en chef, un cœur de gueules navré d'une flèche au-dessous de la première fasce et une étoile d'or au-dessous de la deuxième en pointe.*

Bonneuil-Matours. DE BESSAY (François), baron de Saint-Hilaire et comte de Traversay et ses frères, maintenus par sentence du 26 février 1667. Porte de Bessay : *de sable à la bande fuselée de quatre pièces d'argent.*

Châtellerault (ville). DE LA JOYRIE (Elisabeth Damours, veuve de Jacob), éc., s^r dudit lieu, maintenue par jugement du 26 septembre 1667. Porte de la Joyrie : *d'azur à une tour d'argent maçonnée de sable, bretessée et contre-bretessée et encastelée de trois pièces, accompagnée de deux étoiles en chef.*

Orches. Dangé. D'AVIAU (dame Elisabeth), dame du Clouzeau ; Louis d'Aviau, éc., s^r de Piolant ; Jacques d'Aviau, éc., s^r de Relay, frère puîné du précédent ; renvoyés au Conseil, maintenus par arrêt de MM. les commissaires généraux.

Ingrande. D'ALOIGNY (Louis), s^{gr} marquis de la Groye, de même famille et sorti autrefois cadet des seigneurs de Rochefort et de Boismorand, élection de Poitiers, maintenu noble par sentence du 26 février 1667. Porte d'Aloigny la Groye : *de gueules à cinq fleurs de lis d'argent, 2, 2 et 1*. Ceux de Rochefort, qui sont les aînés, n'en portent que trois.

Poisay-le-Joli.

DE COUHÉ (Charlotte de Saint-Martin, veuve de Jacques), s^{gr} de Loubressay, maintenue en sa qualité par sentence du 26 février 1667. Porte de Couhé d'Anjou : *d'azur à trois gerbes d'or*.

Leigné-sur-Usseau.
Breloux.
Gourville.
S.-Romain, él. de Cognac.

DE MASSOUGNES (d^{lle} Angélique de Corby, veuve de Mathurin), s^r de la Villardière; César de Massougnes, s^r dudit lieu; Louise et Claude de Massougnes, sœurs. Il y en a en l'élection de Saint-Maixent issus cadets de cette branche. Maintenus nobles par sentence du 10 décembre 1667, ainsi que ceux de Breloux et de Gourville, élection de Niort, de Saint-Maixent et de Saint-Romain. Porte de Massougnes : *d'azur à trois fasces d'argent et une fleur de lis en chef*.

Thuré.
S.-Martin.
Leigné-sur-Usseau.
S.-Romain.
Châtellerault.

DESMONTS (Prosper), éc., s^r de la Raintrie; François Desmonts, s^r de Grandchamp; Jean Desmonts, s^r de Grandmont; Pierre Desmonts, s^r de la Salle; Bonaventure Desmonts, s^r d'Outreville; Gabrielle Faucon, veuve de Pierre Desmonts, s^r de Torsay; Antoine Desmonts, s^r de la Pesardière; maintenus nobles par sentence du 26 septembre 1667. François Desmonts, éc., s^r de la Coste; d^{lles} Renée, Anne et Marie Desmonts; autre Marie, Catherine, Catherine-Marguerite et Renée Desmonts; autre Renée et Cécile Desmonts. Porte Desmonts : *d'argent à la bande de gueules chargée de trois griffes de lion d'or, accompagnée d'une aigle double éployée d'azur au-dessus et trois mouchetures d'hermine au-dessous*.

Thuré.

MARTINEAU (René), éc., s^r de Thuré, maintenu en sa qualité de noble acquise par Martin Martineau, son père, par lettres de secrétaire du roi du 13 juillet 1604, et par sentence du 20 décembre 1667. Porte Martineau : *d'azur à deux pals d'argent* (alias *au demi-vol d'argent*), *au chef d'or chargé d'un croissant de sable*.

Poisay-le-Joly.
Chauvigny, él. de Poitiers.

DE BESDON (Jacques), éc., s^r de Mousseaux; Joachim de Besdon, éc., s^r de......, élection de Poitiers, à Chauvigny; maintenus par jugement du 29 août 1667. Porte de Besdon : *d'argent à deux fasces d'azur accompagnées de six roses de gueules pointées de sinople et boutonnées d'or, 3, 2 et 1.* (Premier titre, 1391.)

Mondion. — De Ferrou (Louis), sr de Mondion ; François de Ferrou, sr de l'Ecotière ; renvoyés nobles, sentence non expédiée. Porte de Ferrou : *d'azur à deux chevrons d'argent.*

Usseau. Remeneuil. — De Gaing (Florimond), éc., sr de la Coutardière; François de Gaing, éc., sr de Remeneuil ; maintenus par sentence du 26 septembre 1667. Porte de Gaing : *d'azur à trois bandes d'or.*

Thuré. Andillé, élect. de Poitiers. Moutiers. — De la Touche (Louis), éc., sr de Beaulieu ; François de la Touche, éc., sr dudit lieu, aîné du précédent ; Louis de la Touche, éc., sr de la Guitière ; issus des anciens vicomtes de Châtellerault ; maintenus nobles par sentence du 18 août 1667. Porte : *d'or au lion de sable couronné, armé et lampassé de gueules.*

Thuré. — De Sauzay (Pierre), éc., sr de Beaurepaire, aîné de la branche établie en Poitou ; Jean de Sauzay, éc., son frère, tous deux en bas âge ; Charles de Sauzay, éc., sr des Châtelliers, leur oncle ; ont produit avec Pierre de Sauzay, éc., sr de Boisferrand, et les autres à Poitiers.

Dangé. — Du Peyrat (Louis), éc., sr de la Maison-Vieille, issu des anciens échevins de Poitiers en l'année 1571, maintenu en sa qualité par sentence du 26 septembre 1667. Porte du Peyrat : *d'azur à une tour d'argent maçonnée de sable.*

Leigné-les-Bois. — De Marolles (dlle Marie de Marolles, veuve de Jacques), éc., sr de Saint-Genest ; Charles de Marolles, éc., sr de Beaujeu ; maintenus le 26 septembre 1667. Porte de Marolles : *d'azur à l'épée d'argent, la garde en haut, accostée de deux panaches adossés du second.*

Aumay-Châtelet en Touraine. Senillé. — Du Bois (Louis), éc., sr de la Morinière. Dlle Françoise de Bizac avait produit et ledit François produit de nouveau en suite de la condamnation rendue contre ladite de Bizac le 13 août 1667. Maintenu par sentence du 12 septembre 1668. Porte : *d'azur à deux chevrons d'or.*

S.-Christophe. — De Mosson (Emery), éc., sr du Bois du Chillou et de la Fouchardière, maintenu noble par sentence du 26 septembre 1667. Porte de Mosson : *de gueules à la fasce d'argent accompagnée de six merlettes de même, 3, 2 et 1.*

S.-Jacques de Châtellerault.	Douat (Léon), éc., s^r de Jeu, maintenu par sentence du 26 septembre 1667. Porte Douat : *d'or à un émérillon de gueules*.
Moussay.	Doutreleau (Emmanuel), s^r de Beaulieu, maintenu par sentence du 11 mai 1668. Porte : *de gueules à trois croissants montants d'argent, 2 et 1*.
Orches.	De Sazilly (Marie Dolive, veuve de .....), s^r du Maignou ; d^{lle} Marguerite de Sazilly ; renvoyées nobles, sentence non expédiée. Porte : *de sable à deux léopards d'argent*.
Antran. S.-Jacques de Châtellerault.	De Salvert (Jean), éc., s^r de la Tapisserie, issu de l'échevinage de Tours avant 1589, maintenu par sentence du 10 août 1669. Porte : *d'azur au chevron d'or accompagné de trois étoiles de même, 2 en chef et 1 en pointe*.
Thuré. Thouars. Bouillé-Loret.	De Terves (d^{lle} Louise Gendraut, veuve de Nicolas) ; Jacques de Terves, éc., s^r de l'Herbaudière, et ses frères ; Nicolas, Jacquette, Marie, Anne, Gabrielle et Marie de Terves, mineurs ; Charles de Terves, s^r des Glandes, élection de Thouars ; maintenus nobles par sentence du 26 septembre 1667.
Sossay.	Du Guet (Charles), s^r de la Vouste, issu d'Ecosse, renvoyé noble, sentence à expédier. Porte du Guet : *d'azur à un écu d'argent posé en abîme, accompagné de trois têtes de brochet d'argent, 2 en chef et 1 en pointe*.
Bellefont. S.-Légier-de-Vic, élect. du Blanc. Pers, élect. de Poitiers.	De Rechignevoisin (Pierre), éc., s^r de la Pagerie et de la Maisonneuve ; Gabriel de Rechignevoisin, s^r de la Maisonneuve ; de même que ceux de la famille de Guron, élection de Poitiers ; maintenus nobles par sentence du 1er septembre 1667. Porte de Rechignevoisin : *de gueules à une fleur de lis d'argent posée en abîme*.
Antran.	De la Preuille (Louise Lucas, veuve de Louis), s^r de Beauvais, renvoyée noble, sentence non expédiée.
Leigné-les-Bois. S.-Genest. Brie.	De Vaucelles (Louis), s^r du Pouet et des Potineaux ; Jacques de Vaucelle, éc., s^r de Villemort, idem que le seigneur de la Razilière, en l'élection de Thouars, paroisse de Brie ; maintenus nobles, sentence non expédiée. Porte : *d'argent au chef de gueules billetté de sept billettes d'or, 4 et 3*.
Cenan.	Du Trochet (René), s^r de la Tourtrie, maintenu noble par sentence du 3 décembre 1667. Porte : *d'azur à cinq pals d'or*.

Dangé.	D'Armagnac (..... d'Aviau, veuve Charles), et ses enfants, maintenus nobles par arrêt de MM. les commissaires généraux, et la sentence rendue contre eux annulée. Porte d'Armagnac : *d'argent au lion de gueules à la queue fourchue.*
La Puye, élect. du Blanc. Liglet.	De Brossard (Abraham), s^r de la Bellangerie, renvoyé noble avec les autres en l'élection du Blanc en Berry, idem à Liglet, élection de Poitiers, par jugement du 9 septembre 1667. Porte de Brossard : *d'azur au chevron d'or à trois fleurs de lis du second, 2 et 1.*
S.-Romain.	De Chaugié (René), éc., s^r de Villiers-le-Cuit, maintenu par sentence du 26 septembre 1667. Porte de Chaugié : *de gueules à la croix d'argent cantonnée de seize croisettes ancrées d'or, 4, 4, 4 et 4.*
Cenon. Vellèche. Senillé. Les Essarts. La Bussière-Poitevine.	De la Bussière (d^lle Catherine de Marans, veuve de Louis), éc., s^r du Bois des Perches ; Louis, François, René et Jacques de la Bussière, frères, enfants dudit Louis ; Jacques de la Bussière, s^r de la Bauberdière, élection de Mauléon, paroisse des Essarts ; Pierre de la Bussière, s^r de la Flotterie, et ses enfants ; .... de la Bussière, s^gr de la Frapinière ; maintenus nobles, ensemble ceux de Mauléon, aux Essarts, et encore ceux de la Bussière-Poitevine, élection de Poitiers, par sentence du 10 octobre 1668, et en l'élection de Châtellerault, à Vellèche, maintenus le 26 septembre 1667. Porte : *d'azur à la bande d'argent accompagnée de deux vols d'épervier d'argent et de deux molettes d'or mises également au-dessus et au-dessous de la bande, surmontée de deux fleurs de lis de même.*
Leigné-les-Bois.	De Macé (Honoré), s^r de Pérusse ; Honoré de Macé, s^r de Coupelle ; Jacques de Macé, éc., fils de René de Macé ; Jeanne de Macé, sa sœur ; Pierre et René de Macé, enfants du second mariage dudit René avec d^lle Florence Cointard, sa veuve ; maintenus en leur qualité par sentence du 26 septembre 1667. Porte Macé : *d'argent à la croix alésée de sinople.*
Bonneuil-Matours.	De Marans (Louis), éc., s^r de la Varenne ; Charles et Gabriel de Marans, frères ; maintenus par jugement du 26 septembre 1667. Porte de Marans : *fascé, contre-fascé d'or et d'azur de six pièces, au chef de deux pals d'azur et d'or coupés aux deux cantons.*

Coulombiers.	DE MARS (Bertrand-Roger), baron de Coulombiers; Emmanuel-Philbert, Jean, Bénigne, Jean-Baptiste et autre Emmanuel-Philbert de Mars; maintenus par sentence du 26 septembre 1667. Porte : *de gueules fretté d'or, au chef échiqueté d'or de trois traits.*
Remeneuil.	DARGENCE (René), éc., s^r de la Martinière; Marie Maurivet, sa veuve, et René Dargence, éc., s^r du Soucy, leur fils, maintenus nobles par sentence du 26 septembre 1667. Porte pour armes : *de gueules à une fleur de lys mise en abîme.*
Dangé.	DUPUYS (.....), éc., s^r de la Brouaudière ; d^{lle} Léonore du Puys, sa sœur ; maintenus nobles par sentence du 26 septembre 1667. Porte Dupuys : *d'azur à trois chevrons d'argent.*
	DUPRÉ (Marie Jude, veuve d'Antoine), s^r du Boussay, déchargée par arrêt du Conseil.
Marigny-Brizay.	DE SIGNY (d^{lle} Gabrielle de Marbeuf, veuve de Charles), s^{gr} de la Plaine ; le s^r de Saint-Philbert, son frère, ecclésiastique, et les enfants dudit s^r de la Plaine ; maintenus nobles par sentence du 26 septembre 1667. Porte de Signy : *d'argent à la fasce fuselée de gueules de sept pièces.*
S.-Romain.	DE LA MOTHE-BÉRARD (Prosper), éc., s^r de la Mothe-Montbrard, maintenu en sa qualité de noble par sentence de M. Barentin.
Châtellerault. S.-Martin de Quinlieu.	FERRAND (d^{lle} Marguerite), veuve de François Le Bossu, éc., s^r de Sossay et de Beaufort, cons^{er} du roi et correcteur des Comptes à Paris ; Pierre Le Bossu, éc., s^r de Beaufort et de Sossay, fils du précédent ; issus des Bossu de Paris ; maintenus nobles par jugement du 24 août 1667. Porte Le Bossu : *d'or à trois têtes de Mores liées d'argent.*
Les Hommes-S.-Martin.	FRANÇOIS (Jacques), s^r du Parc, s^{gr} de la Pouzardière, renvoyé noble, sentence non expédiée. Porte François : *d'azur à la fasce d'or à trois étoiles de même en chef, à un croissant montant d'argent en pointe.*
Châtellerault.	FUMÉE (Claude), éc., s^r de Liniers, cons^{er} du roi et lieutenant général à Châtellerault ; Pierre Fumée, éc., s^r de la Foye et de Jaunay, et autres de Poitiers qui ont produit et qui ont obtenu la sentence de renvoi. Porte Fumée : *d'argent à six losanges de sable, 3, 2 et 1.*

S.-Genest. Poitiers (ville). La Villedieu, él. de St-Maixent.	GILLIER (Georges), s^{gr} baron de Marmande et de Puygarreau ; ..... Gillier, s^{gr} du Plessis-Clérambaut, et les autres, s^{grs} de la Villedieu, aînés de la famille, paroisse de Saint-Eanne, élection de Saint-Maixent ; maintenus nobles par sentence du 29 juillet 1667. Porte Gillier : *d'or au chevron d'azur accompagné de trois macles de gueules.*
Asnières. Retail en Bretagne. S.-Sauveur, él. de Thouars. Chapelle- Gaudin.	GOULLARD (Anne), s^{gr} de Beauvais ; René Goullard, s^{gr} de la Voûte, de Beauvais et du Retail, demeurant en Bretagne ; Jean Goullard, s^{r} de la Vergne-Beauvais ; Christophe Goullard, s^{r} de la Grange, Vernière ; il y a encore d'autres qui sont les aînés ; maintenus nobles par sentences des 26 septembre 1667 et 12 août 1667. Porte pour armes : *d'azur au lion d'or couronné, lampassé et armé de gueules.*
Thuré.	GRUGET (Louis), éc., s^{r} de Passay, idem que les autres de l'échevinage de Poitiers en 1600, renvoyé à Poitiers.
Vellèche.	GRESLET (Jacques), éc., s^{r} de Touchelet, maintenu noble ; la sentence est à expédier.
Oyré. Leigné-les-Bois.	GUILLEMOT (Jean), éc., s^{r} de l'Espinasse ; René Guillemot, éc., s^{r} de la Clergerie ; maintenus nobles par sentence du 26 septembre 1667. Porte : *d'or à trois éperons de sable.*
Marigny-Brizay. Cenon. Cissé.	JOUBERT (Jean), éc., s^{r} de Marçay ; Charles Joubert, s^{r} de la Touche-Mailletrie ; d^{lle} Judith Joubert, en la paroisse de Cissé, élection de Poitiers, avec le s^{r} du Puy, susdite élection ; maintenus le 3 septembre 1667. Porte : *de gueules à trois tours d'or maçonnées de sable et ouvertes de même.*
S.-Sauveur.	LEYGNE (d^{lle} Louise), veuve de Pierre Pérot, s^{r} du Plantis, renvoyée comme veuve de noble.
	LE JUDE (d^{lle} Marie), veuve d'Antoine Dupré, s^{r} de la Boulaye, maintenue noble par arrêt de MM. les commissaires généraux.
Orches.	LEVRAUT (Antoine), s^{r} de Naintré ; Pierre Levraut, s^{r} de la Maisonneuve ; maintenus nobles par sentence du 1er septembre 1667. Porte : *d'argent à la bande de gueules.*
Mondion.	LEBRUN (Pierre), s^{r} des Landes, maintenu noble par sentence non expédiée. Porte : *d'or au chef de sable.*
Scorbé. Poitiers (ville).	LUCAS (François), éc., s^{r} de Boisse ; idem à Poitiers, François Lucas, s^{gr} de Vangueil, trésorier de France, et ses enfants ;

maintenus nobles par sentence du 20 décembre 1667. Porte : *d'or au taureau passant de gueules, à trois roses de même.*

Ouzilly. MARTEL (Philbert), éc., s^r de Tricon ; François Martel, son fils ; Charles Martel, s^r de Dercé ; maintenus le 1er septembre 1667. Porte : *d'or à trois marteaux de gueules.*

Châtellerault. PIDOUX (René), éc., s^r du Vergier, idem que les s^{rs} de Malaguet, Poitiers (ville). élection de Poitiers.

Usseau. PIERRE (Hector), éc., s^r de la Roussinière ; Josias Pierre, s^r de Marigny ; idem le s^r de Puygreffier et le s^r de Pont-de-Vie, élection des Sables, paroisse du Poiré-sous-la-Roche ; maintenus le 26 septembre 1667. Porte : *d'or à la croix pattée de gueules.*

Usseau. PRUDHOMME (Antoine), éc., s^r de Leignes, et ses sœurs, maintenus nobles le 26 septembre 1667. Porte pour armes : *de gueules à trois tours d'argent maçonnées de sable.* Il y a un Prudhomme en Flandre qui porte pour armes : *d'azur à une aigle éployée d'or.*

.-Lég er. RICHARD (Anne Coatmen, veuve d'Antoine), s^r de la Brunalière ; Scorbé. Jean Richard, son fils et ses sœurs ; maintenus nobles par sentence du 26 septembre 1667. Porte : *d'argent à la fasce d'azur chargée d'une étoile d'or et de deux croissants montants d'argent en pointe, accompagnée de trois roses de gueules pointées de sinople.* La famille est issue de Jean Richard qui fut maire en 1480.

S.-Légier. ROUSSEAU (César), éc., s^r d'Izernay ; Jean Rousseau, s^r de la Pari-
Poitiers (ville). sière ; renvoyés avec ceux de Poitiers.

Montoiron. TURPIN (Henri-Charles), comte de Vihiers et de Crissé, maintenu par sentence du 26 septembre 1667. Porte pour armes : *losangé de gueules et d'argent.*

Marigny-Brizay. THOMAS (Charles), s^r de Boismorin, déchargé de la condamnation par le Conseil d'en haut et maintenu le 18 mars 1669. Porte Thomas : *d'or au chef de gueules chargé d'une croix tréflée d'argent, à la bande d'azur périe en abîme, affrontée d'une tête de More de sable au tortil d'argent.*

Marigny- VEAU (François), s^r de Coesmé, maintenu par arrêt de MM. les
Marmande. commissaires généraux qui ont cassé la sentence de condamnation rendue à Poitiers, étant en date du 9 janvier 1669.

S.-Christophe. Argenton, él. de Thouars. Bourneseaux.	VERGNAULT (Louis), éc., s^r de la Morinière ; Charles Vergnault, s^r de Bondilly, son fils ; idem les s^{rs} de Bourneseaux, élection de Richelieu ; maintenus par sentence du 20 juillet 1667. Porte Vergnault : *d'or à l'arbre de sinople mis en pal.*
Cenan.	TROCHET (René), éc., s^r de la Tourterie, maintenu en sa qualité par sentence du dernier décembre 1667, rendue sur son opposition contre le jugement de condamnation contre lui rendu comme usurpateur de noblesse le 13 août de lad. année 1667. Porte : *d'azur à cinq pals d'or.*
Leigné-sur-Usseau.	RUYS (Jacques de), s^{gr} de la Chénardière, appelant d'une sentence contre lui rendue par M. Barentin le 10 novembre 1667, maintenu en sa qualité de noble par arrêt du Conseil d'en haut tenu à Versailles le 19 mai 1672 avec la restitution des sommes par lui consignées. Porte : *d'azur à la croix pattée d'or en chef, avec une étoile en pointe de même et en cœur un croissant renversé d'argent.*
Avrigny.	THOMÉ (René de), éc., s^r de la Mauvinière ; d^{lle} Anne François, sa veuve ; d^{lles} Françoise et Marie-Catherine de Thomé, leurs filles ; maintenus nobles par sentence non expédiée. Porte pour armes : *d'azur à trois chevrons d'argent accompagnés de trois étoiles d'or, 2 en chef et 1 en pointe.*
Poisay-le-Joly.	MASPARAUT (Charles), s^r de Busseuil, renvoyé noble. Porte : *d'argent au lion de gueules, à la bordure d'or chargée de huit tourteaux de gueules chargés chacun d'une étoile d'or.*
Dangé.	MINGOT (Louise, Marie et Anne), condamnées roturières.
Leigné-les-Bois.	MOUSNIER (Charles), s^r de la Chauvetière, condamné roturier.

Election de Saint-Maixent.

S.-Saturnin en S.-Maixent. Augé. Azay. S.-Christophe.	ADAM (Jacques), éc., s^r de Saint-Denis; Hercule Adam, éc., s^r de Mauvergne; d^{lle} Marguerite Adam; d^{lle} Françoise Adam; maintenus nobles par sentence du 1er septembre 1667. Porte Adam : *d'azur au lion d'argent armé et lampassé de gueules.*
Périgné.	BERLAND (Françoise Thibaut, veuve de Philippe), s^{gr} de la Guittonnière, idem que les Berland de Poitiers et que ceux de l'élection de Niort, Jacques Berland, s^r du Plessis, Philippe,

sʳ de Puyvillet, Jean Berland, sʳ d'Oriou (paroisse de Saint-Maxire), élection de Fontenay ; maintenus nobles par sentence du 3 septembre 1667. Porte Berland : *d'azur à huit étoiles d'or, 3, 2 et 3, à deux bars adossés d'argent posés en pal.*

CHERBONNEAU (René), sʳ de la Rouaudière, maintenu en sa qualité par jugement du 1ᵉʳ septembre 1667. Porte : *d'azur semé de fleurs de lis d'or à trois écussons d'argent, posés 2 et 1.*

Breloux.
Saivre.

CHEVALLEAU (Pierre), éc., sʳ de Saisigny ; Jean Chevalleau, sʳ de Boisragon ; Jean Chevalleau, sʳ de Boisrezet ; maintenus en leur qualité le 18 décembre 1667. Porte Chevalleau : *d'azur à trois roses d'argent, au chef cousu de gueules.*

Prailles.
Saivre.

CHALMOT (dˡˡᵉ Blanche Gorre, veuve de Daniel), éc., sʳ de la Tour, et ses enfants ; dˡˡᵉ Jeanne Chalmot, demoiselle du Couteau ; maintenus par sentence du 23 août 1667. Porte Chalmot de la Tour : *d'argent à un vol de sable accompagné de trois étoiles de gueules, 2 en chef et 1 en pointe.*

Nanteuil.

CHEVALIER (François), éc., sʳ de la Frapinière, et ses frères, de même famille que les sʳˢ de la Coindardière et de Ceaux, élection de Poitiers, paroisse de Sanxay et de......; maintenus nobles par jugement du 23 août 1667. Porte : *de gueules à trois clefs d'or mises en pal, 2 et 1, à la bordure d'azur.*

S.-Maixent.

DAIX (Isaac), sʳ de Langevinière, idem que le sʳ de la Guillotière, paroisse de Vausseroux, élection de Poitiers ; renvoyé à Vausseroux.

S.-Maixent.
Prailles.
Melleran.

D'ANCHÉ (Claude), éc., sʳ du Bourgneuf, idem que le sʳ du Puy-d'Anché, élection de Poitiers, aîné de la famille, paroisse de Vaussay ; dˡˡᵉ Louise Ragot, veuve de René d'Anché, sʳ des Renardières ; renvoyés à l'élection de Poitiers.

Chauray.
François.

DE BOSQUEVERT (Jacques), éc., sʳ de la Roche ; Amable de Bosquevert, éc., sʳ de la Roche, son fils, et les autres du même nom ; maintenus nobles par sentence du 6 juillet 1667. Porte de Bosquevert : *d'argent semé de glands de gueules, à la bande ondée de même accompagnée de trois merlettes de sable sur le chef de l'écu.*

Oleron en Saintonge.	DE BOSQUEVERT (Jacques), éc., s^r du Montet et de Mont-Feste, demeurant en l'île d'Oleron en Saintonge, maintenu noble ensuite par jugement de M. Daguesseau, intendant de Limoges, sur requête présentée par led. s^r du Montet et représentation de la sentence rendue par M. Barentin le dernier décembre 1668.
Romans. Aigonnay.	DE BONNETIE (René), éc., s^r de la Couture ; Jean de Bonnetie, s^r des Couteaux ; maintenus en leur qualité par jugement du 23 août 1667. Porte : *d'azur à deux tours d'argent maçonnées de sable, au chef cousu du dernier chargé d'un lion d'or.*
S.-Gelais.	DE LA BLACHÈRE (François), s^r de l'Isle, maintenu noble par arrêt du 24 novembre 1668.
S.-Maixent.	DE CUMONT (la veuve René), s^{gr} de Fiefbrun, portant le nom de Liniers, renvoyée avec les autres de Cumont, élection de Niort.
Chapelle-Bâton.	DE CAILLO (Jean), s^r de la Fontaine, personne qui a rendu de grands services au roi en diverses rencontres.
Augé.	DE CLERVAUX (Gabriel), éc., s^r du Breuil-Cartais, maintenu par sentence du 22 août 1667. Porte de Clervaux : *de gueules à la croix pattée de vair.*
S.-Gouard.	DE CÉRIS (d^{lle} Suzanne), renvoyée noble avec les autres du nom. Porte : *d'azur à la croix périe en bande d'argent.*
Augé. Poitiers (ville).	DE HOLLANDE (Charles), éc., s^r du Vignaut, et son frère aîné, s^r du Breuil ; maintenus en leur qualité par sentence du 22 février 1667. Porte pour armes : *d'argent au lion paré et vilené de gueules.*
	DE L'AAGE (François), éc., s^r de Beauregard, puîné de la maison du Rivault Bretolière, élection du Blanc en Berry ; maintenu par sentence du 7 septembre 1667. Porte pour armes : *d'azur à la fasce d'argent accompagnée de trois croissants de même, 2 et 1.*
S.-Maixent. Augé. S.-Georges.	DE LA CHAUSSÉE (Hilaire), éc., s^r de Champmargou ; Hilaire Perrolin, veuve de Jacob de la Chaussée, père dudit Hilaire ; maintenus nobles par sentence du 22 août 1667. Porte pour armes : *écartelé au premier et quart d'argent, au deux et trois de sable.*

Baussay. — DE LA BARRE (Marie de la Cour, veuve de Samuel); Louis de la Barre, s^r de Boussay, son fils ; maintenus par sentence du 23 août 1667. Porte : *d'argent à la bande d'azur chargée de trois coquilles d'or, accompagnée dessus et dessous de deux merlettes de sable au croissant montant d'azur, sur le deuxième quartier.*

S.-Martin de Melle. — DE GRUNSTEIN [1] (d^{lle} Marguerite de Constant, veuve de Charles) en deuxièmes noces et en premières noces de Pierre Payen, éc., s^r de Chauray, maintenue noble le 23 août 1667. Porte de Grünstein : *losangé d'or et d'azur, au chef d'azur à l'aigle éployée d'or.*

S.-Celais. — DE LOUBEAU (Moïse), éc., s^r de Suyré, maintenu par sentence du 1er septembre 1667. Porte Loubeau : *d'argent à la bande de gueules.*

Sompt. Montrol-Senart. — DE LA TOUR (Guy), s^r de Lestang, maintenu noble avec ceux de Montrol-Senart, élection de Poitiers, le 18 août 1667, et autres. Porte de la Tour : *d'argent à l'aigle de gueules membrée d'or, à la bordure d'azur chargée de six besants d'or.*

Breloux. Courville, él. de Niort. Romans. Leigné-sur-Usseau. S.-Romain, él. de Cognac. — DE MASSOUGNE (René), éc., s^r de la Sablière ; la veuve de René de Massougne, éc., s^r de la Longeay ; idem les s^{grs} de Villars, à Leigné-sur-Usseau, élection de Châtellerault, qui sont les aînés de tous ; maintenus par sentence du 10 décembre 1667. Porte : *d'argent à trois têtes de couleuvre languées, couronnées, arrachées d'azur, et trois coquilles de sable, 2 et 1.*

St-Ouenne. — DE MARSAC (André), s^r du Plessis, de l'échevinage de Niort depuis 1655.

Ste-Néomaye. Curzay. — DE MARCONNAY (Philémon), s^r de Mondevis, de la famille des s^{grs} de Curzay, élection de Poitiers, et des s^{grs} de Marconnay, près de Mirebeau, élection de Richelieu, maintenu en sa qualité par jugement du 1er septembre 1667. Porte : *de gueules à trois pals de vair, au chef d'or.*

Baussay. Rom, él. de Poitiers. Gençay, él. de Poitiers. — DE MAURAISE (François), éc., s^r dudit lieu, idem qu'Antoine de Mauraise, s^r du Vergier, paroisse de Rom, élection de Poitiers ; Gabriel de Mauraise, éc., s^r de la Richardière, paroisse de Gençay, élection de Poitiers ; maintenus par sentence du

---

1. Le manuscrit porte : *de Groinstin.*

3 septembre 1667. Porte : *de sable au lion d'argent armé de gueules.*

S.-Maixent. Périgné. Tillou.
DE NOSSAY (François), s^{gr} de la Forge ; Louise de Brémond, veuve de Pierre de Nossay, père et mère du précédent, s^{gr} de la Forge, et leurs enfants ; dame Marguerite d'Authon, veuve d'Henri de Nossay, s^{gr} des Chasteliers ; maintenus par jugement, renvoyés et maintenus nobles. Porte de Nossay : *d'argent à trois fasces de sable accompagnées de dix merlettes de même, 4, 3, 2 et 1.*

Vernou. Milly. Chapelle-Bâton.
DE BRÉMOND (Galiot), s^{gr} de Vernou, de la famille des marquis d'Ars en Saintonge, et encore les s^{grs} de Vaudoré, en la paroisse de Saint-Jouin-de-Milly, élection de Thouars ; François de Brémond, s^r de Céré, fils de Galliot-Jacques de Brémond ; maintenus nobles le 23 août 1667 et à la Chapelle-Bâton le 1er septembre. Porte : *d'azur à l'aigle à deux têtes éployée d'or.*

Pamproux. La Mothe-S.-Héraye.
DE BAUDÉAN (......), chev., s^{gr} de Pardaillan, et ses frères, le comte de Parabère l'aîné, tous deux lieutenants du roi en Poitou ; renvoyés nobles. Porte : *écartelé au premier et quatre de gueules au chêne au naturel futé et pointé d'or, côtoyé de deux glands de même en pointe, au deux et trois d'argent à deux ours de sable posés en pal.*

S.-Saturnin de S.-Maixent.
D'ORFEUILLE (François), éc., s^r de Foucaut, maintenu noble par sentence du 22 août 1667. Porte d'Orfeuille : *d'azur à trois feuilles de laurier d'or.*

Saivre.
DE RYON (François), éc., s^r de Saugé, idem que la famille de Bois-Imbert, maintenu noble le 22 août 1667. Porte de Ryon : *de gueules à la croix d'argent cantonnée de quatre roses d'or.*

Chapelle-Bâton.
DE SAINT-VAURY (Gabriel), éc., s^r de Favières ; d^{lle} Charlotte-Marie Saulnier, dame du Bourgneuf, sa veuve ; Jean, Léon, Gautronnet, Catherine, Françoise et Claude-Marie de Saint-Vaury, leurs enfants ; maintenus nobles par sentence du 1er septembre 1667. Porte : *d'azur à la bande d'or côtoyée de part et d'autre d'une cotice d'argent, accompagnée de six étoiles du second.*

Soudan. Poitiers (ville).
DE SAUZAY (Jean), éc., s^r du Breuil-Mayraut, renvoyé à Poitiers sous l'article de Pierre de Sauzay, éc., s^r de Boisferrand, et les autres.

— 394 —

Augé.	Du Reteil (les d^{lles}), renvoyées avec le s^r du Reteil, paroisse de Saint-Pardoux, élection de Niort.
S.-Médard. Gournay. Asnières.	De Villedon (Gabriel), éc., s^r de Saint-Rue ; François de Villedon, éc., s^r de Chaignepin ; Jean-Charles de Villedon, s^r de Gournay ; Jean de Villedon, s^r de Boisroger ; d^{lle} Charlotte de Villedon ; renvoyés en l'élection de Poitiers, en la paroisse d'Asnières avec l'aîné de la famille ; maintenus nobles le 21 juillet 1667. Porte de Villedon : *de gueules à trois fasces ondées d'argent.*
S.-Genard.	De Céris (dame Suzanne), de la famille des s^{rs} de Château-Couvert, fondatrice du couvent des religieuses de Puyberland, renvoyée noble, la sentence non expédiée. Porte : *d'azur à trois étoiles d'or, 2 et 1.*
Romans.	Du Moustier (d^{lle} Charlotte), veuve de...... Thebaut, éc., s^r de la Vienne, renvoyée noble avec les Thebaut de l'élection de Niort, paroisses des Fosses et de Chérigné. Porte Du Moustier : *d'azur à trois tours d'argent maçonnées de sable.*
Lusseray.	De Hautefoye (Charles et Louis), éc^{rs}, s^{rs} de Lusseray, maintenus par jugement du 22 août 1667. Porte : *d'argent au lion de gueules.*
Clussay, élect. de Poitiers.	De Pons (la veuve Hiérosme), s^r de la Brunette ; Pierre de Pons, éc., s^r dudit lieu ; renvoyés à l'article de d^{lle} de Maubué, veuve d'Antoine de Pons, éc., s^r de la Caillaudière, à Chey, élection de Poitiers ; maintenus nobles par sentence du 1er septembre 1667.
Clussay.	De Puyguyon (Pierre), éc., s^r de la Voûte, et ses neveux, maintenus nobles par sentence du 30 août 1667. Porte : *d'or à la tête de cheval animé ou effarouché contournée de sable* [1].
Exoudun. Couhé.	De Saint-George (d^{lle} Marguerite), veuve de Bonaventure Forin, s^r d'Exoudun, sans enfants, renvoyée avec les s^{rs} de

---

1. En marge de l'article, le rédacteur a noté cette descendance : 1. Pierre Puyguyon. 2. Guillaume de Puyguyon ; en 1424 Marie Milon. 3. Marquis de Puyguyon ; Anne Dreux en 1440. 4. Jacques de Puyguyon ; Marguerite Amenard. 5. Jean de Puyguyon ; Marie Provot. 6. François de Puyguyon, s^r de la Voûte ; Marie de Sauzay, de Bourges. 7. Pierre de Puyguyon ; Jeanne Garnier. 8. Pierre de Puyguyon, s^r de la Voûte ; Andrée Baudouin.

	Saint-George de Vérac, barons de Couhé. Porte de Saint-George : *écartelé au premier et quatre d'argent à une croix alésée de gueules, au deux et trois d'argent à trois ondes de gueules.*
Romans.	DUBOIS (d^{lle} Jacquette), veuve de René Lauvergnat, maintenue noble par sentence du 23 août 1667. Porte : *d'azur à l'épervier longé et grilleté d'or.*
Cherveux. S.-Remy. S.-Mandé. S.-Georges.	DUCHESNE (Louis), éc., s^r de Vauvert ; d^{lle}..... Jouslard, sa veuve ; Jean Duchesne, son fils, éc., s^r dudit lieu ; idem élection de Châtellerault, à Saint-Remy, à Saint-Mandé, élection de Niort, et à Saint-Georges-de-Longuepierre, même élection ; maintenus nobles par sentence du 1er septembre 1667. Porte : *d'azur à trois glands d'or.*
Chapelle-Bâton. Maisonnay.	D'ESCARS (Louis), éc., s^r des Loges, et ses enfants, maintenus nobles par sentence du 1er septembre 1667. Porte : *d'azur à trois étoiles d'or, 2 et 1.*
Juillé.	FRÈRE (d^{lles} Louise et Marguerite Le), maintenues nobles par sentence du 23 août 1667.
Exoudun. Clussay. S.-Sauvant.	GARNIER (Pierre), éc., s^r de la Sicardière, idem que les autres des paroisses de Chenay et de Saint-Sauvant, maintenus nobles le 23 août 1667. Porte : *gironné de gueules et d'or de douze pièces.*
S.-Eanne. Exoudun.	GILLIER (Joseph), s^{gr} de la Villedieu ; Antoine Gillier, s^{gr} de Mizeré ; ce sont les aînés des s^{grs} de Puygarreau, élection de Châtellerault ; maintenus nobles par sentence du 20 juillet 1667. Porte : *d'or au chevron d'azur accompagné de trois macles de gueules, 2 et 1.*
Sompt.	GIRARD (Abraham), éc., s^r du Pinier, cadet du s^r de la Tour-Blanche, en la paroisse de Saint-Vincent, élection de Poitiers, maintenu noble le 10 décembre 1667. Porte Girard : *d'azur à trois chevrons d'or.* C'est de la même famille que les seigneurs de Beaurepaire en Bas-Poitou et que M. le procureur général de la Chambre des Comptes à Paris.
Brioux. Luché.	GIGOU (Pierre), éc., s^r de Vezançay ; Pierre Gigou, éc., s^r de Luché ; maintenus nobles le 10 décembre 1667. Porte pour armes : *d'or à trois cigognes de sable et un chevron de gueules.*
Aigonnay. St-Maixent.	GOURJAULT (Charles), éc., s^r de la Croix ; Claude Gourjault, éc., s^r de la Bessière ; Charles Gourjault, éc., s^r de la Berlière,

Vitré. Thorigné.	renvoyés avec les autres Gourjault, élection de Poitiers, paroisses de Rouillé, de Romagne et autres ; maintenus nobles par sentence du 10 décembre 1667. Porte : *de gueules au croissant montant d'argent.*
Mazières.	GUILLOTIN (Jean), éc., s^r du Bouchet et de la Touche ; Louis Guillotin, s^r du Grosleau ; maintenus nobles par sentence du 10 septembre 1667.
Baussay.	GOMBAUD (Charles), s^{gr} de Mairé ; Antoine Gombaud, s^{gr} de Baussay, et leurs sœurs ; maintenus en leur qualité par sentence du 1er septembre 1667. Porte pour armes : *d'azur à six pals d'or.*
Chavagné.	HILAIRET (César), éc., s^r de Ruffigny ; d^{lle} Françoise Hilairet, sa sœur; maintenus en leur qualité par sentence du 1er septembre 1667. Porte pour armes: *de gueules au lion d'or couronné, lampassé et armé de même.*
La Martinière.	HUET (Louise), veuve de Pierre Simon, s^r de la Figerasse, de l'échevinage de Niort en 1616.
S.-Georges. Nanteuil. Soudan.	JANVRE (Daniel), éc., s^r de la Tour-Bouchetière ; Daniel Janvre, s^r de Lussay ; Daniel Janvre, s^{gr} de Boisbrethier, idem que le s^r de la Bouchetière, aîné de la famille ; maintenus nobles par jugement du 23 août 1667. Porte Janvre : *d'azur à trois têtes de lion arrachées d'or, couronnées et lampassées de gueules.*
Exireuil.	JOUSSEAUME (Antoine), éc., s^r de la Chalonnière et du Pin d'Exireuil, maintenu en sa qualité par jugement du 1er septembre 1667. Porte Jousseaume : *d'argent fretté de gueules.*
Saivre. Romans.	JOUSLARD (Etienne), s^r de la Relatrie (*sic* pour l'Artuserie) ; Jacques Jouslard, éc., s^r de Chantecaille ; avec ceux de Niort et de Poitiers ; maintenus en leur qualité par jugement du 9 septembre 1667. Porte : *d'azur à trois coquilles d'or en chef et au croissant montant d'argent en pointe.*
S.-Gelais.	LA BLACHÈRE (Louis de), éc., s^r de Tillé, condamné par M. Barentin, appelant, maintenu noble par arrêt de MM. les commissaires généraux. Porte La Blachère : *d'azur au chevron d'argent chargé de trois aiglettes de sable accompagnées de cinq flammes d'or posées en croix et de quatre étoiles de même posées en écartelure.*

Vitré.	LECOCQ (François), éc., sr de Rouillé, issu de l'échevinage de Saint-Jean-d'Angély. Porte Lecocq : *d'azur au coq hardi d'or, membré, crêté, barbillonné et armé de gueules.*
S.-Maixent.	MARCHAND (dlle Marguerite), dame de Russay, et les autres, à juger au Conseil.
S.-Génard.	PELLETIER (dame Catherine de Rechignevoisin, veuve en secondes noces de Louis Le), éc., sr des Mardelles ; Henri Le Pelletier, éc., sr de Mons, leur fils ; deux autres enfants et une fille mariée au sr de Chambonneau ; maintenus en leur qualité par jugement du 22 août 1667. Porte Le Pelletier : *de sable au lion d'or.*
S.-Maixent. Melle.	PRÉVOST (Louis), éc., sr de Gagemont, qui est de la même famille que les srs de la Fraignée, élection de Mauléon, ci-après à Beaurepaire, maintenu noble le 24 septembre 1667. Porte : *d'or au lion de sinople couronné, armé et lampassé de gueules.*
Ste-Ouenne. Faymoreau.	RÉGNIER (Jean), sr du Puy, demeurant en la paroisse d'Azerac en Périgord, de même famille que ceux qui suivent ; François Régnier, sr d'Availles, de la même famille que les Régnier, srs de la Grange, en l'élection de Fontenay, de Poitiers, et ailleurs ; maintenus nobles par jugement du 5 septembre 1667, à Faymoreau, élection de Fontenay. Porte : *d'azur à trois coquilles d'argent.*
S.-Projet.	REORTEAU (Bénigne), éc., sr de la Roche-Tollay, maintenu en sa qualité par jugement du 22 août 1667. Porte Reorteau : *de gueules au lion d'argent couronné, armé et lampassé d'or.*
Aigonnay. Notre-Dame de Celles.	SUIROT (Jacques), éc., sr d'Angle ; Pierre, Jean, François, Louis et Guy Suirot, srs de Baroux, la Bissière, Lautremont, de Coussay et de Montbason, de même famille que le sr des Champs ; maintenus nobles par jugement du 22 août 1667. Porte Suirot : *coupé, tranché, taillé de gueules et d'argent.*
	CHALMOT (Philippe et Pierre), srs du Breuil, frères ; dlle Anne Cheivet ; bien nobles.
Prailles. Azay. Augé. Les Fosses.	THEBAUT (René), éc., sr de Grandchamp ; Charles Thebaut, éc., sr de la Vaux ; Charles Thebaut, éc., sr de Mons et de la Vaux ; maintenus nobles par jugement du 23 août 1667 ;

Mazières. S.-Maixent. Chérigné.	et encore ceux des Fosses, élection de Niort, par autre jugement du 1er septembre 1667. Porte Thebaut : *de gueules à trois tours d'or maçonnées de sable, bretessées de quatre pièces.*
	THIBAULT (dame Marie de Vaucelle, veuve d'Etienne), sr d'Auzay, idem que les Thibaut, srs de la Carte et de Vuzé, maintenus en leur qualité par jugement du 10 novembre 1667.
S.-Maixent. Saivre.	TUTAULT (Philippe), éc., sr de l'Herbaudière ; Gabriel Tutault, éc., sr de la Verdonnière ; Philippe Tutault, éc., sr de….. ; maintenus en leur qualité par jugement du 1er septembre 1667. Porte Tutault : *d'or à la fasce ondée d'azur de trois pièces.*
S.-Maixent. Souvigné. Exoudun. La Martinière. Prailles.	VASSELOT (Antoine), éc., sr de la Guigneraye ; Pierre Vasselot, éc., sr de la Barre ; Pierre Vasselot, éc., sr de Reigné ; Jacques Vasselot, éc., sr du Verdon ; dlle Jeanne Monnet, veuve de Joachim Vasselot, éc. ; maintenus en leur qualité par jugement du 1er septembre 1667. Porte Vasselot : *d'azur à trois guidons rangés d'argent, la lance d'or ferrée d'argent.*
Chapelle-Bâton. S.-Christophe, élect. de Châtellerault.	VERGNAULT (Louis), éc., sr de Bournezeau, idem à Châtellerault, paroisse de Saint-Christophe ; Louis Vergnault, éc., sr de la Morinière ; maintenus nobles par jugement du 20 juillet 1667. Porte : *d'azur à l'arbre de sinople posé en pal.*
Périgné.	VIAULT (André), sr de Mazerolle, issu de l'échevinage de Niort.
Prailles. Marans.	VOULLON (Pierre de), éc., sr du Breuil de Prailles ; Maurice de Voullon, éc., sr de Poisneuf, paroisse de Marans, élection de la Rochelle ; maintenus en leur qualité le 1er septembre 1667. Porte : *d'azur à trois étoiles d'or, 2 en chef et 1 en pointe, à la fasce de même.*
S.-Génard. Poitiers (ville). Paizay-le-Tort. S.-Néomaye.	VERNOU (Louis), sgr de la Rivière-Bonneuil et de Melzéard ;… Vernou, sr de Bonneuil ; la veuve de Jean Vernou, sr de la Fontenelle ; René Vernou, sr de la Fontenelle, son fils ; maintenus nobles par sentence du 23 août 1667. Porte : *d'or au chevron de gueules, à trois croissants montants d'azur, 2 et 1.*
S.-Blandine.	VESTELIER (Charles Le), éc., sr de Courbanay, maintenu en sa qualité par jugement du 1er septembre 1667. Porte pour armes : *d'azur à l'aigle double éployée d'or.*
Sepvret, élect. de Poitiers.	YONQUES (Charles), éc., sr de Sepvret, élection de Poitiers ; dlle Catherine Yonques, veuve de….., éc., sr de Montigny ; main-

S.-Maixent (ville). tenus en leur qualité par jugement du dernier décembre 1667. Porte pour armes : *d'argent à trois cerfs naissants de sable, 2 et 1*.

Aigonnay. DAUZY (la veuve Jean) et ses enfants, maintenus nobles.

Election de Thouars.

Assais. ACQUET (.....), s^r de la Vergne et d'Auzay, anobli par lettres de 1643, confirmées en juillet 1665, maintenu par jugement du 15 mai 1668.

Maulay. ACTON (Victor), s^r de Marsay. Porte : *d'argent à cinq fleurs de lis d'azur, 2, 2 et 1, au franc canton de gueules chargé d'un croissant montant d'argent*. Demeure à présent en la paroisse de Marnes, élection de Richelieu.

Les Moutiers. Rigné. AMAURY (André), éc., s^r de Migaudon ; Louis Amaury, s^r de l'Auderie ; maintenus nobles, sentence non expédiée. Porte Amaury : *d'azur au chevron d'argent accompagné de trois étoiles en chef et de trois roses de même, 2 et 1, en pointe*.

Les Moutiers. Montbrun. AUBINEAU (Jean), éc., s^r de la Ressatelière ; Pierre Aubineau, s^r de la Racaudière ; maintenus en leur qualité le 12 août 1667. Porte : *de gueules chargé de losanges d'argent sans nombre*, aliàs *losangé de gueules et d'argent*.

Boismé. SAUVESTRE DE CLISSON (Jacques-Bernard), maintenu noble par jugement du 24 septembre 1667. Porte Sauvestre : *palé d'argent et de sable de six pièces, chargé au premier de trèfles de gueules sans nombre*.

S.-Jean-de-Combrand. BEUGNON (Jacques), éc., s^r de la Girardière ;...... Beugnon, éc., s^r de la Boussière, de Fontenay ; maintenus par sentence en opposition du 30 décembre 1667. Porte : *d'or au chevron d'azur à trois molettes d'éperon de gueules*.

S.-Amand. La Petite-Boissière, élect. de Mauléon. BÉRAUD (Louise), veuve de Jacques Petit, éc., s^r de la Guerche-Saint-Amand ; Gilbert Petit, s^r de la Roussière ; maintenus en leur qualité le 24 septembre 1667. Porte : *de sable à la bande d'argent chargée d'un lion de gueules*.

Clazay. Brion. BIGOT (d^{lle} Louise Garreau, veuve de Barthélemy), s^r du Bois d'Angiraud, et ses enfants ; Nicolas Bigot, éc., s^r de Clazay ;

maintenus nobles par jugement du 20 août 1667. Porte : *échiqueté d'or et de gueules.*

S.-Nicolas-de-Brem, élect. des Sables.
Chantcloup.
BODET (Jean), éc., s^r de Coullebrin ; René Bodet, éc., s^r des Roches, frères ; Jacques-Eléonor Bodet, éc., s^r de la Fenestre et de la Cour de Brem ; maintenus nobles par jugements des 24 septembre 1667 et 26 mai 1668. Porte Bodet : *d'azur à l'épée d'argent, à la trangle de gueules vers le chef brochant sur le tout.*

Montravers.
BOYNET (d^{lle} Florence), veuve de René Grelier, éc., s^r du Robineau, renvoyée à la lettre G.

S.-Mesmin-le-Vieil.
BOISSON (Jacques), s^r de la Guierche, maintenu noble par sentence du...

S.-Mars-la-Réorthe.
BOUHET (Jean-Baptiste), éc., s^r de la Lardière, maintenu par jugement du 12 août 1667. Porte Bouhet : *d'azur à la croix d'argent de Saint-André chargée de cinq losanges de gueules.*

LEGIER DE LA SAUVAGÈRE (Renée), dame du Coudreau, veuve du s^r du Landreau, de la famille des Legier, s^{rs} de la Sauvagère, maintenus nobles en l'élection de Poitiers.

Chanteloup.
BERRY (d^{lle} Florence), veuve d'Hilaire Chomel, s^r de Tournelay, maintenue noble de son chef par jugement du 12 août 1667. Porte Berry : *d'azur au chevron d'or accompagné de trois croissants montants d'argent.*

S.-Pol près Pouzauges.
CHATEAUBRIANT (..... de), s^r des Roches-Baritaud, renvoyé noble. Porte : *de gueules semé de fleurs de lis d'or.*

Moutiers-sous-Chantemerle.
D'APPELVOISIN (Martin), s^r de Coushay, ci-devant avec les autres, paroisse de Vouneuil-sur-Vienne, élection de Poitiers.

S.-Martin-de-Sanzay.
D'AVIAU (Jacques), éc., s^r de Relay, idem ci-devant, élection de Châtellerault.

Assay.
Jaunay.
DE BAUGÉ (François), éc., s^r de la Mothe, de même à Jaulnay, élection de Poitiers.

Maulay.
DE BEZANNE (Jean), éc., s^r de la Verrye, maintenu par jugement du 24 septembre 1667. Porte : *de sable à trois gantelets d'argent.*

La Ronde.
DE BONAVENTURE (Claude), marquis de Crevant, renvoyé noble. Porte : *d'argent écartelé d'azur.*

S.-Martin-de-Sanzay.	DE CHAMPELAY (Louis), éc., s' de Bourdillière, maintenu en sa qualité le 24 septembre 1667. Porte pour armes : *d'argent à trois fusées de gueules, à la bordure de même chargée de perles d'argent.*
Bagneux.	DU CHARDON (Charles), s' de Richebourg, renvoyé noble, sentence non expédiée.
Vieux-Pouzauges. Nalliers, élect. de Fontenay.	DE CAILLAUT (.....) éc., s' de la Grusardière. Porte : *d'argent au lion de sable armé de gueules.* Idem Alexandre de Caillaut, s' de Montreuil, maintenu noble, sentence expédiée du 24 septembre 1667.
Thouars. Noizé.	DE CHAMBES (Gabriel), éc., s' de Boisbaudran, de la maison de Montsoreau, maintenu noble. Porte de Chambes : *d'azur semé de fleurs de lis d'argent, au lion de même couronné d'or.*
Cerizay.	DE GRANGES (René), éc., s' de Puyguyon; Louis de Granges, son frère; Charles de Granges, s' de la Gord; François de Granges, s' de la Ré; maintenus par jugements des 23 et 24 septembre et 29 août 1667. Porte pour armes : *de gueules fretté de vair, au chef d'or chargé d'un lambel à trois pendants de sable.*
Beaulieu. Les Pineaux, él. de Fontenay. S.-Porchaire.	DE LA HAYE (Charlotte Jaudonnet, veuve de René), s⁹' de la Dubrie; Gabriel de la Haye, s' de la Gaillardrie; renvoyés à Fontenay, aux Pineaux; maintenus nobles par jugement du 7 septembre 1667. Porte de la Haye : *bandé d'argent et de sable.*
Soulièvre. La Peyratte, él. de Poitiers. Assay.	DE LINIERS (Charles), éc., s' de la Guyonnière; Lancelot de Liniers, éc., s' de Soulièvre; idem que les s⁹'ˢ de la Bourbelière et de la Grange de Courlay, paroisses de la Peyratte et de Courlay, élection de Poitiers, et encore que les s⁹'ˢ de Saint-Pompain. Porté de Liniers : *d'argent à la fasce de gueules, à la bordure de sable chargée de huit besants d'or.* Maintenus nobles le 24 septembre 1667.
	DE LA PASTELIÈRE (Gabriel), s' de Savigny; David, Isaac, Anne, Catherine, Gabrielle et Bonaventure de la Pastelière; maintenus nobles par sentence du 24 septembre 1667. Porte : *d'argent à la tête et encolure de cheval effarouché de gueules.*
Les Aubiers. S.-Cyr-de-la-Lande.	DE LA VILLE DE FÉROLLES (Charles), s' des Dorides; Pierre de la Ville, éc., s' de Férolles; anoblis par lettres anciennes (par

lettres de Henri III, de l'an 1586, confirmées par Henri IV en 1609 et par Louis XIII en 1627), vu lesquelles maintenus nobles. Porte : *d'argent à la bande de gueules.*

S.-Marsault. Vernou. — DE LA COUR (Antoine et Nicolas), éc^{rs}, s^{rs} de la Chambaudière ; d^{lle} Renée Pommeraye, veuve de Léon de la Cour, s^{gr} de la Touche-Billette; maintenus par jugement du 9 septembre 1667. Porte de la Cour : *de sinople à la bande d'or chargée d'un porc-épic de sable.*

Nueil-sous-les-Aubiers. — DE LESPRONNIÈRE (François), éc., s^r du Bois, maintenu noble par jugement du..... Porte : *de sable fretté de six pièces de gueules et neuf d'hermine, au canton d'argent.*

Chiché. Menomblet, él. de Fontenay. — DE MAILLÉ (Toussaint), s^r du Gast, maintenu noble par jugement du 16 août 1667. Porte de Maillé : *fascé, ondé d'or et de gueules de six pièces.*

Louzy. — DE MALLONAY (Henri), éc., s^r de Magé, déchargé par le Conseil de la condamnation, maintenu noble le 13 mai 1671. Porte : *de gueules à la fasce d'argent accompagnée de six merlettes de même, 3 en chef et 3 en pointe.*

Cerizay. S.-Aubin-de-Baubigné, élect. de Mauléon. — DE MEULLE (François), s^{gr} de la Forest-Montpensier, idem que François de Meulle, éc., s^r du Fraigne-Chabot, élection de Mauléon ; maintenus en leur qualité par sentence du 24 septembre 1667. Porte : *d'argent à trois tourteaux de sable accompagnés de sept croix ancrées de gueules, 3 en chef, 1 au centre, 2 au canton d'en bas et 1 en pointe.*

DU MAS (Jacques), s^r du Puy-Papin, maintenu noble, sentence non expédiée.

Chapelle-au-Lys — DE MOUILLEBERT (Dominique), éc., s^r du Tillet ; Charles, René, Isabelle, Marguerite et Anne de Mouillebert, frères et sœurs ; maintenus par jugement du 12 août 1667. Porte: *d'argent à trois roses de gueules.*

Bagneux. — DE MESLANGE (René), éc., s^r de Bellin, maintenu noble, sentence non expédiée. Porte: *d'argent à deux léopards passants de gueules.*

Cirière. — DE MONTAIGU (Charles), éc., s^r de la Rousselière, Boisdavid, maintenu noble par jugement du 12 août 1667. Porte pour armes: *d'azur à deux lions armés, lampassés et couronnés de gueules.*

La Flocellière.	DE MORAIS (Pierre-Philippe), éc., s^r de la Flocellière, maintenu noble par jugement du 12 août 1667. Porte de Morais : *d'argent à six annelets de sable, 3, 2 et 1.*
La Flocellière.	DE MARBEUF (Séraphin), éc., s^r de la Saminière, maintenu le 12 août 1667. Porte : *d'azur à deux épées d'argent, les pointes en bas passées en sautoir, aux gardes et poignées d'or.*
Boussay.	DE PRÉAUX (Hector), s^r de Châtillon, appelant de la sentence rendue contre lui confirmée par arrêt du 26 septembre 1671, depuis nonobstant a été déclaré noble par arrêt du 7 décembre ensuivant 1671. Porte : *d'argent à l'aigle de gueules.*
La Boissière.	D'AUTHON (Michel), éc., s^r de Mazières, maintenu par jugement en opposition du 6 juillet 1668. Porte d'Authon : *fascé d'or et de sable de six pièces.*
Terves.	DE SAINTE-MAURE (René), s^{gr} de Beaurepaire et de la Guiraire, maintenu en sa qualité, la sentence non expédiée. Porte de Sainte-Maure : *d'argent à la fasce de gueules.*
Vaudelenay.	DE SAINT-GERMAIN (Jacques), s^r des Coutures, maintenu, anobli par lettres anciennes.
La Ronde.	DE SAINT-JOUIN (René), éc., s^r de la Mothe, mort sans hoirs depuis avoir justifié de la noblesse en laquelle il aurait été maintenu. Porte : *d'azur au lion d'or armé et lampassé de gueules.*
Bouillé-Loret.	DE TERVES (Charles), s^r des Glandes, idem à Châtellerault, paroisse de Thuré, maintenu par sentence du 12 août 1667. Porte : *d'argent à la croix de gueules cantonnée de quatre mouchetures d'hermine.*
Moutiers.	DU BELLAY (Claude-Théodore), s^r d'Anché et de Grenouillon, renvoyé noble, sentence non expédiée. Porte : *d'argent à la bande fuselée de gueules, accompagnée de six fleurs de lis d'azur en orle en chef et trois en pointe.*
Terves.	DE VIEUX (Henri), s^r du Petit-Puy, maintenu par jugement du 9 décembre 1667. Porte : *d'or au lion rampant de sinople couronné d'argent.*
Bilazay.	DE VAUCELLES (Charles), éc., s^r de la Razilière, idem que les autres, élection de Châtellerault, maintenus nobles, sentence non expédiée. Porte : *d'argent au chef de gueules billeté de sept billettes d'or, 4 et 3.*

Voultegon.	DU VERGIER (défunt René), éc., s^r de la Roche-Jacquelin ; Armand, François, Jean-Baptiste, Charles, Marie, Anne et Françoise, ses enfants, maintenus en leur qualité par sentence du 9 septembre 1667. Porte du Vergier : *de sinople à la croix de gueules chargée d'une crousille d'argent cantonnée de quatre crousilles de même.*
Bouillé-Loret.	LE BAILLEUL (Guy), éc., s^r des Roches, renvoyé maintenu noble. Porte : *d'argent à trois têtes de loup de sable.*
La Fougereuse.	DES ROCHES (Daniel), s^r de Chassay, par lettres d'anoblissement du roi, confirmées par divers arrêts du Conseil et autres.
Pierrefitte. S.-Martin-de-Macon.	FOUQUET (d^{lle} Charlotte du Bellay, veuve de Charles), éc., s^r de Beaurepaire ; Charles Fouquet, éc., s^r de Bourniseaux ; Christophe Fouquet, éc., s^r de Beaurepaire ; Hector Fouquet, éc., s^r de la Grange, et les autres ; maintenus nobles par sentence du 4 septembre 1667. Porte Fouquet : *de gueules à deux chevrons d'argent accompagnés de trois coquilles de même, 2 et 1.*
Les Educts, élect. de Niort. Hains, élect. de S.-Jean.	GAUDIN (Jacques), éc., s^r de la Cour ; Louis Gaudin, éc., s^r du Cluseau ; maintenus par sentence du 1er septembre 1667. Porte : *d'argent à trois chevrons de sable.*
S.-Varent. Poitiers (ville).	GABRIAUT (Charles), éc., s^r d'Argentine ; idem le s^r de Riparfond à Poitiers, et son fils, aîné de la famille ; maintenus nobles par jugement du 9 septembre 1667. Porte : *d'azur au cerf courant d'or.*
Geay. Coulonges.	GOGUET (Jean), éc., s^r des Roches-Baudin ; Jean Goguet, éc., s^r de la Brosse-Ligaut, de l'échevinage de Poitiers avant 1600 ; maintenus..... Porte Goguet : *d'azur à trois coquilles d'or, 2 et 1, et un croissant d'argent au cœur de l'écu.*
S.-Sauveur. Moutiers. Chapelle-Gaudin.	GOULLARD (Jean), éc., s^r de la Vergne-Beauvais ; Henri Goullard, s^{gr} de la Geffardière, aîné de la famille ; Christophe Goullard, éc., s^r de la Grange, Vermière, Monfermier ; idem Anne Goullard, éc., s^r de Beauvais et de la Brunetière, élection de Châtellerault ; maintenus nobles par sentence du 12 août 1667. Porte : *d'azur au lion d'or armé, lampassé et couronné de gueules.*
S.-Mesmin-le-Vieil.	GRELIER (Henri), éc., s^r du Robineau ; Adrien, éc., s^r de la Cheronnière ; d^{lle} Florence Boynet, veuve de René Grelier, s^r du

La Flocellière.	Robineau ; maintenus en leur qualité par jugement du 9 août 1667. Porte Grelier : *d'azur au chevron d'or accompagné de deux besants d'argent, chargé de deux étoiles d'or et d'une fleur de lis d'or en pointe.*
Le Boupère.	GRIGNON (Louis), éc., s^r de la Pelissonnière ; René Grignon et d^{lle} Marguerite Grignon, frère et sœur d'un second mariage ; maintenus nobles par jugement du 12 août 1667. Porte Grignon : *de gueules à la bordure d'azur, à trois clefs d'or posées en pal, 2 et 1.*
S.-Clémentin. S.-Pierre-des-Echaubroignes.	GRIMAUD (René), éc., s^r du Rablais ; Hector Grimaud, éc., s^r de la Foucherie ; maintenus en leur qualité ; la sentence n'a pas été expédiée. Porte : *de gueules à trois fleurs de lis d'argent.*
Montigny.	GOURDEAU (d^{lle} Françoise Bodin, veuve de Henri), s^r des Bessons.
Noirlieu. Cerizay.	HERBERT (Charles), éc., s^r de Crué ; d^{lle} Elisabeth Henry, veuve de Laurent Herbert, éc., s^r de Bellefond ; maintenus par sentence du 24 septembre 1667. Porte : *de gueules à trois besants d'argent, au chef de même chargé d'une hure de sanglier de sable mirée d'argent et languée de gueules.*
Chanteloup.	JAUDONNET (Jacques), s^r de Laugrenière, auditeur en la Chambre des Comptes à Nantes, maintenu noble en cette qualité d'auditeur des Comptes par jugement du 12 août 1667. Porte : *d'azur à trois coqs d'or armés, crêtés et becqués de gueules.*
La Forêt-sur-Sèvre.	JAUCOURT (Philippe de), éc., s^r de Villarnoul, issu d'un chancelier de France, immédiatement avant Louis de Beaumont, maintenu noble, sentence non expédiée. Porte Jaucourt : *d'argent fretté de gueules.*
Chiché.	LE PETIT DE VERNO (Henri-Marc-Antoine), s^{gr} de Chausseraye, et son frère, mort sans mâles depuis son renvoi, maintenu noble ; sentence non expédiée.
Soulièvre. La Flocellière. Thouars.	LE TOURNEUR (François), éc., s^r de Burbure ; René Le Tourneur, éc., s^r de la Lande ;..... Le Tourneur, éc., s^r de Biard ; maintenus nobles par jugement du 12 août 1667.
S.-Martin-de-Sanzay.	LE PAUVRE (Christophe), éc., s^r de Vaux-de-Luc, maintenu noble par sentence du 24 septembre 1667. Porte : *d'argent à la bande de sinople, au chef emmanché d'azur.*

Clessé, élect. de Poitiers Luzay.	Roy (Pierre), *aliàs* Le Roy, éc., s^r de la Bodinière, idem que le s^r des Arnollières, paroisse de Clessé, maintenu noble par sentence du 30 décembre 1667. Porte : *d'azur à trois étoiles d'or, à une fleur de lys de même en abîme.*
La Chapelle-aux-Lys.	Mallineau (Pierre), éc., s^r de Mons, maintenu noble, sentence non expédiée.
Courlay. La Forêt.	Marvillaud (Charles), éc., s^r de l'Audouinière ; Henri Marvillaud, s^r de Fourchefière ; maintenus nobles par jugement du 12 août 1667. Porte : *d'azur à trois molettes d'éperon d'argent, 2 et 1, à la fasce d'or.*
Pouzauges. La Flocellière. Boisfichet.	Mesnard (Charles), éc., s^{gr} de Touceprès, baron de Pouzauges ; Olivier Mesnard, s^r de Toucheprès et baron de Châteaumur, aîné de la famille ; François Mesnard de Toucheprès, s^{gr} des Deffends ; maintenus par sentence du 12 août 1667. Porte : *d'argent à trois porcs-épics de sable, 2 et 1, allumés d'or.* Supports, deux lions ; cimier, un lion.
Noirterre. Poitiers (ville).	Meschinet (Michel), éc., s^r de la Brosse-Moreau et de Noirterre, conservateur des privilèges royaux de l'Université à Poitiers, maintenu par lettres confirmées du mois de mai 1593 et par sentence du 12 août 1667.
Bagneux.	Meslange (René), s^r de Belin, maintenu noble par sentence de M. Voisin, intendant de Touraine, le 18 février 1668.
Cerizay. Combrand.	Maynard (d^{lle} Gilberte Raoul, veuve de Pierre), éc., s^r de la Crespelle et de la Savarière, maintenue noble par sentence du 9 décembre 1667. Porte Maynard : *d'argent à la hure de sanglier de sable.*
Moutiers-sous-Chantemerle.	Moreau (d^{lle} Marguerite de Tressard, veuve de Pierre), éc., s^r de Puy-Cadoret ; Jean, Pierre, autre Pierre et Claude Moreau, leurs enfants ; maintenus nobles par jugement du 24 septembre 1667. Porte : *de gueules à l'épée en pal d'argent garnie d'or.*
S.-André et S.-Mesmin.	Petit (Claude), s^r de la Roussière et de Saint-Lambert, de même famille que ceux de la Guerche-Saint-Amand, idem ci-après à Mauléon, maintenus en leur qualité le 24 septembre 1667. Porte : *de sable à la bande d'argent chargée d'un lion de gueules.*

Fenioux. S.-Jean-de-Combrand.	RAOUL (François), sʳ de la Giverlière ; Philippe Raoul; sʳ du Soulier ; dˡˡᵉ Gilberte Raoul, veuve de Pierre Maynard; sʳ de la Savarière ; maintenus par sentence du 9 décembre 1667. Porte Raoul : *de gueules à quatre fasces d'argent.*
Boismé. La Coudre.	RICHETEAU (René), sʳ de la Fresnaye ; Louis Richeteau, sʳ de la Coindrie, tous deux échevins de la ville de Poitiers, confirmés moyennant leur taxe ainsi que les autres depuis 1600. Porte : *d'or à un aubier de sinople, au chef d'azur chargé de trois étoiles d'or.*
Thouars (ville).	ROGIER (Henry), sʳ d'Iray ; Jean Rogier, sʳ de Belleville ; anoblis par lettres confirmées, maintenus par sentence du 12 août 1667.
Moncoutant. Poitiers (ville).	ROUSSEAU (NICOLAS), éc., sʳ de Beauregard, idem que les sᵍʳˢ de la Parisière, de l'élection de Poitiers, maintenus en leur qualité. Porte : *d'azur à deux matras d'or posés en sautoir.*
Le Breuil-Bernard. S.-Laurent-de-la Salle, élect. de Fontenay.	SALBERT (Jean), éc., sʳ de Villiers ; René Salbert, éc., sʳ des Houlliers ; Jean Salbert, sʳ de Villiers ; maintenus nobles par jugement du 12 août 1667. Porte Salbert : *d'argent à trois hures de sanglier de sable arrachées, 2 et 1.*
S.-Martin-de-Macon.	SOCHET (Jean), sʳ du Vau, secrétaire du roi, maintenu, en tant qu'il exerce la charge vingt ans ou qu'il meure dans icelle, par jugement du 24 septembre 1667. Porte : *d'argent à trois merlettes de sable.*
Bouillé-Loret.	SERPILLON (René), sʳ de la Boissetelle, déchargé par M. Rouillé, l'ayant été par M. Voisin, intendant de Touraine.
Le Boupère.	TEXIER (Louis), éc., sʳ de Saint-Germain et de la Mothe-Baussonnière, anobli par lettres anciennes confirmées ; ce sont des lettres de relief à la dérogeance entérinées en l'an 1663.
Le Boupère.	THÉRONNEAU (Guy), éc., sʳ de Richebonne, renvoyé à Notre-Dame-des-Herbiers, élection de Mauléon.
Vieux-Pouzauges. Denant.	TIRAQUEAU (Sylvie), veuve de Puyrousset, sʳ de Payré, idem que Jacques Tiraqueau, sʳ de la Jarrye et de Denant, paroisse de Denant, élection de Fontenay ; maintenue en sa qualité par jugement du 23 septembre 1667. Porte Tiraqueau : *d'argent à trois canettes de sable soutenues d'une rivière ondée d'or et d'azur.*

Pas-de-Jeu. S.-Martin-de-Macon.	VERRÉ (Claude), éc., s^r du Vergier ; Claude Verré, s^r de Chavigné ; maintenus nobles. Porte : *de sable à trois crevants d'argent empattés et embêchés de gueules.*
Argenton-l'Église.	VERGNAULT (Charles), s^r de Bondilly, idem que le s^r de la Morinière, paroisse de Saint-Christophe, élection de Châtellerault, maintenu par sentence du 20 juillet 1667. Porte : *d'or à l'arbre de sinople mis en pal.*
	DE L'ESTOILE (Louis), s^r de Bouillé-Saint-Paul ; son frère, qui avait été condamné par-devant l'intendant de Touraine dont il se rendit appelant et fut maintenu noble par arrêt au bureau de M. d'Aligre.
S.-Jouin-de-Milly.	DE BRÉMOND (Salomon), sgr de Vaudoré, et ses enfants ; dame Louise des Cars, sa veuve faisant pour lui, ci-devant en l'élection de Saint-Maixent sous l'article de Galliot de Brémond, s^{gr} de Vernou ; maintenus nobles par sentence du 23 août 1667. Porte : *d'azur à l'aigle à deux têtes éployée d'or.*
S.-Mars-de-la-Réorthe.	DES HERBIERS (Charles), s^{gr} de Lestanduère ; Pierre des Herbiers, s^{gr} de la Morandière ; Claude des Herbiers, chevalier de Malte, commandeur ; maintenus en leur qualité le 9 septembre 1669. Porte : *de gueules à trois fasces d'or.*
	DU PLANTIS (dame Renée Legier, veuve de....), s^{gr} du Landreau, idem que les s^{rs} du Landreau.
La Melleraye.	DE LA CHESNAYE (Louis), s^r de la Roche, Hauteporte, baron de Puy-Morin, maintenu en sa qualité, sentence non expédiée.

Election de Mauléon.

Les Essarts.	AUDOUART (Nicolas), s^r de Basses-Rues, issu de l'échevinage de Niort ancien, maintenu noble.
Paris (ville). Les Landes-de-Genusson. La Boissière. Les Essarts. S.-Martin-Lars. Beaulieu-sur-Mareuil, élect. de Fontenay.	BAUDRY (Antoine), s^r de Saint-Gilles ; Gilbert Baudry d'Asson, s^r de Caradreux ; Esprit Baudry, s^{gr} d'Asson ; Gabriel Baudry, s^r de la Rondardière ; Pierre Baudry, s^r du Couvineau ; Charles Baudry, s^r de la Gouère ; maintenus par sentence du 24 septembre 1667. Portent pour armes : *d'argent à trois fasces d'azur.* Baudry d'Asson porte : *d'argent à trois fleurs de lis d'azur.*

S.-Fulgent. Montaigu. Chavagnes. La Garnache, élect. des Sables.	BERTRAND (René), baron de Saint-Fulgent ; René Bertrand, s^{gr} de Ligneron ; Elie Bertrand, s^r de la Foucherie; d^{lle} Renée Bruneau, veuve de Pol Bertrand, s^{gr} de la Méraudière ; maintenus nobles par sentence du 24 septembre 1667. Porte : *de gueules au lion d'argent ayant la queue passée en sautoir.*
S.-Hilaire-de-Loulay.	BOUX (François), s^{gr} de la Cantinière et des Chausniers, maintenus par sentence du 24 septembre 1667. Porte : *d'or au sautoir de gueules cantonné de quatre merlettes de sable.*
Les Herbiers.	BOIXON (René), s^r de la Martinière et de la Guerche, maintenu noble par sentence du 24 septembre 1667. Porte Boixon : *d'or à l'aigle de gueules à deux têtes éployées.*
S.-Philbert.	BODIN (Renée), dame de la Pennerie, veuve de Pierre Robin, s^r de la Pennerie, qui n'était pas noble, mais bien ladite Bodin qui n'a qu'une fille mariée à ..... Escoubleau, s^{gr} de Sourdis ; maintenue noble de son chef. Porte : *d'azur à neuf besants d'or, à un écusson d'argent en abîme.*
S.-Philbert.	BOIN (Louis), s^r de la Menolière, maintenu noble par sentence du 24 septembre 1667. Porte : *d'azur à trois roses d'argent.*
La Rabatelière. Bouaine. S.-Hilaire-de-Loulay. Chaillé.	BRUNEAU (Pierre), s^{gr} de la Foye et de la Rabatelière, maintenu noble par sentence du 25 juin 1668 qui casse celle rendue par défaut le 6 août 1667. Porte Bruneau : *d'argent à sept merlettes de sable, 3, 3 et 1.*
Vairé, élect. des Sables. Les Clouseaux.	BUOR (Elie), s^{gr} de la Négrière ; Gabriel Buor, s^r de la Lande-Buor ; ..... Buor, s^r des Mortiers ; Elie Buor, s^r de Villeneuve ; Charles Buor, s^r de la Jousselinière ; François Buor, s^r de la Chesnolière ; Louis Buor, s^r de la Haye ; Catherine Buor, veuve de Philippe, s^r de Pont-Roger ; renvoyés nobles. Porte : *d'argent à trois crousilles de gueules, au franc canton élevé d'azur.*
Bazoges-en-Paillers. Beaurepaire.	CHEVRAUT (René), s^{gr} de Chantefin et de la Rairie ; d^{lle} Anne Prévost, veuve de Charles Chevraut, s^r de la Coutancière ; maintenus nobles par sentence du ...... qui a été délivrée. Porte : *d'argent à trois fusées de sable.*
S.-Florent.	BOISSON (Hélie), s^r de la Barre-Blanchère, maintenu noble par sentence du 13 octobre 1668. Porte : *d'azur au chevron d'or chargé de cinq aiglons de sable, accompagné de trois colombes d'argent membrées de gueules.*

S.-Sulpice.	DARROT (Charles), s^{gr} de l'Huislière, et les autres du même nom, maintenus par sentence du 24 septembre 1667. Porte : *de sable à deux cygnes accolés d'argent, becqués de sable, tenant chacun une bague d'or au bec.*
Boufferé. La Petite-Boissière. Le Puy-S.-Bonnet.	DE CUMONT (Jean), s^r de la Richardière; Renéde Cumont, s^r de Poislière et du Buisson ; d^{lle} Florence de la Grue, veuve de Cumont, s^r de Poislière; idem que ceux de la famille de Fiefbrun, élections de Niort et de Saint-Maixent ; maintenus par sentence du 24 septembre 1667. Porte : *d'azur à trois croix pattées d'argent.*
Les Herbiers.	DES HERBIERS (Charles), s^{gr} de l'Estanduère ;....... des Herbiers, s^{gr} de.....; maintenus nobles par sentence du...... Porte : *de gueules à trois fasces d'or,* écartelé d'Escoubleau qui est : *d'azur parti de gueules à la bande d'or.*
Copechagnière. Les Essarts.	DES NOUHES (Gabriel), s^{gr} de la Normandelière, puîné du s^{gr} de Beaumont-Pally, à Chantonnay, élection de Fontenay, ci-après; d^{lle} Renée des Nouhes.
S.-Laurent-sur-Sèvre.	DU VAUX (Madelon), s^{gr} de Milly, Bretesche, maintenu en sa qualité par jugement du 30 août 1668. Porte : *d'azur à deux aigles éployées d'or en chef, au dragon du second en pointe.*
Chambretaud.	D'ESCOUBLEAU DE SOURDIS (d^{lle} Renée Bertrand, veuve de René), s^{gr} de Courtry, maintenue en sa qualité par jugement du 24 septembre 1667. Porte: *d'azur parti de gueules à la bande d'or.*
Boufferé. S.-Christophe-de Ligneron.	DU CHAFFAUT (Claude), éc., s^r de la Senardière, aîné de la famille, prêtre, mort depuis l'obtention de la sentence de renvoi ; Jacques du Chaffaut, s^r de la Mothe-Senardière, et les autres en la paroisse de Saint-Christophe-de-Ligneron, élection des Sables ; maintenus en leur qualité par sentence du 24 septembre 1668. Porte : *de sinople au lion d'or armé, couronné et lampassé de gueules.*
L'Herbergement-Antier. Chavagnes.	DE CHEVIGNÉ (René), s^{gr} du Bois de Chollet ; d^{lle} Louise Louet, veuve d'Henri de Chevigné; maintenus par sentence du 24 septembre 1667. Porte : *de gueules à la fasce d'or fuselée de quatre pièces, accompagnée de huit besants de même, 4 et 4.*

es Herbiers. La Grolle. ize-Septiers.	De Goulaine (Eléazar), s^{gr} de Lornois et des Chastelliers ; Elie de Goulaine, s^r du Fief et de la Sauvinière, et les autres ; maintenus en leur qualité par sentence du 24 septembre 1667. Porte : *parti d'Angleterre et de France.*
ize-Septiers.	De Gastinaire (Claude), s^r de la Preuille, maintenu en sa qualité par sentence du 24 septembre 1667. Porte : *d'azur à deux os de mort passés en sautoir, cantonnés de quatre fleurs de lis d'or.*
es Brouzils. Dompierre.	De Goué (David), s^r du Marchais, appelant, maintenu noble par arrêt de MM. les commissaires généraux et déchargé de la condamnation ; Jacob de Goué, s^r de Champneuf.
Chauché.	Dugast (Samuel), s^r de la Roche de Chauché, maintenu en sa qualité, sentence non expédiée. Porte : *d'azur au croissant d'argent accompagné de trois étoiles d'or, 2 et 1.*
e Poiré-sous- Roche, élect. des Sables. Les Essarts.	De la Bussière (Daniel), s^r de la Sauvagère ; Pierre de la Bussière, s^r de la Flottrie, et ses enfants ; ..... de la Bussière, s^r de la Frapinière ; idem que les de la Bussière ; élection de Châtellerault, maintenus en leur qualité par sentence du 10 octobre 1668. Porte : *d'azur à la bande d'argent, à un vol d'épervier du second et une molette d'or en chef au-dessus de la bande et une au-dessous de même.*
Gaubretière.	De la Boucherie (d^{lle} Marie Julliot, veuve de Claude), s^r du Breuil, à Saint-André-sur-Mareuil, Luçon et autres paroisses, ci-après élection de Fontenay.
opechagnière. arigny, élect. de Niort.	De la Fontenelle (Pol), s^r de la Viollière ; d^{lle} Jeanne Gourde, veuve de Benjamin de la Fontenelle, s^r de la Maisonneuve ; François-Germanic de la Fontenelle, s^r du Péré ; maintenus par jugement du 24 septembre 1667. Porte : *d'azur au croissant d'argent surmonté d'une étoile d'or, accompagné de quatre étoiles de même.*
Chavagnes.	De la Heu (Alexandre), s^r de la Brunière, noble par sentence de M. Rouillé du 24 mars 1670.
reize-Septiers.	De la Barre (Enoch), s^{gr} de la Rencunelière, et Elie, son fils, s^r de la Contardière.
Les Herbiers. Boufferé.	De la Haye (Louis), s^{gr} des Herbiers ; d^{lle} Catherine de la Haye, dame de la Turrolière ; Gabriel et Louis de la Haye, ses

S.-Vincent-sur-Craon. élect. des Sables.	neveux ; maintenus par sentence du 24 septembre 1667. Porte: *d'or au croissant de gueules accompagné de six étoiles de même, 3 en chef et 3 en pointe, posées en fasce.*
Bouaine. Belleville, élect. des Sables.	DE LESCORCE (Jonas), s^{gr} de la Guittière ; Marc de Lescorce, s^r de Beaupré ; maintenus en leur qualité par sentence du 24 septembre 1667. Porte pour armes : *d'azur à trois fleurs de lis d'argent, 2 et 1, une épée du second posée en fasce.*
La Gaubretière. Montaigu.	DE LANGE (François), s^r de Beauregard et de Ramberge; d^{lle} de Lange, dame de Ramberge ; maintenus par sentence du 9 septembre 1667. Porte : *de gueules à six losanges d'argent, 3 en chef, 2 en fasce et 1 en pointe.*
Montaigu.	DE LERIX (Jean), éc., s^r de Fontenay ; maintenu par sentence du 7 septembre 1667. Porte de Lerix : *de gueules à trois piques d'or ferrées d'argent.*
Treize-Septiers.	DE LA ROCHE (Charles), s^r dudit lieu ; Julien de la Roche, s^r de la Ganuchère, capitaine chef d'escadre, mort ; maintenu par sentence du 16 août 1667. Porte : *de gueules à trois roquets d'or.*
S.-Viaud en Bretagne. Treize-Vents. S.-Denis-la-Chevasse.	DE LA TOUCHE (Claude), s^{gr} du Plessis-Marie ; Charles de la Touche, s^{gr} de la Grande-Vergnaie ; Yves de la Touche, s^{gr} du Courtinay ; maintenus par jugement du 24 septembre 1667. Porte pour armes : *d'or à trois tourteaux de gueules.*
S.-Hilaire-de-Loulay.	DU PLANTIS (d^{lle} Jeanne de May, dame du Bois-Corbeau, veuve du s^r), s^{gr} du Landreau ; Claude du Plantis, s^{gr} du Landreau; Pierre du Plantis, s^{gr} de Vousnan, et leurs frères et sœurs ; maintenus en leur qualité par jugement des 24 et 27 septembre 1667. Porte pour armes : *écartelé au premier et quart d'or fretté de sable, au deux et trois d'argent à la croix d'azur fleurdelisée, sur le tout de sable à deux léopards d'or l'un sur l'autre.*
Cerizay, élect. de Thouars. S.-Aubin.	DE MEULLE (Louis), éc., s^r du Fraigne et de la Durbelière ; François de Meulle, s^{gr} de la Forest-Montpensier, son frère ; Jean de Meulle et ses sœurs ; maintenus en leur qualité par sentence du 24 septembre 1667. Porte : *d'argent à trois tourteaux de sable, 2 et 1, et sept croix ancrées de gueules, 3, 1, 2 et 1.*

Boulogne.	DE MONTSORBIER (Isaac), s' de la Braillière, de la même famille que ceux de l'élection de Poitiers et de Niort, quoiqu'ils soient différents en armes ; maintenus par sentence du 24 septembre 1667. Porte : *d'azur à trois pals d'or*.
Ste-Cécile.	DE PLOUER (Gabriel), s^{gr} de la Chopinière, maintenu en sa qualité par sentence du 24 septembre 1667. Porte pour armes : *d'azur au lion d'argent couronné d'or, à trois étoiles en chef du second*.
Boufferé.	DU TRÉHAN (Philippe-Julien), s' du Hallay, maintenu en sa qualité par sentence du 24 septembre 1667. Porte : *gironné d'argent et de sable*.
Montaigu.	DE RUAIS (Gilbert), s^{gr} de la Guyonnière, maintenu en sa qualité le 22 août 1667. Porte : *d'azur à trois têtes d'aigle arrachées d'or, couronnées et languées de même*.
Bazoges-en-Paillers.	DE VAUGIRAUT (René), s' de Laugerie, maintenu en sa qualité par sentence du 24 septembre 1667. Porte : *d'argent fretté d'azur*.
La Boissière.	CHERBONNEAU (d^{lle} Marie de Thorigné, veuve de Pierre), s' de Fors, éc., maintenu noble. Porte Cherbonneau : *d'azur semé de fleurs de lis d'or à trois écussons d'argent*.
.-Laurent-sur-Sèvre. :eize-Septiers. Belleville. .-Martin-Lars.	ESPINASSEAU (Louis), s^{gr} de la Barbinière; d^{lle} Espinasseau, dame de la Lardière, avec les autres de l'élection des Sables, et encore ceux de Saint-Martin-Lars, élection de Fontenay ; maintenus par sentence du 10 août 1667. Porte : *d'azur à trois étoiles d'argent*.
Aubigny.	FOUCHER (d^{lle} Renée), dame de la Thuaudière, renvoyée avec les autres à l'élection des Sables.
Chavagnes.	FUMÉE (Henri), éc., s' de la Grassière, maintenu par sentence du 24 septembre 1667. Porte: *d'azur à deux fasces d'or accompagnées de six besants d'argent mis 3, 2 et 1 en pointe*.
Tiffauges.	GABORIN (.....), s' de Puymain, idem que le s^{gr} de Thouarçais, et les autres, paroisse de Thouarçais, élection de Fontenay, ci-après à la lettre G.
La Boissière. Les Essarts. Chauché Dompierre.	GAZEAU (Louis), éc., s' de Puyraveau ; Jean Gazeau, éc., s' de l'Ansonnière ; Charles Gazeau, éc., s' de la Greffelière, et les autres du même nom, élection de Fontenay; Marie Bonne-

vin, veuve de René Gazeau, s^r de la Brandanière ; maintenus nobles par sentence de M. Rouillé le 10 juin 1670. Porte pour armes : *d'argent au chevron de gueules accompagné de trois trèfles de sinople.*

Beaurepaire. S.-Vincent. Mairé-l'Evécault, élect. de Poitiers.

GIRARD (d^{lle} Catherine de Launay, veuve en secondes noces d'Eusèbe), s^{gr} de Beaurepaire, et ses enfants ; Jacques Girard, s^{gr} de Beaurepaire ; Eusèbe, René et Catherine Girard, tous enfants dudit second mariage ; dame Marie Girard, veuve de René Durcot, s^{gr} de Lestang ; Renée, Anne et Marie Girard, du premier mariage dudit Eusèbe avec d^{lle} ..... Chevalier, de la maison de la Cointardière ; maintenus nobles par sentence du 9 septembre 1667. Il y a encore une autre famille de Girard en la paroisse de Saint-Vincent, élection de Poitiers, et de la Coudre, qui sont de même nom et de mêmes armes, aussi maintenus en leur qualité le 10 décembre 1667, et un en la paroisse d'Azac en Angoumois. M. Girard, procureur général de la Chambre des Comptes de Paris, est issu de la même famille. Porte pour armes : *d'azur à trois chevrons d'or.*

Notre-Dame-des-Herbiers.

GOURDEAU (.....), s^r de Lauzan, renvoyé en l'élection de Fontenay avec les autres Gourdeau, paroisses de Saint-Martin-Lars, Longève, et la Terre-des-Chapelets, bien nobles. Porte pour armes : *d'argent à l'aigle de sable membrée, becquée et languée de gueules.*

Ste-Cécile.

GOYON (Alexandre), s^{gr} de Coullandres, maintenu en sa qualité par sentence du 24 septembre 1667. Porte : *d'azur à une tête de léopard d'or, à trois quintefeuilles en chef d'argent.*

S.-Aubin-d'Aubigny.

GOULLARD (René), s^{gr} de la Voûte, de Beauvais, et les autres, élection de Châtellerault, paroisse d'Asnières.

La Merlatière.

GUERRY (d^{lle} Florence), dame de la Bérangerie, renvoyée avec les Guerry à Saint-Martin-des-Noyers, élection de Fontenay, et à Saint-Gervais, élection des Sables, maintenus nobles par sentence des dernier août et 9 septembre 1667. Porte : *d'azur à trois besants d'or.*

Remouillé.

JANVRE (Philippe), s^{gr} de la Moussière, renvoyé avec les autres du nom, élection de Saint-Maixent, maintenus nobles le 29 août 1667.

S.-Christophe-la-Chartreuse.	JOUBERT (René), éc., sr de la Haye, renvoyé avec ceux des Sables ; André Joubert, sr de la Catenalière ; maintenus nobles par sentence du 19 décembre 1667. Porte : *d'azur à trois molettes d'éperon d'or, 2 et 1.*
S.-Prouant. Thénezay. Ayron.	LEBAULT (Jeanne Arnaud, veuve de Claude), sr du Lay, de la famille de ceux de Thénezay, élection de Poitiers, et d'Ayron, maintenue noble par sentence du 10 décembre 1667. Porte : *d'argent au cerf au naturel passant. Pour supports, deux aigles de sable.*
S.-Hilaire-de-Mortagne.	LE NOIR (dlle Marie), dame du Gast, issue d'une très ancienne famille tombée en quenouille en sa personne, maintenue en sa qualité par sentence du 24 septembre 1667. Porte : *d'argent à trois écussons d'azur mis 2 et 1, accompagnés de sept mouchetures d'hermine posées 3 en chef, 1 au centre, 2 au canton bas de l'écu, et 1 en pointe.*
Tiffauges.	LE ROY (Guy), sr de la Vigerie, de même famille que ceux de la Boissière, élection de Poitiers, paroisse de Saint-Secondin, aînés de la famille, maintenus nobles.
Montaigu. S.-Georges-de-Montaigu.	LE JAY (Pierre), éc., sr de la Gestière ; Charles Le Jay, éc., sr de l'Etablière ; les dlles Le Jay, dames de Mitteau ; Jacques et Gédéon Le Jay, srs de Châteaumur ; et la dlle de la Jaunière ; maintenus en leur qualité par sentence du 29 août 1667. Porte : *d'or au chevron d'azur, à un pin de sinople rehaussé d'un croissant et d'un aiglon de sable.*
Ste-Cécile. La Merlatière. S.-Martin-des-Noyers.	LEBŒUF (Philippe), sr des Moulinets ; François Lebœuf, sr de Saint-Martin, et sa sœur ; Jeanne Arnaudeau, veuve de François Lebœuf, sr de Saint-Martin ; maintenus en leur qualité par sentences des 23 et 24 septembre 1667. Porte : *d'argent à l'aigle à deux têtes éployée de sable, onglée et becquée de gueules.*
	LOUER (Claude), sr de la Brousse, maintenu en sa qualité ; sentence à expédier.
Boufferé. La Mothe-Achard.	LINGIER (dlle Hilaire de la Fontenelle, veuve de Louis), éc., sr de la Lardière ; dlle Louise Lingier, dame de Cremille ; renvoyées avec les autres Lingier, élection des Sables, paroisse de la Mothe-Achard, avec les srs de la Guimardière et de la Linotière ; maintenues nobles par sentence du 24 septembre 1667.

Porte : *d'argent à la fasce de gueules fuselée de sept pièces, accompagnée de huit mouchetures d'hermine.*

Le Poiré, élect. des Sables. — MARÉCHAL (Charlotte de la Forest, veuve de Samuel), s^gr de Limbertière ; Alexandre Maréchal, baron du Poiroux, son fils, maintenus par jugement du 9 août 1667. Porte : *d'or au lion de sable.*

S.-Hilaire-de-Loulay. — MACÉ (Pierre), s^r de la Bourdinière, (maintenu) par sentence de M. Rouillé du 25 juin 1670. Porte Macé : *d'azur à trois fasces d'or chargées de dix croix pattées d'argent, 4, 3, 2, 1, écartelé au premier de Bretagne et au deux de France.*

S.-Jouin. — MESNARD (François), s^gr des Deffends et de Toucheprés, ci-devant à Pouzauges, élection de Thouars.

Belleville, élect. des Sables. Removille. Les Brouzils, él. des Sables. Rochetriou. — MARIN (Pierre), éc., s^r de la Mothe ; d^lle Jacquette Jamet, veuve d'Antoine Marin, éc., s^r de ..... ; Parmenas Marin, s^r de la Chasselandière ; Jeanne Gautreau, sa mère, veuve de Jean Marin, s^r de la Débutrie ; Jean Marin, s^r de la Frettière ; Claude Marin, s^r de la Cadussière ; Antoine Marin, s^r de la Hubardière ; et les autres Marin ; maintenus nobles par sentence du 9 septembre 1667. Porte : *de gueules au lion d'argent armé et lampassé de sable.* Supports, deux griffons.

S.-Denis. — MAURAS (d^lle Anne), dame du Breuil, veuve ..... Durcot, noble de son chef, et encore deux Durcot, maintenus par arrêt de MM. les commissaires ; renvoyée avec les Durcot ; d^lle Girard, dame de Lestang ; tous maintenus par ledit arrêt.

Les Essarts. — MASTEAU (d^lle Jeanne), veuve de Pierre des Prés, éc., s^r du Vort, de même famille que les autres des Prés, élection de Niort et autres, maintenue noble.

La Barottière. — MAYNARD (Christophe), éc., s^r de la Vergne de Péault, maintenu noble par sentence du 24 septembre 1667. Porte : *d'argent fretté d'azur.*

Ardelay. — OLIVEREAU (d^lle Marie Hillerin, veuve de Claude), sgr de Bois-Tissandeau, maintenue noble par jugement du 27 septembre 1667.

La Petite-Boissière. — PETIT (dame Louise Bertrand, veuve de Charles), s^gr de la Guerche Saint-Amand ; Gilbert Petit, baron de Saint-Mesmin et s^r de la Roussière ; maintenus nobles par sentence du 24 septembre 1667. Porte Petit : *de sable à la bande d'argent chargée d'un lion de gueules*. Ci-devant Petit la Roussière, élection de Thouars, paroisses de Saint-André et Saint-Mesmin.

Les Landes-de-Genusson.
PILLOT (Marie Durcot, veuve de René), sr de la Tissonnière, noble renvoyée.

Chauché.
Beaurepaire.
Ste-Cécile.
Montaigu.
S.-Martin-de-Melle. élect. de S.-Maixent.
PRÉVOST (Gabriel), sr du Plessis ; Samuel Prévost, sr du Beugnon ; René Prévost, sr de la Pintrolière ; dlle Marguerite de Billon, veuve de Pierre Prévost, sr de la Javelière ; Samuel Prévost, sr du Plessis et de la Souchay ; Daniel Prévost, sr de la Fraignée ; Daniel Prévost, sr de Lestorière ; Louis Prévost, sr de Gagemont, ci-devant élection de Saint-Maixent ; maintenus par sentence du 24 septembre 1667. Porte : *d'or au lion de sinople couronné, armé et lampassé de gueules*.

Aubigny.
ROBERT (Léon), sr de la Ferrière, idem que les autres Robert qui suivent, élection des Sables.

Dompierre.
RACLET (dlle... de Guérussant, veuve de César), sr de Grand-Champ, gentilhomme verrier, maintenue le 24 septembre 1667.

Chauché.
RÉGNIER (Henri), éc., sr du Breuil, de la famille du Bourgneuf de Gâtine ;.... Régnier, sr de Champdevaux, élection de Niort ; Jean Régnier, son frère ; Perrine Vinet, veuve de Louis Régnier, sr du Busseau ; et encore en l'élection de Fontenay, maintenus nobles, renvoyés à Niort ; maintenus nobles le 9 septembre 1667, et le 5 dudit mois 1667 ceux de l'élection de Fontenay à Faymoreau. Porte : *d'azur à trois coquilles d'argent*.

La Verrie.
RICHELOT (Louis), sr de la Verrie ; Jean Richelot, sr de la Goupillière ; maintenus nobles, sentence non expédiée.

Les Herbiers.
ROUHAUT (Charles), sr du Beugnon, maintenu par jugement du 24 septembre 1667. Porte : *de sable à deux léopards d'or l'un sur l'autre.*

S.-Fulgent.
S.-Hilaire-de-Loulay.
ROYRAND (Hélie), sr de la Roussière ; René Royrand, sr du Clouseau ; David Royrand, sr du Fief ; dlles Marie, Aimée, Suzanne et Charlotte Royrand, filles de Louis Royrand, sr de la Pastelière ; Jean et Jonas Royrand, srs de la Martinière et du Cou-

dray ; Jacques Royrand, s^r de la Mingotière ; maintenus par sentence du 24 septembre 1667. Porte pour armes : *d'azur à un rencontre de buffle d'or accompagné de trois étoiles de même, 2 en chef et 1 en pointe.*

S.-Christophe. ROBIN (dame Léonarde de Bloussy-Bargeot, veuve de Jean), s^{gr} de la Tremblaye et de la Bertonnière, maintenue par sentence du 10 décembre 1667.

La Grolle. TINGUY (d^{lle} Jeanne de May, veuve de Philippe), s^r de la Giffardière ; idem à Nesmy, élection des Sables, qui sont les aînés ; renvoyés nobles par sentence non expédiée. Porte : *d'azur à quatre fleurs de lis cantonnées d'or.*

Notre-Dame-des-Herbiers.
Les Herbiers.
S.-Jouin.
Le Boupère, él. de Thouars.
THÉRONNEAU (René), s^{gr} de la Pépinière ; René Théronneau, s^r de la Boulaye ; Louis Théronneau, s^r de la Boucherie ; René Théronneau, s^r de la Cadussière, mort, sa veuve, Madeleine Morisson, à présent mariée à Pierre Després, s^r de la Fosse ; Jean Théronneau, s^r du Tillac ; Guy Théronneau, s^r de la Coudraie et de Richebonne ; maintenus par sentence du 6 août 1667. Porte pour armes : *de gueules à la fasce d'argent, à trois besants du second, 2 en chef et 1 en pointe.*

Les Brouzils. SAJOT (Charles), éc., s^r de la Renaudière ; Frédéric Sajot, s^r des Landes ; maintenus par sentence du 24 septembre 1667. Porte pour armes : *échiqueté d'argent et de gueules.*

Mormaison. SAVARY (Jacques), éc., s^r de la Bedoutière, idem que ceux de Fontenay-le-Comte aux Moutiers-sur-le-Lay, à Saint-Hilaire-le-Vouhis, et à Sanxay, élection de Poitiers, maintenus nobles les 23, 5 et 24 septembre 1667. Porte : *d'argent à une croix engrêlée de gueules mise en orle, à l'orle de pourpre.*

S.-Michel-de-Mont-Malchus. VOYER (Samuel), s^r de la Bonnetière, et autres, maintenus le 24 septembre 1667. Porte : *d'argent à l'aigle éployée de sable.*

La Gaubretière. SAUDELET (Charles), s^r du Teil et de la Roussière, déchargé et maintenu par arrêt du Conseil en conséquence de la décharge de rapporter minute.

Mouchamp.
Fougeré, él. de Fontenay.
PATRAS (Jacques de), s^r de la Batardois, renvoyé à Fontenay, en la paroisse de Fougeré, à Pierre de Patras, s^r de la Roche, et Joachim de Patras, s^r de Thevalles, maintenus nobles par sentence du 5 septembre 1667. Porte de Patras : *d'azur à deux*

bourdons d'or posés en sautoir, accompagnés de quatre roses d'argent.

La Guyonnière. THÉVENIN (Philippe), s^gr de la Roche-Thévenin ; Louis Thévenin, s^r de Salidieu ; maintenus par sentence du 9 septembre 1667. Porte : *de gueules au léopard d'argent.*

Chavagnes.
Chauché.
S.-Denis-de-la-Chevasse.
Belleville, élect. des Sables.
DURCOT (d^lle Marie Girard, veuve de René), éc., s^gr de Lestang, mère et tutrice de François, François et Joseph Durcot, ses enfants ; Alexandre Durcot, éc., s^r de Puytesson ; Louis Durcot, éc., s^r de Boireau ; Anne Mauras, veuve de Gilles Durcot, s^r du Plessis ; Paul Durcot, s^r du Plessis, son fils ; d^lle Louise du Tréhan, veuve de Louis Durcot, éc., s^r dudit lieu et de Puytesson ; condamnés par sentence rendue par M. Barentin du 23 juin 1668, appelants ; la sentence infirmée par MM. les commissaires généraux par arrêt du ...... 1671, et maintenus nobles, et ordonne que les sommes par eux comptées leur seront rendues. Porte pour armes : *d'or à trois pommes de pin de sinople.*

Bouaine. DE MAYRÉ (Gaspard), s^r de la Sécherie, maintenu noble, sentence non expédiée, issu des anciens échevins de la Rochelle.

Les Sables-d'Olonne.

S.-Vincent-sur-Graon. AUBERT (Jonas), s^gr de Saint-Vincent ; Louis Aubert, s^gr de Montigny ; Giron Aubert, s^r de Boisgarnaut ; maintenus nobles par sentence du 12 août 1667, délivrée le 29 mars 1671. Porte pour armes : *d'or à dix roses de gueules.* (Premier titre de 1348.)

Grosbreuil.
Montournois, él. de Fontenay.
AUDAYER (Hector), s^r de la Benatonnière, idem à Fontenay, paroisse de Montournois ; Charles Audayer, s^r de la Maisonneuve ; maintenus nobles. Porte : *de gueules à la croix ancrée d'or.*

Beaulieu.
Landeronde.
AYMON (Pierre), s^r du Fief ; Louis Aymon, baron de Belleville ; maintenus nobles par jugement du 24 septembre 1667. Porte Aymon : *d'argent à trois merlettes de sable.*

S.-Nicolas-de-Brem. BAUDET (Jean), s^r de la Cour de Brem ; René Baudet, s^r des Roches ; maintenus nobles par sentence des 24 septembre 1667 et 26 mai 1668. Porte : *d'azur à l'épée d'argent mise en pal, la pointe en haut, à la trangle de gueules vers le chef brochant sur le tout.* Idem élection de Thouars.

Les Sables.
La Rochelle.

BAUDOUIN (René), sʳ de Perré, de même que ceux de la Rochelle (ville), maintenus par sentence du 24 septembre 1667. Porte pour armes : *d'argent au chevron de gueules, à trois hures de sanglier arrachées de sable, mirées et allumées du premier.*

Nieul-le-Dolent
S.-Christophe-du-Ligneron.
S.-Hilaire.

BAUDRY (Gabriel), sᵍʳ de la Bussière ; Gabriel Baudry, sᵍʳ de la Bussière ; Philippe Baudry, sʳ de la Maurissière ; maintenus par arrêt de MM. les commissaires généraux, sur l'appellation par eux interjetée. Porte : *d'argent à trois fasces d'azur.*

Talmont.
Nalliers, él. de Fontenay.

BARRAULT (Pierre), sʳ de la Longeais, idem élection de Fontenay, à Nalliers ; Pierre Barrault, éc., sʳ de la Rivière de Mouzeuil ; dˡˡᵉ Judith de Bessay, veuve de Charles Barrault, sa mère ; maintenus en leur qualité par sentence du 29 août 1667. Porte Barrault : *d'azur à un écureuil d'argent grimpant, onglé de sable.*

La Garnache.

BERTRAND (René), sᵍʳ du Ligneron, idem ci-devant à Mauléon, paroisse de Saint-Fulgent.

S.-Remy.

BODIN (Charles), sʳ des Couteaux, maintenu le 9 août 1667. Porte pour armes : *d'azur à l'orle de neuf besants d'or.* Idem à Celle-Lévescaut, élection de Poitiers. Charles Bodin, sʳ de Peuchault, aussi maintenu par sentence du 10 décembre 1667.

Talmont.

BOYNET (Jacques), sʳ de Vernoux, de la même famille que ceux de Poitiers où il est employé dans la sentence de renvoi à Saint-Pierre de Marnay, Saint-Maurice de Gençay et Poitiers (ville).

Challans.
Vairé.
La Chapelle-Achard.

BOUHIER (Gabriel-Charles), sʳ de la Verrie ; Robert Bouhier, sʳ de la Chevestelière ; André Bouhier, sʳ du Retail ; anoblis comme étant issus d'un secrétaire du roi mort en sa charge, déchargés par le roi. Porte : *d'azur au chevron d'or accompagné de deux croissants d'argent en chef et d'une tête de bœuf d'or en pointe.*

La Chaize-Giraud.
Challans.
La Garnache.

BORGNET (Claude), sʳ de la Gabarière ; sa veuve ; Jean Borgnet, sʳ de la Chariette ; Claude Borgnet, sʳ de la Vieille-Garnache ; sont au Conseil, jugés ou à juger.

Mouilleron-le-Captif.	BRUN (Isaac), s^r de la Martinière, maintenu par sentence du 24 septembre 1667. Porte pour armes : *burelé d'or et d'azur de huit pièces, au lion d'or brochant sur le tout.* Idem à Cloué, élection de Poitiers, le s^r de Villesoufrant.
Martinet. Aizenay.	BRACHECHIEN (René), s^r du Pin-Massé ; ..... de Brachechien, dame de la Vergne ; René de Brachechien, s^r du Pin-Massé ; maintenus par sentence du 24 septembre 1667. Porte pour armes : *de sable au lion d'argent couronné et lampassé d'or.*
Chaillé. Vairé. Les Clouseaux. Corbaon.	BUOR (Elie), s^r de Villeneuve ; Charles Buor, s^r de la Jousselinière ; François Buor, s^r de la Chesnolière ; d^{lle} Catherine Buor, veuve de Philippe, s^r de Pont-Roger ; Louis Buor, s^r de la Haye ; ci-devant avec les autres aux Clouseaux, élection de Mauléon, et à Corbaon, élection de Fontenay ; renvoyés nobles par jugements des 23 août et 24 septembre 1667. Porte : *d'argent à trois crousilles de gueules.*
La Garnache. Asnois. Genouillé.	CHITTON (André), s^r de Varnes, anobli avec les autres par lettres d'anoblissement confirmées, élection de Poitiers, et à Asnois et Genouillé.
Angles.	DE BARBADE (Henri), s^r de Château, de l'échevinage de Saint-Jean-d'Angély, maintenu noble.
Les Moutiers-les-Maufaits.	DE BRION (d^{lle} Jeanne Thubin, veuve d'Henri), s^r de la Mothe, et ses enfants ; maintenus nobles par sentence du 24 septembre 1667. Porte pour armes : *d'azur à une pique brisée en trois d'or, du flanc de l'écu.*
Girouard-en-Talmont.	DE BUSCA (Bertrand), s^r de la Tour, maintenu noble, sentence non expédiée. Porte : *d'or à deux lions de gueules couronnés de même.*
Le Tablier.	DE BÉCHILLON (René), s^r de la Girardière, ci-devant élection de Poitiers, paroisse de Jardres, avec les aînés de la famille maintenus nobles à Jardres.
Talmont. La Roche-sur-Yon.	DE BESSAY (Samuel), s^{gr} de la Groie ; Giron de Bessay, s^{gr} de Châteauvieux ; Jonas de Bessay, s^r de la Coutancière ; maintenus par sentence du 26 septembre 1667.
Commequiers.	DE BESSAY (d^{lle} Françoise), veuve de Pierre Bellineau, s^{gr} de la Morinière, maintenue en sa qualité par sentence du 7 septem-

bre 1667. Porte (Bellineau) pour armes : *d'azur à trois têtes de bélier arrachées d'argent.*

Soullans. — DE CHICHÉ (André), éc., s^r de la Touche-Baret, maintenu par sentence du 24 septembre 1667.

S.-Christophe-du-Ligneron. Boufferé. — DU CHAFFAUT (Jacques), éc., s^r de la Mothe-Senardière, idem ci-devant à Boufferé, élection de Mauléon, le chef du nom et des armes.

La Garnache. — DU CHASTEL (Claude), marquis de la Garnache, maintenu noble, sentence non expédiée. Porte : *d'or à la croix engrêlée de gueules.*

DE CHEVIGNÉ (Charles), s^{gr} du Bois-de-Chollet ; dame Louise Louet, veuve d'Henri de Chevigné, s^{gr} de Périgny, ci-devant à l'élection de Mauléon, à l'Herbergement-Antier.

S.-Vincent-sur-Jard. — DES FORGES (Jacques), s^r de la Gobinière, maintenu noble, sentence non expédiée. Porte : *échiqueté d'argent et de gueules.*

Lairoux, à présent à Corps. Ardin, élect. de Niort. — DESPRÉS (Thomas), éc., s^r de Saint-Maixent, de la famille des autres Després en l'élection de Niort, à Saint-Maurice des Noues, son aîné et les autres ci-après à Ardin ; maintenus nobles par sentence du 5 septembre 1667.

Commequiers. — DE CHIVERY (d^{lle} Madeleine Dreux, veuve de François), s^r de Sérigny, maintenue noble par sentence du 9 août 1667. Porte de Chivery : *au premier et quatre d'or à un oiseau de sable, au deux et trois d'azur au lévrier courant d'argent accolé de gueules.*

Apremont. — DREUX (Ameline), s^{gr} de la Tudairière, idem que ceux de Poitiers et de Paris, maintenus en leur qualité par sentence du 10 novembre 1667. Porte pour armes : *d'azur au chevron d'or accompagné de deux roses d'argent en chef et d'un soleil d'or en pointe.*

S.-Paul-de-Commequiers. — DUPUYS (Jacques), s^r de Boisgendrier, maintenu noble par sentence non expédiée. Porte Dupuys : *d'or au lion d'azur couronné, armé et langué de gueules.*

S.-Gilles. — DURAND (Madeleine), veuve de Charles Morisson, s^r de la Raisinière, renvoyée ci-après à M.

Chaillé-les-Ormeaux. — DE GOULAINE (Gaspard), s^{gr} de Bois-Clos ; la veuve René de Goulaine, s^r de la Brousse ; David, Antoine et Olympe de

Goulaine, ses enfants ; de même famille que ceux des Herbiers et de la Grolle, élection de Mauléon ; maintenus en leur noblesse par jugement du 9 août 1667. Porte : *parti d'Angleterre et de France.*

S.-Cyr. — DES HOMMES (Daniel), s^r d'Archiais, maintenu en sa qualité par sentence du 9 août 1667. Porte : *de sable à trois pals d'argent accompagnés de six étoiles de même, 4 en chef et 2 en pointe.*

Belleville. — DE LESCORCE (Marc), s^r de Beaupré, maintenu noble, sentence non expédiée.

S.-Jean-de-Mareuil. — DE LA CANTINIÈRE (Gabriel), s^r dudit lieu, maintenu par jugement du 24 septembre 1667. Porte : *d'argent à trois molettes d'éperon de sable, 2 et 1.*

Mouilleron. — DE LA CHAUVINIÈRE (Henri), s^r de Beaupuy ; d^lle Jacqueline Robert, sa mère ; maintenus par sentence du 9 août 1667. Porte : *de gueules à la croix ancrée d'or brisée d'une barre d'azur chargée de six besants d'argent.*

Aizenay. — DE LA CRESSONNIÈRE (dame Louise), veuve de Louis Maistre, s^gr de la Papinière, et ses filles, maintenues en leur qualité ; la sentence n'est expédiée. Porte : *d'or au sautoir de gueules dentelé de sable, cantonné de quatre crousilles de même.*

S.-Vincent-sur-Graon. — DE LA DIVE (Charles), éc., s^r de la Reboute, maintenu par sentence du 9 août 1667. Porte : *d'azur au lion d'or rampant de même.*

Talmont. Sallertaine. — DE LA FOREST (Jeanne), dame de l'Aubier ; Gabriel de la Forest, s^r de Mosny ; d^lle Renée Gourdon, sa veuve, et cinq enfants ; René de la Forest, s^r de la Forest-Groisardière ; maintenus par sentence du 13 mars 1669, qui casse celle de condamnation qui avait été rendue le 8 août 1667. Porte : *d'azur à 6 crousilles d'argent, 3, 2 et 1.*

La Chapelle-Achard. S.-Hilaire-de-Rié. La Limousinière. — DE LA GUÉRINIÈRE (Pierre), s^r de la Jurairière ; Charles de la Guérinière, s^r de Beauchesne ; idem que ceux de la Limousinière, élection de Fontenay ; Louis de la Guérinière, s^r de la Roche-Henry ; maintenus par sentence du 8 septembre 1667. Porte : *d'azur au chevron d'or, à trois croissants montants d'argent, 2 et 1.*

S.-Vincent-sur-Graon. Les Pineaux.	DE LA HAYE (René), s^{gr} du Chastelier-Monbault ; les héritiers de.... la Haye, s^r de la Godelinière, idem ci-après aux Pineaux, élection de Fontenay ; Gabriel de la Haye, s^r de la Gaillardière, et Marc de la Haye, s^r de la Maisonneuve ; maintenus par sentence du 7 septembre 1667. Porte : *d'or à l'orle de six merlettes de sable, au croissant d'azur au cœur de l'écu.*
Notre-Dame-de-Mont.	DE LA ROCHEFOUCAULT (Mathurin), s^r du Breuil ; Jean de la Rochefoucault ; René de la Rochefoucault ; maintenus en leur qualité par sentence du 24 septembre 1667. Porte : *burelé d'argent et d'azur de dix pièces, chargé de trois chevrons de gueules, le premier ayant la pointe coupée.*
Les Moutiers-les-Maufaits.	DE LA TRIBOUILLE (Philippe), s^{gr} dudit lieu ; Jean de la Tribouille, s^r du Sauzis-Bessonne ; maintenus par sentence du 9 août 1667. Porte : *d'azur à trois roquets d'argent.*
Aizenay.	DE LA TOUR (Olivier), s^r de Monseran, maintenu noble.
Vairé.	DE LA VOIRYE (Jean), s^r de la Roche du Langon, idem que ceux de la Bonninière, élection de Niort, maintenus le 9 août 1667. Porte : *de gueules à trois coquilles d'argent.*
Bouaine.	DE MAYRÉ (Gaspard), s^r de la Sécherie ; Louis de Mayré, s^r du Fief-Babineau ; maintenus par jugement du 24 septembre 1667. Porte : *d'argent au canton dextre de gueules chargé d'un lion d'argent, accompagné de huit annelets du second mis en orle sur le flanc senestre des armes.*
S.-Christophe. S.-Philbert-du-Pont-Charrault.	DE MAUCLERC (Jacques et autre Jacques), père et fils, s^{grs} de Marconnay et de la Mauvisière, idem que les s^{grs} de la Musanchère et encore que François Mauclerc, s^r de la Bertaudière, et les s^{rs} de Ligneron, paroisses de Saint-Philbert-du-Pont-Charrault et Saint-Christophe de l'Aiguillon, élection de Fontenay ; maintenus par sentences des 9 et 29 août 1667. Porte : *d'argent à une croix ancrée de gueules.*
Boulogne. Beaufou. Le Poiré.	DE MONTSORBIER (Daniel), s^r de la Vergne, idem que les autres de Montsorbier, élections de Poitiers, paroisse de Champagné-Saint-Hilaire, et de Niort ; Mathurin de Montsorbier, s^r du Grand-Plessis ; maintenus nobles par sentences des 24 septembre et 10 décembre 1667. Porte : *burelé en pal d'azur et d'argent de onze pièces, à la bordure componée de même.*

S.-Jean-de-Mont.	Du Port (Jacob), s^r de Bois-Masson, condamné, ensuite déchargé par M. Barentin sur pièces nouvelles produites et maintenu le ..... 1668.
Beaulieu. S.-Révérend.	De Rorthays (Yves), s^{gr} de la Rochette ; Calixte de Rorthays, son fils ; dame Marguerite Bouhier, veuve de Gabriel de Rorthays, s^r de la Rochette-Jaudouin ; maintenus par sentence du 9 août 1667. Porte pour armes : *d'argent à trois fleurs de lis de gueules, à la bordure de sable besantée d'or.*
La Roche-sur-Yon.	De Saligné (Louis), s^r de la Lardière, idem que celui de la Chaise-le-Vicomte, l'aîné de la famille ; Julien de Saligné, baron de la Chaise, au Bourg-sous-la-Roche, élection de Fontenay.
Beaulieu.	De Sallo (Claude), dame des Marais, idem ci-après à Saint-Florent, élection de Fontenay.
S.-Christophe-du-Ligneron.	De Torsé (Urbain), s^{gr} de la Pinochère, maintenu noble par sentence du 9 août 1667. Porte de Torsé : *de gueules à une aigle à deux têtes éployée de sable.*
Belleville.	Du Tréhan (Louise), dame de Puytesson, renvoyée avec ceux de Boufferé, ci-devant élection de Mauléon, maintenus nobles le 24 septembre 1667. Porte : *gironné d'argent et de sable.*
S.-Paul-de-Commequiers.	De Maussion (Marie de Vérine, veuve de Jacques), s^r de la Pellatrie, n'est encore jugée.
Belleville.	Espinasseau (Abraham), s^r des Noyers, idem que les autres de la même famille, ci-devant à Saint-Laurent-sur-Sèvre, élection de Mauléon, maintenus nobles.
S.-Révérend.	Eveillard (les héritiers de Louis), s^r de la Vergne ; d^{lle} Marguerite Gabory, leur mère, veuve de Louis Eveillard, s^r de la Vergne-Saint-Révérend ; maintenus en leur qualité par sentence du 24 septembre 1667.
Aubigny, élect. de Mauléon. Le Clouseau. Thiré, élect. de Fontenay. Ste-Flaive.	Foucher (Jacques), s^{gr} de la Tournerie ; Calixte Foucher, s^r de la Blanchère ; Jean Foucher, s^r de la Fumoire ; Marie Dorin, veuve de Calixte Foucher, s^r de Sainte-Flaive ; Germain-François Foucher, éc., son fils, et les autres de la famille ; maintenus par sentence du 9 août 1667. Porte Foucher : *de sable au lion d'argent couronné, lampassé et onglé d'or.*

S.-Gervais. S.-Martin-des-Noyers, élect. de Fontenay.	GUERRY (Jacques), éc., s^r du Plessis-Chastière, renvoyé en l'élection de Fontenay à Jacques Guerry, éc., s^r de la Goupillère, maintenu noble par sentence du dernier août 1667. Porte : *de sable à la fleur de lis d'argent.*
Avrillé.	GERVIER (les enfants de Pierre), s^r de Boisseau, maintenus nobles, sentence non expédiée. Porte : *d'azur à trois besants d'or.*
Le Poiroux.	GAZEAU (Charles), s^r de la Greffelière, avec les autres, élection de Mauléon, à la Boissière.
Poiré-sous-la-Roche-sur-Yon. S.-Christophe-du-Ligneron.	GUINEBAUT (Florent), s^r de la Millière ; François Guinebaut, s^r du Fief ; Jacques Guinebaut, s^r de la Grozalière ; maintenus nobles par sentence du 9 août 1667. Porte : *de gueules à trois roses d'argent.*
Apremont. Les Moutiers.	HUISLARD (d^{lle} Renée), veuve de Jacques de Montausier ; François de Montausier, s^{gr} de la Charoulière ; maintenus par sentences des 24 septembre 1667 et dernier août 1668. Porte : *d'or au lion d'azur armé et lampassé de gueules, semé de billettes d'azur.*
Ste-Flaive.	JAMET (Marguerite), veuve d'Antoine Poitevin, s^r de la Gourdrie, renvoyée au P.
Le Poiré-sous-la-Roche. Aizenay.	JAILLARD (les hoirs de Louis), s^{gr} de la Maronnière ; Foy de Launay, sa veuve ; François Jaillard ; Charles Jaillard, s^{gr} de la Rivière ; maintenus par jugement du 9 août 1667. Porte pour armes : *d'azur à trois tours d'or.*
Talmont. Chapelle-Hermier. Bretignolles.	JOUBERT (Georges), s^r de la Didraye-Champinière ; Jacques Joubert, s^r de la Goronnière ; Charles Joubert, s^r de Beaulieu ; maintenus nobles par jugement du 24 septembre 1667. Porte : *d'azur à trois molettes d'éperon d'or.*
Talmont.	JAUDOUIN (René), s^r de Marmande, idem que le s^r du Pally ci-après, paroisse de Talmont, maintenu par arrêt du Conseil.
Les Sables.	JOURDAIN (Jeanne Audouin, veuve d'Alexandre), s^r des Deffends, idem que le s^r de Villiers-en-Plaine, Bertrand Jourdain, ci-après élection de Niort, maintenu noble par sentence du 20 septembre 1667.
Poiroux.	KERVENO (Louis), s^r de Pipelay, l'Héraudière et l'Aubouinière, maintenu en sa qualité par sentence du 24 septembre 1667. Porte : *d'azur à neuf molettes d'éperon d'argent, 4, 3 et 2.*

Talmont.	Le Jay (André), s*r* du Mitteau, idem que le s*r* de la Gestière et les autres, élection de Mauléon, à Montaigu.
La Mothe-Achard. Chapelle-Hermier.	Lingier (Pierre), s*r* de la Guimardière ; Philippe Lingier, s*r* de la Linotière, idem ci-devant élection de Mauléon, à Boufferé ; maintenus en leur qualité par sentence du 24 septembre 1667. Porte : *d'argent à la fasce de gueules fuselée de sept pièces, accompagnée de huit mouchetures d'hermine, 4 en chef et 4 en pointe.*
Le Poiré.	Maréchal (Charlotte de la Forest, veuve de Samuel), s*r* de Limbertière ; Alexandre Maréchal, baron du Poiroux, son fils ; maintenus nobles le 9 août 1667. Porte : *d'or au lion de sable.*
Les Sables. Les Lucs.	Marin (Claude), s*gr* de la Cadussière ; Antoine Marin, s*r* de la Hubardière ; (et les autres portés ci-devant à l'élection de Mauléon).
Les Sables. S.-Martin-de-Brem.	Marchand (Pierre), s*r* de la Proustière ; Marie Gourdault, veuve de Louis Marchand, s*r* de la Mulnière ; maintenus par sentence du 9 août 1667. Porte pour armes : *d'argent à trois mouches de sable.*
S.-Pierre-des-Lucs. S.-Georges-en-Landeronde.	Masson (Charlotte Maynard, veuve d'André), s*r* de la Perraye ; Gilles Masson, s*r* de la Noue ; Georges Masson, s*r* de la Lande ; maintenus nobles, sentence non expédiée.
L'Aiguillon.	Mauclerc (René), s*r* de Petit-Bois, mort, n'a laissé qu'une fille. Renvoyé à ceux de la famille à Saint-Philbert-du-Pont-Charrault, élection de Fontenay.
Landevieille.	Martin (Jean), s*r* de la Mortière, anobli par lettres du roi du mois de juin 1628 pour services considérables et maintenu par jugement du 9 août 1667. Porte pour armes : *de gueules à une ancre d'argent côtoyée de deux bras aux mains coupées de carnation, à un boulet de canon du second en pointe chargé d'une fleur de lis de gueules.*
Les Moutiers-les-Maufaits.	Mingarnaut (Hercule), s*r* de Curzon ; d*lles* Suzanne et Antoinette Mingarnaut, ses sœurs ; maintenus en leur qualité par sentence du 24 septembre 1667. Porte : *d'azur au gâteau d'argent en cœur, à trois croissants du second, 2 en chef et 1 en pointe.*

Les Clouseaux. La Chapelle-Hermier. S.-Julien-des-Landes. S.-Hilaire-de-la-Forêt. S.-Hilaire-de-Rié. S.-André-de-Mareuil.	MORISSON (Charles), s^r des Rochettes ; Charles Morisson, éc., s^r de Beaulieu; François Morisson, éc., s^r de la Gautrie; Jean-Baptiste Morisson, s^r de la Bassetière ; René Morisson, s^r de Villenoble ; Charles Morisson, s^r de la Durancière ; la veuve Claude Morisson, s^r de la Coutardière ; maintenus en leur qualité par sentence du 12 août 1667. Porte : *de sable à deux épées mises en sautoir d'argent, les gardes d'or, à une merlette d'or en pointe.* Les anciennes armes des Morisson : *de sable à trois roquets d'or.*
Champ-S.-Père. La Chaise-Giraud.	POITEVIN (Jacques-Olivier), s^r de la Dorinière ; d^{lle} Suzanne de la Ferté, veuve de Baptiste Poitevin, s^r de la Traversière ; idem les enfants du feu s^r du Plessis-Landry ; maintenus nobles par sentence du 12 août 1667. Porte pour armes : *de gueules à trois haches d'armes emmanchées de sable, abouties d'argent.*
Vairé.	PONT-ROGER (D^{lle} Catherine Buor, veuve de Philippe, s^r de), à juger.
Poiré-sous-la-Roche.	PIERRE (François), s^r de Pont-de-Vie ; Marie Chappot, veuve de François Pierre ; maintenus par sentence du 9 août 1667. Porte : *d'or à la croix pattée de gueules.* Idem à Usseau, élection de Châtellerault, Hector Pierre, s^r de la Roussinière ; Josias Pierre, s^{gr} de Marigny ;..... Pierre, s^r de Puygreffier ; maintenus en leur qualité par sentence du 26 septembre 1667.
Ste-Flaive. Les Clouseaux. Beaulieu. S.-Benoît.	POITEVIN (Charles), s^r de la Barette ; Jacques Poitevin, s^r du Plessis-Landry ; Antoine Poitevin, s^r de la Guitière ; ...... Jamet, veuve d'Antoine Poitevin ; maintenus en leur qualité par sentence du 24 septembre 1667. Porte comme le s^r de la Dorinière ci-dessus.
Mouilleron. Challans. S.-Jean-de-Mont. Nieul-le-Dolent. Poiroux. S.-Georges-de-Pointindoux.	ROBERT (Jacqueline), dame de Beaupuy ; Jean Robert, s^r de Boisfossé ; Guillaume Robert, s^r de Laugerie ; Joseph Robert, s^r de la Mothe ; Gilbert Robert, s^r de Lézardière ; Pierre Robert, s^r de Lézardière ; maintenus par sentence du 24 septembre 1667. Porte pour armes : *d'azur à trois croissants d'or.*
S.-Gervais. Beaufou.	ROBINEAU (César), s^r de la Vergne-Chauvinière ; Daniel Robineau, s^r du Plessis ; Alexandre Robineau, s^r de la Renolière ;

La Chapelle-Achard. Châteauneuf.	Elisabeth Fenioux, veuve de Daniel Robineau, s^r de la Renolière ; maintenus par sentence du 24 septembre 1667. Autre de la même famille : Josué Robineau, s^r de la Vergne-Chauvinière, maintenu par sentence du 9 août 1667. Porte pour armes : *de gueules à la croix pattée d'argent, à cinq besants d'or mis en bande au chef de l'écu.*
Beaulieu.	SURINEAU (Pierre), éc., s^r de la Touche et de la Guessière, maintenu par sentence du 9 août 1667. Porte : *d'or à trois cœurs de gueules.*
Les Moutiers-les-Maufaits.	TAILLEFER DE MONTAUSIER (Louis), s^r de la Charouillière, renvoyé bien noble. Porte : *d'or à trois losanges d'azur.*
S.-Benoît. Apremont. Coex.	THOMASSET (Philippe), s^r de la Foye ; Philippe Thomasset, s^r du Vignault ; Pierre Thomasset, s^r de Boislivière ; Philippe Thomasset, s^r de la Vigne-au-Pin ; maintenus en leur qualité par sentence du 24 septembre 1667. Porte Thomasset : *tiercé en fasce, au premier d'azur au griffon d'or becqué et onglé de gueules, au second de sable, au troisième d'argent à cinq mouchetures d'hermine posées 3 et 2.*
Le Poiré-sous-la-Roche.	TERTRE (Marie Vaz de Mello, veuve de François du), s^r de Boisjoulin, condamnée roturière.
Poiroux.	KERVENO (Louis de), éc., s^r dudit lieu en Bretagne, maintenu par sentence du 24 septembre 1667. Porte : *d'azur à neuf molettes d'argent, 4, 3 et 2.*
Nesmy.	TINGUY (Abraham), s^r de Nesmy, maintenu en sa qualité, sentence non expédiée. Porte : *d'azur à quatre fleurs de lis cantonnées d'or.*
S.-Gervais. Châteauneuf. Sallertaine.	RIVAUDEAU (Louis), éc., s^r de la Guillotière ; André Rivaudeau, éc., s^r des Razières ; François Rivaudeau, éc., s^r de la Jollonnière ; maintenus en leur qualité par jugement du 24 septembre 1667. Porte : *d'argent à une croix pattée de gueules.*
	LAMOUREUX (Charles), éc., s^r de la Javelière, correcteur des comptes à Nantes.
Les Clouseaux. Ste-Pezenne, él. de Fontenay.	RÉGNON (la veuve et les héritiers de Gaston), s^r de la Gaultronnière ; Henry Régnon, s^r de Chaligny.

Election de la Rochelle.

La Rochelle (ville). Les Sables.
BAUDOUIN (Samuel), s^r de la Bruchardière ; d^{lle} Anne de Mayré, faisant pour Frédéric Baudouin, son fils ; Pierre Baudouin, s^r de la Noue ; Nicolas Baudouin, son mineur ; René Baudouin, s^r de Pairé, élection des Sables ; maintenus en leur qualité par sentence du 24 septembre 1667. Porte : *d'argent au chevron de gueules, à trois hures de sanglier de sable mirées et allumées d'argent.*

Virson. Queaux, él. de Poitiers.
BARDONIN (François), s^r du Breuil de Sommeville ; Gaspard Bardonin, s^r de l'Angellerie ; Marguerite Bardonin et d^{lle} Eléonore de Belon, veuve de Gautier Bardonin, s^r de Laugerie ; maintenus en leur qualité par sentence du 1er septembre 1667. Porte : *d'azur à trois molettes d'éperon d'or.*

La Jarrie. La Rochelle (ville).
BERNON (Pierre), s^r des Gruseliers ; d^{lle} Esther Pinault, veuve de Gabriel Bernon ; Jeanne Blouin, veuve de Jean Bernon ; Daniel, Anne et Marie Bernon, ses enfants ; maintenus en leur qualité le 1er septembre 1667. Porte : *d'azur au lion d'or armé et lampassé de gueules.*

S.-Eloi.
BERTINEAU (Jean), s^r de la Foye, issu de l'échevinage de la Rochelle, maintenu en sa noblesse.

Fouras. Angoulin.
BERNE (Jacques), s^r de l'Homedé ; Mousnereau Berne, s^r d'Angoulin ; maintenus en leur qualité par sentence du 1er septembre 1667. Porte : *de pourpre à l'ours de sable surmonté d'une aigle d'argent.*

Salles. Surgères.
BLANDIN (Pierre), s^r de l'Herbaudière ; Jean Blandin, s^r des Prises ; maintenus nobles de l'échevinage ancien. Porte : *d'azur au chevron d'or, à la billette passant d'argent en pointe, au chef de gueules chargé de trois étoiles d'or.*

Ste-Soulle.
BRISSONNET (Barthélemy), s^r du Breuil-au-Secret, maintenu noble ; la sentence n'a été expédiée. Porte : *d'azur à la bande componée d'or et de gueules.*

Lagord.
BRUNEAU (Arnaud), s^r de la Chabossière, anobli par lettres nouvelles confirmées pour les services par lui rendus en qualité de capitaine de vaisseau en la marine.

Le Thou.	BOILAYVE (d^{lle} Sylvie), veuve de Benjamin de Magné, s^r de la Cigogne ; Benjamin, Charles et Sylvie de Magné, ses enfants; maintenus par sentence du 1er septembre 1667. Porte de Magné : *de gueules à la croix ancrée d'argent.*
Le Breuil-la-Réorte.	CALLAIS (Abraham de), s^r de Favaut. Porte : *d'azur à trois bourdons d'or mis en pal, accompagnés de deux coquilles d'argent côtoyant chacune le bourdon du milieu.* Maintenu par jugement du 1er septembre 1667.
Vérines.	DE LA ROCHEFOUCAULT (Charles-Casimir), s^r de Fontpatour, maintenu par sentence du 1er septembre 1667. Porte : *burelé d'argent et d'azur à trois chevrons de gueules, le dernier en pointe.*
Salles.	CHASTEIGNER (Roch), s^r de Cramahé, et autres, élection des Sables, au Busseau ; Isaac Chasteigner, s^r des Houllières ; et à Bazoges, la veuve David Chasteigner, s^r du Breuil ; maintenus nobles par arrêt des commissaires généraux et la sentence rendue déclarée nulle. Porte Chasteigner de Cramahé : *coupé d'argent et de sable, au chevron renversé de même, au croissant montant et deux roses de même.*
Esnandes.	CHOLLET (Charles), s^r de Ligny, et sa sœur, issus de l'échevinage, maintenus nobles.
Courdault.	COMPAING (Charles), s^r de Chezelle ; Louis, Barthélemy, Michel et autre Louis Compaing ; maintenus par sentence du dernier décembre 1667. Porte : *d'azur à un massacre de cerf d'or en pointe, surmonté d'une tête de léopard arrachée et d'une fleur de lis d'or.*
Le Breuil-la-Réorte.	COLLIN (Adam), s^r des Bonneries, de l'échevinage de la Rochelle, noble.
Marlonge. S.-Maixent (ville). Vausseroux.	DAIX DE MESMY (Jean), s^{gr} de la Roche-Elie, idem que les s^{rs} de Langevinière et de la Guillotière, élection de Saint-Maixent, et à Vausseroux, élection de Poitiers ; Isaac Daix de Mesmy, s^r de Langevinière ; dame Suzanne Daix de Mesmy, veuve de Michel Daix de Mesmy, s^r de la Guillotière ; Jean, Marie et Suzanne Daix, ses enfants ; maintenus nobles par sentence du 20 décembre 1667. Porte : *de gueules à la bande d'or, au lambel de même, à trois pendants en chef.*

La Rochelle.	BURLÉ (Louis), s^r de Chomaise, maintenu en sa qualité par sentence du 1er septembre 1667.
Ciré.	DE CULANT (René), s^{gr} dudit lieu et de Ciré ; Jacques de Culant, s^r dudit lieu ; maintenus nobles par jugement du dernier décembre 1667. Porte de Culant : *écartelé au premier et quart d'argent au sautoir engrêlé de gueules, accompagné de douze tourteaux de sable mis 3 à 3, au deux et trois d'azur semé d'étoiles d'or, au lion de même.*
Surgères.	DE FONSÈQUE DE LA ROCHEFOUCAULT (Charles), marquis de Surgères, maintenu en sa qualité le 1er septembre 1667. Porte : *d'or à cinq étoiles de gueules, 2, 2 et 1, écartelé de gueules à une fasce vairée.*
S.-Christophe.	DE FURGON (Charles), s^r de Saint-Cristophe, maintenu noble par sentence du 1er septembre 1667. Porte : *écartelé au premier et quart d'argent à trois têtes de loup de sable lampassées de gueules, et au deux et trois de gueules à la fasce fuselée d'argent, une étoile de même en chef et deux en pointe.*
Salles.	DE BONNEFOY (Henri), s^{gr} de Ballon, maintenu noble.
La Rochelle (ville).	DE LASTE (Balde), s^r d'Aigrefeuille, issu d'un secrétaire du roi de Navarre et de l'échevinage de la Rochelle, maintenu en sa qualité, sentence non expédiée. Porte : *d'azur au chevron d'or, à un soleil d'or en chef accompagné de deux étoiles d'argent et d'un croissant de même en pointe.*
S.-Georges.	DE LESCURE (Théodore), s^r du Breuil, maintenu en sa qualité par sentence du 1er septembre 1667. Porte : *d'azur au chef cousu de gueules chargé d'un croissant montant d'argent, accompagné de deux étoiles du second, et une en pointe.*
Marçay.	DE LA CAVE (Hélie), s^r du Treuil-Chopin, maintenu noble, sentence non expédiée.
Virson.	DE LA TOUR (Jean), éc., s^r du Breuil, maintenu en sa qualité par sentence du 1er septembre 1667. Porte de la Tour : *d'argent à l'aigle éployée de gueules, membrée d'or, à la bordure d'azur bezantée du champ.*
Dompierre.	DARGENCE (la dame) et ses filles, maintenues nobles par sentence du 26 septembre 1667. Porte : *de gueules à une fleur de lis d'argent.*

Longèves.	CHASTEIGNER DE LA ROCHE-POZAY (....) et tous les autres de la famille, élections de Poitiers, Châtellerault, paroisses d'Amaillou, de Saint-Gervais, d'Oyré, tous maintenus nobles. Porte : *d'or au lion passant de sinople.*
Voulon. Anché.	DE MAZIÈRE (Daniel), s^r de la Fontaine-Ducher ; Benjamin de Mazière, s^r du Passage et de Marouillet. Lettres de relief à la noblesse obtenues pour la dérogeance par ledit Daniel et entérinées. Maintenus nobles par le Conseil. Porte : *de sable à trois glands d'or.*
Benon.	DE MONTALEMBERT (César), s^r des Essarts, maintenu noble par sentence du 1er septembre 1667. Porte : *d'argent à la croix ancrée de sable.*
Usseau. Ensigné. Esnandes. Les Gours.	DE MONTBRON (Jean), s^{gr} de Beauregard, élection de Saint-Jean-d'Angély ; Pierre de Montbron, s^{gr} d'Usson ; François de Montbron, s^{gr} d'Esnandes, idem que le comte de Fontaine-Chalandray, élection de Niort, paroisses des Gours, Usseau, Saint-Jean et Ensigné, maintenus nobles par sentence du 1er septembre 1667. Porte : *burelé d'argent et d'azur de dix pièces, écartelé d'Albret qui est de gueules.*
Bazoges, él. de Fontenay. Marsilly.	DES MONTILS (Madeleine Brisson, veuve de Jean), s^r de Lozandière, et ses enfants ; idem les des Montils, élection de Fontenay ; maintenus par sentence du 1er septembre 1667. Porte : *d'argent à trois roses de gueules, à un rasoir d'or emmanché de sable au cœur.*
S.-Jean-de Liversay.	DU PORTAIL (Jacques), s^{gr} de la Goronnière, maintenu noble, sentence à expédier.
Amilly. Mauzé. La Jarne.	DE RANQUES (Abraham), s^r de la Maison-Blanche ; Henri de Ranques, s^r de Prain ; Abraham de Ranques, s^r des Marais ; Pierre de Ranques ; maintenus en leur qualité par sentence du 1er septembre 1667. Porte : *d'azur au chevron abaissé d'or, à trois étoiles du second en chef, et trois larmes d'argent en pointe, 2 et 1.*
La Jarne.	DE REMIGEOU (la veuve de Zénas), s^r de la Faye et de Roulac, maintenue ; noble sa sentence n'a été expédiée.
La Laigne.	DE STE-HERMINE (Hélie), s^{gr} dudit lieu, maintenu en sa qualité par sentence du 1er septembre 1667. Porte l'écu : *d'argent chargé d'hermines, qui est de Bretagne.*

Marçay. Thairé.	DE ST-GEORGE (Louis), s^r de Marçay ; la veuve de Louis de St-George, s^r de Loubigny ; idem que le s^r de St-George, s^r de Vérac ; renvoyés élection de Poitiers avec les autres de la famille de Vérac, et autres ci-devant.
S.-Rogatien. Mauzé.	DE CÉRIS (Gabriel), s^r de Beauregard ; Louis de Céris, s^r de Beauregard ; idem à St-Gouard, élection de St-Maixent ; d^{lle} Suzanne de Céris ; maintenus nobles, sentence non expédiée. Porte : *d'azur à la bande d'argent.*
Bouhet. S.-Révérend.	EVEILLARD (Charles), s^r de Longpré, idem élection des Sables à St-Révérend, maintenu noble le 24 septembre 1667.
Marans. Prailles.	DE VOULLON (Moïse), s^r de Poisneuf, idem que le s^r du Breuil de Prailles, élection de St-Maixent, à Prailles, maintenus en leur qualité le 1er septembre 1667. Porte : *d'azur à trois étoiles d'or, 2 et 1, à une fasce du second.*
Usseau.	DESMIER (Alexandre), s^r d'Olbreuse ; Charles Desmier, s^r du Parc ; Henri Desmier, s^r du Beugnon ; Jean Desmier, s^r de la Bruère, et ses frères, enfants d'Alexandre Desmier et de Jacquette Poussard ; maintenus en leur qualité par sentence du 10 novembre 1667. Porte : *d'argent et d'azur à quatre fleurs de lis de l'un à l'autre.* Renvoyés à Availles, élection de Poitiers, avec les autres de la famille.
Le Vert. Ville-Nouvelle.	FLEURY (François), s^r du Vert ; Gabriel Fleury, s^r de Villenouvelle ; idem les s^{rs} de la Raffinière, paroisse de Brux, élection de Poitiers ; maintenus par sentence du 1er septembre 1667. Porte : *d'argent à l'aigle éployée de sable, becquée, membrée et languée de gueules.*
S.-Marc.	GAILLARD (Jacques), éc., s^r de Saint-Marc, maintenu par jugement du 1er septembre 1667. Porte : *d'azur au chevron abaissé d'or, surmonté de trois fasces en divise de même.*
Notre-Dame-de- Cougnes.	GENTIL (Seguin), s^r de la Fond, de la Forêt et des Fontenelles, maintenu en sa qualité par jugement du 1er septembre 1667. Porte Gentil : *cinq points équipollents à quatre échiquetés d'or et d'azur.*
S.-Vivien. Ardin, élect. de Niort.	GOUSSE (Amador), s^r de Puy-Ballon et de Saint-Vivien ; Eléonor Gousse, s^r de la Roche-Allard ; maintenus en leur qualité par ju-

gement du 1ᵉʳ septembre 1667. Porte pour armes : *de gueules losangé d'argent.*

Salles. GREEN DE SAINT-MARSAULT (Pharamond), baron de Châtelaillon, et ses frères, maintenus nobles, sentence non expédiée. Porte : *d'azur à trois demi-vols d'or.*

Aytré. GUILLEMIN (Pierre), sʳ d'Aytré, maintenu en sa qualité le 1ᵉʳ septembre 1667. Porte : *d'or à trois grenades de sinople fendues de gueules.*

Périgny. HENRY (Jacques), sʳ de Cheusse et des Chemins-Rouges, de la mairie ancienne de la Rochelle, maintenu par sentence du 1ᵉʳ septembre 1667. Porte : *d'azur à trois épis de blé d'or.*

S.-Jean-de-Liversay.
La Rochelle (ville).
HUET (Amateur, Claude, Isaac-Mathieu), sʳˢ de Sourdon, de l'échevinage de la Rochelle, maintenus en leur qualité le 1ᵉʳ septembre 1667. Porte : *d'or à la fasce d'azur chargée d'un croissant montant d'argent, accompagnée de trois roses de gueules, 2 et 1.*

Loiré.
Le Breuil de Magné.
Fouras.
S.-Savinien, él. de Saintes.
Villars, même élect.
ISLE (Isaac), sᵍʳ de Loiré ; Charles Isle, sʳ de la Matassière ; Robert Isle, sʳ de la Regnaudrie ; Claude et Pol Isle, sʳˢ des Groys et de Quinsay ; Jean Isle, sʳ de Beauchesne et du Breuil ; maintenus en leur qualité par sentence du 20 septembre 1667. Porte : *d'argent à trois roses de gueules, 2 et 1.* Supports, deux sauvages.

JOUBERT (....), éc., sʳ du Gué d'Alery, et la dame Joubert, idem que les autres.

La Rochelle. LÉVESQUE (dame Elisabeth), veuve de Jean de la Fitte, sʳ de la Barrette, maintenue en sa qualité par sentence du 1ᵉʳ septembre 1667 ; sans hoirs. Porte Lévesque : *d'or à trois bandes de gueules.*

Sᵗᵉ-Soulle. LE VASSEUR (Charles), sʳ de la Gremenaudière, maintenu en sa qualité le 1ᵉʳ septembre 1667. Porte : *d'argent au lion de gueules armé, couronné et lampassé d'azur.*

Ferrière. LE MASTIN (Claude), baron de Nuaillé ; Léon, Henri et Charles Le Mastin, ses frères ; maintenus en leur qualité par jugement du dernier décembre 1667. Porte Le Mastin : *d'argent à une cotice de gueules fleurdelisée d'azur.*

La Jarrie. Les Moutiers-les-Maufaits.	MINGARNAUT (Gabriel), sʳ des Hommeaux ; idem aux Moutiers-les-Maufaits, élection des Sables, sous le nom d'Hercule de Mingarnaut, sʳ de Curzon ; maintenus nobles par sentence du 24 septembre 1667. Porte : *de gueules au gâteau d'argent en cœur, à trois croissants du second, 2 en chef et 1 en pointe.*
Vouhé.	MARTINEAU (Michel), sʳ des Garennes, officier du roi ; Charles Martineau, sʳ du Bouet, fils du précédent, officier du roi; exempt.
La Rochelle.	PROUST (Elie), médecin, échevin en l'année 1620, maintenu en sa qualité en consignant la taxe.
S.-Marc.	SARAGAN (dˡˡᵉ Louise de Bessay, veuve de Jean), échevin ancien de la Rochelle, sʳ du Treuil-aux-Servants, maintenu en sa qualité par jugement du 1ᵉʳ septembre 1667. Porte : *d'azur au chevron d'or accompagné de trois croissants d'argent.*

Election de Fontenay-le-Comte.

S.-Martin-des-Noyers.	ARNAUDEAU (dˡˡᵉ Jeanne), veuve de François Le Bœuf, sʳ de St-Martin, idem ci-devant, élection de Mauléon à Ste-Cécile et à la Merlatière ; maintenue noble.
Montournois. Gros-Breuil, él. des Sables.	AUDAYER (Charles), sʳ de la Maisonneuve, de même aux Sables, au Gros-Breuil.
Bazoges. Mouchamp.	AUJARD (David), sʳ de la Bobinière, idem que celui des Gruseliers, maintenu par sentence du 9 août 1667. Porte : *de sinople au lion d'argent.*
Champagné.	ARNAUDET (Louis), sʳ de la Briandière, anobli par lettres anciennes, maintenu en sa qualité le 9 août 1667.
Beaulieu-sur-Mareuil.	BAUDRY D'ASSON (Charles), sʳ de la Gouère ; idem aux Sables, à Nieul-le-Dolent, et à Mauléon en quatre paroisses; maintenu par arrêt de MM. les commissaires généraux sur l'appel interjeté par lui de la sentence rendue par M. Barentin ; et ceux d'Asson maintenus par sentence le 4 septembre 1667. *Vide* Mauléon, aux Landes-de-Genusson. Porte: *d'argent à trois fasces d'azur.* Ceux d'Asson : *d'argent à trois fleurs de lis d'azur.*

— 437 —

Coussay. BARLOT (René), s^{gr} du Chastelier, maintenu noble par sentence du 25 septembre 1667. Porte : *de sable à trois croix d'argent, 2 et 1.* Supports, deux lions ; cimier, un lion.

Nalliers. BARRAULT (Pierre), s^r de la Rivière, et ses frères et sœurs, enfants de Charles Barrault, éc., s^r de la Rivière, et de d^{lle} Judith de Bessay ; maintenus par jugement du 29 août 1667. Porte pour armes : *d'azur à un écureuil grimpant d'argent, onglé de sable.*

Ste-Gemme-des-Bruyères.
S.-Vincent-Fort-du-Lay.
BÉJARRY (Samuel), s^{gr} de la Roche-Grimenaudière ; Alexandre Béjarry, s^r de la Louerie ; Hector, Policrate, Josué, Antipas, Jonathas, Maurice et Françoise Béjarry, s^{rs} de la Louerie ; maintenus en leur qualité le dernier août 1667. Porte : *de sable à trois fasces d'argent.*

Marçay.
La Jarrie.
BERNE (Jeanne Bellouin, veuve de Jean), s^r de Marçay, idem ci-devant élection de la Rochelle, à la Jarrie ; maintenue noble.

Rosnay. BELLEAU (Jacques), s^r de la Gennerie, maintenu par sentence du 9 août 1668 qui casse celle de condamnation du 9 août 1667. Porte : *d'azur à trois bourdons d'argent posés en pal, 2 et 1, celui du milieu surmonté d'une étoile d'or, accompagné de trois molettes d'éperon d'argent, 2 et 1.*

Puy-de-Serre. BERNARDEAU (Louis), s^r de la Briaudière ; Pierre Bernardeau, s^r de Champeaux ; leur père, capitaine de vaisseau, anobli par le roi pour ses services, les lettres confirmées depuis sa mort en faveur de ses enfants. Porte : *de sable à trois croix ancrées de gueules.*

Fontenay (ville). BOCQUIER (Léon), s^r de la Franchère, maintenu en sa qualité le 23 août 1667. Porte pour armes : *d'azur à trois molettes d'éperon d'or, 2 et 1, à deux fasces d'or.*

S.-Mars.
S.-Jacques-en-Tillay.
BELLANGER (d^{lle} Philotée Reignier, veuve de Simon), et ses enfants ; François Bellanger, s^r de Launay ; de la famille d'Henri Bellanger, s^r de la Brachetière, élection de Niort, paroisse de Germond ; maintenus en leur qualité par sentence du 5 septembre 1667. Porte : *d'azur au chevron d'or.*

S.-Michel-le-Cloucq. BOUTOU (Philippe), s^r de la Baugisière, maintenu en sa qualité le 23 septembre 1667. Porte : *d'argent à trois roses de gueules.*

Corbaon. BUOR (Louis), s^r de la Godelière, idem que les autres, élection des Sables, paroisses de Chaillé et de Vairé, maintenus en leur qualité les 23 août et 24 septembre 1667. Porte pour armes : *d'argent à trois coquilles de gueules.* Le s' de la Godelière y ajoute : *au franc canton dextre d'azur.*

S.-Hilaire-le-Vouhis.
S.-Florent.

BOISSON (Charlotte), dame de la Grolière ; Elie Boisson, s' de la Barre-Blanchère ; maintenus en leur qualité par sentence du 13 octobre 1668. Porte : *d'azur au chevron d'argent chargé de cinq aiglons éployés de sable, et trois colombes en divise d'argent pattées de gueules.*

S.-Florent.

BODIN (d^lle Marie Boisson, veuve de Jacques), s' des Chaumes, maintenue en sa qualité le 3 septembre 1667. Porte Bodin : *d'azur à un cœur percé de trois épées d'argent en pal, en bande et en barre, à la garde d'or.*

La Limousinière

BODIN (Marie), veuve de Jean Buzet, noble de son chef; n'a qu'une fille mariée au s' d'Escoubleau. Porte : *d'azur à l'écu d'argent, à l'orle de neuf besants d'or.*

Fontenay (ville)

BRISSON (François et Barnabé), père et fils, anoblis par lettres anciennes, maintenus par sentence du 29 septembre 1667. Porte : *d'azur à trois fusées d'argent mises en pal et en fasce.*

Corbaon.
S.-Hilaire-de-Loulay, él. de Mauléon.
Chaillé-sous-les-Ormeaux, él. des Sables.

BUOR (René), s' de la Godelière ; d^lle Elisabeth Buor, sa sœur ; Gabriel Buor, s' de la Lande ; Elie Buor, s' de Négrier ; Elie Buor, s' de Villeneuve ; Alexandre Buor et ses enfants ; maintenus les 23 août et 24 septembre 1667. Porte le s' de la Godelière : *d'argent à trois coquilles de gueules cantonnées au franc canton dextre d'azur.*

Payré.

BRUNET (d^lle Elisabeth), veuve de Pierre Landerneau, s' du Vergier, renvoyée à Secondigny, élection de Niort ci-après. Porte Landerneau : *d'argent à trois hermines de sable.*

Fontenay.

CHARIEUX (Pierre), s' du Fief-Lambert, renvoyé par arrêt du Conseil.

Ste-Gemme-des-Bruyères.

CHAFFAUT (Anne Du), veuve d'Hilaire Beufvier, s' des Pallignies, et ses enfants, maintenus le 23 août 1667. Porte Beufvier : *d'azur à trois têtes ou rencontres de bœuf couronnés d'or, 2 et 1.*

Nalliers.
Vieux-Pouzauges.

CAILLAUT (Alexandre de), s' de Montreuil ; Gabriel de Caillaut, s' de la Groizardière; maintenus en leur qualité le 24 septembre

1667. Porte pour armes : *d'argent au lion de sable armé et lampassé de gueules.*

Les Moutiers-sur-le-Lay.
CANTINEAU (René), s^r de la Huttière, idem que le s^r de la Cantinière, élection de Poitiers ; maintenus en leur qualité le 29 août 1667. Porte Cantineau : *d'argent à trois molettes de sable, 2 et 1.*

Le Bourg-sous-la-Roche.
CHABOT (Charles), éc., s^r du Chesneau, maintenu en sa qualité le 23 septembre 1667. Porte : *d'argent à trois chabots de gueules.*

Ste-Pezenne.
CHEVALIER (Louis), s^r de la Mothe-Sainte-Pezenne, par sentence de M. Rouillé du 10 décembre 1670.

Le Langon.
Fontenay (ville).
CHEVALIER (Sarah Boulanger, veuve d'Antoine), s^r de Chênevert ; Marc Chevalier, s^r de la Maisonneuve ; maintenus en leur qualité le 9 septembre 1667. Porte : *d'azur au porc-épic passant d'or.*

Le Busseau.
Bazoges.
Salles, élect. de la Rochelle.
CHASTEIGNER (Isaac), s^r des Houllières ; la veuve David Chasteigner, s^r du Breuil ; idem que le s^r de Cramahé, élection de la Rochelle ; maintenus nobles par arrêt de MM. les commissaires généraux.

Corbaon.
S.-Hilaire-sur-l'Autize.
Fontenay (ville).
Dissay.
DAUX (René), éc., s^r de la Chaume ; François Daux, éc., s^r des Aubiers ; d^{lle} Marguerite Daux, veuve de Jacques Jousseaume, éc., s^r de Callais ; idem que les Daux, élection de Poitiers à Dissay ; maintenus en leur qualité par sentence du 9 septembre 1667. Porte : *d'or au lion rampant de sable, au chef de gueules chargé de trois fers de lance à l'antique d'argent.*

Seillé.
S.-Sulpice.
DARROT (Charles), éc., s^r de la Haye ; les enfants et héritiers de Charles Darrot, éc., s^r de la Haye ; idem que le s^r de la Poupelinière et que le s^r de l'Huilière, élection de Mauléon, paroisse de Saint-Sulpice ; maintenus en leur qualité le 24 septembre 1667. Porte : *de sable à deux cygnes accolés d'argent, membrés de gueules, tenant chacun une bague d'or au bec.*

Bazoges.
DABILLON (Charles), s^r du Bourgneuf, issu des anciens maires de Saint-Jean-d'Angély en 1573, maintenu en sa qualité par sentence du 9 août 1667. Porte pour armes : *d'azur à cinq billettes d'argent posées en sautoir.*

S.-Etienne-des-Loges.
S.-Michel-le-Cloucq.
D'ESLENNES (la veuve de René), s^r de la Vergne ; Louis d'Eslennes, s^r de la Fuye ; maintenus nobles par sentence non expédiée.

Vouvant. Xaintray, él. de Niort. Cerizay.	DE GRANGES (François), s^r de la Rhée, et ses frères et sœurs ; Charles de Granges, s^r de la Gord ; Philippe, Louis, Hélène et Suzanne de Granges, frères de François ; idem à Niort et à Thouars, paroisse de Cerizay, sous l'article de René de Granges ; maintenus en leur qualité par sentence des 24 et 29 août 1667. Porte : *de gueules fretté de vair de trois traits, au chef d'or chargé d'un lambel à trois pendants de sable.*
Chantonnay.	DES NOUHES (Gabriel), s^r de Beaumont, ci-devant à la Copechanière, élection de Mauléon, maintenu noble, sentence non expédiée. Porte : *de gueules à une fleur de lis d'or.*
La Jaudonnière.	D'AUTHON (Pierre), s^r de Châteauroux, fils de Michel d'Authon, s^r de Mazière, paroisse de la Boissière, élection de Thouars, maintenu noble par sentence du 18 juillet 1668. Porte pour armes : *fascé d'or et de sable de six pièces.*
Fontenay. S.-Maurice-des Noues. S.-Maixent-de-Beugné. S.-Laurent-de-la-Salle.	DESPREZ (René), s^r de Rochefort ; Louis Desprez, s^r du Fief-Mignoux ; Jean Desprez, s^r de Champolant ; Madeleine Tabarit, veuve de Charles Desprez, s^r du Pairé ; idem que les Desprez, élection de Niort, à Benet. Porte Desprez : *d'or à trois bandes de gueules, au chef d'azur chargé de trois étoiles d'or.*
La Terre des Chapelets, Le Puybelliard.	DE CHATEAUBRIANT (.....), s^r des Roches-Baritaut, et ses frères et sœurs ; d^{lle} Céleste de Châteaubriant ; maintenus dans leur qualité, sentence non expédiée. Porte : *de gueules semé de fleurs de lis d'or, parti d'hermine.*
S.-Remy de Pissottes.	DORIN (Gabriel), s^r du Poiron, maintenu en sa qualité par jugement du 7 août 1667. Porte : *d'argent à trois alouettes de sable, 2 et 1.*
Chassenon.	DU BREUIL (Jean), s^r de Chassenon et d'Aigrefeuille, maintenu en sa qualité par sentence du 23 septembre 1667. Porte : *d'argent à la croix ancrée de gueules.*
Montournois. Menomblet.	DOYNEAU (Julien), s^r de la Charrière de Montournois; d^{lle} Anne..., veuve de Louis Doyneau, s^r de Montournois ; maintenus en leur qualité ; sentence non expédiée. Porte : *de gueules à trois roses d'argent boutonnées d'or, 2 et 1.*
S.-Germain-de-Prinçay. Le Puybelliard.	DOYRON (Louis), s^r des Bouchaux ; Antoine Doyron, s^r des Coudreaux, son frère ; Léon Doyron, s^r de Saint-Vincent ; Jacques Doyron, s^r de la Touche, son fils ; maintenus en leur qualité, sentence non expédiée. Porte : *d'argent à trois roses de gueules.*

Breuil-Barret.	DRAUT (Pierre), sr de Rochebreuil, par lettres d'anoblissement de 1655 confirmées, maintenu par sentence du dernier août 1667. Porte : *d'azur au chevron d'argent chargé de sept hermines, une en pointe et trois de chaque côté dudit chevron, accompagné de trois étoiles d'or, 2 et 1.*
Notre-Dame-de-Coussay.	DU BOULLAY (Jacques), sr du Pasty, maintenu en sa qualité par sentence du 23 septembre 1667 ; Suzanne de Thorigny, veuve d'Isaac du Boullay, maintenue par sentence de M. Rouillé du 30 juin 1670. Porte : *d'azur à un croissant montant d'argent en chef, à trois fiches ou pointes d'or, 2 en chef et 1 en pointe.*
S.-Cyr-des-Gats.	DUBOIS (d{lle} Catherine), veuve de René Chauvin, sr de la Thibaudière, idem ci-devant élection de Poitiers, paroisse de la Peyratte, avec François Chauvin, sr de Chours.
S.-Cyr-des-Gats.	DUBOIS (Pierre), sr de Saint-Cyr-des-Gats, maintenu en sa qualité par sentence non encore expédiée, mais arrêtée par M. Barentin. Porte Dubois : *d'or à trois fusées de sable.*
Mareuil. S.-André. Le Bourg-sous-la-Roche.	DUBOIS (Gédéon), sr de la Touche-Levraut ; Françoise Dubois, dame de la Blanchardière ; Françoise Dubois, dame de la Potière ; maintenus en leur qualité le 27 septembre 1667. Porte : *d'or à la hure de sanglier arrachée de sable.*
Mouchamp. La Barotière, él. de Mauléon. Chauché.	DUGAST (Léon), sr de la Fontenille ; Samuel Dugast, sr de la Roche ; Isaac Dugast, sr de la Proutière ; maintenus en leur qualité par sentence du 29 décembre 1669. Porte : *d'azur au croissant d'argent accompagné de trois étoiles d'or, 2 et 1.*
S.-Martin-Lars. Salles.	DE NESMOND (d{lle} Marguerite Dupont, veuve de Pierre), sr de....., renvoyée noble ; idem que Jacques de Nesmond, sr de la Pougerie, issu des anciens échevins d'Angoulême, paroisse de Salles, élection de Poitiers. Porte : *d'or à trois cors de chasse de sable liés d'azur, virolés et engueulés du champ.*
La Boissière.	DU VERGIER (d{lle} Marie), dame dudit lieu, idem que ceux du nom et de la famille des du Vergier, srs de la Roche-Jacquelin, ci-devant élection de Thouars, paroisse de Voultegon, maintenus en leur qualité de nobles par sentence du 9 septembre 1667. Porte : *de sinople à la croix de gueules chargée d'une crousille d'argent, cantonnée de quatre crousilles de même.*

S.-Marc-des-Prés. Nalliers. Bonneuil-Matours.	De Bessay (René), s' de la Voûte ; d^{lle} Judith de Bessay, veuve du s' de la Rivière de Mouzeuil ; renvoyés avec le s' de Bessay à Bonneuil-Matours, élection de Châtellerault ; maintenus par sentence du 26 février 1667. Porte : *de sable à la bande fuselée de quatre pièces d'argent.*
Fontenay (ville).	Durand (Charles), s' de Challandry, anobli par lettres confirmées du mois de juillet 1667 ; maintenu par sentence du 23 septembre 1667. Porte : *d'or à trois trèfles de sinople, 2 et 1, au chevron de gueules.*
Coulonges-les-Royaux.	De Caumont (Marc), s' de la Douce, maintenu par sentence du 23 septembre 1667. Porte : *d'azur à deux lions d'or lampassés de gueules.*
Corbaon. S.-Aubin. Mornac en Angoumois.	De Chargé (Jean), s' de Mornac ; Geoffroy de Chargé, s' de Grandchamp ; maintenus en leur qualité par sentence du 23 septembre 1667. Porte : *d'azur à la fasce d'argent chargée de trois étoiles de gueules.* De même famille que ceux d'Angoumois, paroisse de Mornac.
Cheffois. Bouin, élect. de Niort.	Des Coublancs (Michel), s' de la Hardière ; Pierre des Coublancs, s' de Tourneville ; Joachim des Coublancs, s' du Breuil ; Esprit des Coublancs, s' de la Sorinière ; maintenus en leur qualité par sentence du 1er septembre 1667. Porte : *d'azur à deux aigles éployées et affrontées d'argent.*
Monsireigne.	De Coédic (Jean), s' de Richebourg et de Boistifray, maintenu noble, sentence non expédiée.
Luçon.	De Laurière (Léon), s' dudit lieu, maintenu en sa qualité par sentence du 23 septembre 1667. Porte : *d'azur à trois chevrons d'argent, au lion d'or passant.*
La Terre des Chapelets.	De Geon (Philippe), s' de Bois-Imbert, maintenu en sa qualité, sentence non expédiée.
Dissais.	De Goisy (Samuel et Jean), s^{rs} de Dissais, maintenus nobles par arrêt des commissaires généraux.
S.-Germain-de-Prinçay.	De Gorron (la veuve de Louis), s' de la Maison-Rouge et de Ténis, maintenue en sa qualité le 22 septembre 1667. Porte : *d'or à trois fasces de gueules.*
Fougeré. Mouchamp, él. de Mauléon.	De Patras (René), éc., s' de Buchignon ; Joachim de Patras, s' de Thevalles ; Pierre de Patras, s' de la Roche ; Jacques de

Patras, sʳ de la Batardois ; maintenus par sentence du 5 août 1667. Porte pour armes : *d'azur à deux bourdons d'or passés en sautoir, cantonnés de quatre roses d'argent.*

<small>S.-André.
Les Magnils-Régnier.
S.-André en Annis.
La Gaubretière, él. de Mauléon.</small>

DE LA BOUCHERIE (René), sʳ de la Grange ; dˡˡᵉ Marie Bocquier, veuve de Charles de la Boucherie, sʳ du Fief, et Charles de la Boucherie, leur fils ; René de la Boucherie, sʳ du Guy ; idem à Mauléon et aux Sables ; Gabriel de la Boucherie, sʳ de la Touche-Morisson, et ses sœurs, enfants mineurs de Charles de la Boucherie et de dˡˡᵉ Jacquette Morisson, sa première femme ; dˡˡᵉ Marie Julliot, veuve de Claude de la Boucherie, sʳ du Breuil, et leurs enfants ; maintenus en leur qualité par sentence du 9 août 1667. Porte : *d'azur au cerf passant d'or.*

<small>S.-Pierre-du-Chemin.
Bourneau.</small>

DE LA CRESSONNIÈRE (dame Louise), dame dudit lieu et de la Papinière ; Henriette de la Cressonnière, dame de la Blandinière ; Marguerite de la Cressonnière, veuve de Louis Chenu, sʳ de St-Philbert ; maintenus en leur qualité, sentence non expédiée. Porte pour armes : *d'argent à l'aigle de sable membrée et becquée de gueules.*

<small>La Limouzinière.</small>

DE LA GUÉRINIÈRE (Louis), sʳ de la Roche ; Henri et les autres du même nom, élection des Sables, paroisses de la Chapelle-Achard et St-Hilaire-de-Rié ; maintenus en leur qualité par sentence du 8 septembre 1667. Porte pour armes : *d'azur au chevron d'or à trois croissants montants d'argent, 2 et 1.*

<small>Les Pineaux.</small>

DE LA HAYE (Gabriel), sʳ de la Gaillardière ; Marc de la Haye, sʳ de la Maison-Neuve ; maintenus par sentence du 7 septembre 1667. Porte : *d'or à l'orle de six merlettes de sable, à un croissant d'azur en abîme.* Idem les autres, élection des Sables.

<small>S.-Pompain.
Airvault.
La Peyratte.</small>

DE LINIERS (François), sᵍʳ de St-Pompain ; Jean de Liniers, sʳ de Château-Musset ; de la même famille que le sᵍʳ de la Bourbelière, aîné de la famille, paroisse de la Peyratte, élection de Poitiers, et les autres compris dans le même article ; maintenus nobles par sentence du 9 septembre 1667. Porte : *d'argent à la fasce de gueules, à la bordure de sable chargée de huit besants d'or.*

<small>Sᵗᵉ-Florence de l'Herbergement.</small>

DE LA PRIMAUDAYE (Daniel), sʳ de la Barre, maintenu en sa qualité par sentence du 10 août 1667. Porte : *de France à* l'écu en abîme d'or chargé d'un tourteau de sable, accompagné d'un pied de griffon d'or, et écartelé de Goulaine, moitié d'Angleterre et moitié de France.

Bellenoue. DE LA ROCHE (d^{lle} Jeanne), dame d'Espannes, fille de Pierre de la Roche, s^r du Coulombier, noble par sentence de M. Rouillé du 22 mars 1670. Porte de la Roche : *burelé, ondé d'argent et de gueules de dix pièces.*

Thorigny. Chantonnay. DES VILLATTES (Gabriel), s^r de Champagné ; Pierre des Villattes, s^r de la Boulle ; condamnés et ensuite, sur leur opposition et pièces nouvelles produites, déchargés par M. Barentin et maintenus dans leur qualité. Porte : *d'argent à trois chevrons de gueules chargés d'hermine.*

Fontenay. S.-Philbert. DE MAHÉ (Charles-Théodore), s^r de Terre-Neuve, renvoyé par M. Barentin par-devant MM. les commissaires généraux, depuis maintenu par M. Rouillé par sentence du 24 mars 1670.

Breuil-Barret. Menomblet. Chiché, élect. de Thouars. DE MAILLÉ (Léon), s^r de Villeneuve ; Louis de Maillé, s^r de Ville-Nouvelle ; Toussaint de Maillé, s^r des Gats ; maintenus en leur qualité par sentence du 16 août 1667. Porte : *d'azur à trois fasces nébulées d'argent.*

Menomblet. DE MAUNOURY (Louise), renvoyée noble.

Fontenay (ville). DE MODON (Jacob), s^r de la Roche-Biraut, de l'échevinage de Niort.

Fontenay (ville). S.-Martin-Lars. DE MORIENNE (Jacques), s^r de la Trie ; Nicolas de Morienne, s^r du Portaut ; anoblis par lettres nouvelles, renvoyés au Conseil.

Bazoges-en-Pareds. DES MONTILS (Charles), s^r de la Groix, maintenu en sa qualité par sentence du 29 décembre 1667. Porte : *d'argent à trois roses de gueules, au rasoir d'or emmanché de sable.*

Luçon. Les Magnils. Grues. DE NICOU (Gabriel et Jean), s^{rs} de l'Isleau et de la Nicolière, enfants de feu André de Nicou, anoblis par lettres de janvier 1656 confirmées, maintenus par sentence du 10 décembre 1667. Porte : *d'azur à la fasce d'or accompagnée de deux étoiles de même en chef et un croissant en pointe.*

La Jaudonnière. DE PUYROUSSET (Jacob), s^r de la Bretaisière, maintenu noble, sentence non expédiée. Anobli par lettres anciennes du mois d'août 1615 bien vérifiées ; ci-après à Saint-Hilaire-du-Bois.

Mouchamp.	DE RYON (Philippe), s^r de Bois-Imbert, maintenu par sentence du 9 août 1667. Porte : *de gueules à la croix d'argent cantonnée de quatre roses d'or.*
Ste-Pezenne. Le Bourg.	DE RÉGNON (Henri), s^r de Chaligny, demeurant à la Lardière, paroisse du Bourg, élection des Sables, maintenu noble, sentence non expédiée. Porte : *d'azur à trois mouches à miel d'or.*
S.-Florent	DE SALLO (Daniel-Henri), s^r de Semaigne ; Louis de Sallo, s^r de Semaigne ; d^{lle} Claude de Sallo ; maintenus en leur qualité par sentence du 9 août 1667. Porte : *de gueules à trois roquets ou fers de lance d'argent.*
Le Bourg-sous-la-Roche.	DE SALIGNÉ (Julien), baron de la Chaise, maintenu noble, sentence non expédiée. Porte : *de gueules à trois pals au pied fiché d'or, à la bordure dentelée de même.*
Bournezeau.	DE THORIGNY (Jeanne Rampillon, veuve de René), s^r de Bois-Nerbert, sans lignée, maintenue en sa qualité le 29 août 1667. Porte : *d'argent à sept merlettes de gueules mises 2, 3 et 2, au franc canton du second.*
La Chapelle-Thireau.	DE VANDÉE (Henri), s^r du Bois-Chapeleau, anobli par lettres.
Rosnay.	DE VILLENEUVE (Gabriel), s^r du Plessis-Rosnay, maintenu noble, sentence non expédiée.
Ste-Radegonde-de-Beaulieu. Cheffois.	DE SCHOMBERG (d^{lle} Marie), fille et héritière de Henri-Chrétien de Schomberg, s^r de Beaulieu, maintenue en sa qualité par sentence du 7 août 1668. Porte : *d'or au lion coupé de gueules sur sinople.*
S.-Martin-l'Ars. S.-Florent. Belleville, élect. des Sables.	ESPINASSEAU (Elie), s^r du Bois ; Gilles Espinasseau, s^r de la Jolivetière ; Abraham Espinasseau, s^r des Noyers ; maintenus par sentence du 10 août 1667. Porte : *d'azur à trois étoiles d'argent.*
Fontenay (ville).	EASME (Marie), veuve de Joseph de Montjon, par sentence de M. Rouillé du 16 juin 1670.
Ste-Gemme-des-Bruyères.	FLEURY (François), s^r de la Pelletrie, ci-devant élection de la Rochelle, et encore à Brux, élection de Poitiers, maintenu en sa qualité par sentence du 1er septembre 1667. Porte : *d'azur à l'aigle éployée d'or, becquée, membrée et languée de gueules.*

Thiré. Le Gué-Ste-Flaive.	FOUCHER (Jean), s^r de la Fumoire, idem aux Sables, au Gué-Sainte-Flaive, sous l'article de Foucher, baron de Sainte-Flaive, et autres, maintenus en leur qualité le 9 août 1667. Porte: *de sable au lion d'argent couronné, lampassé et armé d'or.*
Fontenay (ville).	GARNIER (Jacques), éc., s^r de Surin ; d^{lle} Suzanne Garnier, sa sœur; maintenus par sentence du 28 décembre 1668. Porte pour armes : *d'azur à trois roses d'argent pointées et tigées de sinople, 2 et 1.*
La Chaise. Xanton. S.-Nicolas-de-la-Chaise.	GAUTREAU (Gilbert), s^r de la Touche-Massé ; Jacques Gautreau, s^r du Landreau, tant pour lui que pour les mineurs, enfants de feu Jacques Gautreau, s^r de Saint-Mars, aîné de la famille, et encore pour d^{lles} Marie, Esther et Olympe Gautreau, ses sœurs ; maintenus en leur qualité par sentence rendue le 12 septembre 1668, sur leur opposition à une autre sentence rendue par défaut le dernier août 1667. Porte : *d'azur à trois coquilles d'argent.*
Thouarçais. La Gaubretière.	GABORIN (René), s^{gr} de Thouarçais, son frère et les autres de même nom et famille, et encore Henri Gaborin, s^r de Puymain, élection de Mauléon, à la Gaubretière ; maintenus en leur qualité par sentence du 27 septembre 1667. Porte pour armes : *d'azur à trois trèfles d'or.*
S.-Martin-des-Noyers.	GAZEAU (David), s^r de Saint-André, idem que ceux des élections de Mauléon et des Sables; d^{lles} Claude et Isabeau Gazeau, dames de la Couture et de la Pommeraye, ci-devant à la Boissière, élection de Mauléon, et au Poiroux, élection des Sables.
Chavagnes.	GENTIL (Hector), s^r des Touches ; d^{lle} Marguerite Béjarry, sa veuve; maintenus en leur qualité le 1er septembre 1667. Porte : *cinq points équipollents à quatre échiquetés d'or et d'azur.*
[S.-Florent.	GERVIER (Jean), s^r de la Proutière; d^{lle} Marie Foucrand, veuve de Pierre Gervier, et ses enfants ; maintenus en leur qualité les 23 septembre et 9 août 1667. Porte pour armes : *de sable à la fleur de lis d'argent.*
S.-Martin-l'Ars. Longesve. La Terre des Chapelets.	GOURDEAU (Charles), s^r des Ressons et de Montigny ; Paul Gourdeau, s^r de Longesve ; Léon Gourdeau, s^r de Saint-Vincent-d'Avaux ; idem, élection de Mauléon, à Notre-Dame du Bourg des Herbiers.

Ste-Gemme.	GOURDE (Jacques), sr de Villehervé et des Ardilliers, fils d'Emery Gourde et de dlle Madeleine Hilleret, maintenu en sa qualité par sentence du 20 novembre 1668. Porte : *d'argent à l'aigle double éployée de sable, becquée et armée de gueules.*
Coulonges.	GRIMOUARD (Jean), sr de Villefort ; Jacques Grimouard, sr de Perré ; portaient anciennement le nom de Chevalier, changé par contrat de mariage de Jean Chevalier avec Claude Trochard, dame de la Girardière, du pays d'Anjou, et par stipulation de Philippe Grimouard, sr de Perré, oncle maternel dudit Chevalier, qui lui fit un grand don à cet effet. Maintenus en leur qualité par jugement du 23 septembre 1667. Porte : *d'argent à six bâtons de frette de gueules, au franc canton dextre d'azur.*
Xanton.	GIRAUD (Jean), éc., sr de la Couture, anobli par lettres du roi du mois d'août 1653, maintenu par sentence du 8 septembre 1667.
Puy-Chaban, él. de Niort.	GIRAUT (dlle Éléonore du Tertre, veuve de Jean), sr du Puy-Chaban, issu des anciens échevins de Niort avant l'an 1600.
La Chapelle-Thémer.	GRELIER (Louis), sr de la Jousselinière ; Pierre Grelier, sr des Chaumes ; Philippe Grelier, son frère ; maintenus en leur qualité par jugement du 9 août 1667. Porte Grelier : *d'argent à deux roses de gueules en chef et une fleur de lis de sable en pointe.*
La Chapelle. S.-Martin-l'Ars. S.-Gervais.	GUERRY (Jacques), sr des Goupillères ; Jacques Guerry, sr du Plessis-Chastière ; maintenus en leur qualité par sentence du 9 août 1667. Porte Guerry : *d'azur à trois besants d'or, 2 et 1.* Ci-devant à Saint-Gervais, élection des Sables.
S.-Martin-des-Noyers. Ste Catherine de l'Airière.	GUÉRIN (Louis), sr de la Vergne ; René, Louis et Louis Guérin, srs de la Davière et de Lambertière ; maintenus en leur qualité par sentence du 23 septembre 1667. Porte Guérin : *d'argent au chevron de gueules accompagné de trois roses de même, 2 et 1.*
Ste-Florence.	GUIBERT (Marguerite), veuve de Jacques de Rampsay, Ecossais ; Jacques, Marguerite et Marie de Rampsay, leurs enfants ; maintenus en leur qualité le 16 août 1667. Porte : *d'argent à une aigle à deux têtes de gueules.*
Dissais.	GOIZY (Jean), sr de Dissais, renvoyé à Paris par-devant MM. les Commissaires généraux pour être jugé pour sa noblesse, et les

a retirés (ses titres) pour prouver icelle, ayant été appelé pour les francs-fiefs. Porte : *d'azur à la croix alésée d'argent accompagnée de trois molettes d'éperon d'or, 2 en chef et 1 en pointe.*

S.-Martin des-Fontaines.

HÉLIE (Denis), s^{gr} de Bois-Roux, et ses enfants, idem que le s^r de la Roche-Esnard à Coulon, élection de Niort, maintenus en leur qualité. Porte : *d'azur à la fasce fuselée d'or.*

Le Simon.

HUISLARD (Jacques), s^r de la Papaudrie ; François, s^r de la Vau ; nobles par lettres confirmées.

S.-Juire.

JAILLARD (Louis), s^r de Saint-Juire, idem que ceux d'Aizenay, élection des Sables, et autres, s^{rs} de la Maronnière, renvoyés au Poiré-sous-la-Roche et à Aizenay, élection des Sables, maintenus le 9 août 1667. Porte : *d'azur à trois tours d'or.*

S.-Florent.
S.-Denis-de-la-Chartreuse.
Chapelle-Hermier.

JOUBERT (Charles), s^r du Plessis-Tesselin, idem que ceux de Saint-Denis-la-Chartreuse, ci-devant élection de Mauléon, et de la Chapelle-Hermier, élection des Sables, maintenus nobles les 10 décembre et 24 septembre 1667. Porte : *d'azur à trois molettes d'éperon d'or, 2 et 1.*

Fontenay (ville).

JOUSSEAUME (Jacques), s^r de Callais ; sa veuve, d^{lle}... Daux ; idem que les Jousseaume, c'est de la même famille que le s^r de Coubourreau, gouverneur de la ville de Poitiers ; maintenus nobles, sentence non expédiée. Porte : *d'argent à la bordure d'hermines, à trois croix pattées de gueules.*

S.-André-de-Mareuil.
Talmont, él. des Sables.

JAUDOUIN (René), s^r du Pasty ; René Jaudouin, s^r de Marmande ; condamnés suivant le rôle arrêté le 10 novembre 1667, appelants de la sentence du 5 septembre 1667, ensuite maintenus nobles par arrêt de MM. les Commissaires généraux, déchargés par sentence de M. Barentin sur pièces nouvelles.

S.-Laurent-de-la-Salle.

LE FRANC (Suzanne des Moulins, veuve de Louis), condamnée, ensuite appelante, déchargée par MM. les Commissaires généraux par arrêt du 27 août 1668.

S.-Georges-de-Montaigu.

LE JAY (Charles), s^r de l'Etablière, idem que ceux de l'élection de Mauléon et autres; Jacques et Gédéon Le Jay ; d^{lle} Marie Le Jay, fille dudit Gédéon ; maintenus en leur qualité le 29 août 1667. Porte : *d'or au chevron d'azur, à un pin de sinople rehaussé d'un croissant et d'un aiglon de sable.*

~~outiers-sur-le-Lay.	Le Roux (Victor), s^r de la Sivernière, maintenu par sentence du 9 août 1667. Porte : *d'azur au lion d'or couronné et lampassé de gueules.*
Le Simon.	Le Petit (Guillemine), veuve de N. Robert, s^r de Chaon, ci-après à R.
Chassenon-le-Vieil.	Mauras (Louis), s^r de Chassenon-le-Vieil, sa veuve; Charles Mauras, s^r de Chassenon-le-Vieil ; maintenus en leur qualité par sentence du 23 septembre 1667. Porte Mauras: *d'azur au chevron d'or accompagné de trois étoiles du second.*
Thouarsais.	Malleray (Jacques), s^r de Puy-Sec, anobli par lettres confirmées. Porte : *de gueules à la bande d'or chargée de trois molettes d'éperon de sable.*
Luçon.	Martin (Georges), s^r du Maignou.
~~-Philbert-du-~~~ont-Charrault. ~~~.-Christophe-du-Ligneron.	Mauclerc (François), s^r de la Bertaudière et de la Muzanchère ; Guy Mauclerc, son fils ; idem que les Mauclerc, s^{rs} de Marconnay, paroisse de Saint-Christophe-du-Ligneron, élection des Sables, et de l'Aiguillon, même élection ; Jacques Mauclerc, s^r de Marconnay, et son fils ; René Mauclerc de Marconnay, s^r du Petit-Bois ; Marie Mauclerc, veuve de Claude Borgnet, s^r de la Gabarière ; maintenus par sentence des 9 et 29 août 1667. Porte : *d'argent à une croix ancrée de gueules.*
~~.-Nicolas-de-la-Chaise.	Masson (Alexis), s^r de la Guyonnière, de même que les Masson, élection des Sables, à Saint-Georges en Landeronde ; sentence non expédiée.
Monsireigne. La Forêt.	Marvillaud (Henri), s^r de la Foucherie ; idem à la Forêt, élection de Thouars ; Charles Marvillaud, s^r de l'Audonnière ; maintenus nobles par sentence du 12 août 1667. Porte : *d'azur à trois molettes d'éperon d'argent, à la fasce d'or.*
Bessay.	Maynard (François), s^r de la Barotière, idem ci-devant à Mauléon, paroisse de la Barotière, Maynard la Vergne-Péault, maintenu par sentence du 24 septembre 1667. Porte : *d'argent fretté d'azur.*
~~ntenay (ville).	Moreau (Jean), assesseur criminel à Fontenay, anobli par lettres de 1662, jugé noble par sentence de M. Rouillé du 26 juin 1670.

Le Simon.	MALLIER (Louis), s' de Chassonville, issu de secrétaire du roi du grand collège, capitaine aux gardes, beau-frère du s' de Chausseraye, maintenu en sa qualité par sentence du dernier février 1669. Porte : *d'argent à la fasce d'azur accompagnée de trois roses de gueules, 2 et 1.* Secrétaire du roi depuis 1581 jusqu'en 1595 qu'il y mourut.
S.-Laurent.	MORISSON (d^{lle} Judith Viaud, veuve de Claude), éc., s' de la Coutardière, ci-devant avec les Morisson, aux Cluseaux et autres paroisses, élection des Sables, maintenus en leur qualité le 12 août 1667.
S.-Maixent-de-Beugné.	PAGER (Hilaire), s' de la Grand'Maison, anobli par lettres de juillet 1652, brevet de retenue en janvier 1662, maintenu par sentence du dernier décembre 1667.
S.-Laurent-de-la-Salle.	PICARD (François), s' de la Touche-Moreau ; Gallier Picard, s' de la Touche ; maintenus nobles, sentence non expédiée. Porte : *d'azur à trois étoiles d'or en chef et une croix pattée de même en pointe.*
L'Hermenault.	PUGNET (Jean), noble de l'échevinage de Niort.
S.-Sulpice. Chantonnay.	PRÉVOST (François), s' de la Boutetière ; René Prévost, s' de la Pintrolière ; maintenus en leur qualité le 23 septembre 1667. Porte : *d'argent à trois hures de sanglier de sable allumées et mirées de gueules, 2 et 1.*
Marsais. Bournezeau. Fenioux.	PIGNIOT (Jean), s' de la Largère ; d^{lle} Françoise Mauclerc, veuve de Pierre Pigniot, s' de la Giraudière ; idem que le s' de Puychenin, élection de Niort, paroisse de Fenioux ; maintenus en leur qualité le 23 septembre 1667. Porte : *d'argent au chevron de sable accompagné en chef de trois étoiles et en pointe d'un lion léopardé de gueules.*
S.-Hilaire-du-Bois.	PUYROUSSET (Pol de), s' de Villefollet, idem ci-devant à la Jaudonnière. Anciennes lettres d'anoblissement du mois d'août 1615.
Les Moutiers-sur-le-Lay.	RAGEAU (Jacques), s' des Minières et de la Bauchonnière, maintenu en sa qualité le 9 août 1667. Porte : *de gueules à un chef d'or chargé de trois étoiles de sable, une onde d'argent en pointe accostée de deux rats d'or hérissés de sable, et sous la pointe une étoile d'or.* (Ce ne sont pas les véritables armes.)

Faymoreau. Le Busseau. S.-Michel-des- Couts. S.-Mars. Seillé.	RÉGNIER (d^lle Jeanne Ranfray, veuve d'Isaac), s^r des Coutaux ; Isaac Régnier, s^r des Coutaux et du Gast, son fils ; Daniel Régnier, s^r du Plessis ; Philothée Régnier, dame des Richards ; d^lle Catherine Darrot, veuve de René Régnier, s^r des Granges ; tous de la famille des Régnier, issus du Bourgneuf de Gâtine ; Henri Régnier, s^r du Breuil ; Jean Régnier, son frère ; d^lle Perrine Vinet, veuve de Louis Régnier, s^r du Plessis du Busseau, leur mère ; maintenus le 24 septembre 1667. Porte : *d'azur à trois crousilles d'argent.*
S.-Hermant. 'enansault, él. des Sables.	RÉGNAULT (Louis), s^r de la Barre-Saint-Juire ; Marguerite Bonnin, veuve de Jacques Régnault, s^r de la Bertière ; Robert Régnault, s^r de la Bobinière ; maintenus par sentence du dernier août 1667. Porte Régnault : *d'azur à trois trèfles d'argent, 2 et 1, à une tête de lion arrachée d'or, lampassée de gueules, en abîme.*
ontenay (ville).	ROBERT (André), s^r de Fief-Gauvert, fils d'André Robert, rétabli dans sa noblesse par lettres de relief entérinées en 1632, maintenu en sa qualité par sentence du 9 septembre 1667. Porte : *d'azur au lion d'argent.*
Le Simon. La Couture.	ROBERT (....), s^r de Chaon ; Jean Robert, s^r de la Gennerie ; maintenus en leur qualité par sentence du 23 septembre 1667. Porte pour armes ; *d'or à six pals de gueules.*
S.-Michel-le- Cloucq.	ROUSSEAU (François), s^r de Beauchesne, idem que les s^rs de la Parisière et autres, élections de Poitiers et de Châtellerault, paroisse de Saint-Léger. Porte : *d'azur à deux roseaux ou matras d'or posés en sautoir.*
La Châtaigne- raie.	ROCAS (Jean de), s^r de la Jalinière, condamné par M. Barentin, appelant, maintenu en sa noblesse par arrêt de la Chambre souveraine du 15 avril 1667.
Chantonnay.	ROULIN (Louis), s^r du Clousis ; Alexandre Roulin, s^r de la Mort-Martin, élection de Niort ; condamnés par M. Barentin, appelants, maintenus en leur qualité par MM. de la Chambre souveraine.
S.-Germain-de- Prinçay.	RORTHAYS (Louis de), s^r de Monbail, idem que ceux de Beaulieu et de Saint-Révérend, élection des Sables-d'Olonne ; maintenus en leur qualité par sentence du 9 août 1667. Porte : *d'ar-*

gent à trois fleurs de lis de gueules, à la bordure de sable besantée d'or.

Thorigny. — ROATIN (Joseph), sʳ du Temple, idem que les Roatin de Poitiers, maintenus en leur qualité par sentence du 9 février 1667. Porte : *d'azur au chevron d'or accompagné de trois fers de lance mornés d'argent, 2 et 1.*

S.-Florent. — RAMPSAY (Jacques de), Ecossais ; dⁱˡᵉ Marguerite Guibert, sa veuve ; Jacques, Marguerite et Marie de Rampsay ; maintenus en leur qualité par sentence du 16 août 1667. Porte : *d'argent à une aigle à deux têtes de gueules.* (Ci-devant au G, sous l'article de Marguerite Guibert.)

S.-Laurent-de-la-Salle. Breuil-Bernard. — SALBERT (René), sʳ des Houllières, maintenu en sa qualité avec Jean Salbert, sʳ de Villiers, au Breuil-Bernard, élection de Thouars, par sentence du 12 août 1667. Porte : *d'argent à trois hures de sanglier arrachées de sable.*

Moutiers-sur-le-Lay. S.-Hilaire-le-Voubis. S.-Hilaire-de-Loulay, él. de N. Bourg-sous-la-Roche. Thorigny. Sanxay, él. de P. Les Moutiers-les-Maufaits. Chavagné, élect. de Niort. — SAVARY (Jonas), sʳ de la Belletière ; Pierre Savary, sʳ du Magny et de Chantenay ; Pierre Savary, sʳ des Grolières ; Charles Savary, sʳ de Lestang ; Isaac Savary, sʳ du Chastenet ; …. Savary, sʳ de Forzon ; Jonas Savary, sʳ de la Belletière ; Alexandre Savary, sʳ de l'Isle-Belletière ; maintenus par sentence du 24 septembre 1667. Porte Savary : *d'argent à la croix de gueules, à la bordure de pourpre chargée de neuf besants d'or.*

Luçon. — SOCHET (René), sʳ de Nesde, secrétaire du roi, maintenu en sa qualité, à condition qu'il vienne vétéran ou qu'il meure dans la charge suivant l'ordonnance, par sentence du 29 août 1667. Porte : *d'argent à trois merlettes de sable.*

L'Orbrie. Menomblet. Aigonnay. Notre-Dame-de Celle. — SUIROT (la veuve Daniel), sʳ du Puy-Chabot ; Henri Suirot, sʳ des Adroits ; François Suirot, sʳ de Lautremont, idem élection de Niort, paroisse de Celle ; François Suirot, sʳ des Champs ; Jean Suirot, sʳ de Bessière, idem à Saint-Maixent, paroisse d'Aigonnay ; maintenus en leur qualité le 22 août 1667. Porte : *coupé, tranché, taillé de gueules et d'argent.*

La Jaudonnière. S.-Martin-Lars. — SUZANNET (Marc-Antoine, Philippe et Philippe et Gabriel), sʳˢ de la Forest et de la Chardière ; Frédéric-Henri Suzannet, fils aîné de Marc-Antoine ; Gabriel, sʳ de la Chardière ; Cécile, Louise et Marie Suzannet, sœurs ; maintenus par sentence du 23 septembre 1667. Porte Suzannet pour armes : *d'azur à trois canettes d'argent.*

.-Jacques-en-Tillay.

TEXIER (Charles), s^r de Saint-Germain, retabli dans sa noblesse par lettres de relief du roi du 3 juillet 1664, entérinées à la Cour des Aides, maintenu par sentence du dernier août 1667. Porte : *de gueules à trois navettes d'or mises en pal.*

S.-Sulpice.

THÉRONNEAU (René), s^r de la Boulaye, idem que les Théronneau de Notre-Dame des Herbiers, élection de Mauléon, et du Boupère, élection de Thouars, maintenus nobles par sentence du 6 août 1667. Porte : *de gueules à la fasce d'argent à trois besants du second, 2 en chef et 1 en pointe.*

Denant.
.-Cyr-des-Gats.
Chiré-en-Gençay.

TIRAQUEAU (Jacques), s^r de la Jarrye ; Charles Tiraqueau, s^r de la Grignonnière et de Denant; idem que le s^r de la Jarrye et les autres, élection de Thouars, au Vieux-Pouzauges, et ceux de l'élection de Poitiers, à Chiré en Gençay ; maintenus en leur qualité le 23 septembre 1667. Porte : *d'argent à trois canettes de sable soutenues d'une rivière ondée d'or et d'azur.*

Ste-Pezenne.

TINGUY (Jonas), s^r de Vaussay, idem que celui de la Grolle, élection de Mauléon, et qu'Abraham Tinguy, s^r de Nesmy, à Nesmy, élection des Sables-d'Olonne, maintenus en leur qualité, sentence non expédiée. Porte : *d'azur à quatre fleurs de lis cantonnées d'or.*

Thorigny.

TRANCHANT (d^{lle} Esther Chitton, veuve de Charles), s^{gr} de la Barre ; d^{lle} Hélène Tranchant, leur fille unique ; Louis Tranchant, s^r de la Jaulonnière ; maintenus en leur qualité par sentence du 30 août 1667. Porte : *de gueules à la fasce d'argent à trois carreaux du second, 2 et 1.*

Seillé.

TUTAULT (René), s^r de la Verdonnière, idem ci-devant avec le s^r de l'Herbaudière à Saint-Maixent et à Saivre, maintenus en leur qualité le 1er septembre 1667. Porte: *d'or à la fasce ondée d'azur de trois pièces.*

Chantonnay.

VASSAULT (d^{lle} Marguerite Thireau, veuve de François de), s^r de la Jaudonnière, comme tutrice de Philippe de Vassault, son fils ; Samuel de Vassault, s^r de la Feslière ; maintenus en leur qualité par sentence du 23 septembre 1667. Porte : *d'or à la croix endentée de sable, chargée de cinq coquilles d'argent.*

Foussais.   VATABLE (d^{lle} Anne), veuve de Louis Guilloteau, anobli par lettres du roi.

Luçon.   YVON (Jacques), s^r de la Roulière, fils de défunt Jules Yvon, anobli par lettres du roi confirmées du mois d'octobre 1643 ; maintenu en sa qualité par sentence du 10 novembre 1667. Porte : *d'azur au chevron échiqueté de trois traits d'argent et de gueules, accompagné de trois étoiles d'or, 2 et 1.*

Chassay.   GEORE (Isaac-François de), s^r de la Barberie, condamné par M. Barentin le 10 novembre 1667 à 1,000 livres par lui payées, ensuite reçu opposant par M. Rouillé, a produit de nouveau et déchargé par M. Rouillé par sentence du.....

S.-Sulpice. Ste-Florence de l'Herbergement.   GUIGNARDEAU (Jacques), s^r de Puymay ; Claude Guignardeau, s^r de Vannes ; condamnés par sentence de M. Barentin, appelants au Conseil, déchargés et maintenus nobles par arrêt du .... 1671. Porte : *de gueules au lion d'or accompagné de trois roses de même, 2 en chef et 1 en pointe.*

Le Langon.   VERTEUIL (Jean), s^r de la Grange-Puygiraud ; Henri de Verteuil ; Denis de Verteuil ; maintenus nobles par jugement du 18 juin 1670 par M. Rouillé. Porte : *d'argent à trois losanges de gueules.* Les aînés de la famille demeurent à Feuillac entre Deux-Mers, près la Bastide. Autres de la même famille, s^{grs} du Boismasson, le Museau, élection de Saint-Jean-d'Angély.

Ste-Florence-de-l'Herbergement.   SAPINAUD (René), s^r de l'Herbergement, maintenu noble par sentence rendue par M. Rouillé le 24 mars 1670. Porte Sapinaud : *d'argent à trois merlettes de sable, 2 et 1.*

Château-Fromage.   URVOY (Suzanne Brunet, veuve de Michel), vivant éc., s^r du Breuil, condamnée par M. Barentin, appelante au Conseil, déchargée et maintenue noble par arrêt du......... Porte pour armes : *de....... à deux lions léopardés posés l'un sur l'autre.*

Champgillon.   RACODET (Alexandre), éc., s^r de Sainte-Opportune, curateur de François, Jean et Jeanne Racodet, enfants mineurs de feu Jean Racodet, éc., s^{gr} de la Guinemandière, et de dame Marie de Héry, maintenus nobles par jugement du 9 août 1667, sentence non expédiée, sur ancienne noblesse. Porte : *de sable à trois roses d'argent.*

— 455 —

Le Langon. Champagné-Hilaire, élect. de Poitiers.
Petosse.
S.-Denis-la-Revasse, él. des Sables.

D'ARCEMALE (Jacques), s^r baron du Langon ; Françoise Bonnin, veuve de Louis d'Arcemale, et ses enfants ; Marie Jamet, veuve d'Antoine d'Arcemale, s^r des Chaumes, et ses enfants ; Etienne et Jacques d'Arcemale, s^{rs} de la Blanchardière et du Moulinier ; Louis d'Arcemale, s^r de la Servantière ; Henri d'Arcemale, s^r de la Touche ; Louis d'Arcemale, s^r de la Barre ; déchargés et maintenus nobles par arrêt du Conseil d'en haut du mois de décembre 1673.

Election de Niort.

Les maires et les échevins seront mis en suite des nobles de race à la fin de l'élection par ordre alphabétique.

Aubigny.
AISSE (Gabriel), s^r de l'Isle et de la Noue, maintenu en sa qualité par sentence du 1er septembre 1667. Porte : *de sable à trois épées d'argent mises en bande, la pointe en bas.*

Contré.
ALGRET D'AULÈDE (Hervard), s^r de Servange, maintenu en sa qualité, sentence non expédiée.

Chapelle-Seguin.
ARNAULT (René), s^r de l'Aage ; d^{lle} Jeanne Mesmin, veuve d'Aymon Arnault, s^r du Buisson ; maintenus en leur qualité par sentence du 1er septembre 1667.

Champagne-Mouton. Alloue. Pressac. Vieux-Cérier.
ANGELY (Jacques), s^r de Fontcreuse ; Jean Angely, s^r de Bonnefond ; Jean Angely, s^r de Bellourie, idem élection de Poitiers au Vieux-Cérier et à Pressac, sous l'article de Jean Angely, s^r de Majussier, et autres ; maintenus en leur qualité le 8 octobre 1667. Porte Angely ; *d'argent parti, coupé, à quatre croix raccourcies de sinople aux quatre quartiers.*

S.-Denis. Germond.
AYMER (d^{lle}), dame de Saint-Denis ; Pierre Aymer, s^r de Corniou ; maintenus en leur qualité par sentence du 1er septembre 1667 délivrée. Porte Aymer : *d'argent à la fasce componée de sable et de gueules.*

S.-Denis.
ADAM (d^{lle} Marguerite Aymer, veuve de Josué), s^r de Saint-Denis, maintenue en sa qualité par sentence du 1er septembre 1667. Renvoyée à Saint-Saturnin de Saint-Maixent. Porte Adam : *d'azur au lion d'argent armé et lampassé de gueules.*

Vouillé.	BARAZAN (Gabriel de), éc., s^r de la Salmondière ; d^{lle} .... Goulard .... ; maintenus en leur qualité, sentence non expédiée. Porte de Barazan : *d'azur à trois losanges d'or, 2 et 1.*
Poitiers (ville). Niort (ville). S.-Maxire.	BERLAND (Philippe), s^r de Puyvillet, idem que ceux de Poitiers et encore que celui de Saint-Maxire, s^r d'Oriou, élection de Fontenay, et encore à Saint-Maixent, paroisse de Périgné, sous l'article de d^{lle} Françoise Thibaut, maintenus en leur qualité par sentence du 3 septembre 1667. Porte : *d'azur à deux merlans adossés d'argent, à huit étoiles d'or posées en pal, 3, 2 et 3.*
Germond.	BELLANGER (Henri), s^r de la Brochetière, anobli par lettres du roi du mois de novembre 1607, maintenu en sa qualité par sentence du 1er septembre 1667. Porte Bellanger : *d'azur au chevron d'or.*
Béceleuf.	BROCHARD (Charles), éc., s^r de la Roche, maintenu par sentence du 1er septembre 1667. Porte Brochard : *d'argent à trois pals, 2 d'azur et 1 de gueules, celui de gueules au milieu,* autrement : *d'argent au pal de gueules côtoyé de deux pals d'azur.*
Niort.	BERTHELIN (la veuve Michel) et son fils aîné, s^r de Romagne, ci-devant élection de Poitiers, paroisse de Lathus, maintenus en leur qualité par sentence du 10 septembre 1667. Porte : *d'argent au chevron d'azur accompagné de deux fleurs de lis de même en chef et d'une hermine en pointe, au chef de gueules chargé de trois coquilles d'argent.*
S.-Pardoux.	CAILLET (.....), s^r du Breuil, idem que le s^r d'Issé, élection de Poitiers, à Rom, issu de l'échevinage de Poitiers avant 1600, maintenu noble le 30 août 1667. Porte : *d'azur au lion d'argent armé et lampassé de gueules, à trois cailles d'argent.*
Soutiers. Vouhé.	CANTINEAU (Artus), s^r de la Gauvinière ; Pierre Cantineau, s^r de la Martinière ; maintenus nobles par sentence du 2 septembre 1667.
La Mothe. Champdeniers.	CHAUFFEPIED (Benjamin), s^r de l'Isle, renvoyé au Conseil. Son frère, demeurant à Frontenay, élection de Saintes, a été maintenu en sa qualité de noble par jugement de M. d'Aguesseau. Ils sont Italiens d'ancienne origine. Porte : *d'argent*

à une bande bretessée et contre-bretessée d'azur, au chef écartelé en sautoir d'or, de sable, d'argent et de gueules, chargé de quatre croisettes de l'un à l'autre.

CHASTEIGNER (Jean), sʳ de Rouvre ; Charles Chasteigner, sʳ de la Roche-Hudon ; la veuve d'Antoine Chasteigner, sʳ d'Adilly ; idem que le sʳ de la Rochepozay, le comte de Saint-George et autres, élection de Poitiers ; maintenus en leur qualité le 7 septembre 1667. Porte : *d'or au lion passant de sinople.*

herveux, él. de S.-Maixent. Champdeniers. — CHERBONNEAU (René), sʳ de la Rouaudière, maintenu en sa qualité par sentence du 1ᵉʳ septembre 1667. Porte : *d'azur semé de fleurs de lis d'or à trois écussons d'argent, 2 et 1.*

Xaintray. — COURTAUT (dˡˡᵉ Gabrielle), veuve de Charles de Granges, sʳ de la Gord, idem que le sʳ de Puyguyon, élection de Thouars, à Cerizay, et les autres.

S.-Hilaire-la-Pallud. Niort (ville). — CADARE (Benjamin de), sʳ des Essarts ; dˡˡᵉ Jeanne de Cadare, sa sœur, enfants de Jacques de Cadare, secrétaire du roi ; maintenus en leur qualité par jugement du 3 septembre 1667. Porte Cadare : *d'azur au lion d'argent brisé d'une fasce de même chargée de trois étoiles de même.*

S.-Laurent-de-Céris. — DE CAMIN (Jean), sʳ de Cussac ; Jean de Camin, sʳ du Puy-Joubard ; maintenus en leur qualité par jugement du 6 août 1668, qui casse la sentence rendue contre eux sur pièces nouvelles produites le 3 septembre 1667. Renvoyés à Oradour-Fanois, élection de Poitiers.

Alloue. — D'ARGENTIÈRE (Samuel), sʳ de Montmagnou ; dˡˡᵉˢ Marguerite et Madeleine d'Argentière ; maintenus nobles, sentence non expédiée. Porte : *d'azur à deux étoiles d'or en chef et un cœur de même en pointe.*

Surimeau. — D'AUBIGNÉ (Charles), sʳ de Surimeau, maintenu noble par sentence du 20 septembre 1667. Porte : *d'azur au lion d'or couronné de même, la queue nouée et passée en sautoir*, aliàs : *d'azur à trois châteaux fendus d'or.*

Bouillé. — D'APPELVOISIN (Jacques), sʳ de Saint-Hilaire, idem que ceux de Vouneuil-sur-Vienne, élection de Poitiers. Porte : *de gueules à la herse de trois traits d'or.*

Angle. Augé, élect. de S.-Maixent.	DE CLERVAUX (Gabriel), s^r du Breuil-Cartais, idem que Benjamin de Clervaux, s^r de la Brousse, à Augé, élection de Saint-Maixent; maintenu par sentence du 22 août 1667. Porte pour armes : *de gueules à la croix pattée de vair.*
Germond.	DESFRANCS (Louis), s^r de Repéroux ; Daniel Desfrancs, s^r des Moulins, idem que les autres Desfrancs, élection de Poitiers et autres lieux ; maintenus par sentence du 10 décembre 1667. Porte : *d'argent à deux fasces de sable.*
S.-Gaudent.	DESMIER (Louis), s^r de Saint-Simon, idem que Salomon Desmier, s^r de la Bussière, élection de Poitiers, et que le s^r du Roc, maintenus en leur qualité par sentence du 10 novembre 1667. Porte : *écartelé d'argent et d'azur à quatre fleurs de lis de l'un à l'autre.* Idem à la Rochelle et à Usseau. Renvoyés à Poitiers, paroisse d'Availles.
Benest. S.-Maurice des Noues.	DESPRÉS (Louis), s^r d'Ambreuil, aîné de toute la famille ; Louis Després, s^r du Fief-Mignoux ; d^{lle} Françoise de Sauzay, veuve de Daniel Després, s^r de la Fosse, père et mère dudit Louis ; René Després, s^r de la Loge ; François Després, s^r dudit lieu ; Alexandre Després, s^r de Saint-Maixent, tous frères ; la veuve Jean Després et les autres ; maintenus en leur qualité par sentence du 5 septembre 1667. Porte: *d'or à trois bandes de gueules, au chef d'azur chargé de trois étoiles d'or.*
Coulon. Bouin et Traye. Xaintray.	DE HANNE (Françoise Després, veuve de Pierre), s^r de la Fontaine-Linelière, et ses enfants ; Louis de Hanne, s^r de la Choruère, paroisse de Traye ; maintenus en leur qualité par sentence du 20 septembre 1667. Porte : *d'or au chevron d'azur, à trois hermines de sable.*
Couture.	DE BOISSE (Salomon), s^r de Foye de Couture, maintenu par sentence du 1er septembre 1667. Porte : *de gueules à trois fasces d'argent chargées de neuf mouchetures d'hermine.*
Coulon.	DE BELLEVILLE (Pierre), s^r de....., condamné par M. Barentin, appelant, maintenu en sa qualité par MM. les commissaires généraux. Porte : *d'argent à deux orles en rond d'azur appointé en dehors, chacun de huit pièces à l'escarboucle passée à huit mis* (sic) *de gueules brochant sur le tout.*
Vernou.	DE BRÉMOND (Galiot), s^{gr} de Vernou, idem que le s^r d'Ars,

aîné de la famille, élection de Saintes, et que le s⁣ʳ de Vaudoré, élection de Thouars, paroisse de Saint-Jouin-de-Milly.

..-Marsault. Vernou. a Forêt-sur-Sèvre.

DE LA COUR (Antoine et Nicolas), s⁣ʳˢ de la Chambaudière ; Renée Pommeraye, veuve de Léon de la Cour, s⁣ʳ de la Touche-Billette ; maintenus par sentence du 9 septembre 1667. Porte : *de sinople à la bande d'or chargée d'un porc-épic de sable.*

ueil-sous-les-Aubiers.

DE LESPRONNIÈRE (François), s⁣ʳ du Bois, maintenu par sentence du...... Porte : *contre-herminé, fretté de gueules.*

S.-Mandé. S.-Brix.

DUBOIS (Jacques), s⁣ʳ des Portes ; Jacques Dubois, s⁣ʳ de Saint-Mandé ; maintenus en leur qualité le 1⁣ᵉʳ septembre 1667. Porte Dubois : *d'or à trois tourteaux de sable, 2 et 1.*

Couture.

DE CHEVREUSE (d⁣ˡˡᵉ Catherine de Villedon, veuve de Jacques), éc., s⁣ʳ de Lestang, déchargée en vertu d'un arrêt du Conseil et ordonnance de M. Rouillé en suite, qui ordonne que l'argent par elle donné lui sera rendu.

Ardin.

DE CHATEAUNEUF (Gaspard), éc., s⁣ʳ de Dissay, maintenu en sa qualité le 10 décembre 1667. Porte : *écartelé de Châteauneuf et de Comminges, au premier et quatre d'argent à deux lions de sable affrontés, lampassés et couronnés de gueules, soutenant deux épées au naturel, au deux et trois de gueules à quatre amandes pelées ou otelles mises et posées en sautoir, qui sont de Comminges.*

ouin et Traye.

DES COUBLANS (Joachim), s⁣ʳ de Breuillac et de la Gueffardière, idem que les autres, élection de Fontenay, maintenus par sentence du 1⁣ᵉʳ septembre 1667. Porte : *d'azur à deux aigles éployées et affrontées d'argent.*

La Villedieu-d'Aulnay. Ensigné.

DE CUMONT (Louis), éc., s⁣ʳ des Tannières ; la veuve de Daniel de Cumont ; renvoyés avec les autres, élection de Poitiers, paroisse de Vausseroux.

Brulain. Contré. Vinax. Asnière.

DE CUMONT (Hélie), éc., s⁣ʳ de Chantemerle ; Jean de Cumont, éc., s⁣ʳ de Moulinvaux ; Louis de Cumont, éc., s⁣ʳ de Puymarteau ; David de Cumont, éc., s⁣ʳ du Teillan ; d⁣ˡˡᵉ Marie d'Authon, veuve de René de Cumont, éc., s⁣ʳ de Fief-Brun, et encore ceux de Bouin, élection de Poitiers, à Vausseroux ; maintenus nobles par sentence du 1⁣ᵉʳ septembre 1667. Porte : *de gueules à la croix pattée d'argent.*

Souché. Echiré.	Du Fay (La veuve Louis), s^r de Souché ; Louis du Fay, s^r de la Taillée ; Hector du Fay, s^r de Milan ; maintenus en leur qualité, sentence non expédiée. Porte : *d'azur à deux ranchiers passants d'or.*
S.-Romans-des-Champs. Aigonnay, él. de S.-Maixent.	Doisy (René), s^r de la Maison-Neuve ; David Doisy, s^r de la Fragnée ; Gédéon Doisy, s^r de la Voûte ; maintenus en leur qualité par sentence du 1er septembre 1667. Porte Doizy : *d'azur fascé d'or de trois pièces.*
S.-Brix. S.-Georges-de-Longuepierre. S.-Remy. Cherveux.	Duchesne (Samuel), s^r de Saint-Léger ; Daniel Duchesne, s^r de Chauvin ; idem à Saint-Maixent, à Cherveux, à Châtellerault et à Saint-Remy ; maintenus en leur qualité par jugement du 1er septembre 1667. Porte : *d'azur à trois glands d'or.*
Aulnay.	De Caulincourt (Jacques), s^r de Vitré, maintenu par sentence du 1er septembre 1667. Porte: *d'or à deux lions affrontés de gueules, à trois trèfles de sinople, 2 et 1, au chef de sable chargé de trois croissants montants d'argent.*
Champdeniers. S.-Sauvant.	De Fontbaudry (Les d^{lles}), du nom d'Ancelon, renvoyées à Saint-Sauvant, élection de Poitiers, avec Honorat d'Ancelon, s^r de Fontbaudry.
Champagne-Mouton. La Chapelle.	De Goret (Jean), s^r de Genouillé ; François de Goret, s^r du Coint ; Jacques de Goret, s^r de Barme ; idem à Poitiers les s^{rs} des Saules et d'Elbène, et autres énoncés dans la sentence ; maintenus nobles par sentence du 10 décembre 1667. Porte : *d'argent à trois hures de sanglier arrachées de sable, languées et mirées du premier.*
Marigny.	De Gransay (Jacques), s^r de la Groix, est au Conseil, n'est jugé. Porte : *d'argent au chevron de gueules accompagné de trois étoiles du même, 2 et 1.*
Xaintray.	De Hanne (Louis), s^r de Férolles ; Charles de Hanne, s^r de la Fontaine-Linelière ; idem le s^r de la Choruère à Traye ; maintenus en leur qualité par sentence du 2 septembre 1667. Porte : *d'or au chevron d'azur, à trois hermines de sable.*
Alloue. Loubigny. Chérigné.	De Laage (Benjamin), éc., s^r de Volude ; Pierre de Laage, éc., s^r de la Rivière ; d^{lle} Marguerite de Laage, veuve de René de la Mothe, s^r d'Albrise ; Nicolas et Jacques de Laage, s^{rs} de la

Roche-Mingault ; maintenus en leur qualité par sentence du 7 septembre 1667. Porte : *d'or à la croix de gueules.*

Loubigny. DE LA COUTURE-REGNON (Pierre), s^r de Loubigny ; René de la Couture, s^r dudit lieu ; maintenus par sentence du 10 décembre 1667. Porte : *d'or fretté de gueules.*

DAIX (Isaac), s^r de Langevinière, idem que les s^{rs} de la Guillotière et de la Roche-Elie, ci-devant à Marsanges, élection de la Rochelle, à Vausseroux, élection de Poitiers, et à Saint-Maixent (ville), maintenus nobles par sentence du 20 décembre 1667.

Villeneuve-la-Comtesse. Croix-la-Comtesse. DE LA LAURANCIE (Henri), s^r de la Croix ; Henri de la Laurancie, s^r de la Laurancie ; maintenus en leur qualité, sentence non expédiée. Porte : *d'azur à une aigle à deux têtes d'argent.*

Marigny. DE LABADIE (Jacques), s^r du Bois-Robinet, maintenu par jugement du 1er septembre 1667. Porte Labadie : *d'azur à trois fasces d'argent en divise, à deux étoiles de même en chef, au croissant montant d'argent en pointe surmonté d'un pal de même en divise.*

Souché. DE LA CASSAIGNE (Jean), s^r de Saint-Laurent, maintenu par sentence du 20 septembre 1667. Porte : *écartelé au premier et quart d'azur au dauphin couronné d'argent, au deux et trois de....... au chêne de sinople glandé de même.*

Marigny. DE LA FONTENELLE (François), s^r du Perray, idem à la Copechagnière, élection de Mauléon, sous l'article de Louis de la Fontenelle, s^r de la Violière ; maintenu noble par jugement du 24 septembre 1667. Porte pour armes : *d'azur à quatre étoiles d'or cantonnées, au croissant montant d'argent au cœur surmonté d'une étoile du second.*

Villefagnan. DE LESCOURS (François et Louis), s^{rs} du Chastenet, vu la généalogie maintenus nobles.

Lupsault. DE LIVAINE (Jean), s^r de Gaillard, maintenu en sa qualité par jugement du 1er septembre 1667. Porte : *d'argent à la fasce de sable tracée d'or en losange, accompagnée de trois étoiles de sable, 2 et 1.*

Aulnay. DE LOSTANGE (Jean), s^r de Montausier, maintenu en sa qualité le 1ᵉʳ septembre 1667. Porte de Lostange : *d'or au lion de gueules à cinq étoiles de même mises en orle*, soutenu par deux anges.

S.-Pardoux. — LA MARCHE (Antoine de), sʳ de Calou, maintenu noble en sa qualité, mort ensuite. Porte : *d'or à la fasce d'argent chargée de trois hermines de sable.*

Brulain.
S.-Laurent-de-Céris. — DE LA MARTHONNIE (François), sʳ du Groc et de Fouquebrune ; François de la Marthonnie, sʳ de la Bardonnière ; maintenus en leur qualité le 1ᵉʳ septembre 1667. Porte : *d'argent à trois fasces de gueules.*

Brulain. — DE LA MOTHE-LE-ROUX (la dame), maintenue en sa qualité.

Niort (ville). — DE LA PLACE (la dame), veuve de Rousseau, trésorier de France à Poitiers, idem que René Rousseau, sʳ de la Boissière de Sanxay, élection de Poitiers, maintenu noble par sentence du 30 décembre 1667. Porte : *d'argent à la bande de gueules accompagnée de six roseaux ou matras de sable mis en pal, chargée d'un croissant d'argent.*

Langon. — DE LA PORTE (Pierre), sʳ de la Bouinière, idem que celui de la Rambourgère à Parthenay, élection de Poitiers, sous le nom d'Armand de la Porte.

Chef-Boutonne.
Montrol-Senard. — DE LA TOUR (Charles), sʳ de la Combe, idem que le sʳ de la Tour de Gorce à Pleuville, élection de Poitiers, maintenu noble le 28 août 1667.

Marigny. — DE VERNÈDE (Molem), sʳ de Rochebrune et de Rimbaut, maintenu en sa qualité le 10 décembre 1667. Porte : *d'azur à trois sautoirs d'or, 2 en chef et 1 en pointe.*

Le Beugnon. — DE LA VOYRIE (René), sʳ de la Bouinière ; François de la Voyrie, ci-devant élection des Sables ; René de la Voyrie, sʳ de la Roche du Langon ; maintenus le 9 août 1667. Porte : *de gueules à trois coquilles d'argent tracées de sable.*

Villefollet.
La Bataille.
Alloue. — DE MALVAULT (Claude), Esther du Mont (*sic* pour de Cumont), veuve de François de Malvault ; dᶫˡᵉ Gabrielle de Malvault ; René de Malvault, sʳ de Maillé et de Villefollet ; maintenus nobles, sentence non expédiée : Porte : *d'azur à un écu d'argent chargé d'un écu de gueules au pal d'or.*

Ste-Pezenne.	Du MESLE (......), sr de Courolle, maintenu noble, sentence non expédiée.
Chives.	DE MANE (Léon), sr des Couts, maintenu noble, sentence non expédiée.
Ste-Néomaye. Curzay.	DE MARCONNAY (Philémon), sr de Mondevis, idem que le sr de Curzay à Curzay, élection de Poitiers ; maintenus en leur qualité par sentence du 16 août 1667. Porte : *de gueules à trois pals de vair, au chef d'or.*
Alloue. Xaintray.	DE MALMOUCHE (Léonet), sr des Herbaux ; Théophile de Malmouche, sr des Herbaux ; maintenus en leur qualité par jugement, sentence non expédiée. Porte : *d'argent à trois fasces de sable.*
Les Cours. Usseau, élect. de S.-Jean. Esnandes.	DE MONTBRON (Charles), sgr de Fontaine-Chalandray, et sa mère ; Jean de Montbron, sr de Beauregard ; Pierre de Montbron, sr d'Usson, idem que le sr d'Esnandes, élection de la Rochelle ; maintenus nobles par sentence du 1er septembre 1667. Porte : *fascé d'argent et d'azur de huit pièces.*
S.-Pardoux. Champagné-S.-Hilaire.	DE MONTSORBIER (René), sr de la Vrignonnière ; Henri de Montsorbier, sr de la Noue ; idem à Champagné-Saint-Hilaire, élection de Poitiers ; maintenus en leur qualité par sentence du 10 décembre 1667. Porte : *burelé en pal d'azur et d'argent de onze pièces, à la bordure componée de même.* Idem Isaac de Montsorbier, sr de la Braillière, élection de Mauléon à Boulogne, maintenu par sentence du 24 septembre 1667.
Persac. Champagne, él. d'Angoulême.	DE MONSERANT (Pierre), sr de Gauvalet ; François de Monserant, sr de Jussant, son frère aîné ; maintenus par sentence du 1er septembre 1667. Porte : *écartelé au premier et quatre d'azur au chevron d'or chargé de trois roses de gueules, au deux et trois de gueules au lion d'or couronné, lampassé et armé de même.*
Ste-Pezenne.	DE NESMOND (Pierre), sr de Sansac, maintenu en sa qualité. Porte : *d'or à trois cornes de sable liées d'azur.* Idem aux Salles, élection de Poitiers, Jacques de Nesmond, sr de la Pougerie.
S.-Gaudent.	DU NOYER (Pierre), sr de la Grange, fils d'un maître d'hôtel chez le roi.
Villiers-sur-Chizé.	DE NOSSAY (François), sr de la Forge, ci-devant à Périgné, élection de Saint-Maixent.

— 464 —

DE PINDRAY (François et Martial), s^rs de Montaignan et des Brousses, maintenus par sentence du 1er septembre 1667. Porte : *d'argent au sautoir de gueules*. Supports, deux sauvages.

S.-Martin-d'Entraigues. DE PONTHIEU (Jacques), s^r de Couturette et de Beaupuy, maintenu le 1er septembre 1667. Porte : *écartelé d'or et de gueules*. Supports, deux sauvages de carnation.

Loubigné. DE PONS (Gabriel), s^r de la Mothe et de Toucherolle ;...... de Pons, s^r de la Brunette ; idem que les autres de Pons, paroisses de Chey et de Pleuville, élection de Poitiers ; maintenus nobles les 1er, 7 et 9 septembre 1667. Porte pour armes : *d'argent à la fasce bandée d'or et de gueules de six pièces*.

S.-Pardoux. DU RETAIL (Nicolas), s^r de la Brossardière, maintenu noble. Porte : *d'azur à la fasce d'argent*.

S-Laurent-de-Céris. La Chapelle. DE ROCQUARD (François), s^r de Saint-Laurent ; Gaspard-Raymond de Rocquard, s^r de Laubertière ; maintenus nobles, la sentence est expédiée. Issus des anciens échevins de Nantes.

Séligny. DE SAINT-GELAIS (Léon), s^gr de Séligny ; la dame de Séligny de Saint-Gelais ; maintenus en leur qualité, sentence à expédier. Porte Saint-Gelais : *d'azur à la croix d'argent, écartelé d'or au lion de sinople lampassé et couronné de gueules, sur le tout burelé d'azur et d'argent de dix pièces*.

Paizay-le-Chapt. DE SAINT-MARTIN (Jacques), s^r des Granges ; Alexandre de Saint-Martin, son fils ; maintenus par sentence non expédiée. Porte : *écartelé.......... au lambel à trois pendants*.

Chassiecq. Alloue. DE SALIGNAC (Antoine), s^r de la Mingotière ; Nicolas de Salignac, s^r de Romagné ; d^lle Jeanne de Salignac, veuve de René de Laage, s^r de Boismort ; avec le s^r de la Rivière-Beauchesne. Porte : *d'or à trois bandes de sinople*.

Nieuil. DE SAINT-GEORGE (Philippe), s^r de Ceaux, idem que le s^r de Vérac et les autres, à Champagné-le-Sec, élection de Poitiers.

Ardin. DE VALLOIS (Philippe), s^r de Villette, maintenu en sa qualité le 10 décembre 1667. Porte : *d'azur au chevron d'or accompagné de trois croissants montants d'argent, au chef d'or chargé de trois roses de gueules*.

Nieuil. DE TOSCANE (Henri), s^r de Périllé, maintenu en sa qualité, sentence non expédiée.

Allonne.	DE TUSSEAU (Charles), s^r de la Cour, idem que le s^r de Maisontiers, aîné de la famille, à Maisontiers, élection de Poitiers, maintenus en leur qualité le 10 novembre 1667. Porte : *d'argent à trois croissants montants de gueules.*
aizay-le-Chapt. Asnières. Voultegon.	DU VERGIER (la veuve de Charles), s^r de Mauroy; Abraham du Vergier, s^r de la Roche-Mauroy; maintenus en leur qualité le 1er septembre 1667. Porte du Vergier la Rochejacquelein : *de sinople à la croix de gueules chargée d'une crousille d'argent cantonnée de quatre crousilles de même.* Ci-devant élection de Thouars, paroisse de Voultegon, le s^r de la Rochejacquelein. Autres armes : *d'argent à trois croissants montants de gueules.*
hef-Boutonne.	DE VILLEDON (Abraham), s^r de la Chevrelière, idem que les autres de Villedon, à Moutardon, élection de Poitiers, maintenus en leur noblesse le 21 juillet 1667. Porte : *de gueules à trois vivres d'argent.*
iort (ville).	DE VILLIERS (Antoine), s^r de Chantemerle, élu à Niort; la veuve de Pierre de Villiers, s^r de Chantemerle; Louis de Villiers, s^r de la Porte-Boutou; Françoise Rouault, veuve de Villiers, s^r de la Porte-Boutou; maintenus en leur qualité le dernier décembre 1667. Porte : *d'azur à trois besants d'or, 2 et 1, à la coquille d'argent en cœur.*
Asnières.	DE VIVONNE (Jean), s^r de la Brosse d'Asnières; ses frères et sœurs, enfants de défunt Tobie de Vivonne et de Marie Jousseran; maintenus par sentence du 1er septembre 1667. Porte : *le chef de gueules, six mouchetures d'hermine en champ d'argent.*
illenouvelle. Le Vert. Brux.	FLEURY (Gabriel), s^r de Villenouvelle; N...... Fleury, s^r de la Raffinière; idem que François Fleury, s^r du Vert, au Vert, élection de la Rochelle, et à Brux, élection de Poitiers; maintenus nobles par sentence du 1er septembre 1667.
.mpierre-sur-Boutonne.	FOURRÉ (François), s^{gr} de Beaulieu; Charles Fourré, marquis de Dampierre; Renée, Marie et Hélène Fourré, ses sœurs; maintenus en leur qualité le 1er septembre 1667. Porte Fourré : *d'azur au chicot brisé d'or.*
Persac.	FROUGEARD (Charles), s^r de Laubrie, maintenu en sa qualité par jugement du 1er septembre 1667. Porte : *d'azur à un calice d'or.*

Exoudun.	FORIN (Bonaventure), s^r de la Boulinière ; N...... de Saint-Georges, sa veuve. Il n'a laissé que des filles. Renvoyé noble. Porte : *d'argent à la croix de gueules.*
Les Eduts.	GAUDIN (Jacques), s^r de la Cour, Louis Gaudin, s^r du Cluseau ; ci-devant élection de Thouars et à Haimps, élection de Saint-Jean-d'Angély ; maintenus en leur qualité le 1er septembre 1667.
Fenioux.	GUÉRUSSEAU (Jacques), s^r du Maignou ; Toussaint Guérusseau, s^r de l'Aubraye ; renvoyés au Conseil, maintenus par le Conseil d'en haut le 9 février 1669.
Fénery. Parthenay (ville).	GARNIER (Pierre), éc., s^r de Fénery, et sa mère, anoblis par lettres anciennes avant la déclaration ; maintenus nobles, sentence délivrée. Porte : *d'azur à trois roses d'argent tigées et pointées de sinople.*
S.-Cyr-d'Arçais. Benassais, élect. de Poitiers.	GIBOUREAU (Charles), s^r de Montfort ; René Giboureau, s^r de la Rousselière et Pibolière ; maintenus par sentence du 1er septembre 1667. Porte : *de gueules à trois croix pattées d'argent.*
S.-Cyr-d'Arçais.	GOULLARD (Henri), s^r d'Arçais, idem que les autres Goullard, à Asnières, élection de Châtellerault, maintenus en leur qualité les 12 août et 26 septembre 1667. Porte : *d'azur au lion d'or couronné, armé et lampassé de gueules.*
Champdeniers.	GOURJAULT (Pierre), s^r du May, idem que les Gourjault, élection de Poitiers, à Rouillé, maintenus en leur qualité le 10 septembre 1667. Porte : *de gueules au croissant montant d'argent.*
Alloue.	GUYOT (Charles) ; Marc Guyot, s^r de Saint-Mars ; Alexandre Guyot ; Jacques Guyot, s^r de Maspinat, idem que les autres Guyot, élection de Poitiers, à Payroux ; maintenus en leur qualité le 9 septembre 1667. Porte : *d'or à trois perroquets de sinople.*
Champdeniers.	GUICHARD (d^{lle} Françoise), idem que le s^r de Payré, idem à Gourgé, élection de Poitiers, sous la cote de Jacob Guichard, s^r d'Orfeuille ; maintenue par sentence du 9 septembre 1667. Porte : *d'argent à trois têtes de léopard arrachées de sable, lampassées de gueules et couronnées d'or.*
Nieuil.	GREEN DE SAINT-MARSAUT (François), s^r de Nieuil, idem qu'à la Rochelle, paroisse de Salles, sous l'article de Pharamond

Green de Saint-Marsaut, baron de Chatelaillon, et ses frères, maintenus en leur qualité. Porte : *d'azur à trois demi-vols d'or.*

Prahecq.
Niort (ville).

GUILLOTEAU (.......), éc., s^r de Launay, anobli par lettres en 1651 confirmées.

Coulon.
S.-Martin-des-Fontaines.

HÉLIE (Antoine), s^{gr} de la Roche-Esnard, idem que le s^r du Bois-Roux, élection de Fontenay, paroisse de Saint-Martin-des-Fontaines, maintenus et renvoyés nobles. Porte : *d'azur à la fasce fuselée d'or.*

Chassiecq.
S.-Laurent-de-Céris.

JASME (René), s^r des Frignaudries ; Arnaud Jasme ; maintenus par arrêt de MM. les commissaires généraux. Porte : *d'argent au dauphin d'azur.*

Niort (ville).
Mougon.
Poitiers (ville).
Vouillé, élect. de Poitiers.

JOUSLARD (.......), éc., s^r de ...., lieutenant général, issu des anciens maires de Niort ; Jacques Jouslard, s^r de ...., conseiller à Niort ; Jean Jouslard, s^r de Montaillon, idem que Joseph Jouslard, s^r d'Ayron, élection de Poitiers ; Philippe Jouslard, s^r de la Thibaudière, frère dudit Joseph ; maintenus en leur qualité par sentence du 9 septembre 1667. Porte : *d'azur à deux coquilles d'or en chef et un croissant montant d'argent en pointe.*

Belleville.
Villiers-en-Plaine.

JOURDAIN (Jean-Baptiste), s^r de Chantecourt ; Bertrand Jourdain, s^r de Villiers-en-Plaine ; maintenus en leur qualité par sentence du 20 septembre 1667.

Alloue.
Boistillé.
Lizant.
Châtain.

JOURDAIN (Louis), s^r de Beaumont-Trallebot ; Louis Jourdain, s^r de l'Homedé ; Pierre Jourdain, s^r de Boistillé, idem ci-devant à Châtain, élection de Poitiers ; maintenus par sentence du 7 septembre 1667. Porte : *d'argent à un taf de gueules.*

Niort (ville).

LAIGUILLIER (la veuve de Jacques), issu des anciens échevins de la Rochelle ; maintenue en sa qualité. Porte : *d'or à deux aigles éployées affrontées de sable.*

Secondigny-en-Gâtine.

LANDERNEAU (Artus), s^r de la Caillerie ; René Landerneau, s^r de Clisson ; Claude Landerneau, s^r de la Roche-Liniers ; Elisabeth Brunet, veuve de Pierre Landerneau, s^r du Vergier ; maintenus en leur qualité par sentence du 20 septembre 1667. Porte : *d'argent à trois hermines de sable.*

Mazières.	LAISNÉ (François), s^r du Beugnon ; Claude Laisné, s^r de la Chaume ; maintenus en leur qualité, sentence non expédiée. Porte : *d'azur à la fasce d'or chargée de trois croix pattées de sable, à trois fleurs de lis d'argent garnies, accosté d'un bâton d'argent.*
Villemain.	LE COCQ (Jean), s^r de la Madelaine, issu de l'échevinage de Saint-Jean-d'Angély, réservé et conservé par Louis XIII en sa noblesse. Porte : *d'azur au coq hardi d'or, becqué, crété, barbillonné et membré de gueules.*
Aulnay. Mougon.	LE GRAND (Louis), s^r de Gallois ; d^{lle} Jeanne Le Grand ; maintenus en leur qualité par sentence du 1er septembre 1667. Porte : *d'azur au lion d'argent.*
Niort (ville).	LAURENS (François), s^r de Beaulieu, président à Niort et conseiller d'Etat, maintenu en sa qualité par jugement du 7 septembre 1667. Porte : *d'azur à trois feuilles de laurier d'or mises en pal, 2 et 1.* Issu de secrétaire du roi.
Ste-Blandine, él. de S.-Maixent.	LE VESTELIER (Charles), s^r de la Touche ; François Le Vestelier, s^r de Courbanay ; maintenus en leur qualité, sentence expédiée le 1er septembre 1667. Porte Le Vestelier : *d'azur à l'aigle double éployée d'or.* Renvoyé à Saint-Maixent.
Pamplie.	MESNAGE (François), s^r de la Chauvelière ; René Mesnage, s^r de Villedor, son frère, et leurs sœurs ; maintenus en leur qualité par sentence du 25 mars 1668. Porte : *d'azur au franc quartier d'argent chargé d'une hure de sanglier de sable allumée d'argent, à treize fusées d'or mises en pal, 3, 5 et 5.*
Prahecq. Brulain.	MARESCHAL (Charles), s^r du Bourgneuf ; Charles Mareschal, s^r du Chesnaut ; Pierre Mareschal, s^r de Goupillon ; Yvon Mareschal ; condamnés par M. Barentin, appelants, maintenus nobles par arrêt de la Chambre souveraine. Porte : *d'azur au chevron d'argent, accompagné de trois étoiles de même.*
Secondigny-sur-Chizé.	MARTIN (Georges), s^r du Magnou ; Louis Martin, s^r de la Levée, et ses enfants ; Antoine Martin, s^r de Marclaine ; maintenus nobles par sentence du 1er septembre 1667. Porte : *d'azur à une épée et un poignard d'argent mis en pal, à une étoile de même mise en chef, et un croissant montant d'argent mis en pointe.*

S.-Marc-la-Lande. Poitiers (ville).	MAROIX (Nicolas), s^r d'Auzay ; Jacques Maroix, s^r de la Vergnaye, élection de Poitiers ; maintenus en leur qualité par sentence du 4 mai 1668. Porte : *de gueules à la croix d'argent accompagnée de quatre lions d'or, à la bordure de même chargée de six lances de sable passées en sautoir aux quatre bouts de la croix.*
	MARCHAND (Pierre), s^r de Garnaud; François, s^r de Brettes ; idem à Saint-Maixent (ville). Ils sont au Conseil ; condamnés, taxés, se sont derechef pourvus au roi.
Rom. Chef-Boutonne.	PELARD (Jean), s^r de la Guessonnière ; Marguerite de Marconnay, sa veuve, et leurs enfants ; maintenus en leur qualité le 10 décembre 1667. Porte : *d'argent à l'aigle double éployée de sable, membrée de gueules.* Ci-devant à Rom et Chaunay, élection de Poitiers.
Cours. Allonne.	PHILIPPE (René), s^r de la Combe ; Louis Philippe, s^r du Retail ; maintenus en leur qualité, sentence non expédiée. Porte : *d'azur au chevron d'or à trois étoiles de même.*
S.-Coutant. Chaunay.	PRÉVOST (François), s^r du Puybottier ; François Prévost, s^r de Beaulieu ; maintenus en leur qualité par jugement du 22 septembre 1667. Porte : *d'argent à deux fasces de sable accompagnées de six merlettes de même, 3, 2 et 1.* Idem à Chaunay, élection de Poitiers.
Fenioux. Niort (ville).	PIGNIOT (Jacques), s^r de Puychenin ; Jean Pigniot, s^r de la Largère, ci-devant à Marsais, élection de Fontenay ; maintenus en leur qualité par jugement du 1er septembre 1667. Porte : *d'argent au chevron de sable accompagné en chef de trois étoiles, et en pointe d'un lion léopardé de gueules.*
Blanzay.	RAYMOND (Gasparde Moine, veuve de Gabriel), s^r du Breuil-Dinac, et ses enfants, maintenus par sentence du 1er septembre 1667. Porte : *de gueules à la bande losangée d'or et d'azur de trois traits.*
Fenioux. S.-Jean-de-Combrand.	RAOUL (François), s^r de la Givrelière, idem que Raoul, s^r du Sollier, paroisse de Saint-Jean-de-Combrand, élection de Thouars, maintenus en leur qualité par sentence du 9 décembre 1667. Porte : *de gueules à quatre fasces d'argent.*

RÉGNIER (Louis), s' de la Brochetière ; René Régnier, s' dudit lieu ; d^lle Marie Régnier ; Jean Régnier, s' de Champdevaux ; François Régnier, s' des Boulles ; tous issus de Bourgneuf en Gâtine avec ceux de Champeaux, Beugnon, Benassais, Sainte-Ouenne, élections de Saint-Maixent, de Fontenay et de Poitiers ; maintenus en leur qualité le 9 septembre 1667. Porte : *d'azur à trois coquilles d'argent.*

S.-Projet.
Beaulieu.
S.-Germain-de-Prinçay.

RORTHAYS (Bénigne), s' de la Roche-Tollay, idem que le s' de la Rochette de Beaulieu, paroisse de Beaulieu, élection des Sables, et que le s' de Montbail, paroisse de Saint-Germain-de-Prinçay, élection de Fontenay ; maintenus en leur qualité le 9 août 1667. Porte : *d'argent à trois fleurs de lis de gueules.*

Alloue.
Le Madieu.
Pleuville, élect. de Poitiers.

RÉGNAUD (René), s' de Massignac ; Pierre Régnaud, s' de Beaupuy ; Jean-Louis Régnaud, s' de Maslandry ; Samuel Régnaud, s' de Beauregard ; d^lle Françoise de L'Houmeau, veuve de Jacob Régnaud, s' de la Tourette, et leurs enfants ; maintenus nobles par sentence du 1er septembre 1667. Porte : *d'azur à trois pommes de pin d'or.*

Hérisson-Pougnes.
Gourgé.

RICHER GARNIER (Jacques), s' de Pougnes, idem que le s' Richer, s' de la Foye la Peyratte, aîné, à la Peyratte et Gourgé, élection de Poitiers, maintenus en leur qualité par sentence du 30 décembre 1667. Porte : *d'azur à trois trèfles d'or.*

Aiffres.

ROULLIN (Alexandre), s' de la Mort-Martin, maintenu en sa qualité par arrêt de MM. les commissaires généraux, sur l'appel par lui interjeté de la sentence rendue contre lui par M. Barentin.

Bécleuf.
Allonne.

ROUSSEAU (Nicolas et Philippe), s^rs de Beauregard, d^lle Marie de Vandel, veuve de Philippe Rousseau, de la branche des s^rs de la Boissière de Sanxay, élection de Poitiers ; maintenus nobles par sentences des 9 et 30 décembre 1667. Porte : *d'argent à la bande de gueules chargée d'un croissant montant d'argent accompagné de six matras de sable, 3 dessus et 3 dessous, la bande mise en pal.*

Niort (ville).

SIMONNEAU (Jean), s' du Petit-Fief, maintenu en sa qualité par sentence du 7 novembre 1667. Porte : *d'azur au cordonnet* d'argent passé en lacs d'amour, accompagné de trois étoiles de même, 2 et 1.

Celles. L'Orbrie. — SUIROT (François), s⁷ des Champs ; Jean Suirot, s⁷ de Bessière ; maintenus en leur qualité avec ceux de l'Orbrie et autres, élection de Fontenay, le 22 août 1667. Porte : *parti, coupé, tranché, taillé d'argent et de gueules, les premier et dernier quartiers d'argent palés de gueules de trois pièces, les deux et trois fascés de même.*

Coulon. — TAVEAU (Louis et Pierre), s⁷ˢ de la Rouaudière, maintenus en leur qualité le 30 décembre 1667. Porte : *d'or à deux pals de vair en chef de gueules.*

Niort (ville). — TEXIER (Laurent), s⁷ de la Gontrie, anobli par lettres.

Allonne. — TARRIT (Jean-Bernard), s⁷ du Baraud, maintenu en sa qualité le 8 août 1667. Porte : *de sable ondé d'argent en pointe, surmonté d'un lion d'or armé et lampassé de gueules.*

Niort. — THIBAUT (Jacques), s⁷ du Coulombier ; Jacques Thibaut, son fils ; anoblis par lettres.

Les Fosses. Mazières, él. de S.-Maixent. Thorigny. Secondigny. — THÉBAULT (Jacques), s⁷ de la Plesse ; Charles Thébault, s⁷ de la Rafinière ; Jacques Thébault, s⁷ de Grandbois ; ..... Thébault, s⁷ de la Gachère ; maintenus en leur qualité le 1ᵉʳ septembre 1667. Porte : *d'azur à trois tours d'or bretessées et crénelées de quatre pièces.*

Fenioux. Chapelle-Bâton, élect. de Saint-Maixent. Vendeuvre, él. de Poitiers. — THIBAULT (......), sᵍʳ de la Carte et de Vuzé ; Georges Thibault, s⁷ des Essarts ; François Thibault, s⁷ de la Chalonnière ; maintenus en leur qualité par sentence du 10 novembre 1667. Porte : *d'azur à la tour d'argent maçonnée de sable.* Ci-devant à Vendeuvre, élection de Poitiers, et à Saint-Maixent.

Ardilleux. Allonne. — TURPIN (Jacques), s⁷ d'Ardilleux ; Jean Turpin, s⁷ de Puyferrier, dˡˡᵉ Marie Texereau, sa veuve, et leurs enfants ; maintenus nobles par sentence du 1ᵉʳ septembre 1667. Porte : *d'azur à trois besants d'or, 2 et 1.*

La Chapelle. — VASSELOT (Louis), s⁷ de la Chesnaye, idem à Saint-Maixent, Souvigné, Exoudun et autres lieux, élection de Saint-Maixent, sous l'article d'Antoine Vasselot, s⁷ de la Guigneraye, et autres, maintenus en leur qualité par jugement du 1ᵉʳ septembre 1667. Porte : *d'azur à trois guidons à lances d'or et panonceaux d'argent.*

— 472 —

VERGNAULT (Pierre), s^r de Bournezeau, idem à Saint-Christophe, élection de Châtellerault, maintenu par sentence du 20 juillet 1667. Porte : *d'or à l'arbre de sinople posé en pal.*

Usson. VIAULT (René), s^{gr} du Breuillac, maintenu en sa qualité le 1er septembre 1667. Porte : *d'argent au chef de gueules, à trois coquilles de sable, 2 et 1.*

Allonne. VIGIER (Charles), s^r de Montmarteau et de Saint-Mathieu ; dame Marie Meschinet, sa veuve, et N..... Vigier, s^r de Montmarteau, son fils ; maintenus nobles. Porte : *d'azur à la croix ancrée d'argent, à trois bandes de même.*

La Péruse. TROTIN (Gabriel), éc., s^r de la Chétardie et du Bureau, maintenu par M. Rouillé par sentence du.......... Porte Trotin les armes de la Chétardie par alliance : *d'azur à deux chats passants d'argent.*

Extraict des nobles de l'élection de Niort tant avant l'an 1600 que du despuys contenus dans le Roolle des nobles et autres de ladite ellection par ordre alphabéticque [1].

Niort ASSAILLY (François et François), père et fils ; Elisabeth Chargé, veuve de François Assailly.

Id. AUDOUARD (Jacques), s^r des Mets. (1601, 1633.)

Id. AVICE (Aubin), s^r de Mougon. (1594.)

Id. AVICE (Jacques), s^r de Boyneau. (1599.)

Id. BIDAULT (Jean). (1650.)

BASTARD (Philippe), s^r de Bégrolle ; Philippe et Alexis Bastard, ses enfants.

Id. BONNEAU (Pierre).

Id. BRUNET (Alexandre). (1649.)

Id. BRIANT (Jean), premier président en l'élection. (1641.)

---

1. Chacun des noms figurant sous cette rubrique est précédé dans le manuscrit de la lettre E, abréviative d'*Echevinage*, et pour certaines familles, de dates qui se rapportent aux années de leur échevinage. Nous donnons ces dates entre parenthèses.

Niort.	Brisset (Jean), et la veuve Louis Brisset, sa mère. (1639, 1662, 1663.)
Id.	Blouin (Raoul), s^r de Marsay. (1661.)
Id.	Briant (Jean), second président.
Id.	Chargé (Antoine), élu. (1654.)
Id.	Chargé (Jean).
Id.	Clémenson (Pierre), prévôt en la maréchaussée de Niort. (1644.
Id.	Cochon (Pierre), lieutenant particulier.
Niort. Celles.	Dabillon (Jean) ; la veuve de Jean Dabillon. (1583, 1567, 1568, 1609, 1617, 1626.)
Niort. Chizé.	De Villiers (Antoine), s^r de Chantemerle, élu ; la veuve Pierre de Villiers, s^r de Chantemerle ; Louis de Villiers, s^r de la Porte-Boutou ; Françoise Rouault, veuve de…….. de Villiers, s^r de la Porte-Boutou ; maintenus en leur qualité le dernier décembre 1667.
Niort.	France (Jean), cons^{er} à Niort.
Id.	François (Pierre), cons^{er} à Niort.
Vouillé.	Frère (Jacques).
Id.	France (François), s^r de l'Isle.
Prahecq.	France (Jean).
Niort.	Giraudeau (Pierre), s^r de la Pigeonnerie.
S.-Liguaire.	Giraud (Aubin), s^r de Fiefdoux.
	Guyot (Pierre), maire.
Niort.	Gaugain (Guillaume) ; Catherine Jacob, veuve de Guillaume Gaugain ; Louise Brisset, veuve de Jean Gaugain.
Id.	Jousselin (Pierre), lieutenant criminel.
Id.	Jouslard (Jacques), cons^{er}.
Mougon.	Jouslard (Jean), cons^{er}, de Montaillon.
Niort.	Laiguiller (La veuve Jacques).
Id.	Le Duc (Pierre), receveur des tailles à Niort.
	Régnaud (Jacob), s^r de la Tourette, et ses enfants ; Françoise L'houmeau, sa veuve ; Emmanuel Louveau…

. . . .

(Le dernier feuillet au moins est déchiré.)

TABLE DES NOMS DES FAMILLES

COMPRISES DANS LES ROOLES DE TOUS LES NOBLES RÉSERVÉS EN LA GÉNÉRALITÉ DE POITOU.

A

Abzac (d'), 345.
Acquet, 399.
Acton, 399.
Adam, 337, 380, 455.
Agues, 337.
Aisse, 455.
Algret d'Aulède, 455.
Aloigny (d'), 381.
Amaury, 399.
Ancelon (d'), 350, 460.
Anché (d'), 345.
Angély, 338, 455.
Appelvoisin (d'), 344, 400, 457.
Arcemale (d'), 455.
Argentière (d'), 457.
Armagnac (d'), 385.
Arnaudeau, 436.
Arnaudet, 436.
Arnault, 455.
Asnière (d'), 345.
Assailly, 472.
Aubaneau, 338.
Aubert, 449.
Aubéry, 380.
Aubigné (d'), 457.
Aubineau, 399.
Audayer, 419, 436.
Audebert, 338.
Audouard, 408, 472.
Aujard, 436.
Authon (d'), 403, 410.
Aviau (d'), 384, 400
Avice, 472.
Aymar, 338.
Aymer, 455.
Aymon, 419.

B

Baconnet, 339.
Ballon (de), 339.
Barachin (de), 339, 380.
Barazan (de), 456.
Barbade (de), 421.
Barbe, 338.
Barbezière (de), 346.
Bardonnin, 339, 430.
Barlot, 437.
Barrault, 420, 437.
Barthon, 339.
Bastard, 472.
Bastide, 339.
Baudéan (de), 393.
Baudet, 419.
Baudouin, 420, 430.
Baudry, Baudry d'Asson, 408, 420, 436.
Baugé (de), 347, 400.
Beauregard (de), 339.
Baussigny, 380.
Béchillon, 340, 421.
Béjarry, 437.
Bellanger, 437, 456.
Belleau, 437.
Belleville (de), 458.
Bellineau, 421.
Bellivier, 339.
Béraudin, 340.
Berland, 389, 456
Bermondet (de), 339.
Bernardeau, 437.
Berne, 430, 437.
Bernon, 430.
Berry, 400.
Berthelin, 340, 456.
Bertineau, 430.
Bertrand, 341, 409, 420
Besdon (de), 346, 382.
Bessac (de), 346.
Bessay (de), 381, 421, 442.
Beufvier, 438.
Beugnon, 399.
Beuil (de), 347,
Bezanne (de), 400.

Bidault, 472.
Bigot, 399.
Blanchard, 338.
Blandin, 430.
Blom (de), 346.
Blouin, 473.
Bocquier, 437.
Bodet, 400,
Bodin, 340, 409, 420, 438.
Boin, 409.
Boisse (de), 458.
Boisson, 400, 409, 438.
Boixon, 409.
Bonaventure (de), 400.
Bonneau, 472.
Bonnefoy (de), 432.
Bonnin, 340.
Borgnet, 420.
Bouhet, 400.
Bouhier, 420.
Boutou, 437.
Boux, 409.
Boynet, 340, 380, 420.
Brachechien, 421.
Brémond (de), 346, 393, 408, 458.
Briant, 472, 473.
Bridieu (de), 346.
Brilhac, 337.
Brion (de), 421.
Brisset, 473.
Brisson, 438.
Brissonnet, 430.
Brochard, 456.
Brossard (de), 341, 385.
Brosseguin (de), 347.
Brouilhac (de), 347, 354.
Brun, 338, 420.
Bruneau, 409, 430.
Brunet, 472.
Buor, 409, 421, 437, 438.
Burlé, 432.
Busca (de), 421.
Buzet, 438.

C

Cadare (de), 457.
Caillabeuf, 341.
Caillaut (de), 401, 438
Caillet, 341, 456.
Callais (de), 431.
Calluau, 344.
Camin (de), 347, 457,
Cantineau, 341, 439, 456.
Carré, 381.
Caulaincourt (de), 460.
Caumont (de), 442.

Céris (de), 394, 434.
Chabot, 439.
Chaigneau, 348,
Chalmot, 397,
Chambes (de), 401.
Chamborant (de), 348, 354.
Champelay (de), 401.
Champelon (de), 337.
Chantillac (de), 348.
Chappelain, 342.
Charieux, 438.
Chargé (de), 442, 473.
Charlet, 341.
Chasteigner, 342, 381, 431, 433, 439, 457.
Château, 381.
Chateaubriant, 400, 440.
Châteauneuf (de), 348, 459.
Châtillon (de), 347.
Chauffepied, 456.
Chaugié (de), 385.
Chauvin, 342, 441.
Cherbonneau, 413, 457.
Chessé, 342.
Chevalier, 342, 439.
Chevigné (de), 410, 432.
Chevraut, 409.
Chevreuse (de), 459.
Chiché (de), 422.
Chitton, 343, 421.
Chivery (de), 422.
Chollet, 431.
Chouilly (de), 343.
Chouppes (de), 349.
Clabat, 344.
Clairé (de), 348.
Claveurier, 343.
Clémenson, 473.
Clervaux (de), 349, 458.
Cochon, 473.
Coedic (de), 442.
Collin, 431.
Compaing, 381, 431.
Constant, 343.
Coral (de), 349.
Couasgne, 349.
Cougnac (de), 349.
Couhé (de), 349, 381.
Coullaud, 343.
Couraut, 343.
Courtinier, 343.
Coustin, 343.
Croissant (de), 349.
Cromière (de), 349.
Culant (de), 432.
Cumont (de), 349, 410, 459.

D

Dabillon, 439, 473.
Daigret, 380.
Daix, 344, 431, 461.
Danché. Voy. Anché (d').
Dargence, 386, 432.
Darrot, 344, 410, 439.
Daux, 344, 439.
Dauzy, 399.
Des Ages, 345.
Des Cars. Voy. Escars (d').
Des Coublancs, 442, 459.
Des Forges, 422.
Des Francs, 350, 458.
Des Gittons, 350.
Des Herbiers, 408, 410.
Des Hommes, 423.
Des Marets, 358.
Desmier, 345, 434, 458.
Des Montiers, 359.
Des Montils, 433, 444.
Desmonts, 382.
Des Nouhes, 410, 440.
Des Pousses, 361.
Des Prés, Desprez, 361, 416, 422, 440, 458.
Des Roches, 404.
Des Ruaux, 362.
Des Villattes, 444.
Doizy, 460.
Dorin, 440.
Douat, 384.
Doutreleau, 384.
Doyneau, 440.
Doyron, 440.
Draut, 441.
Dreux, 335, 345, 422.
Du Bellay, 340, 403.
Du Bois, Dubois, 380, 383, 441, 459.
Du Boullay, 441.
Du Breuil, 346, 440.
Du Breuil-Hélion, 347.
Du Chaffault, 410, 422.
Du Chardon, 401.
Du Chastel, 422.
Du Château, 347, 348.
Du Châtenet, 347.
Duchesne, 380, 395, 460.
Du Chilleau, 348.
Du Choizy, 348.
Du Clou, 348.
Du Dousset Guillot, 349.
Du Fay, 460.
Duflos, 335.
Dugast, 411, 441.
Du Guet, 384.
Du Guillot, 351.
Du Mas, 358, 402.
Du Mesle, 463.
Du Mosnard, 359.
Du Moustier, 394.
Du Noyer, 337, 463.
Du Peyrat, 383.
Dupin, 360.
Du Plantis, 408, 412.
Du Port, 425.
Du Portail, 433.
Dupré, 386, 387.
Dupuys, 361, 386, 422.
Du Querroy, 361.
Durand, 442.
Durcot, 417, 419.
Du Reclus, 362.
Du Reteil, Du Retail, 394, 464.
Durfort, 346.
Du Rousseau, 362.
Du Ry, 362.
Du Soullier, 380.
Du Teil, 364.
Du Tertre, 429.
Du Tréhan, 413, 425.
Du Trochet, 384.
Du Vaux, 410.
Du Vergier, 404, 441, 465.
Du Verrier, 364.

E

Escars (d'), 395.
Eschallard, 365.
Eschallé, 365.
Escoubleau de Sourdis (d'), 410.
Eslennes (d'), 439.
Espinasseau, 413, 425, 445.
Eveillard, 425, 434.

F

Faudry, 335.
Favier, 365.
Ferré, 365.
Ferrou (de), 383.
Feydeau (de), 350.
Filleau, 335.
Fleury (de), Fleury, 350, 365, 434, 445, 465.
Fontlebon (de), 350.
Fonsèque de la Rochefoucault (de), 432.
Forges (de), 350.

Forin, 466.
Foucher, 413, 425, 446.
Fouquet, 404.
Fourestier, 366.
Fourny, 366.
Fourré, 465.
Fracard, 366.
France, 473.
François, 386, 473.
Frère, 473.
Fricon, 366.
Frottier, 366.
Frougeard, 465.
Fumée, 337, 386, 413.
Furgon (de), 432.

G

Gaborin, 413, 446.
Gabriaut, 366, 404.
Gaillard, 434.
Gaing (de), 383.
Gannes (de), 350.
Garnier, 366, 395, 446, 466.
Gaudin, 367, 404, 466.
Gaugain, 473.
Gaulier (de), 366.
Gaultier, 335.
Gautreau, 446.
Gazeau, 413, 426, 446.
Gentil, 434, 446.
Geoffroy, 367.
Geon (de), 442.
Geore (de), 454.
Gervier, 426, 446.
Giboureau, 367, 466.
Gigou, 395.
Gilbert, 367.
Gillier, 387, 395.
Girard, 367, 369, 395, 414.
Giraud, 447, 473.
Giraudeau, 473.
Glenest (de), 350.
Goguet, 404.
Goisy (de), 442, 447.
Gombaud, 396.
Goret (de), 334, 351, 460.
Gorron (de), 442.
Goué (de), 411.
Goulaine (de), 411, 422.
Goullard, 387, 404, 414, 466.
Gourde, 447.
Gourdeau, 405, 414, 446.
Gourjault, 367, 395, 466.
Gousse, 434.
Goyon, 414.

Grandsaigne (de), 351.
Granges (de), 401, 440, 457.
Gransay (de), 460.
Green de Saint-Marsault, 435, 466.
Grelier, 490, 404, 447.
Greslet, 387.
Gresme (de), 351.
Grignon, 405.
Grimaud, 405.
Grimouard, 447.
Gruget, 368, 387.
Grunstein (de), 392.
Guérin, 339, 368, 447.
Guerry, 414, 426, 447.
Guérusseau, 466.
Guichard, 368, 466.
Guignard, 368.
Guignardeau, 454.
Guillaumet, 369.
Guillemain, 369, 435.
Guillemot, 387.
Guillerville (de), 351.
Guillier, 368.
Guillon, 369.
Guilloteau, 454, 467.
Guillotin, 396.
Guinebaut, 426.
Guittard (de), 351.
Guy, 367.
Guyot, 368, 466, 473.

H

Hanne (de), 458, 460.
Hautefoye (de), 394.
Hélie, 448, 467.
Henry, 435.
Herbert, 405.
Hilaire, 369, 396.
Huet, 435.
Huislard, 448.

I

Irland, 370.
Isle, 435.

J

Jacques, 369.
Jaillard, 426, 448.
Janvre, 396, 414.
Jarno, 336.
Jasme, 467.
Jaucourt (de), 405.
Jaudonnet, 405.

Jaudouin, 426, 448.
Jaumier, 335.
Joubert, 370, 387, 415, 426, 435, 448.
Jourdain, 370, 426, 467.
Jouslard, 370, 396, 467, 473.
Jousseaume, 396, 448.
Jousselin, 473.
Jousseran (de), 351, 352, 371.
Juglard, 370.
Julien (de), 352.

K

Kerveno, 426, 429.

L

Labadie (de), 461.
La Barlottière (de), 354.
La Barre (de), 338, 353, 392, 411.
La Bastide (de), 354.
Labbé, 371.
La Béraudière (de), 354.
La Blachère (de), 396.
La Boucherie (de), 411, 443.
La Broue (de), 341.
La Bussière (de), 354, 385, 411.
La Cantinière (de), 423.
La Cassaigne (de), 461.
La Cave (de), 432.
La Chauvinière (de), 423.
La Chesnaye (de), 408.
La Cour (de), 355, 402, 459.
La Coussaye (de), 354.
La Couture-Renon (de), 355, 461.
La Cressonnière (de), 443.
La Croix (de), 355,
La Dive (de), 423.
La Duguye (de), 337.
La Faye (de), 355.
La Ferrière (de), 355.
La Fontenelle (de), 411, 461.
La Forest (de), 423.
Lage (de), 352, 353, 460.
Lage-Hélie (de), 352.
La Guérinière (de), 423, 443.
La Haye (de), 401, 411, 424, 443.
La Heu (de), 411.
Laiguillier, 467, 473.
Laisné, 468.
La Joyrie (de), 381.
Lambertie (de), 353, 355.
La Lande (de), 335, 352.
La Laurancie (de), 461.
La Marche (de), 462).

La Marthonnie (de), 462.
La Mothe-Bérard (de), 386.
La Mothe-Le-Roux (de), 462.
Lamoureux, 429.
Landerneau, 438, 467.
Lange (de), 412.
Lannet (de), 355.
La Noue (de), 356.
La Pastelière (de), 401.
La Pisse (de), 356.
La Porte des Vaux (de), 356.
La Place (de), 462.
La Porte (de), 462.
La Preuille (de), 384.
La Primaudaye (de), 443.
La Roche (de), 356, 412, 444.
La Rochefoucault (de), 424, 431.
La Romagère (de), 356.
La Sayette (de), 356.
La Seigne (de), 356.
Laste (de), 352, 432.
La Taupane (de), 357.
La Touche (de), 357, 383, 412.
La Tour (de), 357, 392, 424, 432, 462.
La Tribouille (de), 424.
Laurens, 371, 468.
Laurière (de), 352, 442.
Lauvergnat, 395.
Lauzon (de), 354.
La Ville de Férolles (de), 401.
La Voyrie (de), 424, 462.
Le Bailleuf, 404.
Le Bault, 341, 372, 415.
Lebeau, 371.
Lebel, 371.
Leblanc, 371.
Lebœuf, 415.
Le Bossu, 386.
Lebrun, 387.
Lecocq, 397, 468.
Lecomte, 372.
Le Duc, 473.
Le Franc, 448.
Le Frère, 395.
Legier, 372, 400.
Legrand, 468.
Le Jay, 415, 427, 448.
Le Mastin, 435.
Lémerie (de), 353.
Le Noir, 415.
Le Pauvre, 405.
Le Pelletier, 397.
Le Petit de Verno, 405.
Le Peultre, 336.
Lépine (de), 353.
Lérix (de), 412.

Le Roux, 449.
Le Roy, 371, 415. Voy. aussi Roy.
Lescorce (de), 412, 423.
Lescours (de), 353, 461.
Lescure (de), 432.
Lespronnière (de), 402, 459.
Lestang (de), 336, 353.
L'Estoile (de), 408.
Le Tourneur, 405.
Levasseur, 435.
Lévesque, 372, 435.
Le Vestelier, 398, 468.
Levrault, 387.
Lhuilier, 372.
Linax (de), 353.
Lingier, 415, 427.
Liniers (de), 352, 401, 443.
Livaine (de), 461.
Lostange (de), 461.
Loubeau (de), 392.
Louer, 415.
Lucas, 336, 372, 387.

M

Macé, 385, 416.
Magné (de), 431.
Mahé (de), 444.
Maigret, 373.
Maillé (de), 402, 444.
Maisonnier, 372.
Maistre, 423.
Malleray, 449.
Mallier, 450.
Mallineau, 406.
Mallonnay (de), 402.
Malmouche (de), 463.
Malvault (de), 462.
Mancier, 373.
Mandron, 373.
Marans (de), 385.
Marbeuf (de), 403.
Marchand, 397, 427, 469.
Marconnay (de), 358, 392, 463.
Maréchal, 416, 427, 468.
Marin, 416, 427.
Maroix ou Maroix (de), 336, 358, 469.
Marolles (de), 383.
Marquet, 373.
Mars (de), 386.
Marsac (de), 392.
Marsange (de), 358.
Martel, 388.
Martin, 427, 449, 468.
Martineau, 382, 436.

Marvillaud, 406, 449.
Mascureau (de), 358.
Masne (de), 462, 463.
Masparaut, 389.
Masson, 427, 449.
Massougnes (de), 382, 392.
Maubué, 372.
Mauclerc (de), 424, 427, 449.
Maumont (de), 358.
Maunoury (de), 444.
Mauraise (de), 357, 392.
Mauras, 416, 449.
Maussion (de), 425.
Mauvise (de), 357.
May (de), 337, 357.
Maynard, 372, 406, 416, 449.
Mayré (de), 419, 424.
Mazière (de), 433.
Meschinet, 406.
Meslange (de), 402, 406.
Mesnage, 468.
Mesnard, 406, 416.
Meulle (de), 402, 412.
Mézieux (de), 358.
Milon, 373.
Mingarnaut, 427, 436.
Mingot, 389.
Modon (de), 444.
Moneys (de), 358.
Monfrebeuf (de), 360.
Mons (de), 359.
Monserant (de), 463.
Montaigu (de), 402.
Montalembert (de), 433.
Montausier (de), 426.
Montbron (de), 433, 463.
Montjon (de), 359, 445.
Montlouis (de), 359.
Montmillon (de), 360.
Montsorbier (de), 359, 413, 424, 463.
Morais (de), 403.
Moreau, 373, 406, 449.
Morienne (de), 444.
Morisson, 422, 428, 450.
Mosson (de), 383.
Mouillebert (de), 402.
Mouraut, 373.
Mousnier, 389.
Moussy (de), 359.
Moysen, 373.
Musset, 374.

N

Négrier, 374.
Nesmond (de), 360, 441, 463.

Neufchèse (de), 360.
Nicou (de), 444.
Nollet (de), 374.
Nossay (de), 393, 463.

O

Olivereau, 416.
Olivier, 374.
Oradou (d'), 345.
Orfeuille (d'), 393.

P

Pager, 450.
Palustre, 337.
Pandin, 374.
Patras (de), 418, 442.
Pelard, 375, 469.
Pépin, 374.
Perès (de), 361.
Pérot, 387.
Petit, 399, 406, 416.
Petit-Pied, 374.
Philippe, 469.
Picard, 450.
Pidoux, 375, 388.
Pierre, 388, 428.
Pigniot, 450, 469.
Pignonneau, 374.
Pindray (de), 360, 464.
Pineau, 336.
Plouer (de), 413.
Poispaille (de), 361.
Poitevin, 375, 436, 428.
Pons (de), 360, 394 464.
Ponthieu (de), 464.
Pont-Roger (de), 428.
Porcheron, 375.
Pougnant, 375.
Préaux (de), 403.
Pressac (de), 361.
Prévost, 375, 397, 417, 469.
Proust, 436.
Prudhomme, 388.
Pugnet, 450.
Puyguyon (de), 361, 394.
Puyrousset (de), 414, 450.

R

Rabaut, 375.
Raclet, 417.
Racodet, 454.
Rageau, 450.
Rampsay (de), 447, 452.

Ranques (de), 433.
Raoul, 407, 469.
Ravenel (de), 362.
Raymond (de), 362, 469.
Rechignevoisin (de), 362, 384.
Régnault, Régnaud, 451, 470, 473,
Régnier, 376, 397, 417, 451, 470.
Régnon, 429, 445.
Rémigeou (de), 433.
Reorteau, 397.
Repin, 377.
Resty, 376.
Ribier, 376.
Richard, 369, 388.
Richelot, 417.
Richer, 376.
Richer-Garnier, 470.
Richeteau, 407.
Rioul, 377.
Rivaudeau, 429.
Roatin, 336, 376, 452.
Robert, 417, 438, 449, 451.
Robin, 418.
Robineau, 428.
Robion, 337.
Rocas (de), 451.
Rocquard (de), 464.
Rocquet (de), 362.
Rochechouart (de), 360, 362.
Rogier, 407.
Rorthays (de), 425, 451, 470.
Rougier, 377.
Rouhault, 417.
Roullin, 451, 470.
Rousseau, 336, 337, 377, 388, 407, 451, 470.
Roux, 377.
Roy, 337, 377, 406. Voy. aussi Le Roy.
Royrand, 417.
Ruais (de), 413.
Ruys (de), 389.
Ryon (de), 393, 445.

S

Sabouraut, 378.
Saint-Fief (de), 380.
Saint-Garaud (de), 363.
Saint-Gelais (de), 464.
Saint-George (de), 363, 394, 434, 464.
Saint-Germain (de), 403.
Saint-Jouin (de), 403.
Saint-Martin (de), 464.
Saint-Savin (de), 363.

Saint-Vaury (de), 393.
Sainte-Hermine (de), 433.
Sainte-Maure (de), 403.
Sajot, 418.
Salbert, 452.
Salignac (de), 363, 464.
Saligné (de), 425, 445.
Sallo (de), 425, 445.
Salvert (de), 384.
Sapinaud, 454.
Saragan, 436.
Saudelet, 418.
Sauvestre de Clisson, 399.
Sauzay (de), 362, 383, 393.
Savary, 377, 418, 452.
Savatte, 378.
Sazilly (de), 384.
Schomberg (de), 445.
Senecterre (de), 363.
Serpillon, 407.
Signy (de), 386.
Simon, 396.
Simonneau, 378, 470.
Sochet, 378, 407, 452.
Soizy (de), 335.
Stuart, 378.
Surineau, 429.
Suyrot, 452, 471.
Suzannet, 452.

T

Taillefer de Montausier, 429-
Tarrit, 471.
Taveau, 378, 471.
Terves (de), 384, 403.
Texier, 453, 471.
Thébaut, 397, 471.
Théronneau, 418, 453.
Thévenin, 419.
Thibault, 378, 398, 471.
Thomas, 388.
Thomasset, 429.
Thomé (de), 389.
Thorigny (de), 445.
Thubert, 379.
Tinguy, 418, 429, 453.
Tiraqueau, 379, 407, 453.
Tison, 378.
Tisseuil (de), 364.
Torsé (de), 425.
Toscane (de), 464.
Touzalin, 379,

Tranchant, 453.
Trion (de), 364.
Trochet, 389.
Trotin, 472,
Turpin, 388, 471.
Tusseau (de), 364, 465.
Tutault, 398, 453,

U

Umeau, 379.
Urvoy, 454.

V

Vacher, 379.
Vallois (de), 464.
Vandée (de), 445.
Vandel (de), 364.
Vassault (de, 364, 453.
Vassé (de) 364.
Vasselot, 398, 471.
Vaucelles (de), 384, 403.
Vaugirault (de), 413.
Veau, 388.
Vergnault, 389, 398, 408, 472.
Vérinaud, 379.
Vernède (de), 462.
Vernou, 398.
Verré, 408.
Verrine (de), 364.
Verteuil, 454.
Verthamon (de), 365.
Veslon, 379.
Vessac (de), 364.
Viault, 398, 472.
Vidard, 379.
Vieux (de), 403.
Vigier, 472.
Villedon (de), 365, 394, 465.
Villelune (de), 365.
Villeneuve (de), 445.
Villiers (de), 465, 473.
Vincent, 379.
Vivonne (de), 465.
Voullon (de), 398, 434.
Voyer, 418.

Y

Yonques, 398.
Yvon, 454.

III

ÉTAT général et alphabétique des condamnations d'amende rendues par **MM.** Barentin et Rouillé commissaires départis en la province de Poitou contre les particuliers usurpateurs du titre de noblesse, et des rôles arretez en conséquence au Conseil depuis l'arrest d'iceluy du 22ᵉ mars 1666 jusques à aujourd'dui [1].

DATE DES RÔLES	NOMS DES CONDAMNÉS	PAROISSES	SOMMES
	ÉLECTION DE POITIERS		
	A		
28 déc. 1666.	Dᶫᶫᵉ Anne GIRARD, dame de la Girardière. *(Maintenue Barentin, 9 septembre 1667.)*	Gourgé.	1.500 l.
id.	Dᶫᶫᵉ Anne DU BOUCHÉ.	Liglet.	500
10 nov. 1667.	Antoine de VERRINE, sʳ de la Gaudinière, et ses frères. *(Maint. Barentin. Liste de Sauzay.)*	Pouzioux.	1.000
id.	Antoine de ROSBERT, sʳ de Boismin.	Lorigny.	300
22 nov. 1667.	Antoine d'ARCEMALE, sʳ de Fontrocher, son fils. *(Maint. Quentin de Richebourg, D 177.)*	Fontrocher.	500
25 juillet 1670.	Adrien AUGRON, sʳ de la Barre, 500 l. au lieu de 2,000 l. par modération.	Poitiers.	500
id.	André de LA FOREST, sʳ de l'Aage, lieutᵗ particulier et assesseur criminel à Montmorillon, par modération.	Montmorillon.	300
id.	Auguste FOURNEAU, sʳ de l'Isle.	Poitiers.	120
id.	Antoine LEFÈVRE, sʳ de la Bazi-	id.	120

1. Voir notre *Introduction*, p. XVI, et les réserves que nous avons exprimées au sujet de cette liste. Nous mettons ici en *italiques* les annotations faites sur le manuscrit et entre parenthèses nos observations personnelles.

DATE DES RÔLES	NOMS DES CONDAMNÉS	PAROISSES	SOMMES
	nière, cons^{er} honoraire au présidial.		
	B		
28 déc. 1666.	BABAUT, s^r de la Grenouillère, voir le rôle de l'abonnement de 1692.	Nieuil-l'Espoir.	6.000
id.	BROUILHAC, s^r de la Baudinière. (Maint. de Richebourg, B 15.)	S.-Secondin.	500
id.	BÉGAUT, s^r de la Chauvinière.	Neuville.	500
	C		
id.	Charles COURTON, s^r de Couteaux.	Benassay.	500
id.	Charles CAMAIN, s^r du Puy-Lombard. (Maint. Barentin, 6 août 1668.)	Oradour-Fanois.	600
id.	Claude de PIO, s^r de la Brousse de Breuil.	Champagné-S.-Hilaire.	500
id.	Charles DUBOIS, s^r de Saint-Germain.	Moussac.	200
id.	Charles DU BREUIL, s^r dudit lieu. (Maint. Barentin, 9 septembre 1667.)	Payroux.	500
id.	Claude d'ANTHONNET, s^r de la Mothe-Ternant, par modération.	Poitiers.	200
id.	Claude MICHEAU, s^r du Meslier, lieut^t général à Montmorillon, par modération.	Montmorillon.	250
id.	Charles MAILLASSON, avocat du roi à Montmorillon.	id.	300
id.	Charles BERTHÉ, s^r de Lardouinière, par modération. *Sans successeurs.*	Poitiers.	1.300
	D		
id.	La D^{lle} DES OUCHES.	Chaniers.	500
	E		
id.	Elisabeth DU TILLOU, veuve Florent Depoussée.	Journet.	500

DATE DES RÔLES	NOMS DES CONDAMNÉS	PAROISSES	SOMMES
28 déc. 1666.	Elisabeth CHAMBORANT, veuve Pierre Ballon, s^r de la Forest-Ballon. (Maint. Barentin, 7 septembre 1667.)	Pindray.	500
id.	Elisabeth de MOURAC.	Leignes.	500
id.	Elisabeth d'ORADOUR. (Maint. Barentin, 2 septembre 1668.)	Availle.	500
6 sept. 1671 et 9 février 1672.	Etienne BOUCHAUD, s^r du Moulin-Bastier, par modération.	Montbrun.	400
id.	Etienne LEROY, s^r de Fromont.	S.-Loup.	800

F

28 déc. 1666.	FONTENEAU, s^r de l'Imbranchère.	Vernon.	500
id.	Frédéric de BACHES, s^r de Baches.	Iteuil.	500
id.	François JANVRET, s^r de la Bellotière.	S.-Sauvant.	6.000
id.	François DUPONT, s^r des Cures.	Pleuville.	500
id.	François MARQUET, s^r de la Bournerie.	Archigny.	2.000
id.	François de MONTCHASTIER, s^r de...	Cussac.	1.500
id.	François CHARRON, s^r de la Motte.	Breuil-au-Fa.	1.000
id.	François de ROMAGÈRE, s^r de Laubertie. (Maint. noble, Liste de Sauzay.)	S.-Auvent.	1.000
1671 et 1672.	François MOUSNIER, s^r de la Rochette.	Asnois.	300
10 nov. 1667.	François DU VERRIER, s^r de Chambort. (Maint. sur nouvelle production, Liste de Sauzay.)	Pleuville.	300
id.	François CAILLOU, s^r du Breuil.	Lorigny.	300
id.	François JUDE, s^r de la Rivière.	Champagnac.	500
id.	François BERNARDEAU, s^r de la Chaigne.	L'Isle-Jourdain.	500
15 juillet 1670.	François DULAC, s^r du Clousis.	Lezay.	500
id.	Félix MÉRIGOT, s^r de la Chèze, cons^{er} à Montmorillon.	Montmorillon.	200
id.	François CHENU, s^r de Pouzioux.	Poitiers.	50

DATE DES RÔLES	NOMS DES CONDAMNÉS	PAROISSES	SOMMES
15 juillet 1670.	François de GENNES, sr de la Tresvelière. (Mort sans postérité.)	Poitiers.	250
id.	François BEVIGNON, sr de la Réale.	id.	120
16 sept. 1671 et 9 février 1672.	François CITOYS, sr de Vaurais.	id.	400
id.	François BOISSEAU, sr de Châteaubrun.	id.	600
id.	François PUIFFÉ, sr de Fremigier.	Pensoux.	1.000
id.	François BERLAND, sr de la Carrelière.	Champagné-S.-Hilaire.	660
id.	François BARBIER, sr de la Tour.	Poitiers.	300
id.	François GARNIER, sr de la Chaîne.	id.	300
id.	François COURTAULT, sr de la Coux.	Marval.	200

G

28 déc. 1666.	Gilbert de MAILLON, sr de la Caresmière.	S.-Laurent-de-Jourdre.	500
id.	Gaspard PANDIN, sr de la Jarrige. (Maint. le 10 mars 1670, Liste de Sauzay.)	Le Vigea.	2.000
id.	Gabriel ROUX, sr de la Salle. (Maint. Barentin, 3 septembre 1667.)	S.-Gervais.	3.000
10 nov. 1667.	Gabriel d'AUTHON, sr de la Bellotière. (Maint. Maupeou.)	Sepvret.	1.000
15 juillet 1670.	Guillaume PECCON, sr de Balleran.	Marval.	500
16 sept. 1671 et 9 février 1672.	Gabriel de LA VERGNE, sr des Rivières.	Neuvy.	150

H

28 déc. 1666.	Hilaire VINCENT, sr de Lestang de Bagneux. (Maint. noble, Liste de Sauzay.)	Availle.	500

I-J

id.	Jacques BARBARIN, sr de la Ferrandière.	Tercé.	1.500
id.	Jacques de LA FERRIÈRE, sr de Belhomme. (Maint. Barentin, 29 août 1667.)	Payré.	500

DATE DES RÔLES	NOMS DES CONDAMNÉS	PAROISSES	SOMMES
déc. 1666.	Jean MUSSET, s^r de la Grollière. (Maint. Rouillé du Coudray, 23 juin 1670.)	Pleuville.	1.000
id.	Jean RÉGNIER, s^r du Puy. (Maint. Barentin, 8 octobre 1667.)	Mairé-l'Evesc.	500
	Jeanne DU CHIRON, d^{lle} de la Piérye.	Millac.	500
d.	Jeanne DU CHIRON, d^{lle} de Verneuil.	id.	500
id.	D^{lle} Jeanne DES ROCHÈRES.	Le Vigean.	500
id.	Jean de MONTMILLON, s^r de la Chabannière. (Maint. Barentin, 7 septembre 1667.)	Oradour-Fanois.	1.000
id.	Jacques de MIRAMBEL, s^r de Champagnac. (Révisé.)	Champagnac.	3.000
id.	Jacques CHOUILLIER, s^r de Montchaudie. (Maint. en mars 1668.)	Cussac.	1.500
id.	Jean ROUX, s^r de Lusson. (Maint. Barentin, 3 septembre 1667.)	Vidais.	6 000
id.	Jean de POIVRE, s^r des Ouches.	Chasniers.	200
10 nov. 1667.	Jean DU MESNARD, s^r de la Rye.	Le Vigean.	300
id.	Jacques de MONS, s^r de Puy-Godet. (Maint. le 17 août 1668)	Sillars.	400
id.	Jeanne Jacquemin, veuve Louis BARDIN DU RIVAULT, s^r de Poirou. (Maint. le 28 septembre 1672.)	Liglet.	600
id.	Jean PRÉVEREND, s^r d'Aizec.	Aizec.	4.000
id.	Jacques de GUIGNARD, s^r de la Salle. (Maint. le 15 mars 1669.)	Tessonnières.	2.000
id.	Jean GOUPILLEAU, s^r de la Touche.	Puiré.	»
id.	Jean CHOISNIN, s^r de Renouard.	Vendeuvre.	3.000
id.	Joseph DADINE, s^r de Hauteserre. *Sans successeurs*.	Jaulnay.	500
id.	Jacques GROLLEAU, s^r de la Coudrelle. (Maint. Desgalois de Latour, G 74.)	Aubigny.	500

DATE DES RÔLES	NOMS DES CONDAMNÉS	PAROISSES	SOMMES
15 juillet 1670.	Jean de MONTMILLON, sr de la Chabannière. (Maint. Barentin, 7 septembre 1667.)	Oradour-Fanois.	500
id.	Jean MONDOT, sr de Laleu.	Chatain.	500
id.	Jacques GERVAIS, sr de la Fons.	L'Isle-Jourdain.	50
id.	Jeanne Poutrelle, veuve Paul RICHARD, sr de Léché.	Sillars.	250
id.	Jacques FRADIN, président et lieutenant général à Civray.	Civray.	100
id.	Jean ADAM, sr de Sichard.	Poitiers.	500
id.	Jacques RICHARD, sr d'Aubière.	Montmorillon.	300
id.	Jean DU PONT, sr de Lespinasse, assesseur criminel en la maréchaussée de Poitou. *Sans successeurs.*	Poitiers.	100
1671 et 1672.	Jeanne Jacquemin, veuve Louis BARDIN.	Liglet.	300
id.	Jean PRÉVEREND, sr d'Aizec.	Aizec.	2.000
id.	Joseph CHASLÉ DE CHATEAUNEUF. *Sans successeurs.*	Poitiers.	400
16 sept. 1671 et 9 février 1672.	Jean CHEIN, sr du Coulombier, lieutenant criminel de robe courte à Civray.	Charroux.	500
id.	Jean DU LIEPVRE, sr des Faucheries.	S.-Auvent.	100
id.	Isaac CLISSON, sr de la Guardière, receveur des décimes. *Sans successeurs.*	Poitiers.	800

L

id.	Louis FONTENEAU, sr de Saint-Secondin.	S.-Secondin.	500
id.	Louis MILON, sr de la Cadrie.	Beaumont.	1.500
28 déc. 1666.	Louis CHITTON, sr du Moulin-Neuf. (Maint. Rouillé du Coudray, 20 juin 1670.)	Genouillé.	1.000
id.	Louis BLANCHARD, sr de Saint-Mothe. (Maint. noble, Liste de Sauzay.)	S.-Lupnier.	500

— 488 —

DATE DES RÔLES	NOMS DES CONDAMNÉS	PAROISSES	SOMMES
28 déc. 1666.	D^{lle} Louise Guitaud, veuve Pierre de BEAUREGARD.	S.-Laurent-de-Jourdre.	500
id.	Laurent de LA BARLOTTIÈRE, s^r de Puy-Martin. (Maint. Barentin, 31 décembre 1667.)	S.-Romais.	500
id.	Louis DU PUYS, s^r de Beauchamp.	Archigny.	500
15 juillet 1670.	Louis de CONDÉ, s^r de la Maisonneuve.	La Trémoille.	300
id.	Louis MORIN, s^r de la Vallée.	La Chapelle-Mon'reuil.	800
id.	Louis CAILLETEAU, s^r de la Berandière.	Poitiers.	250

M

28 déc. 1666.	Marc de ROUGÉ, s^r des Essarts.	Tercé.	500
id.	Marie FERRÉ.	La Ferrière.	500
id.	Marguerite BARBARIN, d^{lle} du Bourg-Archambault. (Maint. Barentin, 10 décembre 1667.)	Bourg-Archambault.	500
10 nov. 1667.	Madeleine Chevalier, veuve Geoffroy de BELLEVILLE, s^r de Richemont, et Jacques-Philippe de BELLEVILLE, leur fils. *Bon.* (Maint. de Richebourg, B 11.)	Thénezay.	2.000
id.	Mathieu PAPON DU BREUIL, s^r de Fontenille, Pierrre PAPON DU BREUIL, s^r de Grange-Blanche, et Isabeau PAPON, leur sœur.	Vaury.	1.700
id.	Mathurin GARNIER, s^r de la Pennerie, bourgeois de Poitiers. *Sans successeurs.*	Poitiers.	500
id.	Martial de LA MOUSNERIE, s^r de la Villotte. *Sans successeurs.*	Poitiers.	300

N

28 déc. 1666.	Nicolas VACHER, s^r de la Pouge. (Maint. noble, Liste de Sauzay.)	Mazerolles.	600
10 nov. 1667.	Noël NORQUIER, s^r de Leigné, et Jacques NORQUIER, s^r de Maisoncelle.	Lhoumois.	1.000

DATÉ DES RÔLES	NOMS DES CONDAMNÉS	PAROISSES	SOMMES
10 nov. 1667.	Nicolas et Philippe MAIGRET, père et fils, s^{rs} de Chassenigou, la Belletière et Champdolent. (Maint. Barentin, 9 septembre 1667.)	Availle. Millac.	600
	O		
23 déc. 1666.	Olivier BONNEAU, s^r des Cars.	Montreuil-Bonnin.	500
15 juillet 1670.	Olivier GUILGAUT, s^r des Cars.	id.	100
	P		
28 déc. 1666.	Pierre COINTARD, s^r de Vignolles. *Mort sans enfants.*	Mignaloux.	500
id.	Pierre FAVIER, s^r de Bourgneuf. (Déchargé par M. Rouillé le 21 février 1670.)	Lusignan.	500
id.	La veuve et héritiers de PRUMERET, s^r des Bois.	Pindray.	2,400
id.	Pierre FERRÉ, s^r de Péruge. (Déchargé le 14 novembre 1670.)	Moustier.	1,200
10 nov. 1667.	Philippe de MONTMILLON, s^r du Mas.	Pressac.	500
15 juillet 1670	Paul CHEIN, s^r de Périssac.	Civray.	300
id.	Pierre RAZAY, cons^{er} au présidial.	Poitiers.	250
10 sept. 1671 et 9 févr. 1672.	Pierre de LEZAY, s^r de la Brochetière.	Chenay.	500
	R		
23 déc. 1666.	Radégonde Garnier, veuve Léonard ADMIRAULT, s^r de Vallançay.	Chapelle-Morthemer.	1,500
id.	La d^{lle} RASTEAU.	St-Martin-la-Rivière.	500
id.	Le s^r de LA ROMALIÈRE.	Aslonne.	500
id.	René ACQUET, s^r de la Passaudière.	St-Pierre-de-Pranzay.	500
id.	René MUSSET, s^r de Fontresnier. (Maint. par M. Rouillé le 23 juin 1670.)	Pleuville.	500
id.	Renée NÉGRIER, dame de la Tournière. (Maint. Barentin, 3 septembre 1667.)	Millac.	500
10 nov. 1667.	René d'ARCEMALE, s^r des Chaumes. Voyez à la lettre A.	Champagne.	»
15 juillet 1670.	René HERBAUDEAU, s^r du Prunier. *Sans successeurs.*	Poitiers.	200

— 490 —

DATE DES RÔLES	NOMS DES CONDAMNÉS	PAROISSES	SOMMES
15 juillet 1670.	Robert de VERDILLAC, s^r de la Vergne.	Couhé.	500
id.	René GUYOT, s^r du Goullet.	Poitiers.	100
16 sept. 1671 et 9 févr. 1672.	Robert de LEZAY, s^r de Grand-Champ. (Maint. Maupeou.)	Lezay.	400
id.	René DALBAY.	id.	350
	T		
28 déc. 1666.	Tenneguy GUILLIER, s^r d'Asnière. (Maint. noble, Liste de Sauzay.)	Celle-l'Evescault.	500
	ÉLECTION DE SAINT-MAIXENT **A**		
10 nov. 1667.	André de MARSAC, s^r du Plessis. (Maint., liste de Sauzay.)	Sainte-Ouenne.	500
	C		
28 déc. 1666.	Charles BOUDET, s^r de Bellebat. *Les enfants du chirurgien sont vivants, demeurant à Chavagné.*	Chavagné.	500
id.	Charles BOUDET, s^r de la Renaudinière. *Il n'y a qu'une fille, mariée à un nommé Lambert, s^r des Moulières, demeurant à Chauray, près Niort.*	id.	500
10 nov. 1667.	Charles MARCHAND, s^r du Puy-Bourassier, Pierre MARCHAND, s^r de Garnaud, et François MARCHAND, s^r de Bret, son fils, Georges MARCHAND, s^r de la Garenne, et Jacques MARCHAND, s^r de la Chambre, son fils, et Jacquette MARCHAND, leur sœur, savoir : Charles, 2000 liv., Pierre et François, père et fils, 1.000 liv., Georges et Jacques, père et fils, 1 000 liv., et lad. Jacquette Marchand, 500 liv. (Maint. nobles par le Conseil le 27 septembre 1675.)	Saint-Maixent.	4.500

DATE DES RÔLES	NOMS DES CONDAMNÉS	PAROISSES	SOMMES
10 nov. 1667.	Charles d'AVAUGOUR, sr de la Ferté. *Mort. Sa femme pauvre, un fils chanoine à Clisson, près de Nantes, et une fille mariée à un notaire à Clisson.*	Aigonnay	100
id.	Constant de CONSTANT, sr du Rollage.	Luché.	500
id.	Charles CLÉMENT, sr de la Boistrie, lieutenant criminel. *C'estoit le père de M. Clément, subdélégué.* (Voir Maint. de Richebourg, C 21)	Saint-Maixent.	1.000

D

id.	LA veuve Dominique COLLIN, élu à Niort.	Melle.	500

F

10 nov. 1667.	Florence Chalmot, veuve Pierre de VERRINE, sr de la Bugaudière. *Néant.* (Déchargée par M. de Barentin, Liste de Sauzay.)	Azay.	1.000
28 déc. 1666.	François FÉRUYEAU, avocat du roi à St-Maixent. *Ses enfants existent.*	Saint-Maixent.	1.000
id.	François de LA BLACHÈRE, sr de l'Isle. *A Niort, vivant.* (Maint. le 24 novembre 1668.)	Saint-Gelais.	1.009

J

id.	Jean de CAILLO, sr de la Fontaine. *M. de Maillé, fils dud. de La Fontaine, a laissé un fils qui demeure à Maillé, dite paroisse.* (Maint. de Richebourg, D 30.)	Chapelle-Bâton.	1.800
id.	Jean de MACHÈRE, sr de Limort. *Vivant.*	Clussay.	1.000
id.	Jean FAVANT, sr de Vaux.	Maisonnay.	500

DATE DES RÔLES	NOMS DES CONDAMNÉS	PAROISSES	SOMMES
	L		
28 déc. 1666.	Louis COYAUT, s^r de la Bretonnière, Sainte-Marie. *Vient de mairie.* (Maint. Maupeou.)	Vitré.	1.200
	P		
10 nov. 1667.	Pierre CHARENTON, s^r de Régime.	Luché.	500
id.	Pierre BRISSONNET, s^r de Monplaisir	Juillé.	500
id.	Philippe TAGAULT, s^r de Villeneuve. (Maint. de Richebourg, T 9.)	St-Romans.	1.500
id.	Pierre CHARENTON, s^r du Resnier.	Luché.	200
	R		
15 juillet 1670.	René GREFFIER, s^r de Touvois. *Deux filles en religion à St-Maixent, aux Filles de Saint-Benoît.*	Saint-Maixent.	800

ÉLECTION DES SABLES

DATE DES RÔLES	NOMS DES CONDAMNÉS	PAROISSES	SOMMES
	A		
28 déc. 1666.	Anne Pommeraye, veuve Guillaume CONNIDON, s^r du Mayne. *Morte ; a laissé une fille mariée à un gentilhomme limousin, appelé de Veulle.*	Les Sables.	3.000
id.	Alexandre de LA BURCIÈRE, s^r de La Sauvagère. *Assigner.*	Moutiers-les-Maufaits.	500
id.	Alexandre ROBINEAU, s^r de la Renolière. *Le fils, marié avec la fille du sénéchal d'Apremont, demeure au Plessis. — Néant.* (Maint. Barentin, 24 septembre 1667.)	Beaufou.	8.000
id.	Les héritiers Alexandre PAPION, s^r de la Ricardière.	Fenouillé.	1.500

DATE DES RÔLES	NOMS DES CONDAMNÉS	PAROISSES	SOMMES
10 nov. 1667.	André MORISSON, s^r des Forges, procureur du roi en l'élection des Sables. *Mort. A Avrillé les héritiers. Il y en a un qui demeure en Legé en Marche, qui est à son aise ; il s'appelle Cantinière Morisson.*	Les Sables.	600

B

28 déc. 1666.	Les héritiers du feu s^r BOURSAUT.	Givrand.	1.000
id.	Benjamin MORIN, s^r de la Giletrie. *Au bourg de Bretignolles. — Assigner.*	Saint-Gervais	1.500

C

id.	Charles RANFRAY, s^r de la Bajonnière. *M. de la Bajonnière, proc^r du roi en l'élection des Sables. Leur partage à Poitiers.* (Maint. Desgalois de Latour, R 52.)	L'Ile-d'Olonne.	3.000
id.	Charles FOUBERT, s^r de Beaulieu.	Landevieille.	1.200
10 nov. 1667.	Claire du Plouer, veuve d'Ulysse BAUDRY, s^r de l'Etang et enfants. *Il y a des héritiers.*	Saint-Hilaire et St-Christophe.	3.000
id.	Claude BORGNET, s^r de la Vieille-Garnache. Jean BORGNET, s^r de la Jarriette. *Il y a des héritiers à Soullans. Sentence de maintenue de M. d'Ableiges.* (Maint. de Richebourg, B 47,77.)	La Garnache.	1.000
id.	Charles BOUHIER, s^r de la Verrie. *Son fils noble demeure à la Verrie, proche Challans.* (Maint. par le Conseil le 3 septembre 1668.)	Challans.	4.000
id.	Charles SAUDELET, s^r de Letur, garde-côte. (Maint. de Richebourg, S 15.)	Landevieille.	

DATE DES RÔLES	NOMS DES CONDAMNÉS	PAROISSES	SOMMES
	D		
28 déc. 1666.	Daniel ROBINEAU, s^r du Plessis. *A laissé des filles mariées à des gentilshommes de Bretagne.* (Maint. le 24 septembre 1667, Liste de Sauzay.)	Saint-Gervais.	3.000
»	*Le s^r DORINEAU, sénéchal de Challans, condamné par M. d'Ableiges à 2.000 liv. d'amende. Il a payé à M. de La Grange.*	Challans.	
	E		
28 déc. 1666.	Elisabeth de Fenioux, veuve Daniel ROBINEAU, s^r de la Renolière. *Néant. Tout est mort.* (Maint. le 24 septembre 1667, Liste de Sauzay.)	La Chapelle-Achard.	3.000
10 nov. 1667.	Etienne DU REGUIN, s^r de la Cholière.	Saint-Georges.	2.000
id.	Elie BERTAUD, s^r de la Fourcherie. *Mort. A une fille mariée à un roturier ; morte. Il y en a un, prêtre curé.*	Commequiers.	500
	F		
16 sept. 1671 et 9 février 1672.	Françoise Jousselin, veuve Jean GABORY, s^r de la Bonnetière, et leurs enfants. *Assigner M. de la Bonnetière.* (Maint. par le Conseil le 12 août 1672.)	Saint-Gervais et Saint-Urbain.	6.000
	G		
28 déc. 1666.	Georges JOUBERT, s^r de la Didraye. *Assigner.* (Maint. le 24 septembre 1667, Liste de Sauzay.)	Talmont.	6.000
id.	Guy DURAND, s^r de Bellefond. *Assigner. Demeure à Saint-Gilles.*	Sallertaine.	1.500

DATE DES RÔLES	NOMS DES CONDAMNÉS	PAROISSES	SOMMES
28 déc. 1666.	Gabriel de LA FOREST, s^r de Mosny; René de LA FOREST, s^r de la Groizardière. *Assigner à Apremont et à Sallertaine. Sentence de confirmation de M. Maupeou.* (Maint. le 13 mars 1669, Liste de Sauzay.)	Sallertaine.	4.000

H

10 nov. 1667.	Henri de BARBADE, s^r du Chastenet. *Le bien était au Bail.* (Maint. noble, Liste de Sauzay.)	Angles.	2.000
id.	Henri d'ARCEMALE, s^r de la Touche, et Louis d'ARCEMALE, s^r du Fief-Barret. (Maint. le 24 mai 1675.)	Les Sables.	7.000

J

id.	Jacques DES FORGES, s^r de la Gobinière. (Maint. noble, Liste de Sauzay.)	Saint-Vincent-sur-Graon.	2.000
id.	Jacques BOURSOREIL, avocat. *Héritiers aux Sables.*	Les Sables.	100
22 nov. 1667.	Jacques PORTEAU, s^r du Planty. *Il y a des héritiers.*	Aizenay.	1.000
id.	Jean ou Alexandre COUPERIE, s^r de Beaulieu. *Il a un fils.*	Péault-sous-Mareuil.	500
15 juillet 1670.	Jacques GASTEAU, s^r du Verger. *La Mothe-Achard. Ne prend point la qualité.*	Les Sables.	600
id.	Jacques MASSON, s^r de la Grouinière.	Soullans.	500
id.	Jacques MILLOT, s^r du Puy.	id.	2.000
id.	Jean FERCHAUD, s^r de la Forêt. *Il y a une veuve.*	Angles.	6.000
10 nov. 1667.	Jacob DU PORT, s^r de Boismasson. *Assigner son fils à Girouard.* (Maint. Barentin en 1668.)	Saint-Jean-de-Mont.	3.000

DATE DES RÔLES	NOMS DES CONDAMNÉS	PAROISSES	SOMMES
	L		
28 déc. 1666.	Louis CHAPPOT, s^r de la Brossardière.	La Roche-sur-Yon.	3.000
id.	Louis JAMET, s^r de la Charmellerie. *Mort.*	Olonne.	1.500
id.	Louis DORINEAU, s^r de Bois-Sableau. *Sans descendants.*	Saint-Gervais.	1.500
10 nov. 1666.	Louis DUMORTIER, s^r de Sauvré.	Beaulieu.	2.000
id.	Louis BOUVIER, s^r de la Crespillière, et son frère.	Falleron.	3.000
	M		
28 déc. 1666.	Marie Vas de Mello, veuve François DU TERTRE, s^r de Boisjoulin.	Poiré-sous-la-Roche.	6.000
id.	Mathurin GIRARD, s^r de la Maritière. *Assigner le fils, à Girouard.*	La Chapelle-Hermier.	1.000
10 nov. 1667.	Marie Vérine, veuve Jacques de MAUSSION, s^r de la Pellatière. (Voir la Liste de Sauzay.)	Saint-Paul.	2.000
	N		
28 déc. 1666.	Les héritiers du s^r de LA NOUETTE.	Nesmy.	500
	O		
id.	Olivier de LA TOUR, s^r de Monseran. *C'est M. de Boisrogue.* (Maint. noble, Liste de Sauzay.)	Aizenay.	6.000
	P		
id.	Philippe BAUDRY, s^r de la Maurissière. (Maint. noble, Liste de Sauzay.)	Saint-Hilaire-de-Talmont.	1.200
id.	Pierre SUZENNEAU, s^r de la Lettrie. *Il y a un fils qui étudie au droit.*	La Roche-sur-Yon.	6.000

DATE DES RÔLES	NOMS DES CONDAMNÉS	PAROISSES	SOMMES
28 déc. 1666.	Paul BOISSEAU, s^r du Courteuil.	Saint-Avaugour.	1.500
16 sept. 1671 et 9 février 1672.	Pierre BOUVIER, s^r de la Claretière.	Falleron.	1.500
	R		
28 déc. 1666.	René RASCLET, s^r de la Forêt. *Assigner à Grosbreuil.*	Les Sables.	3.000
10 nov. 1667.	Renée Gordien, veuve Pierre CITOIS, s^r de la Touche-au-Blanc.	id.	5.000
id.	René JAUDOUIN, s^r de Marmande. (Maint. par le Conseil, Liste de Sauzay.)	Talmont.	2.000
id.	Renée Jousselin, veuve Luc BACONNOIS, s^r de Boislibaud, et son fils. *Mort. Deux enfants au service.*	Avrillé et Fenouiller.	4.000
16 sept. 1671 et 9 février 1672.	Renée BROSSEAU, fille et héritière Pierre Brosseau.	Sainte-Flaive.	500
	S		
10 nov. 1667.	Suzanne de La Ferté, veuve Baptiste POITEVIN, s^r de la Traversière. (Maint. le 12 août 1667.)	La Chaize-Giraud.	1.000
	V		
10 nov. 1667.	Vincent JOUSSELIN, s^r de Marigny. *Néant, tout étant mort.*	Les Sables.	2.400

ÉLECTION DE THOUARS

A

id.	Alexandre PELLÉ, s^r du Portaut.	Saint-Varent.	1.000
id.	Antoine LEPROUST, s^r de la Frettière.	La Petite-Boissière.	600

C

28 déc. 1666.	Charles HERVÉ, s^r de la Plaigne.	Moncoutant.	1.000
id.	Claude DU MONCEAU, s^r de Fontenailles.	Bilazay.	500
id.	Claude de BONAVENTURE, marquis de Crevant. (Maint. noble, Liste de Sauzay.)	La Ronde.	6.000

DATE DES RÔLES	NOMS DES CONDAMNÉS	PAROISSES	SOMMES
	D		
28 déc. 1666.	D^{lle} Marie Vinet, veuve du s^r DU PLESSIS.	Vieux-Pouzauges.	6.000
	F		
id.	François de MONTBRELLE, s^r de Lambrunière.	Montbrun.	2.000
id.	François BERTHÉ, s^r de la Pressonnière.	Saint-Mesmin-le-Vieil.	3.000
10 nov. 1667.	François RASLEAU, s^r du Bouchet.	Saint-Pierre-de-Louzy.	2.000
id.	Françoise Berry, veuve Antoine CHOMEL, s^r de la Tournelaye, et Léon CHOMEL, son fils. (La mère maint. noble le 12 août 1667.)	Chanteloup.	4.000
10 juillet 1670.	François OGERON, s^r de Ligron.	Mauzé.	200
10 nov. 1667.	François de LA RENAYS, s^r de Beauvais.	Montravers.	1.500
	G		
28 déc. 1666.	Guy RICHETEAU, s^r de la Fresnaye.	Boismé.	500
15 juillet 1670.	Gilles LE GENDRE, s^r des Deffends.	La Chapelle-Gaudin.	500
	H		
28 déc. 1666.	Hector de PRÉAUX, s^r de Châtillon, par modération. (Maint. noble le 7 décembre 1671.)	Boussay.	8.000
10 nov. 1667.	Henri de MALLONNAY, s^r de Magé. (Maint. le 13 mai 1671.)	Saint-Pierre-de-Louzy.	1.000
id.	Henri de VIEUX, s^r du Petit-Puy. (Maint. le 9 décembre 1667.)	Terves.	500
id.	Henri PINEAU, s^r du Breuil.	Argenton-l'Église.	100
	J		
28 déc. 1666.	Jean SAPIN, s^r de Cersay.	Cersay.	4.000
10 nov. 1667.	Jacques BOISSON, s^r de la Guierche. (Maint. de Richebourg, B 5.)	Saint-Mars-la-Réorthe.	2.000
id.	Jacques ANGIBAUD, s^r de la Lande.	Argenton-l'Église.	2.000

DATE DES RÔLES	NOMS DES CONDAMNÉS	PAROISSES	SOMMES.
10 nov. 1667.	Jeanne Boynard, veuve Gabriel RANGOT. (Voir Maint. de Richebourg, D 1.)	Soulièvre.	5.000
15 juillet 1670.	Jean ROBIN, s^r de la Baubinière et de Mouy.	Saint-André-sur-Sèvre.	600
	L		
28 déc. 1666.	Louis ROUDREAU, s^r de la Vergne.	Bressuire.	2.000
id.	Louis GABORY, s^r de la Préaudière.	S.-Marsault.	1.800
10 nov. 1667.	Louis de L'ESTOILE, s^r de Bouillé-St-Paul. (Maint. noble, Liste de Sauzay.)	Bouillé-Saint-Paul.	4.000
	M		
id.	Michel d'AUTHON, s^r de Mazières. (Maint. noble le 6 juillet 1668.)	La Boissière-Thouarçaise.	500
	P		
28 déc. 1666.	POUPARD, s^r de Clazay.	Clazay.	1.000
id.	Pierre AUBINEAU, s^r de la Racaudière. (Maint. le 12 août 1667.)	Moutiers.	2.400
id.	Pierre FERMAIN, s^r de Noizé.	Noizé.	1.000
id.	Philippe RASLEAU, s^r de la Forêt.	Louzy.	3.000
id.	Pierre TONDRAULT, s^r de Francheuse.	La Coudre.	00
15 juillet 1670.	Pierre CHAMPION, s^r d'Andilly.	Coulonges.	300
id.	Pierre SORIAU, s^r de Gizay, prieur d'Epain.	»	400
id.	Philippe RASLEAU, s^r de la Forêt.	Louzy.	500
	R		
28 déc. 1666.	René de MESLANGE, s^r de Bellin. (Maint. noble, Liste de Sauzay.)	Bagneux.	500
10 nov. 1666.	René BEUGNON, s^r de la Girardière. (Maint. le 30 déc. 1667.)	Saint-Jean-de-Combrand.	4.000
	S		
28 déc. 1667.	Sylvie TIRAQUEAU, veuve du s^r du Payré. (Maint. le 23 septembre 1667.)	Vieux-Pouzauges.	6.000

DATE DES RÔLES	NOMS DES CONDAMNÉS	PAROISSES	SOMMES
	ÉLECTION DE CHATELLERAULT		
	A		
28 déc. 1666.	Abraham de BROSSARD, s^r de la Bellangerie. (Maint. le 9 septembre 1667.)	La Puye.	500
10 nov. 1667.	Antoine CANCHE, s^r de la Taupanne.	Antran.	4.000
	B		
28 déc. 1666.	Le s^r de LA BOISSIÈRE.	Saint-Rémy.	500
id.	Le s^r de BEAUREGARD.	id.	500
id.	Le s^r de LA BUSSIÈRE. (Maint. noble, Liste de Sauzay.)	Senillé.	500
10 nov. 1667.	Benjamin CHASTEAU, s^r du Pin. (Maint. le 26 juillet 1668.)	id.	100
	C		
28 déc. 1666.	Claude DESMARQUETS, s^r de St-Martin, et Gilbert DESMARQUETS, s^r de la Grolletière.	id.	300
id.	Claude BARAUT, s^r de la Frappinière, et sa mère.	Dangé.	100
id.	Charles MOUSNIER, s^r de la Chauvetière.	Leigné-les-Bois.	300
	E		
28 déc. 1666.	Etienne DUPLESSIS, s^r de Paulmerie.	La Chapelle-Roux.	500
	F		
id.	Françoise CHASTEIGNER, d^{lle} de Chabanne. (Maint. noble, Liste de Sauzay.)	id.	500
id.	François VEAU, s^r de Coesmé. (Maint. le 9 janvier 1669.)	Marigny-sous-Marmande.	500
	G		
id.	Gilbert DESMARQUETS, s^r de la Grolletière.	Leigné-les-Bois.	500

DATE DES RÔLES	NOMS DES CONDAMNÉS	PAROISSES	SOMMES
	J		
28 déc. 1666.	Jeanne DESVAUX.	Leigné-sur-Usseau.	500
id.	Jessé de GAULIER, sʳ de Beaulieu. (Maint. Barentin, 3 septembre 1667.)	Cenan.	500
id.	Jacques DURAND, sʳ de Sᵗ-Nicolas.	Bellefont.	500
10 nov. 1667.	Joachim ADHUMEAU, sʳ de l'Aubrière, et Jean ADHUMEAU, sʳ de Cenan.	Ingrandes.	200
id.	Jean de SALVERT, sʳ de la Tapisserie. (Maint. le 10 août 1669.)	Antran.	1.000
id.	Jacques de RUYS, sʳ de la Chénardière. (Maint. le 19 mai 1672.)	Leigné-sur-Usseau.	300
id.	Joseph DEHOUSSET.	Saint-Cyr.	200
id.	Jeanne de Monnevy, veuve Jean LEVIEL.	Saint-Léger-la-Pallu.	1.200
	L		
28 déc. 1666.	Louis DU LIS, des Bruyères.	Leigné.	500
	M		
id.	Les dˡˡᵉˢ Marie, Louise et Anne MINGOT.	Dangé.	500
10 nov. 1667.	Marie Le Jude, veuve Antoine DUPRÉ, sʳ de la Boulaye. (Maint. noble, Liste de Sauzay.)	Senillé.	1.200
	P		
28 déc. 1666.	Philippe-Alexandre LE BIENVENU, sʳ de Cremille.	Cernay.	500
	R		
10 nov. 1667.	René TROCHET, sʳ de la Tourterie. (Maint. le 31 décembre 1667.)	Cenan.	300
id.	Renée de Bizac, veuve François DU BOIS, sʳ de la Morinière. (Maint. le 12 septembre 1668.)	Senillé	100
	S		
28 déc. 1666.	La dˡˡᵉ de SALVERT.	Saint-Jacques.	500

DATE DES RÔLES	NOMS DES CONDAMNÉS	PAROISSES	SOMMES
	ÉLECTION DE FONTENAY		
	A		
16 sept. 1671.	Antoine BLOUIN, sr du Bourgneuf. *Bon. Il y a des héritiers. Faire assigner. Il n'y a que deux filles mariées à deux roturiers.*	Marsais.	250
	C		
10 nov. 1667.	Charles et autre Charles de HILLERIN, srs de la Poupelière et de la Menulière. *Mort sans suite.* (Voir Maint. de Richebourg, H 5.)	Cheffois.	1.000
10 nov. 1667.	Catherine BARRÉ, veuve Pierre SIMONNEAU, sr de la Barre.	Saint-Martin-l'Ars.	1.000
	D		
id.	Daniel BAIGNOU, sr des Roussières.	»	500
	F		
id.	François GIVRÉ, sr de la Barbinière. *Il y a sa veuve.*	Chassay.	1.000
id.	François de VERNÈDE, ser de Bouildroux. *Assigner.*	Bouildroux.	1.000
id.	François THOMAS, sr de la Bréchouaire.	Saint-Hilaire-du-Bois.	1.000
16 sept. 1671.	François FRADET, sr de la Forêt, paroisse de St-Michel-le-Cloucq.	Saint-Michel-le-Cloucq.	300
Du rôle de 1670.	François CAILLAUD, sr de la Chernière. *Il y a des enfants roturiers.*	Saint-Sulpice.	300
	G		
10 nov. 1667.	Gabriel DES VILLATTES, sr dudit lieu et de Champagné. *Assigner. Demeure aux Villattes, même paroisse. C'est le fils.* (Maint. Barentin, Liste de Sauzay.)	Chantonnay.	4.000

DATE DES RÔLES	NOMS DES CONDAMNÉS	PAROISSES	SOMMES
10 nov. 1667.	Gilbert GAUTREAU, s^r de St-Mars, et Jacques GAUTREAU, son neveu. *Assigner.* (Maint. nobles le 12 septembre 1668.)	Xanton.	3.000
	H		
id.	Hector BÉRANGER, s^r de Sonneville.	Saint-Hilaire.	1.000
	I-J		
id.	Jacques GUIGNARDEAU, s^r de Puymay, et Claude GUIGNARDEAU, son frère. (Maint. nobles le 30 mai 1671.)	S^e-Florence de l'Herbergement.	1.500
id.	Jean de GOISY, s^r de Dissais, et Samuel de GOISY, son frère. *Hors du pays. Leurs biens vendus par décret.* (Maint. nobles, Liste de Sauzay.)	Dissais.	1.000
id.	Jacques BELLEAU, s^r de la Gennerie, demeurant à Rosnay. (Maint. le 9 août 1668.)	Rosnay.	1.000
id.	Jean ESNARD, cons^{er} au siège de Fontenay. *Mort.*	Fontenay.	800
id.	Jean ou Louis BÉRANGER, s^r de Beneste. *Sorti du royaume.*	Chassay.	500
id.	Jean BRUNET, s^r de la Bressaire.	Fontenay.	1.000
1670.	Jacques BRUNET, s^r de Montreuil. *Acheté la noblesse. Morts.* (Voir Maint. de Richebourg, B 23.)		
id.	Isaac BESSON, s^r de la Pescherie.	Sainte-Gemme de Luçon.	200
id.	Jacob EASME, s^r de Lugré. *Mort. Il a un fils dont le bien est saisi réellement. Ne prend pas la qualité.*	Chaix.	1.000
id.	Jacob ACQUET, s^r de Bord.	Réaumur.	
id.	Jacques JARRY, s^r de la Molerie, près de Corps.	Corps.	2.000
1671	Jean FLICHET.	Corbaon.	184

DATE DES RÔLES	NOMS DES CONDAMNÉS	PAROISSES	SOMMES
	L		
10 nov. 1667.	Léon DUGAST, s^r de la Fontenille, et autres. *A une fille qui demeure aux Champs-Blancs, paroisse de Sainte-Cécile ou de Sainte-Florence.* (Maint. le 29 décembre 1669.)	Mouchamp.	2.000
1670.	Louis BRUNET, s^r de la Broue.	Fontenay.	800
	M		
id.	Mathias de LA FARGE, s^r de la Lardière.	Saint-André-sur-Mareuil.	300
	N		
1671.	Nicolas BERLAND, s^r de Rochefort. *Mort. A laissé deux filles roturières.*	Saint-Aubin.	300
	P		
1670.	Pierre GU LLONNEAU, s^r de la Jacquelinière. *Roturier. A un fils vivant et une fille demeurant à ..... paroisse de St-Prouant.*	Bazoges.	1.000
id.	Pierre BILLAUD, s^r du Moulin-Billaud.	Fontenay.	500
	R		
10 nov. 1667.	René JAUDOUIN, s^r de Pasty. (Maint. noble, Liste de Sauzay.)	Saint-André-de-Mareuil.	2.000
id.	René MORIN, s^r du Pinier.	Seillé.	840
id.	René POTIER, s^r des Granges.	id.	600
	S		
id.	Suzanne des Moulins, veuve Louis LEFRANC, s^r du Plessis. *A une fille dont M. de Saint-Roman est curateur.* (Maint. le 27 août 1668.)	Saint-Laurent-de-la-Salle.	»

DATE DES RÔLES	NOMS DES CONDAMNÉS	PAROISSES	SOMMES
	ELECTION DE MAULEON		
	A		
10 nov. 1667.	Antoine CHESNEL, s^r dudit lieu. *Mort il y a longtemps sans successeurs, pauvre.*	Boufferé.	2.000
	C		
id.	Charles de LA PRUNIÈRE, s^r de la Fouchardière. *Il y a des enfants dans la même paroisse, un qui s'appelle M. de la Fouchardière.*	Chavagnes.	5.000
id.	Claude LEGRAS, s^r de Lignière. *Mort sans successeurs.*	Chauché.	5.000
id.	Charles SAUDELET, s^r de la Roussière. *Bon. Son fils vivant.* (Maint. noble, Liste de Sauzay.)	La Gaubretière.	4.000
id.	Claude de RANGOT, s^r du Barroux. *Demeure paroisse d'Airvault, dans sa maison de Barroux. Il a une maison qui s'appelle la Vachonnière dans la paroisse de la Verrie. — Il y a un arrêt du Conseil de maintenue.*	La Verrie.	5.000
	D		
id.	David de GOUÉ, s^r du Marchais. *Il a une veuve et des enfants qui demeurent dans la paroisse de St-André-de-Treize-Voies ; riches ; une maison qui s'appelle le Marchais, dans la paroisse des Brouzils.* (Maint. noble le 30 juillet 1668.)	Les Brouzils.	1.000
	E		
id.	Enoch de LA BARRE, s^r de la Rencunelière, et son fils. *C'est le fils de M. de la Coutardière, compris dans le dé-*	Bazoges.	2.000

DATE DES RÔLES	NOMS DES CONDAMNÉS	PAROISSES	SOMMES
	pouillement à l'article d'Elie de la Barre, sʳ de la Coutardière, qui demeure à la Gestière, paroisse de Saint-Georges. (Maint. nobles, Liste de Sauzay.)		
10 nov. 1667.	Esaïe ROBIN, sʳ de la Richardière.	Saint-Denis.	600
	F		
id.	François de HILLERIN, sʳ de Suplancay. *Il y a M. Dubuc de Hillerin, qui demeure à Boistissendeau, proche les Herbiers.* (Voir Maint. de Richebourg, H 5.)	Les Herbiers.	600
	G		
id.	Gabriel GUIRAUD, sʳ de la Richerie. *Mort. Il a laissé des filles mariées, l'une avec le fils de M. de l'Estanduère, et l'autre avec M. de la Haye-Montbault, capitaine de vaisseau.* (Maint. de Maupeou.)	Beaurepaire.	2.000
	H		
id.	Hélie BERLAUD, sʳ de la Foucherie. *Il demeure vers Bois-de-Céné. Mort ; a laissé des héritiers.*	Chavagnes.	1.000
	J		
1671.	Jean BARILLET, sʳ de la Lande. *Mort. Il y a des filles à la Bruffière, proche Tiffauges, qui sont riches.*	La Boissière.	300
	L		
10 nov. 1667.	Louis d'ARCEMALE, sʳ de la Servantière. (Maint. noble en décembre 1673.)	Saint-Denis.	2.000

DATE DES RÔLES	NOMS DES CONDAMNÉS	PAROISSES	SOMMES
	M		
16 sept. 1671.	Michel GOURDINEAU, s^r de la Hautière. *Demeure en Picardie. Il a du bien du côté de Saint-Denis-la-Chevasse.*	Les Brouzils.	1.000
	P		
10 nov. 1667.	Pierre VIAUD, s^r du Plessis-Fortière. *Mort depuis 50 ans sans héritiers. Il a laissé une maison noble appelée la Cantitière, paroisse des Brouzils, qui est à présent possédée par M. de Lescorce, demeurant à Vieillevigne.*	id.	1.200
id.	Pierre BRUNEAU, s^r de la Foye. *Il y a des enfants vivants; l'un s'appelle M. de la Giroudière, demeurant proche la Rabastelière.*	La Rabastelière.	500
1670	Pierre de LHOMMEDÉ, s^r des Granges.	Saint-Hilaire.	882

ÉLECTION DE NIORT

DATE DES RÔLES	NOMS DES CONDAMNÉS	PAROISSES	SOMMES
	C		
1670	César CHARLES, s^r de Bonnemaison.	Chef-Boutonne.	500
	F		
10 nov. 1667.	Frédéric BOUCHEREAU, s^r de la Chaslettrée.	Asnières.	1.000
	I-J		
1672	Isaac BOISSEAU, s^r de la Tiffardière.	Niort.	1.500
»	Jeanne Blavou, veuve Jacques COUGNAC.	id.	600

DATE DES RÔLES	NOMS DES CONDAMNÉS	PAROISSES	SOMMES
1672	Isaac BAILLY, sr de Marçay.	Saint-Liguaire.	600
	P		
1670	Philippe ANGEVIN, sr de la Chaisne.	Niort.	500
id.	Philippe BAILLY, sr de la Grange.	Ardin.	100
1672.	Pierre GEAY, sr de la Gasconnière.	Saint-Paul.	950

IV

Noms des familles comprises dans les trois premiers registres des minutes des ordonnances rendues par M. de Maupeou, intendant de la Généralité de Poitiers, en exécution de la Déclaration du roi sur la Recherche de la noblesse, du 4 septembre 1696 [1].

(15 juillet 1697—5 août 1700).

(La lettre M. signifie Maintenu ; la lettre C. signifie Condamné.)

	Vol.	Pages.
Adam, sr de Saint-Denis, M.	II	233
Adhumeau, sr de la Sibillière, C.	I	218
Aitz, sr du Château d'Aitz, M.	I	203
Albanie (D'), sr des Genetières, C. par défaut.	I	134
Amaury, sr de Migaudon, M.	II	191
Angevin de Pallée, M.	II	131
Appelvoisin, sr de Saint-Hilaire, Bouillé, près Fontenay, M.	II	73
Arcemalle (D'), sr du Langon, C.	III	241
Arnaudet, sr de la Coussautière, M.	I	68
Arnault, sr de la Gorse, M.	III	314
Asnières (D'), sr d'Asnières, de Villefranche, M.	III	158
Assailly, sr du Peu, de l'Aubonnière, M.	II	6
Auboutet, M.	I	215
Audayer, sr de Moric et de la Maisonneuve, M.	III	280
Audayer, sr de la Benatonnière, M.	III	284
Auton, sr de la Bellotière, M.	I	48
Aymer, sr de Corniou, de Mortagne, de la Chevallerie, M.	II	10
Aymon, sr de la Petitière, M.	III	119
Ballon (De), sr de Ballon, M.	I	108
Barazan (De), sr de la Salmondière, M.	II	344

---

1. Nous rappelons que ces trois registres appartiennent aujourd'hui à M. Beauchet-Filleau et que la présente liste nous a été gracieusement communiquée par lui. (Voir notre *Introduction*, p. xxviii.) Le 1er registre a 343 pages, le 2e en a 363 et le 3e en a 357.

	Vol.	Pages.
BARBARIN, sr de Paché, Renvoyé de l'assignation comme n'ayant jamais pris la qualité de noble et d'écuyer.	I	89
BARBEZIÈRES (De), sr de Montigné, M.	III	155
BARDIN, sr du Rivault et du Poiron, M.	I	110
BAROT, sr de la Lardière, la Rivière, etc., M.	III	107
BASTARD, sr de Champagné, Bégrolle, etc. M.	III	221
BAUDOUIN, sr de la Lierre, les Erpens, M.	III	140
BAUDRY, sr de la Burcerie, M.	III	38
BEAUREGARD (De), sr de Mondion, la Cour d'Orches, M.	I	81
BEAUVILLAIN, sr du Vaux, M.	I	94
BEGAUD, sr des Mées, M.	III	276
BELLANGER, sr de la Brachetière, du Luc, de Guéré, etc., M.	II	103
BELLEVILLE (De) sr de Coulon, de Razes, de Richemont, M.	II	222
BÉRANGER (De), sr de Girondor, Renvoyé au Conseil.	I	16
BÉRAUDIN, sr de la Bourelière, M.	I	200
BERTHÉ de l'Ardouinière, C.	III	266
BESSAY (De), sr de la Coutancière, la Maisonneuve, M.	III	184
BEZANNE (De), sr de la Verrie, M.	I	270
BIDAUT, sr de la Barbinière, la Chauvetière, M.	II	247
BIGOT, sr de Brion, M.	I	336
BLOUIN, sr de Marçais, Bourgneuf, Renvoyé comme n'ayant jamais pris la qualité de noble et d'écuyer.	I	194
BLOUIN, sr du Plessis, M.	III	339
BODET, sr de la Fenestre, M.	III	59
BODIN, sr de la Boucherie, de la Touche, de Brie, M.	III	114
BOISDON, M.	II	95
BOISHORRAND, sr de la Rigaudière, M.	III	225
BOISSE, sr de la Foye, M.	II	351
BOISSEAU, sr des Gennetons, M. en sa qualité de garde du corps.	I	21
BOISSON, sr de la Couraisière, M.	I	10
BOISSON, sr du Plessis, de la Guierche, M.	II	301
BONNEAU, C.	I	276
BORGNET, sr de la Vieille-Garnache, M.	III	212
BOUHIER, sr de la Chevestelière, Renvoyé au Conseil.	I	31

	Vol.	Pages.
Bourin, Renvoyé comme n'ayant jamais pris la qualité de noble et d'écuyer.	III	269
Brémond (De), s^r de Clavière, M.		84
Brethé, s^r de la Guibretière, de la Sicotière, la Lairière, etc., Renvoyé au Conseil.	I	133
Briant, s^r de la Racaudière, M.	II	57
Briant, prêtre, Renvoyé comme ayant renoncé à la qualité d'écuyer.	II	260
Brissac (De), de Saint-Laurent, les Loges, M.	III	125
Brissonnet, s^r de Bramfan, Renvoyé au Conseil.	II	315
Brochard de la Rochebrochard, M.	III	84
Brouilhac (De), s^r de la Mothe-Contais, M.	II	293
Brunet, s^r du Moulin-Neuf, M.	III	199
Buignon, M.	I	275
Buignon, s^r de Puytaillé, M.	II	3
Buignon, s^r de la Réate, C.	III	263
Buor, s^r de la Lande, la Varenne, M.	II	98,100
Buor, s^r de la Chanolière, la Voye, les Mortiers, etc. M.	III	30,64
Busca, s^r de l'Espinay, M.	III	143
Caillou, C.	I	269
Caillot, s^r de Maillé, C. par défaut.	I	245
Cantineau, s^r du Coudray, la Charpenterie, M.	2	43,182
Chalmot, s^r de Saint-Rhue, M.	I	130
Chargé, s^r de la Champanoise, M.	I	308
Chargé, M.	II	317
Charpentier, bailli d'Aulnay, Renvoyé comme n'ayant jamais pris la qualité de noble et d'écuyer.	II	302
Chasteigner, s^r de Rouvre, M.	II	30
Chasteignier, s^r de la Roche-Hudon, M.	II	80
Chéronnier, M.	III	208
Chevreuse (De), s^r de Tourteron, M.	I	283
Chevreuse (De), s^r de Salignac, M.	II	267
Chiché, s^r de la Touche-Barre, M.	III	180
Chitton, s^r de la Davière, M.	III	206
Chitton, s^r de Fontbrune, l'Anguille, M.	III	354
Citoys, s^r de la Touche-au-Blanc, C. par défaut.	I	141
Citoys, s^r de la Touche, la Mothe-Bremault, M.	III	122
Clémenceau, s^r de la Maisonneuve, M.	I	221
Clémenson, s^r de Bellefois, M.	II	360

	Vol	Pages.
COLLASSEAU (De), sr de Briacé, M.	II	329,331
COMPAING, sr de la Tour-Girard, M.	I	265
COURSAN (De) et Louise FOUQUET ; celle-ci M. et le sr de Coursan déclaré roturier.	II	93
COUTOCHEAU, sr de Gallardon, M.	I	241
COYAU, sr de la Bretonnière, M.	I	52
COYAULT, sr des Morinières, M.	I	206
CUMONT (De), sr de Longchamp, les Tannières, M.	II	337
DABILLON, sr de Romagné, de la Noue et de la Filatrie, C. par dérogeance.	III	235
DADINE, sr de Haute-Serre, C.	I	122
DAGUIN, M. à cause de sa charge de procureur du roi en la maréchaussée de Niort.	I	231
DARAIN, sr des Couteaux, M.	II	15
DAVIAU, sr de Bellayre et du Bois-de-Sanzay, M.	I	306
DAVID, sr du Fief, de Boisrond, M.	I	212
DES FRANCS, sr des Francs, M.	II	54
DES HOMMES, sr d'Archay, M.	III	50
DESMIER, sr de la Coste, du Roc, de la Coutancière, etc., M.	I	115,150
DESMIER, M.	II	79
DES NOUHES, sr du Pasty, la Normandelière, M.	III	349
DES ROCHES, sr de Saint-Picq, de Chassay, de Marit, du Petit-Breuil, M.	II	142
DORINEAU, sr du Fiefendou, la Bassetière, la Jousselinière, M. le 19 novembre 1699, C. le 19 juillet 1700.	III	98,317
DUBOIS, sr de la Morinerie, du Mée, M.	I	192
DU BOULET, sr de la Motte, M.	II	49
DU CHATENET, sr de la Cigogne, la Ferrière, Romegou, M.	II	256
DUPUY, sr de Beauchamp, C. par défaut.	I	148
DUPUY, sr de Bouret, C. faute de pièces.	III	257
DURAND, sr de Chalandry, M.	III	227
DURAND sr de Bellefond, la Liquaisière, C.	III	239
DU RETAIL, sr de la Brossardière, C.	II	298
DU ROUSSEAU, sr de Fayolle, M.	I	196
DU TROCHET, sr de la Tourtrie, M.	I	233
EVEILLARD, sr de la Vergne, M.	III	111
FLEURY (De), sr de Villenouvelle, M.	II	291
FORESTIER, sr de la Tudelière, la Milletière, etc., C. faute de pièces.	I	112

	Vol.	Pages.
FORESTIER, sʳ de la Milletière, M.	III	171
FOUCHER, sʳ de Brandois, du Brandeau, du Gast, etc. M.	III	20,75
FOUQUERAN, sʳ du Maindreau, M.	III	163
FOUQUET, sʳ de Massougnes, M.	II	13
FOURESTIER, sʳ de Cottine, M.	II	149
FRANCE, sʳ de la Voûte, Pouzanneau, M.	II	311
FRANÇOIS, sʳ des Barrières, M.	I	98
FROMENT, M.	III	343
GABRIAU, Renvoyé comme n'ayant jamais pris la qualité de noble et d'écuyer.	III	77
GADOUIN, sʳ de Boisrond, C. par défaut.	I	250
GALLARD, Renvoyé comme n'ayant pris la qualité de noble et d'écuyer.	II	316
GALLET, sʳ de la Grange, Damiette, C.	III	218
GARNIER, sʳ de Fontanon, M.	I	152
GAUDIN, sʳ du Plan, de Robineau, M.	II	352
GAUGUIN, sʳ de la Bernegoue, M.	II	173
GAUVAIN, sʳ de la Proustière, la Rougerie, Mayé, etc., C.	I	279
GAY, sʳ des Fontenelles, M.	I	104
GENTET, sʳ de Trie, M.	II	187
GEORGEAU, sʳ des Carts, C. faute de pièces.	III	270
GIGOU (De), sʳ de la Groix, M.	III	336
GIRARD, sʳ de Champignolle et d'Anthenet, M.	I	58
GOGUET, sʳ de la Brosse-Ligaud, M.	I	247
GORET (De), sʳ de Champmaignan, M.	I	240
GOULAINE (De), sʳ de Boisclos, M.	III	88
GOUDON, sʳ de l'Héraudière, M.	I	96
GOURDON, sʳ de Boisnerbert, M. en la faculté de prendre la qualité d'écuyer en y joignant celle de gentilhomme ordinaire de feu M. le prince de Condé.	I	262
GOURJAULT, sʳ du Mée, de la Grangerie, M.	II	209
GREEN DE SAINT-MARSAULT, sʳ de Nieuil, M.	III	187
GRESLIER, sʳ de Robineau, M.	II	355
GRESLIER, M.	III	12
GRIGNON, sʳ de la Pelissonnière, M.	II	60
GRIMAUD, sʳ de la Rablays, M.	III	134
GROLLEAU, sʳ de la Coudrelle, renvoyé au Conseil.	I	75
GUÉRIN, sʳ de la Davière, l'Aubretière, M.	III	63

TOME XXIII.   33

	Vol.	Pages.
Guérusseau, sr de l'Aubraye, M.	II	199
Guerry, sr de la Jarrie, M.	II	261
Guignard, sr de la Salle, M.	I	36
Guillegault, sr de la Martière, C. par défaut.	I	256
Guillotin, sr de Grolleau, M.	II	335
Guinebaud, sr de la Grossetière, M.	III	28
Guirault, sr de la Richerie, M.	I	77
Guist (De), sr de Chambon, C., puis M.	III	329,254
Herbert, sr de Bellefond, M.	II	225
Hillairet, M.	III	149
Hillerin (D'), sr de la Rigaudière, C.	I	285
Hugueteau (Théodore Bonneau, veuve de Pierre), sr de la Pignardière, M.	II	217
Huislard, sr de la Festière, Renvoyé comme n'ayant pas pris la qualité d'écuyer.	I	198
Jaillard, sr de la Grange-Maronnière, M.	III	61
Janvre, sr de la Bouchetière, la Moussière, M.	II	216
Jaudonnet, sr de Laugrenière, la Vau-Richer, M.	II	123
Jaudouin, sr de Marmande, M.	I	70
Jaumier, sr de Saint-Gouard, Guignefolle, Béruges, Savenne, etc., M.	II	278
Joubert, sr de la Cour, du Plessis-Testelin, de la Didraye, M.	I	23,65,66
Joubert, M.	III	268
Jouslard, sr de Montaillon, du Deffend, M.	II	304
Jouslard, sr de l'Arthusserie, Chisseray, M.	III	293
Jourdain, sr de Maisonnay, Crissé, M.	II	128
Kerveno, sr de Garnaud, M.	III	86
La Badie (De), sr de Bois-Robinet, M.	II	71
La Barde (De), sr de Dessé, C. (La minute est barrée d'un trait à l'encre.)	III	232
La Barre (De), sr de la Cointardière, Renvoyé au Conseil.	I	220
La Barre (De), sr de la Maison-Blanche, C., puis M.	III	246,328
La Blachière (De), sr de l'Isle, M.	I	40
La Bouère (De), sr de la Bouère, M.	II	150
La Clau (De), M.	II	284
La Cour (De), sr de la Crespelle, M.	II	251,253
La Couture-Renon (De), sr de Loubigné, M.	II	206
La Fontenelle (De), sr de Payré, M.	I	41
La Forest (De), sr de la Thomasserie, M.	I	34

	Vol.	Pages.
La Guérinière (De), sʳ de l'Ebaupinay, Beauchêne, M.	III	66,93
La Haye (De), sʳ de Lauderye, M.	I	331
La Haye-Montbault (De), sʳ de Damiette, M.	II	240
Lainé, sʳ du Buignon, M.	II	126
La Laurencie (De), sʳ de Villeneuve-la-Comtesse, M.	III	176
La Monnerie (De), sʳ de Milaguet, C.	I	202
Landerneau, sʳ du Plessis-Roy, M.	II	84
La Pastelière (De), M.	II	204
La Porte (De), sʳ de la Rambourgère, Villeneuve, M.	II	16
La Rochefoucault (De), sʳ du Breuil, M.	III	132
Laste (De), sʳ de la Mothe-Jarrière, la Forestière, etc., M.	I	226
Laurent, sʳ des Sceaux, M.	I	73
Lauzon (De), sʳ de la Chaumille, M.	II	273
La Varenne (De), sʳ de la Raffinière, Beaumanoir, etc., C.	I	317
La Vergne (De), sʳ des Rivières, C.	I	272
La Ville De Férolles (De), sʳ des Dorides, la Bellinière, M.	II	228
La Voirye (De), M.	II	68
La Voirye (De), M.	II	45
Lebel, sʳ des Fosses, de Seneuil, de Loignon, Renvoyé au Conseil.	II	325
Legoux, sʳ de Laspois, M.	II	88
Lemeyrat, sʳ du Coudray, M.	I	253
Le Plaisant, sʳ du Bouchiat, Renvoyé devant l'intendant de Limoges.	I	107
Le Riche (Catherine), veuve en 1ʳᵉˢ noces de Jean Tasrite, éc., sʳ des Baneaux, et en 2ᵉˢ noces de René de la Cour, éc., sʳ de Léman, M. comme telle.	I	267
Le Roux, sʳ de la Corbinière, M.	III	24
Lescorce (De), sʳ de la Jarriette, M.	III	36
L'Espronniere (De), sʳ de Vris, M.	II	288
Lestang (De), sʳ du Vivier, M.	II	269
L'Étoile (De), sʳ de la Grange, d'Ardancourt, M.	I	32
Le Tourneur, sʳ de Biard, la Blachessière, M.	I	273
Le Tourneur, sʳ de Grenoble, M.	II	38
Levieil, sʳ de la Touche-Vaumoreau, Renvoyé au Conseil.	III	241

	Vol.	Pages.
Lezay (De), s^r de Grandchamp, M.	II	309
Ligny (De), s^r de Vausselle, M.	I	312
Lingêr, s^r de la Villenière, Vieille-Noue, M.	III	346
Lingier, s^r de la Noue, la Grolle, M.	III	26
Liniers (De), s^r de Boismartin, C. par défaut.	I	255
Liniers, s^r de Soulièvre, des Rochettes, Boismartin, M.	II	135,137 145
Liniers, s^r de Château-Guibert, Saint-Pompain, M.	III	14
Louveau, s^r de Mairé, M.	II	18
Macquin, s^r de Bourgneuf, C.	I	270
Maigret, s^r de Chémereau et de Chanteloup, M.	I	229
Maingarneau, s^r de Curzon, M.	III	47
Malaunay (De), s^r de Magé, M.	I	17
Mallevault (De), s^r de la Varenne, M.	II	347
Manceau, s^r de Boissoudan, M.	I	209
Marbeuf (De), M.	II	265
Marchand, s^r du Puy-Bourassier, Renvoyé au Conseil. (L'article est rayé.)	I	16
Marchant, s^r de la Mulenière, M.	III	40
Maréchal, baron de Poiroux, M.	III	49
Marin, s^r du Genest, la Boucherie, M.	III	137
Marot, s^r de Villepain, M.	II	308
Marvilleau, s^r de la Forest-Montpensier, M.	II	291
Massé, s^r des Longeais, M.	III	68
Masson, s^r de la Noue, M.	II	169
Masson, s^r de la Grimaudière, M.	III	96
Massougnes (De), s^r des Fontaines, M.	II	212
Mauclerc, s^r de Marconnay, M.	III	33
Mayré, s^r de la Babinière, M.	III	195
Mercier, s^r de Marigny. Donné un sursis, ledit s^r étant gendarme de la garde du roi.	II	94
Mesnard, s^r de Touchepròs, M.	II	201
Mesnard, s^r de la Barotière, M.	III	43
Migaut, M.	II	321
Migaut, M.	II	313
Molein, s^r de la Vernède, de Rochebrune, M.	II	121
Monbielle (De), s^r d'Hus, M.	II	157,164
Mondot, s^r de Laleu, C.	I	38
Montaigu (De), s^r de la Barre, M.	II	263
Morin, s^r du Port-Laydet, C. faute de pièces.	III	215

	Vol.	Pages.
Mourin, sr de Gilletière, C.	III	217
Ogeron (Charlotte Greslier, veuve de), sr de Ligron, M. en son nom seul.	III	12
Palardy, sr de Montigny, M. tant qu'il sera assesseur de robe longue à la maréchaussée de Niort.	III	248
Pandin, sr du Chail, Lussaudière, M.	I	260
Pelard (De), sr de Genouillé, M.	II	357
Pelletier, sr de Mont, du Montet, Marzelle, etc., C. par défaut, puis M.	III	136,301
Pichon, M.	III	38
Picot, sr de la Maintaye, M.	II	65
Pierres (De), sr du Plessis-Baudouin et de Pont-de-Vicq, M.	III	56
Piet, sr de Pietfonds, M.	II	1
Pindray (De), sr de Montegon, M.	II	41
Piniot, sr de Puychenin, M.	II	86
Plouer (De), sr de la Clopinière, la Greslière, M.	III	146
Poitevin, sr de la Guitière, M.	I	341
Préaux (De), sr de Châtillon, M.	II	341
Pressac, sr du Repaire, Renvoyé au Conseil.	II	127
Prévost. Donné un délai de trois mois pour justifier de sa noblesse.	I	17
Prévost, sr de Létorière, de Gagemont, M.	II	83
Racodet, sr de la Guinemandière, M.	I	1
Ramberge, sr de Bois-Lambert, M.	III	34
Ranfray, sr de la Bajonnière, C.	III	190
Rangot (De), Renvoyé au Conseil.	I	30
Raoul, sr des Chasteliers, M.	II	282
Razes (De), sr de Verneuil, Pigramé, M.	III	251
Régnaud, sr de Bellemotte, M.	II	192
Régnier, sr de la Brochetière, la Remondière, les Boulles, M.	II	23
Régnier, sr du Treuil, M.	II	147
Régnon (De), sr de Chaligny, la Gautronnière, M.	III	202,291
Richard, sr des Groies, M.	I	43,76
Richeteau, sr de la Coindrie, M.	I	55
Rivaudeau, sr de la Jollonnière et de la Guillotière, M.	III	45
Ripaut, sr de la Catelinière, la Caffinière, M.	III	52
Robert, sr de Lezardière, M.	III	90
Robert, sr de Chaon, M.	III	18

	Vol.	Pages.
Robineau, sr de la Chauvinière, M.	III	53
Rogier, sr de Rothemont, M.	I	287
Rogier, sr d'Iray, M.	II	96
Rorthais (De), sr de la Rochelte, Beaulieu, la Suze, M.	III	74
Rougnac (De), sr de Grandmaison, M.	I	187
Rousseau, C. faute de pièces.	III	265
Roy, sr de la Bodinière, M.	I	292
Roy (Dlle), des Arnolières, M.	II	276
Saint-Garrault, sr de Trallebaud, M.	I	120
Saint-Gelais-Lusignan, sr de Seligny, M.	III	1
Saint-Legier (De), sr d'Orignac, Boisrond, M.	III	80
Salle (De), sr de Saint-Macaire, M.	II	243
Saudelet, sr du Retail, Renvoyé au Conseil.	I	114
Savignac, sr du Vieux-Fourneau, de la Brémaudière, M.	I	296
Séliché (Françoise d'Elbène, veuve de), et la famille d'Elbène, M.	I	86
Serin, sr de la Cordinière, M.	III	331
Sermenton, sr de Faugeré, Préroux, la Chauminière, C. par défaut.	I	143,145 146
Sermenton (idem), M.	III	6
Signy (De), M.	II	237
Siméon, sr de la Barre, Renvoyé au Conseil.	I	128
Simon, srs de la Figerasse, les Fradinières, le premier C., le second C par défaut.	I	235,258 282
Simonneau, sr du Petit-Fief et de Girassac, M.	II	139
Sissay (De), sr de la Bellacisière, M.	II	185
Suire, sr de Bourgneuf, C. par défaut.	I	282
Suyrot, sr de Logerie, la Barbière, Angle, la Bissière, M.	II	28,326 327
Suyrot, sr du Coudreau, la Socquetière, M.	III	129
Taveau, sr de la Rebergerie, M.	II	106
Teillé, sr des Chateliers, le Fougeré, les Taillées, etc., M.	III	150
Terves (De), sr de Glande, M.	I	303
Thébault, sr de la Tour, Grand-Bois, M. ; la Raffinière, Donné un délai, lesdits srs étant enseignes de vaisseau et de galiote.	II	77,281
Théronneau (De), sr de Puyviau, M.	I	225
Thevin, Renvoyé comme n'ayant pris la qualité d'écuyer que dans une transaction.	I	92

	Vol.	Pages.
THIBAULT, s^r de la Gaschère, la Bissière, la Batty du Plantis, etc., M.	II	115
THIBAULT, s^r d'Allerit, la Roche, M.	II	177
THIBAULT, s^r de la Carte, M.	III	109
THIBAULT, s^r du Bellay, M.	III	245
THOMASSET, s^r du Pin, M.	III	148,297
THOMASSET, s^r de la Boissonnière, la Coutancière, C. puis M.	III	243,297
TINGUY (De), s^r de Nesmy, la Turmelière, M.	III	303
TONDREAU, s^r de la Vergne, C. par défaut.	I	277
TUDERT, s^r de la Bournalière, M.	III	288
TURPEAU, s^r de la Brissonnière, M.	II	34
VANDEL (De), s^r de la Verrie, M.	II	109
VASSAULT, s^r de la Feslière, M.	I	190
VATTELET, s^r de Monnanteuil, M.	I	90
VERGNAULT, s^r de la Brunetière, M.	II	91
VERRÉ, s^r de la Bourdillière, M.	II	196
VERRINE (De), s^r de la Gaudinière, M.	I	124
VERTEUIL (De), s^r de Saint-Léger, M.	I	13
VEZIEN, s^r du Rivault, M.	III	274
VIAULT, s^r de la Clerbaudière, d'Aigonnay, M.	III	167
VILLIERS (De), M.	II	51
VILLIERS, s^r de la Porte-Boutou, M.	III	9
VILLERT, s^r de Champagné, M.	I	50
VOULON (De), s^r de la Vergnaie, M.	II	154

V

Modèle d'une ordonnance de M. Quentin de Richebourg portant maintenue de noblesse.

C 11   Election de Niort.

A Monseigneur de Richebourg, chevalier, conseiller du roy en ses Conseils, maistre des requestes ordinaires de son hostel, commissaire départy par Sa Majesté pour l'exécution de ses ordres en la Généralité de Poitou, à Poitiers.

Supplient humblement René Chateigner, esc^r, sieur de Rouvre, et Joseph-Louis Chateigner, esc^r, sieur du Plessis, disant, savoir ledit sieur de Rouvre qu'en l'année 1699 il produisit pardevant M. Dablege, lors intendant de cette province, ses titres justificatifs de sa qualité d'ecuyer et fit voir qu'il y avoit longtemps que ses ayeulx avoient esté maintenus, et nottemment par une sentence de M. de Sainte-Marthe, du seize décembre 1588, de sorte que M. Dablege rendit sa sentence le 17 janvier 1699, par laquelle il le décharge de l'assignation quy luy avoit esté donnée, et ordonné qu'il jouira de la qualité d'escuyer et de tous les previlleges attribuez à la noblesse, au moyen de quoy il n'y a pas de difficulté qu'il doit pareillement estre déchargé de l'assignation quy luy a esté donnée à la requeste du s^r Spoullet de Varel le dix-septiesme décembre 1714.

A l'esgard de Jozeph-Louis Chasteigner, il doit pareillement estre déchargé de celle quy luy a esté donnée du dix-neuf du présent mois. Il est cousin germain du s^r Chasteigner de Rouvre, le premier establi par la présente requeste. La preuve de ce fait se prouve par le partage fait entre Jean Chateigner, esc^r, s^r de Rouvre, et Jozeph Chateigner, esc^r, s^r du Plessis, et Magdelaine Chateigner, de la succession de Jean Chateigner de Rouvre, du 5 juin 1662, plus par le contrat de mariage dudit Jozeph Chateigner avec d^{lle} Radégonde Pelisson, du 16 feuvrier 1684 et aussi par l'extrait baptistaire dudit s^r Jozeph-Louis Chateigner, du 12 novembre 1684.

Ce considéré, Monseigneur, attandu ce que dessus et veu la

sentence rendue au proffit du s^r René Chateigner et les pièces justificatives que Jozeph-Louis Chateigner est son cousin germain, il vous plaise les décharger l'un et l'autre des assignations à eux données, en conséquence ordonner qu'eux et leurs successeurs, enfants et postérité nez et à naistre en loyal mariage, jouiront de tous les privillèges, honneurs et exemptions attribuez par Sa Majesté aux nobles de son royaume, aveq défense de les troubler, et qu'ils seront inscrits dans le catalogue des gentilshommes de cette Généralité et employez au roole dos tailles des paroisses de leurs demeures au chapitre des nobles et exempts, et sera vostre ordonnance executtée nonobstant opposition ou appellation quelconque et sans préjudice d'icelles, et ferez bien.

  Louis-Joseph Chastegner   René Chateigner

              Bonnerier.

Soit lad. requeste communiquée au s^r Spoullet de Varel et ensuite monstrée au s^r Girault, procureur du roy de la commission, pour leur réponse et conclusions veues estre ordonné ce qu'il appartiendra. A Poitiers, le 20 février 1715.

            de Richebourg.

Sentence rendue par M. de Maupeou le 17 janvier 1699, de luy signée et de Lecocq, son secrétaire, par laquelle René Chateigner, sieur de Rouvre, est maintenu en sa noblesse ; il apert en outre par ladite sentence que Jean Chateigner, père dud. René, qui a été confirmé en sa noblesse, étoit frère de Jozeph Chateigner, père de Joseph-Louis Chateigner, second produisant, et tous deux fils d'autre Jean, ce qui se voit par le contrat de partage mentionné en lad. sentence et y rapporté en l'article suivant.

Partage des biens de la succession de Jean et Cézar du Chateigner, esc^{rs}, entre Jean et Joseph Chateigner, esc^{rs}, fils dud. Jean et frères dud. Cézar, en date du 3 juin 1662, signé Coutancin, nottaire.

Contrat de mariage dud. Joseph Chateigner, esc^r, cy dessus, avec d^{lle} Radégonde Pelisson, en date du 28 avril 1684, signé Gaultier, nottaire.

Extrait de baptesme du 12 novembre 1684, par lequel il apert que Joseph-Louis Chateigner, produisant, est fils dud. Joseph et de lad. d^lle Pelisson cy dessus, ledit extrait délivré par Jaudouin, curé d'Anché, et controllé.

Le soussigné qui a pris communiquation des pièces cy dessus, par lesquelles il apert que René Chateigner, s^r de Rouvre, produisant, a été maintenu en sa noblesse par sentence de M. de Maupeou, et que Joseph-Louis Chateigner, sieur du Plessis, autre produisant, est cousin germain dudit sieur de Rouvre, dit pardevant vous, Monseigneur, qu'il n'a aucun moyen pour empescher que lesdits René et Joseph-Louis Chateigner, s^rs du Rouvre et du Plessis, soient maintenus en leur noblesse. A Poitiers, le 21 février 1715.

SPOULLET DE VAREL.

Veu la requeste cy attachée, les assignations données à René Chasteigner, s^r de Rouvre, et Joseph-Louis Chasteigner, s^r du Plessis, à la requeste de Ferrand, l'ordonnance de Monsr l'Intendant de Soit communiqué au s^r Spoulet et à nous montré, du 20 de ce mois, signée de Richebourg ; Ordonnance en parchemin de M. de Maupeou, intendant de cette province, en faveur de René Chasteigner, esc^r, sieur de Rouvre, qui l'auroit deschargé de l'assignation qui luy auroit estée donée à la requeste de Guérin et en conséquence maintenu dans les privilèges de la noblesse, dans le veu des pièces de laquelle il paroist un partage énoncé des biens de la succession de Jean Chasteigner, entre autre Jean Chasteigner, sieur de Rouvre, et Joseph Chasteigner, s^r du Plessis, enfans dudit Jean premier, en suite duquel est le contrat de mariage de René Chasteigner, s^r de Rouvre, en faveur duquel seroit intervenu lad. ordonnance de M. de Maupeou qui prouve que ledit René est fils de Jean Chasteigner, fils aisné de Jean, dont partage des biens auroit esté fait en datte du 17 janvier 1699, signée de Maupeou, et plus bas, Par Monseigneur, Lecoq ; Contract de mariage de Joseph Chasteigner, esc^r, s^r du Plecy, avec d^lle Radégonde Pelisson, par lequel il paroist qu'il est fils de Jean Chasteigner, escuyer, s^r de Rouvre et du Plecy, duquel les biens auroient esté partagés entre autre

Jean et ledit Joseph, ses enfants, et dame Magdelaine Pastureau, en datte du 16 feuvrier 1684, signé Gaultier nottaire ; Extrait du baptesme de Joseph-Louis Chasteigner, par lequel il paroist qu'il est fils de Joseph Chasteigner, escuyer, s^r du Plecy, et de dame Radégonde Pelisson, en datte du 12 novembre 1684, deslivré le 12 may 1705, signé Jaudouin, curé d'Anché, et controllé à Poitiers le 21 de ce mois par Legrand ; et la respouce dudit s^r Spoullet dudit jour 21 de ce mois et de luy signée ;

Attendu que ledit René Chasteigner, escuyer, s^r de Rouvre, est le même desnomé en lad. ordonnance de M. de Maupeou, et que ledit Joseph-Louis Chasteigner, escuyer, s^r du Plecy, est fils de Joseph et de ladite Pelisson, lequel Joseph estoit fils de Jean, dont le partage des biens seroit esnoncé en ladite ordonnance de M. de Maupeou ;

Je n'empesche pour le Roy que ledit René Chasteigner, s^r de Rouvre, et Joseph-Louis Chasteigner, s^r du Plecy, soient deschargés des assignations qui leur auroient esté données à la requeste dudit Ferrand, en conséquence maintenus avec le tiltre d'escuyer, leurs successeurs, enfans et postérité nais et à naistre en légitime mariage, tant qu'ils vivront noblement et ne feront acte desrogeant, dans tous les honeurs, privilèges et exemptions accordés aux nobles du royaume et inscrits comme tels dans le nobilier de cette Généralité, élection de Niort. Fait à Poitiers ce 22 fevrier 1715.

GIRAULT, procureur du roy de la Commission.

Veu la requeste de l'autre part, notre ordonnance de Soit communiqué au s^r Spoullet de Varel et ensuite montrée au s^r Girault, procureur du roy de la Commission, leur réponse et conclusions cy dessus.

Nous, Intendant susdit, avons donné acte auxdits René et Joseph-Louis Chasteigner, esc^{rs}, s^{rs} de Rouvre et du Plessis, de la représentation de leurs titres, en conséquence les déchargeons de l'assignation à eux donnée à la requeste dudit Ferrand et les avons maintenus et gardés, ensemble leurs enfans et postérité nez et à naître en légitime mariage, dans le droit de prendre la qualité de nobles et d'escuyers, ordonnons qu'ils continueront de jouir des privilèges et exemptions attribuez aux gentilshommes du royaume, tant qu'ils vivront noblement et ne feront aucun acte de dérogeance, et qu'à cet effet ils seront inscrits au cathalogue des nobles de cette Généralité qui sera arresté en exécution de l'arrest du Conseil du 26 février 1697. Fait en notre hostel à Poitiers le 22 février 1715.

DE RICHEBOURG.

Par Monseigneur.

RAMEAU.

TABLE

DES NOMS DE FAMILLE

COMPRIS DANS LES DEUX VOLUMES DES MAINTENUES DE NOBLESSE [1].

(Les chiffres gras indiquent les Ordonnances de MM. Quentin de Richebourg et Desgalois de Latour.)

A

Abzac (D'), II, 269, 345.
Achard, II, 201.
Acher (D'), II, 135.
Acquet, I, 307 ; II, 399, 489, 503.
Acton, I, **11** ; II, 399.
Adam, I, **6**, 136, 363 ; II, 337, 389, 455, 487, 509.
Adhumeau, II, 501, 509.
Admirault, II, 489.
Affray (Antoine), I, L.
Agnès, femme de Chabot de Genouillé, I, 377.
Agory, I, 189.
Agues, II, 337.
Ainon, I, 386.
Aisse, II, 455.
Aitz. Voy. Daitz.
Ajasson, I, 315.
Albanie (D'), II, 509.
Albert (D'), I, 75.
Alexandre, I, 41.
Algret d'Aulède, II, 455.
Alhoue (D'), I, 23, 196.
Allonneau, I, 167.

Aloigny (D'), I, 132, 154, **312** ; II, 381.
Allotte, I, 46.
Amaillou, I, 170.
Amaury. Voy. Amory.
Amaynard, I, 379 ; II, 394.
Amelot (Denis), intendant de Poitou, I, v.
Amiaud, II, 144.
Amoncourt (D'), II, 269.
Amory, II, 334 ; I, 60, 399, 509.
Amproux, I, **14**, 402.
Amyaud, II, 49.
Ancelon, II, 350, 460.
Anché (D'), I, 117, 207, 210, **285**.
Angély, I, 325 ; II, 72, 338, 455.
Angennes (D'), I, 3, 342 ; II, 135.
Angevin, II, 508, 509.
Angibaud, II, 498.
Angliers (D'), I, 9.
Angliers Aymer, II, 186.
Annelet, II, 117.
Appelvoisin (D'), I, **233**, 389 ; II, 319, 344, 400, 457, 509.

---

1. En raison de l'impossibilité où nous nous sommes trouvé de distinguer les familles portant le même nom, nous avons dû nous résoudre à les comprendre sous une désignation unique.

— 526 —

Aquin (D'), II, 284.
Arcemale (D'), I, XLVI, 64, **250, 251, 299, 303, 318** ; II, 151, 214, 241, 243, 244, 455, 482, 489, 495, 506, 509.
Archiac (D'), I, 208 ; II, 252.
Arembert, I, 41 ; II, 231.
Argence (D'). Voy. Dargence.
Argentière (D), II, **457**.
Argier, II, 236.
Armagnac (D.), I, **192** ; II, 209, 385.
Arnaudeau, II, 415, 436.
Arnaudet, I, **13** ; II, 60, 148, 436, 509.
Arnault, II, 415, 455, 509.
Arquier (D'), I, 245.
Arrivé, I, 233.
Asnières (D'), I, **227, 229**, 368 ; II, 231, 345, 509.
Assailly, II, 472, 509.
Assigny (D'), II, 62.
Aubaneau, I, 70, 183 ; II, 338.
Aubert, I, 258, 294, 327, 403 ; II, 197, 250, 419.
Aubéry, I, **1** ; II, 380.
Aubigné, II, 457.
Aubigné (Françoise), dame de Maintenon, I, 222.
Aubigny (D'), I, 214; II, 5.
Aubineau, II, 35, 399, 499.
Aubouthet, I, 283; II, 509.
Aubry, I, 362 ; II, 277.
Aubry (Henri), contrôleur gén. des francs-fiefs en Poitou, I, XXVII.
Aubusson, II, 173.
Auchemontie, I, 61.
Audayer, I, 402 ; II, 419, 436, 509.
Audebert, I, 216, 254 ; II, 338.
Audebrand, I, 355.
Audouard, I, 354 ; II, 408, 472.
Audouin, II, 22, 31, 426.
Augier (Christophe), s^r de la Terraudière, I, XXXIX.
Augron, I, 35, 103 ; II, 78, 123, 482.
Aujard, II, 436.
Aulède (D'), I, **317**.
Aunay (D'), I, 165.
Authon (D'), II, 158, 393, 403, 440, 459, 485, 499, 509.
Authonnet (D'), II, 483.
Auzannet, II, 138, 147.
Auzy (D'), II, 164, 165.
Avaugour (D'), II, 491.
Aviau, II, 381, 385, 400.
Avice, I, **5** ; II, 109, 472.
Aymar, I, 201 ; II, 121, 338.
Aymer, I, XXVIII, 7, **8**, 211 ; II, 32, 455, 509.
Aymer de la Chevalerie (marquis), cité, I, XVIII.
Aymon, I, **9, 12, 13**, 74, 214 ; II, 162, 243, 419, 509.
Aymon de Brachechien, II, 26, 195.

B

Babaud, I, 288 ; II, 23, 483.
Babin, I, 151, 321 ; II, 133.
Babinet (de Santilly), cons^{er} au présidial, II, 334.
Baches (De), II, 484.
Baconnet, I, **67** ; II, 339.
Baconnois, II, 497.
Baignac (De), I, **83**.
Baignan (De), I, 297.
Baignou, II, 502.
Bailly, II, 269, 507, 508.
Ballon (De), I, **50** ; II, 339, 484, 509.
Baptalin, I, 135.
Barachin (De), I, 297; II, 339, 380.
Baraton, I, 423.
Barazan (De), I, **21**, 101, 167 ; II, 456, 509.
Barbade, I, 28 : II, 421, 495.
Barbarin, I, **27**, 40, **48, 65**, 163, 346, 424 ; II, 34, 49, 224, 339, 368, 485, 488, 510.
Barbe, I, 197, 206, 314 ; II, 338.
Barbezière (De), I, 104, 229 ; II, 284, 346, 510.
Barbier, I, 300, 303 ; II, 82, 485.
Barbot, II, 65.
Barbotin, II, 380.
Bardin, I, **85** ; II, 267, 486, 487, 510.
Bardonnet (Abel), cité, I, XXXIX.

Bardonnin, II, 185, 339, 430.
Bardy (G.), cité, I, 295.
Barentin (Jacques-Honoré), intendant de Poitou, I, xiv à xix, xxxii, xliv, xlix ; II, 331.
Baribault, I, 220.
Barillet, II, 506.
Barillon, I, 44, 66, 391.
Barlot, II, 437.
Barnille (De), I, 188.
Barraud, Barrault, I, **63**, 112, 165, 405, 406, 416 ; II, 29, 174, 420, 437, 500, 510.
Barré, I, 285.
Barrière, I, 403.
Barrotin, II, 233.
Barthon de Montbas, II, 91, 339, 360.
Barton, I, 368.
Basille (Marin), s^r de la Bonardière, commis du traitant, I, xxvii.
Bastard, I, 256 ; II, 472, 510.
Bastide, II, 339.
Baucher (De), I, **31**.
Baudéan (De), II, 393.
Baudet, II, 419.
Baudouin, I, 24 ; II, 136, 186, 196, 394 ; 420, 430, 510.
Baudry, Baudry d'Asson, I, **17**, **80**, **84** ; II, 49, 408, 420, 436, 493, 496, 510.
Baugé (De), II, 347, 400.
Baugier, I, 124 ; II, 20, 313.
Baussigny, II, 380.
Beau, I, 414.
Beauchair, II, 60.
Beauchet-Filleau (H.), cité, I, xxii, xxviii, xxxiii, xliv, li, lii.
Beaugendre, I, 217.
Beaumont (De), I, 11, 285 ; II, 240.
Beaunier, II, 272.
Beauregard (De), I, **66**, 221 ; II, 69, 78, 127, 339, 488, 500, 510.
Beaussé (De), I, 196 ; II, 233.
Beauveau (De), I, 3.
Beauvillain, I, l ; II, 510.
Beauvollier (De), I, 156.
Béchillon (De), I, **51**, 52, 63, **81** ; II, 82, 99, 340, 421.
Bedé, II, 137.
Begaud, I, 298, 426 ; II, 483, 510.
Béjarry, I, **34**, **59**, 342 ; II, 437, 446.
Bellanger, I, **16**, **46**, 236 ; II, 99, 437, 456, 510.

Belleau, II, 437, 503.
Bellefond (De), II, 76.
Bellère (De), I, **23**.
Belleville (De), I, **21**, **265** ; II, 458, 488, 510.
Bellin, I, 9, **25**, 425.
Bellineau, II, 115, 421.
Bellivier, I, 16, 293, 420 ; II, 9, 339, 367.
Bellouin, II, 437.
Belon (De), II, 430.
Béranger, II, 177, 238, 265, 503, 510.
Béraud, II, 62, 399.
Béraudin, II, 104, 132, 168, 314, 340, 510.
Bergeon (De), I, 86.
Bergerault, II, 114.
Berland, I, 170, 196 ; II, 23, 34, 283, 389, 456, 485, 504.
Berlaud, II, 247, 506.
Bermond du Caylar (De), I, **302**.
Bermondet (De), I, **18** ; II, 339.
Bernard, I, 31, 152, 251, 300, 358 ; II, 216, 281, 320, 340.
Bernardeau, I, **38**, 68, **82** ; II, 29, 155, 437, 484.
Berne, II, 430, 437.
Bernon (De), I, 189, **287**, 341 ; II, 430.
Berry, II, 400, 498.
Bertaud, II, 494.
Berthé, I, 238 ; II, 483, 498, 510.
Berthelin, I, **53** ; II, 136, 340, 456.
Bertineau, I, **60** ; II, 430.
Berton, I, **78**, 250 ; II, 22, 23, 31.
Bertrand, I, 121 ; 225, 404 ; II, 115, 171, 299, 340, 341, 409, 410, 416, 420.
Besdon (De), II, 346, 382.
Besnac (De), II, 4.
Besnard, I, 189.
Besnier, II, 62.
Bessac (De), I, **36**, 325 ; II, 218, 346.
Bessay (De), I, xx, **49**, **51**, **52**, 63, **70**, 114 ; II, 134, 200, 381, 420, 421, 436, 437, 442, 510.
Besson, II, 503.
Bétoulat, II, 302.
Beufvier, I, **62** ; II, 144, 438.
Beugnon, I, **39**, 195 ; II, 111, 399, 499.
Beuil (De). Voy. Bueil (De).
Bevignon, II, 485.
Beyzat (De), II, 294.

Bezannes (De), I, **19** ; II, 400, 510.
Bibard, II, 305.
Bidault, I, **42** ; II, 472, 510.
Bideran (De), I, **220**.
Bidey, II, 266.
Bigot, I, 255 ; II, 223, 399, 510
Billaud, I, 401 ; II, 504.
Billocque, II, 49.
Billon (De), II, 417.
Binaudon, I, 338.
Birot, I, 109 ; II, 20.
Bizac (De), I, 173 ; II, 380, 383, 501.
Bizeau, I, 156.
Bizien, II, 71.
Blacwod (De), I, **55, 70** ; II, 76.
Blais, I, 186.
Blanchard, I, 20 ; II, 127, 333, 487.
Blanchet, I, 244 ; II, 240, 245.
Blandin, II, 264, 430.
Blavou, II, 507.
Blet (De), II, 232.
Blom (De), I, **45, 58**, 292 ; II, 346.
Blondel, I, 298.
Blouin, II, 219, 241, 288, 430, 473, 502, 510.
Bloussy-Bargeot (De), II, 418.
Bobin, II, 97.
Bocquier, I, 262 ; II, 437, 443.
Bodet, I, xxxiii, **38, 76**, 242 ; II, 125, 238, 400, 510.
Bodin, I, 12, **49**, 133, 251, 299, 303, 318, 299 ; II, 340, 405, 409, 420, 438, 510.
Boilayve, II, 431.
Boin, II, 409.
Boinard, II, 499.
Boisdavid, II, 123.
Boisdon, II, 510.
Boishorrand, II, 510.
Boislinard (De), I, 297.
Boisse, I, **37** ; II, 458, 510.
Boisseau, II, 485, 497, 507, 510.
Boisson, I, **18, 30** ; II, 400, 409, 438, 498, 510.
Boisteau, II, 109.
Boixon, I, **15**, 87 ; II, 93, 236, 409.
Bolleau, II, 255.
Bonaventure (De), II, 400, 497.
Bonestat (De), I, 67.
Bonneau, I, 118, 120, 311 ; II. 472, 489, 510.
Bonnefoy (De), II, 432.
Bonnetie (De), I, **209** ; II, 279.
Bonnevin, I, 402 ; II, 413.
Bonnin, I, **35**, 65, 69, 153, 219 ; II, 40, 187, 340, 451, 455.

Bonvallet (Adrien), cité, I, xxi, xxviii, xxix, xxxvii.
Bony de la Vergne, I, **37**.
Borel d'Hauterive, cité, I, xii.
Borgnet, I, **50, 77** ; II, 420, 449, 493, 510.
Bosquevert (De), I, **47**, 210 ; II, 310.
Bosse, II, 148.
Bouchard, I, 278.
Bouchaud, II, 484.
Boucher, II, 237.
Bouchereau, II, 206, 507.
Boudault, I, 249.
Boudet, II, 490.
Bouhet, I, **21** ; II, 126, 275, 400.
Bouhier, I, **72, 77**, 233 ; II, 169, 420, 425, 493, 510.
Boulanger, I, 126 ; II, 439.
Bouquet, II, 236, 287, 300.
Boureau, I, 248.
Bourin, II, 511.
Bouron, I, 404.
Boursaut, I, xlv ; II, 493.
Boursoreil, II, 495.
Bousseau (Thomas), traitant, I, vii, viii.
Boutigny (De), I, 79.
Boutillier de Belleville, I, 410.
Boutin, II, 141.
Bouton, I, 246.
Boutou, I, **30**, 191 ; II, 437.
Bouvier, II, 496, 497.
Bouville (De), I, 304.
Boux, II, 409.
Boynet, I, **68**, 390 ; II, 200, 340, 380, 404, 420.
Brachechien (De), I, 9, 12, 51, 52 ; II, 421.
Branchu, I, 43.
Braud, I, 254.
Brée (De), I, 292.
Brémond (De), I, xxxiii, **34, 50, 57**, 205 ; II, 133, 157, 159, 161, 237, 346, 393, 408, 458, 510.
Brethé, I, 13, **22, 39** ; II, 511.
Bretineau, II, 79.
Brettes (De), I, 279.
Briant, II, 472, 473, 511.
Bricault, II, 36.
Bridiers (De), I, 103.
Bridieu (De), II, 346.
Brie (De), I, 269.
Brilhac (De), I, **41**, 347 ; II, 76, 202, 206, 537.
Brion (De), I, 209 ; II, 198, 421.

Brissac (De) I, **46**, 354; II, 511.
Brisset, II, 473.
Brisson, I, **22** ; II, 433, 438.
Brissonnet, I, 30 ; II, 430, 511.
Broc (De), II, 251.
Brochard, I, **44**, **66**; II, 456, 511.
Brossard (De), I, **26**, 167, 278 ; II, 341, 385, 500.
Brosseau, II, 497.
Brosseguin (De), II, 347.
Brouilhac (De), I, 22, **69**, 294 ; II, 347, 354, 483, 511.
Bruc (De), I, **186**.
Brujas, I, 83.
Brulon, I, 180.
Brun, I, 266, 324, 384 ; II, 97, 338, 420.
Brun (Joseph), receveur ancien des tailles à Poitiers, I, xxii.
Bruneau, I, 53, **74**, 126 ; II, 409, 430, 507.

Brunet, I, **18**, **31**, 42, 116, 140, 260, 367, 401 ; II, 140, 289, 327, 438, 454, 467, 472, 503, 504, 511.
Brunon, II, **150**, 286.
Brusse (De), I, **61**.
Bruxelles, I, 426.
Bueil (De), I, **165**; II, 347.
Buffevant (De), I, 217.
Buharay, I, 139.
Buignon, I, 81 ; II, 73, 285, 291, 511.
Buor, I, **22**, **24**, **64**, **71**, **72**, **73**, **74**; II, 127, 409, 421, 428, 437, 438, 511.
Burlé, II, 432.
Burot, I, 245.
Busca (De), I, **80** ; II, 421, 511.
Bussy (De), I, **79**.
Butan (De), II, 202.
Butigny (De), I, **51**.
Buzet, II, 438.

C

Cabaret, I, 408 ; II, 269.
Cacault, I, 194, 335, 339 ; II, 2, 6, 13.
Cacquemer, II, 209.
Cadaran (De), I, **123**.
Cadare (De), II, 457.
Cahiduc (De), I, 146.
Caillabeuf, I, 70 ; II, 341.
Caillault, Caillo (De), I, **189** ; II, 155, 296, 401, 438, 491, 502, 511.
Caillé, I, 418 ; II, 79, 341, 456.
Caillebot (De), I, 112.
Caillet, I, **131**, 264, 365 ; II, 48, 290.
Cailleteau, II, 488.
Caillou, II, 123, 484, 511.
Callais (De), I, 104, 136 ; II, 431.
Calluau, II, 344.
Camin (De), II, 347, 457, 483.
Campet (De), I, **111**.
Camus, I, **86**.
Camus de Saint-Bonnet, I, 418.
Canche, I, 283 ; II, 500.
Cantin, II, 29, 37.
Cantineau, I, xxxiii, **93**, **114** ; II, 341, 439, 456, 511.
Carbonneau, I, 135.
Cardinault, I, 368.
Carion, (De), I, 86.

Caris, II, 142.
Carlouet, I, 240.
Carré, I, 64 ; II, 295, 381.
Carrel, I, 322.
Carrion, I, 217, 290.
Cartier, I, 388.
Catineau, I, **121**, 131.
Caulaincourt (De), II, 460.
Caumartin (De), intendant de Champagne, I, xliii, 223.
Caumont (De), I, **120**, 222, 291; II, 156, 442.
Céris (De), I, 69, 374 ; II, 394, 434.
Cerizier (De), I, 54.
Certany (De), II, 34, 64.
Chabert, I, 203.
Chabiel, II, 29.
Chabin (De), 408.
Chabot, I, 51, **118**, **133**, 377 ; II, 219, 439.
Chaigneau, I, 99, 155 ; II, 348, 359.
Chaillon, II, 48.
Chaillot, II, 212.
Challet (De), I, **124**.
Chalmot, I, **119**, 209, 210 ; II, 364, 397, 491, 511.
Chalus (De), II, 159.
Chambes (De), II, 114, 401.

Chamborant (De), **108, 130**, 312; II, 18, 339, 348, 354, 484.
Chamilly (De), I, 204
Champelais (De), I, 12; II, 401.
Champelon, I, **102**.
Champillon (De), I, 163.
Champion, II, 499.
Champtillac (De), I, 181 ; II, 348.
Chantreau, I, **98**.
Chapelain, II, 304, 342.
Chapelle, I, **117**.
Chapotin, II, 176.
Chappot, I, 231 ; II, 428, 496.
Chapron, I, 308, 309.
Charbonneau, I, 17, **138**. Voy. aussi Cherbonneau.
Charbonnier. Voy. Cherbonnier.
Chardebeuf, I, 350.
Chardelou, I, 10.
Charenton, I, 318 ; II, 492.
Charette, II, 255.
Chargé, I, 190, 218, 310 ; II, 311, 442, 472, 473, 511.
Charieux, II, 438.
Charles, II, 507.
Charles V, roi de France, I, xxxvii.
Charles VIII, roi de France, I, iii.
Charlet, II, 32, 75, 220, 341.
Charnière (De), I, 286.
Charon, I, **90**, 278 ; II, 484.
Charpentier, I, 329, 511.
Charpentreau, I, 327.
Charton, II, 220.
Chaslé de Châteauneuf, II, 487.
Chassaigne (De), II, 56.
Chasteigner, I, 35, 52, **97, 107, 114, 123, 127, 142**, 224, 282, 344, 352 ; II, 63, 98, 107, 125, 139, 140, 167, 181, 194, 209, 215, 237, 342, 381, 431, 433, 439, 457, 500, 511, 520.
Château, II, 288, 381, 500.
Chateaubriant, I, xlv, 77, 388 ; II, 400, 440.
Châteauneuf (De), I, **100**, 113 ; II, 348, 459.
Châtillon (De), II, 347.
Chaubier, II, 76.
Chaud, I, 118.
Chauffepied, II, 456.
Chaufour (De), II, 91.
Chaugié (De), II, 385.
Chaumel, II, 67, 400.
Chaumont, I, 151, 237.
Chauveau, I, 30, 105.

Chauvelin, I, 41, **103**.
Chauvelle (De), I, 230.
Chauveron (De), I, 159.
Chauvet, I, 133.
Chauvin, I, 7 ; II, 175, 342, 441.
Chauvineau, II, 290.
Chauvinière (De), II, 283.
Chavignois, I, 295.
Chein, II, 487, 489.
Cheivet, II, 397.
Cheminard, I, 296.
Chenichère (De), I, 205.
Chenu, I, 158 ; II, 443, 484.
Cherbonneau, II, 42, 49, 121, 413, 457. Voy. aussi Charbonneau.
Cherbonnel, II, 194.
Cherbonnier, I, 26 ; II, 4, 162, 189.
Chergé (De), I, **110** ; II, 61.
Chérin (L.-N.-H.), cité, I, xi, xxx, xxxvii.
Chéronnier (De), I, 311 ; II, 511.
Chesnel, I, 10 ; II, 505.
Chessé (De), I, **111**, 331 ; II, 342.
Chevalier, I, 47, 84, **96, 105**, 108, **126, 127**, 234, 409 ; II, 185, 342, 414, 439, 488.
Chevalleau, I, **116**, 200, 208, 211.
Chevallet, I, 251, 300, 318.
Chevigné (De), I, 75, **129**, 239 ; II, 410, 422.
Chevraut, II, 409.
Chevreuse (De), I, **106** ; II, 459, 511.
Chiché (De), II, 422, 511.
Chièvres (De), I, 207 ; II, 314.
Chioche, I, 329.
Chitton, I, **92, 93** ; II, 343, 421, 453, 487, 511.
Chivery (De), II, 422.
Choisnin, I, xviii, xlvi ; II, 486.
Choisy (De), I, **186**, 348.
Cholet, II, 167, 431.
Chomel, II, 498.
Chonias, II, 108.
Chouilly (De), II, 343, 486.
Chouppes (De), II, 66, 225, 349.
Chouy (De), I, 198.
Chrestien, I, 7.
Cicoteau, II, 50. Voy. aussi Sicoteau.
Cissay (De), I, **254** ; II, 518.
Citoys, I, 137, 186 ; II, 145, 178, 208, 485, 497, 511.
Clabat, I, 81, **137**, 315 ; II, 344.
Clairambault (Pierre et Nicolas-Pascal), généalogistes, I, xxiv.

Clairé (De). Voy. Cléré (De).
Clavestier, II, 358.
Claveurier, I, **95**, 152, 170; II, 40, 343.
Clémenceau, II, 282, 511.
Clémenson, II, 473, 511.
Clément, I, **109**; II, 491.
Cléra (De), I, 247.
Cléré (De), I, 155, 424 ; II, 316, 321, 348.
Clervaux (De), I. 7, 107, **135**, 181, 406; II, 349, 458.
Clisson, II, 487.
Clotteau, II, 162, 189.
Coatmen, II, 388.
Cochon, II, 473.
Coignac (De), I, 5, 183.
Cointard, II, 385, 489.
Colas (De), I, 79.
Colasseau (De), II, 284.
Colbert (Charles), marquis de Croissy, intendant en Poitou, I, XII, XIII, XIV, XXXVIII, XLIX ; II, 331.
Colbert (Jean-Baptiste), ministre de Louis XIV, I, VII, XIX, XX, XXIII, XXVI.
Colbert (Nicolas), évêque de Luçon, I, XII.
Collardeau, I, 238.
Collas, II, 9.
Collasseau, I, **125** ; II, 512.
Collin, I, 31, 240, 325 ; II, 12, 229, 230, 431, 491.
Colson, I, 165.
Comingault (De), I, 100.
Common, I, 94.
Compaing, I, **87**, 176, 193, 319 ; II, 381, 431, 512.
Conans (De), I, 189.
Conday (De), Condé (De), I, **128** ; II, 240, 488.
Condorcet, député à l'Assemblée législative, I, XXIV.
Congniat (De), I, 220.
Connidon, II, 492.
Constant, I, **139**, 368 ; II, 53, 75, 188, 343, 392, 491.
Constantin (De), I, 172.
Conterne (De), II, 320.
Contour (De), I, 68.
Conty (De), I, XXXIII, **95**, **124**, **201**, **202**; II, 44.
Coral (De), I, **118**, 319; II, 349.

Corbier, I, 409.
Corbière, II, 222.
Corby (De), II, **382**.
Corgnol, I, 332.
Cormier, I, 42 ; II, 87.
Cornilleau (De), I, 224.
Cornillon (De), I, **134** ; II, 216.
Cornuau, I, 402 ; II, 111.
Cossin, I, 354.
Costard, II, 273.
Cottereau, I, 192.
Couasgne, II, 349.
Coucher, I, 301.
Couedic (De), II, 442.
Cougnac (De), I, 278 ; II, 349, 507.
Couhé (De), I, 109, 130, 159, 179, 271, 297 ; II, 349, 381.
Couillaud, I, 61 ; II, 116.
Coullaud, I, **104**, II, 343.
Couperie, I, 319, 407 ; II, 495.
Couraud, II, 61, 156, 343.
Courdeault (De), I, 387.
Courivault, I, 412.
Cournoise (De), I, 86.
Coursan (De), II, 512.
Coursillon (De), II, 256.
Courtarvel (De), I, 395.
Courtaut, II, 457, 485.
Courtinier, I, 55, **89** ; II, 343.
Courtois, II, 249.
Courton, II, 483.
Cousinet, I, 411.
Coustin, I, 19; II, 343.
Coutocheau, I, 268, 354; II, 512.
Coux (De), I, 173.
Coyaut, II, 492, 512.
Coytard, I, **132** ; II, 48.
Creuzé, I, 286 ; II, 79.
Crevant (De), I, 288.
Croisille (De), II, 44.
Croissant (De), I, 102, 229 ; II, 349.
Cromière (De), II, 349.
Crugy (De), I, **112** ; II, 276.
Crus (De), I, 10.
Crux (De), I, **131**.
Cujac (De), II, 52.
Culant (De), II, 40, 129, 432.
Cumont (De), I, **115**, 170, **259**; II, 103, 120, 259, 349, 410, 459, 462, 512.
Cursolle (De), II, 71.
Curzay (De), II, 217.
Cuville (De), I, L.

D

Dabillon, I, **258**, 266 ; II, 261, 439, 473, 512.
Dadine, I, 308 ; II, 486, 512.
Dagin, II, 10.
Daguin, II, 512.
Daguzé, II, 155.
Daigret, II, 380.
Daillancourt, I, 42.
Daitz, I, **263**, 285 ; II, 344, 431, 461, 509.
Dalbay, II, 490.
Dalouhe. Voy. Alhoue (D').
Damours, I, 189 ; II, 381.
Dansais, I, 366.
Darain, II, 512.
Dardillac, I, 181.
Dargence, I, **144, 305**, 349 ; II, 386, 432.
Darnaud, II, 86.
Darnier, I, 180.
Darrot, I, 36, **227, 228, 268**, 390 ; II, 344, 410, 439, 451.
Dauvergne, I, 172.
Daux, I, 148, **158**, 168, **175, 249**, 351, 424 ; II, 47, 344, 439, 448.
Dauzy, I, xlv, **208** ; II, 20, 399.
Daviau, I, 192 ; II, 512.
David, I, xlvi, 224, 236 ; II, 6, 512.
Decroux, I, 128.
Defay, II, 21.
Deforges, I, 37.
Dehère, cons^{er} du roi et général en la Cour des Aides, I, iv.
Dehousset, II, 501.
Dejean, I, 251.
Delage. Voy. L'Age (De).
Delaunay. Voy. Launay (De).
Demeon, I, 249.
Denesde, I, 172.
Depers, I, 186.
Depont, I, 264, 348, 351 ; II, 18.
Depoussée, II, 483.
Depreaux, I, 144.
Des Ages, II, 345.
Des Allus, I, 343.
Des Arnault, I, **10** ; II, 118.
Des Audrouins, I, 128.
Des Cars, D'Escars, I, 60, 96 ; II, 395, 408.
Deschamps, I, 419.
Descordes, I, 117.
Des Coublans, I, **269**, 412 ; II, 442, 459.
Desforges, I, 300 ; II, 422, 495.
Des Francs, I, 107, 190, **211, 218**, 228, 367, 401, 428 ; II, 165, 312, 350, 458, 512.
Desgalois de Latour, intendant de Poitou, I, xxix, xxxii.
Des Gittons, I, **374** ; II, 350.
Desglandiers, I, 217.
Desguyot, I, 128.
Des Herbiers, I, 250, **252**, 274, 306 ; II, 148, 408, 410.
Des Hommes, I, **293** ; II, 423, 512.
Desmarchais, I, 217.
Des Marets, II, 358.
Desmarquets, II, 500.
Des Melliers, I, **160**.
Desmier, I, 111, **171, 196, 207, 225**, 374 ; II, 282, 345, 434, 458, 512.
Des Montiers, I, **219** ; II, 359.
Des Montils, II, 433, 444.
Desmonts, I, 158, 176 ; II, 204, 382.
Des Moulins, I, 352 ; II, 80, 448, 504.
Desnos, II, 316.
Des Nouhes, I, 209, **252**, 353 ; II, 207, 410, 440, 512.
Des Ouches, II, 483.
Desportes, II, 263.
Des Pousses, II, 361.
Desprez, I, 204, **256, 266** ; II, 3, 184, 361, 416, 418, 422, 440, 458.
Des Rochères, II, 486.
Des Roches, I, **272** ; II, 14, 404, 512.
Des Roullins, I, 258.
Des Ruaux, II, 362.
Desvaux, I, 108 ; II, 237, 501.
Des Vergnes, I, 348.
Desvieux, I, 166 ; II, 255.
Des Vigeries, I, 164.
Des Villattes, I, 7, **326**, 402 ; II, 163, 444, 502.
Devaux, I, 130, 362.
Devay, II, 250.
Dieulefit, II, 176.

Dinan (De), I, 378.
Divé, I, 27, 65; II, 225.
Dobriot, I, 124.
Doizy, II, 372, 460.
Dolive, II, 384.
Dorin, I, **321** ; II, 65, 440.
Dorineau, II, 494, 496, 512.
Douat, II, 384.
Douet, Douhet, I, 323 ; II, 49, 79.
Doujat, intendant en Poitou, I, XXVIII.
Dousset, II, 189.
Doutreleau, I, **183**; II, 384.
Doyneau, I, **260, 305** ; II, 440.
Doyron, II, 440.
Drault, I, XLVI, 38, 82, **240**, 249; II, 441.
Dreux, I, 55, 71, 273, **289**, 392; II, 75, 76, 205, 294, 335, 345, 394, 422.
Drummond, I, 61.
Du Bellay, I, 342 ; II, 199, 340, 403, 404.
Dubois, I, 72, 113, 144, **172, 227**, 242, 317 ; II, 5, 227, 342, 380, 383, 395, 441, 459, 483, 501, 512.
Du Bouchet, II, 134, 362, 482.
Duboulet, I, **226** ; II, 512.
Du Boullay, II, 441.
Dubreuil, Du Breuil, I, 60, **69**, 266; II, 346, 440, 483.
Du Breuil-Hélyon , I, 194, **195**, **292** ; II, 83, 347.
Du Broc, I, 86.
Dubuc, II, 506.
Du Buttay, II, 266.
Du Chaffault, I, 62, **134**, 243, **244**; II, 410, 420, 438.
Du Chaillou, II, 88.
Du Chardon, II, 401.
Du Château, I, **196, 206**, 424; II, 347, 348.
Du Châtel, II, 422.
Du Chatelier, I, 157.
Du Chatelier-Barlot, II, 22, 31.
Du Châtenet, I, 202, **223, 286**; II, 347, 512.
Duchesne, I, 160, **210, 253** ; II, 380, 395, 460.
Du Chilleau, I, **199**, 224; II, 227, 348.
Du Chillou, II, 192.
Du Chiron, II, 486.
Du Choizy, II, 348.
Du Clou, II, 348.
Du Colommé, I, 246.

Du Couédic, I, 238.
Du Douet, I, 144, 335.
Du Dousset-Guillot, II, 349.
Du Dracq, I, 337.
Dufay, I, **221**, 335, 340 ; II, 20, 262, 460.
Duflos, II, 302, 335.
Dugast, II, 411, 441, 504.
Dugast-Matifeux (Charles), cité, I, XII, XV, XVI, XXII, XXVII, XLIV, XLV, XLVIII à LIV.
Du Guet, II, 384.
Du Guillot, II, 351.
Dujon, I, 35.
Dulac, II, 484.
Du Laux, I, 130.
Du Lièvre, II, 487.
Du Lis, II, 501.
Du Lorant, I, 18.
Du Martin, II, 60.
Dumas, I, 232 ; II, 358, 402.
Du Meaule de la Gaubretière, I, 19.
Du Meslay, II, 216.
Du Mesle, II, 463.
Du Mesnard, II, 486.
Du Monat, I, 154.
Dumonceau, I, 135 ; II, 497.
Dumont, I, **307**; II, 90, 322.
Dumortier, II, 496.
Du Mosnard, II, 359.
Du Moustier, II, 394.
Dumureau, I, 154.
Du Noyer, II, 337, 463.
Dupas, I, 304.
Duperrier, II, 311.
Du Peyrat, I, XXXIII, **242** ; II, 383.
Dupin, I, 16, 67, 91, **215, 232, 233, 235**, 290, 349, 419, 422 ; II, 360.
Du Plantis du Landreau, I, 41, 311 ; II, 25, 114, 408, 412.
Du Plessis, II, 5, 258, 498, 500.
Du Poirier, II, 204.
Dupont, I, 112, 246, 372 ; II, 441, 487.
Du Port, I, 81 ; II, 425, 495.
Du Portail, II, 433.
Dupouget, II, 308.
Dupré, I, 308; II, 149, 297, 386, 387, 504.
Dupuis, Dupuy, I, 66, 86, 133, 165, 176, **194, 241**; II, 211, 361, 386, 422, 488, 512.
Du Puy-du-Fou, I, XX, 290, 385.
Du Querroy, I, 297 ; II, 106, 321, 361.

Durand, I, **235, 273**, 414 ; II, 86, 422, 442, 494, 501, 512.
Du Raynier, I, 334.
Durcot, I, 60; II, 81, 234, 249, 414, 416, 417, 419.
Du Reclus, II, 362.
Du Régnier, I, 153.
Du Reguin, II, 494.
Du Repaire, I, 419.
Du Retail, I, **264** ; II, 394, 464, 512.
Durfort, II, 346.
Du Rivault, II, 90.
Du Rousseau, I, XLVI, 163, **206**, 255, **294**, 364; II, 362, 512.
Du Ry, I, **222**; II, 362.
Du Simetière, II, 318.
Du Soulier, II, 380.
Du Tartre, II, 323.

Du Teil, I, XXXIII, LIII, 212, **234, 250, 259, 294** ; II, 371.
Du Tertre, II, 429, 447, 496.
Dutiers, I, 207.
Du Tillet, I, 220.
Du Tillou, II, 483.
Du Tréhan, I, **243** ; II, 126, 413, 419, 425.
Dutrochet, I, **183** ; II, 384, 512.
Duval, II, 168.
Duvau, I, **306** ; II, 410.
Duverger, II, 227.
Du Vergier, I, 222, 245, **291**, 413 ; II, 404, 441, 465.
Du Verrier, II, 364, 484.
Du Vigier, I, 181, **273**.
Du Vignaud, II, 151.
Dyrodour, I, 162.

E

Easme, II, 445, 503.
Elbène (D'), I, 81 ; II, 518.
Escars (D'). Voy. Des Cars.
Eschallard, I, 113 ; II, 365.
Eschallé, I, **322** ; II, 11, 365.
Escoubleau de Sourdis (D'), II, 53, 184, 409, 410.
Eslènes (D'), I, 39, **246**; II, 60, 182, 439.
Esmoing, II, 228.

Esnard, II, 182, 503.
Espinasseau, I, 327, 403 ; II, 247, 413, 425, 445.
Essolier, I, 135.
Estivale (D'), II, 128.
Eteau, I, 214.
Etourneau, I, 337.
Eveillard, I, XIV, **327** ; II, 6, 425, 434, 512.

F

Fallaise, II, 188.
Fallaizeau, I, 62, 140 ; II, 229.
Faudry, I, XLVII, **335**; II, 65, 335.
Faulcon, II, 382.
Fautré (De), II, 178.
Fauveau, I, 363.
Favant, II, 491.
Favier, II, 365, 489.
Favreau, I, 243.
Fay (De), I, 175, 287.
Fenioux, II, 429, 494.
Ferchaut, II, 495.
Fermain, II, 499.
Féron, I, 99.
Ferrand, II, 386.

Ferrand (François), préposé à la Recherche, I, XXVII, XXX.
Ferré, I, 78, 147, 234, 259, **328, 329, 338, 339**; II, 16, 54, 88, 349, 365, 488, 489.
Ferrière (De), I, 230, **286**, 341; II, 157.
Ferrière de Champigny (Jacques de), chev. de Saint-Jean de Jérusalem, I, 44, 154.
Ferron (De), II, 203.
Ferrou (De), I, **333** ; II, 383.
Féruyeau, II, 491.
Feydeau (De), I, 36, 48, **337** ; II, 88, 130, 350.

Filleau, I, xlvi, **340** ; II, 298, 335.
Filleau (Henri), cons^{er} à la Cour de Poitiers, cité, I, xxii.
Firly, I, 186.
Fissacq (De), I, 234.
Flamain, I, 332.
Flamand, I, 346 ; II, 229.
Fleurigny (De), I, 78.
Fleury (De), I, 37, 197, 206, **334**, **339** ; II, 62, 350, 365, 434, 445, 465, 512.
Flichet, II, 503.
Fonsèque de la Rochefoucault (De), II, 432.
Fontaneau, II, 366.
Fonteneau, I, 165, 484 ; II, 487.
Fonteneau (Dom), bénédictin, cité, I, xxi, xxxiii.
Fontenelle (De), I, 75.
Fontlebon (De), I, 197, **336** ; II, 350.
Fontréaux (De), I, 421.
Forateau, I, 156.
Forest, I, 220.
Forestier, II, 512.
Forges (De), II, 350.
Forget, II, 201.
Forin, II, 363, 394, 466.
Fortin, I, 21, 404.
Foubert, II, 493.
Foucaud, I, 324 ; II, 35.
Fouché, Foucher, I, 93, **341** ; II, 67, 128, 145, 195, 413, 425, 446, 513.

Fouquerand, II, 446, 513.
Fouquet, I, 125, **342** ; II, 404, 512, 513.
Foureau, II, 176.
Fourestier, I, 267 ; II, 366, 513.
Fourneau, II, 170, 482.
Fourny, II, 293, 366.
Fourré, II, 465.
Fracard, II, 366.
Fradet, II, 502.
Fradin, I, 341 ; II, 318, 319, 487.
France, II, 279, 473, 513.
Franchard, I, 240.
François, I, 443 ; II, 386, 389, 473, 513.
Fremault, I, 246.
Frenicle (Robert), s^r de Bessy, cons^{er} du roi et trésorier général en Poitou, I, v.
Frère, I, 331 ; II, 473.
Frezeau, I, 170.
Frezon, I, 14.
Fricon, II, 366.
Frogier, I, 368.
Froment, I, **337** ; II, 513.
Frottier, I, 360 ; II, 366.
Frougeard, II, 465.
Frougeau, II, 63.
Fumée, I, 41, 129, **330** ; II, 337, 386, 413.
Furgon (De), II, 432.

G

Gabard, I, 77.
Gabaret, I, 139.
Gabillé, II, 154.
Gaborin, I, 101, 262 ; II, 413, 446.
Gaborit, Gabory, I, 69, **300** ; II, 347, 425, 494, 499.
Gabriau, I, 227 ; II, 224, 338, 366, 404, 513.
Gacoin (De), I, **417**.
Gadouin, I, 287 ; II, 513.
Gaillard, II, 434.
Gain (De), I, 285 ; II, 383.
Galéan, commis du traitant, I, xxvii ; II, 58.
Galicher, I, 225.
Galiot, I, 76, 147.
Gallard, II, 513.
Gallet, II, 61, 258, 367, 513.

Gallier-Garnier, II, 102, 145.
Gannes (De), II, 350.
Garipaud, I, 24, **367**, **401**, **428**.
Garnier, I, 88, 89, 94, 165, 198, 199, 228, 244, 269, 351, **352**, 355, 359, **420**, **422** ; II, 2, 52, 109, 117, 125, 166, 172, 186, 228, 366, 394, 395, 446, 466, 485, 488, 489, 513.
Garreau, I, 335 ; II, 166, 255, 399.
Gary (De), I, 188.
Gassoing (De), I, 366.
Gasteau, II, 160, 495.
Gatinaire (De), I, 45, **157**, 243 ; II, 101, 128.
Gaudin, I, 374 ; II, 367, 404, 466, 513.
Gaugain, II, 473, 513.
Gauget, I, 85.

Gaulier (De), I, **358** ; II, 366, 501.
Gaultier, Gauthier, Gautier, I, 173, 196 ; II, 335.
Gautreau, I, XLVI, 189, **404** ; II, 220, 416, 446, 503.
Gauvain, Gauvin, I, 31, **344**; II, 15, 513.
Gay, I, 118, **357** ; II, 513.
Gayaud-Texier, II, 306, 309.
Gazeau, I, 9, 65, 375, **402**, 427 ; II, 40, 244, 281, 413, 426, 446.
Geay, I, 178, 365 ; II, 194, 508.
Gebert (De), I, **417**.
Gellin, II, 32.
Genays, I, 20.
Gendrault, I, 216 ; II, 278, 384.
Gendron, I, 170.
Gennes (De), I, 41, 412 ; II, 47, 485.
Genouillé (De), I, 79 ; II, 339.
Gentet, I, **413, 415** ; II, 513.
Gentil, Genty, I, 35, 303, **402** ; II, 214, 434, 446.
Geoffroy, I, 148 ; II, 367.
Geon (De), II, 442.
Geore (De), II, 454.
Georgeau, II, 513.
Georseron, I, 101.
Gérault, I, 34.
Gervais, II, 487.
Gervier, II, 426, 446.
Gibert (De), I, 11.
Gibou, I, 210; II, 274.
Giboureau, I, 112, **355** ; II, 367, 466.
Gigou, I, 97, 259, **350**, 373; II, 395, 513.
Gilbert, I, 212 ; II, 367.
Gillier, I, 16, 96, 263, 284, 350, 412 ; II, 387, 395.
Gillon du Teil, I, 36.
Girard, I, 26, 63, **351, 356, 409**, 421 ; II, 5, 100, 313, 367, 369, 395, 414, 419, 482, 496, 513.
Girardin, I, 352.
Girardon, I, **414**.
Giraud, Girault, I, 42, 218, 230, **354** ; II, 160, 447, 473.
Giraudeau, I, 136; II, 62, 173, 473.
Girault (François), avocat du roi au Bureau des finances de Poitiers. I, XXXI, XXXIII, XXXIV.
Giron de Bessay, I, **370**.
Givré, II, 502.
Glenest (De), I, **419** ; II, 345, 350.
Gobin, I, 289.

Godard, intéressé à la Recherche, I, XXVII.
Goguet, II, 310, 404, 513.
Goisy (De), II, 442, 447, 503.
Gombaud, II, 396.
Gondy (De), II, 319.
Gorand, I, 89.
Gordien, II, 497.
Goreau, I, 426.
Goret (De), I, **199**, 340; II, 334, 351, 460, 513.
Gorgeau, II, 271.
Gorgeteau, II, 272.
Gorre, II, 390.
Gorron (De), II, 442.
Goudon, I, **400** ; II, 113, 513.
Goüé (De), I, XLVI, **371** ; II, 411, 505.
Gouffée (De), I, 200.
Gouget (A.), archiviste des Deux-Sèvres, cité, I, XXII, XLIV, LI.
Gouin, I, 159 ; II, 30.
Goulaine (De), I, 19, 68, 102, 193 ; II, 411, 422, 513.
Goulard, I, 21, 50, 266, 275, **344**, 356, **408, 412** ; II, 22, 31, 40, 387, 404, 414, 456, 466.
Goumin, II, 13.
Goupilleau, II, 486.
Gouraud, II, 287.
Gourde, I, 371 ; II, 411, 447.
Gourdeau, I, 84, 136, 262, 320, **375, 399**, 416 ; II, 146, 190, 405, 414, 427, 446.
Gourdery, II, 66.
Gourdin, I, 362, 421.
Gourdineau, II, 507.
Gourdon, I, **353** ; II, 85, 86, 87, 269, 423, 513.
Gourjault, I, 237, 305, **350, 360, 410** ; II, 131, 367, 395, 466, 513.
Gouron (De), I, **362**.
Gousse, II, 434.
Goyon, I, 133 ; II, 414.
Gracien, II, 201.
Grailly (De), I, 284.
Graime (De), I, 217 ; II, 351.
Grandsaigne (De), I, XLVI, **174, 178**, 215, 349, 366, **411** ; II, 351.
Granges (De), II, 102, 401, 440, 457.
Granges de Surgères (De), I, 238, **377**.
Gransay (De), II, 460.
Grateloup (De), II, 105.

Green de Saint-Marsault, I, 350, **415** ; II, 226, 435, 466, 513.
Greffier, I, 104, 105; II, 492.
Grelier, I, 322, **405**, **406**, **411**, **416**, 423 ; II, 131, 404, 447, 513, 517.
Grenouillon (De), I, 184.
Greslet, II, 387.
Gresme (De). Voy. Graime (De).
Grignon (De), I, **357** ; II, 64, 405, 513.
Grimaud, II, 405, 513.
Grimaudet, II, 47, 176.
Grimault, I, **370**, **425**.
Grimouard, I, **371**, **372**; II, 447.
Grolleau, I, 185, **423** ; II, 486, 513.
Groussin, II, 98.
Gruget, II, 368, 387.
Grunstein (De), II, 392.
Gueldrap, II, 129.
Guérin, I, 79, 203, 313, 351, 404, **418** ; II, 48, 141, 187, 339, 368, 447, 513.
Guérin (Jean), préposé à la Recherche, I, xxvii.
Guerry, I, xlvii, 248, **366**, **398**; II, 87, 270, 414, 426, 447, 514.
Guérusseau, II, 328, 417, 466, 514.
Guesdon, II, 53, 276.
Guibert, I, xlvi; II, 222, 447, 452.
Guiberteau, I, 306.
Guichard, I, 14, **108**, **347**, **352**, 372, 423 ; II, 368, 466.
Guignard, I, 217, **364**; II, 90, 194, 305, 309, 368, 486, 514.
Guignardeau, I, 358, **409**, 463; II, 454, 503.

Guilbard, II, 49.
Guilbaud, I, 57, 321 ; II, 329.
Guilgaut, II, 489, 514.
Guillard, I, 11.
Guillaumeau, II, 129.
Guillaumet (De), 1, **359**; II, 156, 369.
Guillemar, I, **407**.
Guillemin, I, 43, 336, 441 ; II, 167, 369, 435.
Guillemot, I, 173, 318 ; II, 387.
Guillerville (De), II, 351.
Guillier, II, 368, 490.
Guillon, I, 305, 319; II, 159, 369.
Guillonneau, II, 504.
Guillot du Dousset, I, **364**.
Guilloteau, II, 454, 467.
Guillotin, I, **373** ; II, 396, 514.
Guimard, II, 305.
Guinebaud, I, 72, **416**, **426** ; II, 426, 514.
Guinot, II, 89.
Guiot. Voy. Guyot.
Guiraud, I, 290 ; II, 506, 514.
Guist des Landes (De), I, **407**; II, 514.
Guittard (De), II, 351.
Guitteau, II, 359, 488.
Guitton, I, 423.
Guivreau, I, 137, 423.
Guy, I, **359** ; II, 213, 367.
Guyneuf (De), I, 282.
Guyon, I, **368** ; II, 21.
Guyot, I, 78, **345**, 347, **348**, **361**, **365**, **367**, **421**, **423**, **424** ; II, 308, 166, 473, 490.

H

Hanne (De), I, 406; II, **3**, 181, 458, 460.
Harambure (D'), I, **427**.
Harcourt (D'), II, 135.
Harman (D'), I, 61.
Hatte, I, 428.
Haute-Claire (De), I, 234, 259.
Hautefaye ou Hautefoye (De), I, 34, **230** ; II, 103, 310, 318, 394.
Havelet, II, 303.
Hélye, I, 187, 360 ; II, 70, 81, 157, 181, 448, 467.
Hémery (D'), I, **304**.

Henguelin, I, 327.
Henry, II, 2, 43, 256, 405, 435.
Hérault, I, 249.
Herbaudeau, II, 489.
Herbert, I, 332 ; II, **2**, 405, 514.
Herbouville (D'), II, 46.
Hérisson (D'), I, 106.
Hersant, I, 60 ; II, 265.
Hertfelt, II, 214.
Hervé, II, 497.
Héry (De), II, 454.
Hillaire, I, 179; II, **1**, **6**, 156, 369, 396.

Hillairet, II, 447, 514.
Hillerin (De), I, **244, 245**; II, **4**, 416, 502, 506, 514.
Hollande (D'), I, 242, 315.
Horson, I, 362.
Houllier, I, 350.
Hozier (Famille d'), juges d'armes, I, xv, xxvii, xliii.

Huault de Montmaigny, maître des requêtes, I, iv.
Huet, II, 396, 435.
Hugonneau, I, 288.
Hugueteau, II, 514.
Huislard, II, 145, 426, 448, 514.
Husson, I, 127.

I

Ingrand, II, 13.
Irland, I, xx, xxxiii, xlvii, 34, 71, 138; II, **32**, 76, 169, 188, 370.
Isle, II, 232, 435.

J

Jacob, II, 473.
Jacquemin, I, 45, 85; II, 487.
Jacques, II, **16, 21**, 105, 369.
Jacquet, I, 270.
Jahan, I, 271.
Jaillard, I, 108, 142, 420, 422; II, 426, 448, 514.
Jallays, I, 28.
Jamet, I, 303; II, 245, 416, 428, 455, 496.
Janvre, I, 222, 322, 394; II, **19**, 262, 313, 396, 414, 514.
Janvret, I, 42; II, 484.
Jarno, I, 89; II, **31**, 336.
Jarousseau (De), I, 23.
Jarry, II, 503.
Jasme (De), II, **17**, 467.
Jaucourt (De), II, 131, 171, 405.
Jaudonnet, I, 76, 221, 275, 413, 415; II, **23**, 142, 401, 405, 514.
Jaudouin, II, **30**, 300, 426, 448, 497, 504, 514.
Jaumier, I, xlvii; II, **34**, 335, 514.
Jay, I, 203.
Jolly, II, 173.
Josselin, II, **27**.
Joubert, Jousbert, I, 13; II, **17, 18, 26, 29, 36, 37**, 72, 126, 202, 267, 370, 387, 415, 426, 435, 448, 494, 514.
Jouet, I, 59.
Joulain, II, 178.
Jouneau, II, 151.
Jourdain, I, 21, 35, 111, 117, 310, 347; II, **14, 22, 23, 30, 35, 36**, 185, 370, 426, 467, 514.
Jourde, I, 255.
Jousbert, Joussebert. Voy. Joubert.
Jouslard, I, 103, 136; II, **16, 27**, 248, 274, 370, 395, 396, 467, 473, 514.
Jousseaume, I, 17, 133, 247, 414; II, **14**, 292, 396, 439, 448.
Jousselin, I, 236, 301; II, 473, 494, 497.
Jousseran (De), I, xxiii, 324, 384; II, **8**, 309, 351, 352, 371, 465.
Jouteau (De), I, 17.
Joyau, II, 69.
Jude, II, 349, 386, 387, 484, 501.
Juglard, II, 370.
Juif (De), I, 193.
Julien (De), II, **18**, 352.
Julliot, I, 274, 304, 306, 292; II, 411, 443.

K

Kermeno (De), I, 158.
Kerveno (De), I, 138; II, 82, **197, 198**, 250, 426, 429, 514.

L

Labadie (De), II, 461, 514.
La Barde (De), II, 348, 354, 514.
La Barlottière (De), I, **48** ; II, 354, 488.
La Barre (De), I, 120, **168**, 175, **265**, **279**, **284**, **293**, 355, 360 ; II, 111, 253, 301, 338, 353, 392, 411, 505, 514.
La Bastide (De), II, 354.
Labbé, II, 371.
La Béraudière (De), II, 252, 354.
La Bignollay (De), I, **223**.
La Blachère (De), II, **70**, 396, 491, 514.
Lablanche, II, 205.
La Boissière (De), II, 500.
La Bouchardière (De), II, 84.
La Boucherie (De), I, 257, **261**, **274**, 301, **306**, 416 ; II, 60, 89, 162, 411, 443.
La Bouère (De), II, 514.
Labreuille (De), I, 102.
La Brosse (De), II, 39.
La Broue (De), II, 341.
La Bruère (De), I, 395.
La Burcière (De), II, 492.
La Bussière (De), I, 93, **146**, 175, 305 ; II, 68, 88, 106, 113, 118, 130, 151, 174, 354, 385, 411, 500.
La Cantinière (De), I, **301** ; II, 423.
La Cassaigne (De), I, 392 ; II, 464.
La Cave (De), II, 432.
La Chapelière II, 39.
La Châtre (De), I, **267**, **276** ; II, 78.
La Chaumette (De), II, 355.
La Chaussée (De), I, **214**, 417 ; II, 51, 324, 352.
La Chauvinière (De), II, 423.
La Chesnaye (De), I, **294** ; II, 408.
La Chétardie (De), II, 217.
La Cieutat (De), I, 54.
La Clau (De), I, 237 ; II, 514.
La Coudre (De), I, 173.
La Cour (De), I, 121, 236, **238**, 268, 391 ; II, 154, 170, 260, 355, 392, 402, 459, 514, 515.
La Cour de Beauval (Charles de), préposé à la Recherche, I, xxvi.

La Coussaye (De), I, 142 ; II, 224, 354.
La Couture (De), I, 27, 91 ; II, 322, 378.
La Couture-Renon (De), I, **268** ; II, 355, 464, 514.
La Cressonnière (De), I, 39 ; II, 423, 443.
Lacroix, généalogiste de l'Ordre de Malte, I, LII.
La Croix (De), I, **242** ; II, 355.
La Dive (De), I, **320** ; II, 423.
La Farge (De), II, 504.
La Faye (De), I, 180, **203**, 338, 339 ; II, 355.
La Ferrière (De), II, 355, 485.
La Ferté (De), I, **295** ; II, 187, 284, 428, 497.
La Feste (De), I, 234, 259 ; II, 137, 147.
La Fitte (De), I, 97, **245** ; II, 354.
La Fond (De), I, 19.
La Fontaine (De), II, 209.
La Fontenelle (De), I, 205, **261** ; II, 411, 415, 451, 514.
La Forest (De), I, 370, 401 ; II, **85**, **86**, **87**, 143, 416, 423, 427, 482, 495, 514.
La Fouchardière (De), I, 204.
La Garde (De), II, 155.
L'Age (De), Lage (De), I, 146, 147, 168, 234, **260** ; II, **71**, **83**, **88**, 121, 296, 352, 353, 460, 464.
Lage-Hélie (De), II, 352.
La Gourgue (De), I, 34.
La Graize (De), I, 297.
La Grézée (De), I, 184.
La Grue (De), I, 86 ; II, 410.
La Guérinière (De), I, **247**, **363** ; II, 423, 443, 515.
La Haye (De), I, 86, 107, 232, **275**, **290**, 341 ; II, 102, 128, 137, 146, 401, 411, 424, 443, 515.
La Haye-Monbault (De), I, 16, **276** ; II, 270, 506, 515.
La Heu (De, II, 411.
Laiguillier, II, 467, 473.
Laisné. II, 142, 468.
La Jaille (De), I, **282**.

La Jarige (De), II, 326.
La Jarissie (De), I, 28.
La Joyrie (De), II, 381.
La Lande (De), I, xxxiii, **146**, 181; II, 76, 284, 335, 352.
La Laurencie (De), I, 317; II, 23, 31, **64**, 461, 515.
La Leu (De), II, 295.
La Longraire (De), I, 420, 422.
La Marche (De), II, 462.
La Marthonnie (De), II, 462.
La Massaye [(comte de), lieutenant général du] Bas-Poitou, I, xxviii.
Lambert, II, 199, 490.
Lambertie (De), II, 235, 308, 353, 355.
La Metaye (De), II, 19.
Lamirault, I, 401; II, 57.
La Monnerie (De), II, 515
La Mothe (De), I, 183; II, 212, 460.
La Mothe-Bérard (De), II, 386.
La Mothe-Fouquet (De), II, 310.
La Mothe-Le-Roux, II, 462.
La Mouinière (De), I, 407.
Lamoureux, II, 429.
La Mousnerie (De), II, 488.
La Myre de la Motte (De), I, 68.
Landais, I, 269.
Landerneau (De), I, 345, 408; II, **80**, 91, 328, 438, 467, 515.
Landrepouste (De), II, 149.
Landry, II, 265.
Lange, I, 396; II, 412.
Lannet (De), I, 180; II, 355.
Lannin (De), I, 426.
La Noue (De), II, 356.
La Nouette (De), II, 496.
La Pastelière (De), II, 215, 401, 515.
La Pescherie (De), II, 39.
La Pisse (De), I, **255**; II, 356.
La Porte (De), I, 68, 138, 182, 206, **297**, **308**; II, 176, 296, 356, 515.
La Porte (Armand de), cité, I, 295.
La Pouge (De), I, 314.
La Poumerlie (De), II, 27.
La Preuille (De), II, 384.
La Prévière (De), I, 397.
La Primaudaye (De), II, **192**, 443.
La Prunière (De), II, 505.
La Ramée (De), I, 411.
La Ramière (De), I, 368.
La Rapidie (De), II, 274, 273.
La Renays (De), II, 498.
La Rivière (De), I, 271; II, 124, **250**.
Larmevaille (De), I, 317.
La Roche (De), I, 154, 244, 295, 307, 348; II, 73, 182, 184, **252**, 356, 358, 412, 444.
La Roche-du-Maine (marquise de), I, xxviii.
La Rochefoucault (De), I, 331; II, 9, **240**, **245**, 424, 431, 515.
La Rochefoucault-Bayers (De), chev. de Saint-Jean-de-Jérusalem, I, 44.
La Roche-Saint-André (De), I, 134.
La Romagère (De), II, 356, 484.
La Romalière (De), II, 489.
Laroque, auteur du *Traité de la noblesse*, I, xxxvi.
La Salle (De), I, 177.
La Sayette (De), I, **239**, 243; II, 356.
La Seigne (De), II, 356.
Lasne, I, 224.
Laspaye (De), II, **78**.
Laspois (De), I, 375.
Lassy (De), I, 211.
Laste (De), I, 116, **216**, 325; II, 352, 432, 515.
La Taupane (De), II, 17, 136, 357.
La Touche (De), I, 156, **247**, **310**, 312, 313; II, 137, 147, 237, 321, 357, 379, 383, 412.
La Touche-Limouzinière (De), I, **239**; II, 14.
La Tour (De), I, 320; II, 357, 392, 424, 432, 462, 496.
La Tremblaye (De), I, 412.
La Trémoille (De), I, 313.
La Tribouille (De), II, 89, 424.
La Tulaye (De), I, 357.
Launay (De), I, 409; II, 414, 426.
Laurens, II, **71**, **83**, 252, 371, 468.
Laurent, I, 234; II, **59**, 515.
Laurière (De), II, **51**, **70**, 197, 271, 273, 352, 442.
Lauvergnat, I, 99, 351; II, **48**, 66, **79**, 316, 395.
Lauzon (De), II, 28, **52**, 189, 354, 515.
Laval (De), I, 284, 378.
La Valade (De), I, 101.
La Varenne (De), I, lii, **226**, **273**; II, 515.
La Vergne (De), II, 485, 515.
La Vieuville (De), II, 256.

La Ville (De), II, 142.
La Ville de Férolles (De), I, 275 ; II, **59**, 401, 515.
Lavocat, II, 98, 107.
La Voirye (De), II, **328**, 424, 462, 515.
Léaud, II, 24.
Le Bailleuf, II, 404.
Lebascle, I, 98 ; II, 14, 28.
Lebault, Lebeau, I, 370 ; II, 56, **57**, **59**, **60**, **89**, 341, 371, 372, 415.
Le Bel, II, **62**, 279, 371, 515.
Le Bienvenu, II, 501.
Leblanc, I, 185, 194 ; II, **48**, 202.
Leblond, I, 299.
Lebloy, I, 326.
Le Bœuf, II, **50**, **67**, 415, 436.
Le Bossu, II, 251, 386.
Lebreton, II, 48.
Lebrun, II, 387.
Lecat, II, 44.
Leclerc, I, 232, 313, 329.
Lecomte, I, 210 ; II, **75**, 372.
Lecoq, I, 157, 159; II, **47**, **55**, 164, 282, 397, 468.
Le Cornu (Simon), chev. de Saint-Jean-de-Jérusalem, I, 107.
Lecorsier, II, 108.
Ledouet, I, 239.
Leduc, II, 34, 473.
Lefebre, II, 242, 482.
Lefort, II, 188.
Le Franc, II, 80, 351, 448, 504.
Le Frère, II, 395.
Legeay, I, 82, 120, 239, 296, 405 ; II, 80, 115, 131, 415, 427, 448.
Legeay (Jean), maître des requêtes, I, IV.
Legendre, II, 498.
Léger, I, 32 ; II, 127.
Leggle, I, 46.
Legier, I, 81, 230, 312 ; II, **38**, **76**, 372, 400, 408.
Legoux, I, 43 ; II, 545.
Legrand, II, 468.
Legrand-Jouslard, II, **52**.
Legras, II, 505.
Leichman, I, 61.
Le Jay. Voy. Legeay.
Le Jude. Voy. Jude.
Le Large, II, **44**.
Lelièvre, II, **43**.
Le Maignen, Lemaignan, I, 84, 247 ; II, **49**, **74**, **92**, **144**.
Lemaire, I, 149, 169.

Le Maréchal, I, 286; II, 356.
Le Mastin, I, 394 ; II, 435.
Lemaye, I, 140 ; II, **151**, 297.
Lemeyrat, II, 515.
Lenfant, II, 107.
Lenoir, II, **415**.
Lenoir (Gabriel), avocat au Parlement, I, XXIII.
Lentier, II, 187.
Le Pauvre, II, 405.
Le Pelletier, II, 397.
Lepetit, I, 123 ; II, 449.
Le Petit de Verno, II, 405.
Lepeultre, I, 41 ; II, 336.
Le Plaisant, II, **46**, 515.
Le Proust, I, 397, 497.
Leriche, II, 515.
Lériget, I, 242.
Lériget, notaires à Poitiers, I, XXI.
Lérix (De), II, 412.
Le Roux, I, 403 ; II, **81**, **82**, 449, 515.
Le Roy, I, 16, 46, 55, 71 ; II, **54**, **63**, 359, 371, 416, 484. Voy. aussi Roy.
Lerpinière (De), II, 65.
Lesbaupine (De), II, 206.
Lescorce (De), I, **205**, 322; II, **67**, 118, 266, 412, 423, 507, 515.
Lescure (De), II, 66, 432.
Le Sergent, II, **42**.
Lesmerye (De), II, **61**, 353.
Lespaye (De), II, 111.
L'Espinasse (Jean de), associé du préposé à la Recherche, I, XXVI.
L'Espinay (De), I, 24, 70, 162; II, 68.
Lespine (De), I, 180, **181** ; II, 353.
L'Espronnière (De), I, 252, 290 ; II, **52**, 402, 459, 515.
L'Estanduère (De), II, 506.
Lestang (De), I, 279 ; II, **66**, 336, 353, 515.
Lestrade (De), II, 84.
Le Texier, II, **285**.
Le Tillier, I, 192.
L'Etoile (De), I, 135 ; II, **90**, 134, 408, 499, 515.
Le Tourneur, I, 107, 166 ; II, **65**, 121, 405, 515.
Levasseur, II, 435.
Levavasseur, II, 319.
Lévesque, I, 262, 274, 306, 371 ; II, **72**, 348, 372, 435.
Le Vestelier, II, 398, 468.
Leviel, II, 501, 515.

Levrault, I, 162 ; II, **69, 77**, 90, 184, 387.
Leygne, II, 387.
Lezay (De), II, 489, 490, 516.
Lézineau, I, 294.
Lhommedé (De), II, 507.
L'Hôpital (De), I, 394.
L'Houmeau, II, 231, 470, 473.
Lhuilier, II, 172, 372.
Liège, II, 138.
Lignault, II, 148.
Lignière (Claude de), chev. de Saint-Jean-de Jérusalem, I, 107.
Ligny (De), II, 516.
Limozin, II, 99.
Linax (De), I, 96 ; II, 353.
Linger, II, 516.
Lingier, I, 24, 418 ; II, **70**, 415, 427, 516.
Liniers (De), I, 95, **170, 267**, 345 ; II, **54**, 172, 352, 375, 401, 443, 516.

Livène (De), I, 10 ; II, 294, 461.
Loiseau, II, 111.
Londey (De), I, 216.
Lorin (De), I, 104 ; II, 371.
Loron (De), I, 173.
Lostange (De), II, 461.
Loubeau (De), II, 392.
Loubes, I, 427
Louche (De), II, 307, 325.
Louet, I, 129, 415 ; II, 410.
Louis XI, roi de France, I, xxxviii.
Louis XIV, roi de France, I, xxix, xl.
Lounidat, I, 234.
Louveau, II, 103, **261**, 516.
Luard, I, 152.
Lucas, II, 184, 262, 336, 372, 384, 387.
Lugré (De), I, 104.
Luzine (De), I, 223.
Lyris (De), II, **73**.

M

Macé, Voy. Massé.
Machault, II, 57.
Machecoul (De), I, 52, 131, 136, 370.
Machère (De), II, 491.
Macquin, II, 133, 516.
Magdelaine (De), I, 3.
Magné (De), I, 222 ; II, 431.
Magnier, I, 53.
Mahé (De), II, 444.
Maichin, II, **120**.
Maigret, I, 178, 187 ; II, **111**, 373, 489, 516.
Maillard, I, 122.
Maillasson (De), I, 400 ; II, 483.
Maillé (De), I, 165, **248**, 281 ; II, 339, 402, 444.
Maillon (De), II, 485.
Main, I, 213.
Maingot, I, 378, 380 ; II, 389, 501.
Maire, II, 171.
Maisonneuve (De), II, 368.
Maisonnier, II, 169, 372.
Maistre, II, 115, 423.
Maize (De), I, 168.
Malaunay (De), II, **120**, 208, 402, 498, 516.
Malleray, II, **155**, 449.

Mallet (De), II, 18, 326.
Mallevault (De), I, 58, 422 ; II, **103**, 338, 462, 516.
Malleville (De), II, **141**.
Mallier, II, 450.
Mallonay (De). Voy. Malaunay (De).
Malmouche (De), I, 411, 426 ; II, 20, 403.
Malvault (De). Voy. Mallevault (De).
Manceau, II. **101, 132**, 516.
Mancier, I, 425 ; II, **155**, 373.
Mandron, II. 373.
Mangin, I, 172, 424 ; II, **110, 137, 146**.
Mangot, I, 169.
Mannier, II, 103.
Maquenon, II, 223.
Marafin, I, 144.
Marans (De), I, 148, 155, 230, 287, 360 ; II, 110, **129, 150**, 385.
Marbeuf (De), I, 157 ; II, **121**, 386, 403, 516.
Marchand, I, 11, 193, 245, 399 ; II, **116, 117**, 118, **124**, 290, 397, 427, 469, 490, 516.
Marchegay, II, 264, 265.

Marchegay (Paul), cité, I, xii.
Marconnay (De), I, 116, 183, 244, 280, 287, 293 ; II, **136**, 288, 358, 375, 392, 463, 469.
Maréchal, I, 294 ; II, **143**, 416, 427, 468, 516.
Maréchau, I, 58.
Marguerite (Henri), sr de la Grange, commis du traitant, I, xxvii.
Mariault, I, 254.
Marillet, I, 281; II, 190, 253.
Marin, I, 321 ; II, **137, 150**, 244, 416, 427, 516.
Marineau, I, 248.
Mariocheau, I, 340.
Maroix (De), I, 44, 66 ; II, **104, 139**, 252, 336, 356, 358, 469.
Marolles (De), II, 383.
Maron, II, **93,** 450.
Marot, II, 516.
Marquet, II, 373, 484.
Mars (De), I, 370 ; II, 386.
Marsac (De), II, 310, 392, 490.
Marsange (De), I, **279** ; II, 358.
Marsault, II, **108,** 192, 193.
Marserion, I, 355.
Marsircon (De), II, 203.
Martel, Martel (De), I, 222, 292 ; II, 113, 148, 291, 388.
Martin, I, 72, 244, 308 ; II, 96, **116, 141,** 427, 449, 468.
Martineau, I, 357 ; II, 382, 436.
Martinet, II, 295.
Marvillaud, I, 76 ; II, **102,** 406, 449, 516.
Masclary (De), II, 193.
Mascureau (De), II, **123,** 231, 358.
Maslon (Claude), conser au Parlement, I, iv.
Masne (De), II, 120, **128,** 462, 463.
Masparaut, II, 389.
Massanes (De), I, 14.
Massard, I, 150.
Massé, I, 43, 123 ; II, 30, **142, 153,** 244, 253, 285, 385, 416, 516.
Massée (De), II, 112.
Masson, II, 118, 135, 427, 449, 495, 516.
Masson de la Perray, I, 376.
Massotteau, II, 134.
Massougnes (De), II, 63, **100, 106, 114,** 382, 392, 516.
Masteau, II, 416.
Masvalier (De), I, 328.
Maubué, I, 132 ; II, **101,** 138, 147, 166, 360, 372, 394.

Mauclerc, I, 43, 75, 78, 375, 405 ; II, **115. 131,** 167, 190, 191; 256, 300, 424, 427, 449, 450, 516.
Mauléon (De), II, 40.
Maulet, I, 91.
Maulin, II, **127.**
Maumillon, I, 424 ; II, 71.
Maumont (De), II, 358.
Maunoury (De), II, 444.
Maupeou (De), I, 336.
Maupeou d'Ableiges (De), intendant de Poitou, I, xxvii, xxviii, xliv, xlix, xli à liii.
Mauraise (De), II, 357, 392.
Mauras (De), II, 100, **118,** 416, 419, 449.
Maurat (De), I, **308.**
Maurivet (De), I, 145 ; II, 386.
Maussabré (De), I, 173.
Maussion (De), II, 425, 496.
Mauvillon, II, 147.
Mauvise (De), I, 149 ; II, **112,** 295, 357.
Mauvoisin, I, 68.
Mauzé (De), I, 383.
May (De), II, 337, 357, 412, 418.
Mayaud, II, 28, 76, **99,** 188, **200,** 248.
Maynard, Mesnard, I, 238, 240, 261, 272, 285, 307, 395 ; II, 11, **98, 101, 114, 119, 128, 144, 145,** 372, 406, 407, 416, 427, 449, 516.
Mayré (De), I, 214 ; II, 12, 132, 351, 419, 424, 430, 516.
Mazière (De), II, 433.
Meignan, II, 2.
Melet (De), I, **217.**
Menant (De), I, 291.
Menou (De), II, 20.
Mercier, I, 163 ; II, 209, 516.
Méré (De), II, 286.
Méré (le chev. de), I, xxii.
Mergé (De), II, 317.
Mérigot, II, 484.
Mérinville (De), II, 201.
Merus, II, 275.
Mervault, I, 341.
Meschinet (De), I, 115, 422 ; II, 305, 406, 472.
Meslange (De), II, 402, 406, 499.
Mesmeteau, I, 318.
Mesmin, II, 455.
Mesnage, II, 183, 468.
Mesnard. Voy. Maynard.
Mesnier (Antoine), imprimeur à Poitiers, I, xliv, xlvii, xlix.

Messemé (De), I, 153, **270**; II, 251.
Métayer, I, 345, 408.
Métivier, I, 93 ; II, 22, 31.
Meulle (De), II, 402, 412.
Mézieux (De), II, 358.
Michau, I, 179, 269 ; II, 1, 483.
Michel, I, 161.
Migaut, II, 516.
Mignot, II, 151.
Milcendeau, I, 119, 302.
Millet, II, 37, 106, 337, 357.
Millière (Antoine), intéressé à la Recherche, I, xxvii.
Millot, I, 328 ; II, 495.
Milon, II, 293, 373, 394, 487.
Mingarnault, II, 292, 427, 436, 516.
Mirabal (De), I, 263.
Mirambel (De), II, 486.
Miraudeau (De), I, 121.
Modon (De), II, 444.
Moine, II, 469.
Molein, II, 516.
Mombielle (De), II, **142**, 516.
Mondion (De), I, 212.
Mondon, II, 140, 182.
Mondot, I, 90, 198; II, 317, 487, 516.
Moneys (De), I, **207**; II, 358.
Monfrebœuf (De), II, **124**, 360.
Monléon (De), II, 175.
Monnet, II, 313, 398.
Monnevy (De). I, 99; II, 501.
Mons (De), I, 384 ; II, 359, 486.
Monseran (De), II, **108**, 463.
Montaigu (De), II, **123**, 402, 516.
Montalembert (De), II, 75, 433.
Montausier (De), II, 426.
Montbel (De), II, **120**.
Montbrelle (De), II, 498.
Montbron (De), II, 433, 463.
Montchastier (De), II, 484.
Monte, II, 326.
Montils (De), I, 100, 123.
Montion (De), I, 48.
Montfaucon (De), I, 155.

Montjon (De), I, 174 ; II, 359, 445.
Montlouis (De), I, **154** ; II, 359.
Montmillon (De), II, 360, 486, 487, 489.
Montsorbier (De), I, 40, 64; II, 54, 69, 73, **111**, 112, **126**, 341, 359, 371, 413, 424, 463.
Morais (De), I, 403 ; II, **135**, 403.
Morault, I, 45.
Moreau, I, 131, 249, 358 ; II, **95**, **153**, 315, 373, 406, 449.
Moreau de Puycadoret, I, 243.
Morel, I, xlv.
Morelon, II, 224.
Moret (De), I, 332.
Morienne (De), I, 252, 254, 317; II, 117, 151, 238, 444.
Morilhon (De), II, 325.
Morin, II, 171, 488, 493, 504, 516.
Morineau, I, 9.
Morisseau, II, 268.
Morisset, I, 75, 411.
Morisson, I, 158, 295 ; II, 92, **125**, **126**, 275, 418, 422, 428, 443, 450, 493.
Morthemer (De), I, 389.
Mosnier, II, 267, 268.
Mosson (De), II, 383.
Mothais, Mothet, I, 269, 372 ; II, 48.
Motheau, II, 187.
Mouchy (De), II, 46.
Mouillebert (De), I, 50, 82 ; II, **133**, 402.
Mourac (De), II, 484.
Mourain, I, 367 ; II, 517.
Mourault, I, 340, 373.
Mousnier, I, 67 ; II, 389, 484, 500.
Moussy (De), I, 70 ; II, **105**, 359.
Moysand, I, 216 ; II, 268.
Moysen, I, 300 ; II, 97, **107**, 209, 327, 373.
Mussaud, II, 5.
Musset, I, 181; II, 374, 486, 489.
Muzard (De), I, 78, 277 ; II, **56**, 58, 113.

N

Naudé, I, 366.
Naudin, I, 276.
Neau, I, 370 ; II, 193.
Négrier, I, 67 ; II, 366, 374, 489.

Nesmond (De), I, 6, 206 ; II, **156**, 360, 441, 463.
Nettancourt (De), I, 3 à 5.
Neufchèze (De), I, 78 ; II, 9, 360.

Neveu, I, 167.
Nicou, II, 72, **160**, 444.
Nicoulleau, I, 427.
Ninerolles (Jean de), bourgeois de Paris, I, VIII.
Noel, I, 20.
Noizelle (de), I, 362.

Noilet (de), II, 374.
Normand, II, 7, 63.
Norquier, II, 488.
Nossay (de), I, 324 ; II, 9, **157**, **159**, **161**, 261, 314, 393, 463.
Nouzillac (de), I, 30.
Nuchèze (de), I, **193** ; II, **91**.

O

Ogeron, I, 137, 498 ; II, 517.
Olède (D'). Voy. Aulède (D').
Olivereau, II, 416.
Ollivier, I, 309 ; II, 374.

Omarde, I, 385.
Oradour (D'), I, 155 ; II, 345, 481.
Orfeuille (D'), I, 6, **231** ; II, 393.

P

Pager, II, **170**, 288, 450.
Paillard, II, 33.
Pain, II, 1, **176**.
Pallardy (Louis), sr de Montigny, consr au siège de Niort, I, VIII ; II, 517.
Palleus, I, 63.
Pallu du Parc, maire de Poitiers, I, XXXIX.
Palustre, I, 213, 331 ; II, 337.
Pandin, I, 47 ; II, 21, **164**, 217, 374, 485, 517.
Panoux, II, 264.
Papion, II, 492.
Papion du Château (Mr), cité, I, XLIV, LII.
Papon, I, 29, 65, 90, 219, 278 ; II, 347, 488.
Paradis (De), II, 88.
Parcé (De), I, 309.
Parent, II, 141, **162**, **189**.
Paris, I, 211 ; II, 95.
Parne (Jacques de), commandeur de l'Ordre de Saint-Jean-de-Jérusalem, I, 323.
Parthenay (De), I, 96, **193**, 344 ; II, 180.
Pascaud, I, 393.
Pasquier, I, 175.
Pastoureau, II, 185, **194**, 340.
Pastureau, I, 27, 53, 87, 98 ; II, 125, **166**, 168, **173**.
Patras (De), II, 143, 418, 442.
Pavin, I, 89, 365, 368, 414.

Payen, I, 8 ; II, 178.
Payraud, I, 404 ; II, 380.
Payrion (de), I, 316.
Peccon, II, 485.
Peimac (de), II, 238.
Pelisson, I, 59, 98, 272.
Pellard (De), I, 35, 279, 293 ; II, **171**, 375, 469, 517.
Pèlerin, I, 259.
Pellé, II, 497.
Pellegrue (De), II, 10.
Pelletier, II, 173, 517.
Peluchon, II, 61.
Penault, I, 71, 74.
Penigot de Grand champ, I, 200
Penin, II, 155.
Pépin, II, 374.
Percier (De), II, 201.
Perdreau, I, 31.
Perdriat, I, 415.
Perdrière, I, 151.
Perez (De), I, **198** ; II, 361.
Pérot, II, 112, 387.
Perottin, I, 214 ; II, 391.
Perrayne, II, 29, 37.
Perret, I, 23.
Perry, I, 336.
Persy (De), I, 225.
Pérusseau, I, 363.
Petiot, II, 305.
Petit, II, 399, 406, 416.
Petit de la Guierche Saint-Amand, I, 127.
Petiteau, I, 177.

Petit-Jean (De), I, 287.
Petitpied, I, 45, 315 ; II, 374.
Philippe, I,.276; II, **180**, 409, 421, 479.
Philippon, II, 168.
Picard, II, 450.
Picault, I, 425.
Pichard, I, 256.
Pichon, II, 517.
Pichot, I, 80.
Picot, II, **165**, 517.
Pidoux, I, 170, 211; II, 33, 51, 61, 76, **168**, **172**, 174, **188**, 228, 320, 375, 388.
Pierre, Pierres, I, 23, 62 ; II, **194**, 368, 428, 517.
Pierrebuffier (De), II, 10.
Piet, I, 140 ; II, 517.
Pignonneau, II, **174**, 374.
Pignot I, **43**, 49, 353, 369 ; II, 19, **167**, **186**, **190**, **191**, 450, 469, 517.
Pillon, I, 27.
Pillot, I, 17, 161, 321 ; II, 30, 417.
Pinart, II, 253.
Pindray (De), II, 184, **192**, 360, 464, 517.
Pineau, I, 12 ; II, 96, **183**, 206, 336, 430, 498.
Pinet (Jean), receveur général des tailles en Poitou, I, XIII, XVII, XVIII, XIX.
Piniot. Voy. Pignot.
Pinon, intendant en Poitou, I, XXVIII.
Pinon-Chaigneau, I, 154.
Piot, II, 89, 483.
Piraud, I, 261.
Plouer (De), II, 413, 493, 517,
Plument, I, 232.
Plumet, II, 268.
Poignand, II, 96, 177.
Poispaille (De), II, **193**, 364.
Poitevin, II, 41 **187**, **195**, 215, 272, 296, 375, 426, 428, 497, 517.
Poivre (De), II, 486.
Poix (De), II, 279.
Polignac (De), I, 350.
Pommeraye, I, 275 ; II, 355, 402, 459, 492.
Pommier, II, 62.

Pons (De), I, 394 ; II, **166**, 360, 394, 464.
Pontbriand (De), II, 71, 83.
Ponté, I, 150.
Ponthieu (De), Pontieux (De), I, 107 ; II, 128, 464.
Pont-Lévesque (De), II, 64.
Pont-Roger (De), II, 428.
Popin, I, 175.
Porcheron, II, 101, 107, 175, 232, 375.
Porteau, II, 495.
Pot, I, 267, 277 ; II, 121.
Potier, II, 504.
Poudret, II, 32.
Pougnant, II, 375.
Poupart, I, 188 ; II, 499.
Poupeau, II, 173.
Poupiau, II, 27.
Poussard, II, 257.
Poute, I, 206 ; II, 308.
Poutrelle, II, 487.
Pouvreau, II, 98.
Prangilliers (De), I, 323.
Préaux (De), II, **194**, 403, 498, 517.
Pressac (De), I, 102, **163**, 287 ; II, 361, 517.
Preuille (De), II, 69, **184**.
Préveraud, II, 18.
Préverend, II, 486, 487.
Prévost, I, 196, 295, 321, 426 ; II, 116, **171**, **172**, **180**, 313, 323, 375, 397, 409, 417, 469, 517.
Prezeau (De), I, 169.
Prin, II, 236.
Prinsault, I, 48, 78, 232.
Priouzeau, I, 235.
Proust, II, 436.
Prouteau, I, 262.
Provost, I, 55 ; II, 18, 394.
Prudhomme, II, 388.
Prumeret, II, 489.
Pugnet, II, 450.
Puiffé, II, 485.
Puilouer (De), I, 170.
Puygirault (De), I, 146.
Puyguyon (De), I, 113 ; II, **186**, 361, 374, 394. Voy. aussi Granges de Surgères (De).
Puyrousset (De), II, **182**, 407, 444, 450.

Q

Quentin de Richebourg, intendant de Poitou, I, xxix, xxxii.
Querqui, II, **196**.

Quintard, II, 72.
Quivoy, II, 95.

R

Rabaine (De), II, 108.
Rabateau, I, 341.
Rabault, I, 122 ; II, **209**, 375.
Rabin (De), II, 160.
Raclet, II, 417, 497.
Racodet, II, **219**, **241**, 454, 517.
Racquet, I, 26 ; II, 243.
Raffoux (De), I, 94.
Rageau, II, 450.
Ragot, II, 390.
Ramberge (De), II, 242, **250**, 517.
Rambervillers (De), II, **234**.
Rampenoux, I, 206.
Rampillon, I, 337 ; II, 445.
Rampsay (De), I, xlvi ; II, **221**, 447, 452.
Rancon (De), I, 382.
Randal (De), I, 217.
Ranfray, I, xxxiii ; II, **246**, 451, 493, 517.
Rangot (De), I, **143**, 248, 274, **280**, **281** ; II, 162, 189, **253**, 271, 499, 505, 517.
Ranque (De), II, **236**, 433.
Raoul, I, 142 ; II, **222**, **226**, 406, 407, 469, 517.
Rapin, II, 220, 289.
Rasleau, II, 498, 499.
Rasselet, I, 94.
Rataud, I, 383 ; II, 489.
Ravard (De), II, 231.
Raveau, II, 248.
Ravenel (De), II, 57, 362.
Raymond (De), I, 102, 115, 284 ; II, 362, 469.
Raynard, I, 235.
Razay, II, 489.
Razes (De), I, 28 ; II, **223**, 517.
Rechignevoisin (De), II, 12, 36, 362, 384, 397.
Redet (L.), archiviste de la Vienne, cité, I, xxx.

Régnaud, Régnault, I, 52, 200, 262, 298 ; II, 60, 70, 138, 180, **212**, **213**, **216**, **217**, **226**, **231**, **237**, 370, 451, 470, 473, 517.
Régnier, I, 46, 99, 129, 335, 340, 408 ; II, **210**, **211**, **216**, **227**, **229**, **230**, **233**, 376, 397, 417, 437, 451, 470, 486, 517.
Régnon, I, 326 ; II, **249**, 429, 445, 517.
Regnou, I, 399.
Reillac (De), I, 219.
Remigiou (De), II, **232**, 433.
Remollard, II, 202.
Renault, II, 235.
Renouze (De), I, 211.
Reortheau, II, 248, 397.
Repin, I, 205 ; II, 110, 362, 377.
Reston, II, 274.
Resty, II, 376.
Rex (De), I, 383.
Ribier, II, **217**, 376.
Richard, I, 83, 196 ; II, **208**, 218, **228**, 290, 369, 388, 487, 517.
Richard (Alfred), archiviste de la Vienne, cité, I, v, xxxiv, xxxvi, lii.
Richebourg, II, 173.
Richelot, II, **217**, 417.
Richemont (De), II, 342.
Richer, II, **237**, 376.
Richer-Garnier, II, 470.
Richeteau, II, 76, 407, 498, 517.
Richier, I, 108, 170 ; II, 53, 311.
Richomme, I, 79.
Ridel, I, 332.
Riffault, I, 22 ; II, 4.
Riffault, juge de la Monnaie Poitiers, I, xxiii ; II, 334.
Rigault, I, 79, 331.
Rinquier, I, 183.
Rioul, II, 377.

Rioux (De), I, 165.
Ripaut, II, 517.
Rivaudeau (De), I, 73; II, **253**, 429, 517.
Rivecourt (De), II, 222.
Roatin, I, 99; II, 336, 376, 452.
Robert, I, 80, 153, 312, 398, 405, 406, 410; II, 82, 131, 179, **215**, **239**, 342, **246**, **248**, 280, 417, 423, 428, 449, 451, 527.
Robin, II, 99, 237, 409, 418, 499, 506.
Robineau, II, 82, 111, 126, **214**, 319, 428, 492, 494, 518.
Robion, I, 343; II, 337.
Rocas (De), II, 454.
Roche (De), I, 88.
Rochechouart (De), I, 215; II, 360, 362.
Rocher, II, 105.
Roffignac (De), II, 308.
Rogier, I, 88; II, 27, **198**, **200**, 248, 407, 517.
Rognon, II, 127.
Rohean (De), I, 397.
Roignon, I, xlv.
Rolland, I, 109, 314, 335.
Romagne (De), I, 21.
Romaigné (De), I, 280, 281; II, 254.
Romain, I, 306.
Romans (Fernand baron de), I, xxxiii, xxxiv.
Rondé, II, 275.
Rondeau, II, 240, 246.
Roole de Goursolas, II, 103.
Roquart (De), I, 220; II, **235**, 316, 464.
Roquet (De), II, 362.
Rorthays (De), I, 24, 338, 363; II, **214**, **241**, **243**, **244**, 425, 451, 470, 518.
Rosbert (De), II, 482.
Rossy (De), II, **213**.
Roudreau, II, 499.
Rouelle, II, 147.
Rougé (De), I, 23; II, 488.
Rougier, II, 377.
Rougnac, II, 518.
Rouhault, I, 311; II, 4, 417, 465, 473.
Rouillé, II, 284.
Rouillé du Coudray, intendant de Poitou, I, xv, xvi, xix, xlix.
Roujault, intendant en Poitou, I, xxviii.
Roulard, I, 423.
Roulleau, I, 301.
Roullin, II, **238**, 451, 470.
Roussaye (De), I, 370.
Rousseau, I, 36, 112, 263, 285; II, 35, 36, **201**, **219**, **233**, 336, 337, 347, 377, 388, 407, 451, 462, 470, 518.
Rousseau de la Parisière, trésorier de France à Poitiers, I, v.
Roussel, II, 302.
Rousselière (La), II, 123.
Roux, II, **210**, 377, 485, 486.
Roy, I, xlvii, 46, 125; II, **205**, 328, 337, 377, 406, 518. Voy. aussi Le Roy.
Royère (De), I, 207.
Royrand, II, 417.
Royrault, II, 160.
Rozière (De), I, 83.
Ruais (De), II, 413.
Ruys (De), II, 393, 445, 501.
Ryon (De), I, 7; II, 393, 445.

S

Sabouraut, II, 378.
Sacher, I, 9.
Saint-Allais, généalogiste, I, lii.
Saint-Amand (De), II, 9.
Saint-Amatour (De), I, 290.
Saint-Fief (De), I, **319**, 419; II, 380.
Saint-Gareau (De), I, **185**; II, 125, 363, 518.
Saint-Gelais (De), I, 129, 265; II, 9, 159, **257**, 464, 518.
Saint-George (De), I, **277**, **278**, 389; II, 228, 363, 394, 434, 464, 466.
Saint-Germain (De), II, 403.
Saint-Hilaire (De), II, 130, 151.
Saint-Jouin (De), II, 403.
Saint-Laurent (De), II, 18.

Saint-Léger (De), II, 159.
Saint-Legier (De), II, **261**, 518.
Saint-Martin (De), I, 27, 65, 132, 223 ; II, 318, 382, 464.
Saint-More (De), II, 157.
Saint-Mory (De), I, L; II, **257**, 312.
Saint-Quintin (De), I, 8.
Saint-Savin (De), I, **178**; II, 363.
Saint-Vaury (De), II, 393.
Sainte-Flaive (De), I, 426.
Sainte-Hermine (De), II, 433.
Sainte-Marthe (De), I, 372 ; II, 375.
Sainte-Marthe (Gaucher de), trésorier de France à Poitiers, I, IV.
Sainte-Maure (De), II, 403.
Saintré, I, 184.
Sajot, I, 371 ; II, **263**, **265**, 418.
Salbert, II, 452.
Salignac (De), I, 313 ; II, 84, 217, **258**, 363, 464.
Saligné (De), II, 425, 445.
Saligny (De), 270.
Salle (De), II, 518.
Sallo (De), I, 44, 256, 391 ; II, 82, 425, 445.
Salusse (De), **269**.
Salvert (De), II, 384, 501.
Sapin, II, 498.
Sapinaud, I, 69, 75 ; II, 74, 140, 248, 454.
Saragan, II, 436.
Sardain, II, **259**.
Sarode (De), I, **150**.
Saudelet, II, **267**, **268**, 418, 493, 505, 518.
Saulnier, I, 130 ; II, 324, 393.
Sauvestre de Clisson, II, 399.
Sauzay (De), I, XX, 44, **204**, 257, 330 ; II, 101, 356, 362, 370, 374, 383, 393, 394, 458.
Sauzay (Pierre de), sr de Boisferrand, I, XXI, XXII, LII à LIV ; II, 333, 341.
Savary, I, 326; II, **255**, 377, 418, 452.
Savatte, I, 67, 118, 147; II, 378.
Savignac (De), I, 354 ; II, 199, 518.

Sazilly (De), II, 384.
Schomberg (De), II, 445.
Scot, I, 226.
Selicher (De), I, 246, 257; II, 518.
Semaille (De), I, 26.
Senecterre (De), II, 363.
Seraize, I, 180.
Serin, II, 518.
Sermenton, II, **273**, 518.
Serpillon, II, 407.
Sertany (De). Voy. Certany (De).
Servanteau, II, **274**.
Sicard, II, 15.
Sicoteau, I, **13**, 390. Voy. aussi Cicoteau.
Sidrac de Saint-Mathieu, II, **266**.
Signy (De), II, 148, 386, 518.
Sillard, I, 151.
Siméon, II, 518.
Simon, I, 311, 373 ; II, 7, 37, 466, **272**, 396, 518.
Simonneau, I, 406 ; II, 378, 470, 518.
Sissay, (De), II, 518.
Sochet, I, XLVII ; II, 114, **271**, **273**, 378, 407, 452.
Soizy (De), II, 335.
Sonnet, II, **257**.
Sorbé (De), II, 106.
Sorgues (De), I, 303.
Soriau, II, 499.
Sornin (De), I, 67.
Sorny (De), II, 269.
Sourdeval (Ch. de), cité, I, XII.
Spoullet de Varel, receveur gén. des Aides à Poitiers et commis du traitant, I, XXVII, XXXI, XXXIV.
Stuart, II, 738.
Suire, I, 70 ; II, 518.
Sureau, II, 15.
Surgères (De). Voy. Granges de Surgères (De).
Suriette, II, 74.
Surineau, II, **270**, 429.
Suyrot, I, 47, 361 ; II, 212, **260**, **261**, **264**, 452, 471, 518.
Suzanneau, I, 40, 403; II, 327, 496.
Suzannet, I, 228 ; II, **256**, 452.

T

Tabarit, II, 440.
Tagaud, Tagault, I, 203 ; II, 164, **281**.
Taillefer de Montausier, II, 130, 145, 151, 429.
Tarrit, II, 471, 515.
Tassereau, I, 202, 203.
Taveau, I, 202, 233, 298, 309, 338; II, 121, 149, 251, **288**, **290**, **291**, **295**, 378, 471, 518.
Teillé, II, 518.
Tercé (De), I, 419.
Terrible, II, 27.
Terves (De), I, 19; II, 38, 184, **278**, 384, 403, 518.
Testu, I, 156.
Tessereau, I, 329 ; II, 175, 252, **296**, 471.
Texier, I, 236 ; II, 218, 288, **292**, 453, 471.
Teyssière (De), I, 117.
Thébault, II, 23, 31, 117, 161, 273, **278**, 394, 397, 471, 518.
Théronneau, I, 126, 228, 307 ; II, **275**, **276**, **280**, 418, 453, 518.
Thévenin, I, 159 ; II, **278**, **282**, 419.
Thevin, II, 138, 518.
Thianges (De), I, 223.
Thibaudeau, I, 160.
Thibault, I, 185, 210 ; II, 16, **286**, 378, 389, 398, 456, 471, 519.
Thibault de la Carte, I, 96, 105, 126, 206, 240 ; II, 35, **283**, 312.
Thireau, II, 453.
Thomas, I, 60, 74, 96, 184, 302 ; II, 57, 138, 388, 502.
Thomasset, II, 151, 196, 245, **286**, **290**, 429, 529.
Thomazeau, I, 409.
Thomé (De), II, 389.
Thomoneau, I, 48.
Thoreau, I, 287 ; II, 93, **293**.
Thoreau (Pierre), sʳ d'Assay, trésorier de France à Poitiers, I, xv.
Thoreau (René), sʳ de la Grimaudière, trésorier de France à Poitiers, I, v.
Thorigné (De), II, 413.
Thorigny (De), I, 139 ; II, 441, 445.
Thubert, I, 148 ; II, 149, 379.
Thubin, II, 421.
Thuys (De), II, 127.
Tinguy, I, 7, 228 ; II, 68, 69, **280**, 281, **287**, **289**, 418, 429, 453, 519.
Tiraqueau, I, 101, 248 ; II, **288**, 305, 379, 407, 453, 499.
Tison, II, 378.
Tisseuil (De), II, 364.
Tondreau, II, 168, 499, 519.
Torchard (De), I, 69.
Torchard de la Panne (De), chev. de Saint-Jean-de-Jérusalem, I, 44.
Torsé (De), II, 425.
Toscane (De), II, 464.
Tournant, I, 271.
Toutin (De), I, L.
Touvois (De), I, **249**.
Touzalin, II, **297**, 379.
Tragin (De), I, 86.
Tranchant, I, 133, 205 ; II, 453.
Tressard, II, 153, 406.
Trion (De), II, 364.
Trochard, II, 447.
Trochet, II, 389.
Trompondon (De), I, 419.
Tronchon, II, 139.
Trotin, II, 472.
Tudert, I, 331 ; II, 10, 320, 519.
Turgis (De), I, 79, 172.
Turpault, I, 50, 519.
Turpin, I, 99, 145, 219 ; II, 129, 388, 471.
Turpin de Crissé, I, 132.
Tusseau (De), I, 95, **152**, 200, 212, 228, 270, 345, 346, 408, 425 ; II, 223, 364, 465.
Tutault, II, 180, **277**, 398, 453.

U

Umeau, II, 155, 379.

Urvoy, II, **327**, 454.

V

Vacher, II, 379, 488.
Vaillant, I, 4 ; II, 369.
Valencienne (De), I, 314, **325**.
Valentin, I, 229 ; II, 364.
Vallée, II, 54.
Vallenches (De), II, 212.
Vallier, I, 146.
Vallois (De), I, 121 ; II, 464.
Valodes (De), I, 100.
Valzergue (De), I, 34.
Vandel (De), I, 119 ; II, 364, 519.
Vannes (De), I, 203 ; II, 230, 233.
Varenne (De), I, 26, 151.
Vassault (De), II, **323**, 364, 453, 519.
Vassé (De), II, **319**, 364.
Vasselot (De), 135, 237, 294 ; II, 79, 297, **313**, **315**, 398, 471.
Vatable, II, 454.
Vatelet, II, **307**, **325**, 519.
Vaucelle (De), I, 11 ; II, 384, 398, 403.
Vaudrais (De), I, 181.
Vaugirault (De), I, xxxiii, **295**, **315**, 413.
Vaussy (De), I, 69.
Vautier, I, 43.
Vaux (De). Voy. Devaux.
Vay (De), I, **296**.
Vaz de Mello, II, 429, 496.
Veau, II, 388, 500.
Védrenne, II 294.
Veillat, II, 210, 227.
Veillechèze (De), I, 125, 202, 355 ; II, 167.
Vendée (De), II, **319**, 445.
Verdalles (De), I, 224.
Verdier, II, 37.
Verdillac (De), II, 490.
Vergnault, II, **323**, 389, 398, 408, 472, 519.
Vérinaud, I, 241, 329 ; II, 88, 185, 294, 296, **321**, **322**, 379.
Vernay (De), II, 43.
Verneaud (De), I, 234.

Vernède (De), II, 462, 502.
Verneuil, II, 223.
Vernou (De), I, 230 ; II, **314**, 358, 398.
Verré, II, 408, 519.
Verrier (De), I, 181, 187, 496.
Verrine (De), II, 364, 425, 482, 491, 519.
Verron, II, 176.
Versole (De), I, 37.
Verteuil (De), I, 126 ; II, 280, **322**, 454, 519.
Verthamon (De), II, **307**, 365.
Veslon, II, 379.
Vessac (De), II, 364.
Vétat (De), II, **326**.
Veulle (De), II, 492.
Vexiau, I, 166.
Vexin (De), II, 269.
Vezeau (De), II, **316**.
Vezien, I, 424 ; II, 369, 519.
Vilart (Louis), prieur de Montournois, cité, I, 377.
Viallet (Claude), fermier des francs-fiefs, I, xxvi.
Viault, II, **311**, 398, 450, 472, 507, 519.
Vidard, I, 36, 132, 289, 292 ; II, 31, **301**, **304**, **309**, 342, 379.
Vidault, I, 412.
Vieillechèse (De). Voy. Veillechèze (De).
Viet, II, 227.
Viette, I, 368.
Vieux (De), II, 403, 498.
Vigier, I, 348 ; II, 472.
Vigier de Moussy, I, 195.
Vigoureux, II, 133, 247.
Viguier, II, 219.
Villedon (De), I, 106, 117, 245 ; II, 8, 103, 126, **310**, **318**, 365, 394, 459, 465.
Villelune (De), II, 365.
Villeneuve (De), I, 38, 248, 315 ; II, 445.

Villequoy (De), II, 234.
Villers, II, 519.
Villiers (De), I, xxxii, 47, **136** ; II, 286, **320**, 465, 473, 519.
Vincent, II, 379, 485.
Vinet, I, 39, 114, 128, 356, 405, 417, 418, 451, 498.
Vinsonneau, I. 112.
Vivonne (De), II, **309**, 465.

Voisin, II, 246.
Volvire (De), I, 182.
Voullon (De), II, 219, 241, **318**, **324**, 398, 434, 519.
Voussard, II, 72.
Voyer, I, 258 ; II, 222, 418.
Voyneau, II, 131.
Voyons (De), II, **325**.

X

Yonques, II, **25**, 398.
Yvert, II, 28.

Yvon, II, 454.

TABLE

DES NOMS DE LIEUX

COMPRIS DANS LES DEUX VOLUMES DES MAINTENUES DE NOBLESSE [1].

A

Abbeville, I, xxxvi.
Abin, I, 135.
Absie (L'), I, 382.
Adilly, II, 254, 457.
Adon, I, 424.
Adriers, II, 321.
Adroits (Les), II, 452.
Age (L'), I, 168, 176, 297 ; II, 71, 226, 316, 353, 455, 482.
Age-Bourget (L'), II, 295.
Age-Courbe (L'), II, 338.
Age-Gandelin (L'), I, 178.
Age-Maubretière (L'), II, 268.
Ages (Les), I, 78, 347 ; II, 201, 365.
Aiffres, I, 53 ; II, 238, 340.
Aigonnay, I, xlv, 120, 237, 519.
Aigrefeuille, II, 432, 440.
Aissenat, I, 174 ; II, 351.
Aitz, II, 509.
Aizec, II, 486, 487.
Aizenay, I, 65.
Ajassière (L'), II, 353.
Albrise, II, 460.
Allerit, II, 519.
Allonne, I, 95, 411.

Alloue, II, 72, 84.
Amaillou, I, 108.
Ambérac, II, 213.
Amberre, I, 118.
Ambreuil, II, 458.
Amiette, I, 276.
Amoncourt, II, 269.
Anché, I, 98 ; II, 403.
Andillé, I, 187.
Andilly, II, 499.
Angellerie (L'), II, 339, 430.
Angers, I, xxxvi.
Angle I, xxx ; II, 260, 397, 518.
Angoulins, II, 430.
Anguille (L'), II, 511.
Anguitard, II, 257.
Annemarie, II, 315.
Ansigny, II, 158.
Ansonnière (L'), I. 9, 403 ; II, 413.
Anthenet, I, 356 ; II, 513.
Antigny, I, 314.
Antoigné, I, 88.
Anzec, I, 114 ; II, 342.
Apremont, I, 273 ; II, 87.
Arçais, I, 344, 408 ; II, 466.

---

1. De même que pour les noms de famille compris dans la Table précédente, il nous a été impossible de distinguer et d'identifier les lieux portant le même nom, et nous classons les homonymes sous le même article. Nous avons dû aussi renoncer à toute indication géographique concernant les localités. En présence du développement considérable qu'ont pris ces deux Tables, notre manière de procéder, toute sommaire qu'elle soit, a été ratifiée par une décision de la *Société des Archives historiques du Poitou*.

Archesserie (L'), II, 514.
Archiais, I, 293 ; II, 423, 512.
Ardancourt, II, 91, 515.
Ardilleux, II, 171.
Ardilliers (Les), II, 447.
Ardouinière (L'), II, 483, 510.
Argentine, II, 366, 404.
Argenton, I, 93.
Arlouin, I, 317.
Arnollières (Les), II, 377, 406, 518.
Arpans (Les), II, 136.
Ars en Saintonge, II, 393.
Arsonnières (Les), II, 37.
Artigny, I, 412.
Artuserie (L'), II, 16, 396.
Asnière, I, 227, 345, 348, 367, 425 ; II, 309, 368, 490, 508.
Asnois, II, 125.
Aspois (Les), I, 405.
Assay, I, xv ; II, 293.
Asson, I, 17, 84 ; II, 408.
Astré, I, 223.
Aubanie, I, 279 ; II, 338.
Aubier (L'), II, 423.
Aubière, II, 487.
Aubiers (Les), II, 346, 439.
Aubigeoux, I, 302.
Aubigny, I, 87, 423 ; II, 83, 242, 353.
Aubonnière (L'), II, 509.
Aubouinière (L'), I, 201, 197 ; II, 426.
Aubraye (L'), II, 466, 514.
Aubrie (L'), II, 465.
Aubrière (L'), I, 362 ; II, 501.
Aubuge (L'), II, 338.
Aubus (Les), I, 249 ; II, 344.
Auby, I, 219.
Audairie (L'), Voy. Laudairie.
Audonnière (L'), I, 404, 449.
Audouinière (L'), II, 406.
Audrières (Les), II, 299.
Augé, I, 215.
Aulnay, I, 14 ; II, 511.
Aulnays (Les), II, 262.
Auxances, II, 223.
Auzay, II, 104, 288, 336, 358, 398, 399, 469.
Auzon, II, 257.
Availles, I, 96 ; II, 83, 211, 376, 397.
Availles-lès-Chizé, I, 105.
Avanton II, 335.
Avaud, I, 375.
Avayole, I, 93.
Ayron, II, 27, 248, 370.
Aytré, I, 111 ; II, 435.
Azac, I, 90.

B

Babinière (La), II, 516.
Baches, II, 484.
Badevillain, I, 193 ; II, 360.
Badonnière (La), II, 361.
Bagné, II, 369.
Bagneux, I, 255 ; II, 379.
Baignac, I, 83.
Baigné, II, 1, 6.
Bailly, II, 269.
Bajonnière (La), II, 246, 493, 517.
Balentru, I, 359 ; II, 156, 369.
Balleran, II, 485.
Ballon, I, 50 ; II, 432, 509.
Banaux (Les), II, 515.
Baraud (Le), II, 471.
Barautières (Les), I, 255.
Barbateau (Le), II, 368.
Barbelinière (La), II, 34.
Barberie (La), II, 260, 454.
Barbière (La), I, 114 ; II, 82, 518.
Barbinière (La), I, 42 ; II, 247, 413, 502, 510.
Barbotière (La), II, 349.
Barde (La), II, 56, 57.
Bardonnière (La), II, 462.
Bardouzière (La), I, 172.
Barlotière (La), II, 354.
Barme, II, 460.
Baron (La), II, 346.
Baronnière (La), I, 374 ; II, 350.
Barotière (La), I, 410 ; II, 128, 145, 326, 449, 516.
Barre (La), I, 112, 293 ; II, 209, 313, 338, 398, 443, 453, 455, 482, 502, 516, 518.
Barré (Le), II, 72.
Barre-Blanchère (La), II, 409, 438.
Barre-Pouvreau (La), II, 38.
Barre-Saint-Juire (La), II, 216, 451.
Barres (Les), I, 289.
Barre-Tranchant (La), I, 133.
Barrette (La), II, 328, 428, 435.

Barrières (Les), I, 318, 513.
Barrou, I, 143, 280 ; II, 254, 271, 397, 505.
Barrouère (La), I, 341.
Basinière (La), I, 332 ; II, 482.
Basses-Rues, II, 408.
Bassetière (La), II, 125, 126, 428, 512.
Bastides (Les), II, 146.
Bataillé, II, 79.
Batardois (La), II, 418, 443.
Bâtiments (Les), II, 362.
Bauberdière (La), II, 385.
Baubetière (La), I, 208.
Bauchonnière (La), II, 450.
Bauday, I, 118.
Baudinière (La), II, 354, 483.
Baudonnière (La), II, 57.
Baugisière (La), I, 30, 191 ; II, 437.
Baunay, II, 323.
Baussay, II, 396.
Bazoges, II, 346.
Béarn (Province de), I, XII.
Beauchamp, II, 279, 361, 488, 512.
Beauchêne, II, 423, 451, 515.
Beaudéduit, I, 208.
Beaufort, II, 89, 246, 386.
Beaujeu, II, 383.
Beaulieu, I, 183, 189, 198, 217, 247, 275, 307, 358, 405 ; II, 26, 244, 361, 366, 375, 383, 384, 426, 428, 445, 465, 468, 469, 493, 495, 501, 548.
Beaulieu-sur-Mareuil, I, 400.
Beaumanoir, I, LII, 226, 273 ; II, 14, 515.
Beaumarchais, II, 174, 374.
Beaumont, I, XLVII, 252 ; II, 5, 33, 370, 440.
Beaumont-Trallebot, II, 467.
Beaupré, I, 205 ; II, 92, 412, 423.
Beaupuy, I, 45 ; II, 213, 217, 346, 351, 360, 423, 428, 464, 470.
Beauregard, I, 41, 103, 260, 314, 399 ; II, 76, 124, 162, 189, 240, 245, 259, 325, 394, 407, 412, 433, 434, 463, 470.
Beaurepaire, I, 204, 205, 342, 409 ; II, 268, 363, 367, 383, 395, 403, 404, 414.
Beauséjour, II, 213.
Beauvais, I, 99, 191 ; II, 17, 184, 336, 370, 384, 387, 404, 414, 498.
Beauvoir, I, 103 ; II, 376.
Beauvoir-sur-Mer, II, 286.

Bécelat, II, 27.
Béceleuf, I, 44, 66.
Bedaudière (La), II, 378.
Bedoutière (La), II, 255, 418.
Bégrolle, II, 472, 510.
Bélébat, II, 490.
Belhomme, II, 355, 485.
Bellangerie (La), II, 385, 500.
Bellay (Le), I, 124 ; II, 286, 519.
Belle-Epine, I, 264.
Bellefond, II, 2, 137, 147, 355, 405, 494, 512, 514.
Bellefoye, II, 511.
Bellemothe, II, 212, 517.
Bellencizière (La), I, 254 ; II, 518.
Belletière (La), II, 377, 452, 489.
Belleville, I, 9, 13, 57 ; II, 198, 346, 407, 419.
Bellignier, I, 161.
Bellin, II, 402, 406, 499.
Bellinière (La), II, 59, 515.
Bellotière (La), II, 484, 485, 509.
Bellourie, II, 455.
Benatonnière (La), II, 419, 509.
Beneste, II, 503.
Bérandière (La), II, 488.
Bérangerie (La), II, 414.
Béraut (Le), II, 337.
Bergerie (La), I, 205.
Bergeriou (Le), I, 114, 127.
Berlande, I, 173.
Berlandière (La), I, 241.
Berlière (La), I, 360 ; II, 367, 395.
Bernagout, II, 34, 513.
Bernardière (La), II, 108.
Bernay, II, 337.
Béroute, II, 375.
Bertaudière (La), II, 449.
Bertière (La), II, 451.
Bertinières (Les), I, 242 ; II, 355.
Bertonnière (La), II, 418.
Bertrandière (La), II, 162.
Béruges, II, 34, 514.
Besné, I, 134, 244.
Bessac, I, 117, 245 ; II, 360.
Bessay, I, 51, 52.
Bessé, I, 360 ; II, 120, 345, 367.
Bessière (La), I, 360 ; II, 367, 395, 452, 471.
Bessine, I, 102.
Bessons (Les), II, 405.
Bessy, I, V.
Bethon, I, 165 ; II, 347.
Beugnon (Le), II, 417, 434, 468.
Biard, II, 405, 515.
Bigorne, I, 173.

Bigotières (Les), I, 397 ; II, 249.
Billardière (La), II, 174.
Bironnière (La), II, 364.
Bissière (La), II, 261, 397, 518, 519.
Blachessière (La), II, 515.
Blanc (Le), I, 316 ; II, 147.
Blanchardière (La), I, 249, 251 ; II, 441, 455.
Blanchère (La), II, 425.
Blandinière (La), II, 443.
Blanzac, I, 93; II, 342.
Blanzais, I, 110.
Blet, I, 8.
Blond, I, 90.
Blouère (La), I, 107, 142.
Bobinière (La), II, 436, 451, 499.
Bodelière (La), II, 96.
Bodinière (La), II, 205, 347, 377, 405, 518.
Bodinières (Les), I, 22.
Boilinière (La), II, 72.
Boireau, II, 419.
Bois (Le), I, 327 ; II, 5, 402, 445, 459.
Bois (Les), II, 489.
Boisame, II, 162, 189.
Boisbaudran, II. 401.
Bois-Bazet, I, 184.
Bois-Belet, II, 349.
Boisbertier, II, 396.
Bois-Bertrand, II. 287.
Bois-Chapeleau, II, 319, 445.
Bois-Clos, II, 422, 513.
Bois-Commun, II, 349.
Bois-Corbeau (Le), II, 412.
Boiscoutault, II, 104, 372.
Bois-d'Angirault (Le), II, 399.
Bois-de-Chollet (Le), I, 129 ; II, 410, 422.
Bois-de-Luché (Le), I, 279, 293 ; II, 338, 353.
Bois-de-Roche, I, 210.
Bois-de-Sanzay (Le), II, 512.
Bois-des-Perches (Le), I, 148 ; II, 385.
Bois-de-Vert, I, 350.
Bois-du- Chillou (Le), II, 383.
Boisferrand, I, xxi, 204 ; II, 101, 362.
Boisfossé, II, 246, 428.
Boisgarnaut, II, 419.
Boisgendrier, II, 422.
Boisgigon, II, 174, 374.
Boisgorand, II, 379.
Boisgrenier, I, 37 ; II, 350.

Boisgrolier, II, 372.
Bois-Imbert, II, 393, 442, 445.
Bois-Joulin, II, 429, 496.
Boislambert, II, 99, 250, 517.
Boislibaud, II, 497.
Boisliniers, II, 151.
Boislivière, II, 286, 429.
Boismartin, II, 516.
Bois-Masson, I, 80 ; II, 425, 454, 495.
Boisménard, II, 257.
Boismin, II, 482.
Boismorand, I, 314, 381.
Boismorin, II, 388.
Boismort, II, 94, 464.
Boisnerbert, I, 353 ; II, 445, 513.
Boisneuf, II, 281.
Bois-Plaisant, II, 270.
Bois-Porchet (Le), II, 67.
Boisragon, I, 116 ; II, 390.
Bois-Rezet, I, 120; II. 390.
Bois-Robinet, II, 461, 514.
Boisroger, II, 365, 394.
Boisrond, I, 236; II, 512, 513, 518.
Boisrousseau, I, 216.
Bois-Roux, II, 448.
Bois-Sableau, II, 496.
Boisse, II, 387.
Boisseau, II, 426.
Boisselière (La), I, 121.
Boisserolle, I, 223.
Boissetelle (La), II, 407.
Boissière (La), I, 142, 352, 402 ; II, 33, 54, 258, 341, 377, 462, 470.
Boissonnière (La), II, 290, 519.
Boissoudan, II, 104, 132, 516.
Boistifray, II, 442.
Boistillé, II, 35, 36, 370, 467.
Boistissandeau (Le), I, 244 ; II, 4, 416.
Boistizon, II, 17.
Boistrie (La), II, 491.
Boisvert, II, 126, 359.
Boitardière (La), II, 380.
Boivignault, II, 49, 74, 144.
Bondilly, II, 389, 408.
Bonil, I, 274.
Bonnardelière (La), II, 93.
Bonnaudière (La), II, 336.
Bonnefond, II, 338, 455.
Bonnelière (La), I, 258.
Bonnemaison, II, 507.
Bonneries (Les), II, 431.
Bonnetie (La), II, 361.
Bonnetière (La), I, 58, 300 ; II, 418, 494.

Bonneuil, II, 8, 314, 398.
Bonneuil-Matours, I, 267 ; II, 130.
Bonnière (La), I, 308.
Bonninière (La), I, 61.
Bononière (La), II, 292.
Bord, II, 503.
Borde (La), I, 304 ; II, 259.
Bordes (Les), I, 194, 315, 330 ; II, 47, 374.
Borderie (La), II, 108.
Bordinière (La), II, 92.
Borie (La), II, 63, 351.
Borinière (La), I, 126.
Borlière (La), II, 212.
Born, II, 346.
Boscherie (La), II, 135.
Bosse (La), II, 123.
Bost (Le), 1, 27, 65, 241 ; II, 224.
Bouchaud (Le), I, 354 ; II, 88.
Bouchaux (Les), II, 367, 440.
Bouchelière (La), I, 22, 40.
Boucherie (La), I, 49, 307 ; II, 137, 275, 418, 510, 516.
Boucheron (Le), I, 130.
Bouchet (Le), I, 102, 155, 373 ; II, 337, 345, 355, 396, 498.
Boucheterie (La), I, 340.
Bouchetière (La), II, 19, 396, 514.
Bouchetières (Les), II, 304, 309.
Bouchiat (Le), II, 46, 515.
Bouchollière (La), II, 354.
Bouère (La), II, 514.
Bouet (Le), II, 436.
Boufferé, I, 134, 244.
Bougraigne (La), I, 378.
Bouige (La), I, 67 ; II, 339.
Bouildroux, II, 502.
Bouillé, I, 233 ; II, 207, 509.
Bouillé-Loret, II, 38.
Bouillé-Saint-Paul, II, 408, 499.
Bouin, I, 270 ; II, 93.
Bouinière (La), II, 356, 462.
Boulandière (La), II, 185.
Boulaye (La), I, 279 ; II, 387, 418, 453, 501.
Boulinière (La), II, 466.
Boulle (La), II, 444.
Boulles (Les), II, 210, 227, 470, 517.
Boulogne, I, 17, 226.
Boulzat, II, 364.
Bourbelière (La), I, 170 ; II, 352, 401.
Bourcavier, II, 366.
Bourdillière (La), I, 158 ; II, 344, 401, 519.

Bourdinières (Les), II, 51, 352, 416.
Bourelière (La), II, 510.
Bouret, II, 512.
Bourg-Archambault, II, 338, 488.
Bourges, I, xxxvi.
Bourgesse (La), II, 322, 379.
Bourget (Le), II, 30.
Bourgneuf, I, 241 ; II, 211, 365, 390, 393, 417, 439, 468, 489, 502, 510, 516, 518.
Bournais, II, 184.
Bournalière (La), II, 519.
Bournéc (La), I, 306.
Bournerie (La), II, 373, 484.
Bournezeau, II, 192, 323, 389, 398, 472.
Bourniseaux, I, 342 ; II, 404.
Bourot (Le), I, 194.
Boussay, II, 353, 379, 386, 392.
Bousserolle (La), I, 286.
Boussière (La), II, 399.
Boutaudière (La), I, 25.
Boutetière (La), II, 471, 480, 450.
Boutrochère (La), I, 36, 228 ; II, 344.
Boyneau, II, 472.
Bracheterie (La), I, 176.
Brachettière (La), I, 16, 47 ; II, 437, 510.
Braillière (La), II, 359, 413.
Bramfan, II, 511.
Brandanière (La), I, 402 ; II, 244, 414.
Brandeau (Le), II, 513.
Brandinière (La), II, 268, 269.
Brandois, II, 513.
Branle (La), II, 108.
Brassetière (La), II, 111.
Braudière (La), II, 265, 362.
Brèche (La), II, 202, 251.
Bréchoire (La), II, 191, 502.
Bregères (Les), I, 255.
Brémaudière (La), I, 289 ; II, 518.
Brenegou, II, 151.
Bressaire II, 503.
Bressuire, I, 76, 276 ; II, 24.
Bretagne, II, 297.
Bretagne (Province de), I, xi, xii.
Bretagnerie (La), II, 272.
Bretaizière (La), II, 182, 444.
Bretaudière (La), II, 115, 131.
Bretèche, II, 410.
Breteuil, I, 188.
Brethé, II, 376.

Bretonnière (La), I, 211 ; II, 350, 492, 512.
Brette, II, 218, 469, 490.
Breuil (Le), I, 107, 118, 306, 319, 352, 364, 420, 422 ; II, 236, 240, 245, 260, 293, 327, 335, 341, 349, 365, 366, 391, 397, 411, 416, 417, 424, 431, 432, 439, 412, 443, 451, 454, 456, 484, 498, 515.
Breuil-au-Secret (Le), II, 430.
Breuil-Bastard (Le), II, 66.
Breuil-Cartais (Le), I, 135 ; II, 349, 391, 458.
Breuil-d'Aigonnay (Le), I, 119.
Breuil de Prailles (Le), II, 318, 398.
Breuil de Sommeville (Le), II, 430.
Breuil-Dinac (Le), II, 469.
Breuil-Dissé (Le), I, 131.
Breuillac (Le), I, 269; II, 311, 365, 459, 472.
Breuil-Mayrault (Le), I, 204 ; II, 362, 393.
Breuil-Vinguier (Le), II, 61.
Brézé, I, 392.
Briacé, II, 512.
Briandière (La), I, 13, 38, 82 ; II, 436.
Briaude (La), I, xlvii, 335; II, 335.
Briaudière (La), II, 437.
Brie, II, 510.
Brières (Les), II, 174.
Brieul. Voy. Breuil (Le).
Brigueuil, I, 288.
Brilhac, I, 109, 235; II, 363.
Brion, II, 510.
Brissonnière (La), II, 519.
Brizay, II, 355.
Brochetière (La), II, 210, 212, 227, 344, 376, 456, 470, 489, 517.
Brossardière (La), I, 264; II, 464, 496, 512.
Brosse (La), I, 26, 236; II, 89, 92, 465.
Brosse-Ligaut (La), II, 404, 513.
Brosse-Moreau (La), II, 406.
Brosses (Les), I, 255, 296 ; II, 5, 353, 356.
Brouaudière (La), II, 361, 386.
Broue (La), II, 1, 140, 369, 504.
Brousse (La), I, 193; II, 309, 341, 349, 351, 415, 422, 483.
Brousses (Les), II, 362, 464.
Brouzils (Les), II, 265.
Bruchardière (La), II, 430.
Bruère (La), II, 434.
Bruères (Les), II, 374.
Brulonnière (La), I, 193; II, 91, 360.
Brun (Le), II, 320.
Brunalière (La), II, 208, 388.
Brunelière (La), I, 87.
Brunetière (La), II, 346, 404, 519.
Brunette (La), II, 361, 394, 464.
Brunière (La), II, 274, 411.
Brux, I, 335.
Bruyères (Les), II, 501.
Buardière (La), I, 32.
Bucherie (La), II, 199.
Buchignon, II, 442.
Bugaudière (La), II, 491.
Buhel, II, 68.
Buignon (Le), I, 151, 310, 328.
Buisson (Le), I, 336; II, 455.
Buons (Les), II, 157.
Burbure, II, 65, 405.
Burcerie (La), I, 80; II, 510.
Bureau (Le), II, 472.
Burons (Les), II, 86.
Busseau (Le), I, 292, 408; II, 59, 417.
Busseroux, II, 301.
Busseuil, II, 389.
Bussière (La), I, 195, 208, 233, 234, 250, 259; II, 295, 345, 365, 370, 371, 378, 420, 458.
Bussière-Boffy, I, 215; II, 307.
Bussy, II, 371.
Bussy-Fontaine, I, 79.
Butré, I, 420, 422; II, 366.

C

Cadrie (La), II, 487.
Cadussière (La), II, 416, 418, 427.
Cafinière (La), I, 160; II, 517.
Caillaudière (La), II, 166, 360, 394.
Caillerie (La), II, 467.
Cailletière (La), II, 108.
Callais, II, 439, 448.
Calou, II, 462.
Caltret, I, 14.
Canclos, II, 92.
Candreau (Le), I, 404.

Cantinière (La), I, 114; II, 341, 409, 423.
Cantitière (La), II, 507.
Caradreux, I, 17, 84; II, 408.
Caresmière (La), II, 485.
Carrelière (La), II, 485.
Carrière (La), I, 217.
Cars (Les), II, 489, 513.
Carte (La), I, 96, 242; II, 283, 355, 378, 398, 471, 519.
Casade (La), I, 217.
Case (La), I, 391.
Castelnau, I, 302.
Catelinière (La), II, 517.
Catenalière (La), II, 415.
Caulnay, I, 139, 140.
Cé, II, 235.
Ceaux, II, 363, 368, 390, 464. Voy. aussi Saulx.
Celles, II, 261.
Cenan, I, 147; II, 501.
Cenon, I, 177.
Céré, II, 359, 393.
Cerisay, I, 238, 379; II, 135.
Cerné, I, 360.
Cersay, I, 275 ; II, 498.
Cervaux, I, 386.
Cesé, I, 284.
Chabannais, I, 27.
Chabanne, II, 500.
Chabannière (La), II, 360, 486, 487.
Chabossière (La), II, 430.
Chabrot, I, 206.
Chaigneau (Le), I, 133.
Chail (Le), II, 164, 517.
Chaillé, II, 299.
Chaillou (Le), II, 172.
Chaine (La), II, 484, 485, 508.
Chaize (La), II, 136, 425, 445, 484.
Chalade (Abbaye de la), I, 129.
Chalençon, II, 137, 146.
Chalandeau, II, 372.
Chalandry, I, 235, 273; II, 442, 512.
Chaligny, II, 249, 429, 445, 517.
Challais, II, 196.
Challans, I, 77; II, 188, 247.
Chalonnes, I, 346.
Chalonnière (La), II, 283, 378, 396, 471.
Chambaudière (La), II, 355, 402, 459.
Chambert, II, 77.
Chambon, I, 58, 407; II, 514.
Chambonière (La), I, 424.
Chambonneau, II, 337.

Chamborant, II, 353.
Chambort (Le), II, 5, 364, 484.
Chambre (La), II, 117, 490.
Chambron, I, 362.
Chamlebon, II, 56.
Chamousseau, II, 366.
Champagnac, II, 486.
Champagne (Province de), I, XLIII, XLIV.
Champagné, I, 326; II, 444, 502, 510, 519.
Champagné-Saint-Hilaire, I, 225, 319.
Champallard, I, 14.
Champanoise (La), II, 511.
Champblanc (Le), I, 260.
Champdeniers, II, 362.
Champdevaux, II, 211, 376, 417, 470.
Champdolent, II, 373, 489.
Champeaux, I, 83, 365 ; II, 211, 223, 348, 437.
Champetin, II, 269.
Champignolles, I, 356 ; II, 369, 513.
Champigny, I, 287.
Champmargou, I, 214; II, 391.
Champmeignan, I, 199; II, 513.
Champneuf, II, 411.
Champnois, I, 67; II, 339.
Champolant, II, 440.
Champory, II, 381.
Champrond, II, 124, 319, 352.
Champroux, I, 405.
Champs (Les), I, 365; II, 261, 371, 397, 452, 471.
Chandoré, II, 326.
Chanolière (La), I, 73, 74; II, 511.
Chantecaille, II, 396.
Chantecourt, II, 22, 23, 30, 467.
Chantefin, II, 409.
Chanteloup, II, 24, 203, 516.
Chantelouve, II, 368.
Chantemerle, II, 320, 459, 465, 473.
Chantemerlière, II, 349.
Chantenay, II, 377, 452.
Chantoizeau, I, 101.
Chaon, II, 82, 248, 449, 451, 517.
Chapelets (Les), I, 376; II, 191.
Chapelle (La), I, 119, 229, 297 ; II, 345, 374.
Chapelle-au-Lis (La), II, 133.
Chapelle-Bâton (La), I, 116, 189.
Chapelle-Gaudin (La), I, 389.
Chapelle-Vivier (La), I, 197, 298.
Chapelles (Les), II, 338.

Chaponay, I, 135,
Charassé, I, 112; II, 342.
Chardière (La), II, 256, 452.
Charlet, I, 271.
Charmellerie (La), II, 493.
Charouillière (La), I, 73 ; II, 426, 429.
Charpenterie (La), II, 511.
Charrais, I, 286.
Charrault (Le), II, 99.
Charrault de Fleix (Le), I, 222.
Charrie (La), I, 260, 305.
Charrière (La), I, 199; II, 90.
Charriette (La), II, 420.
Charroux, II, 7.
Chartres (Les), II, 236.
Charzay, I, 312.
Chaslettrée (La), II, 507.
Chasnais, II, 128.
Chassaigne, II, 150.
Chassay, I, 272; II, 404, 512
Chasselandière (La), II, 416.
Chasseneuil, II, 316.
Chassenigou, II, 373, 374, 489.
Chassenon, II, 118, 440.
Chassenon-le-Vieil, II, 449.
Chassonville, II, 450.
Chatain, I, 207; II, 185, 317, 348.
Château (Le), I, 206, II, 32, 348, 421.
Château-Boisroux (Le), II, 70.
Châteaubriant, I, 378.
Châteaubrun, II, 485.
Château-Couvert, II, 394.
Château-Fromage, II, 327.
Château-Gaillard, I, 41, 196, 267, 335, 424; II, 368.
Châteaugarnier, II, 151.
Châteaugontier, II, 202.
Château-Guibert, I, 249; II, 516.
Châteaumur, II, 98, 406, 415.
Château-Musset, II, 352, 443.
Châteauneuf, I, 236, 292; II, 164, 367.
Châteauroux, II, 440.
Châteauvieux, I, 370 ; II, 421.
Châteigner (Le), II, 315.
Châteigneraie (La), I, 122.
Châtelaillon, I, 350; II, 435.
Châtelet (Le), II, 363.
Châtellerault, élection, I, v, vi ; — ville, 331.
Châtellier (Le), I, 84, 205, 275, 379; II, 285, 437.
Châtellier-Monbault (Le), II, 424.
Châtelliers (Les), II, 158, 226, 383, 393, 411, 517, 518.

Châtenet (Le), II, 377, 452, 461, 495.
Châtillon, II, 194, 319, 364, 365, 403, 498, 517.
Chatreuil, I, 42.
Chauché, II, 411.
Chaufye (La), I, 336.
Chaulière (La), II, 347, 494.
Chaume (La), I, 51, 249, 318; II, 70, 275, 296, 344, 439, 468.
Chaumeil, I, 155; II, 53.
Chaumes (Les), I, 405, 406, 416; II, 438, 447, 455, 489.
Chaumille, II, 515.
Chauminière (La), II, 418.
Chaumont, I, 140, 148, 175; II, 369.
Chaumusson, II, 95.
Chauniers (Les), II, 409.
Chaurade (La), II, 181.
Chauray, I, 8 ; II, 392.
Chauruée (La), II, 181.
Chauson (Le), I, 181.
Chaussée (La), I, 214, 409; II, 60, 89, 372.
Chaussée de Renoué (La), I, 308.
Chausseraye, II, 405, 450.
Chauvelière (La), II, 282, 468.
Chauvetière (La), I, 42; II, 129, 150, 374, 389, 500, 510.
Chauvigny, I, 112 ; II, 175, 176.
Chauvin, I, 210 ; II, 460.
Chauvinière (La), II, 214, 273, 483 518.
Chaux (La), II, 13.
Chavigné, II, 408.
Chazay, I, 214.
Chebassière (La), II, 361.
Chémerault, II, 346, 516.
Chemins-Rouges (Les), II, 435.
Chenardière (La), II, 389, 501.
Chenay, I, 422 ; II, 350.
Chêne (Le), II, 48, 79, 351.
Chéneché, II, 351.
Chénepin, II, 318, 364, 365, 394.
Chênes (Les), I, 86.
Chenet (Le), I, 417.
Chénevelles, I, 145.
Chêne-Vert (Le), I, 126 ; II, 439.
Chenolière (La), II, 409.
Chéraudrie (La), I, 299.
Chernière (La), II, 502.
Chéronnière (La), II, 404.
Cherveux, I, 209, 210.
Chesnaye (La), II, 471.
Chesneau, (Le), II, 439, 468.

Chesnelaye (La), II, 180.
Chesnelière (La), I, 413; II, 421.
Chétardie (La), II, 472.
Cheusse, I, 32; II, 435.
Chevalerie (La), I, 8, 10, 167, 368; II, 19, 509.
Chevestelière (La), I, 72; II, 420, 510.
Chevrelière (La), II, 310, 365, 465.
Chevrie (La), I, 93.
Cheys, I, 232; II, 223.
Chézeaux (Les), I, 140, 332; II, 343.
Chézelle, II, 232, 431.
Chilleau (Le), I, 199.
Chilloc, I, 93.
Chillois, II, 368.
Chillou (Le), I, 137, 146.
Chincé, I, 330.
Chiré, II, 16, 21, 369.
Chirons (Les), II, 110.
Chisseray, II, 16, 514.
Chizé, I, 14, 415; II, 138, 146.
Cholerie (La), I, 267, 276.
Cholet (Marquisat de), I, 26.
Choletière (La), II, 220.
Chomaise, II, 432.
Chopinière (La), II, 413.
Chorigny, II, 281.
Choruère (La), II, 458, 460.
Chougne, I, 270.
Chours, II, 342, 441.
Choysis (Les), I, 41.
Chuzé, II, 37.
Cigogne (La), I, 223, 286; II, 33, 336, 370, 376, 431, 512.
Circé, I, 341.
Ciré, II, 432.
Civray, II, 7, 94.
Claretière (La), II, 497.
Classe, II, 320.
Claveau, I, 7; II, 221, 346.
Clavière, I, 57; II, 511.
Claye (La), II, 145.
Clazay, II, 399, 499.
Clerbaudière (La), II, 519.
Clergerie (La), II, 387.
Clériette (La), II, 140.
Clessé, II, 115.
Clisson, II, 467.
Cloistre, II, 337.
Clopinière (La), II, 517.
Clouzeau (Le), II, 381, 417.
Clouzeaux (Les), II, 195.
Clouzis (Le), II, 454, 484.

Clussais, I, 421; II, 187, 361.
Cluzaudière (La), I, 58.
Cluzeau (Le), I, 54, 258, 424; II, 340, 343, 404, 466.
Cochinière (La), I, 248.
Coesmé, II, 388, 500.
Cognac, I, xxxvi; II, 339, 354.
Coindardière (La), I, 105, 126, 127; II, 342, 390.
Coindrie (La), II, 407, 517.
Coint (Le), II, 460.
Cointardière (La), II, 414, 514.
Combe (La), I, 195, 292; II, 347, 357, 462, 469.
Combes (Les), II, 368.
Comblé, I, 264.
Combrand, II, 223.
Commarsacq, I, 179.
Commequiers, I, 77.
Concise, I, 416.
Confolens (Election de), I, xxix.
Contais, I, 69.
Contantinière (La), I, 124.
Contardière (La), I, 259; II, 411.
Contour (La), II, 105, 359.
Contré, I, 317.
Copinson (La), II, 271, 273.
Corbinaie (La), I, 310.
Corbinière (La), II, 81, 515.
Corbray (La), I, 148.
Cordinière (La), II, 518.
Cormier (Le), I, 270.
Cormorant (La), II, 366.
Corniou, I, xviii, 8; II, 455, 509.
Corps, I, 258, 316.
Cortinay, I, 239.
Coste (La), I, 255; II, 382, 512.
Coste-Messelière (La), II, 366.
Coste-Mézière (La), II, 360.
Cottine, II, 513.
Coubureau, II, 448.
Coudray (Le), I, 93, 290, 342; II, 366, 371, 417, 511, 515.
Coudraye (La), II, 275, 418.
Coudre (La), I, 351; II, 107, 166.
Coudreau (Le), II, 262, 400, 518.
Coudreaux (Les), II, 440.
Coudrelle (La), I, 423; II, 486, 513.
Couhé, I, 389.
Coulebrin, II, 400.
Coulandres (Les), I, 133; II, 414.
Coulombe (La), I, 314.
Coulombier (Le), I, 183, 411; II, 335, 379, 444, 471, 487.
Coulombiers, I, 201, 386.

TOME XXIII.

Coulon, I, 21, 137; 265 ; II, 510.
Coulonges-les-Royaux, I, 373.
Coupelle, II, 385.
Couperie (La), I, 403.
Cour (La), I, 239 ; II, 294, 347, 377, 404, 465, 466, 514.
Courade (La), I, 338, 339 ; II, 88, 365.
Couraisière (La), I, 38 ; II, 510.
Couraudière (La), II, 154.
Courbanay, II, 398, 468.
Courboyer, I, 131.
Courdault, I, 381.
Cour de Brem (La), II, 400, 419.
Cour de Broc (La), I, 271.
Coureaux (Les), II, 62.
Courelière (La), II, 352.
Courlay, II, 401.
Courolle, II, 463.
Courpantay, II, 261.
Coursec, II, 337.
Courtaudière (La), II, 379.
Courteil (Le), I, 245 ; II, 497.
Courtière (La), II, 352.
Courtillerie (La), II, 49, 339, 368.
Courtinay, II, 412.
Courtioux (Le), I, 423 ; II, 216.
Courtisière (La), I, 403.
Courtray, II, 344.
Courty, II, 410.
Courty (Le), II, 218.
Coussay, II, 397.
Coussaye (La), II, 14.
Coussière (La), II, 347.
Coussotière (La), I, 13 ; II, 509.
Coustière (La), I, 420.
Coutancière (La), I, 70, 171, 208, 225, 290, 307, 370; II, 409, 421, 510, 512, 519.
Coutardière (La), II, 383, 428, 450, 505.

Couteau (Le), II, 390.
Couteaux (Les), I, 327, 376 ; II, 391, 420, 451, 483, 512.
Couthet (Le), II, 18.
Coutumier (Le), II, 166.
Couture, I, 106 ; II, 52.
Couture (La), I, 209, 325 ; II, 75, 391, 446, 447.
Coutures (Les), II, 403.
Couturette, II, 357, 464.
Couvineau (Le), I, 84 ; II, 408.
Coux (La), I, 102 ; II, 337, 485.
Coux (Le), I, 199 ; II, 108.
Coux (Les), II, 128, 351, 463.
Cramahé, II, 431.
Cramard, I, 213 ; II, 312.
Craon, I, 201, 316.
Cremille, II, 373, 415, 501.
Crespelle (La), II, 126, 406, 514.
Crespillière (La), II, 496.
Crespy, I, 103.
Cressonnière (La), II, 42.
Cressy, II, 125, 126.
Cretinière (La), II, 38.
Crevant, II, 400, 497.
Crissé, II, 35, 36, 388, 514.
Croix (La), II, 395, 461.
Croizet (Le), II, 339, 354.
Croizinière (La), I, 240.
Cromière, I, 18, 364 ; II, 339.
Cros (Le), I, 317; II, 354.
Crouzilles (Les), I, 59 ; II, 346.
Croze (La), I, 28.
Crué, II, 2, 405.
Cruslière (La), II, 98.
Crux, I, 131.
Cures (Les), II, 484.
Curolles (Les), I, 414.
Curzay, II, 136, 358, 392.
Curzon, II, 242, 427, 436, 516.
Cussac, I, 18, 364 ; II, 347, 457.

D

Damiette, II, 513, 515.
Dampierre, I, 10 ; II, 465.
Darnac, II, 59.
Dauge (La), II, 366, 374.
Davière (La), I, 24, 320, 418 ; II, 447, 511, 513.
Débutrie (La), II, 416.
Deffend (Le), I, 120 ; II, 145, 183, 514.

Deffends (Les), II, 22, 406, 416, 426, 498.
Denant, II, 407, 453.
Dennezay, I, 35 ; II, 233, 377.
Dercé, II, 148, 388.
Didraye (La), I, 14 ; II, 29, 36, 426, 494, 514.
Dillon, I, 12.
Dissais, I, 159 ; II, 442, 447, 459, 503.

Dissé, I, 131.
Doignon (Le), I, 345, 348, 366, 368; II, 368.
Domangère (La), II, 29, 37.
Dorais, I, 362.
Dorat (Le), I, 29, 320.
Dorides (Les), II, 59, 401, 515.
Dorinière (La), II, 428.
Douce (La), II, 442.

Douhe (La), II, 75.
Douves (Les), I, 260.
Drajonnière (La), II, 44.
Droux, I, 130 ; II, 348, 354.
Dubrie (La), I, 275 ; II, 401.
Durancière (La), II, 428.
Durandrié (La), I, 24.
Durbelière (La), II, 412.

E

Ebaupinay (L'), II, 515.
Echardières (Les), I, 301, 367.
Echasserie (L'), I, 138 ; II, 42, 90, 121.
Echiré, I, 222 ; II, 262.
Ecotière (L'), I, 333 ; II, 383.
Effes (Les), I, 66, 241, 425.
Elbène, I, 199 ; II, 351.
Enclave (L'), I, 37.
Envaux, II, 364.
Epanvilliers, II, 364.
Eperonnière (L'), I, 86.
Epinay (L'). Voy. Lépinay.
Epinoux (L'), I, 81 ; II, 340.
Erpens (Les), II, 510.
Escheyrac, I, 345.

Escorcière (L'), II, 366.
Esnandes, II, 433.
Espannes, II, 444.
Espène (L'), I, 103, 243.
Essarts (Les), I, 399 ; II, 68, 283, 433, 457, 471, 488.
Esse, I, 29.
Essiré, I, 249 ; II, 160.
Estenduère (L'), I, 252 ; II, 408, 410.
Estières (Les), I, 115.
Estortière (L'), I, 222 ; II, 19.
Estrie, I, 413, 415.
Etablière (L'), II, 415, 448.
Etang (L'). Voy. Lestang.
Exoudun, I, 221 ; II, 394.

F

Fa (La), II, 365.
Falaise, II, 350.
Fanet, I, 424.
Faucheries (Les), II, 487.
Faugeras, I, 163.
Faugère, II, 362, 372.
Faugeré, II, 518.
Faugères (Les), II, 365.
Faurie (La), I, 337.
Fauviaux (Les), I, 247.
Favaut, II, 431.
Favières, I, L ; II, 257, 393.
Favrelière (La), II, 364.
Faye, II, 74.
Faye (La), I, 348, 366 ; II, 349, 433.
Fayolle, I, 206, 294 ; II, 231, 362, 512.
Fayolle (La), I, XLVI ; II, 349.
Felet, II, 360.

Félundie (La), I, 241.
Fenéry, I, 87 ; II, 366, 466.
Fenêtre (La), I, 38, 76 ; II, 177, 400, 510.
Fenioux, I, 137 ; II, 4, 227, 328.
Férandière (La), II, 291, 301, 379, 485.
Férandières (Les), II, 368.
Férolles, II, 401, 460.
Ferrande (La), II, 147.
Ferrière, I, 206, 317, 359 ; II, 343.
Ferrière (La), I, 123, 223, 286 ; II, 321, 322, 379, 417, 512.
Ferronnière (La), II, 240, 245.
Ferrou (Le), II, 366.
Ferrye (La), II, 358.
Ferté (La), I, 33, 82, 375 ; II, 74, 131, 491.
Feslière (La), II, 323, 453, 519.

Festière (La), II, 514.
Feuilletrie (La), I, 36; II, 294, 346.
Fief (Le), I, xLvi, 9, 236, 261, 327; II, 60, 246, 411, 447, 419, 426, 443.
Fief-Babineau (Le), II, 424.
Fief-Barret (Le), I, 299, 495.
Fief-Brun, I, 259; II, 349, 391, 459.
Fief-Clairet, II, 33, 370.
Fiefdoux, I, 354 ; II, 473, 512.
Fief-Franc (Le), II, 120.
Fief-Gauvert (Le), I, 406, 451.
Fief-Laidet (Le), I, 42.
Fief-Lambert (Le), II, 438.
Fief-Mignoux (Le), I, 256; II, 440, 458.
Fief-Millière (La), I, 426.
Fief-Richard (Le), II, 345.
Fief-Trelland (Le), II, 194.
Figerasse (La), II, 396, 518.
Filatrie, II, 512.
Fillenière (La), II, 125.
Flacher, I, 90.
Flamanchère (La), I, 226.
Flattière (La), I, 181.
Fleur (La), I, 155.
Fleurat, II, 316.
Fleuriaye (La), I, 296.
Flocellière (La), I, 377; II, 65, 122, 136, 206, 403.
Flotte (La), I, 174, 178.
Flotterie (La), II, 385, 411.
Folie (La), I, 230.
Fonclou, II, 379.
Fond (La), I, 144, 302; II, 434, 487.
Fondelaye (La), I, 382.
Fondrocher, I, 318; II, 482.
Foniette (La), II, 129.
Fontafret, II, 106, 337, 357.
Fontaine, I, 117, 133.
Fontaine (La), I, 189 ; II, 3, 350, 391, 494.
Fontaine-Chalandray, II, 463.
Fontaine d'Angé (La), I, 1, 380.
Fontaine-Ducher (La), II, 433.
Fontaine-Liguetière (La), II, 181.
Fontaine-Linelière (La), II, 458, 460.
Fontaines (Les), I, 79, 86, 133 ; II, 100, 114, 137, 147, 516.
Fontanon, I, 352 ; II, 513.
Fontbaudry, II, 350, 460.
Fontbrune, I, 92; II, 511.
Fontcreuse, II, 338, 455.
Fontenailles, II, 497.
Fontenay, élection, I, v, viii, 20

64, 84 ; — ville, 32, 35, 233, 235, 367, 402 ; II, 92, 100, 114, 119 ; — seigneurie, 73, 399, 412.
Fontenelle, I, 150 ; II, 398.
Fontenelles (Les), I, 252, 357 ; II, 358, 434, 513.
Fontenille, I, 339; II, 441, 488, 504.
Fonteniou (Le), I, 238; II, 355.
Fontgachet, II, 54, 371.
Fontiaud, I, 69.
Fontjasme, II, 373.
Fontlebon, II, 373.
Fontmorand, I, 316.
Fontmorte, I, 16.
Fontpatour, II, 431.
Fontresnier, II, 374, 489.
Fontvallais, I, 297.
Forestière (La), I, 216; II, 515.
Forêt, I, 16, 105; II, 60, 86, 339.
Forêt (La), II, 256, 258, 341, 342, 347, 372, 379, 434, 449, 452, 495, 497, 499, 502.
Forêt-Ballon (La), II, 484.
Forêt-Maranda (La), I, xLvi.
Forêt-Montpensier (La), II, 102, 402, 412, 516.
Forge (La), II, 157, 159, 161, 378, 393, 463.
Forge de Miramon (La), I, 117.
Forges (Les), I, 12, 35, 397; II, 22, 48, 56, 176, 340, 343, 493.
Fors, II, 413.
Fort (Le), I, 423.
Fort-de-Doux (Le), II, 233.
Fortescuière, I, 138.
Fortilesse (La), I, 241.
Fortinière (La), II, 114, 372.
Fortunie, I, 220.
Forzon, II, 377, 452.
Fosse (La), I, 155, 256; II, 43, 305, 359, 418, 458.
Fosses (Les), II, 62, 269, 398, 515.
Foubertière (La), I, 325; II, 365.
Foucaudière (La), II, 340.
Foucault, I, 231 ; II, 393.
Fouchardière (La), I, 118, 377; II, 349, 378, 383, 505.
Foucherie (La), II, 405, 409, 440, 506.
Fougeassière (La), I, 139.
Fougeré, II, 76, 273, 357, 518.
Fougeroux (Le), I, 406 ; II, 131.
Fouilloux (Le), II, 28, 354, 361, 379.
Fouleresse (La), II, 178.
Fouquebrune, II, 462.

Fourchefière, II, 406.
Fourcherie (La), II, 494.
Foussac, I. 260.
Foussay, I, 401, 428; II. 38.
Foye (La), I, 37, 75, 334 ; II, 237, 376, 386, 409, 429, 430 458, 470, 507, 510.
Fradinières (Les), II, 518.
Fraigne (Le), II, 412.
Fraigne-Chabot (Le), II, 402.
Fraignée (La), II, 101, 132, 172, 397, 417, 460.
Frais (Le), I¹, 363.
Fraisse, I, 277, 278.
Fraizac, II, 348.
Franchère (La), II, 437.
Francheuse, II, 499.
Francs (Les), II, 360, 369, 512.
Frapinière (La), I, 96 ; II, 342, 385, 390, 411, 500.

Fredière (La), I, 329.
Frédouville, II, 374.
Freigné, I, 252.
Fremaudière (La), I, 68, 251 ; II, 340.
Fremigier, II, 485.
Frenaudries (Les), II, 17.
Fresnaye (La), II, 407, 498.
Fresny (Le), I, 207.
Frettière (La), II, 416, 497.
Frignaudries (Les), II, 467.
Frogerie (La) II. 241.
Froidefond, II, 373.
Fromentinière (La), I, 72.
Fromont, II, 484.
Frontenay, I, 383.
Frozes, I, 55, 70.
Fumoire (La), II. 425, 446.
Furigny, II, 66. 353.
Fuye (La), II, 232, 238, 439.

G

Gabarière (La), I, 75 ; II, 420, 449.
Gachère (La), II, 474, 519.
Gagemont, II, 172, 397, 417, 517.
Gagnollière (La), I, 426.
Gaillard, I, 464.
Gaillardière (La), II, 424, 443.
Gaillardrie (La), II, 401.
Galardon, II, 512.
Gallois, II, 468.
Galonnière (La), II, 344.
Ganterie (La), II, 354.
Ganuchère (La), II, 412.
Garantière (La), II, 135.
Garantières (Les), II, 117.
Garde (La), I, 6, 31, 187; II, 84, 88, 299, 348.
Garenne (La), II, 117, 490.
Garennes (Les), II, 436.
Garnache (La), I, 75; II, 253, 422.
Garnaud, II, 117, 198, 469, 490, 514.
Garnerie (La), II, 365.
Garniers (Les), I, 167.
Garreau (Le), I, 181 ; II, 353.
Gasconnière (La), II, 508.
Gast (Le), I, 257; II, 155, 402, 415, 451, 513.
Gats (Les), II, 444.
Gaucherie (La), II, 376.
Gaude (La), I, 342.
Gaudinie (La), II, 123.

Gaudinière (La), II, 364, 482, 519.
Gaudrées (Les), I, 98.
Gautrie (La), II, 125, 126, 428.
Gautronnière (La), I, XLV; II, 429, 517.
Gauvinière (La), I, 121 ; II, 456.
Gazonnie (La), I, 232.
Gazon (Le), II, 129.
Gazons (Les), II, 101, 128.
Geffardière (La), II, 404.
Genest (Le), II, 137.
Geneste (La), I, 16.
Gennerie (La), II, 437, 451, 503.
Gennetières (Les), II, 509.
Gennetons (Les), II. 510.
Genouillé, II, 171, 354, 365, 378, 460, 517.
Gerbaudie (La), II, 180, 341.
Germond, I, 8 ; II, 166, 194.
Gestière (La), II, 371, 415.
Gibonnière (La), II, 180.
Giffardière (La), II, 418.
Gillardie (La), I, 365.
Gilletière (La), II, 517.
Gilletrie (La), II, 493.
Gilliers (Les), II, 335.
Girardie (La), I, 410.
Girardière (La), I, 39, 43, 172, 248; II, 167, 190, 191, 263, 265, 367, 399, 421, 447, 482, 499.

Girassac, II, 518.
Giraudière (La), II, 144, 323, 340, 450.
Giraudinière (La), II, 290.
Giroudin, II, 287, 300.
Girondor, II, 510.
Giroudière (La), II, 507.
Giroulière (La), I, 74.
Giverdan, II, 296.
Givrelière (La), II, 407, 469.
Gizay, II, 499.
Glande, II, 518.
Glandes (Les), II, 384, 403.
Glandière (La), II, 205.
Glassonnière (La), I, 19.
Gobinière (La), I, 74; II, 422, 495.
Godelière (La), II, 437, 438.
Godelinière (La), II, 128, 424.
Gontrie (La), II, 471.
Gorce (La), II, 357, 509.
Gord (La), I, 380; II, 401, 440, 457.
Goronnière (La), II, 426. 433.
Gouallet, II, 108, 359. 463.
Gouère (La), II, 408, 436.
Gouex, II, 295.
Gouire (La), I, 84.
Goullet (Le), II, 490.
Goupillière (La), I, XLVII, 398 ; II, 417, 426, 447.
Goupillon, II, 468.
Gourdrie (La), II, 38, 195, 426.
Gourfailles, I, 354.
Gourgé, I, 353.
Gournay, II, 310, 318, 365, 394.
Goux, II, 274.
Goyre (La), II, 193.
Grand-Bois, II, 279, 471, 518.
Grand-Boismorand (Le), I, 314.
Grand-Champ, I, 154; II, 364, 382, 397. 417, 442, 490, 516.
Grand-Maison (La), II, 336, 450, 518.
Grandmont, II, 382.
Grand-Plessis (Le), II, 424.
Grand-Velour (Le), I, 200; II, 348.
Grande-Roche (La), I, 83.
Grande-Vergnaye (La), II, 412.
Grands-Ormeaux (Les), I, 200.
Grange (La), I, 64, 412; II. 60, 79, 89, 90, 341. 356, 365, 387, 397, 404, 443, 463, 508, 513, 515.
Grange-Blanche (La), II, 488.
Grange-Chaumont (La), I, 217.
Grange du Langon (La), I, 303.
Grange-Maronnière (La), II, 514.
Grange-Pabot (La), II, 360.

Grangerie (La), I, 410 ; II 227, 376, 513.
Granges, I, 382.
Granges (Les), I, 114, 127, 209, 284, 370; II, 236, 369, 451, 464, 504, 507.
Grassière (La). I, 129 ; II, 413.
Gravette (La), II, 313.
Greffelière (La), II, 413, 426.
Grégorière (La), I, 396.
Grelière (La), II, 517.
Gremenaudière (La), II, 435.
Grennetière (La), I, 341.
Grenoble, II, 65, 515.
Grenouillère (La), II, 483.
Grenouillères (Les), I, 370.
Grenouillon, II, 403.
Grezée, I, 17.
Grignonnière (La). Voy. Roche-Grignonnière (La).
Grimaudière (La), I, v, 200 ; II, 516.
Groc (Le), II, 462.
Groie (La), I, 350. 360 ; II, 127, 355, 367, 381, 421, 444, 460, 513.
Groies (Les), I, 110 ; II, 106, 435, 517.
Groisardière (La), I, 375 ; II, 423, 438, 495.
Groletière (La), II, 500.
Grolière (La), II, 374, 438, 486.
Grolières (Les), II, 452.
Grolle (La), II, 70, 516.
Grolleau, I. 373 ; II, 396, 514.
Gros (Le), II, 353.
Grosbois, I, 140.
Grossetière (La) I, 403, 416, 427, 514.
Grouinière (La), II, 495.
Groussilière (La), II, 356.
Grozalière (La), II, 426.
Grunée-Justonière (La), I, 165.
Grusardière (La), II, 401.
Gruzeau (Le), II, 60, 89.
Gruzeliers (Les), II, 430.
Guardière (La), II, 487.
Gué-Aussant (Le), I, 295.
Gué-d'Alleré (Le), II, 38. 435.
Gueffardière (La). II, 459.
Guerche (La), I, 18; II, 400, 409, 498. 510.
Guerche-Saint-Amand (La), II, 399, 416.
Guéré, I, 46 ; II, 510.
Guérinière (La), I, 247; II, 72, 345.
Guérivière (La), I, 235; II, 360.

Guéronnière (La), I, 292.
Guerrière (La), I, 285.
Gué-Sainte-Flaive (Le), II, 144, 145.
Guesnonière (La), I, 321.
Guessière (La), II, 270, 342, 429.
Guessonière (La), I, 279, 293 ; II, 375, 469.
Guibertière (La), I, 39, 238, 392 ; II, 541.
Guichardière (La), I, 149; II, 203.
Guicherie (La), II, 267.
Guignardière (La), II, 48.
Guignaudière (La), II, 267, 268.
Guignefolle, I, XLVII; II, 34, 514, 517.
Guigneraye (La), II, 313, 398.

Guillotière (La), I, 263; II, 253, 344, 390, 429, 431, 517.
Guimardière (La), II, 427.
Guimoire (La), I, 143.
Guinemandière (La), II, 219, 244, 454, 517.
Guinemoire (La), I, 280, 281; II, 254.
Guiraire (La), II, 403.
Guitardière (La), I, 269; II, 299.
Guitière (La), I, 156; II, 495, 383, 412, 428, 517.
Guitonnière (La), II, 389.
Guitre, II, 314.
Guron, II, 362.
Guy (Le), I, 261, 274, 206; II, 442.
Guyonnière (La), I, 265, 244 ; II, 30, 97, 360, 401, 413, 449.

H

Hallay (Le), I, 243 ; II, 413.
Hardière (La), II, 442.
Hauteporte, II, 408.
Hauteserre, II, 486, 512.
Hautière (La), II, 507.
Haye (La), I, 249, 268; II, 409, 415, 421, 439.
Héraudière (L'), I, 400; II, 197, 426, 513.
Herbaudière (L'), II, 277, 278, 384, 398, 430.
Herbaux (Les), II, 463.
Herbergement (L'), II, 454.
Herbiers (Les), I, 312; II, 411.

Herry, I, 218.
Hommé (L'), I, 104.
Hommeaux (Les), II, 436.
Hommes de Monbault (Les), I, 290.
Hommetail (L'), I, 43; II, 167, 190, 191.
Houlières (Les), I, 114, 127; II, 366, 407, 431, 439, 452.
Houmelière (L'), I, 7, 135.
Houmois (L'), I, 143.
Houx (Le), I, 125.
Hubardière (La), II, 416, 427.
Huilière (L'), I, 227; II, 410.
Hus, II, 142, 516.
Huttière (La), I, 93; II, 341, 439.

I

Imbranchère (L'), II, 484.
Irais, II, 198, 407, 518.
Isle (L'), I, 184, 273, 283 ; II, 70, 354, 391, 455, 456, 473, 482, 494, 514.
Isleau (L'), II, 160, 444.

Isle-Jourdain (L'), I, 366, 442, 425.
Islereau (L'), I, 81 ; II, 340.
Issé, II, 341.
Izernay, I, 87; II, 388.
Izoré, I, 192 ; II, 209.

J

Jalinière (La), II, 451.
Janaillac, I, 319.

Jaquelinière (La), I, 409 ; II, 504.
Jardres, I, 82.

Jarrie (La), I, 129, 305, 366; II, 215, 239, 289, 407, 453, 514.
Jarrière (La), II, 361.
Jarriette (La), I, 205 ; II, 67, 493, 515.
Jarrige (La), I, 279, 293 ; II, 228, 325, 374, 485.
Jaudonnière (La), II, 183, 192, 453.
Jaulnay, I, 330 ; II, 337, 386.
Jaumarière (La), II, 315.
Jaunière (La), II, 415.
Jaurière (La), II, 155.
Javellière (La), II, 171, 180, 417, 429.
Jazeneuil, II, 209, 376.
Jeard, I, 419.
Jeu, II, 384.
Jolinière (La), II, 181.
Jolivetière (La), II, 445.

Jollonnière (La), II, 253, 429, 453, 517.
Jomard, I, 424.
Jon (Le), II, 336.
Jorigny, II, 366, 376.
Jouberderie (La), II. 98.
Joubertière (La), II, 183.
Jouhet, II, 106.
Joumé, II. 146.
Journet, II, 57.
Joussé, I, 27, 28, 65.
Jousseau, II, 356.
Jousselinière (La), I, 64, 405, 406, 416 ; II, 409, 421, 447, 512.
Jouy, II, 284.
Juignat, II, 185, 365.
Jumilhat, I, 117.
Jurairière (La), I, 363 ; II, 423.
Jussant, II, 463.
Juyers, II, 351.

L

Lac (Le), II, 32.
Lacquet (Le), II, 173.
Laillé, II, 345.
Lairaudière, II, 82.
Lairé, II, 8, 351.
Lairière (La), II, 511.
Lairoux, II, 90.
Lamairé, I, 217.
Laleu, II, 223, 487, 516.
Lambertie, II, 353, 356.
Lambertière (La), II, 447.
Lambrunière, II, 229, 230, 233, 376, 498.
Lameintaye, II, 165.
Lance (La), II, 116.
Lande (La), I, 329, 400 ; II, 185, 341, 405, 427, 438, 498, 506, 511.
Lande-Buor (La), I, 22, 24; II, 409.
Landerondière, I, 93.
Landes (Les), II, 4, 263, 265, 387, 418.
Landevieille, II, 141.
Landraudière, II, 343.
Landreau (Le), I, 311 ; II, 408, 412, 446.
Landrepouste, II, 148.
Langevinière, II, 344, 390, 431, 461.
Langon (Le), I, XLVI, 127, 250, 300, 304, 318; II, 455, 509.

Languiller, I, 92.
Larbert Scheils, I, 51.
Larbouste, I, 320.
Lardière (La), I, 21 ; II, 400, 413, 415, 425, 445, 504, 510.
Lardonnière, I, 423 ; II, 181.
Largeasse, I, 144.
Largère (La), I, 43 ; II, 167, 190, 191, 450, 469.
Laspaye, II, 78, 515.
Lathus, I, 46, 48, 53.
Latrie, II, 444.
Laubertie, II, 484.
Laubertière, II, 464, 513.
Laudairie, I, 184, 248, 280; II, 399, 515.
Laudetrie, II, 129, 150.
Laugerie, II, 107, 209, 247, 264, 315, 373, 413, 428, 430.
Laugrenière, II, 23, 405, 514.
Laumont, II, 369.
Launay, I, 75 ; II, 14, 437, 467.
Launières (Les), I, 259.
Laurancie (La), II, 464.
Laurière, II, 92, 341.
Lautiers, II, 360.
Lautremont, II, 264, 320, 397, 452.
Lauvinière, II, 357.
Lauzan, II, 414.
Lauzandière, II, 433.

Lavarsaye, I, 101.
Lavau, I, 195, 364; II, 307, 347, 349, 370, 397, 448.
Lavau-Richer. II, 23, 514.
Layes (Les), II, 360.
Lay (Le), II, 415.
Léché, II, 487.
Leigné, II, 488.
Leigné-les-Bois, I, 176.
Leignes, I, 180; II, 39, 326, 388.
Léman, II, 515.
Lenchère, II, 63.
Lépinay, Lespinay, I, 80, 123, 269; II, 141, 353, 511.
Lépine, II, 325.
Lérignac, I, 359.
Lescorce, II, 49, 74, 144.
Lésigny, II, 369.
Lesparre, I, 361.
Lespinasse, I, 173; II, 387, 487.
Lessat, I, 131.
Lessort, II, 288.
Lestang, Létang, I, 6, 106, 139 ; II, 1, 294, 341, 349, 357, 360, 369, 377, 379, 392, 414, 416, 418, 452, 459, 485 493.
Lestorière, II. 172, 417, 517.
Lettrie (La), II, 496.
Letur, II, 267, 268, 493.
Leugny, I, 105; II, 342.
Levée (La) II, 468.
Leyrat, II, 213.
Lézardière, II 215, 428, 517.
Lézignac, I, 411; II, 71, 371.
Lhomedé, II, 370, 430, 467.
Lhusseau, II, 108.
Liaigue, I, 370.
Lierre (La), II, 510.
Liesta, I, 245.
Liglet, I, 58, 85.
Ligné, I, 367, 401, 428 ; II, 108.
Ligneron (Le), I, 402 ; II, 409, 420.
Lignière, II, 505.
Ligny, II, 431.
Ligron, II, 498, 517.
Limalonges, I, 294 ; II, 226.
Limbertière, II, 143, 416, 427.
Limonnière (La), I, 129.
Limort, II. 491.
Linazay, I, 322 ; II, 13, 365.
Lineau (Le), I, 209.
Linetières (Les), II, 70.
Liniers, I, 1, 330 ; II, 386.
Linotière (La), II, 427.
Lion-Chavagne (Le), I, 388.

Lionnière (La), II, 32.
Liquaisière II. 512.
Lis (Le), II, 133.
Livernière, I, 186.
Loge (La), I, 257, 371 ; II, 458.
Loge-Fougereuse, I, 272.
Logerie (La), II, 518.
Loges (Les), I, 237, 351 ; II, 218, 395, 511.
Loignon, II, 62, 515.
Loiré, II, 435.
Loires (Les), I, 6.
Loisellerie, II, 344.
Lomandie, II. 356.
Lombarde, I, 400.
Lonchard, II, 201.
Loncherolles, I, 233.
Londière, I, 284 ; II, 353.
Londigné, II, 10.
Longchamp, I, 115, 259 ; II, 512.
Longeais (La), I, 63 ; II, 392, 420.
Longeais (Les). II, 516.
Longesve, I, 375, 399; II, 446.
Longpré, II, 6, 434.
Longueville, I, 247, 407.
Lornoy, II, 411.
Loron, II, 345.
Lory, II, 135.
Louardières (Les), I, 158.
Louatière (La), I, 274, 306.
Loubigné, I, 268; II, 355, 514.
Loubigny, II, 434, 464.
Loubressay, II, 382.
Loudun (Election de), I, xxx.
Lougnonière, II, 89.
Louherie (La), I, 58 ; II, 437.
Loulerie, II, 145.
Louzy, II, 15.
Luc I, 16, 47, 351 ; II, 510.
Luchapt, I, 412.
Luché, I, 16 350 ; II, 395.
Luçon, I, 80, 262.
Lude (Le), 229, 230, 376.
Lugré, II, 503.
Lunesse, I, 362.
Lusignan, II, 49.
Lusigny, I, 292.
Lussabeau, II, 297.
Lussac, II, 113, 295.
Lussaudière, II, 164, 517.
Lussay, II, 19, 396.
Lusseray, I, 230 ; II, 394.
Lusson, II, 211, 377, 486.
Luzay, I, 143, 285.
Lyon, I, xxxvi.

M

Madelaine (La), II, 468.
Maduère (La), II, 188.
Magé, II, 20⸱, 402, 498, 516.
Magné, II, 320.
Magneries (Les), I, 214.
Magnil (Le), II, 4.
Magnin, I, 326.
Magnou (Le), I, 305, 322; II, 116, 365, 369, 384, 449, 466, 468.
Magny, II, 377, 452.
Magotterie (La), I, 128.
Maillé, I, 156; II, 462, 511.
Maillesac, II, 359.
Maindreau (Le), II, 513.
Maine (Le), II, 492.
Maine-Léonard (Le), II, 64.
Maingoterie (La), II, 258.
Maingotière (La), II, 418, 464.
Maintaye (La), II, 517.
Maintenon, I, 342..
Maison-Blanche (La), I, 173, 265; II, 514.
Mairé, I, 342; II, 396, 516.
Mairé-Bareau (Le), II, 350.
Maison-Blanche (La), II, 433.
Maisoncelle, II, 488.
Maisonnay, II, 35, 36, 514.
Maisonneuve (La), I, 70, 119, 126, 132, 137, 215; II, 69, 77, 184, 362, 384, 387, 411, 419, 424, 436, 439, 443, 460, 488, 509, 510, 511.
Maison-Rouge (La), I, 111 ; II, 442.
Maisontiers, I, 152 ; II, 364.
Maison-Vieille, I, 242 ; II, 383.
Maisonville, II, 170.
Maitrie (La), II, 232.
Majussier, II, 338.
Malaguet, II, 168, 375.
Malbeuf, Malbuffe, I, 178; II, 363.
Malubert, II, 83.
Manadault, I, 19.
Mancellière (La), I, 363.
Mandegault, I, 117.
Mandin, II, 174.
Mansaire (La), II, 155.
Marais (Les), II, 236, 425, 433.
Maraisson, I, L.
Marandat, II, 362.
Marans, I, 287.

Marçay, I, 11, 409 ; II, 363, 387, 399, 434, 437, 473, 508, 510.
Marchais (Le), I, XLVI, 371 ; II, 74, 411, 505.
Marche (La), II, 380.
Marcillac, I, 112.
Marclaine, II, 116, 172, 468.
Marconnay, II, 131, 372, 392, 424, 449, 516.
Mardelles (Les), II, 397.
Mareuil, I, 249 ; II, 5.
Marière (La), II, 237.
Marigny, I, 135 ; II, 232, 388, 428, 497, 516.
Marit, I, 272 ; II, 512.
Maritière (La), II, 496.
Marmande, II, 30, 387, 426, 448, 497, 544.
Marnay, I, 59.
Maronnière (La), II, 426.
Marouillet, II, 433.
Marsay. Voy. Marçay.
Marsiac, II, 215.
Marsilly, I, 282.
Marsolière (La), II, 374.
Marsujault, I, 144, 344.
Martière (La), II, 514.
Martinière (La), I, 15, 121, 220, 304 ; II, 351, 360, 386, 409, 417, 421, 456.
Marval, I, 420.
Marzelle, II, 517.
Mas (Le), I, 102 ; II, 322, 349, 379, 489.
Mas-du-Bost (Le), I, 91; II, 374.
Mas-Joubert, I, 215, 232.
Maslandry, II, 213, 247, 470.
Maspinat, II, 466.
Massais (La), I, 14.
Massé, I, 286.
Massignac, II, 213, 217, 470.
Massillé, I, 243.
Massougnes, II, 513.
Matassière (La), II, 435.
Mateflon, II, 210.
Maucheix (Le), II, 49, 144.
Maugodard, II, 156.
Maugué, I, 58; II, 346.
Mauléon, I, v, 293 ; II, 50.
Mauprevoir, I, 180 ; II, 378.

Mauprié, I, 350.
Maurelière (La), I, 337.
Maurier (Le), I, 1, 380.
Maurissière (La), II, 420, 496.
Mauroux. II, 176.
Mauroy, II, 465.
Mauvergne, II, 329.
Mauvi..ière (La), II, 389.
Mauviserie (La), II, 112.
Mauvisière (La), II, 424.
Mauzay, II, 378.
Mauzé, I, 382.
Mavault, I, 140.
May (Le), I, 440 ; II, 106, 357, 368, 466.
Mayé, I. 344 ; II, 513.
Mazeau (Le), II, 262.
Mazerolle, II, 398.
Mazet (Le), I, 118, 320 ; II, 349.
Mazières, I, 26, 212 ; II, 153, 403, 440, 499.
Mazourie (La), II, 139.
Mazure (La), I, 98.
Mée (Le), I, 172 ; II, 512, 513.
Mées (Les), II, 472. 510.
Meilleraie (La). I, 32 ; II, 160.
Melle, I, 11, 203 ; II, 164.
Melleran, I, 118.
Melzéart, II. 314, 398.
Ménardière (La), I, 73 ; II, 26, 218, 376.
Menaudière (La), I, 367, 401, 428.
Menolière (La), II, 270, 409.
Menulière (La), II, 502.
Méraudière (La), II, 409.
Mérignac, II, 347.
Mérinville, I, 219 ; II, 359.
Merlatière (La), I, 226 ; II, 50.
Méronnais, I, 336.
Mervent. I, 64.
Meslay, I, 158.
Meslier (Le), II, 483.
Mesmy, I, 203 ; II, 431.
Mesnieu (Le), II, 352.
Mesnil (Le), I, 253.
Messardière (La), II, 203.
Messé, I, 319, 374 ; II, 350.
Messelière (La), II, 366.
Messignac, II, 340.
Metry, II, 316.
Meurs (Les), II, 291.
Mezieux, I, 16.
Miauray, II, 79.
Migaudon, II, 399, 509.
Mignaudière (La), II, 211.
Migné, II, 200, 225.

Mignotière (La), I, 327.
Milaguet, II, 515.
Milan, I, 221 ; II, 460.
Milandière (La), I, 315.
Millac, I, 299, 425 ; II, 253, 297, 358.
Millanchère (La), I, 89, 152 ; II, 343.
Milletière (La), II. 512, 513.
Millière (La), I, 350, 360, 426 ; II, 367, 426.
Milly, II, 339, 410.
Minetières (Les), II, 174, 375.
Mingouère (La), II. 33, 188, 338.
Minière (La), II, 376.
Minières (Les), I, 282, 335 ; II, 229, 450.
Miramon, I, 117.
Mirancelles, II, 175.
Mirande (La), I, 421.
Mirebeau (Baronnie de), I, xxx.
Miseré, II, 395.
Mitière (La), II, 342.
Mitteau, II, 415, 427.
Mocouran, I, 193.
Moissac, II, 6.
Molerie (La), II, 503.
Monac, II, 356.
Monbail, II, 241, 243, 254, 451.
Monceau, II, 480.
Monchastier, II, 343.
Moncontour (Baronnie de), I, xxx.
Mondegault, I, 203.
Mondenault, I, 29, 65.
Mondétour, I, 304.
Mondevis, II, 358, 392, 463.
Mondie (La), II, 252, 294, 358.
Mondion, I, 333 ; II, 383, 510.
Monerie (La), I, 172.
Monfermier, I, 412 ; II, 404.
Monfernier, I, 380.
Monfrebeuf, I, 419.
Mongodier, I, 359.
Monjatière (La), II, 338.
Monnanteuil, II, 307, 325, 519.
Monplaisir, II, 492.
Monpommery, II, 378.
Monrocher, I, 289.
Mons. Voy. Monts.
Monseran, II, 424, 496.
Montaignan, II, 464.
Montaigon, II, 192.
Montaigu, I, 134 ; 244.
Montaillon, II, 52, 467, 473, 514.
Montaissier, II, 355.
Montausier, II, 461.

Montbas, II, 91, 339.
Montbazon, II, 397.
Montbrard, I, 61 ; II, 386.
Montbron, I, 233.
Montbrun, I, 53.
Montchaudie, II, 486.
Montdidier, II, 350.
Montegon, II, 517.
Monteil (Le), I, 48, 286.
Montembœuf, I, 336.
Montenac, I, 171, 196, 208, 225.
Montet (Le), I, 225, 234, 250 ; II, 391, 517.
Mont-Feste, II, 391.
Montfort, II, 466.
Montgarnault, I, 222 ; II, 362.
Monthoiron, I, 145.
Monthomard, II, 91.
Montigné, I, 333 ; II, 161, 510.
Montigny, I, VIII ; II, 251, 398, 419, 446, 517.
Montlorier, I, 93 ; II, 343.
Montlouis, I, 154.
Montmagnou, II, 457.
Mont-Marclain, II, 304, 342, 379.
Montmarteau, II, 472.
Montmoreau, I, 336.
Montmorillon, I, 45, 55, 315, 400 ; II, 57, 148.
Montorchon, I, 203 ; II, 355.
Montournois, II, 440.
Montreuil, I, 31 ; II, 401, 438, 503.
Montreuil-Bonnin, II, 356.
Montrol, I, 346.
Montrollet, I, 71, 289 ; II, 76, 345.
Monts, I, 404 ; II, 343, 377, 397, 406, 517.
Montsorbier, II, 111.
Montsoreau, II, 401.
Mony, I, 310.
Morais, I, 124.
Morandière (La), II, 408.
Morinerie (La), I, 173 ; II, 512.
Morinière (La), II, 15, 115, 380, 383, 389, 398, 421, 501, 512.
Morlière (La), I, 6.
Mornac, I, 110 ; II, 442.
Morric, II, 509.
Mortagne, I, 8 ; II, 139, 163, 509.
Mortefond, II, 28.
Mortemart, I, 279 ; II, 365.
Mortemer, II, 290, 291.
Mortier, II, 202.
Mortière (La), II, 141, 427.

Mortiers (Les), I, 72, 73, 74 ; II, 409, 511.
Mortmartin (La), II, 238, 451, 470.
Morville, II, 124.
Mosnard (Le), II, 321.
Mosny, II, 85, 86, 87, 423, 495.
Mothe (La), Motte (La), I, 78, 181, 192 ; II, 92, 112, 121, 292, 347, 353, 359, 381, 400, 403, 416, 421, 428, 464, 484, 512.
Mothe-Achard (La), II, 141.
Mothe-Baussonnière (La), II, 407.
Mothe-Bobinière (La), II, 237.
Mothe-Bremault (La), II, 511.
Mothe-Claveau (La), I, 5.
Mothe-Contais (La), I, 69 ; II, 347, 511.
Mothe-Coutillon (La), II, 339.
Mothe-Jarrière (La), I, 216, 515.
Mothe-Logerie (La), I, 226.
Mothes (Les), II, 82.
Mothe-Saint-Héraye (La), I, 332.
Mothe-Sainte-Pezenne (La), II, 439.
Mothe-Senardière (La), I, 244 ; II, 422.
Mothe-Ternant (La), II, 483.
Mothe-Villognon (La), I, 361.
Mouchamp, I, 45.
Mouchedune, II, 61, 353.
Mougon, I, 5, 6 ; II, 472.
Mouillières (Les), II, 283.
Moulière (La), II, 335.
Moulin (Le), II, 364.
Moulin-Bastier (Le), II, 484.
Moulin-Billaud (Le), II, 504.
Moulinets (Les), II, 67, 415.
Moulinier (Le), II, 455.
Moulin-Neuf, I, 18, 94 ; II, 343, 487, 511.
Moulins (Les), I, 218 ; II, 55, 380, 458.
Moulinvaut, II, 349, 459.
Moulipant, II, 349.
Moussais, I, 183.
Moussé, II, 61.
Mous-eaux, II, 346, 382.
Moussière (La), II, 19, 414, 514.
Mouterre, I, 259.
Moutet (Le), II, 294.
Moutiers, II, 364.
Moutiers (Les), II, 154.
Mouy, II, 499.
Moy, II, 309.
Moyseaux, II, 151.

Mulenière (La), II, 124, 427, 516.
Muraux (Les), II, 79.
Murs (Les), I, 71 ; II, 76.

Musse (La), I, 418.
Muzanchère (La), I, 78 ; II, 115, 131, 449.

N

Nadalie (La), II, 124, 360.
Naintré, II, 387.
Nancré, II, 232.
Nantes, I, xxxvi.
Nanteuil, I, 97.
Narbonnière (La), I, 343 ; II, 337.
Naulière (La), II, 125.
Navarre (Royaume de), I, xii.
Négrie (La), I, 24.
Négrier, II, 438.
Négrière (La), II, 409.
Nesde, I, xlvii ; II, 172, 271, 273, 375, 452.
Nesmy, I, 312 ; II, 287, 299, 429, 519.
Neufchèze, II, 357.
Neuilly, I, 331.
Neuville, I, 108 ; II, 345.
Nicollière (La), II, 160, 444.
Nieuil, I, 415 ; II, 466. 513.
Nieuil-le-Dolent, I, 80.
Niort, élection, I, v, vi, viii ; — ville, xxxvi, xxxviii, 266.

Nohic, I, 220.
Nohiers, I, 220.
Noirlieu, I, 125. 343.
Noirmoutiers, II, 443.
Noirterre, II, 406.
Noizé, II, 499.
Nombrail, I, 48.
Normandelière (La), I, 252 ; II, 410, 512.
Normandie (Province de), I, xii, xli.
Normandou, II, 290, 291.
Notre-Dame-de-Riez, II, 241.
Nouaillé, I, 132, 139, 140.
Nouhe (La), II, 50, 70, 127, 427, 430, 455, 463, 512, 516.
Nouhes Les), I, 300, 303, 403.
Nouhette (La), I, xlv.
Nouzière, I. 41.
Nouzillac, II, 124.
Noyers (Les), I, 327 ; II, 98, 445.
Nuaillé, II, 435.

O

Olbreuse, II, 434.
Olivier (L'), II, 363.
Ombres (Les), II, 28, 381.
Oradour-Fanois, II, 252.
Oradour-sur-Vayres, I, 19, 255 ; II, 339, 353.
Orches, II, 78. 510.
Ordière, I, 207 ; II, 485, 358.
Ordonnière (L'), I, 99.
Orfeuille, I, 352 ; II, 358, 368.
Orignac, II, 459, 261, 518.

Oriou, II, 23, 390.
Ossé, I, 119.
Ouche (L'), I, 413.
Ouches (Les), I, 69 ; II, 486.
Ouilly, II. 377.
Ouinze, I, 314.
Oulmes (Les), I, 114.
Outreville, II, 382.
Ouvrardière (L'), II, 212.
Ouzilly, I, 315 ; II, 149, 374.
Ozillac, I, 219.

P

Pacaudière (La), II, 362.
Paché, II, 510.

Page (Le), II, 249.
Pagerie (La), II, 362, 384.

Paillandières (Les), II, 165.
Paillerie (La), II, 185, 345.
Pairé. Voy. Payré.
Palais (Le). I, 20.
Pallignies (Les), I, 62 ; II, 438.
Pally (Le). I, 252, 358.
Pamplie, II, 132.
Panautay (La), I, 296.
Pannesac, I, 112.
Papaudrie (La), II, 448.
Papinière (La), 157, 308 ; II, 220, 423, 443.
Parabère, II, 393.
Paray, I, 267, 277.
Parc (Le), I, 41 ; II, 434.
Parc-de-Soubise (Le), I, 14.
Pardaillan, II, 393.
Paris, I, xxxvi.
Parisière (La), II, 219, 336, 388.
Parnay, II, 205.
Parsay, II, 108.
Parthenay, I, 309 ; II, 39.
Passac, I, 360 ; II, 367.
Passage (Le), II, 433.
Passaudière (La), II, 489.
Passay, II, 387.
Pastellière (La), II, 417.
Pasty (Le), II, 441, 448, 504, 512.
Paulmerie (La), II, 500.
Payre (La), II, 367, 374.
Payré (Le), I, 30, 32, 261, 266, 372 ; II, 407, 411, 420, 430, 440, 447, 461, 466, 214.
Payré-Bouterie (Le), I, 257, 266.
Payroux, I. 10, 221, 338, 339 ; II, 7, 365, 370.
Péault, I, 302.
Pelissonnière (La), I, 357 ; II, 61, 162, 327, 405, 513.
Pellatière (La), II, 496.
Pellatrie (La), II, 425.
Pelletrie (La), II, 445.
Pennerie (La), II, 409, 488.
Pépinière (La), II, 275, 276, 418.
Pérelle (La), II, 18.
Périgné, I, 129 ; II, 422.
Périllé, II, 464.
Périnière (La), II, 57.
Périssac, II, 489.
Périssay, II, 363.
Permangle, II, 343.
Pérotière (La), I, 53.
Perraudière (La), II, 278.
Perraye (La), II, 427.
Perré (Le). Voy. Payré (Le).
Perrier (Le), II, 188.

Pers, II, 97, 339, 367.
Persac, II, 91, 113, 186, 360.
Péruge (La), II, 345, 365, 489.
Pérusse, II, 385.
Pescherie (La), II, 503.
Petit-Bois, II, 427, 449.
Petit-Breuil (Le), I, 272 ; II, 512.
Petit-Cenon (Le), II, 168.
Petit-Chêne (Le), II, 312.
Petit-Fief (Le), II, 470, 518.
Petitière (La), II, 509.
Petit-Poiron (Le), I, 60
Petit-Puy (Le), II, 114, 372, 403, 498.
Petites-Ages (Les), I, 172.
Petits-Champs (Les), II, 368.
Pesardière (La), II, 382.
Petitière (La), I, 12.
Peublanc, II, 61.
Peuchaux, II, 230, 233, 420.
Peux (Le), II, 54, 59, 60, 89, 164, 341, 349, 358, 509.
Peyratte (La), I, 171 ; II, 237, 376.
Philipponière (La), II, 478.
Pibolière (La), I, 308, 309, 466.
Pied-Buzin, II, 379.
Piédel, II, 356.
Piedsec, I, 363.
Piéfond, II, 517.
Piégu, I, 78, 277.
Pierre (La), II, 347.
Pierre-Blanche, II, 48.
Pierrefitte, II, 296.
Pierrefolle, II, 371.
Pierre-Levée (La), I, 100.
Pierrie (La), II, 486
Pierrière (La), II, 238.
Pigeonnerie (La), II, 473.
Pignardière (La), II, 514.
Pigramé, II, 517.
Pilhouet, Pilloué, I, 41 ; II, 76.
Piliers (Les), I, 369.
Pimpaneau, II, 337.
Pin (Le), I, 24 ; II, 151, 286, 288, 316, 360, 381, 396, 500, 519.
Pin de la Fremaudière (Le), I, 68.
Pin-de-Rouvre (Le), I, 214.
Pindray, I, 356 ; II, 365.
Pinier (Le), II, 367, 395, 504.
Pinier-Marteau (Le), I, 351.
Pin-Massé (Le), II, 424.
Pinochère (La), II, 425.
Pinotière (La), II, 295.
Pintrolière (La), II, 417, 450.
Piolant, II, 381.

Pipelay, II, 426.
Pissotte, I, 322.
Place (La), II, 201.
Places (Les), II, 120.
Plaigne (La), II, 497.
Plaine (La), II, 386.
Plan (Le), II, 513.
Planche (La), II, 229, 283, 376.
Plantes (Les), II, 149.
Plantis (Le), II, 387, 495, 519.
Plat (Le), II, 351.
Plats (Les), I, 412; II, 368.
Plesse (La), II, 471.
Plessis (Le), I, 18, 97, 107, 134, 211, 239, 244, 310, 341, 390, 427; II, 80, 94, 95, 99, 153, 266, 352, 376, 389, 392, 417, 419, 428, 454, 490, 494, 504, 510.
Plessis-Asse (Le), I, 35.
Plessis-Baudouin (Le), II, 194, 517.
Plessis-Beaumanoir (Le), I, LII.
Plessis-Chastière (Le), I, 366; II, 426, 447.
Plessis-Chaumusson (Le), II, 373.
Plessis-Clérambaut, II, 387.
Plessis Fortière (Le), II, 507.
Plessis-Landry (Le), II, 195, 272, 428.
Plessis-Mareuil (Le), II, 361.
Plessis-Marie (Le), II, 412.
Plessis-Rosnay (Le), II, 445.
Plessis-Roy (Le), II, 80, 515.
Plessis-Sénéchal (Le), I, 342.
Plessis-Tesselin (Le), II, 26, 448, 514.
Pleumartin, I, xxx.
Poilière I, 86; II, 410.
Poiré-sous-la-Roche (Le), II, 495.
Poiron, I, 59, 85, 321; II, 440, 510.
Poiroux, II, 143, 239, 416, 427, 486, 516.
Poisneuf, II, 398, 434.
Poitevinière (La), I, 95, 124, 201; II, 195, 343.
Poitiers, Généralité, I, xxix; — Election, v, vi, xv, xlix; — Ville, xxxvi, xxxvii à xxxviii.
Polignac, II, 362.
Pollié, II, 76.
Pommeraye (La), II, 446.
Pont (Le), II, 336.
Pontabert, I, 310; II, 256.
Pont-des-Groseiliers (Le), II, 31.
Pont-de-Vie, II, 194, 388, 428, 517.
Pontlevain, II, 367.

Pontlevoye, I, 369.
Pontmedy, II, 319.
Pontreau (Le), I, 126.
Pont-Roger, II, 409, 421.
Porcherie (La), I, 161.
Poret (Le), II, 345.
Port (Le), I, 165.
Portault (Le), I, 165; II, 349, 444, 497.
Porte-Boutou (La), I, 136; II, 465, 473, 519.
Portes (Les), II, 459.
Port-Laydet, II, 516.
Portneuf, I, 258.
Posmier (Le), II, 5.
Possonière (La), II, 375.
Potardière (La), II, 165, 374.
Potière (La), II, 441.
Potineaux (Les), II, 384.
Pouet (Le), II, 171, 384.
Pouge (La), II, 379, 488.
Pougerie (La), II, 360, 441.
Pougnes, I, 344; II, 237, 376, 470.
Pouillac, I, 154.
Pouillé, II, 188, 375.
Poupardière (La), II, 48, 52, 341.
Poupelière (La), II, 4, 502.
Poupelinière (La), I, 229, 268; II, 344.
Pouyade (La), I, 10.
Pouyaud (Le), II, 341.
Pouzac, II, 351.
Pouzanneau, II, 513.
Pouzardière (L'), II, 386.
Pouzauges, I, 357; II, 406.
Pouzioux, I, 197; II, 484.
Prade (La), II, 120.
Prailles, II, 313.
Prain, II, 433.
Préaudière (La), II, 499.
Prémilly, II, 52.
Prénouveaux, II, 68.
Préroux, II, 273, 548.
Pressac, II, 71, 229.
Pressigny, II, 296, 311.
Pressonnière (La), II, 498.
Preugny, I, 417.
Preuille (La) I, 157; II, 411.
Preuillé, II, 216.
Preuilly, II, 130.
Prévôté (La), II, 138.
Prinçay, I, 111.
Prises (Les), II, 356, 430.
Prissay, I, 277, 278.
Proutière (La), I, 344; II, 237, 239, 246, 427, 441, 446, 513.

— 576 —

Prunier (Le), II, 489.
Pruniers (Les). II, 369.
Puchaut, II, 340.
Pulumier, I, 406.
Putillé, II, 6.
Puy (Le), I, 118, 336, 364; II, 17, 174, 350, 370, 376, 387, 397, 486, 495.
Puy-Ballon, II, 434.
Puyberland, II, 394.
Puyberneau, II, 72, 211.
Puybottier, II, 375, 469.
Puy-Bourassier (Le), II, 116, 147, 490. 516.
Puy-Buzin, II, 378.
Puy-Cadoret (Le). II, 153, 406.
Puychaban, I, 354 ; II, 447.
Puy-Chabot, II, 452.
Puychelle, II, 351.
Puychenin, I, 43, 353, 385; II, 167, 186, 190, 191, 469, 517.
Puy-d'Anché (Le), I, 285 ; II, 345, 390.
Puy-de-Cussac (Le), II, 349.
Puy-de-Serre I, 39, 83.
Puydorioux, II, 362.
Puyferrier, II, 471.
Puy-Fraigneau, I, 48.
Puy-Gaillard, II, 353.
Puygarreau, II, 387, 395.
Puygibault, II, 316.

Puygirault, I, 316 ; II, 454.
Puygodet, II, 359, 486.
Puygré, II, 369.
Puygreffier, II, 388, 428.
Puygrenier, I, 90.
Puyguyon, I, 248, 377 ; II, 401.
Puy-Joubard, II, 457.
Puy-Limousin (Le), II, 19.
Puy-Lombard, II, 347, 483.
Puymain, II, 413, 446.
Puymarteau, II, 349, 459.
Puymartin, I. 48 ; II, 354, 488
Puymaye, I, 358, 409 ; II, 163, 454, 503.
Puy-Mérigou (Le), I, 287.
Puy-Monbault, II, 153.
Puymoré, I, 50.
Puymorin, I, 294 ; II. 408.
Puy-Papin (Le), II, 402.
Puyperguier, I, 303.
Puy-Poirier, II, 377.
Puyraveau, I, 6, 403 ; II, 76, 413.
Puyrenard, I, 170.
Puyrenaud, I, 90.
Puy-Robin, II, 155, 373.
Puy-Sec, II, 449.
Puytaillé, II, 511.
Puytesson, II, 419, 425.
Puyviault, II, 280, 518.
Puyvillet, II, 390, 456.

Q

Quervallière (La), I, 147.
Quétraye (La), I, 162.
Quiesrière (La), II, 255.
Quinchamp, II, 19.

Quinlièvre, II, 149.
Quinsay, II, 435.
Quireil, II, 18.
Quirinière (La), II, 82.

R

Rabatelière (La), I, 32 ; II, 409.
Rabaudrie (La), I, 175.
Rablaye (La), I, 425 ; II, 405, 513.
Racaudière (La), II, 399, 499, 511.
Rafelière (La). II, 68.
Raffinière (La), I, 226, 334, 340, 351 ; II, 350, 365, 465, 471, 515, 518. *Voy. aussi* Ruffinière (La).
Ragoterie (La), I, 23.

Raintrie (La), II, 382.
Rairie (La), II, 409.
Raisinière (La), II, 422.
Rallières (Les), I, 15.
Rambaudie (La), I, 424.
Ramberge, II, 412.
Rambourgère (La), II, 356, 515.
Rancon, I, 382.
Rançonnière (La), I, 370.

Ranque, II, 236.
Rassine, II, 184.
Raudière (La), II, 288.
Razes, I, 24, 265; II, 510.
Razières (Les), II, 429.
Razilière (La), II, 384, 403.
Réate (La), II, 485, 511.
Reau de Rigné (Le), I, 185.
Rebergerie (La), II, 251, 288, 518.
Reboute (La), II, 423.
Recreux, II, 377.
Régime, II, 492.
Regnaudrie (La), II, 435.
Reigné, II, 313, 362, 398.
Reintrie (La), II, 176.
Reirat, II, 83.
Relay (Le), II, 384, 400.
Rembourgère (La), I, 308, 309.
Remeneuil, II, 383.
Remerocq, I, 84.
Rémondière (La), II, 517.
Remondières (Les), II, 210.
Remouillé, II, 245.
Renardières (Les), II, 345, 390.
Renaudière (La), II, 132, 248, 263, 265, 418.
Renaudinière (La), II, 490.
Renausie (La), I, 174.
Rencunelière (La), II, 411, 505.
Renolière (La), II, 428, 492, 494.
Renouard (Le), I, xviii ; II, 486.
Renouzière (La), II, 15.
Réorthe (La), I, 228.
Repaire (Le), I, 163, 420 ; II, 247, 353, 361, 517.
Repéroux, I, 218; II, 458.
Replançay, II, 5.
Resnard (La), I, 39.
Resnier (Le), II, 492.
Resort (Le), II, 116.
Ressatelière (La), II, 399.
Ressonneau, I, 337 ; II, 350.
Ressonnière (La), II, 354.
Ressons (Les), II, 446.
Ressource (La), II, 338.
Retail (Le), II, 180, 267, 268, 348, 387, 420, 469, 518.
Retourné, I, 12.
Rhée (La), II, 401, 440.
Ricardaye (La), I, 296.
Ricardière (La), II, 492.
Richardière (La), II, 357, 392, 410, 506.
Richards (Les), II, 451.
Riche (La), II, 335.
Richebonne, II, 275, 407, 418.

Richebourg, I, 238 ; II, 343, 401 442.
Riche-de-Nouzière (La), I, 41.
Richelieu, II, 306.
Richemont, I, 24, 265, 307 ; II, 488, 510.
Richerie (La), II, 506, 514.
Ricoux, I, 83.
Rigaudière (La), II, 4, 510, 514.
Rigné, I, 184 ; II, 338.
Rimbaud, II, 127, 462.
Riparfond, II, 366.
Ris-Chazerat (Le), II, 56.
Rivault (Le), I, 85 ; II, 1, 75, 368, 369, 372, 519.
Rivault-Bretolière (Le), II, 391.
Rive, II, 295, 378.
Rivière (La), I, 63, 100, 215, 232, 314 ; II, 362, 365, 426, 437, 460, 484, 510.
Rivière-Beauchesne (La), II, 72, 84, 353, 464.
Rivière-Bonneuil (La), II, 398.
Rivière de Mouzeuil (La), II, 420, 442.
Rivières (Les), II, 485, 515.
Robelinière (La), I, 295.
Robercherie (La). Voy. Rebergerie (La).
Robertie (La), II, 269, 345.
Robineau, I, 411 ; II, 400, 404, 513.
Roc (Le), I, 171, 189, 196, 225 ; II, 345, 512.
Rochard, II, 227.
Roche, I, 411.
Roche (La), I, 47, 243, 301, 330, 359 ; II, 207, 278, 320, 348, 390, 408, 412, 418, 441, 442, 443, 456, 519.
Roche-Allard (La), II, 434.
Roche-aux-Enfants (La), II, 120, 338.
Roche-Beaucourt (La), II, 356.
Roche-Belusson (La), I, 276.
Rochebirault, II, 139, 444.
Roche-Bouloigne (La), II, 68.
Roche-Breuil, I, xlvi, 240 ; II, 441.
Rochebrochard (La), I, 44, 66 ; II, 511.
Rochebrune, II, 127, 462, 516.
Roche-Chémerault, II, 346.
Roche-Couasgne (La), II, 349.
Roche-de-Brand, II, 369.
Roche-de-Luzay (La), II, 207.
Roche-de-Nesde (La), I, 116.
Roche du Hallay (La), I, 243.
Roche du Langon (La), II, 424, 462.

Roche-du-Maine (La), II, 344, 370.
Roche-du-Montet (La), I, 47, 199.
Roche-Esnard (La), II, 448, 467.
Rochefaton (La), II, 319, 364.
Rochefort, I, 312 ; II, 262, 381, 440, 504.
Rochefroide, I, 316.
Roche-Grignonnière (La), I, 34 ; II, 288, 453.
Roche-Grinemaudière (La), II, 437.
Roche-Guyon (La), I, 369.
Roche-Hélie (La), 344, 431.
Roche-Henry (La), I, 247 ; II, 423.
Roche-Hudon, I, 123 ; II, 457, 511.
Rochejaquelein (La), I, 222, 291 ; II, 404, 441.
Rocheledoux, I, 219 ; II, 359.
Roche-Linière (La), II, 80, 467.
Roche-Louherie (La), I, 35.
Rochelle (La), élection, I, v, viii, xvi, xlv ; — ville, xx, xxxvi.
Rochelles (Les), I, 49.
Roche-Maingot (La), II, 353, 461.
Roche-Maupertuis (La), I, 237.
Roche-Pozay (La), I, 388 ; II, 433.
Rochequartaud (La), II, 173.
Rochère (La), II, 357.
Rochereau, II, 372.
Rochers (Les), II, 173.
Roches (Les), I, 76, 107, 214, 388 ; II, 283, 335, 371, 400, 404, 419.
Roches-Baritaud (Les), II, 400, 440.
Roches-Baudin (Les), II, 404.
Roche-Saint-Révérend (La), II, 214, 241, 243, 244.
Roche-sur-Yon (La), I, 376.
Roche-Thémer, I, 311.
Roche-Thévenin (La), II, 419.
Roche-Tollay (La), II, 248, 397, 470.
Rochette (La), I, 170, 312 ; II, 76, 195, 241, 243, 244, 352, 425, 484, 518.
Rochettes (Les), II, 7, 54, 125, 126, 335, 428, 516.
Rochevineuse, I, 420 ; II, 366.
Roqueterie (La), II, 141.
Rode (La), I, 67 ; II, 339.

Roderie (La), 339, 380.
Roissy, II, 284.
Rolandières (Les), I, 416.
Rollage (Le), II, 491.
Rom, I, 280, 293.
Romagné, I, 53 ; II, 258, 340, 456, 464, 512.
Romefort, II, 313.
Romigou, I, 223, 286, 512.
Rondardière (La), I, 84 ; II, 408.
Ronde (La), I, 132, 137 ; II, 146, 377.
Rondelière (La), I, 418.
Rondières (Les), I, 181.
Rosières (Les), I, 317.
Rothemont, II, 198, 518.
Rouaudière (La), II, 28, 370, 390, 457, 471.
Rougerie (La), II, 513.
Rouillé, I, 211 ; II, 164, 397.
Rouilly, II, 293.
Roulac, II, 433.
Roule (Le), II, 83.
Roulet (Le), I, 350.
Roulière (La), I, 275 ; II, 52, 454.
Roussay, II, 374.
Rousselière (La), I, 95, 171, 196, 208, 225, 306, 355 ; II, 4, 193, 343, 361, 367, 402, 466.
Roussière (La), I, 39, 281 ; II, 253, 267, 268, 399, 406, 416, 417, 418, 505.
Roussières (Les), II, 502.
Roussillon, II, 353, 358.
Roussinière (La), II, 388, 428.
Route (La), I, 315.
Rouvre, I, 97 ; II, 457, 511.
Royère, I, 207.
Rozais (Le), I, 375, 399.
Rudepierre, I, 350 ; II, 110.
Ruffay, II, 279.
Ruffigny, II, 396.
Ruffinière (La), I, 273 ; II, 278. Voyez aussi Raffinière (La).
Russay, II, 397.
Ry (Le), I, 196, 206, 222 ; II, 66, 336, 348, 353.
Rye (La), I, 65 ; II, 359, 486.

S

Sablère (La), II, 255.
Sables (Les), II, 378.

Sables-d'Olonne (Les), élection, I, v, viii ; — ville, 300.

Sablière (La), II, 100, 392.
Sachetière (La), II, 75.
Saint-Amand, I, 336.
Saint-André, I, 403.
Saint-Aubin, I, 321.
Saint-Aunais, II, 362.
Saint-Barban, I, 233, 368.
Saint-Barthélemy, II, 133.
Saint-Bazille, I, 19 ; II, 340.
Saint-Benoît, II, 239.
Saint-Bonnes, I, 302.
Saint-Bris, I, 49.
Saint-Chartres, II, 371.
Saint-Chaumant, II, 356.
Saint-Christophe, I, 270 ; II, 76, 294, 432.
Saint-Christophe-du-Ligneron, II, 132.
Saint-Clair, II, 300, 379.
Saint-Clémentin, I, 425 ; II, 59, 154.
Saint-Coutant, II, 337.
Saint-Cyr, I, 39, 174, 215, 321 ; II, 42.
Saint-Cyr-d'Arçais, I, 344, 408.
Saint-Cyr-des-Gâts, II, 441.
Saint-Denis, I, 6, 211, 261 ; II, 74, 389, 455, 509.
Saint-Denys-du-Payré, I, 262.
Saint-Eloi, I, 60.
Saint-Etienne, II, 352, 379.
Saint-Florent, II, 219.
Saint-Fulgent, II, 409.
Saint-Généroux, I, 289 ; II, 305.
Saint-Genest, II, 383.
Saint-Georges, I, 125, 165, 344 ; II, 39, 231.
Saint-Georges-de-Montaigu, II, 193.
Saint-Georges-de-Noisné, I, 9.
Saint-Georges-de-Rex, I, 101, 383.
Saint-Germain, I, 131, 292 ; II, 407, 453, 483.
Saint-Germain-de-Longuechaume, I, 285 ; II, 254.
Saint-Gervais, I, 163.
Saint-Gilles, I, 84 ; II, 408.
Saint-Gouard, I, XLVII ; II, 34, 335, 514.
Saint-Hilaire, I, 51, 97, 113, 233 ; II. 1, 4, 241, 243, 244, 344, 381, 457, 509.
Saint-Hilaire-de Riez, II, 240.
Saint-Hilaire-le-Vouhis, II, 264, 323.
Saint-Jacques-en-Tillay, II, 292.

Saint-Jasne, II, 375.
Saint-Jean-d'Angély, I, XXXVI, 381.
Saint-Jean-de-Mont, I, 81.
Saint-Juire, II, 448.
Saint-Lambert, II, 406.
Saint-Laurent, I, 371 ; II, 235, 461, 464, 511.
Saint-Laurent-de-la-Salle, II, 81.
Saint-Laurent-sur-Sèvre, I, 22.
Saint-Léger, I, 210 ; II, 55, 322, 460, 519.
Saint-Macaire, II, 548.
Saint-Maixent, élection, I, V, VI, XLIX ; — ville, XXXVI, 209, 260 ; — seigneurie, 257 ; II, 422, 458.
Saint-Mandé, II, 335, 459.
Saint-Marc, II, 434.
Saint-Mars, I, XLVI ; II, 129, 150, 446, 466, 503.
Saint-Martial, I, 233.
Saint-Martin, I, 69, 137 ; II, 50, 219, 241, 415, 436, 500.
Saint-Martin de Beaupreau, I, 269.
Saint-Martin-de-Fraigneau, II, 133.
Saint-Martin-des-Noyers, I, 40, 399.
Saint-Martin-du-Fouilloux, I, 116.
Saint-Martin-Lars, I, 85.
Saint-Mathieu, II, 344, 472.
Saint-Maurice, I, 283 ; II, 236.
Saint-Maurice-des-Nouhes, I, 256.
Saint-Mesmin, II, 416.
Saint-Michel, I, 302, 344, II, 259.
Saint-Michel-en-l'Herm, II, 90.
Saint-Michel-le-Cloucq, II, 182, 502.
Saint-Mothe, II, 487.
Saint-Néomois, I, 146.
Saint-Nicolas, II, 501.
Saint-Palais, I, 229 ; II, 339.
Saint-Palais-sur-Mer, II, 150.
Saint-Paul, I, 319, 348, 366 ; II, 71, 380.
Saint-Philbert, II, 386, 443.
Saint-Picq, I, 272 ; II, 512.
Saint-Pierre-de-Maillé, I, 283.
Saint-Pompain, I, 32, 254 ; II, 352, 443, 516.
Saint-Quentin, I, 348, 365.
Saint-Rémy, I, 247.
Saint-Révérend, II, 214.
Saint-Rue, I, 149, 209 ; II, 279, 310, 365, 394, 511.

Saint-Sauvant, I, 125.
Saint-Sauveur, II, 148, 291.
Saint-Savin, I, xxx, 315.
Saint-Saviol, I, 36.
Saint-Secondin, I, 23 ; II, 487.
Saint-Sigismond, I, 269.
Saint-Simon, II, 345, 458.
Saint-Siphorien, I, 138.
Saint-Sulpice, II, 280,
Saint-Symphorien-de-Tersanne, I, 84.
Saint-Ustre, I, 156.
Saint-Vertunien, II, 47, 360.
Saint-Vincent, I, 60, 139, 375 ; II, 419, 440.
Saint-Vincent-d'Avaux, II, 446.
Saint-Vincent-la-Châtre, II, 318.
Saint-Vincent-sur-Graon, I, 328 ; II, 250.
Saint-Vincent-sur-Jard, I, 296, 300.
Saint-Vivien, II, 434.
Sainte-Cécile, II, 68.
Sainte-Eanne, I, 264.
Sainte-Flaive, II, 128, 425.
Sainte-Florence, I, 359.
Sainte-Foix, I, 320.
Sainte-Gemme, I, 62.
Sainte-Hermine, I, 228 ; II, 198, 433.
Sainte-Marie, II, 492.
Sainte-Opportune, II, 454.
Sainte-Terre, II, 423.
Sainte-Verge, I, 134.
Saisigny, I, 116 ; II, 390.
Salidieu, I, 66 ; II, 282, 419.
Salignac, I, 106 ; II, 511.
Salle (La), I, 91, 112, 176, 305, 364 ; II, 90, 143, 210, 342, 377, 382, 485, 486, 514.
Salle d'Archigny (La), I, 168 ; II, 368.
Salle-Guibert (La), II, 368.
Salle-Lézardière, II, 239.
Sallertaine, II, 86, 88, 253.
Salles, I, 350 ; II, 139.
Sallo, II, 347.
Salmondière (La), I, 21, 167 ; II, 456, 509.
Salvagère (La), I, xvii ; II, 33.
Salvert, I, 178, 192, 254 ; II, 369.
Saminière (La), II, 121, 403.
Sansac, II, 156, 463.
Sanxay, I, 106.
Sarzec, I, 194.
Saulaie (La), I, 199.

Saule (La), II, 129.
Saules (Les), II, 334, 351.
Saugé, I, 45 ; II, 393.
Saulnay, II, 115.
Saulx, I, 105, 127 ; II, 342. Voy. aussi Ceaux.
Sauvagère (La), I, 230 ; II, 38, 372, 400, 411, 492.
Sauvaniat, II, 27.
Sauvemont, I, 369.
Sauveterre, I, 113.
Sauvinière (La), II, 411.
Sauvré, II, 496.
Sauzis-Bessonne (Le), II, 424.
Savarière (La), II, 241, 243, 244, 406, 407.
Savenne, II, 34, 514.
Savignac, I, 263.
Savigny, II, 401.
Sayette (La), I, 239 ; II, 356.
Sceau-Lézignat, II, 59.
Sebazan, I, 302.
Séchère, I, xlvi, 206 ; II, 362.
Sécherie (La), II, 153, 419, 424.
Secondigny, I, 270.
Seillé, I, 363.
Séjourné, II, 250.
Séligny, II, 257, 464, 548.
Semaigne, II, 445.
Senaire, I, 39.
Senardière (La), I, 134, 244, 410.
Seneuil, I, 137 ; II, 62, 515.
Sensif (Le), II, 90.
Sensives (Les), II, 272.
Sepvret, I, 231, 342 ; II, 25, 398.
Sérigné, II, 100, 422.
Sermonnière (La), I, 328.
Serre (La), II, 358.
Sertre-Chauveron, I, 181.
Servange, II, 455.
Servanthe, I, 317.
Servantière (La), II, 455, 506.
Serveau, I, 12.
Serve-Forgemont (La), II, 318.
Serzé, I, 374.
Sevinière (La), II, 137, 147.
Sèvres, I, 331.
Sibillière (La), II, 509.
Sibioux, II, 362.
Sicardière (La), II, 395.
Sichard, II, 487.
Sicotière (La), I, 39 ; II, 511.
Sigogne (La). Voy. Cigogne (La).
Simalière (La), I, 95, 124, 201, 202.
Sipière (La), II, 108.
Sivernière (La), II, 449.

Sivetière (La), II, 92.
Socelière (La), I, 31.
Sonneville, II, 503.
Soquetière (La), II, 518.
Sorinière (La), I, 269 ; II, 442.
Sossay, II, 386.
Souchay (La), II, 417.
Souché, I, 221 ; II, 460.
Souches (Les), II, 346.
Soucy (Le), I, 144 ; II, 386.
Soudan, II, 20.
Soudière (La), II, 226.
Soulbray, I, 237.
Soulette, II, 280.

Soulier (Le), II, 222, 407.
Soulièvre, I, 170 ; II, 352, 401, 516.
Soullans, II, 187.
Sourdon, II, 435.
Soutiers, I, 122.
Souverdane, I, 269.
Souvigny, II, 21.
Suiré, II, 310, 392.
Suirenière (La), II, 81.
Suplançay, II, 506.
Surgères, I, 377 ; II, 432.
Surimeau, II, 457.
Surin, II, 293, 366, 446.
Suze (La), II, 241, 243, 244, 518.

T

Tache (La), II, 121, 175.
Taillé, I, 167.
Taillée (La), I, 221 ; II, 460.
Taillées (Les), II, 518.
Taiste (Le), II, 372.
Taizé, II, 35.
Tallonnière (La), II, 47.
Talmont, I, 394 ; II, 29, 37, 239.
Tampenoux, II, 297, 379.
Tanières (Les), I, 115 ; II, 349, 459, 512.
Tapisserie (La), II, 384, 501.
Tartre (Le), II, 129.
Taupane (La), II, 500.
Taupinière (La), II, 116, 117.
Teil (Le), I, 240, 297, 424 ; II, 4, 75, 117, 229, 366, 374, 376, 418.
Teil-au-Servant (Le), I, 297 ; II, 356.
Teillan (Le), II, 459.
Teillé II, 367.
Teillou, II, 159, 161.
Teil-Monbault (Le), I, 290.
Teil-Salvignac (Le), I, 185.
Temple (Le), II, 336, 376, 454.
Tenaille (Abbaye de la), I, 382.
Tenille, II, 76.
Tenis, II, 442.
Tennesue, I, 107, 142.
Ternenteuil, II, 264.
Terra (Le), I, 62.
Terraudière (La), I, xxxix.
Terre-Neuve, II, 444.
Tessel, II, 44.
Tessières (Les), II, 84.
Texiers (Les), II, 72, 353.

Thénezay, II, 234.
Thevalles, II, 418, 442.
Thibaudière (La), II, 29, 335, 370, 441, 467.
Thiors, II, 198.
Thiré, II, 188.
Thomazerie (La), II, 85, 86, 87, 514.
Thorigné, I, 364 ; II, 136.
Thou, I, 282.
Thouars, I, v, vi, xv, 93, 125, 255, 276, 426 ; II, 3.
Thouarsais, I, 49 ; II, 155, 446.
Thuaudière (La), II, 413.
Thuré, II, 382.
Tiffardière (La), II, 507.
Tiffauges, I, 85.
Tillac (Le), II, 275, 418.
Tillet (Le), I, 147 ; II, 133, 352, 370, 396, 402.
Tillou (Le), I, 113, 214 ; II, 112.
Timallière (La), I, 372.
Tissonnière (La), II, 417.
Torchaise (La), I, 369.
Torsay, II, 382.
Touche (La), I, xlvi, 39, 49, 120, 239, 244, 245, 269, 303, 404 ; II, 4, 145, 195, 270, 290, 355, 357, 396, 429, 440, 455, 468, 486, 495, 510, 511.
Touche-au-Blanc (La), II, 497, 511.
Touche-aux-Proux (La), II, 373.
Touche-Barre, I, 104 ; II, 343, 422, 511.
Touche-Billette (La), II, 355, 402, 459.

Touche-Fressinet (La), II, 340.
Touchelet, II, 387.
Touche-Levrault (La), I, 227 ; II, 441.
Touchelonge, II, 352.
Touche-Mailletrie (La), II, 387.
Touche-Massé (La), I, xvli ; II, 446.
Touche-Milletière (La), II, 17, 370.
Touche-Montigny (La), II, 171.
Touche-Moreau (La), II, 450.
Touche-Morisson (La), II, 89, 443.
Toucheprès, II, 98, 406, 416, 516.
Toucherie (La), II, 380.
Toucherolle, II, 464.
Touche-Saint-Mars (La), I, 189.
Touches (Les), I, 35, 104, 369, 402, 403 ; II, 43, 241, 243, 244, 369, 446.
Touche-Vaumoreau (La), II, 515.
Toulouse, I, xxxvi.
Tour (La), I, 22 ; II, 100, 135, 347, 364, 371, 390, 421, 485, 518.
Touraine (La), I, 351 ; II, 48.
Tour-au-Paumier (La), II, 228.
Tour-aux-Cognons (La), I, 180 ; II, 295, 378.
Tour-Blanche (La), I, 354 ; II, 367, 395.
Tour de Brem (La), I, 76.
Tourette (La), II, 231, 470, 473.
Tour-Girard (La), I, 87, 381 ; II, 512.
Tour-la-Plesse (La), II, 278.
Tournelay, II, 400, 498.

Tournemil, I, 260.
Tournerie (La), II, 425.
Tourneville, II, 442.
Tournière (La), II, 374, 489.
Tournon, II, 130.
Tours, I, xxxvi.
Tour-Savary (La), I, 200.
Tourterie (La), I, 183 ; II, 384, 389, 501, 542.
Tourteron, II, 511.
Touvent, I, 312.
Touvois, I, 249 ; II, 492.
Toyras, I, 302.
Tralbeau, I, 185 ; II, 363, 518.
Traversay, I, 51 ; II, 373, 381.
Traverserie (La), II, 266.
Traversière (La), II, 187, 428, 497.
Trebardière (La), II, 14.
Treffieux, I, 296.
Tréhan (Le), II, 137.
Tremblaye (La), II, 418.
Trémouille (La), I, 85, 278.
Trésence, II, 120.
Treuil (Le), II, 316, 517.
Treuil-aux-Servants (Le), II, 436.
Treuil-Chopin (Le), II, 432.
Trévelière (La), II, 485.
Tribozière (La), II, 294.
Tricon, II, 148, 388.
Trie, II, 513.
Tronchay (Le), I, 23.
Tudairière (La), II, 422.
Tudelière (La), II, 512.
Turmeliére (La), II, 287, 299, 519.

U

Urtal, I, 200.

Usson, I, 194 ; II, 2, 7, 433, 463.

V

Vacherie (La), II, 166, 360.
Vachonnière (La), II, 505.
Vaigne, I, 372.
Vairé, I, 72.
Valade (La), II, 367.
Valançon, II, 326.

Valençay, I, 89 ; II, 228, 343, 489.
Valette (La), I, 186, 219 ; II, 359.
Valinière (La), II, 6.
Vallée (La), I, 289 ; II, 335, 488.
Vandelle (La), I, 400.
Vandrie (La), II, 25.

Vangueil, II, 336, 372, 387.
Vannes, I, 358, 409 ; II, 454,
Vareilles, I, 193 ; II, 84, 88, 341.
Varenne, I, 48.
Varenne (La), II, 103, 385, 511, 516.
Varnes, II, 421.
Vasles, I, 96, 201, 240.
Vattre, I, 368.
Vau (La). Voy. Lavau.
Vau (Le), II, 271, 273, 407, 510.
Vaucelles, II, 1, 6, 250, 516.
Vaucourt, II, 291.
Vaudebreuil (La), II, 209, 375.
Vaudelaigne, I, 47.
Vaudelenay, I, 24.
Vaudoré, I, 50, 205 ; II, 133, 393, 408.
Vaugery, II, 57, 371.
Vauguyon (La), II, 378, 380.
Vaujompe, II, 230.
Vaurais, II, 485.
Vauroux, II, 110.
Vaury, I, 279; II, 358.
Vaussay, I, 105 ; II, 287, 299, 453.
Vausseroux, II, 17.
Vaution, II, 338, 353.
Vautour (Le), II, 142.
Vauvert, I, 210; II, 395.
Vaux, II, 491.
Vaux (Les), I, 197, 297 ; II, 342, 356.
Vaux-de-Luc, II, 405.
Veillechèze, I, 240.
Vellèches, I, 277.
Venansault, II, 243.
Vendée, II, 319, 351.
Vendeuvre, II, 285.
Vendrennes, I, 151.
Venours, I, 360 ; II, 367.
Vérac, I, 216 ; II, 363.
Verché, II, 91.
Verdeuil, II, 312.
Verdier (Le), II, 380.
Verdon (Le), II, 398.
Verdonnière (La), II, 277, 398, 453.
Verger (Le), Vergier (Le), I, 37, 73, 150 ; II, 168, 355, 357, 388, 392, 408, 438, 467, 495.
Vergerie (Le), I, 99.
Vergier-Gazeau (Le), I, 53.
Vergnais (Le), 200.
Vergnaye (La), I, 73 ; II, 76, 104, 126, 324, 336, 358, 469, 519.

Vergne (La), I, xlv, 27, 246, 321, 423 ; II, 54, 125, 155, 215, 357, 371, 373, 387, 399, 404, 421, 424, 425, 439, 447, 490, 499, 512, 519.
Vergne-Chauvinière (La), II, 428.
Vergne de Péault (La), II, 102, 145, 416.
Vérine, I, 374 ; II, 340, 350.
Vermay, II, 375.
Vernay, II, 364.
Vernède, I, xlv; II, 127, 516.
Verneuil, I, 234, 282; II, 364, 486, 517.
Vernière, I, 412 ; II, 387, 404.
Vernon, II, 76.
Vernou, I, 34, 218 ; II, 340, 393, 420, 458.
Verrie (La), I, 19, 77, 314 ; II, 217, 400, 417, 420, 493, 510, 519.
Verrines (Les), II, 369.
Verronnière (La), I, 99.
Vert (Le), II, 434.
Veuzé, II, 283.
Vezançay I, 350 ; II, 395.
Viabon, I, 124.
Vialle (La), II, 357.
Vidais, I, 164, 230.
Vieillardière (La), II, 106.
Vieillecour, I, 186, 419 ; II, 350.
Vieille-Garnache (La), I, 50, 75 ; II, 420, 493, 510.
Vieille-Lande, I, 275.
Vieille-Nouhe, II, 516.
Vieillevigne, I, 132 ; II, 75.
Viennay, II, 336.
Vieil-Romans, II, 281.
Vienne (La), II, 394.
Vieux-Fourneau (Le), II, 518.
Vieux-Lisleau (Le), I, 342.
Vigean (Le), I, 65, 216, 299 ; II, 252.
Vigerie (La), II, 54, 318, 348, 371, 415.
Vignault (Le), I, 104, 108, 200; II, 286, 343, 348, 363, 391, 429.
Vigne-au-Pin (La), II, 429.
Vignolle, I, 132 ; II, 489.
Vihiers, II, 388.
Vilaine, II, 353, 356.
Villaigue, II, 351.
Villanières (Les), II, 14, 35, 36.
Villardière (La), II, 382.
Villarmin, II, 358.
Villarnoul, II, 405,
Villars, II, 112, 123, 357, 378, 392.

Villattes (Les), II, 162 ; II, 369, 502.
Ville-au-Maire (La), I, 1.
Ville-au-Roi (La), II, 353.
Villebouin, II, 378.
Ville-Champagne, II, 361.
Villedieu (La), I, 107, 263, 266 ; II, 387, 395.
Villedor, II, 468.
Villefolet, II, 450, 462.
Villefort, I, 87, 372 ; II, 447.
Villefranche, I, 227 ; II, 509.
Villegay, II, 353
Villehervé, II, 447.
Villehoing, I, 123.
Villeloube, II, 27.
Villemort, II, 384.
Villeneuve, I, 64, 73, 248, 308, 309 ; II, 226, 272, 281, 365, 409, 421, 438, 444, 492, 515.
Villeneuve-la-Comtesse, II, 64, 515.
Villonière (La), II, 516.
Villenoble, II, 125, 126, 428.
Ville-Nouvelle, I, 334 ; II, 434, 444, 465, 512.
Villermot, I, 155 ; II, 282.
Ville-Sèche, II, 93.
Villesoufran, II, 338.
Villette, II, 464.
Villevert, I, 130.

Villiers, I, 128, 137 ; II, 111, 136, 354, 373, 407, 452.
Villiers-en-Plaine, II, 22, 23, 30, 467.
Villiers-le-Cuit, II, 385.
Villotte (La), II, 488.
Vilouinière (La), I, 397.
Viollière (La), I, 261 ; II, 411.
Visay, I, 205 ; II, 362.
Vitrac, I, 336.
Vitré, II, 164, 376, 460.
Vivier (Le), I, 43, 266, 269 ; II, 97, 167, 190, 191, 361, 515.
Vivône, II, 233.
Volude, II, 71, 84, 353, 460.
Vort, II, 416.
Vouhé, I, 122, 264 ; II, 4.
Voulernie (La), II, 351.
Vouneuil-sur-Vienne, II, 110.
Vousnan, II, 412.
Voute (La), I, 208 ; II, 186, 337, 361, 384, 387, 394, 414, 442, 460, 513.
Voye (La), I, 71, 74 ; II, 511.
Vras, II, 296.
Vrignaudières (Les), I, 212.
Vrignaye (La), II, 288.
Vrignonnière (La), II, 127, 359, 463.
Vriz, II, 52, 515.
Vuzé, II, 398, 471.

W

Walton, I, 61.

Y

Yversay, II, 27, 248.

TABLE DES MATIÈRES

CONTENUES DANS CE VOLUME

                                                                         Pages.

Liste des membres de la Société des Archives historiques du Poitou. . . . .   *i*

Extrait des procès-verbaux des séances pendant l'année 1892 . . . .   *v*

MAINTENUES DE NOBLESSE PRONONCÉES PAR MM. QUENTIN DE RICHEBOURG ET DESGALOIS DE LATOUR, INTENDANTS DE LA GÉNÉRALITÉ DE POITIERS (1714-1718), publiées par M. A. DE LA BOURALIÈRE. Tome II.

    Texte des Maintenues (H-V).   1

    Appendice.

        I. Arrêt du Conseil d'Etat du roi, du 22 septembre 1665, qui lève, à l'égard des Généralités de Poitiers et Limoges, la surséance portée par l'arrêt du 1ᵉʳ juin précédent, etc.   321

        II. Rooles de tous les nobles réservés en la généralitté de Poictou, etc. (*Liste de Pierre de Sauzay*). . .   333

        III. Etat général et alphabétique des condemnations d'amende rendues par MM. Barentin et Rouillé, etc.   482

        IV. Noms des familles comprises dans les trois premiers registres des ordonnances rendues par M. de Maupeou, etc.   509

        V. Modèle d'une ordonnance de M. Quentin de Richebourg portant maintenue de noblesse.   520

	Pages.
Table des noms de famille compris dans les deux tomes des Maintenues de noblesse.	525
Table des noms de lieux compris dans les mêmes tomes.	553

www.ingramcontent.com/pod-product-compliance
Lightning Source LLC
Chambersburg PA
CBHW070327240426
43665CB00045B/1206